W0389938

Tout le BTS

Professions immobilières

1re et 2e années

M. Mestre-Mahler • E. Béal dit Rainaldy
A. David • P. Bé • N. Licoine-Hucliez
C. Maurin • V. Gourmelon

2022-2023

DUNOD

LES + EN LIGNE

Pour aller plus loin et mettre toutes les chances de votre côté, des ressources complémentaires sont disponibles sur le site www.dunod.com/ean/9782100837298.

Connectez-vous à la page de l'ouvrage (grâce aux menus déroulants, ou en saisissant le titre, l'auteur ou l'ISBN dans le champ de recherche de la page d'accueil).
Sur la page de l'ouvrage, sous la couverture, cliquez sur le lien « LES + EN LIGNE ».

Conception de la couverture
et de la maquette intérieure : Atelier du livre

Composition : Soft Office

Illustrations : Conception par Freepik

11 rue Paul Bert, 92240 Malakoff
www.dunod.com

ISBN 978-2-10-083729-8

LES TESTS D'AUTO-ÉVALUATION EN LIGNE

Des tests d'auto-évaluation ludiques sont offerts en ligne afin de tester vos connaissances sur les fiches que vous venez d'étudier.
Ils sont indiqués dans le livre, sur les pages présentant le sommaire de chaque matière. Ils sont signalés par le symbole @.

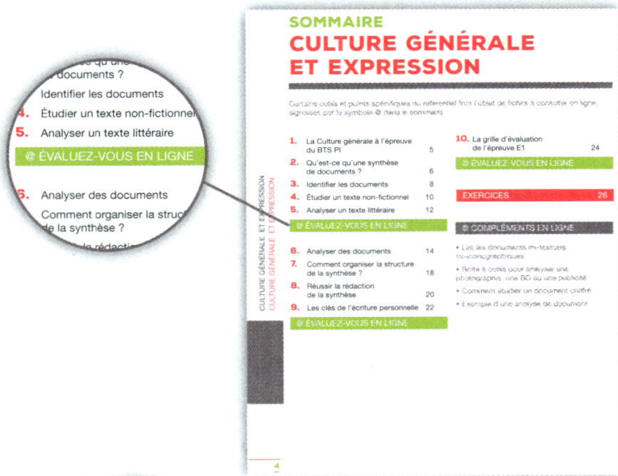

Des schémas à compléter, des mots-croisés, des textes à trous… pour tester ses connaissances

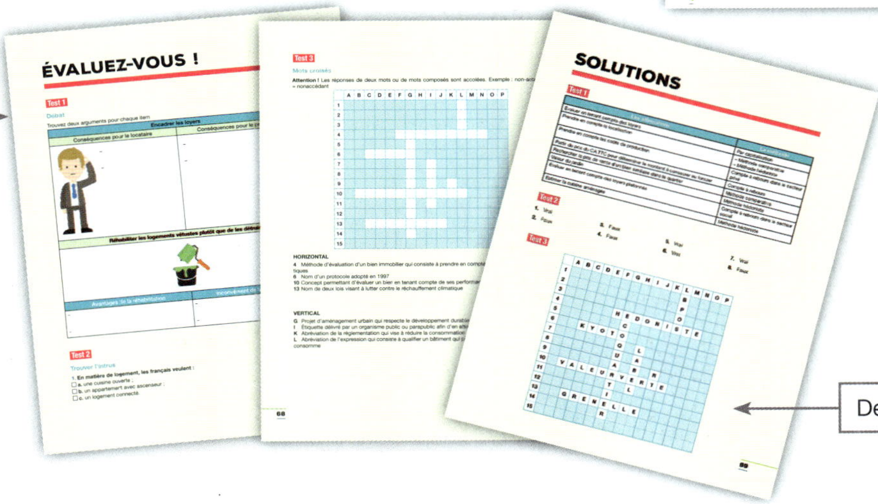

Des corrigés

Comment accéder aux contenus en ligne ?

1 Je me rends sur la page de mon livre sur dunod.com

2 Je trouve LES + EN LIGNE sous la présentation de mon livre

3 J'accède à la liste des contenus en accès RÉSERVÉ

Je me munis de mon livre

J'entre le MOT DE PASSE demandé

4 Je clique et c'est téléchargé

SOMMAIRE

CULTURE GÉNÉRALE ET EXPRESSION

PRÉSENTATION DE L'ÉPREUVE

1. MODALITÉS DE L'ÉPREUVE

➜ Épreuve écrite
➜ Coefficient 3
➜ Durée 4 heures

2. DÉFINITION DE L'ÉPREUVE

Cette épreuve se décompose en **deux parties** : la **synthèse de documents** et l'**écriture personnelle**.

1. LA SYNTHÈSE DE DOCUMENTS

Le dossier qui vous est remis est constitué de quatre documents.
Les **quatre documents** du corpus, bien que de **nature différente** (extraits d'essais, extraits d'articles de presse, textes littéraires, messages graphiques, tableaux statistiques, documents iconographiques…), traitent tous du **même thème** - l'un des deux thèmes inscrits au programme de la deuxième année de BTS - et ont **une problématique commune**.
Comme nous le verrons ultérieurement, il s'agit dans cet exercice de **rassembler les idées diverses** contenues dans les documents du corpus donné. Vous ne devez absolument rien ajouter à ce qui est dit dans le dossier. Les idées ainsi retenues sont ensuite organisées selon un **plan précis**. Le produit final que vous remettrez doit être **entièrement rédigé**.

2. L'ÉCRITURE PERSONNELLE

Par rapport au principe de neutralité de la synthèse, **l'épreuve d'écriture personnelle** vous permet de **donner votre avis** sur une question formulée par un sujet précis. Ainsi que le stipule le Bulletin Officiel (B.O. n° 47), le candidat doit répondre à la question « de façon argumentée ». Le point de vue particulier (l'intitulé précise bien qu'il s'agit d'une écriture « personnelle » et donc propre à chaque étudiant) défendu dans la copie ne peut relever que de la subjectivité. Il est par conséquent indispensable de l'étayer de connaissances précises afin d'éviter l'écueil du subjectivisme.

Le thème et la problématique de l'exercice d'écriture personnelle sont en relation avec les documents proposés dans la synthèse.
Les connaissances investies mêleront les acquis antérieurs, les documents proposés en synthèse et le bagage culturel construit tout au long de l'année en fonction des thèmes du programme.
Les deux thèmes de « Culture générale et expression » retenus pour les étudiants en deuxième année de BTS invitent à s'interroger sur le monde qui nous entoure.
Exemples de thèmes proposés :
➜ Dans ma maison
➜ De la musique avant toute chose ?
➜ À toute vitesse
➜ Cette part de rêve que chacun porte en soi
➜ L'extraordinaire
➜ Corps naturel, corps artificiel

3. ÉVALUATION DE L'ÉPREUVE

1. LES PARTICULARITÉS

L'épreuve de « Culture générale et expression » peut être évaluée sous deux modalités selon les filières :
– sous la forme d'une **épreuve ponctuelle**.
– en Contrôle en Cours de Formation (CCF).
Dans cet ouvrage, nous ne développerons que la **forme ponctuelle**, car c'est celle qui est actuellement retenue pour la section BTS Professions Immobilières.
L'épreuve de « Culture générale et expression » pour l'examen du BTS Professions Immobilières est donc **une épreuve essentiellement écrite**. Cette épreuve se décompose en **deux parties**. Il s'agit pour vous de rédiger dans un premier temps une synthèse de documents puis dans un deuxième temps, de répondre de façon argumentée à une question directement liée aux documents proposés.
Ces deux exercices sont réalisés successivement dans les **4 heures** imparties.
L'exercice de synthèse de documents est noté sur

40 points. L'exercice d'écriture personnelle est noté sur **20 points**.

La note globale de l'unité 1 est ensuite ramenée à un **total sur 20 points**.

2. LES COMPÉTENCES ÉVALUÉES

Il est essentiel avant d'aller plus loin, que vous sachiez sur quoi vous êtes évalué. C'est pourquoi nous mentionnerons ici les impératifs de l'épreuve sans préjuger de la forme des exercices.

Votre parcours de formation est orienté par la mise en œuvre de techniques et de capacités qui vous permettront par exemple : d'apprécier le contexte d'une énonciation, d'**appréhender une situation de communication** ou encore, de réaliser un message.

Les compétences nécessaires à la maîtrise de ces capacités sont définies dans le référentiel par un certain nombre de verbes indiquant des actions que vous devez « être capable » de réaliser :

- **Justifier** son point de vue
- **Établir** un bilan critique
- **Maîtriser** la langue
- **Rédiger** un message dont la graphie soit lisible.
- **Trier et traiter** des informations et des documents
- **Rendre compte de la signification** d'un message
- **Identifier** un document et **mettre en relation** des éléments
- **Recenser** les données d'un problème
- **Reconnaître** les éléments constitutifs d'une situation de communication
- **Organiser** les données et les idées en fonction des objectifs retenus

Les compétences propres à chacune des deux épreuves sont les suivantes :

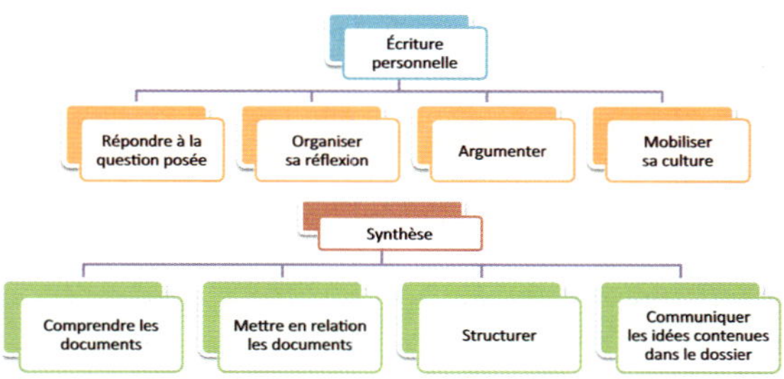

Bien que la préparation concerne directement l'épreuve ponctuelle écrite, **les techniques et capacités d'expression orale** n'en sont pas pour autant négligées. Un certain nombre de recoupements et d'interactions sont évidents et l'on ne peut nier le **caractère transversal des compétences acquises** dans le cursus de Culture Générale et Expression.

C'est ainsi que la maîtrise des compétences signalées pour l'écrit contribue grandement au perfectionnement de la **communication orale** :

➜ connaissance de la langue (vocabulaire et syntaxe) ;

➜ aptitude à exprimer sa pensée avec exactitude ;

➜ prise en compte d'une situation de communication…

3. LES ATTENTES DU JURY

Dans le tableau suivant, les compétences précédemment définies sont mises en parallèle avec les attentes du jury.

Synthèse de documents

Compétences	Attentes du jury
Comprendre les documents	– Perception correcte des idées essentielles de chaque document. – Discrimination des idées importantes en lien avec le thème.
Mettre en relation des documents	– Exploitation de tous les documents. – Effort pour établir des liens entre les documents. – Pas de simple juxtaposition d'analyses ou de résumés.
Structurer	Organisation cohérente et apparente.
Communiquer les idées contenues dans le dossier	– Respect des codes de l'écrit. – Reformulation concise. – Respect du principe de neutralité. – Capacité à intégrer à la synthèse les éléments essentiels repérés.

Écriture personnelle

Compétences	Attentes du jury
Répondre à la question posée	– L'énonciation témoigne d'un engagement personnel (avec ou sans emploi du « je »). – La prise de position doit être explicitée.
Organiser sa réflexion	La progression des idées doit être cohérente.
Argumenter	– Pertinence des arguments, variété et richesse. – Hiérarchisation des idées permettant de mener le raisonnement à son terme.
Mobiliser sa culture	– Votre culture constitue le socle attendu. – Les références culturelles doivent être précises.

Il est indispensable de soigner la lisibilité sur l'ensemble de votre copie.

SOMMAIRE
CULTURE GÉNÉRALE ET EXPRESSION

Certains outils et points spécifiques du référentiel font l'objet de fiches à consulter en ligne, signalées par le symbole @ dans le sommaire.

1 L'ÉPREUVE DE CULTURE GÉNÉRALE

1. DE QUOI S'AGIT-IL ?

En 1re année, le choix des thèmes de réflexion, des textes et documents d'étude est laissé à l'initiative du professeur qui s'inspire des principes suivants :

→ créer une culture commune chez des étudiants ;

→ développer la curiosité des étudiants ;

→ développer le sens de la réflexion.

En 2e année, deux thèmes sont étudiés. Un intitulé, une problématique et des indications bibliographiques orientent et délimitent la problématique de chaque thème.

Le développement de la culture générale est un travail qui s'effectue tout au long de notre existence. C'est **un capital** que chacun peut enrichir. **Soyez curieux** du monde qui vous entoure !

L'expression culture générale recouvre un ensemble de connaissances intellectuelles bien vaste, ne vous inquiétez pas car votre champ de travail pour le BTS est circonscrit par les **deux thèmes au programme**. Chaque année, un nouveau thème est annoncé pour la rentrée suivante. Ce document suggère divers supports pour développer vos connaissances dans des domaines variés.

2. DÉVELOPPER SA CULTURE GÉNÉRALE

1. SOYEZ CURIEUX !

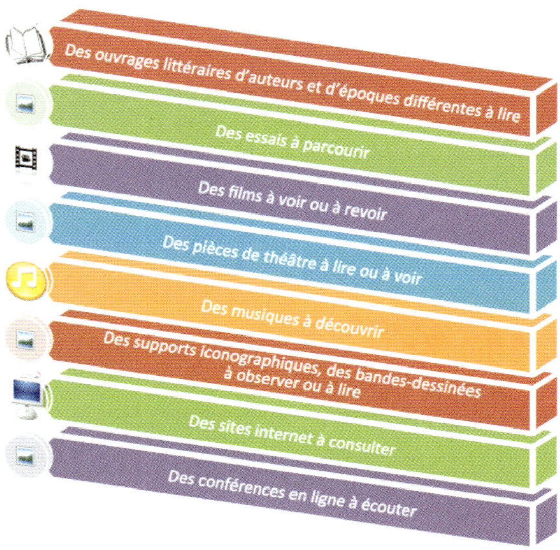

2. COMMUNIQUEZ AVEC LE MONDE QUI VOUS ENTOURE !

Bien sûr, vous ne pourrez pas emprunter toutes ces pistes dans un laps de temps qui demeure assez restreint mais la fréquentation régulière de quelques médias vous ouvrira des fenêtres sur le monde dans lequel nous évoluons :

→ presse quotidienne nationale ;

→ presse quotidienne régionale ;

→ magazines ;

→ émissions radiophoniques ;

→ émissions télévisuelles ;

→ documentaires en *streaming*…

Créez vos espaces de découvertes en vous offrant des moments privilégiés au cours de cette formation. Vous découvrirez des univers différents qui enrichiront vos analyses :

→ visitez des musées et des monuments nationaux ;

→ allez voir des expositions temporaires ;

→ assistez à des spectacles scéniques.

Les **bibliothèques** municipales (gratuites), le CDI de votre établissement foisonnent en informations sur les thèmes à explorer, quels qu'ils soient.

3. PRENEZ DES NOTES !

Les conseils donnés ci-dessus seront d'autant plus efficaces que vous vous habituerez à **prendre quelques notes** au cours de ces découvertes.

2 QU'EST-CE QU'UNE SYNTHÈSE DE DOCUMENTS ?

1. DÉFINITION

Le substantif « synthèse » est formé à partir de deux mots grecs : « *sun-* » préfixe qui signifie « ensemble », « avec » et « *thesis* » qui signifie « action de poser ». Selon son étymologie, ce terme désigne donc l'action de « mettre ensemble ».

Le *Lexis – Dictionnaire érudit de la langue française* définit la synthèse comme « un exposé réunissant les divers éléments d'un ensemble ».

Dans l'exercice qui nous occupe, il s'agit de traiter le problème abordé par l'ensemble du dossier (la problématique commune) en **rassemblant dans le développement du devoir les éléments de réponse** contenus dans les quatre documents.

Les idées retenues sont organisées selon un **plan précis**.

Le produit final que vous remettrez doit être **entièrement rédigé** et **sans plan apparent**.

2. PRINCIPES MÉTHODOLOGIQUES

La synthèse se présente dans son **organisation** comme une dissertation. Elle se compose de trois parties :

➔ une introduction ;

➔ un développement structuré ;

➔ une conclusion.

Son **contenu** est fourni exclusivement par l'ensemble des documents proposés, aucune idée extérieure ne peut y figurer. C'est ce que nous nommerons **« le principe de neutralité »**.

Vous devez bien faire la différence entre la problématique et le thème.

Exemple

Le dossier proposé à la session 2019 avait pour ***thème*** *« Seuls avec tous ». La* ***problématique générée par les idées importantes des documents*** *pouvait prendre la forme de la question suivante : « Le faire ensemble favorise-t-il l'épanouissement de l'individu ? ». C'est cette question qui détermine l'orientation de votre travail, elle doit permettre d'interroger tous les documents du dossier afin de trouver des éléments de réponse.*

Filtrage et fusion des informations du corpus

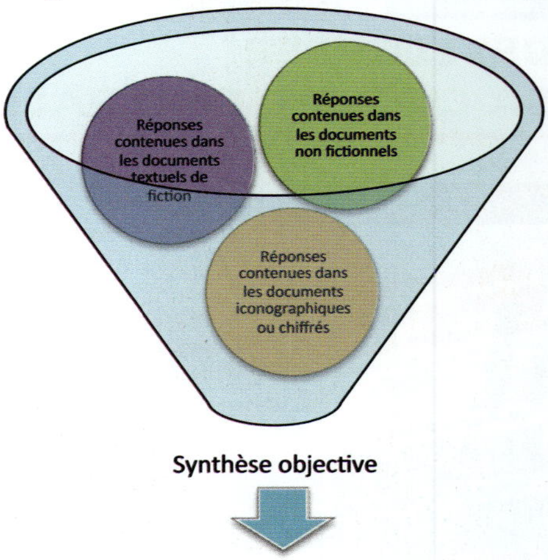

3. LES CONTRAINTES DE L'ÉPREUVE

1. LE CADRE DE L'EXERCICE

Avant d'aller plus loin dans le détail de ce qu'est l'épreuve de synthèse de documents, vous devez être conscient des contraintes définies par le cadre même de l'exercice.

La consigne qui précède le corpus du dossier précise **trois contraintes fondamentales** de l'exercice. Elle est formulée de la manière suivante : « *Vous rédigerez une synthèse* ***objective, concise et ordonnée*** *des documents suivants* ».

Si le thème général du dossier est précisé (il s'agit de l'un des deux thèmes au programme de l'année) il vous faut toutefois **circonscrire** (délimiter) **le sujet** car les documents s'attachent à un aspect particulier du thème.

Exemple

Le dossier proposé à la session 2015 avait pour thème « Ces objets qui nous envahissent : objets cultes, culte des objets » mais dans le cadre limité de l'épreuve, il fallait cerner au plus près l'aspect évoqué dans les documents. En l'occurrence, il s'agissait des objets vintage et de l'engouement qu'ils suscitent.

Le problème traité n'est pas signifié. Il vous faudra donc **découvrir la problématique**.

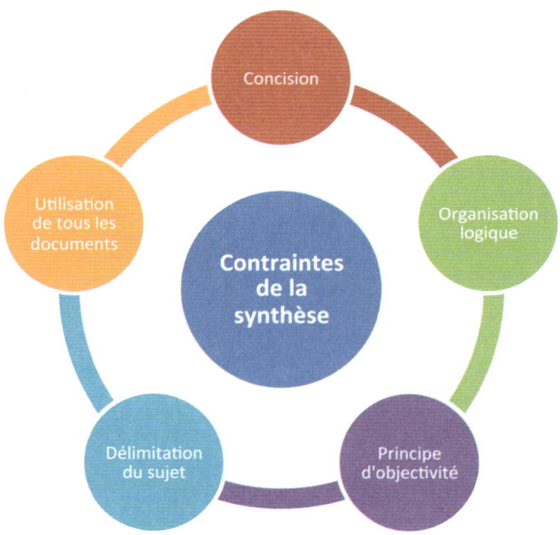

2. LES CONTRAINTES DE LA LANGUE ECRITE

Il est indispensable de **soigner la lisibilité** sur l'ensemble de votre copie.

Vous devez respecter les **contraintes de la langue écrite** :

➜ accords ;

➜ cohérence des pronoms ;

➜ conjugaison ;

➜ respect des modes de dépendance entre des propositions ou entre des mots (subordination)…

Vous devez aussi respecter les **codes rédactionnels** :

➜ majuscules ;

➜ ponctuation ;

➜ graphie…

Une bonne **compréhensibilité du message** que vous transmettez au correcteur apportera une véritable **plus-value** à votre devoir.

3. LA GESTION DU TEMPS

Un examen est aussi une épreuve de gestion du temps.

➜ Vous disposez de 4 heures pour réaliser les deux exercices de l'épreuve E.1 ;

➜ Les candidats consacrent généralement plus de temps à la synthèse (très formelle et notée sur 40) qu'à l'exercice d'écriture personnelle.

« **Travaillez avec méthodologie** : répétez les étapes du schéma ci-dessous que vous devez rigoureusement respecter et entraînez-vous dans les **temps**. »

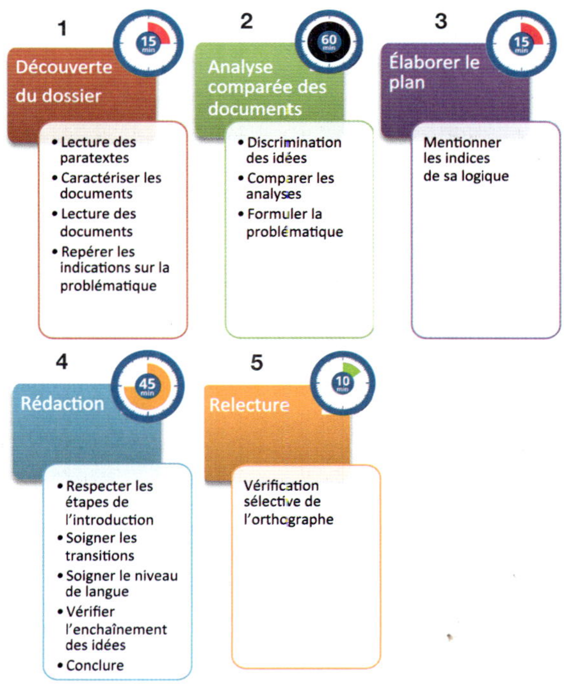

3 IDENTIFIER LES DOCUMENTS

1. NE NÉGLIGEZ PAS LE PARATEXTE !

« *(…) le texte sans son paratexte est parfois comme un éléphant sans son cornac …* »

Gérard Genette

L'élément grec *para-* signifie « à côté de ».

Le paratexte est l'ensemble des informations qui accompagnent le texte mais n'en font pas partie.

Un texte peut être précédé de quelques lignes d'introduction souvent en italique (*le chapeau*) et accompagné de notes explicatives pour en faciliter la compréhension.

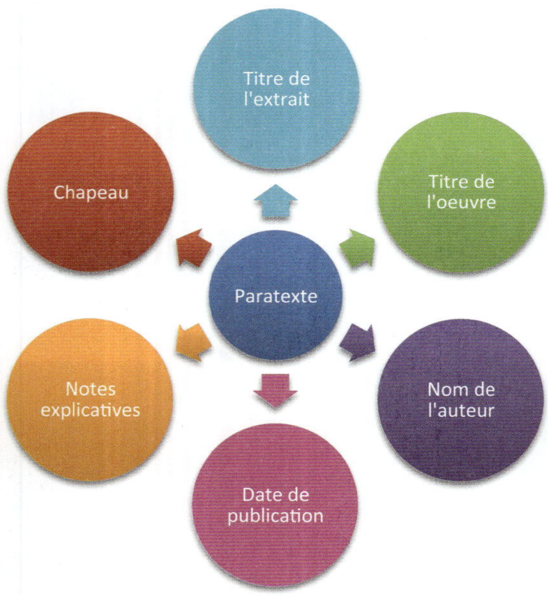

Les documents iconographiques ne sont jamais donnés seuls non plus. Les différents éléments informatifs qui les accompagnent constituent **la légende**.

Le paratexte et la légende sont indispensables à **l'identification du document**.

Prêter attention aux paratextes et aux légendes permet aussi d'appréhender le sens particulier des documents et les **enjeux argumentatifs du dossier**.

La synthèse est un exercice qui consiste à traiter un problème en utilisant uniquement les données fournies par un ensemble de documents que l'on nomme **corpus**. Par conséquent, il est impératif de commencer votre recherche par l'analyse des paratextes.

2. IDENTIFIER LE GENRE D'UN DOCUMENT TEXTUEL

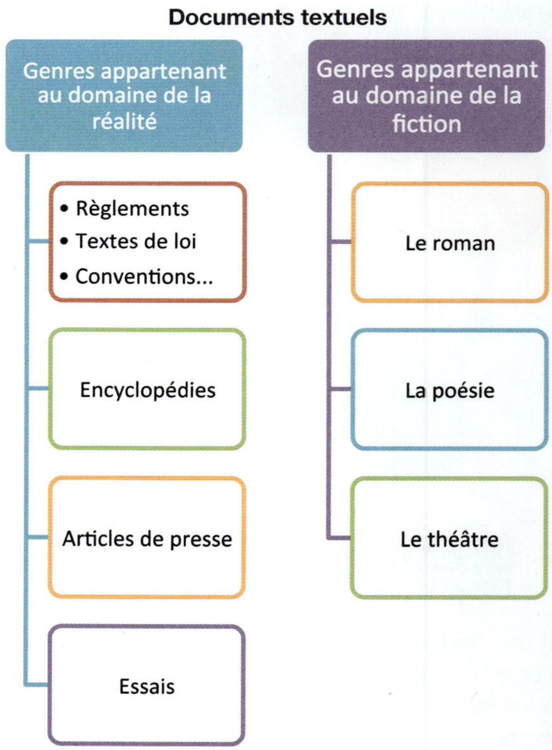

L'étude des documents a pour objectif d'identifier les données nécessaires au traitement du problème abordé dans le dossier.

Il est indispensable d'identifier dans un premier temps les genres auxquels appartiennent les documents textuels.
Les éléments du paratexte peuvent donner des indices précieux pour identifier si le document renvoie à la **réalité** ou s'il relève de la **fiction**.
Certains documents sont parfois très proches tant dans leurs formes que dans leurs fonctions ce qui rend leur identification délicate. Il faut alors être attentif à la mise en page du document et à la situation dans laquelle le message a été produit (le système d'énonciation) en se demandant par exemple qui parle, à qui et dans quelle intention…

3. LES DOCUMENTS NON TEXTUELS OU MIXTES

Le dossier de synthèse comporte souvent un document dont le contenu ne passe pas uniquement par un texte. Vous aurez alors à traduire en mots la richesse du contenu et la complexité de l'information. Pour pouvoir intégrer les informations déduites de ces documents à l'ensemble des données de la documentation, il est recommandé d'**analyser en premier lieu tous les documents textuels du corpus**.

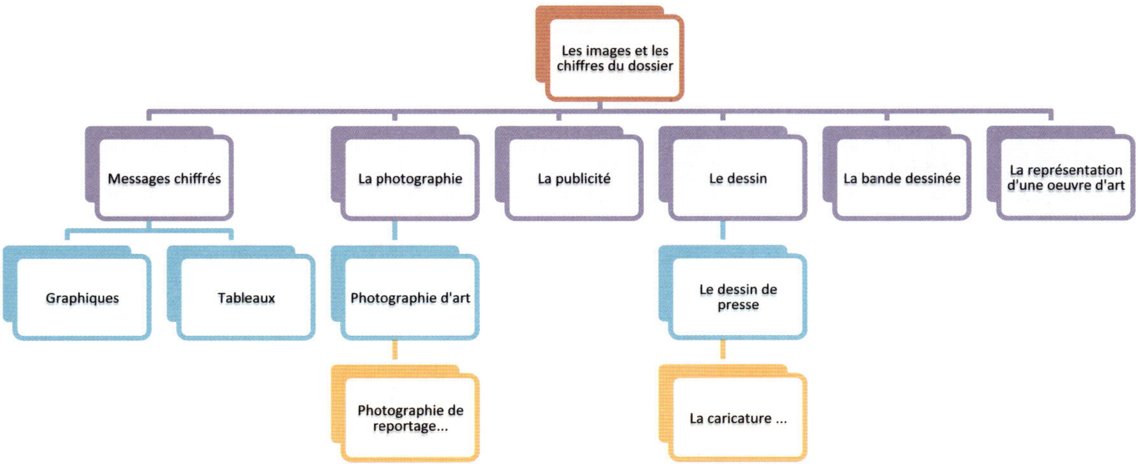

4 ÉTUDIER UN TEXTE NON-FICTIONNEL

1. FONCTION DU TEXTE NON-FICTIONNEL

Pour plus de simplicité, nous nommerons ici **textes analytiques** les textes appartenant à des genres en prise directe avec le **monde réel**.

Les documents récents qui appartiennent à ces genres peuvent traiter des questions d'actualité ou des sujets de société à la mode (*exemple : un article de presse*) mais il peut aussi s'agir de textes plus anciens qui ont fait date car ils ont eu une influence sur la pensée (exemple : un essai philosophique).

Le dossier peut aussi contenir un texte classique des siècles antérieurs lorsqu'il s'agit de montrer la pérennité d'un problème (exemple : *l'article « fanatisme » de Voltaire au XVIIIe siècle*) ou pour montrer l'évolution d'un sujet (exemple : l'éducation des enfants dans les *Essais* de Montaigne).

Il est vivement conseillé de **commencer l'étude** du dossier **par un texte non-fictionnel**. Si le corpus contient plusieurs textes appartenant à ce genre, vous choisirez celui qui vous paraît **le plus riche en informations**. Cela vous permettra de mettre en place dès votre première analyse un certain nombre d'axes de réflexion (les rubriques qui constitueront par la suite les sous-parties de votre synthèse).

2. NATURE DU TEXTE

Ces textes abordent directement des questions sociales, économiques, politiques ou philosophiques. Parfois, le titre révèle la nature du document (*chronique, discours, mémoires…*) ou indique le domaine du discours *(politique, économique, philosophique, sociologique…).*

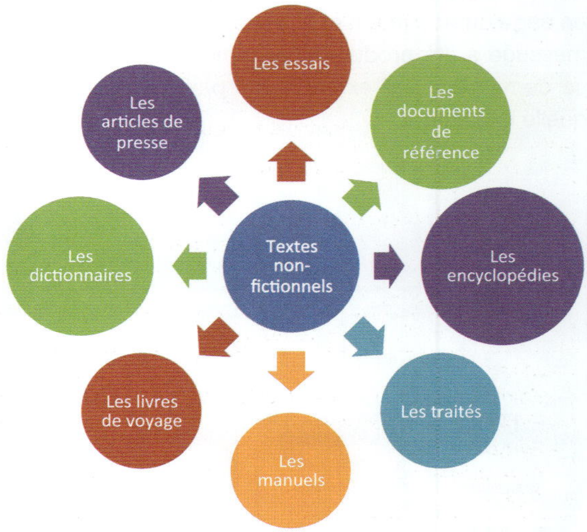

Dans tous les cas, il faudra être très attentif aux éléments du **paratexte** (titre de l'organe de presse, nom de la collection, chapeau de présentation…) afin d'éviter les risques de confusion entre un texte de fiction et un texte non-fictionnel.

3. LES FORMES DU DISCOURS

1. IMPORTANCE DU CONTEXTE

« Le fait que les textes circulent sans leur contexte (…) est générateur de formidables malentendus ».

Pierre Bourdieu
(1930-2002), Sociologue.

Le contexte est l'espace social, économique, intellectuel, politique et linguistique au sein duquel un auteur a produit son discours. Afin de ne pas commettre de faux sens, il est fondamental d'effectuer une lecture contextualisée et de tenir compte de l'organisation du texte.

Tout message porte des marques du contexte dans lequel il a été produit. Il faut être attentif à différents indices. Quelques questions peuvent vous y aider :

- ➜ Qui parle ?
- ➜ À qui s'adresse l'énoncé ?
- ➜ Où a-t-il été produit ?
- ➜ Quand l'énoncé a-t-il été fait ?
- ➜ De quoi parle l'auteur ?

Selon l'objectif visé par l'auteur, le discours (l'énoncé) peut prendre différentes formes.

Discours descriptif
Quelles questions dois-je me poser ?
– Qu'est-ce qui est donné à voir ? – Qui voit ? – D'où la scène est-elle vue ? – Pourquoi cette scène est-elle montrée ? – Comment sont situés les éléments visuels les uns par rapport aux autres ?..
Quelle est l'intention de l'auteur ?
– Montrer, renseigner ; – Faire ressortir un aspect particulier du problème ; – Expliquer un phénomène ; – Symboliser ; – Personnifier ; – Réifier…

Discours informatif ou explicatif
Quelles questions dois-je me poser ?
– De quoi s'agit-il ? D'un fait ? D'un comportement ?... – Quels éléments me sont donnés ?...
Quelle est l'intention de l'auteur ?
– Permettre de mieux comprendre ; – Exposer objectivement une situation…

Discours argumentatif
Quelles questions dois-je me poser ?
– Quelle idée veut-on me faire admettre ? – Quelles preuves me donne l'auteur ? – À quels domaines appartiennent les justifications (traditions, culture, sciences…) ? – Par quels exemples concrets les arguments sont-ils illustrés ? – La prise de position est-elle tranchée ou nuancée ?...
Quelle est l'intention de l'auteur ?
– Convaincre ; – Persuader ; – Délibérer ; – Discuter ; – Réfuter ; – Polémiquer…

2. REPÉRER LES INDICES D'ORGANISATION

➜ Le repérage des connecteurs logiques ou temporels est essentiel. Il permet de comprendre la logique de l'auteur et la stratégie de raisonnement qu'il a choisie pour défendre son point de vue.

➜ Surlignez les articulations avec des couleurs différentes afin de visualiser les étapes du texte.

Indices de temporalité

- ☐ avant cela
- ☐ maintenant
- ☐ *a priori*
- ☐ *a posteriori*
- ☐ par la suite…

Signaux de relation logique

- ☐ à cause de
- ☐ grâce à
- ☐ c'est pourquoi
- ☐ par conséquent
- ☐ hormis
- ☐ certes
- ☐ afin que
- ☐ à l'instar de
- ☐ contrairement à…

Indicateurs de séries

- ☐ au préalable
- ☐ tout d'abord
- ☐ de même
- ☐ en outre
- ☐ de plus
- ☐ de surcroît
- ☐ d'une part…d'autre part
- ☐ enfin…

Signaux énonciatifs

- ☐ d'ailleurs
- ☐ notamment
- ☐ d'après
- ☐ selon
- ☐ autrement dit
- ☐ par exemple
- ☐ prenons le cas de …

➜ Vous ne retiendrez pour votre synthèse que les arguments et les exemples précis qui concernent directement le problème traité.

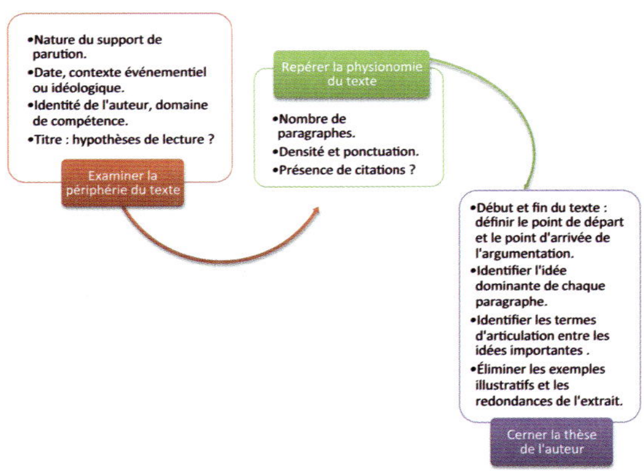

5 ANALYSER UN TEXTE LITTÉRAIRE

« *Le roman est une machine inventée par l'homme pour l'appréhension du réel dans sa complexité* ».

Aragon (1897-1982)

1. FONCTION DU TEXTE LITTÉRAIRE

Dans le cas qui nous occupe, le texte de fiction doit être considéré comme un des éléments constitutifs du corpus proposé. Il n'est pas le support principal pour l'étude du dossier.

Vous n'avez pas à émettre de jugements d'ordre esthétique ni à procéder à une analyse des procédés littéraires mis en œuvre. Il s'agit essentiellement de relier étroitement ce texte aux autres documents du dossier.

Pour cela, il convient d'analyser d'abord les textes qui renvoient directement à la réalité puis de s'interroger pour voir comment utiliser le texte de fiction :

➜ Quel éclairage original le texte littéraire apporte-t-il sur les points abordés dans les autres documents ?

➜ Le texte littéraire présente-t-il des convergences ou des divergences avec les points de vue évoqués dans le dossier ?

➜ Le texte littéraire illustre-t-il des arguments fournis par un autre texte ?

Votre lecture doit toutefois être conduite de manière méthodique. Vous devez tenir grand compte des particularités du texte pour mieux en appréhender la signification et éviter les contresens.

2. NATURE DU TEXTE

Le plus souvent il vous sera proposé un extrait de roman, un extrait théâtral ou un extrait poétique. Il est toutefois recommandé de vous familiariser avec la plus grande variété possible de textes de fiction.

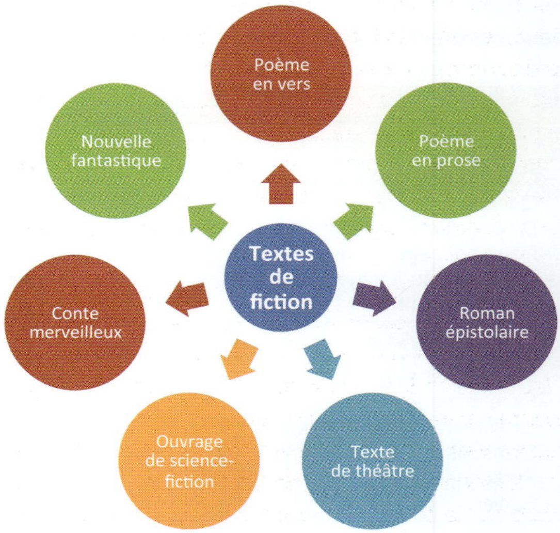

Dans tous les cas, une observation attentive du **paratexte** s'impose. Voici un questionnement de base qui peut vous aider :

➜ Qui est l'auteur du texte ? (Si c'est un écrivain célèbre, cela peut vous aider).

➜ Quelle est la date de publication de l'œuvre ? À quelle époque a-t-elle été écrite ? (Ces informations permettent de mieux saisir les enjeux du texte).

➜ Quelles informations nous donne le chapeau ?

3. RAPPORT ENTRE RÉEL ET IMAGINAIRE

Le mot « fiction » est formé à partir du mot latin *fingere* qui signifie « feindre ».

Les récits de fiction placés dans un devoir de synthèse correspondent, expriment ou dénoncent intentionnellement un fait de société.

Il vous faudra effectuer une lecture attentive et vous interroger pour comprendre de quelle situation réelle il s'agit :

➜ À quelle situation réelle mentionnée dans le dossier de synthèse l'extrait renvoie-t-il ?

→ Quels aspects de la réalité l'extrait de fiction dénonce-t-il ?

→ S'agit-il d'une représentation idéalisée du réel ?

4. L'HISTOIRE ET LE NARRATEUR

→ Si le récit littéraire pose le problème du rapport entre la réalité et la fiction, il nous engage aussi à faire une distinction entre le narrateur et l'auteur.

L'auteur est la personne réelle qui a produit l'œuvre, c'est l'écrivain (ou l'écrivaine).

Le narrateur, du verbe *narrer* (raconter, relater) est la personne qui raconte l'histoire. Attention, le narrateur ne se confond avec l'auteur que dans le cas de l'autobiographie.

→ Lorsque le narrateur est un personnage de l'histoire, il peut parler à la première personne (« je ») ce qui risque de vous induire en erreur.

Il faut cependant considérer que ce message n'exprime pas forcément ce que pense l'auteur.

Il faudra veiller à ne pas faire d'extrapolation. Pour ce faire, lorsque vous rédigerez la synthèse, vous vous efforcerez de toujours souligner les relations étroites entre les points repérés dans les textes relevant de la réalité et le texte fictionnel.

5. LA DÉMARCHE DE L'ÉTUDE

Ainsi, par exemple, il est important de distinguer les signes de la **subjectivité** qui imprègne un énoncé. On appelle **modalisation** l'ensemble de ces signes.

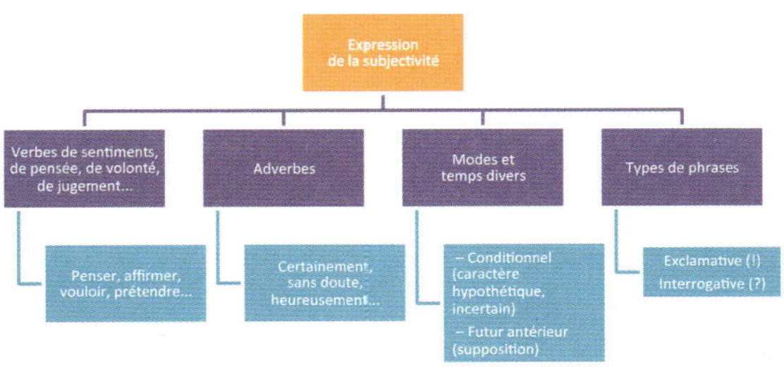

Une analyse précise doit permettre de relever les éléments qui renvoient directement à la problématique :

→ relever les principaux champs lexicaux ;

→ dégager les connotations du vocabulaire

→ repérer les indices de valorisation ou de dévalorisation (termes mélioratifs ou péjoratifs).

Attention, un texte de fiction peut contenir de nombreux éléments étrangers à la problématique. Il ne faut surtout pas les retenir dans le cadre de ce travail.

Enfin, ne négligez pas le **ton** du texte (le **registre)**, cela vous aidera à mieux cerner les enjeux de l'extrait et vous épargnera de graves contresens !

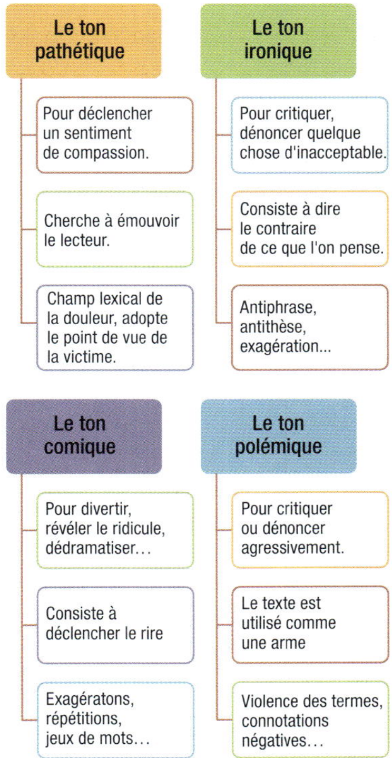

Au cours de votre lecture, il ne vous faut jamais perdre de vue le problème posé par le dossier. Les idées (domaine de l'abstraction) sont exprimées à travers des éléments concrets que vous pouvez identifier. Voici quelques éléments pour vous aider à vous poser les bonnes questions :

→ Quelle est la situation présentée ?

→ Quelles informations nous donnent les portraits des personnages ?

→ Que laissent deviner leurs comportements ?

→ Quels points de vue sur le thème sont défendus par les protagonistes ?

L'identification de certains **procédés d'écriture** contribue à une meilleure compréhension du texte de fiction.

@ Retrouvez en ligne d'autres outils d'analyse de documents.

6 ANALYSER DES DOCUMENTS

Le jour de l'examen, consacrez 1 h 00 à 1 h 15 à cette étape.

1. OBJECTIF

Le terme « analyse » vient du grec *analusis*, « décomposition, résolution ». Analyser un texte consiste donc à le « décomposer » pour **« tenter de dégager les éléments propres à expliquer une situation »**.

Vous avez donc tout d'abord à **repérer les données importantes** contenues dans les documents.

➜ Il ne faut retenir que celles qui ont un rapport direct avec le sujet de la synthèse.

Ce travail d'analyse sélective sera complété par la **comparaison entre les idées retenues**.

2. LA DÉCOUVERTE DES DOCUMENTS

1. IDENTIFIER LE THÈME

Le thème qui fédère le dossier peut être rapidement saisi puisqu'il s'agit de l'un des deux thèmes au programme de l'année. Toutefois, le corpus ne peut pas en explorer tous les aspects dans le cadre limité de l'épreuve. Afin de traiter au mieux la synthèse, il vous faut donc cerner au plus près l'aspect évoqué dans les documents. Prenez le temps de lire attentivement les paratextes et les premières lignes de chaque document. Très souvent vous y trouverez les mots-clefs qui vous permettront de définir très précisément le thème de votre étude.

2. LA LECTURE DÉCOUVERTE

Cette première lecture du dossier « constitue une première étape dans la prise de connaissance (…) du texte à étudier ». Elle vous permet de cerner l'idée essentielle de chaque document. Cette lecture de découverte précède votre analyse.

Inscrivez en haut de la photocopie l'idée directrice de chaque document ou la thèse de l'auteur s'il s'agit d'un texte argumentatif.

Surlignez au fil de votre lecture (mais sans exagération) quelques mots et expressions clefs qui permettent d'identifier les idées importantes du texte.

Vous pouvez formaliser les idées en quelques mots.

En fonction des idées collectées vous pouvez faire une **hypothèse de plan**.

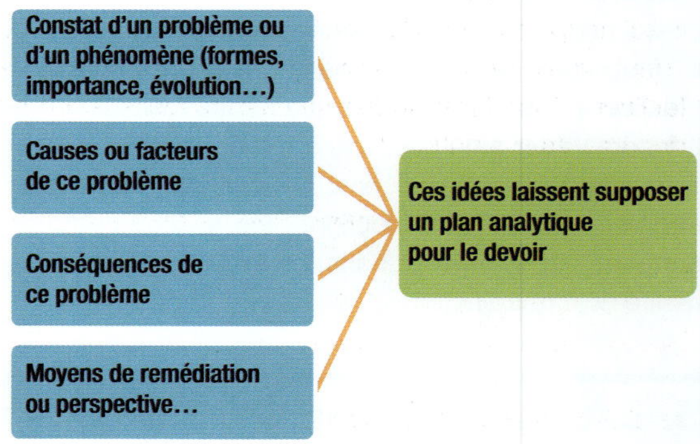

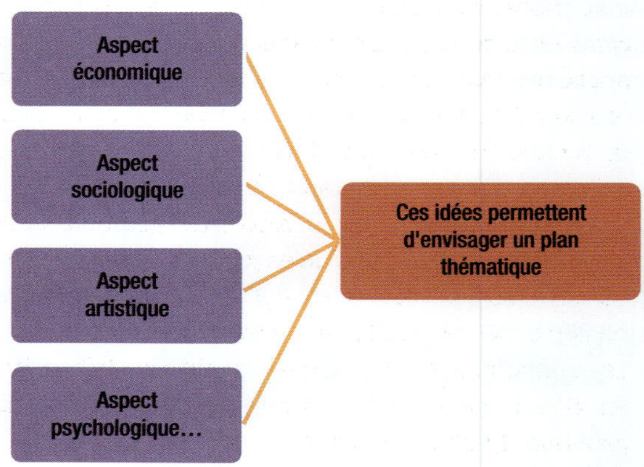

3. DANS QUEL ORDRE ANALYSER LES DOCUMENTS ?

La numérotation des documents ne détermine pas l'ordre de votre analyse.
Il ne faut pas se précipiter pour analyser un document sans avoir acquis une vision globale du dossier.
Considérez que le dossier vous donne les pièces d'un puzzle à reconstituer.
Si vous suivez l'ordre du corpus, vous risquez de développer votre devoir sous la forme d'une simple juxtaposition d'analyses de chacun des documents.
L'étude selon un ordre chronologique ne présente pas d'intérêt particulier non plus et vous risquez de réduire la problématique à son évolution dans le temps.
Enfin, il est plus prudent de ne pas commencer l'étude par un document non verbal ou un texte de fiction. Il faudrait l'interpréter en fonction de la problématique or celle-ci n'est pas encore précisée.
Si le dossier comporte plusieurs textes d'analyse, il est recommandé de commencer par le texte qui vous paraît **le plus riche en informations**. Cela facilitera l'identification des idées essentielles dans les documents suivants.

3. DÉFINIR UNE PROBLÉMATIQUE

Le thème que vous aurez identifié demeure toutefois trop général pour travailler dans l'esprit de l'exercice. Il est nécessaire d'esquisser une ou deux questions provisoires qui regroupent le thème et les interrogations évoquées par ce thème. À titre d'hypothèse de problématique, vous pouvez constituer un emboîtage de mots-clés à partir du thème général et des idées collectées au cours de la lecture de découverte.
C'est le cheminement que vous allez parcourir pour recueillir les idées principales des documents et la confrontation de ces idées qui vous permettront de confirmer ou de modifier votre hypothèse de départ.
La confrontation des idées identifiées fait naître un débat. La question débattue correspond à la **problématique du dossier**.
Il faut vous poser la question suivante :
➜ Quelle interrogation la confrontation des documents fait-elle surgir ?
La question posée doit être suffisamment large pour permettre d'y répondre en utilisant toutes les idées sélectionnées dans les documents.

De nombreux allers-retours sont parfois nécessaires entre ces étapes au cours de cette étude.
Une **problématique** n'est pas forcément un problème à résoudre. C'est-à-dire qu'il ne s'agit pas toujours d'un problème soluble. Il peut s'agir de **faire état d'une situation difficile** !

4. ANALYSER LES DOCUMENTS

1. EFFECTUER UN TRI

Vous devez vous replonger dans les différents documents pour repérer les informations essentielles qui permettront de répondre plus précisément à la question posée. Prenez des notes au fur et à mesure de votre lecture.

Si le texte est constitué de plusieurs paragraphes :
➜ Commencez par mettre en évidence l'élément principal (l'idée directrice) du paragraphe ;
➜ Identifiez les idées arguments qui justifient cette idée directrice ;
➜ Dissociez les exemples argumentatifs qui pourront être retenus et les exemples purement illustratifs qui sont à éliminer.
Ne négligez pas les chapeaux, les notes et les éléments mis en gras ou en italiques. Accordez une attention particulière aux extrémités du texte (introduction et conclusion des articles et des essais).
Ne vous perdez pas dans les détails, la gestion du temps est fondamentale !

2. RÉALISER UNE CARTE MENTALE

Toute la matière de la synthèse va apparaître dans votre brouillon. Nous vous proposons d'élaborer une carte mentale (appelée aussi schéma heuristique ou *mind map*). L'utilisation d'un schéma heuristique permet de gagner du temps en organisant les idées.
La carte offre une vue d'ensemble organisée du dossier. Pour en faciliter la lecture, certains principes sont à respecter :
➜ La feuille est placée en format paysage ;
➜ Le sujet du dossier constitue le noyau de la carte ;
➜ Les idées principales irradient à partir de cet élément central sous forme de branches ;

➜ La carte se lit dans le sens des aiguilles d'une montre (la première idée reliée à ce noyau apparaît donc en haut à droite).

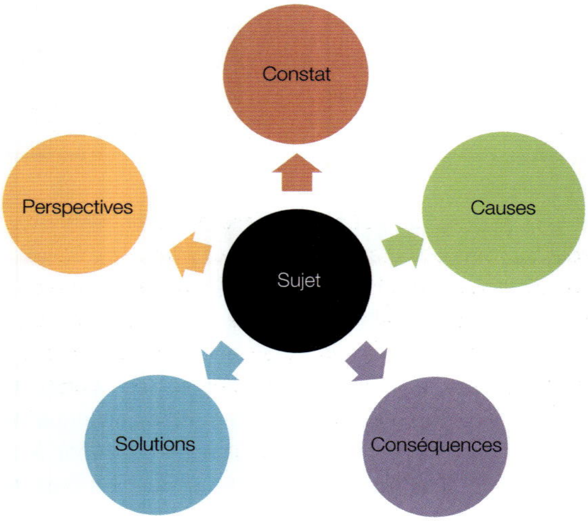

Il est préférable de n'utiliser que peu de mots-clefs pour chaque idée, ce qui vous évitera de paraphraser le texte original et vous interdira toute citation. Vous pouvez utiliser dans votre brouillon des symboles et des abréviations. Il est inutile de rédiger de longues phrases au brouillon.

La hiérarchisation des idées peut être mise en évidence par la taille des caractères, la grosseur des traits ou l'encadrement des informations. Elle sera renforcée par la numérotation des idées ou par un classement alphabétique afin de faciliter la construction du plan dans l'étape suivante.

Les branches ne se croisent pas (sauf s'il s'agit de créer des liens entre les systèmes).

L'hexamètre dit de Quintilien (« Qui ? Quoi ? Où ? Quand ? Comment ? Combien ? Pourquoi ? ») est un questionnement indispensable pour n'omettre aucune idée importante et bien délimiter le sujet.

Le croisement de ce questionnement et de la carte heuristique s'avère très efficace pour **analyser un phénomène**.

Voici un exemple de carte mentale réalisée à partir du premier document de la session 2020.

La maîtrise de la carte mentale demande un peu de pratique. Entraînez-vous à réaliser des cartes pour synthétiser vos cours dans d'autres disciplines. Vous réaliserez très rapidement les bénéfices de ce procédé.

Les cartes mentales ne doivent jamais être jointes à votre copie. Il s'agit d'un travail préparatoire réalisé au brouillon.

Il ne faut pas hésiter à consacrer au moins quinze minutes à cette étape qui va soutenir l'édifice de votre devoir.

@ Consultez en ligne le plan généré par la carte heuristique du sujet de la session 2020

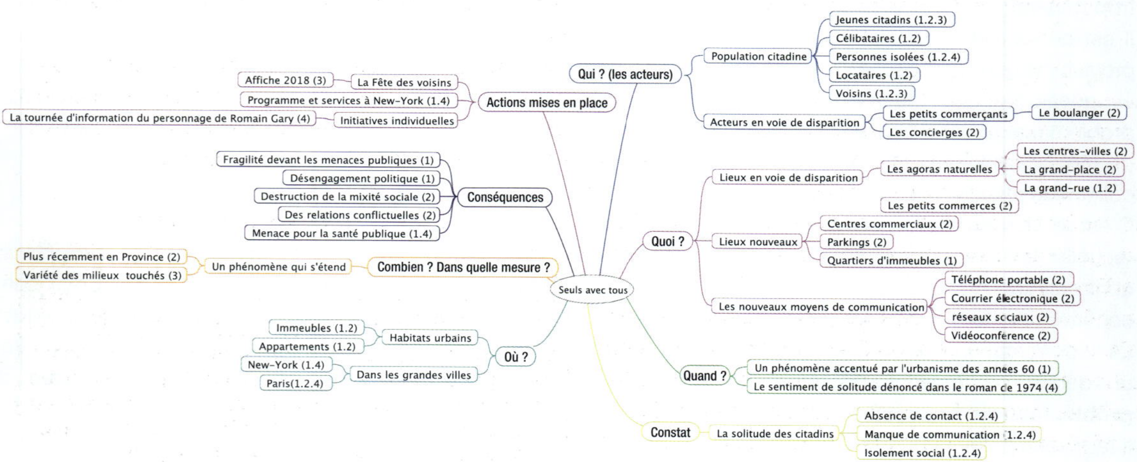

7 COMMENT ORGANISER LA STRUCTURE DE LA SYNTHÈSE ?

Il ne faut pas hésiter à consacrer au moins quinze minutes à cette étape qui va soutenir l'édifice de votre devoir.

1. FONCTION DU PLAN

Ainsi que dans une œuvre architecturale, la structure est le squelette de l'édifice.
Le plan a une double fonction. Il sert à soutenir le corps du devoir (structure porteuse) et il permet de visualiser la logique de la progression argumentative.
Le plan est construit à partir des cartes mentales réalisées au brouillon. Toutefois, ce brouillon se présente un peu comme un jeu de construction dont il va falloir rassembler les pièces.
Les différents regroupements effectués vous permettront d'affiner votre hypothèse de problématique.

2. L'ORGANISATION DE LA SYNTHÈSE

L'organisation de la synthèse est dirigée par le résultat des étapes précédentes. Elle prend en compte les axes dégagés, suivant deux dimensions :
La macrostructure (ou superstructure) : la synthèse est généralement composée de 2 ou 3 **grandes parties**.
La microstructure : chaque grande partie est elle-même composée de 2 ou 3 **sous-parties** qui seront élaborées à partir des ramifications de vos cartes mentales numérotées ou/et codées par des couleurs.
La mise en relation des systèmes des quatre schémas se fera ensuite selon trois critères :
➜ les idées semblables ;
➜ les idées opposées ;
➜ les idées qui se complètent.

Vous comprendrez aisément que la précision de votre repérage des idées favorise l'efficacité de cette étape.
Il n'existe pas de structure type applicable à toutes les synthèses. Veillez cependant à assurer un **ordre progressif** dans la macrostructure et dans la microstructure en regroupant logiquement les idées :
➜ du plus simple au plus complexe ;
➜ du moins important au plus important ;
➜ du plus concret au plus abstrait ;
➜ du plus commun au plus original ;
➜ du plus évident au plus subtil.
L'idée la plus élaborée du dossier constitue cependant la dernière sous-partie du plan et amène logiquement à la conclusion qui va suivre.

3. LES PLANS POSSIBLES

Les sujets donnés au BTS permettent d'envisager quelques types de plans récurrents mais le choix de cette structure ne doit en aucun cas déterminer votre lecture découverte…
Ces plans sont des propositions de pistes pour construire votre devoir. Il vous faudra trouver celui qui permet de rendre compte de l'ensemble du dossier et l'ajuster en fonction de la problématique.

Les différents types de plans

Le plan analytique (appelé aussi plan causal ou « journalistique »)	
La progression	Dans quel cas ?
I. **Constat** (*regrouper les idées qui décrivent une situation, rassembler les données du problème*). II. Analyse des **causes et/ou des conséquences** III. Analyse des **solutions** proposées / **perspectives** ou **conséquences** (*si elles n'ont pas été traitées dans la deuxième partie*)	Ce plan est très efficace lorsque la problématique demande d'analyser un phénomène et d'en **cerner les enjeux**.

Le plan thématique	
La progression	**Dans quel cas ?**
Le phénomène est étudié selon des points de vue différents. *Exemple :* I. Aspect politique II. Aspect économique III. Aspect philosophique	Le dossier permet un **approfondissement** de la question. Il fait référence à de grands domaines d'idées. Il faut se garder de faire un simple catalogue d'arguments.

Le plan concessif	
La progression	**Dans quel cas ?**
I. Développer et explorer l'exactitude des points de vue (Certes…) II. En faire apparaître les limites/nuancer les propos (Mais…)	Le dossier fait apparaître les **limites** d'un phénomène.

Le plan dialectique	
La progression	**Dans quel cas ?**
Il comporte trois parties : 1. Arguments favorables à une thèse *(éléments de convergence pris dans les différents documents)* 2. Arguments défavorables à la thèse précédente *(éléments de divergence pris dans les différents documents)* 3. Idées permettant d'élargir le débat et/ou de le nuancer *(approfondissement)*	La structure du débat ne doit pas diviser les documents en deux groupes de documents exclusifs. La confrontation des idées doit toujours **favoriser la circulation** entre tous les documents (chaque sous-partie doit mettre en relation au moins deux documents).

Ne vous laissez pas enfermer par un type de plan.
Vous pouvez utiliser ce que l'on appelle un plan combinatoire. Il s'agit d'un plan qui va « combiner » les plans-types précédents.

Ainsi, vous pouvez choisir un plan concessif pour les grandes parties et construire des sous-parties thématiques ou encore, établir un plan thématique pour la macrostructure et faire deux sous-parties qui correspondent aux deux étapes du plan concessif.

Cette technique permet d'affiner la réponse à la problématique et de dynamiser la structure de la synthèse.

4. PETIT GUIDE DE VÉRIFICATION EN 7 POINTS

Avant de passer à la rédaction du devoir, il est conseillé de vérifier le bon fonctionnement de votre plan.

1. La progression des idées suit une logique.
2. Des connecteurs et des transitions mettent en évidence cette progression.
3. Aucune idée n'est répétée.
4. Toutes les idées retenues dans les schémas sont utilisées.
5. La dernière sous-partie contient l'idée la plus élaborée.
6. Chaque sous-partie met en relation au moins deux documents.
7. Les grandes parties sont équilibrées : les sous-parties qui les composent permettent de rédiger des paragraphes approximativement de la même longueur.

Astuce ! Afin de vérifier la cohérence de votre plan, vous pouvez utiliser la méthode de la **mise en récit** (une méthode proche du ***storytelling*** utilisé dans le domaine du marketing) : en intégrant quelques mots de liaison, la lecture des titres et des sous-titres de votre plan doit permettre de suivre le cheminement logique de votre argumentation comme s'il s'agissait du déroulement d'une « histoire ».

8 RÉUSSIR LA RÉDACTION DE LA SYNTHÈSE

Prévoir environ 45 minutes de rédaction plus une relecture sélective pour l'orthographe d'au moins 5 minutes.

1. RESPECTER L'ASPECT FORMEL

La synthèse doit être entièrement rédigée.
Son aspect formel n'est pas sans rappeler celui de la dissertation. Vous devez visualiser (c'est-à-dire mettre en évidence par des alinéas (retraits de paragraphes) et des sauts de lignes) les étapes suivantes :

➜ Introduction
➜ Développement structuré
➜ Conclusion

Quantitativement, le devoir ne devrait pas excéder trois pages d'une copie d'examen.
Vous devez respecter un certain nombre de contraintes sans quoi votre « produit » ne sera pas recevable.
Vous trouverez ci-dessous les réponses aux questions le plus souvent posées.

Le forum des questions	Oui	Non
Je peux recopier des passages des textes ?		✓
Je peux juxtaposer des citations ?		✓
Je dois systématiquement reformuler les idées ?	✓	
Je dois mettre ensemble des idées qui appartiennent à des documents différents ?	✓	
Je peux signaler plusieurs fois la même idée au cours du devoir ?		✓
La synthèse peut comporter une idée extérieure au corpus ?		✓
Toute idée exprimée doit-elle être référencée ?	✓	
Puis-je utiliser le numéro d'ordre du document (doc. 1, doc. 2…) pour le référencer ?		✓
Dois-je utiliser une formule pour référencer le document ?	✓	
Faut-il respecter l'ordre du corpus dans l'étude des documents ?		✓
Les titres et les sous-titres du plan apparaissent-ils dans le développement ?		✓
Dois-je annoncer chaque grande partie par une introduction partielle ?	✓	
Un paragraphe correspond-il à une sous-partie ?	✓	
Un alinéa signale un paragraphe ?	✓	
Le développement est-il une simple juxtaposition de paragraphes ?		✓
L'ordre des paragraphes doit-il suivre une progression logique ?	✓	
Est-il possible de juxtaposer les résumés des documents ?		✓
Peut-on marquer cette progression par des liens logiques ?	✓	
Puis-je manifester des impressions personnelles dans la synthèse ?		✓

2. RÉÉCRITURE DES IDÉES

Les idées précédemment retenues constituent la matière même de votre développement.
Les mots-clés des documents peuvent être réutilisés dans votre rédaction mais un effort pour varier le vocabulaire sera toujours valorisant pour votre copie.
Quoi qu'il en soit, vous devez impérativement trouver une nouvelle formulation pour exprimer la pensée de chaque auteur.
Les citations ne sont tolérées que lorsqu'il s'agit d'une formule particulièrement originale et saisissante (un slogan par exemple) ou d'une forme littéraire spécifique concise (une formulation poétique par exemple). Dans ce cas, elles doivent être signalées par des guillemets.
La réécriture des idées doit toujours être synthétique :

➜ faites des phrases simples ;
➜ évitez la paraphrase ;
➜ exprimez l'idée essentielle ;
➜ n'accumulez pas les informations.

3. AIDE AU RÉFÉRENCEMENT

Rédiger les références est une contrainte fondamentale de l'exercice de synthèse au BTS.
Vous devez avoir quelques formulations à disposition dans votre boîte à outils.
En voici quelques-unes :

➜ D'après X ...
➜ Selon X...
➜ Comme le souligne X...
➜ X fait part de ...
➜ La confrontation des extraits de X et Y fait apparaître...
➜ Le dessin de X nous fait voir...
➜ Les statistiques confirment que ...

Pour dynamiser votre rédaction, vous pouvez signaler un document de différentes manières : en utilisant le nom de **l'auteur**, la **spécialité** de l'auteur, la **nature** de la source ou le **titre** souligné de l'ouvrage.

4. L'INTRODUCTION

Une synthèse de documents commence nécessairement par une introduction.
L'introduction comporte **trois phases obligatoires** :

➜ une entrée en matière (la phrase d'accroche) qui donne le thème général. Vous éviterez ici les poncifs et les formules générales telles que : « Depuis toujours... » ou « De tout temps... » ;
➜ la problématique (présentée sous forme de question directe ou indirecte) ;
➜ L'annonce de la macro-structure du plan (en utilisant des connecteurs pour articuler les deux ou trois grands axes de votre structure).

Les documents ne doivent plus être présentés dans l'introduction mais clairement identifiés dans le développement de la synthèse lors de leur première utilisation.
Par exemple, dans la synthèse sur le vintage proposée en ligne, il faudrait écrire dans la première partie : « *(...) Didier Ludot interrogé par la journaliste Aude Lasjaunias de l'hebdomadaire* M. Le magazine du Monde *du 5 juillet 2012 explique que ses clientes recherchent de plus en plus des robes Dior des années 1950 ou des tailleurs des années 1940* ». De même, dans la synthèse en ligne de la session 2017, il faudrait écrire dans la première sous-partie : « *(...) C'est ce que Christelle Pangrazzi, rédactrice de l'article "Tout le monde peut-il être un héros ?" paru dans le magazine* Ça m'intéresse *de janvier 2016 souligne et l'idée sur laquelle repose l'affiche de la campagne de communication de la Fondation Emmaüs.* ». La référence au document se limitera dans la suite du développement au nom de l'auteur, au titre ou encore au genre du document.

5. LA CONCLUSION

Une synthèse de documents se termine impérativement par une conclusion.
En effet, la conclusion signifie à votre correcteur que vous êtes parvenu à mener votre devoir à terme.
L'absence de conclusion est donc le signe d'une difficulté à gérer votre temps de travail (ou d'une méconnaissance des règles de l'exercice).
Prévoyez donc au brouillon une conclusion, même minimaliste.
Vous pouvez alors utiliser un connecteur tel que : « En conclusion, ... » ou « Pour conclure, ... » pour la renforcer.
La conclusion est à appréhender comme un **bilan** de la réflexion menée dans votre développement.
Elle reprend forcément des idées précédemment évoquées mais reformulées différemment.
Il n'est pas nécessaire de terminer par une ouverture.
Dans tous les cas, la conclusion demeure **liée à la problématique** formulée dans l'introduction.

@ Consultez en ligne le sujet de synthèse de la session 2019 et les sujets des années précédentes

9 LES CLÉS DE L'ÉCRITURE PERSONNELLE

Cet exercice (noté sur 20) peut compenser une défaillance au niveau de la synthèse. Ne le négligez pas et réservez-lui environ 1 h 30 avec une relecture attentive.

1. DE QUOI S'AGIT-IL ?

Par rapport au principe de neutralité de la synthèse, **l'épreuve d'écriture personnelle** vous permet de **donner votre avis** sur une question.

Vous devez répondre à cette question « de façon argumentée ». Le point de vue défendu dans la copie ne peut relever que de la subjectivité. Il est par conséquent indispensable de l'étayer de connaissances précises afin d'éviter l'écueil du subjectivisme.

Le thème et la problématique de l'exercice d'écriture personnelle sont en relation avec les documents proposés dans la synthèse.

Le sujet va porter obligatoirement sur l'un des deux thèmes au programme.

Le thème de l'exercice d'écriture personnelle est le même que celui que l'on retrouve dans les documents du corpus.

2. LES ÉTAPES DE L'EXERCICE

1. ANALYSER LE SUJET

À partir des mots-clefs du sujet et en posant la question : « De quoi s'agit-il ? » vous ferez ressortir un aspect spécifique du thème étudié et ses enjeux.

Le questionnement dit de Quintilien (Qui ? Quoi ? Où ? Quand ? Comment ? Combien ? Pourquoi ?) permet une bonne délimitation du sujet et peut contribuer à préparer la structure de votre réponse.

Si la problématique apparaît directement, il est conseillé de ne pas la recopier telle quelle mais de la reformuler dans votre devoir.

2. TROUVER DES IDÉES

L'exercice d'écriture personnelle demande que vous preniez position et que vous exprimiez des idées qui ne soient pas seulement celles du dossier de synthèse. Les idées originales que vous allez utiliser au cours de votre raisonnement sont très attendues.

Vous valoriserez votre copie en puisant dans les **connaissances de l'année** : utilisez vos analyses de textes et de documents iconographiques, faites appel aux films et aux émissions que vous avez visionnés.

Vous pouvez aussi utiliser des idées issues des **documents du corpus** mais dans cette partie de l'épreuve, il faut les développer, les approfondir, les remettre en question.

Enfin, faites appel à vos **acquis antérieurs**, votre capital culturel doit être mis en œuvre.

La mobilisation d'idées originales ne doit pas vous conduire à raconter des anecdotes personnelles ou à évoquer des faits qui ne seraient pas vérifiables par le correcteur.

La mise en pratique systématique de quelques exercices de déblocage vous permettra d'éviter « l'angoisse de la page blanche » le jour de l'examen. En voici quelques-uns :

➜ le « remue-méninges » (brainstorming) : il s'agit de noter tous les mots que le sujet évoque pour vous. Une idée servira de tremplin à une autre et vous effectuerez ensuite un tri ;

➜ le changement de point de vue : l'analyse du problème selon différents angles de perception (Quel discours tiendrait un homme politique ? un scientifique ? un économiste ? un artiste ? …) et selon différents aspects (aspect matériel, aspect psychologique, aspect moral…) ;

➜ la technique de concassage : elle consiste à faire éclater une notion pour mieux l'analyser (Jusqu'où peut-on étendre ou diminuer cette idée ? Comment l'améliorer ? À quelles autres notions la rattacher ? Quel est l'inverse de cette notion ? Qu'est-ce qui pourrait la remplacer ?….).

➜ Vos réponses peuvent être consignées au brouillon sous la forme d'un schéma heuristique.

3. ORGANISER ET RÉDIGER VOTRE RÉPONSE

Le référentiel n'impose aucun critère formel à cet exercice.

Le temps imparti ne permet pas la réalisation d'une dissertation. Le format attendu est donc plus modeste. Néanmoins, Il est vivement conseillé d'**élaborer une réponse organisée** à la question qui vous est posée. Vous devez produire un texte argumentatif dans lequel vous exprimerez clairement un point de vue personnel, ce qui implique le respect de quelques principes.

Votre thèse, c'est-à-dire l'idée directrice d'une grande partie doit être soutenue par un exposé constitué de paragraphes.

Un paragraphe correspond au développement d'un argument explicité et justifié. Enrichissez votre réflexion en utilisant différents types d'arguments :

➜ argument par analogie : il repose sur une comparaison (comme, ainsi que…) ;

➜ argument logique : il établit une relation de cause (parce que, car…) ;

➜ argument d'expérience : il est basé sur l'observation de faits réels (X a observé que…) ;

➜ argument d'autorité : il s'appuie sur une référence indiscutable (un auteur célèbre, un scientifique reconnu, un ouvrage important…).

Il convient d'illustrer cette idée-argument par des éléments concrets, les exemples. L'exemple rend le propos plus concret et plus compréhensible. L'exemple peut aussi fournir une information complémentaire.

Vous pouvez simplement juxtaposer l'exemple à l'argument mais une formule d'annonce sera appréciée (par exemple, ainsi, tel que, comme en témoigne…). Il n'y a pas de plan attendu et votre réponse peut se réduire à une seule partie si celle-ci est justifiée et suffisamment illustrée.

Cet exercice est aussi un exercice d'expression française. Respectez les normes de la langue courante et vérifiez votre orthographe.

3. DONNEZ UNE PLUS-VALUE À VOTRE COPIE

Un devoir structuré et correctement rédigé sera toujours valorisé.

Une **introduction**, aussi brève soit-elle, permettra à votre interlocuteur de comprendre comment vous appréhendez le sujet.

Vous pouvez utiliser le pronom personnel « je » mais vous devez **nuancer les propos**.

Si l'écriture personnelle exige une **prise de position personnelle**, il faut se garder de limiter la réponse à « Je pense personnellement que … ». Le devoir sera plus fécond et plus dynamique si vous confrontez votre opinion à d'autres prises de position. Un **plan dialectique** est tout à fait adapté pour cet exercice.

Enfin, la présence d'une **conclusion** remplira une double fonction puisqu'en faisant comprendre que votre réflexion a progressé, elle signifiera aussi au correcteur que le devoir est achevé.

Apprenez par cœur quelques **citations liées aux deux thèmes de l'année**. Une citation exacte entre guillemets accompagnée du nom de son auteur renforcera l'impact de votre argumentaire et pourra servir d'argument d'autorité. La citation peut aussi faciliter l'annonce de la problématique dans l'introduction.

Les bons devoirs d'écriture personnelle ne foisonnent pas. Mettez toutes les chances de votre côté en vous distinguant par votre rigueur.

@ Consultez en ligne la proposition d'écriture personnelle du sujet de la session 2019 et les sujets des années précédentes

10 LA GRILLE D'ÉVALUATION DE L'ÉPREUVE E1

Une bonne compréhension des attentes du jury et une étude sérieuse des deux thèmes au programme offrent une **réelle garantie de réussite** pour cette épreuve.

1. DE QUOI S'AGIT-IL ?

Les académies de Créteil, Paris et Versailles ont élaboré une charte des examinateurs pour l'épreuve de Culture et Expression des Brevets de Technicien Supérieur afin de garantir l'équité de traitement des candidats.

Pour plus de détails, vous pouvez consulter cette charte : www.ac-paris.fr/portail/jcms/p1_637635/charte-des-examinateurs-bts-ile-de-france

Les tableaux suivants prennent en compte ces références afin de vous guider dans la compréhension des différentes étapes évaluées.

La pondération choisie dans la colonne barème, à titre d'exemple, est le résultat d'un consensus adopté en commission d'entente des jurys de l'Île de France.

Ces grilles ont été utilisées pour l'évaluation de l'épreuve E1 lors de la session 2017.

2. ÉPREUVE DE SYNTHÈSE

Compétences évaluées (dans l'ordre des étapes de l'exercice)	Que devez-vous savoir faire ?	Qu'attend-on vraiment de vous ?	Barème
Comprendre le dossier (Lecture active)	– Caractériser chaque document et identifier le point de vue des auteurs. – Sélectionner les idées les plus importantes liées au thème du corpus. – Faire des hypothèses afin de délimiter une problématique commune à tous les documents.	– La formulation du thème du corpus est à préciser. Il ne suffit pas de reprendre l'intitulé du thème de l'année. – Il n'est toutefois pas attendu de relevé exhaustif des idées.	10 points
Utiliser et confronter objectivement les documents (S'approprier le dossier en l'annotant)	– Exploiter tous les documents du corpus et rien que ceux-ci. – Établir des liens entre les documents en fonction de la problématique retenue.	– Il faut absolument éviter la simple juxtaposition d'analyses ou de résumés. – Utilisez des connecteurs logiques pour rendre explicites les liens entre les idées et entre les sous-parties. – Chaque grande partie s'appuie sur plusieurs documents. – Le traitement des documents n'est pas forcément égal mais tous sont cités au moins une fois dans le développement.	10 points

Organiser la synthèse (Faire un plan au brouillon)	– Construire une introduction. – Structurer le développement suivant une logique choisie (plan thématique, analytique ou dialectique). – Caractériser sobrement les documents.	– L'introduction énonce une problématique précise et annonce le parcours que va suivre la réponse (le plan). – Une phrase déclarative, au moins, doit signaler la clôture du devoir.	10 points
Rédiger directement le devoir	– Capacité D : « Réaliser un message » – Reformuler systématiquement les idées sélectionnées dans les documents (les citations doivent être évitées). – Référencer chaque idée. – Respecter les usages normés de la langue écrite.	– Tout est rédigé : pas de liste, pas de référence chiffrée aux documents, aux pages ou aux lignes (ex. : doc.1, p. 3, l.12... sont à proscrire). – Vous devez respecter le principe d'objectivité.	10 points

3. COMPÉTENCES ÉVALUÉES

Compétences évaluées (dans l'ordre des étapes de l'exercice)	Que devez-vous savoir faire ?	Qu'attend-on vraiment de vous ?	Barème
S'engager en répondant à la question posée	– Témoigner d'une prise de position personnelle. – Prendre en compte la question posée et développer des idées pertinentes.	– L'emploi du pronom « je » est possible mais n'est pas obligatoire. – Certaines idées peuvent être reprises du corpus de la synthèse.	5 points
Structurer	– Organiser l'argumentation. – Mener le raisonnement à son terme.	– La progression de l'argumentation doit manifester une véritable cohérence. – Soignez la logique des enchaînements.	5 points
Être capable de mobiliser ses connaissances	– Réinvestir vos lectures et connaissances liées au thème. – Veiller à l'adéquation des références avec la problématique, la cohérence entre les arguments et les exemples est capitale.	– Si les références aux documents de la synthèse sont acceptées, elles doivent être restreintes. – Les références extérieures au corpus seront toujours valorisées.	5 points
Rédiger	– Capacité D : « Réaliser un message » – Respecter les usages normés de la langue écrite. – Formuler clairement des appréciations personnelles.	– L'orthographe et la syntaxe doivent être rigoureuses. – La lecture des propos ne doit pas demander d'efforts de la part du lecteur. – La richesse du vocabulaire sera appréciée par le correcteur.	5 points

EXERCICES

Exercice 1

À quel genre (roman, article de presse…) peut-on rattacher chacune des œuvres suivantes qui constituaient le corpus d'une synthèse sur le thème du rire ?

Document 1 : Henri Bergson, *Le Rire. Essai sur la signification du comique*, 1899

Document 2 : Jean de La Bruyère, *Les Caractères ou les mœurs de ce siècle*, « De la ville », 1688

Document 3 : Axel Kahn, *L'Homme ce roseau pensant*, 2007

Document 4 : Dominique Noguez, « L'Humour contre le rire », *Pourquoi rire ?* 2011

Exercice 2

Rédigez les références en remplaçant le nom de l'auteur par sa spécialité (journaliste, dramaturge…).

a. Selon Henri Bergson, le rire a une fonction régulatrice dans l'ordre social.

b. Les rieurs sont impitoyables avec ceux qui n'appartiennent pas à leur micro-société ainsi que le montre Jean de La Bruyère.

c. Comme le souligne Axel Kahn, le rire traduit un sentiment de supériorité.

d. Dans *Pourquoi rire ?*, Dominique Noguez estime que le rire est proche du lynchage.

Exercice 3

Quelles informations utiles à la synthèse donne le chapeau ci-dessous, qui accompagne l'extrait de Jean de La Bruyère (tiré de Les Caractères ou les mœurs de ce siècle, « De la ville », 1688) ?

« *Dans son ouvrage, La Bruyère dépeint la fin du règne de Louis XIV, dénonçant avec distance et humour les excès et les injustices de la société à laquelle il appartient* »

Exercice 4

Inventez un bref chapeau de présentation pour le document ci-dessous.

Paris, 2013. Une jeune fille en robe à fleurs et veste en jean élimé enfourche son vélo. Arrivée chez elle, elle allume une lampe de bureau industrielle, posée sur une antique table d'écolier, à côté du canapé Ikea. Elle a presque terminé la saison 6 de Mad Men : son MacBook sur les genoux, elle recherche sur Internet des sous-titres en français pendant que le dernier épisode se télécharge. Cette jeune fille appartient à la génération Y. Elle est née en Occident entre 1980 et 1995. Elle vit à Paris, mais elle pourrait aussi bien être nantaise, nîmoise, montpelliéraine. Elle pourrait également être berlinoise, new-yorkaise ou londonienne. Elle pourrait, aussi bien, être un garçon. Sa vie quotidienne est peuplée de références à un temps qu'elle n'a pas connu : elle possède des meubles des années 1950, porte les robes seventies de sa mère, écoute souvent Elvis Presley et Ella Fitzgerald. Pourtant, elle est considérée par les sociologues comme une digital native, c'est-à-dire quelqu'un qui était assez jeune quand les nouvelles technologies de communication ont émergé pour avoir grandi avec elles. Elle possède un smartphone et un ordinateur. Elle utilise depuis longtemps Twitter, Skype et Facebook. Ses photos et vidéos de la vie quotidienne, prises avec son téléphone, alimentent son profil sur Instagram ; elle y applique des filtres qui imitent le rendu de la pellicule, c'est plus joli. Quand elle part en vacances, elle utilise plus volontiers un vieil appareil argentique que ses parents lui ont donné. Un objet symbolise cette fusion entre la technologie contemporaine et celle du passé : la platine vinyle qui trône dans son salon, dotée d'un port pour y brancher son iPod. Les deux derniers concerts qu'elle a vus sont ceux de We Were Evergreen, trio français aux sonorités qui rappellent la beach pop des années 1960, et Tame Impala, un groupe australien dont le chanteur a piqué la voix de John Lennon. Elle appartient à la génération Y, et le vintage[1] peuple sa vie. Le vintage, c'est la mode de l'ancien. Depuis le début des années 2000, la jeunesse occidentale s'adonne à une sorte de culte pour les vêtements, les accessoires, les meubles et les productions culturelles de la seconde moitié du XXe siècle. Le mot « vintage » fleurit partout, sur les devantures des magasins de vêtements et aux frontons des festivals et salons. Il hante les séries télévisées à succès comme Mad Men, qui met en scène des publicitaires new-yorkais des années 1960, et sert de prétexte à des films d'époque dont les auteurs sont nostalgiques. La musique se fait sous l'ombre tutélaire[2] de Bob Dylan, de Pink Floyd, de Serge Gainsbourg. Les meubles de Pierre Paulin et le lounge chair d'Eames[3] n'ont jamais été aussi prisés. Les jeunes des années 2010 vivent dans un équilibre permanent entre des éléments ultra-contemporains et des résidus des Trente Glorieuses[4].

En même temps qu'ils sont en train de construire le monde de demain, ils chérissent une époque qu'ils n'ont pas connue. [...] Le vintage est le témoin d'un nœud d'incompréhension entre les baby-boomers et leurs enfants. Et ce nœud est fondé sur une définition de la jeunesse qui a changé. Quand on dit « jeunesse », la génération de nos parents entend « révolte », « nouveauté », « nihilisme », « liberté ». Confrontés au goût de leurs enfants pour le vintage – c'est-à-dire pour des choses qu'eux se sont efforcés de repousser pour la seule raison qu'elles n'étaient pas neuves –, les baby-boomers y voient une fascination morbide, des jeunes déjà vieux, confits dans la peur de l'avenir et incapables de créer quoi que ce soit. Quand on dit « jeunesse », la génération Y entend « inquiétude », certes, mais aussi « enracinement », « harmonie », « cohérence », « responsabilité » et, oui, « enthousiasme », « envie », « innovation », « création ». Tous ces mots se retrouvent dans le vintage parce que cette mode est un reflet fidèle de la génération Y, de ses craintes et de ses aspirations. Il serait difficile de trouver un phénomène contemporain qui illustre mieux la manière de vivre des jeunes des années 2010. Plus qu'une mode, le vintage est une manière d'appréhender le monde, en termes esthétiques, économiques, éthiques, sociaux. Et malgré son attachement au passé, cette manière est inédite.

Philothée GAYMARD, *Le vintage. Le monde expliqué aux vieux,* Éditions 10/18, 2013.

1. Protectrice.
2. Fauteuil et repose-pied conçus par le designer américain Charles Eames.
3. Période de forte croissance économique de trente ans débutant au lendemain de la Seconde Guerre mondiale.
4. Étymologiquement, terme qui caractérise des alcools ayant longuement vieilli en fût, ce qui est un gage de qualité

Exercice 5

Comment peut s'expliquer la fascination pour le vintage ?
Appliquez le questionnement Quintilien au texte ci-dessous afin de sélectionner les informations qui aideront à construire une réponse.

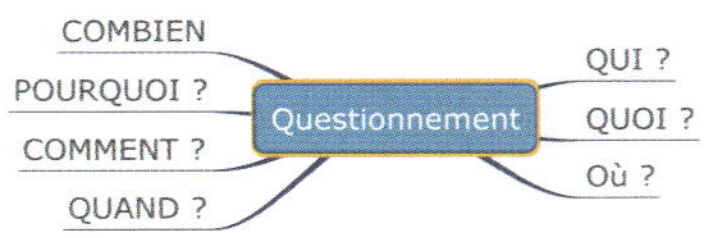

La journaliste Aude Lasjaunias interroge ici Didier Ludot, spécialiste de la haute couture vintage et propriétaire de plusieurs boutiques à Paris.

Les pièces et accessoires vintage sont devenus de plus en plus populaires chez les amateurs de mode, comment expliquez-vous cet essor ?
C'est un peu sociologique tout ça. Les gens ont besoin de se rassurer, de revenir aux vraies valeurs. Il y a une réelle prise de conscience du fait que les vêtements haute couture vintage sont des pièces très rares : ils ont été faits, à l'époque, à très peu d'exemplaires et ont souvent disparu avec le temps. Les gens veulent de plus en plus l'exclusivité. Imaginez, dans une soirée, deux dames arriver avec la même robe Dior des années 1950... C'est hautement improbable. Il existe une espèce de snobisme aussi pour une femme en se disant : « Je suis la seule à avoir ce tailleur Dior ou ce tailleur Balmain. »
Par ailleurs, les femmes en ont assez de suivre les diktats de la mode, d'entendre des remarques comme : « Tiens, celle-là porte un tailleur Chanel de l'année dernière, quelle ringarde ! ». Les femmes qui achètent des vêtements vintage ont une démarche proche de l'achat d'un bijou. Elles savent qu'elles vont pouvoir le porter longtemps, dans la mesure où c'est un vêtement au départ démodé mais qui en définitive ne l'est plus, il en devient intemporel. Aujourd'hui, le vintage dans la garde-robe d'une femme est devenu comme une griffe. Une femme élégante, maintenant, elle va s'habiller chez Prada, chez Gucci et en vintage.
Dans un vêtement vintage, il y a une notion de trésor. La femme sait que c'est une pièce unique, donc elle en prend soin. L'achat et le port d'un vêtement vintage en définitive c'est tout un cérémonial.
Existe-il une « mode » dans le vintage ?
On ne suit pas du tout les tendances de mode dans le vintage. Par ailleurs, je trouve personnellement qu'il n'y a plus de tendance de mode : une femme peut porter une mini-robe comme une robe sous le genou ; il n'y a plus comme dans le temps les couleurs : à telle saison il fallait du rouge, à telle saison il fallait du jaune...
Dans le vintage les femmes « tombent amoureuses » d'un vêtement, qu'il s'agisse d'un tailleur des années 40, d'un ensemble Courrèges ou d'un manteau Cardin. Il n'y a pas de démarche du type : « Tiens, tel élément est à la mode cette saison, je vais en chercher une déclinaison vintage. » Beaucoup de femmes apprécient le savoir-faire incarné dans un vêtement vintage. Elles appréhendent les vêtements de haute couture anciens comme une forme de patrimoine culturel.
Plus largement, le vintage n'est pas une mode en tant que tel. Il y a quelques années, tout le monde pensait que le vintage était un phénomène éphémère. J'ai ouvert ma boutique en 1975 et elle marche toujours.

Propos recueillis par Aude LASJAUNIAS,
M, le magazine du Monde, 5 juillet 2012.

Exercice 6

Les phrases de deux introductions de synthèses sur des thèmes différents ont été mélangées.

Nous verrons tout d'abord que le héros contemporain joue toujours un rôle social mais nous montrerons ensuite que dans les représentations du monde moderne, il n'est pas exclusivement un être extraordinaire. Comment peut s'expliquer cette fascination pour les objets anciens authentiques ? Le mot héros désigne à l'origine un être fictif mi-divin, mi-humain dans la mythologie gréco-latine ; ce terme a fini par désigner tout être extraordinaire auquel arrivent des aventures exceptionnelles. À l'ère de l'intelligence artificielle au service des objets connectés, la fréquentation des vide-greniers dénote un véritable engouement pour le vintage. Mais quelle est l'image du héros dans la société d'aujourd'hui ? La composition du dossier conduit à aborder successivement les spécificités de ce phénomène et les valeurs qui lui sont accordées.

Identifiez le thème de chaque synthèse puis reconstituez les introductions.

Exercice 7

Compléter cette sous-partie de la synthèse (*session 2015*) en utilisant les termes suivants :

Selon	d'après	ainsi que le fait voir	signale
nous fait remarquer que	donne en exemple	évoque	comme le définit

Le vintage, cette mode de l'ancien .... Philothée Gaymard, touche divers domaines. L'essayiste .... une jeune fille du XXIe siècle qui porte les robes seventies de sa mère mais ce phénomène concerne aussi la haute couture. .... Didier Ludot, interrogé par une journaliste de *M, le magazine du Monde*, les gens recherchent de plus en plus des robes Dior des années 50 ou des tailleurs des années 40 par exemple. Les événements festifs et ponctuels sont autant d'occasions de se vêtir à l'ancienne mais aussi d'utiliser des objets d'une autre époque .... l'affiche pour la randonnée « vélo rétro ». Cet engouement pour l'ancien touche en effet tous les objets du quotidien. .... l'essai intitulé *Le Vintage*, les meubles des années 50 comme le lounge chair d'Eames et les meubles de Pierre Paulin sont de nos jours très appréciés. Cette tendance s'applique aussi à des domaines artistiques. La jeune fille de l'essai, archétype de sa génération, écoute des chanteurs d'une époque qu'elle n'a pas connue et Philothée Gaymard .... les nouveaux groupes sont influencés par des artistes de la deuxième moitié du XXe siècle. Ce même ouvrage .... le retour de la platine vinyle et l'engouement des jeunes gens pour la photographie argentique. Les productions audiovisuelles sont influencées par ce courant vintage. Philothée Gaymard .... la série télévisée *Mad Men* qui se déroule dans les années soixante.

SOLUTIONS

Exercice 1

Document 1 : Henri Bergson, *Le Rire. Essai sur la signification du comique*, 1899 : Ainsi que l'indique le titre, il s'agit d'un essai. Il est possible de préciser après avoir lu le document qu'il s'agit d'un essai philosophique.

Document 2 : Jean de La Bruyère, *Les Caractères ou les mœurs de ce siècle*, « De la ville », 1688 :
Ce chef-d'œuvre classique est un recueil de portraits (de caractères) - un ouvrage critique de la société du XVIIe siècle - un recueil de réflexions et de maximes…

Document 3 : Axel Kahn, *L'Homme ce roseau pensant*, 2007 :
C'est un essai. Il est parfois difficile d'identifier le genre par le seul titre. Il faut lire l'extrait. Un roman « raconte » une histoire, un essai traite de questions de société qui renvoient directement à la réalité. Vous pouvez qualifier cet ouvrage d'essai sociologique ou d'essai philosophique (le titre fait d'ailleurs référence au philosophe Pascal).

Document 4 : Dominique Noguez, « L'Humour contre le rire », *Pourquoi rire ?* 2011 :
Le texte propose une réflexion sur l'humour. C'est un essai.

Exercice 2

a. Selon **l'essayiste/le philosophe**, le rire a une fonction régulatrice dans l'ordre social.
b. Les rieurs sont impitoyables avec ceux qui n'appartiennent pas à leur micro-société ainsi que le montre **le moraliste/le portraitiste du XVIIe siècle/l'auteur de portraits**.
c. Comme le souligne **l'essayiste (il est aussi généticien)**, le rire traduit un sentiment de supériorité.
d. Dans *Pourquoi rire ?*, **l'essayiste/l'écrivain/l'auteur (il est aussi romancier)** estime que le rire est proche du lynchage.

Exercice 3

La lecture du chapeau de présentation ne doit jamais être négligée. Elle donne des précisions qui seront utiles pour mieux **appréhender le document** et éviter les contresens :

- c'est une « peinture » de la société, le texte est descriptif ;
- il s'agit de la fin du règne de Louis XIV ;
- La Bruyère appartient à cette société qu'il observe, il veut nous amener à réfléchir sur le comportement humain ;
- le chapeau signale l'utilisation du registre comique pour railler des excès et des injustices ;
- il s'agit d'une satire sociale, il faudra être attentif aux effets de décalage et l'emploi de termes péjoratifs.

Exercice 4

Dans son essai paru en 2013, la journaliste Philothée Gaymard analyse l'engouement actuel pour les objets anciens. Elle explique que le vintage touche de nombreux domaines mais elle montre aussi comment ce phénomène de société est le révélateur d'une incompréhension entre les générations.

Exercice 5

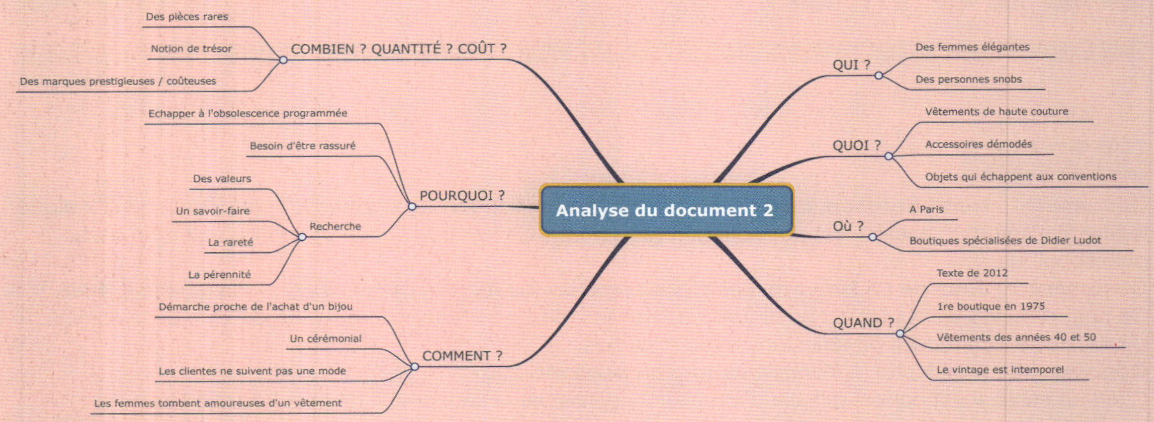

Exercice 6

Introduction sur le thème « Ces objets qui nous envahissent »

À l'ère de l'intelligence artificielle au service des objets connectés, la fréquentation des vide-greniers dénote un véritable engouement pour le vintage. Comment peut s'expliquer cette fascination pour les objets anciens authentiques ? La composition du dossier conduit à aborder successivement les spécificités de ce phénomène et les valeurs qui lui sont accordées.

Introduction sur le thème « L'Extraordinaire »

Le mot héros désigne à l'origine un être fictif mi-divin, mi-humain dans la mythologie gréco-latine ; ce terme a fini par désigner tout être extraordinaire auquel arrivent des aventures exceptionnelles. Mais quelle est l'image du héros dans la société d'aujourd'hui ? Nous verrons tout d'abord que le héros contemporain joue toujours un rôle social mais nous montrerons ensuite que dans les représentations du monde moderne, il n'est pas exclusivement un être extraordinaire.

Exercice 7

Le vintage, cette mode de l'ancien comme le définit Philotée Gaymard, touche divers domaines. L'essayiste évoque une jeune fille du XXIe siècle qui porte les robes seventies de sa mère mais ce phénomène concerne aussi la haute couture. D'après Didier Ludot, interrogé par une journaliste de *M, le magazine du Monde*, les gens recherchent de plus en plus des robes Dior des années 50 ou des tailleurs des années 40 par exemple. Les événements festifs et ponctuels sont autant d'occasions de se vêtir à l'ancienne mais aussi d'utiliser des objets d'une autre époque ainsi que le fait voir l'affiche pour la randonnée « vélo rétro ». Cet engouement pour l'ancien touche en effet tous les objets du quotidien. Selon l'essai intitulé *Le Vintage*, les meubles des années 50 comme le lounge chair d'Eames et les meubles de Pierre Paulin sont de nos jours très appréciés. Cette tendance s'applique aussi à des domaines artistiques. La jeune fille de l'essai, archétype de sa génération, écoute des chanteurs d'une époque qu'elle n'a pas connue et l'auteure nous fait remarquer que les nouveaux groupes sont influencés par des artistes de la deuxième moitié du XXe siècle. Ce même ouvrage signale le retour de la platine vinyle et l'engouement des jeunes gens pour la photographie argentique. Les productions audiovisuelles sont influencées par ce courant vintage. Philothée Gaymard donne en exemple la série télévisée *Mad Men* qui se déroule dans les années soixante.

LANGUE VIVANTE ÉTRANGÈRE

PRÉSENTATION DE L'ÉPREUVE

L'unité sur laquelle s'appuie l'épreuve présente les connaissances et les compétences nécessaires à un professionnel de l'immobilier pour communiquer efficacement, en langue vivante étrangère, avec un interlocuteur étranger et adapter son propos :

→ en prenant en compte les référents culturels et les représentations de son interlocuteur ;

→ en donnant du sens aux spécificités professionnelles françaises.

Son objectif est d'étendre, de consolider, d'approfondir, de diversifier les compétences langagières, sociolinguistiques et pragmatiques correspondant au niveau B2 du CECRL.

Cette unité requiert la maîtrise d'un langage de base propre à l'immobilier.

1. MODALITÉS DE L'ÉPREUVE

→ Épreuve écrite
→ Durée 2 heures
→ Coefficient 2

L'épreuve a pour but d'évaluer au niveau B2 :

- la compréhension d'un document ayant pour sujet l'immobilier ;
- la production écrite.

L'usage d'un dictionnaire bilingue est autorisé.

2. LES COMPÉTENCES REQUISES

Le candidat doit faire preuve d'un certain nombre de compétences et de savoirs associés.

Pour l'épreuve de **compréhension écrite** vous devez repérer, extraire et reformuler les informations essentielles à partir d'un document en langue étrangère traitant de l'immobilier et en faire une synthèse en français.

Vous devez être capable dans le cadre de documents professionnels, généralement des articles de presse d'identifier les champs lexicaux, d'inférer le sens des mots inconnus, de repérer les liens logiques, la structure du document ainsi que les schémas argumentatifs afin de comprendre l'implicite véhiculé par le document.

Pour l'épreuve de **production écrite** vous devez rédiger en langue étrangère un écrit (présentation, analyse, argumentation, document de communication tel qu'une lettre professionnelle, un courrier électronique ou un article) qui peut prendre appui sur le document en langue étrangère.

Vous devez être capable d'argumenter et de justifier une démarche, reformuler et interpréter, produire un compte-rendu à caractère professionnel, élaborer un document professionnel de communication.

3. LES ATTENTES DU JURY

Le candidat doit posséder un lexique de spécialité suffisamment étendu pour aborder des documents de presse ayant trait à l'immobilier.

On attend aussi de lui qu'il sache classer, synthétiser et hiérarchiser les informations et d'en rendre compte de manière structurée, le tout dans une langue convenable.

SOMMAIRE

LANGUE VIVANTE ÉTRANGÈRE

Certains outils et points spécifiques du référentiel font l'objet de fiches à consulter en ligne, signalées par le symbole @ dans le sommaire.

1 MÉTHODOLOGIE DE LA COMPRÉHENSION ÉCRITE ET COMPTE-RENDU EN FRANÇAIS

Cette première partie de l'épreuve écrite en langue vivante étrangère vise à évaluer votre compréhension d'un ou plusieurs documents en langue anglaise ayant trait à l'immobilier.
L'utilisation d'un dictionnaire bilingue est autorisée.
Il vous faudra rédiger un compte-rendu structuré en français à partir de ce que vous aurez compris du/des document(s) en langue anglaise.
Vous devrez aborder cette épreuve en deux étapes :
➜ tout d'abord il s'agit de comprendre c'est-à-dire, repérer le thème ainsi que les idées principales ;
➜ puis de rédiger c'est-à-dire organiser et structurer les idées dans un compte-rendu en français.

1. COMPRENDRE LE(S) DOCUMENT(S) EN ANGLAIS

1. COMPRÉHENSION GLOBALE : LECTURE ACTIVE DU/DES DOCUMENT(S)

Il est important de bien garder à l'esprit le paramètre temps, en effet il vous faudra travailler vite et bien.
Dès la première lecture, essayez d'avoir une compréhension globale. Pour ce faire, posez-vous les questions suivantes :

WHAT ?	*Quel est le thème principal ?*
WHO ?	*Qui sont les personnes concernées ?* *À qui cela s'adresse-t-il ?*
WHERE ?	*Où cela se passe-t-il ? Cela concerne-t-il une zone géographique particulière ?*
WHEN ?	*Quelle est la période concernée, passée, actuelle ou à venir ?*
WHY ?	*Quel est l'objectif du document ?* *Quelle est sa raison d'être ?*

Renouvelez la lecture (4 fois maximum) jusqu'à ce que vous ayez répondu aux questions précédentes.

2. COMPRÉHENSION DE MOTS INCONNUS

Toujours dans un souci d'efficacité et de rapidité, n'utilisez le dictionnaire qu'en ultime recours. Utilisez d'abord les stratégies suivantes d'aide à la compréhension :
➜ **appuyez-vous sur les mots transparents** ;
➜ **Devinez du sens** en vous aidant du contexte ;
➜ gardez à l'esprit qu'il n'est pas nécessaire de comprendre tous les mots d'une phrase et de fait d'un texte pour en comprendre le sens ;
➜ **repérez les connecteurs logiques** ;
➜ **identifiez les mots qui font obstacle au sens**.
Ce sont uniquement les mots qui font obstacle au sens que vous chercherez dans le dictionnaire.

3. COMPRÉHENSION DÉTAILLÉE

Pour accéder à une compréhension plus fine, **dégagez les idées paragraphe par paragraphe**. Pour cela, résumez en une phrase ou deux en anglais (si le paragraphe est conséquent) l'idée principale de chaque paragraphe.

Vous devrez aussi vous poser la question du point de vue de l'auteur, qui est étroitement liée à l'objectif du document. Pour vous aider vous pourrez utiliser ce questionnement :

→ l'auteur a-t-il un point de vue objectif ou subjectif ?

→ cherche-t-il à défendre ou à dénoncer quelque chose ?

→ veut-il sensibiliser les gens, les orienter dans une direction particulière ?

→ a-t-il envie de conseiller les gens dans un domaine particulier afin de les aider ?

2. RÉDIGER UN COMPTE-RENDU EN FRANÇAIS

Afin de rédiger le compte-rendu du/des document(s), vous vous appuierez sur le travail effectué en compréhension écrite dans la partie précédente.

Il va sans dire que la longueur de votre compte-rendu ne peut en aucun cas excéder celle du/des documents initiaux. Même si aucune indication ne vous est donnée quant à la longueur de votre compte-rendu, cela doit atteindre au maximum la moitié de la longueur des documents initiaux.

1. ORGANISATION DES IDÉES

Pour rédiger un compte-rendu structuré, vous devez organiser les idées que vous avez résumées lors de la phase de compréhension dans deux voire trois parties différentes.

Pour ce faire :

→ **regroupez les idées qui traitent du même thème** ensemble, cela vous permettra de dégager les deux ou trois parties de votre compte-rendu ;

→ **exprimez en langue française le thème de chaque partie** en leur donnant un titre ;

→ **utilisez le repérage des connecteurs logiques** effectué en compréhension écrite pour comprendre l'articulation des différentes idées entre elles dans chacune des parties.

2. CORRECTION LINGUISTIQUE

Une fois les idées organisées, vous pouvez passer à la rédaction du compte-rendu en français. Vous devez utiliser un niveau de langue soutenu, les abréviations sont à exclure et surtout veillez à ce que la syntaxe, la grammaire et l'orthographe soient précises et rigoureuses.

Assurez-vous que :

→ vous avez rédigé un paragraphe par idée ;

→ vous avez bien conjugué vos verbes ;

→ les accords sujet-verbe sont corrects ;

→ chacune de vos phrases comporte un verbe conjugué ;

→ vos phrases sont de longueur raisonnable ;

→ la ponctuation est présente et appropriée (n'oubliez pas les majuscules en début de phrase ou aux noms propres) ;

→ les mots pour lesquels vous avez un doute soient correctement orthographiés à l'aide de votre dictionnaire ;

→ vous vous êtes bien relu pour éliminer les erreurs restantes.

2 MÉTHODOLOGIE DE L'EXPRESSION ÉCRITE EN ANGLAIS

Cette deuxième partie de l'épreuve écrite en langue étrangère vise à évaluer votre capacité à vous exprimer en anglais par le biais d'une production écrite qui peut revêtir la forme d'une présentation, analyse, argumentation, d'un document de communication tel qu'une lettre professionnelle ou un courrier électronique… prenant appui sur le(s) document(s) en langue étrangère de la compréhension écrite.

Vous devrez aborder cette épreuve en deux étapes.

→ Tout d'abord, il s'agit de comprendre le sujet c'est-à-dire ce que l'on vous demande de rédiger, le type d'écrit ainsi que son contenu.

→ Puis rédiger c'est-à-dire organiser et structurer vos idées dans un écrit en langue anglaise.

1. COMPRÉHENSION DU SUJET

1. LECTURE ATTENTIVE DU SUJET

Assurez-vous lors de cette lecture que vous **comprenez bien tous les mots**, en recherchant le cas échéant dans le dictionnaire ceux dont vous ignorez le sens ou ceux pour lesquels vous avez un doute, afin de ne pas commettre de contresens dans la compréhension du sujet.

2. DÉFINIR CE QUI EST ATTENDU

Identifiez ce que l'on vous demande de rédiger, c'est-à-dire de quel type d'écrit il s'agit (lettre, courriel, article pour faire la promotion de quelque chose…) et à qui cela s'adresse (un collègue/confrère, un client, une clientèle particulière…).

Prenez connaissance et **gardez à l'esprit la longueur imposée**.

2. ORGANISATION DES IDÉES

→ Écrivez toutes vos idées sur un brouillon et agencez-les dans l'ordre dans lequel vous souhaitez les faire apparaître dans votre production écrite.

→ Vérifiez ensuite qu'elles s'enchaînent de manière cohérente et logique.

3. RÉDACTION EN ANGLAIS

Rédigez directement sur votre copie au propre en vous servant de votre brouillon en utilisant le ton et le style adaptés à/aux personnes à qui votre écrit s'adresse.

Veillez aussi à choisir la mise en forme requise par le sujet. En effet, la mise en forme d'une lettre n'est pas la même que celle d'un courriel par exemple.

Pensez à faire un paragraphe par idée.

4. RELECTURE

L'idéal est de garder au moins 10 minutes pour cette partie du travail.

Une fois la rédaction achevée, assurez-vous des points suivants lorsque vous vous relisez :

→ les verbes doivent être conjugués correctement et accordés aux sujets ;

→ évitez les répétions ;

→ la ponctuation doit être adaptée ;

→ les phrases ne doivent pas être trop longues ;

→ les idées s'enchaînent avec cohérence grâce à des connecteurs logiques ;

→ éliminez les fautes d'orthographe ;

→ vérifiez que vous avez bien respecté la longueur imposée.

3 LA TRANSACTION LOCATIVE

Afin de favoriser la bonne compréhension des tenants et aboutissants de la transaction locative en langue anglaise, il vous faudra tenir compte des repères culturels anglo-saxons, savoir définir les besoins du client anglophone, être capable de décrire un bien immobilier ainsi que de savoir expliquer les étapes de la mise en location.

1. LES RÉFÉRENCES CULTURELLES

1. LES UNITÉS DE MESURE

→ **Distance :** se mesure en *mile* à l'extérieur et en *feet* à l'intérieur.

Exemple

1 mile équivaut à environ 1,5 kilomètres.
1 mètre équivaut à environ 3 feet *(3 pieds).*

→ **Surface :** se mesure en *square feet (sq.ft).*

Exemple

1 m^2 *équivaut à environ* 10 sq.ft.

2. LES VILLES ET LES BANLIEUES

La construction des villes ainsi que la manière dont elles sont perçues sont différentes. En Europe les centres-villes sont très prisés et recherchés alors que la banlieue est délaissée souvent à cause d'une mauvaise réputation. Aux États-Unis c'est tout le contraire, les gens fuient les centres villes au profit des banlieues réputées plus chics et sûres.

3. LA MANIÈRE DE DÉCRIRE UN BIEN

En France, on parle du nombre de pièces alors que dans les pays anglo-saxons on parle du nombre de chambres.

Exemple

Un trois pièces correspond à a two-bedroom flat.

2. DÉFINIR LES BESOINS DU CLIENT

Pour déterminer les besoins du client et ainsi cibler les caractéristiques du bien recherché, vous devez savoir poser des questions au présent simple en utilisant des mots interrogatifs.

1. LE TYPE DE BIEN

un immeuble : ***an apartment building (US) / a block of flats (UK)***
un appartement : ***an apartment (US) / a flat (UK)***
un pavillon, une maison individuelle : ***a detached house***
une maison mitoyenne : ***a semi-detached house***
plusieurs maisons accolées : ***terraced houses / row houses***
des H.L.M : ***projects (US) / council flats (UK) / social housing***
un lotissement : ***a development***
un entrepôt : ***a warehouse***
un atelier : ***a workshop***
des taudis, des bidonvilles : ***tenements / slums***

2. LES ALENTOURS, LES ENVIRONS

le voisinage : ***neighbourhood***
le quartier : ***district***
la banlieue : ***the suburbs / the outskirts***
le centre ville : ***the town / the city-center***
la campagne : ***the countryside***
la rue : ***street***
la chaussée : ***road***
l'autoroute : ***motorway (UK) / highway (US) / freeway (US)***
une voie (de bus), une piste (cyclable) : ***a lane***

le trottoir : ***pavement (UK) / sidewalk (US)***
piéton (ne) : ***pedestrian***
animé : ***busy***
calme, tranquille : ***calm / quiet***
sûr : ***safe / secure***
chic : ***posh / upmarket***
populaire : ***working-class (area)***
pratique : ***convenient***
proche de : ***close to / next to / near***
loin de : ***far from***
les transports : ***public transportation / public transport***
le métro : ***the subway / the underground / the tube***
les commerces : ***shops***
les commodités : ***facilities***
faire la navette (maison-travail) : ***to commute***
temps de trajet (maison-travail) : ***commuting time***

3. DESCRIPTION DU BIEN

Vous devez être en mesure de décrire aussi bien l'extérieur que l'intérieur d'un bien immobilier.

1. L'EXTÉRIEUR

les matériaux : ***materials***
la pierre : ***stone***
la pierre de taille : ***broadstone***
la brique : ***brick***
le béton : ***concrete***
le verre : ***glass***
l'ardoise : ***slate***
le bois : ***wood***
rénover : ***to renovate***
transformer : ***to convert / to transform***
démolir : ***to pull down / to bring down (a wall) / to demolish / to destroy***
construire : ***to build / to put up (a wall)***
donner sur, avoir vue sur : ***to look onto***
place de parking : ***parking space (UK) / parking spot (US)***
parc de stationnement : ***car park (UK) / parking lot (US)***
parking souterrain : ***underground car park / basement car park***

2. L'INTÉRIEUR

les parties de l'habitation : ***building parts***
l'entrée : ***the entrance***
les étages : ***floors / storeys***
les murs : ***walls***
un mur porteur : ***a supporting wall***
une cloison : ***a partition***
le toit : ***the roof***
le plafond : ***the ceiling***
les fenêtres : ***windows***
des fenêtres à double vitrage : ***double-glazed windows***
une cheminée(sur le toit) : ***a chimney***
le grenier : ***the attic***
la cave : ***the basement / the cellar***
un couloir : ***a corridor***
les pièces : ***rooms***
l'agencement : ***the layout***
en haut, à l'étage : ***upstairs***
en bas : ***downstairs***
le rez-de-chaussée : ***the ground floor***
le salon : ***the living room***
la salle de bains : ***the bathroom***
la cuisine : ***the kitchen***
une cuisine américaine : ***an open space kitchen***
les toilettes : ***the toilet / the restroom (US)***
la salle à manger : ***the dining room***
une chambre : ***a bedroom***
un bureau : ***a study***
une penderie : ***a wardrobe***
un placard : ***a cupboard / a closet***
les caractéristiques : ***features / characteristics***
l'isolation: ***insulation***
isoler : ***to insulate***
la plomberie : ***plumbing***
le chauffage : ***heating***
chauffer : ***to heat***
le double vitrage : ***double glazing***
la chaudière, le chauffe-eau : ***the boiler***
un ascenseur : ***a lift (UK) / an elevator (US)***
la moquette : ***wall-to-wall carpeting***
un parquet : ***a wooden floor***
une cheminée d'intérieur : ***a fireplace***
meublé : ***furnished***
non meublé : ***unfurnished***
grand, spacieux : ***large / roomy***
clair : ***light***
sombre : ***dark***
cher : ***expensive***
bon marché : ***cheap***

4. LA MISE EN LOCATION

1. LA SÉLECTION DU LOCATAIRE

Vous devez maîtriser le vocabulaire lié à la constitution du dossier du locataire potentiel afin de vérifier sa solvabilité.

dossier : ***file***
bulletin de salaire : ***pay slip***
salaire : ***wages / salary /pay***
impôts sur le revenu : ***income tax***
contrat de travail : ***contract of employment / job contract / work contract***
travail en CDD : ***temporary job / fixed-term job***
travail en CDI : ***permanent job***
solvabilité : ***solvency***
un tiers : ***one third***
deux tiers : ***two thirds***
garant : ***guarantor***
caution : ***deposit***

2. LA LOCATION

une location : ***a rental***
la location : ***renting / letting / leasing***
louer : ***to rent***
à louer : ***to let / for rent***
appartement à louer : ***flat (UK) / apartment (US) to rent***
bail : ***lease***
contrat de location : ***rental contract***
bailleur : ***lessor***
propriétaire : ***landlord / owner***
locataire : ***tenant***
durée : ***duration***
à long terme, de longue durée : ***long term***
durer : ***to last***
signer : ***to sign***
le loyer : ***the rent***
les charges (d'une location): ***service charge***
état des lieux : ***inventory***
déménager (partir) : ***to move out***
emménager : ***to move in***

4 LA TRANSACTION VENTE

Face à une clientèle anglo-saxonne vous devez être en mesure de décrire les étapes d'une vente immobilière. De la même manière, il vous faudra expliquer clairement ce que votre client acheteur devra payer, c'est-à-dire la totalité des dépenses à sa charge.

1. LA PROCÉDURE D'ACHAT

promesse de vente : ***sale agreement / sale commitment***
s'engager dans : ***to be committed with (in) / to engage in / to get involved with (in)***
les parties : ***parties / sides***
vendeur : ***seller*** acheteur : ***buyer / purchaser***
acompte : ***deposit***
se rétracter : ***to disengage / to withdraw / to retract***
motif, raison légitime : ***legitimate reason***
délai de rétractation : ***period of withdrawal***
rompre le contrat : ***to break the contract***
constituer un dossier : ***to set up a file***
diagnostic technique : ***technical (home) survey***
assemblée générale : ***general meeting***
le PV : ***the minutes / the written record***
taxe foncière : ***property tax***
notaire : ***notary / solicitor***
frais de notaire : ***notary's fees***
frais, droits d'enregistrement : ***registry fees / registration fees***
acte authentique (d'achat) : ***authenticated deed / notarial deed / final selling contract***
mairie : ***town hall (US) / city hall (US) / town council (UK) / city council (UK)***
syndic de copropriété : ***co-ownership trustee / property management company***
hypothèque : ***mortgage***
servitude : ***right of way / easement***
annuler la vente : ***to cancel the sale***

2. LE PRIX ET LE FINANCEMENT

le budget global : ***the total budget***
le prix global : ***the overall price***
les dépenses : ***expenses***
prix FAI : ***the price includes the agency's fees / price including agency fees***
commission d'agence : ***(real) estate agency's commission***
un pourcentage du prix : ***a percentage of the price***
revenus : ***incomes***
discuter le prix : ***to discuss the price***
paiement comptant : ***cash payment***
la fiscalité : ***taxation***
un allègement fiscal : ***a tax relief***
les frais d'acquisition : ***administrative costs***
prêter : ***to lend***
emprunter : ***to borrow***
épargner, économiser : ***to save***
épargne : ***saving(s)***
financer : ***to finance***
apport personnel : ***personal contribution***
le capital d'apport : ***the initial capital***
une subvention : ***a subsidy***
les prêts : ***loans / credits / mortgages***
un prêt immobilier : ***home loan / property loan***
un prêt hypothécaire : ***a mortgage loan***
un prêt relais : ***a transition loan / a bridge loan***
un prêt gratuit : ***a free loan / a free interest loan***
durée du prêt : ***mortgage term***
une garantie : ***a guarantee / a security***
une mensualité : ***a monthly payment***
une simulation de prêt : ***a loan simulation***
taux d'intérêt : ***interest rate***
taux d'intérêt fixe : ***fixed interest rate***
taux d'intérêt variable : ***variable interest rate***
taux de solvabilité : ***solvency rate***
taux d'endettement : ***debt burden***
le surendettement : ***excessive debt***
seuil d'endettement : ***debt limit***
avoir des dettes : ***to be in debt***
un solde débiteur : ***an overdraft balance***
saisir (un bien) : ***to foreclose***
une saisie : ***a foreclosure***

5 LA GESTION DE COPROPRIÉTÉ

Afin de comprendre et de pouvoir traiter à l'écrit un sujet lié à la gestion d'une copropriété, vous devez maîtriser le rôle de chacun de ses organes ainsi que son fonctionnement.

1. LES ORGANES DE LA COPROPRIÉTÉ

syndicat des copropriétaires : ***association of co-owners / homeowners' association***
conseil syndical : ***co-ownership board / co-ownership council / joint ownership board / joint ownership council***
syndic de copropriété : ***co-ownership trustee / property management company / co-ownership association***

2. LE FONCTIONNEMENT DE LA COPROPRIÉTÉ

1. LA COPROPRIÉTÉ

la copropriété : ***co-ownership / joint ownership***
propriétaire : ***(property) owner***
les copropriétaires : ***co-owners / joint owners***
une copropriété : ***condominium / a jointly-owned block of flats***
les parties communes : ***communal areas / common areas***
les parties privatives : ***leased premises / private areas***
une quote-part, un lot : ***a share***
un tantième : ***a share, a percentage***
le règlement de copropriété : ***building rules and regulations***
les droits et les devoirs : ***rights and duties***
les charges de copropriété : ***condo fees / management charges***
la répartition : ***allocation / distribution***

2. L'ASSEMBLÉE GÉNÉRALE

assemblée générale : ***Annual General Meeting (AGM) / general meeting***
convoquer : ***to summon / to call (in) / to notify***
convocation : ***notice / notification***
l'ordre du jour : ***the agenda***
assister à une réunion, être présent à une réunion : ***to attend a meeting***
pouvoir, procuration : ***proxy***
l'approbation des comptes : ***approval of the accounts***
donner quitus à quelqu'un : ***to grant somebody full discharge***
un budget prévisionnel : ***a forecast budget***
le compte-rendu, le PV (d'assemblée générale) : ***the minutes / the written record***

3. LES FRAIS

frais d'entretien des parties communes : ***common area maintenance charges***
frais exceptionnels : ***unexpected costs***
frais courant : ***running costs***
taxe d'enlèvement des ordures ménagères : ***waste removal fees (UK) / trash tax (US)***
les factures : ***the bills***
un compteur d'eau, de gaz : ***a water / gas meter***
le relevé du compteur : ***a meter reading***
une assurance : ***an insurance***
une fuite : ***a leak***
fuir (eau, gaz…) : ***to leak***
des dégâts : ***damage***
des réparations : ***repair work***
des travaux : ***work***
des travaux de rénovation : ***renovation work***
un devis : ***an estimate***
une expertise : ***an (expert) assessment***

6 LA GESTION LOCATIVE

La maîtrise de ce thème implique que vous soyez capable de présenter au bailleur et au locataire la nature de leurs obligations.

1. LA LOCATION

1. LE BAIL

louer : ***to rent / to let***
le contrat de location : ***the renting agreement / the rental contract***
un bail à loyer : ***a rental lease / a letting lease***
un bail d'habitation : ***a residential lease***
un bail de trois ans : ***a three-year lease***
un bail à long terme : ***a long lease***
un bail commercial : ***a commercial lease***

2. LES LOGEMENTS À LOUER

le logement : ***housing /accommodation***
un logement : ***an accommodation / a lodging***
locations proposées par des particuliers : ***private lettings***
un HLM : ***a council house***
un local commercial : ***commercial premises***
la colocation (en appartement, en maison) : ***flat / house sharing***
la sous-location : ***sub-letting / under-leasing***
une location meublée : ***a furnished let***
une location vide : ***an unfurnished let***
un logement de fonction : ***an official accommodation (civil servant) / a company accommodation (employee)***

3. CELUI / CELLE QUI LOUE

le propriétaire qui loue : ***the landlord / the landlady***
un locataire : ***a tenant / a lodger***
un bailleur : ***a lessor / a leaser***
un preneur à bail : ***a lessee***
un locataire emphytéotique (bail de 99 ans ou de 999 ans) : ***a leaseholder***
un colocataire : ***a co-tenant / a flatmate***

4. LA FIN DU BAIL

résilier un bail : ***to terminate a lease***
annuler un bail : ***to cancel a lease***
renouveler : ***to renew***
renouvellement : ***renewal***
prolonger : ***to extend / to prolong***
un préavis : ***advance notice***
expulser : ***to evict***
une expulsion pour loyers impayés : ***an eviction for unpaid rents***

2. LES FRAIS

1. LE LOYER

le loyer : ***the rent***
réviser le loyer : ***to review the rent***
valeur locative : ***rental value***
revenus locatifs : ***rental income***
une quittance, un reçu : ***a receipt***
exempt de loyer : ***rent-free***

2. LES CHARGES

les charges : ***costs / expenses / charges***
charges comprises : ***(service)charges included***
charges locatives : ***letting costs***
charges récupérables : ***reimbursable costs / refundable costs***
frais courants, frais de fonctionnement : ***running expenses***

3. GARANTIE ET IMPÔTS

la caution : ***the deposit / the guarantee / the security***
dépôt de garantie : ***damage deposit***
assurance : ***insurance***
état des lieux : ***inventory / inspection***
impôts locaux: ***local taxes***
taxe d'habitation : ***home tax***

7 CONSEIL EN DÉFISCALISATION

Le conseil en défiscalisation est un des thèmes les plus ardus à traiter. Votre rôle est d'être capable de transcrire dans une langue simple des dispositifs complexes.

1. LE DISPOSITIF PINEL

1. L'INVESTISSEMENT LOCATIF

investir : ***to invest***
investissement : ***investment***
investisseur : ***investor***
promoteur immobilier : ***property developer / real estate developer / realty developer***
réhabiliter : ***to renovate / to restore / to refurbish***
réhabilitation / rénovation : ***refurbishment / renovation / restoration***
Société Civile Immobilière : ***property management company***
l'offre : ***supply***
la demande : ***demand***
l'écart : ***gap / discrepancy***
inférieur à : ***inferior to***
supérieur à : ***superior to***
prix du marché : ***market price***
logement nu : ***unfurnished accommodation***
crise du logement : ***housing crisis***
performance énergétique : ***energy efficiency / energy performance***

2. LES AVANTAGES FISCAUX

avantages fiscaux : ***tax incentives / tax benefits***
crédits d'impôts : ***tax exemptions***
réduction d'impôts : ***tax reduction***
économiser : ***to save***
dépenser : ***to spend***
respecter (les lois, normes…) : ***to comply with / to respect***
taxe d'habitation : ***home tax / council tax (UK)***
taxe foncière : ***property tax***
impôts locaux : ***local taxes***

3. LES AUTRES AVANTAGES

économie d'énergie : ***energy saving***
énergivore: ***energy-consuming***
gaspiller : ***to waste*** gaspillage : ***waste***
consommer : ***to consume***
consommation : ***consumption***
la durabilité : ***sustainability***
durable: ***sustainability***
énergies renouvelables : ***renewable energies***
non renouvelable : ***non renewable***
empreinte écologique : ***ecological footprint***
factures d'énergie : ***energy bills***
améliorer : ***to improve*** amélioration : ***improvement***
pourcentage : ***percentage***
10 pour cent : ***10 percent***
gain : ***gain*** perte : ***loss***
classer : ***to rank / to rate***
classement : ***ranking / rating***

2. LE CONSEIL

conseiller : ***to advise***
le conseil : ***advising***
un conseiller : ***an advisor an adviser***
un conseil : ***a piece of advice***
des conseils : ***advice / pieces of advice***
une information : ***a piece of information***
des informations : ***informations***
les données : ***data***
se renseigner : ***to inquire about (US) / to make inquiries (US) / to enquire about (UK) / to make enquiries (UK)***
faciliter : ***to ease / to facilitate***
descendant (progéniture) : ***descendant / offspring***
obligation (de la société) : ***obligation / requirement***
être obligé de : ***to be obliged to / to be forced to***
devoir : ***duty***
les normes : ***norms / standards***
la réglementation : ***regulations / rules***
la loi : ***law***

8 GESTION DE CONFLITS

Afin de pouvoir traiter un sujet qui a trait à la gestion d'un conflit, vous devrez être capable de comprendre et d'expliquer la cause du conflit, puis de rassurer votre interlocuteur en lui proposant dans la mesure du possible des solutions.

1. L'ORIGINE DU CONFLIT

1. LES DÉGATS MATÉRIELS

une fuite d'eau : ***a water leak***
fuir (eau, gaz…) : ***to leak***
tuyau / canalisation : ***pipe***
tuyau (flexible) : ***hose***
robinet : ***tap***
robinetterie : ***pipework***
plomberie : ***plumbing***
cuisinière : ***cooker / stove***
moquette : ***carpet / (wall-to-wall) carpeting***
parquet : ***wooden floor***
carrelage : ***tiles / tiling***
papier peint : ***wall paper***
peinture : ***paint***
prise éléctrique : ***plug***
électricité : ***electricity / power***
coupure d'électricité : ***power cut***
les escaliers : ***staircase / stairs***
ascenseur : ***lift (UK) / elevator (US)***
digicode : ***entry code / door code***
interphone : ***intercom***
ravalement de façade : ***restoration (of building facade)***
être hors service : ***to be out of order***
être cassé : ***to be broken***
être détérioré / abîmé : ***to be damaged / to be deteriorated***

2. LES DÉFAUTS DE PAIEMENT

retard de paiement : ***late payment***
indemnités de retard : ***late payment penalties / late payment fees***
les factures : ***bills / invoices***
les frais : ***fees***
commission d'agence : ***agency fees / real estate agency commission***
date butoir : ***deadline***
échéancier : ***repayment schedule***
remboursement : ***repayment / reimbursement***
les charges (d'une location) : ***service charge***
les charges de copropriété : ***condo fees / management charges***

3. LES NUISANCES

le bruit : ***noise***
tapage nocturne : ***night-time noise / disturbance of the peace at night (legal)***
les mauvaises odeurs : ***(bad) smell***
la propreté : ***cleanliness***
l'hygiène : ***hygiene***
la saleté : ***dirt / dirtiness***
la poussière : ***dust / dirt***
encombrer : ***to block / to be in the way / to take up too much space***
endommager : ***to damage / to harm***

2. LE CONFLIT

1. LE PROBLÈME ET SES ENJEUX

un problème : ***an issue***
un conflit : ***a conflict***
une dispute : ***an argument / a quarrel***
se disputer avec quelqu'un : ***to have an argument with somebody / to quarrel with somebody***
un désaccord : ***a disagreement***
être d'accord avec quelqu'un : ***to agree with somebody***
ne pas être d'accord avec quelqu'un : ***to disagree with somebody***
un litige : ***a dispute***
être en jeu : ***to be at stake***
un intérêt : ***a stake***
un malentendu : ***a misunderstanding***

2. LES DIFFERENTS ACTEURS

les parties en présence : ***the parties involved / the persons involved***
une partie intéressée : ***a stakeholder***
la partie adverse : ***the opposing party***
un médiateur : ***a mediator / an intermediary / a go-between / a troubleshooter***

3. LES RÉACTIONS

la communication non verbale : ***body language***
agressif : ***aggressive***
obstiné : ***stubborn / obstinate***
en colère : ***angry***
confiant : ***confident***
inquiet : ***worried***
affirmé : ***assertive***
conciliant : ***conciliatory / accommodating***
soumis : ***submissive***
ouvert d'esprit : ***open-minded***
fermé / obtus : ***narrow-minded***
souple : ***flexible***
insupportable : ***unbearable***

4. LES GRIEFS

un reproche : ***a reproach***
reprocher quelque chose à quelqu'un : ***to reproach somebody with / for something***
une critique : ***a criticism***
critiquer quelqu'un pour quelque chose : ***to criticize somebody for something***
accuser quelqu'un de quelque chose : ***to accuse somebody of something***
rendre quelqu'un responsable de quelque chose : ***to blame somebody for something***

remettre en cause : ***to question***
faire face à : ***to cope with / to face / to confront***
s'occuper de : ***to deal with / to handle / to tackle***
gérer : ***to manage***
négocier : ***to negotiate***
affirmer : ***to assert***
mettre la pression : ***to put the pressure***
formuler / exprimer : ***to express / to verbalize / to voice / to phrase***
empêcher quelqu'un de faire quelque chose : ***to prevent somebody from doing something***
éviter : ***to avoid***
oser : ***dare***
repousser à plus tard : ***to delay / to postpone***
soutenir : ***to support***
revenir (sur quelque chose) : ***to reconsider***

3. LES SOLUTIONS POSSIBLES

réparer : ***to repair / to fix / to mend***
remédier à quelque chose : ***to sort something out***
viser à : ***to aim at***
un but : ***a purpose / a goal / an aim / an objective***
un compromis : ***a compromise***
le résultat : ***the outcome***
réussir à : ***to succeed in***
un succès : ***a success***
un terrain d'entente : ***a common ground***
compenser : ***to compensate for***
une solution gagnant-gagnant : ***a win-win solution***
un temps de réflexion : ***time to think it over***
un délai : ***an extension***
concéder / accorder : ***to grant***

EXERCICES

Exercice 1

Après avoir lu l'article attentivement, répondez aux questions

1. **WHAT : quel est le thème principal ?**
2. **WHO : qui sont les personnes concernées ? A qui cela s'adresse-t-il ?**
3. **WHERE : où cela se passe-t-il ? Cela concerne-t-il une zone géographique particulière ?**
4. **WHEN : quelle est la période concernée, passée, actuelle ou à venir ?**
5. **WHY : quel est l'objectif du document ? Quelle est sa raison d'être ?**

Puis, résumez en une ou deux phrases en anglais l'idée principale de chaque paragraphe.

Landlords Move In Furniture to Help Rent Properties

by Phoebe Chongchua, **RealtyTimes**, February 12, 2010

These days some landlords are finding a house without furnishings has less appeal in the marketplace. So, landlords are supplying furniture.

The market for furnished rentals is on the rise despite business travel being down, the folks at CorporateHousingbyOwner.com tell me. It seems struggles to get unfurnished homes rented are being eased by comfortable furnishings. "When we were looking to purchase a home we saw the potential of the basement", says landlord, Colleen Cameron. They bought a home several years ago, converted the basement and added a kitchen, turning it into a separate housing unit. Then they tried to rent it. The furnished rental was snatched up quickly.

"We found a renter within the week", says Cameron.

"We had a lot of furniture that both my husband and I had doubles of from when we were single. So rather than sell that furniture, we used furniture that we already had to furnish the unit", says Cameron.

It was a win-win situation. The couple didn't want to sell their furniture or have to pay to store it; the furnished unit differentiated the rental from most.

"If the furnishings are done in good taste and are gender-neutral, I think that when someone walks in they already feel like it's a home versus just an empty shell. And, especially, it's attractive for the right type of renter who is looking for a furnished property", says Cameron.

However, their furnished rental serves another purpose. "We have showed our furnished properties to renters who have their own furniture and I think it just helps sell the space because... it's staged", says Cameron.

Cameron has found such success with the furnished rental that the couple doesn't rent it unfurnished, although, they will make some minor exceptions. "We were able to move a couple of the items out. The issue is the cost to us to store the furniture. If we have no place to put it then it increases our cost", says Cameron.

She adds, "There are plenty of renters who are looking for furnished units; we're fine with walking away because unfurnished rentals are not really our niche." Most of us think that furnished rentals would likely be very short-term leases. "We have been a landlord for five years. Our longest renter was two years", says Cameron.

She also points out that whether renters have their own furniture or not, they are transitional; for instance they're waiting to buy a house or they don't know where they'll be located next because of a job change or an upcoming marriage.

Cameron believes her furnished-rental market position narrows the competition. "I think the majority of the inventory out there is unfurnished and I don't want to compete against that", says Cameron. She believes that "we have a tighter niche and there's less availability for furnished units and that's why we're able to get renters at the price we want."

Exercice 2

Rédigez un compte-rendu en français en 180 mots (+/– 10%) qui correspond au texte de l'exercice 1. Vous vous aiderez de ce que vous avez fait dans l'exercice précédent.

Exercice 3

1. Lisez attentivement le sujet d'expression écrite suivant et définissez le type d'écrit qui est attendu et à qui il s'adresse.

You are a French real estate agent who is anwering an email written by a British client who wants to let out a small flat he has in Paris. Your British client is asking you some advice because he is hesitating between letting it as a furnished or an unfurnished rental.

In your answer you have to present him the different advantages of a furnished rental.

2. Puis dressez la liste des idées qui apparaîtront dans votre écrit en veillant à ce qu'elles s'enchaînent judicieusement ; le tout en anglais.

Exercice 4

Rédigez le courriel (en 200 mots, +/– 10%) qui correspond au sujet d'expression écrite de l'exercice 3 en vous appuyant sur ce que vous avez fait pour ce même exercice.

Votre courriel s'adressera à M. Grimberg.

Exercice 5

Vous êtes un agent immobilier qui explique les principales étapes de la procédure d'acquisition à un client britannique qui souhaite acquérir un bien immobilier en France.

Expliquez-lui les obligations et contraintes suivantes :

→ **signature d'une promesse de vente, qui engage les parties avec risque de perdre l'acompte si l'acheteur se désengage sans motif légitime** ;

→ **délai de rétractation de 10 jours à compter de la promesse de vente** ;

→ **nécessité de passer devant un notaire pour l'acte authentique.**

Exercice 6

Vous êtes agent immobilier (Pierre Durand) et vous êtes chargé de renseigner M Johnson, un client anglo-saxon, sur le dispositif Pinel. Votre mission est d'expliquer dans une langue accessible et simple en quoi ce dispositif consiste.

Rédigez un courriel à cet effet d'une longueur de 80-120 mots.

Exercice 7

Vous êtes un agent immobilier (Mme Berthier) qui a en gestion un appartement de 2 pièces et suite à l'état des lieux de sortie, le locataire (M. Forestier) est très mécontent et conteste l'état des lieux et affirme qu'il ne paiera pas certaines réparations car il n'en est pas responsable et refuse catégoriquement que la totalité des coûts de réparations soit retenue sur son dépôt de garantie.

En effet, il dit que l'une des prises électriques de l'appartement était déjà hors service à son entrée dans l'appartement et que le papier peint se décollait déjà et que le carrelage de la salle de bains ainsi que le parquet étaient endommagés suite à une fuite d'eau datant d'avant son arrivée sur les lieux.

En tant que gestionnaire de l'appartement, vous envoyez un courriel pour relater la situation au propriétaire (M. Fishburn) qui est anglo-saxon et vous lui proposez des solutions afin de résoudre la situation à l'amiable.

Rédigez ce courriel.

SOLUTIONS

Exercice 1

1. WHAT : This article deals with the advantages of furnished rentals
2. WHO : It is addressed to potential landlords
3. WHERE : No specific place is mentioned
4. WHEN : The article was published in 2010 so it focuses on the housing market of that period
5. WHY : This article compares furnished to unfurnished rentals and shows that in 2010 furnished rentals are more easily let out

§1 : Nowadays furnished rentals are more attractive than unfurnished ones
§2 : Since unfurnished accommodations are more difficult to rent out, Colleen Cameron, a landlord, decided to transform her basement into a separate furnished unit to let out. She found a tenant within a week
§3 : The basement unit was furnished with the furniture she has in double
§4 : The adavantages are that Cameron could use the extra furniture instead of selling or paying to store it and it made her rental unique
§5 : The furnished rental gives the impression of being at home and not in an empty place when it is done in good taste and gender neutral
§6 : Even if renters have their own furniture, a furnished rental helps them to project themselves by staging the space
§7 : The furnished rental is so successful that Cameron rents it almost exclusively furnished
§8 : Plenty of renters want a furnished unit with a short-term lease hence Cameron does not mind to withdraw from the unfurnished rental market.
§9 : the reasons that explain these short-term leases
§10 : In Cameron's opinon, there is less competition in the furnished-rental market so she is more likely to obtain the price she wants for her furnished unit

Exercice 2

Cet article du RealtyTimes traite des avantages de la location meublée par rapport à la location nue.
En effet, la journaliste s'appuie sur le témoignage de Colleen Cameron, une propriétaire qui a transformé le sous-sol de sa maison en un logement indépendant qu'elle loue en tant que meublé.
Selon Colleen, la location meublée présente un certain nombre d'avantages tant pour le locataire potentiel que le propriétaire.
Pour le locataire qui visite, le logement apparaît comme un véritable foyer et non un espace vide. Ainsi, cela lui est plus facile de s'y projeter.
La demande des locations meublées augmente et c'est l'offre en non meublé qui est la plus importante donc les propriétaires sont assurés de trouver des locataires très rapidement. D'ailleurs cela a été le cas pour Colleen, en plus elle a pu utiliser les meubles qu'elle avait en double au lieu de les mettre dans un garde meubles.
Par ailleurs, la location meublée attire en général des gens qui sont en transition, cela donne donc lieu à des baux à court terme.
En conclusion, Colleen ne trouve que des atouts à la location meublée et elle compte bien continuer exclusivement dans ce domaine.

200 mots

Exercice 3

1. **Type d'écrit et destinataire** : courriel qui s'adresse à un client anglais ayant un bien immobilier à Paris
2. **Idées organisées :**

1. a furnished rental presents the property as a home not as an empty space so a potential
2. tenant can project himself / herself more easily
3. landlords can use their extra furniture without investing in new one
4. landlords can avoid selling their extra furniture or paying to store it
5. furnished rentals can be let out very quickly because there is a lot of demand
6. furnished renting presents financial advantages for landlords
7. there is a wide range of people who are looking for furnished rentals : students, people who are waiting to buy a property, people who do not know where they will be in a near future because of a job change, a marriage or a divorce
8. furnished rentals are often short-term leases
9. furnished renting conditions are less compelling for both landlords and tenants

Exercice 4

Dear Mr Grimberg,
I will try my best to answer your question.
Indeed, thanks to our knowledge of the renting market trend of the moment, I would advise you to let your small flat as a furnished rental.
First, you will be able to use your extra furniture instead of storing it and the second advantage is that potential tenants will project themselves more easily in your flat as they will not see it only as an empty space.
Second, your property will be rented out very quickly because the demand is very important at the moment. This of course presents a financial asset for you since the rent for a furnished flat is higher than for an unfurnished one.
Then, there is a wide range of people who are looking for a furnished rental because they are in a transitional situation, whether they are students, people waiting for a job change or people getting married.
Finally, furnished rentals are often short-term leases and the renting conditions are less compelling for both landlords and tenants. For example, the leaving notice is of only one month against three for an unfurnished one.
I hope I have correctly answered your question. Do not hesitate if you have other points you want us to help you with.

Best regards,
Hanna Turner, estate agent.

220 words

Exercice 5

In the selling process, there is a legal procedure to follow . You will have to sign a sale agreement / sale commitment which binds you to the seller. Indeed, you will lose your deposit if you disengage / withdraw / retract without any legitimate reason.
After having signed the sale agreement, you will have a ten-day period of withdrawal during which without any money loss.
Finally, you will have to go to the notary's / solicitor's to get the authenticated deed / notarial deed / final selling contract.

Exercice 6

Dear Mr Johnson,
The Pinel package consists in encouraging private individuals to invest in real estate by increasing tax incentives / tax benefits in order to boost the real estate market with more properties to let.
The Pinel package proposes up to 21% of tax reduction calculated on the amount of the investment.
Moreover, a private individual investor will be able to rent out his property to a member of his family either a parent or a descendant.
So as to benefit from the tax reduction, the investor has to purchase a brand new property and to let it for a determined period of time of 6, 9 or 12 years. The tax reduction will then be proportional to the length of the commitment ie (that is to say) 12%, 18% or 21%.
If you have any other question, do not hesitate to contact me.
Yours faithfully / Sincerely yours,
Pierre Durand

Exercice 7

Dear Mr Fishburn,
Following Mr Forestier's outgoing inventory, a disagreement came out and he refuses to pay some repairs in the flat. In fact, he claims he is not responsible for some damages which he says happened before his arrival hence he refuses to pay for the repairs or that the fees may be substracted from his deposit. He was very angry and aggressive when he told me that on the phone.
Indeed, he was very assertive when explained that one the plug was already out of order when he moved in the apartment. Moreover, he also said that the wall paper was peeling off and the tiling in the bathroom and the wooden floor were damaged because of a water leak which dated back from before his arrival.
Consequently, I will compare the ingoing inventory to the outgoing one to check if what Mr Forestier state is true or not.
In the case that if what he said is untrue, I will contact Mr Forestier to inform him that he has the obligation to pay for the repairs despite his disagrement. Of course I will do my best to deal with / handle / tackle the situation and find a compromise to satisfy all the parties and avoid any legal procedure. I am confident that if we are flexible and open-minded, we will succeed in reaching an agreement / a positive outcome / common ground / a win-win situation.
Sincerely yours / Yours faithfully,
Mrs Berthier

COMMUNICATION PROFESSIONNELLE

PRÉSENTATION DE L'ÉPREUVE

1. MODALITÉS DE L'ÉPREUVE

- Épreuve orale
- Coefficient 2
- Durée 20 minutes maximum
- Temps de préparation 20 minutes

Cette épreuve se présente sous la forme :

- d'un **CCF** (contrôle en cours de formation) pour les candidats de la voie scolaire étudiant dans un établissement public ou privé sous contrat, dans un CFA ou une section d'apprentissage habilité, ou pour les candidats de la formation professionnelle continue étudiant dans un établissement public habilité ;
- d'un **examen ponctuel** pour les candidats de la voie scolaire étudiant dans un établissement privé, dans un CFA ou une section d'apprentissage non habilité ou pour les candidats ou pour les candidats de la formation professionnelle continue étudiant dans un établissement public non habilité ou dans un établissement privé ou dans un centre d'enseignement à distance.

Dans les deux cas la nature de l'épreuve est la même. En revanche la composition de la commission d'évaluation est différente :

- en **CCF** (contrôle en cours de formation), la commission est composée de deux enseignants ayant assuré la formation du candidat dans la langue étrangère choisie et en communication ;
- en forme **ponctuelle**, la commission est composée d'un professeur de langue LV1 choisie par le candidat et d'un professeur de communication.

Les langues vivantes autorisées sont les suivantes : anglais, allemand, espagnol, italien et portugais.

2. DÉFINITION DE L'ÉPREUVE

Elle prend appui sur une situation professionnelle proposée par la commission d'interrogation. Cette situation professionnelle, caractéristique des métiers et des activités propres à l'immobilier est présentée en langue française. Elle est constituée d'une fiche de présentation indiquant :

- le contexte professionnel, c'est-à-dire le type de structure immobilière retenue (agence immobilière, bailleur social, gestion locative privée, gestionnaire de patrimoine, administration de biens, étude notariale, promoteur…), et le domaine immobilier concerné (transaction vente, transaction locative, gestion locative, gestion de copropriétés, conseil en défiscalisation…) ;
- la description précise de la situation ;
- le rôle du candidat, qui occupe la place du professionnel de l'immobilier ;
- le rôle de l'évaluateur, qui occupe la place du client (acquéreur, bailleur, copropriétaire, locataire, investisseur, propriétaire, vendeur…) ;
- le document en français fourni comme annexe au candidat (annonce, plan du bien, lettre, document commercial, courriel, mandat de gestion, promesse, acte authentique, bail, cadastre, fiche découverte…). La présence d'un tel document n'est pas systématique.

Le candidat dispose de 20 minutes pour préparer son intervention. Il doit répondre à la problématique de communication professionnelle posée dans le cadre de la situation d'évaluation proposée.

L'épreuve elle-même se divise en deux parties :

- Échange en langue étrangère

Cette partie dure 10 minutes au maximum. Le candidat gère en langue étrangère la situation professionnelle qui lui a été donnée.

Le professeur chargé de l'enseignement de la langue étrangère choisie en LV1, joue le rôle de l'interlocuteur dans la situation professionnelle donnée.

- Échange en français sur la communication professionnelle

Cette partie dure 10 minutes au maximum. Le candidat justifie et argumente sa démarche, ses choix et ses réponses en communication professionnelle.

L'entretien en français avec les deux membres du jury,

s'appuie sur la gestion par le candidat de la situation professionnelle initialement proposée. Il peut aussi s'ouvrir aux problématiques générales de la communication professionnelle.

3. LES ATTENTES DU JURY

1. FINALITÉS ET OBJECTIFS

Cette épreuve vise à certifier l'aptitude du candidat à communiquer en français et en langue étrangère avec efficacité dans les situations professionnelles courantes liées aux métiers et aux activités de l'immobilier L'évaluation a pour objectifs généraux de vérifier les capacités du candidat à :

→ analyser une situation et à proposer une communication adaptée ;

→ construire et transmettre un message en adéquation avec le contexte professionnel ;

→ s'adapter à la situation de communication ;

→ adopter une posture professionnelle justifiée par la situation proposée ;

→ justifier ses démarches ou ses choix.

2. CRITÈRES D'ÉVALUATION

Le jury dispose pour noter le candidat d'une grille d'aide à l'évaluation, qui comprend les items suivants : Pour la langue vivante et la communication professionnelle :

→ compréhension de la situation professionnelle et adéquation de la posture professionnelle ;

→ capacité à interagir dans l'échange ;

→ capacité à argumenter et à convaincre.

→ Pour la langue vivante seule :

→ intelligibilité du message par rapport à la situation professionnelle ;

→ qualité linguistique et précision lexicale.

→ Pour la communication professionnelle seule :

→ mise en œuvre des techniques et des outils de communication ;

→ aptitude à justifier la démarche et les choix effectués.

SOMMAIRE
COMMUNICATION PROFESSIONNELLE

1 LES COMPOSANTES DE LA COMMUNICATION

Communiquer signifie transmettre un message porteur d'informations à une ou plusieurs personnes.
L'information est donc le contenu de la communication. Elle va permettre lors de sa transmission d'amener des éléments de connaissance à ses destinataires et donc au sein d'une organisation comme une entreprise de se faire connaître, de développer une image positive…
La communication donne donc du sens à l'information.

1. LES MODÈLES DE LA COMMUNICATION

1. LE MODÈLE SIMPLE DE LA COMMUNICATION

La communication peut être envisagée comme un processus simple mettant en relation trois éléments de base (modèle de Shannon et Weaver) :

➜ un émetteur envoie un message grâce à un codage (ensemble de signes et de combinaison de ces signes qui permet de constituer et de comprendre un message (ex : utilisation de termes professionnels, ou du langage courant)…

➜ …au travers d'un canal (la voie de communication utilisée, qui peut être orale (ex : téléphone…) ou écrite (ex : lettre…)

➜ …vers un récepteur qui effectue pour le comprendre un décodage dans un contexte perturbé par des bruits.

Exemple d'un modèle simple de communication : une fiche vitrine proposant un bien à la vente.

Émetteur : l'agence immobilière *Codage : la présentation de l'offre (accroche, descriptif, photo…).*	***Canal : l'affiche vitrine*** *Bruits : passants obligeant le prospect à se déplacer, reflet sur la vitrine, place de l'affiche…*	***Récepteur : le prospect*** *Décodage : la lecture et la compréhension de l'offre.*

Ce modèle simple voire simpliste présente la communication comme un simple échange d'informations, alors qu'il s'agit plutôt d'un processus complexe caractérisé par une pluralité de composants.

2. LES ÉLÉMENTS DE COMPLEXITÉ DE LA COMMUNICATION

Les acteurs

Ce sont les participants à l'échange, qui s'envoient alternativement des messages. Les acteurs sont donc à tour de rôle émetteur et récepteur.
Les acteurs ne sont pas des participants neutres. Leurs échanges dépendent de leur statut, de leur fonction, de leur culture, de leur histoire… La communication n'est pas la même selon que l'agent immobilier dialogue avec un collègue, un client, le directeur de l'agence…

Le message

Il s'agit des informations transmises entre les acteurs. Le message a toujours une composante verbale et une composante non-verbale (expressions du visage, regards, posture…).

Le canal

Il correspond au mode de transmission du message. Il peut être oral ou écrit, et utiliser différents supports : téléphone, radio, télévision, lettre, mail, affiche…

Le choix du canal est important, dans le sens où il conditionne la réussite d'une communication. Il doit, en effet, être adapté à la situation de communication.

Le contexte

La communication s'inscrit dans un contexte, constitué par l'ensemble des conditions extérieures (lieu et moment de l'échange, relation entre les personnes, statut des acteurs, état émotionnel...). Le contexte exerce une influence sur la communication.
Le contexte peut être source de perturbations qui affectent la transmission du message. On parle de bruits.

2. LES OBJECTIFS ET CIBLES DE LA COMMUNICATION

1. LES OBJECTIFS DE LA COMMUNICATION

Les objectifs de la communication peuvent être divers. Il est important de les définir afin de mettre au point la stratégie à adopter. L'agence immobilière peut ainsi chercher à se faire connaître, à faire agir ses clients (réalisation d'une estimation, obtention d'un mandat...).

Exemple de publicité

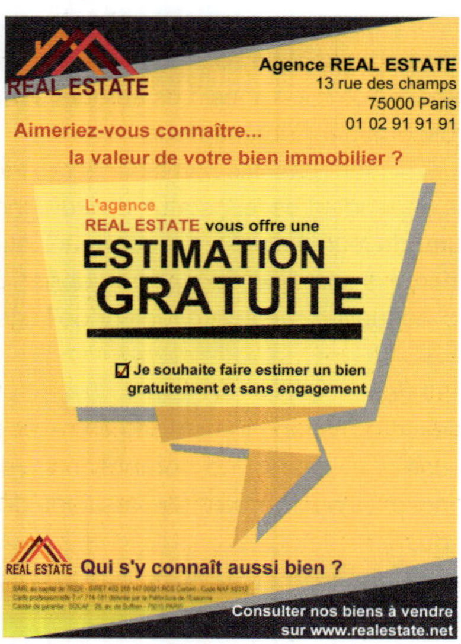

L'agence poursuit ici plusieurs buts :

- se faire connaître que ce soit en donnant ses informations d'identification (nom, adresse, site internet...), mais aussi son logo, en respectant une charte graphique... ;
- obtenir la signature de mandant, en proposant une estimation gratuite ;
- les informations professionnelles obligatoires qui peuvent paraître une contrainte pour l'agence sont également utilisées afin de montrer le professionnalisme de l'agence par la présence de la question : « *Qui s'y connaît aussi bien ?* ».

2. LES CIBLES DE LA COMMUNICATION

Les objectifs étant déterminés, il convient de les adapter au public visé, c'est-à-dire aux publics concernés par l'action de communication : vendeurs, acquéreurs, bailleurs, locataires, copropriétaires...
Ainsi, le syndic qui essaye de communiquer sur le respect du règlement de copropriété, le fera par voie d'affichage en rappelant les règles du « vivre ensemble » au sein de la copropriété s'il vise les occupants de l'immeuble (copropriétaires occupants mais aussi locataires), et il le fera par courrier en rappelant les obligations du bailleur relativement à ses locataires s'il vise les copropriétaires non occupants.

2 LES DIFFÉRENTS TYPES DE COMMUNICATION

Avant d'échanger des informations et donc de développer une stratégie de communication, il est nécessaire de connaître les différents types de communication existants.
On distingue les situations de communication, en fonction des relations entre émetteurs et récepteurs et les formes de la communication en fonction du canal et donc du support de la celle-ci.

1. LES SITUATIONS DE COMMUNICATION

1. LA COMMUNICATION INTERNE

Définition

La communication interne suppose que les émetteurs et les récepteurs appartiennent à la même organisation. Il peut donc s'agir de relations entre les membres d'une agence immobilière, entre des copropriétaires, entre les associés d'une SCI…
Le but de cette communication est de transmettre des informations sur l'organisation concernée et sur son fonctionnement.

Typologie

Il est possible de distinguer deux types de communication interne, selon le caractère plus ou moins formelle de celle-ci :

➜ **la communication interne formelle.** Elle présente un caractère officiel au sein de l'organisation où elle prend place. Elle doit donc être élaborée et diffusée en respectant des règles précises de forme, de structure… qui peuvent parfois avoir des conséquences juridiques (ex : compte-rendu de réunion du conseil syndical, procès-verbal d'assemblée générale de copropriété…) ;

➜ **la communication interne informelle.** Elle n'a pas un caractère officiel au sein de l'organisation où elle prend place. Elle n'a donc pas de règles strictes à respecter, mais elle n'en a pas moins d'importance car elle permet de disposer d'informations importantes sur l'organisation (ex : discussion entre le concierge de l'immeuble et le syndic). Elle est le plus souvent orale mais peut également être écrite (post-it, SMS…).

2. LA COMMUNICATION EXTERNE

La communication externe suppose que les émetteurs et les récepteurs n'appartiennent pas à la même organisation. Il peut donc s'agir de relations entre les membres d'une agence immobilière et ses clients (bailleurs, locataires, vendeurs, acquéreurs…), ses partenaires (banque, notaire, ascensoriste, chauffagiste…), les institutions (État, collectivités locales…).
Le but de cette communication est en plus de la transmission des informations nécessaires à la démarche entreprise, de défendre l'image et la réputation de l'agence. On distingue ainsi une fonction commerciale (ex : prospectus proposant une estimation gratuite pour rentrer un mandat) et une fonction institutionnelle (ex : prospectus rappelant l'historique de l'agence et sa connaissance du quartier).

2. LES FORMES DE COMMUNICATION

Les diverses formes de communication (orales, écrites, visuelles et audiovisuelles) peuvent évidemment se cumuler selon le type de support choisi (ex : film publicitaire).
Un même message peut également faire l'objet de chacun des trois types de communication, ainsi une agence qui proposerait une estimation gratuite pourrait le faire par le biais :

➜ d'une pige téléphonique (communication orale) ;

➜ de la réalisation d'un publipostage (communication écrite) ;

→ par la diffusion d'un spot radio ou télévisuel (communication audiovisuelle).

1. LA COMMUNICATION ORALE

La communication orale est l'action de transmission d'informations par la parole, la voix (ex : *phoning*, pige, présidence d'une assemblée générale…).
Pour être efficace, elle passe par une écoute active, le développement d'une argumentation, une prise de notes et une reformulation (voir fiches 14 et 33 Transaction).

2. LA COMMUNICATION ÉCRITE

La communication écrite permet de transmettre des informations de manière écrite et structurée (ex : mail, lettre, prospectus, convocation, procès-verbal…).
Pour être efficace, elle passe par une bonne adaptation du message au contexte, et une grande qualité rédactionnelle et formelle.

3. LA COMMUNICATION VISUELLE ET AUDIOVISUELLE

La communication visuelle est la transmission de l'information grâce à l'image (ex : affiches, prospectus…).
La communication audiovisuelle combine la communication visuelle et la communication audio par les sons (ex : film publicitaire, jingle…).

3. LES NTIC : NOUVELLES TECHNOLOGIES DE L'INFORMATION ET DE LA COMMUNICATION

L'apparition des NTIC dans le monde de l'immobilier a profondément modifié celui-ci. Les réseaux sociaux et l'utilisation d'Internet permettent ainsi au niveau marketing de toucher un public plus vaste mais aussi plus précis avec une segmentation plus précise permise par exemple par la géolocalisation des recherches des clients. L'influence des NTIC se voit donc au niveau du marketing et aussi au niveau des situations de communication que peuvent rencontrer les agences.

Les principales conséquences du développement des NTIC sur la communication des professionnels de l'immobilier

3 LES CONDITIONS À LA COMMUNICATION

Il existe de nombreux éléments pouvant parasiter une situation de communication. On parle de « bruits ». Ces éléments doivent être pris en compte pour mettre en œuvre des solutions permettant une bonne communication.

1. LES OBSTACLES À LA COMMUNICATION

Quelques exemples d'obstacles

Obstacle	Définition
Les perceptions des acteurs	Les acteurs dans une situation de communication peuvent avoir des perceptions différentes en fonction de leur culture, de leur expérience, de leur éducation… Ces perceptions peuvent amener à des biais importants, comme la création de stéréotypes (ex : « les agents immobiliers sont tous des voleurs »).
La sémantique et la syntaxe du message	Il s'agit des règles de forme, de grammaire, d'expression… permettant à un message d'être intelligible. Une mauvaise maîtrise de ces règles rend la compréhension du message difficile et donne une mauvaise image ainsi certains termes n'ont pas le même sens quand ils sont utilisés par un professionnel de l'immobilier et un client : le terme caution est utilisé par la plupart des gens alors qu'il s'agit d'un dépôt de garantie, le terme vacance locative ne signifie pas que le locataire est parti en congé…
L'environnement de la situation de communication	Il s'agit de prendre en compte les distractions amenées par des éléments extérieurs (ex : interruption par une personne tierce à la conversation, bruit de la circulation lors d'une conversation téléphonique extérieure…).
L'absence de distinction entre les informations communiquées	Il est important de bien différencier ce qui relève : – des faits, ce qui a été constaté (ex : « ce bien est mis en vente à 200 000 € FAI ») ; – des opinions, ce qui a été pensé (ex : « ce bien est très cher pour le marché ») ; – des émotions, ce qui a été ressenti (ex : « je suis triste de ne pas pouvoir l'acheter »).

2. LES SOLUTIONS AUX OBSTACLES À LA COMMUNICATION

1. LA CONNAISSANCE DE SOI ET DE SES INTERLOCUTEURS

Il s'agit de prendre en compte les valeurs, croyances, culture… de son ou ses interlocuteurs et de faire en sorte qu'elles puissent « dialoguer » avec les siennes. Des théories de la communication ont pu développer des grilles d'analyse du comportement, permettant une meilleure prise en compte de ces problématiques.

L'analyse transactionnelle

Selon cette théorie, la personnalité de chacun s'exprime selon des contextes de vie.

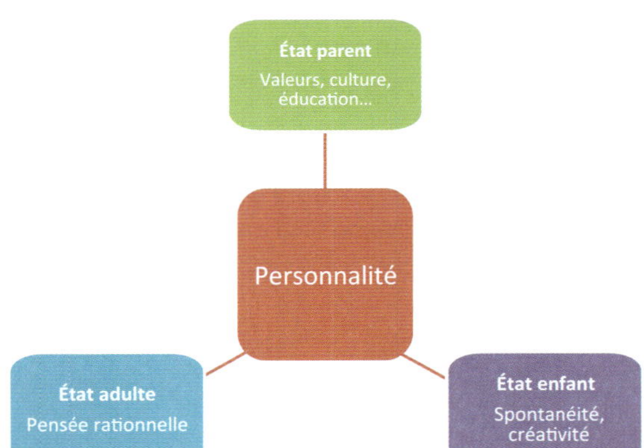

Les trois états cohabitent au sein d'une même personne mais un seul peut prédominer en fonction des situations que rencontre une personne. Ainsi un état est plus ou moins adapté en fonction de la situation de communication rencontrée, de l'interlocuteur…
Il est nécessaire d'adapter son message à l'état développé par son interlocuteur afin que la communication soit efficace.
Par exemple, un syndic à qui un membre du conseil syndical demande de venir suivre un chantier sur une copropriété (état adulte) peut répondre qu'il viendra (état adulte) ce qui permettra à la conversation de se poursuivre (« *quel jour ?* », « *mardi à 13 heures* ») : on dit que les deux états sont complémentaires. En revanche s'il répond « cela pose un problème si je ne viens pas ? » (état enfant), la poursuite de la communication nécessite qu'une des deux personnes change son état, car les transactions sont dites « croisées », ce qui entraîne une rupture. Le membre du conseil syndical pourra répondre à l'état enfant, en prenant un état parent : « l'ancien syndic le faisait toujours ».

La programmation neurolinguistique (PNL)

La PNL définit trois modes de communication caractéristiques d'un interlocuteur :
→ **le visuel** pour l'interlocuteur qui s'aide de gestes pour mieux s'exprimer, qui formalise sa pensée par l'écrit en schématisant, qui est sensible aux photos, aux plans, qui a besoin de rencontrer les gens plus que de leur parler au téléphone… Il faudra donc disposer de supports adéquats, clairs et précis… ;
→ **l'auditif** pour l'interlocuteur qui utilise sa voix pour souligner sa pensée et son expression, qui accorde beaucoup d'importance aux mots, au vocabulaire utilisé, au détail d'un discours… Il faudra donc le rappeler souvent, bien choisir les termes utilisés… ;
→ **le kinesthésique** pour l'interlocuteur qui se sert de l'ensemble de son corps pour exprimer les émotions qui accompagnent son expression. Il a besoin de toucher les murs de l'appartement visité, de s'y déplacer librement…
Il s'agit donc de repérer comment s'exprime et se comporte l'autre pour se mettre en phase avec lui afin de faire naître la confiance et la compréhension indispensables à une bonne communication.

2. LA MAÎTRISE DES CODES VERBAUX ET NON VERBAUX

Le verbal

Outre l'adaptation du niveau de langue utilisé et la nécessaire maîtrise des outils syntaxiques, il est essentiel que le message communiqué soit clair et concis.
Il faut éviter de recourir à un vocabulaire trop technique mais il faut aussi montrer son professionnalisme en utilisant des termes précis et des tournures de phrases simples, ne laissant pas place à l'ambiguïté. Il est ainsi préférable d'illustrer ses propos par des exemples, par des éléments chiffrés pour ne pas rester dans le flou…

Le non verbal

Il est nécessaire d'être très attentif aux éléments suivants :
→ **la voix.** Le professionnel de l'immobilier doit adapter son débit, son ton, son timbre, son volume… en fonction des situations afin de ne pas mettre son ou ses interlocuteurs mal à l'aise ;
→ **les gestuelles et l'expression du visage.** Elles reflètent les sentiments de l'interlocuteur (ex : visage fermé, poing serré…). Il est donc essentiel de maîtriser les siennes et d'étudier celles de son interlocuteur ;
→ **l'apparence.** Il s'agit de l'allure générale d'un individu (ses vêtements, sa coiffure…). Elle contribue amplement à la première impression.

3. LA MAÎTRISE DU STRESS

La nervosité, le stress lors d'une situation de communication peuvent gêner la transmission correcte du message. Mais le stress peut être également positif, s'il est maîtrisé. Il permet en effet de rester motivé, concentré.
Il convient donc d'apprendre à le gérer notamment en préparant autant que possible les situations de communication en amont.

4 LA COMMUNICATION ÉCRITE

Dans les professions immobilières, les écrits réalisés ont de très nombreux enjeux :

→ **enjeux commerciaux :** attirer les prospects vendeurs, acquéreurs, locataires… ;

→ **enjeux juridiques :** l'écrit est un moyen de preuve, il est obligatoire dans de nombreuses hypothèses (ex : lettre de congé), il doit le plus souvent contenir des mentions obligatoires (ex : informations sur l'agence).

Seules les règles génériques de présentation et de rédaction seront exposées ici. Les principales dispositions juridiques ou à visée commerciale seront présentées dans les fiches de transaction et/ou de gestion correspondantes.

1. LES RÈGLES DE RÉDACTION ET DE PRÉSENTATION DES ÉCRITS PROFESSIONNELS

1. LA RÉDACTION

La rédaction des écrits professionnels doit être réalisée avec un grand soin, la compréhension du message et donc la réussite de la situation de communication en dépend. On doit donc notamment prendre en compte :

→ **les informations à transmettre**. Le message à transmettre doit être concis, clair et précis. Il ne faut pas donner d'informations inutiles, avec des mots ou des phrases équivoques. Pour déterminer les informations à transmettre on peut utiliser la méthode du QQOQCP (Qui, Quoi, Où, Quand, Comment, Pourquoi) ;

Qui ?	Les personnes concernées Ex : occupants d'un immeuble
Quoi ?	Le problème Ex : tapage
Où ?	Le lieu Ex : dans la copropriété
Quand ?	Le moment, la date Ex : la nuit
Comment ?	La méthode, les moyens… Ex : rappel au règlement et possibilités de sanctions
Pourquoi ?	Les raisons Ex : bien vivre ensemble, respect des voisins…

→ **la structure du message**. Le texte doit être organisé, selon un plan pensé et présenté en paragraphes distincts, avec une introduction (le rappel des faits), un développement (les possibilités de solution), et une conclusion (les choix retenus) ;

→ **le langage utilisé.** Il faut être attentif au niveau de langue, aux règles d'orthographe et de grammaire, à la ponctuation, au vocabulaire… ;

→ **la courtoisie**. Des titres de civilité et des formules de politesse doivent être utilisés, et adaptés à l'interlocuteur concerné.

Les principaux titres de civilité et leur abréviation

Titre de civilité	Abréviation
Madame	Mme
Mesdames	Mmes
Monsieur	M.
Messieurs	MM.
Maître (ex : avocat)	Me
Maîtres	Mes

Les principales formules de politesse

Types d'écrit	Exemples
Écrit sur un ton cordial/amical	– Veuillez agréer, Madame, Monsieur, l'assurance de mes sentiments respectueux. – Croyez, Madame, Monsieur, à mes sentiments les meilleurs – Bien à vous, Cordialement – Toutes mes amitiés
Écrit administratif	– Dans l'attente de votre réponse, je vous prie d'agréer, Madame, Monsieur, mes salutations distinguées – Je vous prie d'agréer, Madame, Monsieur, mes salutations distinguées – Je vous prie de recevoir, Madame, Monsieur, mes salutations respectueuses – Espérant que ces informations vous seront utiles, je vous prie d'accepter, Madame, Monsieur, l'expression de mes sentiments distingués
Écrit formel (à un avocat, un huissier, un juge…)	– Dans l'attente d'une réponse favorable, je vous prie d'agréer, Madame, Monsieur, l'expression de ma très haute considération – Je vous prie d'agréer, Madame, Monsieur, l'assurance de mon profond respect
Courrier	– Bien à vous, Cordialement – Bonne réception, Bonne continuation

2. LA PRÉSENTATION

L'emplacement des différentes parties des écrits professionnels respecte des règles propres à chacun des documents concernés. Il faut de plus soigner la présentation générale de l'écrit considéré et la rendre attrayante en respectant notamment ces quelques principes :

➜ hiérarchiser et séparer les différentes parties du texte ;

➜ uniformiser la présentation ;

➜ utiliser les enrichissements typographiques (encadrés, gras…) si besoin ;

➜ appliquer la charte graphique de l'agence.

2. LES ÉCRITS PROFESSIONNELS

1. LA LETTRE

L'AFNOR propose une normalisation de sa présentation mais assez souvent les agences immobilières tout en respectant ce formalisme l'individualisent en fonction de leur propre charte graphique.

On retrouve néanmoins globalement toujours les mêmes « rubriques » :

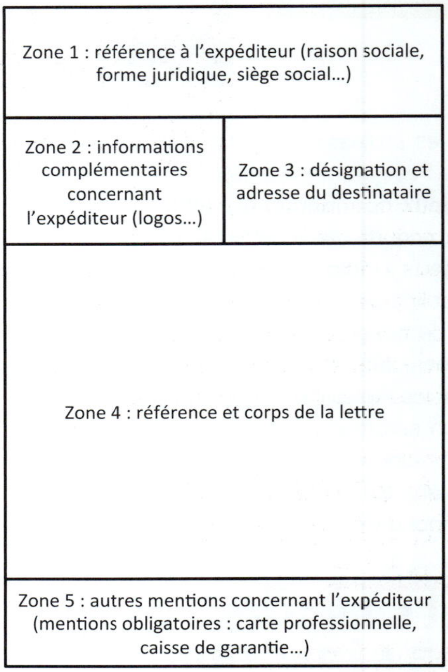

2. LE PROCÈS-VERBAL

Le procès-verbal est utilisé et obligatoire dans le cadre de l'assemblée générale de copropriété (voir fiche 9 Gestion de copropriété) dont il doit rendre compte auprès des copropriétaires opposants et défaillants.

On y retrouve notamment les mentions suivantes :

➜ les lieux et dates de rédaction ;

➜ les fonctions, noms et signatures des membres du bureau ;

➜ un titre ;

➜ le déroulé de l'ordre du jour ;

➜ les dates et heures du début et fin de l'AG ;

➜ …

3. LE COURRIEL

Son formalisme est moindre que pour les courriers traditionnels (la formule de politesse peut par exemple se limiter à un simple « cordialement »). Néanmoins les règles de syntaxe, d'orthographe, et de grammaire doivent être respectées. Ce type d'écrit est approprié pour des messages assez brefs.

5 LA NOTION DE COMMUNICATION ORALE

La communication orale est l'action de transmission d'informations par la parole, la voix.
Elle peut se faire en face à face, au téléphone, devant une seule personne, un auditoire nombreux…
Avant d'étudier les techniques de ce type de communication, il convient de voir comment elle s'organise et comment elle permet de produire du sens.

1. LA STRUCTURE DE LA COMMUNICATION ORALE

1. LES CARACTÉRISTIQUES DE LA COMMUNICATION ORALE

La communication orale donne lieu à une interaction beaucoup plus directe, que celle ayant lieu dans la communication écrite. Elle présente un caractère beaucoup plus immédiat avec des interactions beaucoup plus importantes.
Une telle communication en plus de faire passer des informations, a des effets forts sur les relations entre les personnes y participant, ce qui peut d'ailleurs modifier le contenu même du message.

2. LES ENJEUX DE LA COMMUNICATION ORALE

La communication orale présente pour les interlocuteurs une multiplicité d'enjeux, qu'ils vont essayer de satisfaire.

2. LE SENS DANS LA COMMUNICATION ORALE

Plusieurs facteurs peuvent venir modifier les informations transmises lors d'une situation de communication orale :
- le contexte ;
- les signaux verbaux ;
- les signaux non verbaux.

1. LE CONTEXTE

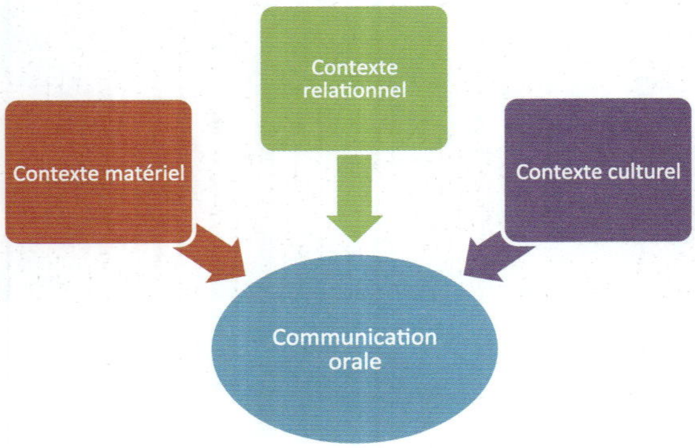

Le contexte porte sur des éléments :
→ **matériels** (à quelle distance se trouve les interlocuteurs ? Quels sont les moyens de communication utilisés ?...) ;
→ **relationnels** (quels sont les relations entre les interlocuteurs ? Amicales ? Professionnelles ? D'égalité ? Hiérarchiques ?...) ;
→ **culturels** (quels sont les usages entre les interlocuteurs ? Les signes de politesse ?...).

2. LES SIGNAUX VERBAUX

Le niveau de langage utilisé doit être adapté à la situation de communication. On distingue trois niveaux de langages :
→ **le niveau familier**, avec un vocabulaire assez pauvre, peu recherché. Il est utilisé dans les relations amicales (ex : « *C'est une super baraque, à un prix vraiment donné* ! ») ;
→ **le niveau courant**, avec un vocabulaire usuel, des phrases simples et correctes grammaticalement. Il est utilisé dans la plupart des situations professionnelles (ex : « *C'est une belle maison, à un prix abordable* !») ;
→ **le niveau soutenu**, avec un vocabulaire riche, des phrases complexes (ex : « *Cette demeure rare est peu onéreuse* !»).

3. LES SIGNAUX NON VERBAUX

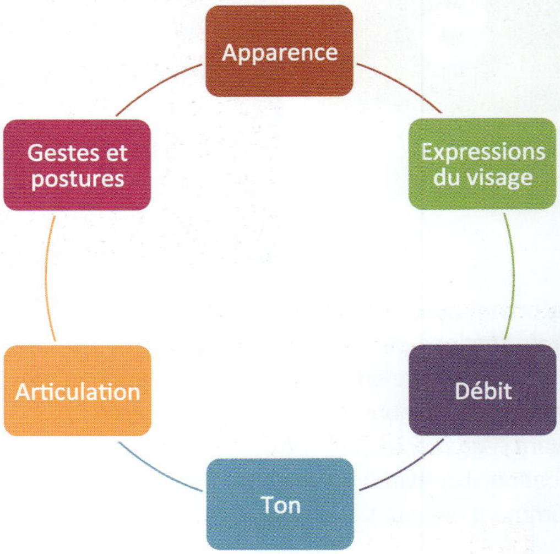

Les signaux non verbaux (le paralangage) peuvent avoir une influence sur la communication orale.
Certains concernent la voix (le ton, l'articulation, le débit…), d'autres l'attitude générale de l'interlocuteur (apparence, expressions du visage, gestes, postures…).

6 LES TECHNIQUES DE COMMUNICATION ORALE

Les moyens à utiliser pour rendre la communication orale efficace sont l'écoute active et l'argumentation.

1. L'ÉCOUTE ACTIVE

1. LA NOTION D'ÉCOUTE ACTIVE

Une fois les conditions d'une bonne communication orale réunies, il convient de se mettre en situation pour être disponible pour comprendre et analyser le contenu du message de son interlocuteur. L'écoute doit donc être active. Pour cela, il convient de mettre en œuvre tout une série de « techniques ».

2. LE QUESTIONNEMENT

Exemples de questionnements

Question ouverte	• La personne interrogée est libre de répondre comme elle le veut. Elle réfléchit, s'exprime librement… • *Que pensez-vous de ce quartier ?*
Question fermée	• La réponse est courte et limitée. Cela permet de guider l'entretien. • *Combien d'enfants avez-vous ? Quel est leur âge ?*
Question en miroir	• Le questionneur donne à son interlocuteur un choix de réponse, afin de l'obliger à prendre une décision. • *Vous préférez visiter mardi ou mercredi ?*
Question miroir	• Les derniers propos de l'interlocuteur sont répétés sous forme de question, pour lui demander un approfondissement et lui montrer qu'il a toute notre attention. • *Les transports me paraissent trop éloignés.* • *Trop éloignés ?*

Le questionnement doit être organisé afin que l'interlocuteur verbalise ses envies. Le professionnel de l'immobilier doit donc structurer son questionnement : la plupart du temps pour obtenir d'abord les informations les plus essentielles, avant de demander des précisions.

Il dispose pour cela de plusieurs types de questions ayant chacune leur utilité.

3. LA REFORMULATION

Il s'agit de reprendre le propos de son interlocuteur à intervalle régulier dans la conversation afin de s'assurer d'éviter les confusions, les non-dits… On parle de rétroaction ou de « *feedback* ».

La plupart du temps, il faudra donc demander une confirmation, une précision sur ce qui a été dit au moyen d'un questionnement (« Si j'ai bien compris… »).

2. L'ARGUMENTATION

Il s'agit de convaincre son interlocuteur du bien fondé de son propos, et de le faire adhérer à sa propre opinion en lui proposant des idées logiques : des arguments.

Exemples d'arguments

Argument d'autorité	Argument de communauté	Argument d'analogie
• Il est fait référence à une autorité reconnue pour sa compétence, son savoir, son expérience… *Exemple : le conseil syndical recommande de voter cette résolution*	• Les interlocuteurs partagent des valeurs, des opinions… *Exemple : il est important que la copropriété reste calme*	• Il est fait référence à une situation semblable *Exemple : Monsieur Valentin a mis en vente à ce prix, or il n'a aucune visite*

7 LA COMMUNICATION EN FACE À FACE ET TÉLÉPHONIQUE

L'agent immobilier peut être amené à communiquer avec des prospects, des clients... lors d'une rencontre en face à face ou lors d'une prise de contact téléphonique.
Chacune de ces situations nécessite une approche et un traitement spécifique.

1. EN FACE À FACE

L'accueil en face à face impose d'être particulièrement attentif au premier contact avec son interlocuteur, ce qui aura une influence sur toute la situation de communication qui en découlera.
Aussi est-il nécessaire de :
➔ saluer et sourire ;
➔ ne pas faire attendre la personne pour lui demander les raisons de sa venue à l'agence ou les raisons pour lesquelles on se rend à son domicile. Il faut lui prêter une attention immédiate, et prendre le temps pour l'accueillir de manière satisfaisante ;
➔ répondre à sa demande de manière immédiate, ce qui ne veut pas forcément dire trouver une solution instantanément mais prendre en compte cette demande afin de lui apporter la meilleure réponse en fonction des éléments dont on dispose pour cela ;
➔ restez calme et courtois en toutes circonstances ;
➔ prendre en compte la rétroaction de la part de la personne par rapport aux réponses que celle-ci apporte à vos interrogations ;
➔ ...
Si l'interlocuteur est étranger et ne parle pas français, il est important de prendre en compte les éventuels biais culturels et linguistiques, qui peuvent surgir, de prendre le temps d'expliquer de manière simple le contexte français que l'interlocuteur ne maîtrise peut-être pas et enfin de bien s'assurer que ce dernier a compris les tenants et aboutissants de l'échange en reformulant ses propos et en en faisant des synthèses régulières.

2. AU TÉLÉPHONE

1. LE DÉCROCHÉ

Lorsqu'un appel survient dans l'agence, il convient de ne pas répondre dans un délai trop long (au-delà de la 3e sonnerie) afin que l'interlocuteur ne s'impatiente pas. S'il est impossible de répondre dans un délai court, il est préférable de diriger les appels vers un répondeur et d'inviter l'appelant à préciser son identité et ses coordonnées pour pouvoir le recontacter.
Dans tous les cas d'appels (rentrants ou sortants), il est impératif de tout d'abord se présenter, en précisant le son nom, et son rôle dans l'agence.

2. LA PRISE EN CHARGE DE L'APPEL

Une prise en charge correcte d'un appel téléphonique doit obéir à plusieurs règles :
➔ se mettre au calme, isolé, loin des bruits et perturbations qui pourraient venir gêner l'échange ;
➔ être prêt à prendre des notes pour garder une trace écrite du message de l'interlocuteur et pouvoir s'en servir pour répondre à ses interrogations après l'appel mais également pendant celui-ci ;
➔ parler de manière intelligible, clairement et précisément bien en face du combiné ;
➔ ne pas hésiter à se faire préciser les propos de son interlocuteur ;
➔ reprendre régulièrement les propos de son interlocuteur dans des synthèses afin de bien vérifier la compréhension du message transmis, et faire un récapitulatif général à la fin de l'appel ;
➔ ne pas faire patienter inutilement l'interlocuteur, s'il y a besoin de le faire attendre, si tel n'est pas le cas il vaut mieux lui proposer de le rappeler.

8 LA GESTION DES CONFLITS

Le professionnel de l'immobilier est avant tout un intermédiaire qui a donc une fonction d'entremise entre des parties qui ont parfois des intérêts opposés et divergents (acquéreur et vendeur, bailleur et locataire, copropriétaires…), ce qui peut bien évidemment entraîner des conflits.
Le professionnel de l'immobilier doit donc apprendre à résoudre ces situations conflictuelles mais pour cela il doit au préalable les identifier.

1. L'IDENTIFICATION DES CONFLITS

En fonction des sources du conflit	• Conflit organisationnel (ex : les copropriétaires s'opposent sur les tâches que doit remplir le gardien) • Conflit social (ex : une association de locataires s'oppose à un bailleur social) • Conflit psychologique (ex : un bailleur est très stressé par la possibilité d'impayé lors de la sélection des locataires)
En fonction des personnes en conflit	• Conflit intragroupe entre les personnes d'un même groupe (ex : copropriétaires) • Conflit intergroupe entre les personnes de groupes différents (ex : bailleur-locataire)
En fonction de l'objet du conflit	• Conflit de méthode (ex : bailleur et locataire s'opposent sur la manière de remplir l'état des lieux) • Conflit de valeur ou d'idéologie (ex : des copropriétaires s'opposent sur la sécurisation de l'immeuble) • Conflit d'intérêts (ex : le candidat à l'acquisition et le propriétaire vendeur s'opposent sur le montant du prix de vente) • Conflit de statut (ex : le président du conseil syndical s'oppose à des copropriétaires sur les limites de sa mission)

2. LA RÉSOLUTION DES CONFLITS

Il existe différents types de résolution des conflits :

→ **la négociation**

Il s'agit de faire dialoguer les parties soit pour qu'elles acceptent des concessions réciproques (on parle de compromis), soit pour qu'elles trouvent un terrain d'entente sans avoir renoncé à leur revendication (on parle de consensus).

→ **la médiation**

Il s'agit d'un mode de résolution des conflits proche de la négociation. Un médiateur est choisi par les parties pour favoriser leur dialogue (en matière immobilière, ce rôle est dévolu le plus souvent au professionnel de l'immobilier), mais il ne propose pas de solution.

→ **la conciliation**

Un conciliateur est choisi qui, en plus de favoriser le dialogue, proposera une solution au conflit, libre au partie de s'y conformer ou non. En matière de location, il existe ainsi des commissions départementales de conciliation, dont la saisine est parfois obligatoire pour régler les litiges entre bailleur et locataire.

→ **l'arbitrage**

Le conflit sera tranché par une tierce personne, dont la solution s'imposera aux parties.

9 MÉTHODOLOGIE DE L'ÉPREUVE

1. LECTURE ET EXPLOITATION DES DOCUMENTS

Lorsque vous recevez le/les document(s) qui présente(nt) la situation professionnelle au début de vos 20 minutes de préparation vous devez le/les lire attentivement pour :

➜ identifier quel rôle on vous demande de jouer ;
➜ repérer le thème de la situation professionnelle ;
➜ comprendre la problématique et l'enjeu de la situation en question ;
➜ déterminer ce qu'on attend de vous en tant que professionnel de l'immobilier.

1. RÉFLEXION

Cette étape consiste à mobiliser le lexique ainsi que les stratégies de communication que vous allez mettre en œuvre lors de l'échange avec le professeur de langue étrangère.

Il vous appartient de construire l'argumentaire que vous utiliserez face au professeur examinateur. Conjointement à cela, vous devez mobiliser le lexique nécessaire à la mise en œuvre de votre argumentaire en langue étrangère.

2. LE BROUILLON

Certains candidats très anxieux essaient de tout rédiger au brouillon, c'est une erreur stratégique car aussi rapides puissent-ils être, les 20 minutes de préparation ne le permettent pas.

Il est plus judicieux de ne noter sur le brouillon que des mots clé qui correspondent aux différentes étapes de votre argumentation.

L'utilisation de codes couleurs ainsi que des idées bien organisées sur votre brouillon vous aideront à bien dérouler votre argumentaire.

2. PENDANT L'ÉPREUVE EN LANGUE ÉTRANGÈRE

Gardez bien en tête que les 10 premières minutes consistent en une communication en langue étrangère. Il est donc capital d'exprimer vos idées en langue étrangère **même si vous commettez des erreurs.**

Il va sans dire que l'apprentissage et la maîtrise du vocabulaire se font bien en amont de l'épreuve. Il vous faudra utiliser des stratégies de contournement si vous avez un « trou » ou si vous ne connaissez pas le terme exact pour exprimer votre idée. Il vous faudra essayer de **dire autrement, expliquer, utiliser des équivalents.**

Sachez que de faire des efforts pour maintenir la communication en langue étrangère est valorisé par les examinateurs.

Vous devez avoir une écoute très active afin d'être capable de rebondir sur ce que vous dit votre interlocuteur. En effet dans cette épreuve, votre compréhension en langue étrangère est aussi prise en compte puisqu'il est impossible d'avoir une bonne communication sans une bonne compréhension.

Pensez aussi à bien développer vos idées et à garder la parole le plus possible. En effet, si vous laissez la parole au professeur examinateur de langue, vous risquez d'être mis en difficulté s'il vous emmène sur un terrain que vous ne maîtrisez pas. En revanche si vous menez l'échange, vous êtes dans une situation plus avantageuse.

3. PENDANT L'ENTRETIEN EN FRANÇAIS

Sachez que lors de l'entretien vous êtes susceptibles de répondre indifféremment aux questions des deux professeurs examinateurs. La stratégie que vous devez adopter est la même qu'en langue étrangère : efforcez-vous de développer le plus possible vos réponses afin de ne pas vous retrouver assailli de questions pour lesquelles vous pourriez ne pas en connaître les réponses.

TECHNIQUES IMMOBILIÈRES

SOMMAIRE
TRANSACTION

Certains outils et points spécifiques du référentiel font l'objet de fiches à consulter en ligne, signalées par le symbole @ dans le sommaire.

PRÉSENTATION DE L'ÉPREUVE

1. MODALITÉS DE L'ÉPREUVE

→ Épreuve écrite
→ Coefficient 3
→ Durée 3 heures

Cette épreuve se présente sous la forme d'une épreuve ponctuelle d'une durée de 3 heures quelle que soit la voie de formation du candidat (voie scolaire, apprentissage, formation à distance, formation professionnelle continue, candidat libre).

Cette épreuve écrite est l'une des deux sous-épreuves validant les compétences et savoirs associés relatifs aux techniques de l'immobilier du BTS Professions immobilières (E5). La sous-épreuve de gestion immobilière (E51), comme la sous-épreuve de transaction immobilière (E52) a un coefficient de 3.

L'épreuve de transaction immobilière met en œuvre des compétences juridiques, administratives et commerciales.

2. DÉFINITION DE L'ÉPREUVE

→ **Elle est constituée d'une étude de cas comportant plusieurs parties indépendantes.** L'épreuve de transaction est composée le plus probablement de deux à quatre dossiers couvrant différents aspects du référentiel de transaction immobilière. Le poids des différentes parties est sensiblement équivalent.

→ **Les dossiers remis au candidat sont constitués d'une ou plusieurs mise(s) en situation concrètes** situées dans un contexte professionnel donné : agence immobilière, professionnel institutionnel tel qu'un bailleur social etc.

→ **Un questionnement est organisé autour de ces mises en situations** et des annexes sont mises à disposition, dont certaines sont à compléter et à remettre avec la copie. Les mises en situation trouvent leur origine dans l'un des thèmes suivants :

- **Le cadre de travail du négociateur**
- **La constitution d'un portefeuille de biens et de clients**
- **Le conseil en estimation**
- **La commercialisation des biens**
- **Le conseil en financement**
- **La conclusion de la transaction**

3. LES ATTENTES DU JURY

1. FINALITÉS ET OBJECTIFS

L'épreuve évalue la capacité du candidat à proposer des solutions cohérentes au cas proposé. La dimension du conseil et l'intégration de la dimension juridique aux réponses sont deux éléments particulièrement attendus. Ainsi l'évaluateur :

→ appréciera les qualités d'analyse et de synthèse du candidat et la cohérence de ses propositions, aux plans technique et juridique ;

→ vérifiera la capacité du candidat à mobiliser ses compétences et connaissances dans une ou plusieurs situations professionnelles relatives à la transaction immobilière.

2. CRITÈRES D'ÉVALUATION

Plus spécifiquement, l'évaluation prend en compte :

→ **la rigueur** de l'analyse de la ou les situations proposées, la capacité à prendre du recul ;

→ **la pertinence et le professionnalisme** des propositions du candidat, le degré de conseil au client, l'éthique professionnelle ;

→ **la maîtrise** des outils et des techniques ;

→ **l'exactitude** des résultats ;

→ **la cohérence** de l'ensemble de la prestation ;

→ **la qualité de l'expression** et de la présentation.

1 LE MÉTIER D'AGENT IMMOBILIER

1. LES MISSIONS DE L'AGENT IMMOBILIER

1. DANS LE CADRE DE LA VENTE

Vis-à-vis du vendeur

Il doit :

→ **informer** le vendeur en vue de signer un mandat : estimation du bien à son juste prix, informations au vendeur sur ses obligations, conseil en matière de mise en valeur du bien ;

→ **communiquer** pour trouver des acheteurs potentiels ;

→ **présenter** le bien aux prospects ;

→ **rapprocher les points de vue**. Son rôle de médiateur entre les parties doit permettre l'aboutissement de la négociation dans les meilleures conditions ;

→ **réaliser la vente**. Il doit collecter les documents nécessaires à la signature.

Vis-à-vis de l'acquéreur

Il doit :

→ **informer** l'acheteur sur la réalité du marché et sur le cadre juridique imposé aux transactions immobilières ;

→ **présenter** des biens à l'acheteur ;

→ **être disponible** pour les visites ;

→ **rapprocher les points de vue** et accompagner la négociation. Il doit faire preuve de neutralité vis-à-vis des parties, les informer de manière équilibrée ;

→ **réaliser la vente**. Il suit le dossier, aide et conseille en matière de financement.

2. DANS LE CADRE DE LA LOCATION

Vis-à-vis du bailleur

Il doit :

→ **informer le bailleur en vue de signer un mandat.** Il estime le loyer à son juste prix, informe le vendeur sur ses obligations en matière de location, et le conseille en matière de mise en valeur du bien ;

→ **communiquer** pour trouver des locataires potentiels ;

→ **sélectionner le « bon » locataire.** Il étudie sa solvabilité et sa motivation ;

→ **faire signer le contrat de location.** Il collecte les documents nécessaires à la signature sur les plans technique et juridique ;

→ **assurer l'entrée dans les lieux.** Il réalise l'état des lieux et collecte l'assurance du locataire.

Vis-à-vis du locataire

Il doit :

→ **présenter des biens au locataire dans l'intérêt des deux parties.** Il est à l'écoute du besoin du locataire, réalise les visites, étudie la solvabilité du locataire postulant afin de lui proposer une solution équilibrée par rapport à son profil et sa capacité financière ;

→ **informer le locataire sur le cadre juridique** de la location ;

→ **réaliser la location.** Il permet la signature du bail, conseille et informe les parties concernant les droits et obligations de chacune.

2. LE CADRE JURIDIQUE DE L'AGENT IMMOBILIER

1. LA LOI HOGUET

→ Le métier d'agent immobilier est un métier d'entremise encadré par **la loi du 2 janvier 1970 dite « Loi Hoguet »**, et son décret d'application du **20 juillet 1972**. La loi ALUR (loi pour l'accès au logement et un urbanisme rénové) du 24 mars 2014 et la loi ELAN du 23 novembre 2018 sont venues modifier le cadre de ces activités. Voir partie Droit fiche 5 ;

→ Pour exercer son métier, l'agent immobilier doit détenir **une carte professionnelle « transactions sur immeubles et fonds de commerce »** qu'il obtient auprès de la Chambre de Commerce et d'Industrie de son lieu d'exercice sous certaines conditions (aptitude professionnelle, justification d'une garantie financière et d'une assurance en responsabilité civile professionnelle, justification de l'absence de condamnation pénale, d'interdiction ou d'incapacité).

2. LES DOCUMENTS DE LA VENTE ET DE LA LOCATION

Le cadre de travail de l'agent immobilier lui impose également l'utilisation de contrats et supports juridiques propres à la vente et à la location.

Dans le cadre de la location :

- Mandat de location ou de gestion
- Contrat de location
- État des lieux

Dans le cadre de la vente :

- Mandat de vente ou de recherche
- Reconnaissance de visite
- Offre d'achat
- Avant-contrat

3. LES OBLIGATIONS DE L'AGENT IMMOBILIER

L'agent immobilier est soumis à un ensemble d'obligations en rapport avec la loi Hoguet du 2 janvier 1970 et son décret d'application du 20 juillet 1972.

Ces obligations sont développées dans la partie Droit fiche 5.

4. LA RESPONSABILITÉ DE L'AGENT IMMOBILIER

Voir partie Droit fiche 23.

La responsabilité civile

L'agent immobilier a une responsabilité élargie à l'égard de sa clientèle. Sa responsabilité civile peut être engagée et donner lieu au versement de dommages et intérêts.

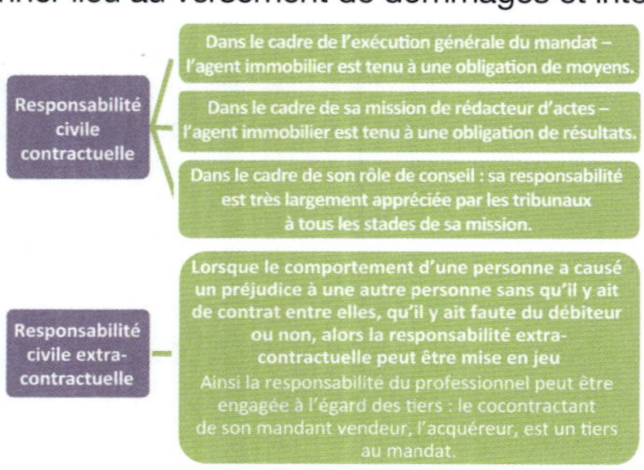

La responsabilité pénale

L'agent immobilier engage sa responsabilité pénale. Les sanctions de la mise en jeu de cette responsabilité peuvent se traduire par de l'emprisonnement ou des amendes, sanctions pouvant être assorties de sanctions administratives, comme par exemple le retrait de la carte professionnelle (interdiction d'exercer).

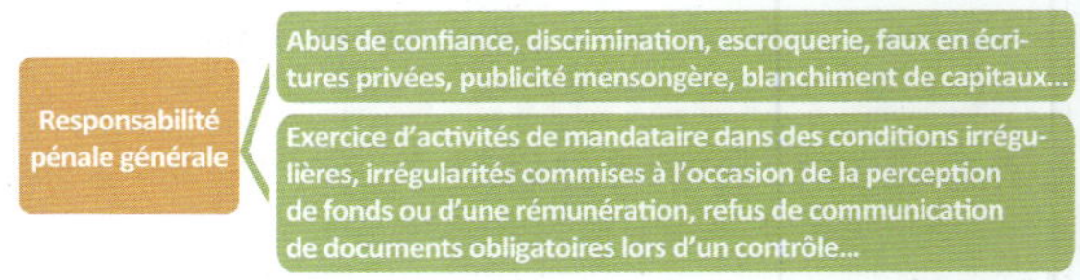

Le contrôle des activités de transaction immobilière

- Le Conseil National de la Transaction et de la Gestion Immobilière (CNTGI) a été créé par la loi ALUR du 24 mars 2014. Il a subi plusieurs transformations, la dernière relevant de la loi ELAN du 23 novembre 2018. Un décret du 11 avril 2019 en a fixé le cadre.
- Le CNTGI est chargé de veiller au maintien et à la promotion des principes de moralité, de probité et de compétence nécessaires au bon accomplissement de l'ensemble des activités soumises à la loi Hoguet du 2 janvier 1970, et doit être consulté sur l'ensemble des projets de textes législatifs et réglementaires relatifs à la copropriété en plus des textes relatifs à l'exercice des activités soumises à la loi Hoguet. Le conseil veille notamment à l'application du code de déontologie des professionnels de l'immobilier.
- Cet organe est composé de 16 membres, nommés par arrêté conjoint des ministres de la justice, du logement et du ministre chargé de la consommation. Ce collège comprend des professionnels de l'immobilier, des représentants des consommateurs et trois personnalités qualifiées dans le domaine de l'immobilier ou du droit de la copropriété.
- Il comprend également une commission de contrôle des activités de gestion et de transaction, chargée d'instruire les cas de pratiques abusives, en collaboration avec la DGCCRF. Cette dernière peut prononcer des sanctions administratives, et depuis la loi n° 2020-734 du 17 juin 2020, elle peut proposer une transaction administrative à la personne mise en cause, accord visant à faire cesser les manquements, éviter leur répétition, et si besoin à réparer les préjudices causés au consommateur.

2 LES ENTREPRISES IMMOBILIÈRES D'ENTREMISE

Les agences immobilières sont nombreuses et souvent de petite taille. Elles se trouvent aussi bien dans les grandes agglomérations que dans les petites villes. Indépendantes ou organisées en réseaux, ces structures peuvent s'affilier à un syndicat professionnel.

1. LES AGENCES INDÉPENDANTES

1. PRINCIPES ET FONCTIONNEMENT

→ Les agences immobilières indépendantes sont créées à l'initiative d'un professionnel détenteur de la carte professionnelle qui travaille de manière isolée. Ce dernier constitue son portefeuille de clients vendeurs, acquéreurs, bailleurs et locataires propre et agit en position concurrentielle vis-à-vis de ses confrères sur un même marché.

→ L'argument principal à l'égard de la clientèle est un suivi personnalisé et un interlocuteur unique.

2. LES RÉSEAUX DE SUCCURSALES

→ Certains responsables d'agences immobilières créent leur propre réseau. On parle de **commerce intégré** : le réseau est constitué de points de vente appartenant à l'enseigne, chargés de commercialiser les mêmes services. Ces points de vente sont dans la plupart des cas des succursales dirigées par des salariés du groupe voire des gérants.

→ Dans ce cas **une déclaration préalable** doit être effectuée par le responsable de l'agence auprès de la CCI dont dépend le siège du réseau (loi Hoguet du 02/01/1970).

→ Le responsable de l'agence peut aussi assurer lui-même la direction de la succursale. Dans ce cas, **la chambre de commerce vérifie qu'une direction personnelle et réelle est possible** (loi Hoguet du 2 janvier 1970).

2. L'ORGANISATION INTER-AGENCE – LES FICHIERS COMMUNS

1. PRINCIPES ET DÉFINITION

→ Afin d'assurer une meilleure visibilité des biens dont ils ont la charge, les agents immobiliers ont pris l'habitude de travailler en **inter-cabinet**. Dans sa forme la plus simple il s'agit d'une délégation de mandat, mais l'organisation inter-agence peut prendre une forme plus élargie comme celle des **fichiers communs**. Il s'agit alors de partager des mandats la plupart du temps exclusifs.

→ Lorsqu'une agence adhérente met à disposition un mandat, elle l'inscrit dans un fichier informatisé partagé par tous les adhérents. Tous peuvent alors proposer le bien à leurs clients acquéreurs et négocier avec le vendeur. Si une autre agence que celle qui a signé le mandat trouve l'acheteur, les deux agences se partagent les honoraires.

→ Les agences peuvent être franchisées ou non.

Exemple

AMEPI.

2. AVANTAGES ET LIMITES

Avantages	Limites
– Le vendeur bénéficie du fichier acquéreurs de l'ensemble des adhérents et n'a qu'un interlocuteur. – L'acquéreur peut n'avoir qu'un interlocuteur pour une offre large et diversifiée. – L'agent immobilier est libéré des aspects les plus négatifs de la concurrence.	– Le bon fonctionnement du système est soumis à la volonté des adhérents de mutualiser leurs offres. – Les mandats doivent être négociés à de bonnes conditions notamment de prix.

3. LES RÉSEAUX

1. LES RÉSEAUX FRANCHISÉS

Définition

➜ Une entreprise, le franchiseur, s'engage à fournir à une autre entreprise, le franchisé, une marque, un savoir-faire, des outils commerciaux, une formation et une assistance notamment juridique, en contrepartie d'une rémunération appelée redevance, et d'un droit d'entrée. Cet engagement prend la forme d'un contrat.

➜ Le franchisé s'engage à respecter les prescriptions du franchiseur imposées par le contrat.

Avantages et limites

Avantages	Limites
– La notoriété et l'image du réseau. – Le savoir-faire, l'expérience et la formation. – La logistique du groupe (centrale d'achat des documents et du matériel). – Le franchisé est propriétaire de son fonds de commerce, il peut en disposer et le céder. – Le partage des affaires ; – La sécurité d'une exclusivité territoriale si le contrat le prévoit.	– L'investissement de départ et les redevances représentent une charge importante. – L'indépendance relative du franchisé du fait du respect obligatoire de la politique commerciale (publicité, politique de prix…) et du cahier des charges (emplacement du local, aménagement…).

2. LES RÉSEAUX COOPÉRATIFS

Définition

➜ Le réseau coopératif est une manière d'organiser les points de vente à partir de la volonté de plusieurs agences indépendantes de se regrouper, de mutualiser leurs moyens, leurs idées, pour construire ensemble un réseau. Les agences constituant le réseau ont la particularité d'être à la fois membres et actionnaires de celui-ci.

➜ Les réseaux coopératifs prennent la forme soit :

- **de groupements d'intérêts économiques** (GIE). Les agences adhérentes restent indépendantes (ex. : ORPI).
- **de sociétés coopératives** à capital variable (une tête une voix) regroupant des agences implantées dans des petites communes et dont le profil ne permet pas de rejoindre une franchise (ex. : L'Adresse).

Avantages et limites

Avantages	Limites
– Les adhérents bénéficient d'une centrale de négociation locale et bénéficient de la notoriété de la marque à travers des campagnes médiatiques. – Indépendance des entrepreneurs dans leurs décisions. – Les membres sont impliqués dans la définition de la politique du réseau.	– Temps à consacrer à la gestion du réseau. – Délais de décision plus longs.

4. LES RÉSEAUX DE MANDATAIRES

➜ Il s'agit de réseaux **constitués d'agents commerciaux** (voir fiche 4). Ces agents commerciaux partagent une carte professionnelle et travaillent de chez eux grâce aux outils en ligne mis à disposition par le réseau. Ils ont souvent le statut d'auto-entrepreneur. Le réseau évite ainsi les coûts fixes : bail commercial, local, équipement… (ex. : Capifrance)

➜ Les agents commerciaux achètent **un pack d'outils professionnels pour un prix forfaitaire** souvent mensuel. Ils sont rémunérés par une commission représentant 70 à 90 % des honoraires perçus dans le cadre des transactions.

5. LES SYNDICATS PROFESSIONNELS

La FNAIM, le SNPI, l'UNIS sont les syndicats professionnels auxquels sont affiliés la plupart des agents immobiliers. Leur rôle principal est **la défense collective des intérêts de la profession auprès des pouvoirs publics**. Ils sont consultés lors de l'élaboration des nouvelles lois, agissent pour une bonne image de la profession (éthique et déontologie), pour la formation professionnelle et assistent leurs adhérents, notamment sur le plan juridique.

3 LA MERCATIQUE DES SERVICES DE L'AGENT IMMOBILIER

L'agent immobilier engage des compétences juridiques et techniques, mais la dimension commerciale ne doit pas être oubliée. Comme dans toute démarche mercatique, son travail est centré sur le besoin du client. Il devra par ailleurs tenir compte de la nature de la prestation qu'il vend.

1. LES BESOINS ET MOTIVATIONS DE LA CLIENTÈLE

Que l'entreprise vende un bien matériel ou un service, le besoin, les motivations et les freins, le pouvoir d'achat doivent être pris en compte.

1. LE BESOIN : DÉFINITION ET TYPOLOGIE

Les besoins sont en lien direct avec la nature humaine. *« Un besoin naît d'un sentiment de manque éprouvé à l'égard d'une satisfaction générale liée à la condition humaine »* - Marketing management – Kotler et Dubois, Publi Union, 2001.

Exemple
Se loger permet à l'homme de se protéger.

➜ Les besoins existent en nombre limité. Ils peuvent être exprimés ou latents.
➜ Abraham Maslow, connu dans la psychologie du travail pour ses études sur la motivation, propose une typologie des besoins, largement utilisée dans le domaine commercial. On peut appliquer sa typologie au domaine de l'immobilier :

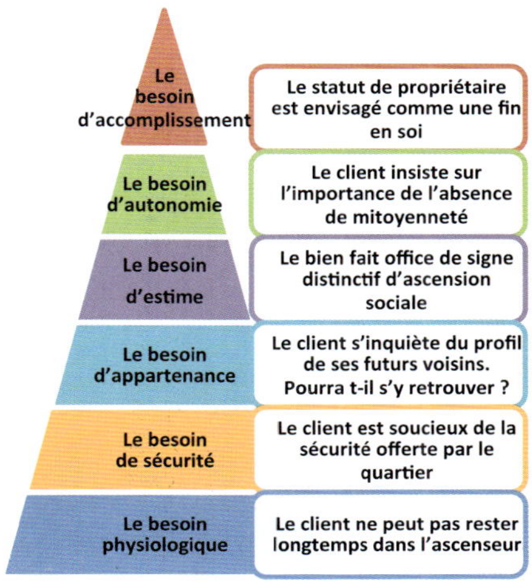

Selon Maslow :
➜ il existe des besoins innés et des besoins acquis au cours de l'existence ;
➜ il existe une hiérarchie entre les besoins : l'homme doit d'abord satisfaire ses besoins primaires (innés) avant de satisfaire les suivants (acquis au cours de la vie sociale).
Plus que jamais, le besoin est au centre de la démarche mercatique. Le fonctionnement des plateformes dédiées aux services immobiliers est basé sur le traitement des données collectées. Le besoin des prospects est ainsi précisément défini, les offres sont formulées de manières très ciblées.

2. LES MOTIVATIONS ET LES FREINS

Les motivations

➜ Les motivations sont les forces psychologiques qui poussent le client à l'achat. Elles vont être déterminées par le désir du client, moyen privilégié de satisfaire un besoin.
➜ Les motivations ont une dimension strictement psychologique.
➜ Il existe plusieurs types de motivations :

Motivations hédonistes : Il s'agit pour le client d'obtenir de la vie des plaisirs.
Exemple : l'achat immobilier d'une résidence principale comporte toujours une partie hédoniste

Motivations oblatives : Le client a le désir de faire plaisir aux autres.
Exemple : acheter un bien dans le but de le transmettre à ses enfants.

Motivation d'auto-expression : Le client exprime qui il est de manière profonde.
Exemple : l'achat d'un manoir du 17e siècle.

Les freins

Les freins sont les forces psychologiques qui empêchent l'achat. De leur intensité dépendra la possibilité ou non de convaincre le client de passer à l'acte d'achat :

Inhibitions : L'inhibition permet au client de ne pas aller à l'encontre de ses valeurs morales.
Exemple : un client refuse à tout prix un quartier donné.

Peurs : Il s'agit d'une difficulté réelle ou imaginaire inhérente au bien visité.
Exemple : un client claustrophobe ne pourra pas se voir proposer un appartement en étage avec ascenseur.

3. LA DEMANDE

Sans la demande, ni le besoin ni le désir ne peuvent être satisfaits : la demande n'existe que si le désir d'acheter est soutenu par un pouvoir d'achat.

2. L'ENVIRONNEMENT

1. L'ENVIRONNEMENT ÉCONOMIQUE, SOCIAL ET DÉMOGRAPHIQUE

L'agent immobilier prendra en compte la réalité de son secteur en matière :
➜ **économique et sociale :** pouvoir d'achat local, emploi, CSP…
➜ **urbanistique :** évolution du Plan Local d'Urbanisme (PLU), projets immobiliers…
➜ **démographique :** répartition de la population, vieillissement…

2. L'ENVIRONNEMENT INSTITUTIONNEL

L'agent immobilier tiendra compte en tout premier lieu des évolutions :
➜ **juridiques :** nouvelles lois, décrets…
➜ **concernant les organismes publics ou privés** susceptibles de l'influencer : chambre de commerce et d'industrie, organismes de protection des consommateurs…

3. L'ENVIRONNEMENT TECHNOLOGIQUE

L'agent immobilier doit connaître les nouveautés :
➜ dans le domaine de la **construction** ;
➜ dans le domaine des **technologies de l'information**.

Exemples
– La connaissance des caractéristiques des nouveaux matériaux permettant une isolation plus performante fera partie de l'argumentaire de l'agent immobilier qui souhaite vendre un bien à rénover.
– Les processus de dématérialisation de l'information modifient les pratiques commerciales et la forme des offres. Les sites d'annonces développent ainsi des services tels que le conseil ou l'estimation.

Les processus de dématérialisation de l'information modifient les pratiques commerciales et la forme des offres. Les sites d'annonces développent ainsi des services tels que le conseil ou l'estimation.

4. L'ENVIRONNEMENT SOCIOCULTUREL

Les tendances actuelles observables dans la société sont des éléments déterminants dans la manière d'aborder la clientèle et de prévoir la stratégie de l'entreprise.

Exemple
Le phénomène d'embourgeoisement d'un quartier entraîne la modification du profil économique et social du secteur concerné. L'agent immobilier devra s'adapter à cette nouvelle clientèle.

3. LA DÉMARCHE MERCATIQUE

1. LA DÉMARCHE D'ENSEMBLE

L'entreprise immobilière comme toute entreprise doit prendre en compte son marché et mettre en place une démarche d'ensemble rigoureuse :

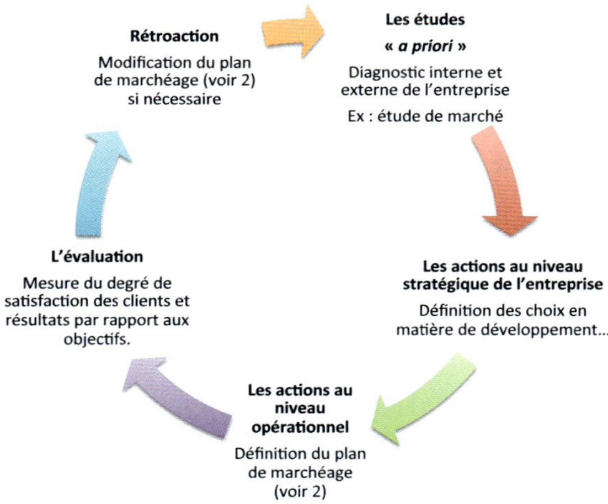

2. LE PLAN DE MARCHÉAGE

Le plan de marchéage désigne l'ensemble cohérent des décisions et actions relatives aux quatre éléments suivants les « 4P » : politique de produit, politique de prix, politique de distribution et de communication.

Exemple

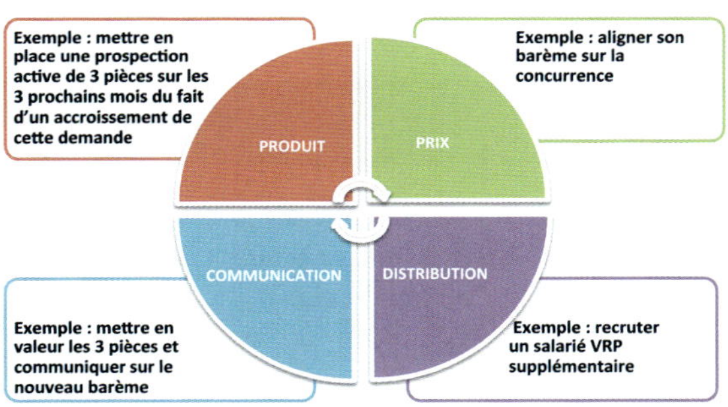

4. LA SPÉCIFICITÉ DE LA MERCATIQUE DES SERVICES

1. LA MERCATIQUE DES SERVICES

L'agent immobilier vend un service pour le compte d'un client prenant appui sur un bien tangible : le bien immobilier du vendeur ou du bailleur. Il est donc avant tout un prestataire de service. Pour autant, il devra être vigilant lors de l'entrée des mandats qui constitueront son portefeuille, sur la qualité des biens qu'il proposera et sur l'adéquation entre ces biens et leur estimation (voir fiche 23). Son service pourra alors être commercialisé en toute sérénité.

La mercatique des services doit tenir compte des spécificités du service d'une manière générale :

➜ **le service est intangible**, c'est-à-dire non matériel, non visible ;

➜ **le service est non stockable**, une affluence de client devient de ce fait plus difficile à gérer ;

➜ **il y a simultanéité entre la production du service et sa consommation**, l'adaptation du professionnel doit être optimale ;

➜ le client participe dans une certaine mesure à la production du service, **le service n'est donc pas standard**, les capacités d'adaptation du professionnel sont là encore mises à l'épreuve ;

➜ **le service n'est pas protégé**, la copie est donc facile et courante.

2. LES CONSÉQUENCES POUR L'AGENT IMMOBILIER

Afin de garantir la fidélisation de sa clientèle et une bonne communication par le « bouche à oreille », l'agent immobilier doit tenir compte de l'ensemble de ces spécificités. Il devra :

➜ **rendre tangible** son service, en laissant des traces par des supports commerciaux (fiches techniques), préférer parfois les visuels aux écrits (plans, photos). La dématérialisation des informations permet de laisser plus de traces au client, sous des formats très variés ;

➜ **être rapide et fiable** en toutes circonstances et en particulier en cas d'augmentation brutale de la clientèle. La sécurité des transactions qu'il opère doit faire partie de ses priorités. On notera que l'activité immobilière enregistre des variations saisonnières relativement fortes ;

➜ **être compétent** afin d'être crédible ;

➜ **être courtois et aimable**, dans l'empathie et disponible pour son client.

Ainsi, viennent s'ajouter au plan de marchéage « classique », trois nouveaux axes qui doivent être soigneusement réfléchis :

➜ **Le Process** : la clarification systématique des processus de production du service.

➜ **La Preuve** : la présentation tangible autant que possible du service.

➜ **Le Personnel** : l'adaptation continue en temps réel de l'offre, tant sur le plan quantitatif que qualitatif.

Le plan marchéage devient les « 7P » en lieu et place des « 4P ».

4 LE STATUT DU NÉGOCIATEUR IMMOBILIER

Comme toute entreprise, l'agence immobilière cherche à accroître ses parts de marché et à développer son activité. Le responsable de la structure est ainsi amené à s'entourer de collaborateurs. Il a pour cela deux alternatives : recruter un salarié VRP (Voyageur Représentant Placier) ou non VRP, ou bien recruter un agent commercial. Le salarié relève de la Convention collective nationale de l'immobilier alors que l'agent commercial relève, lui, du Code du commerce et travaille comme mandataire. Le salarié représente un coût et un risque plus élevé pour l'entreprise immobilière. Aussi, nombreux sont les dirigeants d'agences à opter pour le recrutement d'un agent commercial.
Quelque soit le statut du négociateur recruté, ce dernier dépend de la carte professionnelle de l'agent immobilier qui le recrute : l'article 9 du décret de la loi Hoguet du 2 janvier 1970 modifié par décret le 19 juin 2015 prévoit : « *Toute personne physique habilitée par un titulaire de la carte professionnelle à négocier, s'entremettre ou s'engager pour le compte de ce dernier, justifie de la qualité et de l'étendue de ses pouvoirs par la production d'une attestation conforme à un modèle déterminé par arrêté du ministre chargé de l'économie. L'attestation est visée par le président de la chambre de commerce et d'industrie territoriale ou de la chambre départementale d'Ile-de-France compétente en application du I de l'article 5, puis délivrée par le titulaire de la carte professionnelle.* ».
Ainsi, le collaborateur, salarié ou non, dispose d'une attestation collaborateur, faisant foi auprès de la clientèle de son aptitude à œuvrer dans le cadre de la mission d'entremise. Voir partie Droit fiche 5.

LES STATUTS DU NÉGOCIATEUR IMMOBILIER

1. LE STATUT DE SALARIÉ : VRP (VOYAGEUR REPRÉSENTANT PLACIER) ET NON VRP

L'avenant n° 31 du 15 juin 2006 à la convention collective de l'immobilier prévoit que le négociateur immobilier VRP ou non VRP est un salarié.

	Salarié non VRP	Salarié VRP (Voyageur Représentant Placier)
Nature du contrat	Il s'agit d'un **contrat de travail**.	
Cadre juridique	La Convention Nationale de l'immobilier est le cadre juridique des collaborateurs salariés et, depuis l'arrêté ministériel du 14 juillet 2021, la CCNI comprend désormais 41 articles et 9 annexes, dont l'annexe IV, qui actualise et fixe les deux statuts du négociateur immobilier. Existence d'**un lien de subordination**	
Obligations du négociateur	Sa mission principale consiste à faire visiter les biens et à accueillir les clients à l'agence en vue de négocier la vente ou la location des biens.	Le VRP est un représentant qui a pour mission de rechercher des biens, de les visiter et de prendre des mandats. Selon, ses compétences, il est chargé de la négociation avec les acquéreurs. Un secteur géographique lui est confié.
Obligations de l'agent immobilier	– L'agent immobilier doit procurer le travail et les moyens nécessaires à son exécution au collaborateur. – La réglementation sur la durée du travail est appliquée.	– L'agent immobilier doit procurer le travail et les moyens nécessaires à son exécution au collaborateur. – **La réglementation sur la durée du travail n'est pas appliquée.**

Rémunération du négociateur et congés	– Il y a versement d'un salaire minimum brut mensuel correspondant au SMIC. – Ce salaire peut constituer en tout ou partie une avance sur commissions. – Les frais professionnels sont remboursés. – Le salarié non VRP a droit à congé : il reçoit en général sa rémunération habituelle pendant ses congés.	– Il y a versement d'un salaire minimum brut mensuel ne pouvant être inférieur à une somme prévue par la convention collective. – Ce salaire peut constituer en tout ou partie une avance sur commissions. – Les frais professionnels sont remboursés. – Le salarié VRP a droit à congé – il reçoit en général sa rémunération habituelle pendant ses congés.
Régime social et fiscal	– L'agent immobilier cotise pour le salarié au régime général de la Sécurité sociale. – Les commissions sont assimilées à des traitements et salaires soumis à l'IR (impôt sur le revenu).	
Fin du contrat	– **La rupture de la part de l'employeur :** l'employeur doit respecter un préavis d'un mois (ou plus selon le statut et l'ancienneté) et justifier d'un motif réel et sérieux de licenciement. Il doit respecter la procédure normale. – **La démission** du négociateur se fait par notification par LRAR et préavis. – Le négociateur immobilier, VRP ou non, bénéficie d'**un droit de suite** concernant les commissions qu'il aurait perçues dans le cas où le contrat de travail n'aurait pas expiré, sous les 2 conditions cumulatives suivantes : • ces affaires devront être la suite et la conséquence du travail effectué par lui pendant l'exécution de son contrat de travail ; • ces affaires devront avoir été réalisées dans la durée du droit de suite. – Le droit de suite court à compter de l'expiration du contrat. Sa durée est déterminée au contrat et ne peut en tout état de cause être inférieure à 6 mois. – Le montant des commissions dues au titre du droit de suite est calculé en fonction des honoraires définitivement perçus par l'employeur.	

2. LE STATUT DU NÉGOCIATEUR AGENT COMMERCIAL

Rappel : dès lors qu'un agent commercial agit pour le compte du détenteur de la carte professionnelle de l'agent immobilier, sa qualité doit être indiquée sur l'ensemble des documents dont il est l'auteur ou auxquels il participe.

	Agent commercial
Nature du contrat	Il s'agit d'un **contrat de mandat**. L'agent commercial est mandataire ;
Cadre juridique	– Le Code du commerce est le texte de référence de ce type de contrat. – L'agent commercial est commerçant, travailleur indépendant non salarié. – Il est obligatoirement une personne physique immatriculée au registre spécial des agents commerciaux tenu au tribunal de commerce. – **Il n'y a pas de lien de subordination** entre l'agent commercial et l'agent immobilier.
Obligations du négociateur	– L'agent commercial recherche des vendeurs, acheteurs, propriétaires et locataires au nom et pour le compte de l'agent immobilier. Il s'engage à appliquer les conditions de vente et de tarification de son mandant, à l'informer sur les résultats de son action. – Il est tenu d'une obligation de loyauté et d'une obligation de confidentialité. – **Il n'a aucune obligation de présence.**
Obligations de l'agent immobilier	– L'agent immobilier donne mandat à l'agent commercial d'agir pour son compte. – Il lui fournit des locaux, lui verse un pourcentage des honoraires d'agence en contrepartie des affaires effectivement conclues par son intermédiaire.
Rémunération du négociateur et congés	– L'agent commercial perçoit une commission sur le chiffre d'affaires réalisé avec ses clients, sans fixe ni remboursement de frais, selon un ou des taux prévus au contrat. – L'agent commercial n'a pas droit à congé puisque le droit du travail ne lui est pas applicable.
Régime social et fiscal	– En sa qualité de travailleur indépendant non salarié, l'agent commercial doit s'affilier à l'URSSAF pour supporter la cotisation personnelle d'allocations familiales, s'inscrire à une caisse d'assurance-vieillesse de non-salariés et s'immatriculer au régime d'assurance-maladie et maternité des travailleurs indépendants. Il dépend depuis le 1er janvier 2018 de la sécurité sociale des indépendants. – Les agents commerciaux relèvent des bénéfices non commerciaux (BNC). – La TVA (20 %) s'applique sur les commissions de l'agent commercial au-dessus de 34 400 €.
Fin du contrat	– Le contrat prend fin à l'arrivée du terme. – Il peut être rompu avant terme en cas de non-respect des engagements respectifs des parties. L'agent commercial reçoit une indemnité seulement s'il n'a pas commis de faute justifiant la résiliation.

5 LA RÉMUNÉRATION DU NÉGOCIATEUR

1. LA RÉMUNÉRATION DU SALARIÉ

1. LE NÉGOCIATEUR SALARIE VRP

Les points suivants sont à retenir :

➜ le négociateur est rémunéré sur la base de **13 mois** conformément à la convention collective.

➜ l'avenant n° 40 à la Convention collective nationale de l'immobilier du 15 mai 2008, relatif au salaire minimum brut mensuel du négociateur immobilier prévoit que :

- le salarié VRP perçoit **un salaire minimum brut mensuel** ne pouvant être inférieur à une somme prévue par la Convention collective, réévaluée au 1er janvier 2020 à 1 450 € ;
- ce salaire peut constituer **en tout ou partie une avance sur commissions**.

➜ **les arrêtés de comptes périodiques permettent de comparer le montant des commissions et les salaires versés.** Si les commissions dépassent le salaire minimum brut mensuel, le surplus est versé au négociateur. Si les commissions n'atteignent pas le montant du salaire minimum versé, celui-ci reste acquis. On appelle communément ce système « avances sur commission ».

2. LE NÉGOCIATEUR SALARIÉ NON VRP

➜ Le salarié non VRP perçoit un salaire minimum brut mensuel correspondant au SMIC.

➜ Ce salaire est en général traité comme un minimum garanti et peut être assorti d'une commission sur le chiffre d'affaires. Le taux de cette commission est la plupart du temps inférieur à celui pratiqué dans le système d'avance sur commissions du salarié VRP (voir ci-dessus).

3. LE COÛT D'UN SALARIÉ POUR L'ENTREPRISE

Le coût direct du salarié

➜ Si le salarié supporte un coût de charges salariales de l'ordre de 22 % de son salaire brut, l'employeur supporte quant à lui 42 % environ de charges patronales sur le salaire brut versé au salarié.

➜ Le coût du salaire peut être augmenté de divers avantages en nature ou compensations financières (tickets restaurant, mutuelle d'entreprise, prise en charge de 50 % du coût des titres de transport, etc.).

Le coût indirect du salarié

Le coût du salarié ne se limite pas au coût de son salaire. On peut considérer que les postes suivants sont quasi systématiquement à prendre en compte :

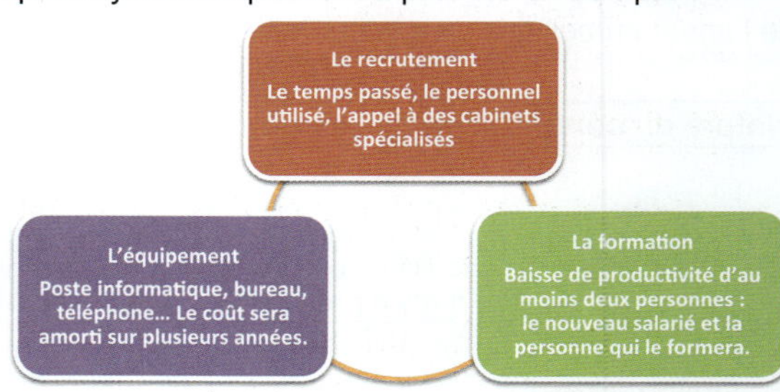

L'obligation de formation continue des professionnels (salarié ou non) depuis le 11 avril 2016, de 14 h par an, constitue un coût supplémentaire pour l'agence immobilière.

2. LA RÉMUNÉRATION DE L'AGENT COMMERCIAL

➜ L'agent commercial perçoit une commission sur le chiffre d'affaires réalisé avec ses clients, sans fixe ni remboursement de frais, selon un ou des taux prévus au contrat.

➜ Le coût de l'agent commercial pour l'entreprise est moindre. Au plus il « coûtera » le temps de formation et l'équipement de son poste de travail.

7 LES OUTILS DE LA PERFORMANCE DU NÉGOCIATEUR

L'agence immobilière comme toute entreprise doit fixer des objectifs de résultats qui permettront de dégager le profit nécessaire à la pérennité de l'entreprise. Ainsi l'équipe des négociateurs se verra-t-elle attribuer des objectifs quantitatifs qui feront l'objet d'un suivi régulier par le responsable de l'agence à travers un certain nombre d'indicateurs. Ces derniers permettront au chef d'agence d'ajuster son management d'équipe et de rationaliser l'utilisation des outils commerciaux mis en œuvre dans le cadre de l'activité.

1. LA PRODUCTIVITÉ ET LA RENTABILITÉ DU NÉGOCIATEUR

1. LES RATIOS DE PRODUCTIVITÉ

La productivité est le rapport entre les résultats obtenus et les moyens mis en œuvre :

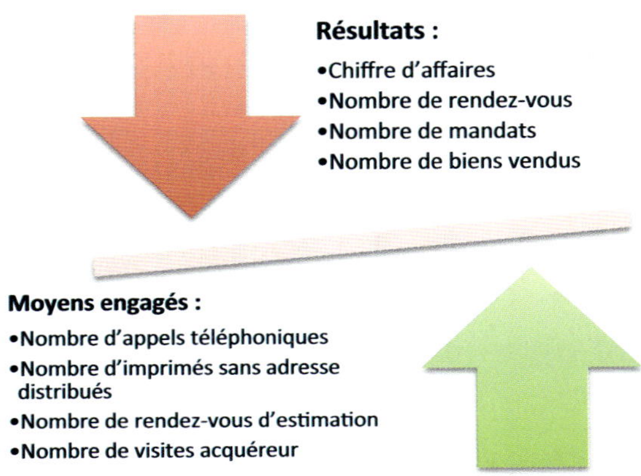

Il s'agit ainsi de mesurer la capacité du négociateur à concrétiser les moyens engagés en résultats.

2. LES RATIOS DE RENTABILITÉ

La rentabilité est le rapport entre la marge dégagée par le négociateur et le coût des moyens utilisés par lui :

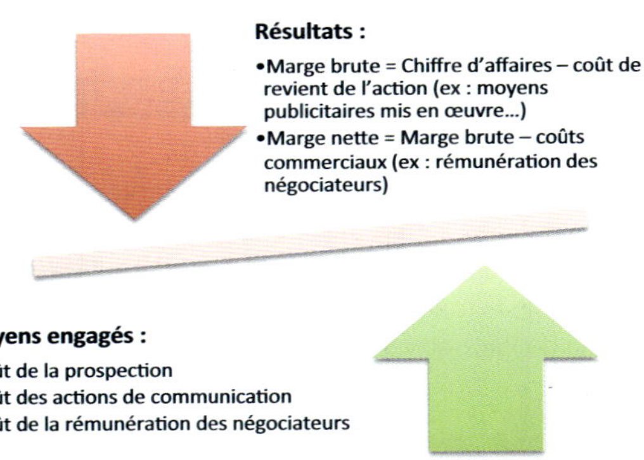

2. LES RATIOS DE LA PERFORMANCE

Les ratios de la performance aideront le responsable d'agence à définir les objectifs de l'agence et de l'équipe.

1. LES RÉSULTATS DU NÉGOCIATEUR

Chiffre d'affaires ou honoraires moyens par vente

$$= \frac{\text{Chiffre d'affaires}}{\text{Nombre de ventes}}$$

Budget moyen d'un client

$$= \frac{\text{Montant global des transactions}}{\text{Nombre de ventes}}$$

Chiffre d'affaires = somme des honoraires réalisés par le négociateur ;

Montant global des transactions = somme des prix de vente frais d'agences inclus.

2. LES COÛTS DE L'ACTION DU NÉGOCIATEUR

$$\textbf{Coût du contact} = \frac{\text{Coût de l'opération}}{\text{Nombre de contacts}}$$

$$\textbf{Coût d'acquisition d'un client vendeur} = \frac{\text{Coût de l'opération de la prospection}}{\text{Nombre de mandats}}$$

$$\textbf{Coût d'acquisition d'un client acquéreur} = \frac{\text{Coût de la commercialisation}}{\text{Nombre de ventes}}$$

➜ Les ratios sont calculés sur une période donnée : mensuelle, trimestrielle, annuelle.

3. LE TABLEAU DE BORD

1. L'ÉVALUATION DU CHIFFRE D'AFFAIRES DE L'AGENCE

➜ Le responsable d'agence doit établir un budget prévisionnel intégrant le chiffre d'affaires prévisionnel. Celui-ci fait l'objet d'une mise à jour régulière tenant compte de la réalité du marché, de l'historique des résultats de l'entreprise et de ceux des négociateurs.

➜ Le responsable doit aussi **tenir compte de ses charges** pour assurer la pérennité de son activité. Le chiffre d'affaires doit permettre de les couvrir tout en dégageant une marge suffisante ;

➜ Cette démarche conduit à la **définition des objectifs** des négociateurs que les tableaux de bord permettront de suivre.

2. LE TABLEAU DE BORD DES CHARGES

Les charges effectives sont comparées à celles qui ont été prévues :

Charges du … au …

	Effectives	Prévues	Écarts
Dépenses de prospection			
Dépenses publicité			
Coûts salariaux			
Loyer			
Autres charges (…)			

3. LE TABLEAU DE BORD DES RÉSULTATS

Les objectifs des négociateurs sont confrontés aux résultats effectifs :

Résultats du … au …

	Réalisés	Objectifs	Écarts
Nombre d'estimations			
Nombre de mandats			
Nombre de ventes			
Chiffre d'affaires			

Remarque : on peut distinguer le chiffre d'affaires potentiel du chiffre d'affaires réalisé :

➜ **Le chiffre d'affaires potentiel** correspond aux honoraires indiqués dans les compromis de vente signés.

➜ **Le chiffre d'affaires** réalisé est effectivement encaissé par l'agent immobilier au moment de la signature de l'acte authentique.

Il est donc nécessaire de tenir compte de ces deux notions. On évalue à trois mois au moins le temps entre la signature d'un avant-contrat et celle de l'acte définitif.

4. LE TABLEAU DE BORD RÉCAPITULATIF

Le responsable de l'entreprise peut réaliser la synthèse et ajuster la politique de l'entreprise aux réalisations. De nouveaux objectifs pourront aussi être déterminés.

Période du … au …

	Réalisés	Prévus	Écarts
Chiffre d'affaires			
Nombre de mandats			
Nombre de ventes			
Dépenses prospection			
Coûts salariaux			
(…)			
Marge brute dégagée			
Marge nette dégagée			

9 LE SYSTÈME D'INFORMATION DE L'AGENT IMMOBILIER

La prise de décision de l'agent immobilier est soumise notamment aux informations dont il dispose. La recherche, la collecte, l'organisation des informations, représentent donc un enjeu majeur pour l'agence comme pour toute entreprise. La veille que l'agent immobilier doit mettre en œuvre est commerciale, économique et très largement juridique. Les sources, externes et internes, sont nombreuses et leur sélection, leur stockage, réclament une démarche rigoureuse. De même, l'agent immobilier devra veiller à éviter tout dysfonctionnement majeur lié à la circulation de l'information.

1. LES SOURCES D'INFORMATION

1. LES SOURCES EXTERNES

Les sources institutionnelles

Les sources sont très nombreuses. Un choix a été opéré ici. Pour chaque administration, chaque institution un site internet pourra être consulté.

➜ Les sources générales

INSEE	Institut National de la Statistique et des Études Économiques – fournit des statistiques économiques géographiques et sectorielles.
CCI	Chambre de Commerce et d'Industrie – désormais elles délivrent les cartes professionnelles, elles peuvent fournir un grand nombre d'informations de nature économique, juridique et commerciale.
LEGI-FRANCE	www.legifrance.gouv.fr Le site internet Légifrance est un incontournable de l'agent immobilier – mise à jour de toutes les lois, décrets…

➜ Les sources des administrations et collectivités locales

Le service du cadastre	Situé au sein de la mairie, il fournit des informations sur le bâti existant, l'état de la propriété. L'agent immobilier s'y réfère dans le cadre de son activité de prospection.
Les services techniques des mairies	Ces services fournissent une information sur les équipements, les projets (assainissement, voirie…), souvent essentielle dans le cadre d'un projet immobilier.
Le service de l'urbanisme	Ce service également situé au sein des mairies informe au sujet des permis de construire déposés, des demandes de travaux… ainsi que des procédures à suivre. Le service de l'urbanisme fournit aussi une information concernant le PLU (Plan local d'urbanisme).
La Direction Départementale des Territoires (DDT)	Urbanisme (permis de construire), développement durable, équipement (voirie…), développement, habitat, prévention des risques (PPRN…), autant de sujets dont les DDT sont en charge.
Les centres des impôts	Ils fournissent notamment les niveaux d'imposition locaux (impôts fonciers, taxe d'habitation).
Le Ministère de la transition écologique	www.ecologie.gouv.fr Site référence pour les sujets d'accession à la propriété, vente et fiscalité, aides, copropriétés, logement social, lutte contre le mal-logement, rapports propriétaires/locataires.

Les associations, agences, fédérations

ANIL Agence Nationale pour l'Information sur le Logement	www.anil.org Cette agence diffuse sur son site internet des analyses, commentaires, études, met à disposition des outils de simulation sur l'ensemble des lois, dispositifs… concernant le logement.
ADIL Agences Départementales pour l'Information sur le Logement	www.adil75.org Par département, les ADIL relaient les informations de l'ANIL concernant le département.
ANAH Agence NAtionale de l'Habitat	www.anah.fr L'ANAH est un établissement public dont la mission est d'améliorer le parc de logements privés existants. L'ANAH accorde des aides financières pour travaux sous conditions à des propriétaires occupants, bailleurs et copropriétés en difficulté. Ses axes d'intervention sont la lutte contre l'habitat indigne et très dégradé, le traitement des copropriétés en difficulté, la lutte contre la précarité notamment énergétique et l'adaptation du logement aux besoins des personnes âgées ou handicapées.
ADEME Agence De l'Environnement et de la Maîtrise de l'Énergie	www.ademe.fr L'ADEME est l'opérateur de l'État pour accompagner la transition écologique et énergétique. Elle met à disposition ses capacités d'expertise et de conseil. Elle aide en outre au financement de projets.
ANRU Agence Nationale pour la Rénovation Urbaine	À travers le Programme National de Rénovation Urbaine et le Programme « Quartiers Anciens », l'ANRU intervient sur les logements, les espaces publics, les équipements scolaires, les crèches, les commerces, l'activité économique.
Action logement	www.actionlogement.fr Action Logement, acteur du logement social, a pour mission de faciliter le logement pour favoriser l'emploi. Action Logement, représenté par des employeurs et des salariés, gère la participation des employeurs à l'effort de construction en faveur du logement salarié.
Les observatoires des loyers	Exemples : www.observatoire-des-loyers.fr www.clameur.fr

Les sources professionnelles et commerciales

Les chambres professionnelles Source d'informations et d'assistance aux professionnels	La FNAIM (Fédération Nationale des Agents Immobiliers), l'UNIS (Union des syndicats de l'immobilier), le SNPI (Syndicat National des Professionnels de l'Immobilier)
Les partenaires de l'agent immobilier Sources d'informations multiples	Les notaires, les banques, huissiers, les avocats, architectes, les géomètres, les économistes de la construction…
Les sources commerciales	Les sociétés d'études (études de la concurrence, du marché…), les commerçants, les gardiens d'immeubles, les clients…

Les autres sources

Les ouvrages	– Les Codes de la construction et de l'habitation, de l'urbanisme, des baux et de la copropriété. – Le dictionnaire permanent de la gestion immobilière. – Les encyclopédies Delmas.
La presse	– La presse économique quotidienne. – Les revues professionnelles. – Le Particulier immobilier. – L'AJPI (Actualité Juridique de la Propriété Immobilière).

2. LES SOURCES INTERNES

Les réseaux d'information dans l'entreprise

➜ **Le réseau d'information formel :** l'entreprise détermine les voies que doit emprunter l'information. La circulation de l'information suit les relations hiérarchiques, fonctionnelles ou de coopération.

➜ **Le réseau d'information informel :** il s'instaure dans les relations de travail et favorise les échanges d'informations qui échappent au réseau formel.

Les outils de la communication interne

➜ Le journal d'entreprise.
➜ L'affichage interne.
➜ L'intranet.
➜ Les notes de service.
➜ L'organigramme.
➜ Les rencontres hors entreprise (jeux, animations…).

Les informations disponibles dans l'entreprise

Dans les services commerciaux	Fichiers clients, comptes rendus des négociateurs, réclamations des clients, statistiques des ventes, documentation concernant les partenaires, press book, site internet, informations concernant la concurrence…
Dans les services comptables	Comptes, résultats, marges, coûts…
Dans les services juridiques	Sources juridiques à jour (résultat de la veille).

2. LE SYSTÈME D'INFORMATION MERCATIQUE (SIM) ET SES DYSFONCTIONNEMENTS

1. LA DÉFINITION DU SYSTÈME D'INFORMATION

L'échange d'informations est indispensable au fonctionnement de l'entreprise. Les besoins en informations sont multiples et diffèrent en fonction des postes :

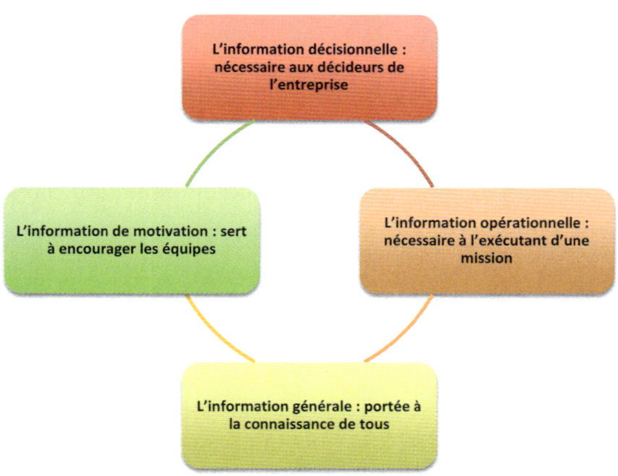

→ L'entreprise doit mettre en place un **système général d'information** : ensemble structuré de moyens et de procédures permettant de collecter, de formaliser et de diffuser des informations adaptées aux différents interlocuteurs.

→ Le SIM « **Système d'Information mercatique** », sous-ensemble du système général d'information, permet spécifiquement à l'agence de se tenir informée des différentes dimensions du marché (concurrence, clients, prescripteurs…).

→ L'agence immobilière a également besoin de mettre en place **un système de veille juridique** rigoureux.

2. LES OUTILS DE COLLECTE DE L'INFORMATION

→ Les agences immobilières travaillent **avec des logiciels et des sites professionnels** de collecte, de recherche et de traitement de l'information permettant de stocker et de mettre à jour toutes les données concernant les vendeurs, les acquéreurs, les locataires ou les bailleurs. Ces mêmes logiciels peuvent émettre des courriers, des notes, des affiches vitrine, des encarts publicitaires en lien avec les fichiers clients actualisés en permanence.

→ Il est par ailleurs toujours possible de **mettre en place des outils de veille** plus spécifiques : sur la concurrence, sur les évolutions juridiques. L'entreprise devra alors créer une base de données.

→ Il est également possible de **consulter des banques de données ou bases de données existantes** mais payantes.

→ On notera l'importance du respect du règlement général sur la protection des données (RGPD) du 25 mai 2018 dans le cadre de la création des bases de données (voir fiche 16).

3. LES DYSFONCTIONNEMENTS

Un certain nombre de dysfonctionnements liés à la circulation d'information peut entraver l'efficacité de l'entreprise.

→ L'insuffisance d'information

Elle peut être due à une méconnaissance des besoins d'information ou à une ignorance de la valeur de la communication comme moyen de coordination et de motivation.

- l'information est un **objet de valorisation** personnelle, elle est conservée ;
- l'information subit **des déformations** ;
- l'information descendante subit **des pertes** dans son parcours : l'émetteur pense, à tort, qu'il n'est pas utile de la transmettre ;
- l'information ascendante est filtrée : **censure de l'information** en vue de masquer des difficultés, de dissimuler des erreurs.

→ La lenteur de l'information (organisation trop bureaucratique, absence de coordination et de contrôle).

→ La surabondance d'information : les nouvelles technologies et la digitalisation des organisations accroissent ce dysfonctionnement (surabondance d'informations provenant des réseaux sociaux, des news letters en nombre…).

10 LE MARCHÉ DE L'AGENCE IMMOBILIÈRE L'OFFRE

L'agence fait face à des **concurrents directs** qui proposent les mêmes produits qu'elle, à des **concurrents indirects** qui proposent des produits différents qui répondent au même besoin que celui de ses clients (les promoteurs immobiliers par exemple), et elle agit auprès d'entreprises offrant **des produits complémentaires** au sien (la gestion immobilière par exemple).

L'agence intervient sur un marché constitué d'une multitude d'offreurs, il s'agit d'un marché concurrentiel qu'elle doit étudier sur les plans quantitatif et qualitatif. Cela lui permettra de se positionner et d'adapter son offre à ce qui l'entoure.

1. L'ENTREPRISE ET SON MARCHÉ

1. L'ÉTUDE QUANTITATIVE DE LA CONCURRENCE

Pour l'entreprise, il s'agit d'évaluer la concurrence et ses performances sur le marché. Les ratios utilisés concernent les parts de marché de l'entreprise et des concurrents, ainsi que sa profitabilité :

➜ L'évaluation des parts de marché

La part de marché en volume	$\frac{\text{Ventes en volume de l'entreprise}}{\text{Ventes totales}} \times 100$
La part de marché en valeur	$\frac{\text{Chiffre d'affaires de l'entreprise}}{\text{Chiffre d'affaires de l'ensemble des entreprises}} \times 100$
La part de marché relative	$\frac{\text{Chiffre d'affaires de l'entreprise}}{\text{Chiffre d'affaires du principal concurrent}} \times 100$
Le coefficient d'occupation du marché	$\frac{\text{Nombre d'acheteurs de l'entreprise}}{\text{Nombre d'acheteurs du produit du marché de référence}}$

➜ L'évaluation de la profitabilité

Le taux de profitabilité	$\frac{\text{Résultat net de l'année de l'entreprise}}{\text{Chiffre d'affaires de l'année}} \times 100$

2. L'ÉTUDE QUALITATIVE DE L'OFFRE

Le positionnement

➜ **Le positionnement** correspond à la place occupée par l'entreprise dans l'esprit du consommateur, par rapport aux autres offreurs, en fonction d'un certain nombre de critères (prix, qualité…).

L'agence peut se situer dans différentes positions :

- Leader ou chef de fil.
- Prétendant ou challenger (2e sur le marché).
- Suiveur.

La notoriété et l'image

➜ La notoriété est le degré de connaissance qu'a le public de l'entreprise.

➜ L'image est l'ensemble des représentations symboliques que le consommateur construit autour d'une entreprise, d'un nom commercial.

La stratégie commerciale

Il s'agit de l'ensemble des moyens mis en place par l'entreprise pour mener à bien son activité : publicité, prix pratiqués.

3. L'OFFRE DE BIENS

➜ L'entreprise immobilière doit être en mesure de **quantifier les biens disponibles** sur le marché.

➜ De même, une connaissance des **caractéristiques des biens disponibles** est nécessaire : types de biens, surfaces.

2. LE PRODUIT DE L'ENTREPRISE

1. ÉLÉMENTS GÉNÉRAUX

➜ **Le produit est une réponse de l'entreprise au marché**. On peut considérer que l'agent immobilier a un rôle clé dans la régulation des prix du marché en n'acceptant pas certaines surestimations de certains propriétaires.

➜ **Le produit répond au besoin** par son utilité fonctionnelle d'une part et par son utilité complémentaire d'autre part.

BESOINS		PRODUIT
Besoins génériques Loger sa famille	⟷	**Utilité fonctionnelle** Surface du bien correspondant au nombre de personnes
Besoins dérivés Se rapprocher de ses amis et groupes de référence	⟷	**Utilité complémentaire** Localisation et style du bien

2. LE PRODUIT IMMOBILIER

Le couple bien/service

➜ Le bien ou le droit immobilier : L'agent immobilier peut vendre tous types de biens ou droits immobiliers. Les biens et droits immobiliers ont la particularité de préexister, aussi l'agent immobilier doit se conformer à l'existant. Mais il peut choisir de commercialiser ou non tel ou tel bien, et c'est en ceci qu'il garde la main sur son produit. Ce choix correspond à une stratégie commerciale cohérente (stratégie de segmentation par le type de bien, par la localisation…) correspondant au profil de sa clientèle. Les agents immobiliers peuvent opter pour :

- **une stratégie diversifiée** en s'intéressant à plusieurs types de biens et en adaptant une stratégie commerciale à chaque type de bien ;
- **une stratégie concentrée** en ne s'intéressant qu'à une partie du marché : les lofts par exemple, ou les biens avec terrasses.

➜ Le service est la partie intangible du produit de l'agent immobilier. Le service est caractérisé par des spécificités ayant un impact sur la politique commerciale qui sera menée (voir fiche 3). Il consiste :

- **pour la vente :** à estimer le bien, communiquer afin de trouver un acquéreur, négocier et réaliser la vente ;
- **pour la location :** à estimer le bien, communiquer afin de trouver le locataire solvable et réaliser la location.

Les différents marchés

➜ Le marché de l'habitat classé en fonction de la nature du produit :

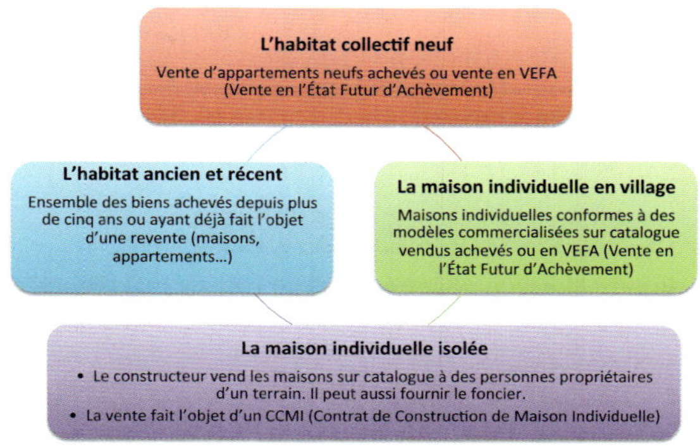

Remarque : parmi tous ces types de biens, sont répertoriés des biens aussi divers qu'une maison mitoyenne, un appartement triplex, un loft, une grange à rénover. L'agent immobilier doit avoir une bonne connaissance des particularités de son marché local et de sa clientèle.

➜ Le marché en fonction du but recherché :

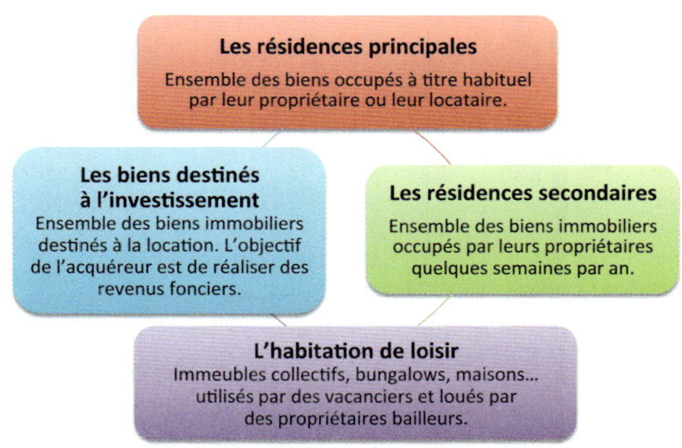

➜ Les autres marchés : on ne peut réduire le marché immobilier à l'analyse qui précède. Nombre d'autres biens immobiliers sont en vente sur le marché :

- les marchés niches : résidences avec services (résidences médicalisées ou non, résidences pour étudiants…) ;
- les demeures et châteaux ;
- les biens à réhabiliter ;
- les locaux d'activité et les locaux commerciaux ;
- les terrains, les forêts, vignes… ;
- les friches industrielles.

11 LE MARCHÉ DE L'AGENCE IMMOBILIÈRE LA DEMANDE

1. LA TYPOLOGIE DE LA DEMANDE

1. LA DEMANDE POTENTIELLE

Fernand Bouquerel (ingénieur et professeur) a établi dans les années 70 une typologie de la demande qui reste d'actualité :

Le marché potentiel = la demande effective + les « non consommateurs » relatifs				
Demande effective			Non consommateurs relatifs	
Marché actuel		Marché des concurrents indirects	Non consommateurs relatifs volontaires	Non consommateurs relatifs involontaires
Marché de l'entreprise	Marché des concurrents directs			
Ventes de l'entreprise	Ventes des produits et services identiques à ceux de l'entreprise et satisfaisant le même besoin	Ventes des produits et services de nature différente de ceux de l'entreprise mais satisfaisant le même besoin	Personnes qui pour des raisons culturelles, sociales, ou psychologiques, ne consomment pas le produit mais sont susceptibles de le faire un jour	Personnes qui pour des raisons économiques, géographiques ne consomment pas le produit mais pourront le consommer un jour

Remarque : F. Bouquerel met également en évidence les non-consommateurs absolus, qui pour des raisons physiques, religieuses… ne consommeront jamais le produit. On exclut ainsi cette part de la population qui ne fera jamais partie de l'activité de l'entreprise.

2. LES AGENTS D'INFLUENCE

Les agents d'influence impactent le marché de différentes manières :

→ Les organismes de défense : *UFC Que Choisir*, *60 millions de consommateurs* influencent le public par leurs enquêtes, articles…

→ Les prescripteurs : il s'agit des personnes qui du fait de leur expérience influencent l'acheteur. Dans l'immobilier, les prescripteurs sont la plupart du temps locaux : banques, notaires, courtiers, architectes… On notera l'importance grandissante des avis déposés sur les sites internet. Des organismes se spécialisent dans la certification des avis, tel qu'OpinionSystem, très actif dans le monde de l'immobilier.

➜ Les réseaux sociaux : ils sont largement utilisés et constituent de puissants relais d'information sur les produits, l'entreprise, son engagement… Leur pouvoir d'influence est important.

➜ Les leaders d'opinion : il s'agit des personnes qui du fait de leur célébrité influencent l'acheteur : les élus, les personnes ayant une notoriété locale.

➜ Les médias : la presse, la télévision, Internet, la radio…

➜ L'entourage : la famille, les amis de l'acheteur.

2. L'ANALYSE DE LA DEMANDE

1. L'ANALYSE QUANTITATIVE

Les indicateurs macro-économiques

Le revenu disponible des ménages = Revenus du travail + revenus du capital + revenus de transfert – impôts

L'indice de richesse vive (IRV) =

$$\frac{\text{Revenu local par habitant}}{\text{Revenu par habitant moyen national}}$$

Les dépenses commercialisables = Part des dépenses consommées dans le budget des ménages

L'indice de disparité de la consommation (IDC) =

$$\frac{\text{Consommation locale par habitant}}{\text{Consommation moyenne nationale par habitant}}$$

Les coefficients budgétaires = Coefficients permettant la ventilation des dépenses des ménages par poste budgétaire (logement, alimentation…)

Les indicateurs propres à l'agence

Le chiffre d'affaires de l'agence

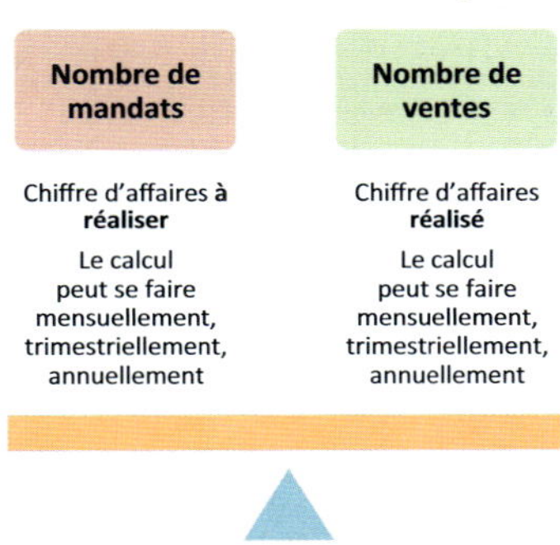

La demande en volume = Nombre de transactions mensuel, trimestriel, annuel (ventes ou locations)

La demande en valeur = Somme des montants des transactions réalisées (mensuelle, trimestrielle…). Elle peut être calculée par type de bien.

Le taux de fidélité = Part des acheteurs en N qui reviennent en N+1 pour une nouvelle affaire.

Nombre de mois moyen pour réaliser une transaction

$$= \frac{\text{Somme de la durée des transactions effectives}}{\text{Nombre de transactions effectuées}}$$

La saisonnalité de la demande = Variation des ventes récurrente observée sur le marché de l'agence.

➜ La zone de chalandise : espace territorial qui environne le point de vente et sur lequel résident les consommateurs susceptibles de devenir clients. On évalue la zone de chalandise par le chiffre d'affaires potentiel attendu, et par une courbe isométrique ou isochrone.

2. L'ANALYSE QUALITATIVE

Le QQOQCP

Les questions que l'on peut se poser au sujet du client avec cette méthode permettent de sonder tous les aspects susceptibles d'intéresser l'agence :

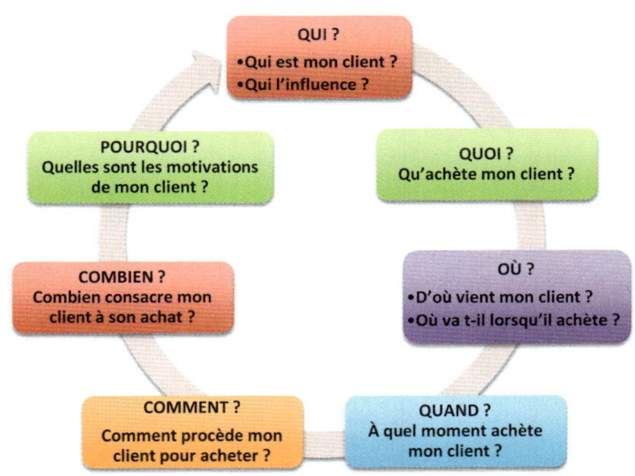

La segmentation

➜ Principe et intérêt

- La segmentation repose sur le principe de la division d'un marché en groupes de consommateurs aux comportements proches. On rassemble des individus proches en **sous-ensembles homogènes appelés segments**.
- Il s'agit pour l'entreprise **d'adapter sa stratégie au groupe visé**.

➜ Constituer les segments

- **Plusieurs critères signalétiques sont choisis** afin de constituer les groupes : sociodémographiques (âge, sexe) ; géographiques (lieu de vie) ; socio-économiques (revenus, profession, niveau d'études, structure familiale), socioculturels (personnalité, attitude et motivations), comportementaux (manière dont le client achète, avantages recherchés).

- Les critères doivent être **pertinents, mesurables, discriminants et opératoires.**

→ Les stratégies de segmentation

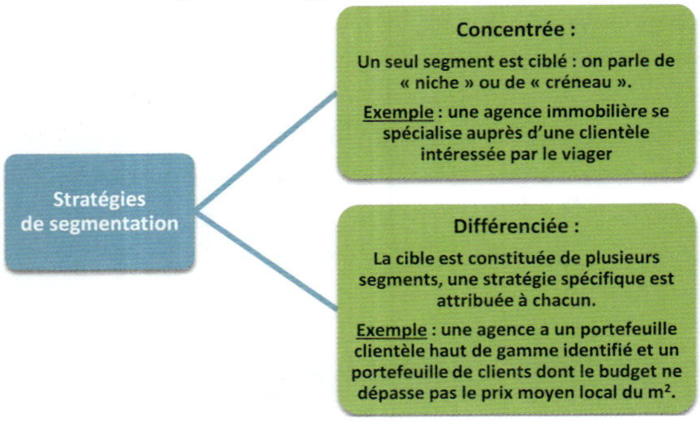

3. LE CLIENT DE L'AGENCE IMMOBILIÈRE

1. LES FACTEURS EXPLICATIFS DU COMPORTEMENT DU CLIENT

Les facteurs externes

→ **Les facteurs socio-économiques** : chômage, croissance, taux d'intérêt…

→ **Les facteurs politiques** : changement de majorité, attentes de nouvelles mesures fiscales…

→ **Les facteurs culturels** : croyances et habitudes communes, éducation…

Les facteurs personnels

→ **L'âge.**

→ **Le cycle de vie familial** : jeunes célibataires, jeunes couples sans enfant, avec enfants, couples avec enfants, sans enfant, couples âgés, personnes âgées seules.

→ **La catégorie socio-professionnelle.**

→ **La personnalité et l'image de soi :** introvertis, extravertis, conformistes, non conformistes…

→ **Le mode de vie et le système de valeurs** : citadin, rural, néo-rural…

Les facteurs psychosociologiques

→ **Les groupes de référence et le principe d'identification :** collègues, amis, groupes de loisir…

→ **La famille :** les relations parents/enfants, les relations dans le couple…

Les facteurs psychologiques

→ **Les motivations** : voir la typologie SONCAS – fiche 15.

→ **Les freins** : le risque lié à la possession du bien, le risque financier.

→ **La perception de l'environnement** : ce à quoi le client prête attention.

→ **L'expérience** : la tendance du client à modifier son comportement à la suite de ses expériences.

→ **L'attitude** : la prédisposition du client à répondre de manière favorable ou non à une situation, un sujet.

2. LE PROCESSUS D'ACHAT

Le processus général

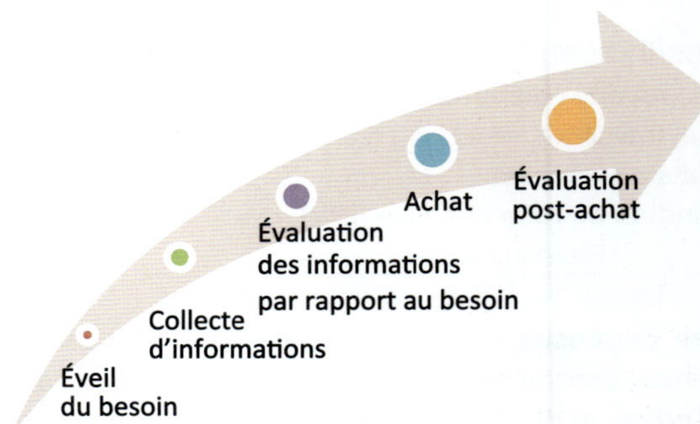

Le processus d'achat dans l'immobilier

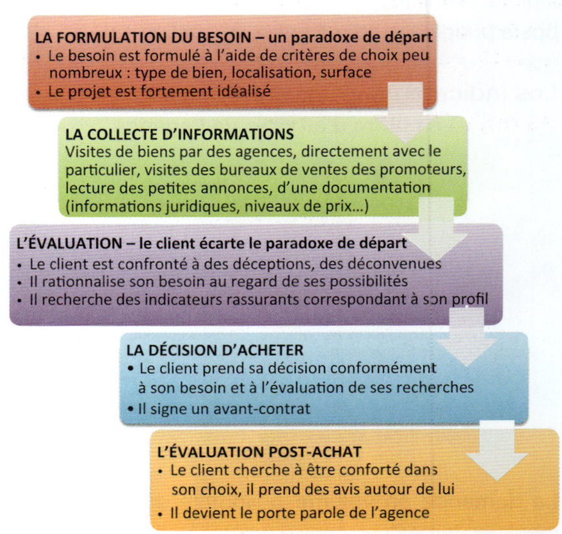

14 LA DÉMARCHE DE PROSPECTION

La démarche de prospection consiste à trouver des personnes susceptibles d'être intéressées par les services du professionnel, à leur présenter une offre complète et à les convaincre de devenir client.
Il est essentiel pour l'entreprise de :
→ **connaître ses objectifs et ses cibles** ;
→ **gérer ses contacts et les informations** qu'elle collecte ;
→ **déterminer les bonnes méthodes** ;
→ **d'évaluer son action** *a posteriori*.

1. LES OBJECTIFS, CIBLES ET TYPES DE PROSPECTION

1. LES OBJECTIFS

L'objectif primaire

→ Il s'agit de découvrir les produits nécessaires à l'activité de l'entreprise, afin d'en garantir la pérennité. Concrètement il s'agit de rentrer le maximum de mandats, qu'ils soient de vente ou de location, et de contacter le maximum de clients potentiellement intéressés par les biens immobiliers (acquéreurs, locataires).
→ Il peut aussi s'agir de proposer de nouveaux produits et services à une clientèle déjà existante.

Les objectifs secondaires

2. LES CIBLES

L'enjeu de la stratégie de prospection est de **déterminer clairement ses cibles afin de pouvoir choisir les méthodes adéquates**. On entend par cible :
→ **Le produit immobilier visé** et sa destination :
- les biens d'habitation neufs et anciens, à vendre, à louer et à gérer ;
- les locaux ;
- les terrains à vendre.

→ **La personne à prospecter** et son statut : vendeurs, acquéreurs, bailleurs, locataires, cédants, cessionnaires.

3. LES TYPES DE PROSPECTION IMMOBILIÈRE

La prospection étendue

Il s'agit de la mise en œuvre d'une méthode de travail systématique sur un secteur donné ou sur une base de données préalablement établie.

Exemple
L'agent immobilier est coutumier de la prospection dite « terrain » consistant à distribuer des imprimés sans adresse et à sonner aux portes des particuliers d'un secteur donné.

La prospection ciblée

Il s'agit de repérer des produits dans le fichier de l'agence ou « *in situ* », susceptibles de correspondre à la demande du client.

Exemple
Lorsqu'un acquéreur signe un mandat de recherche avec l'agent immobilier, ce dernier doit effectuer une recherche ciblée, respectant les critères du client.

2. LES MÉTHODES ET MOYENS DE LA PROSPECTION IMMOBILIÈRE

1. LA MÉTHODE STATIQUE ET SES MOYENS

Définition

Une fois mise en œuvre, la méthode statique et ses moyens génèrent des contacts sans que le professionnel ait à se déplacer. Cette méthode doit se conjuguer avec la méthode dynamique.

Les moyens

Les annonces	Les annonces paraissent dans la presse spécialisée (presse gratuite immobilière notamment), dans la presse généraliste (presse hebdomadaire ou quotidienne) ou bien sur Internet (sites spécialisés dans la promotion des biens immobiliers).
Les panneaux	Il peut s'agir des panneaux « À vendre », « À louer » ou de panneaux publicitaires nécessitant l'achat d'espace publicitaire (abris bus, panneaux municipaux...)
La vitrine	Outil essentiel de communication et de prospection, l'agence immobilière de transaction ne peut guère s'en passer. La vitrine de l'agence sera déclinée sur le site internet de celle-ci.

2. LA MÉTHODE DYNAMIQUE ET SES MOYENS

Définition

→ Contrairement à la précédente, cette méthode nécessite l'implication d'une personne. Ses moyens sont centrés sur la production de contacts immédiats par une action du professionnel sur le terrain. Ce dernier doit avant tout « fertiliser » son secteur (d'où le terme « *farming* » utilisé par les négociateurs immobiliers), c'est-à-dire travailler son secteur régulièrement et efficacement afin d'en récolter les fruits à terme.

→ Les moyens de la méthode dynamique sont chronophages et fatigants ; la gestion du temps passé par le négociateur et sa formation sont primordiales pour pallier ces inconvénients.

Moyens

(Voir fiche 15)

Le « boitage » ou distribution d'imprimés sans adresse (ISA)	Le boitage consiste à mettre dans les boîtes aux lettres d'un secteur donné des ISA. Les ISA sont non adressés et non personnalisés. La distribution doit être organisée de manière régulière et rationnelle conformément aux caractéristiques du secteur visé.
Le publipostage et son suivi	La technique du publipostage consiste à envoyer au prospect un message personnalisé par courrier, courriel ou sms. L'envoi d'un publipostage nécessite dans la plupart des cas une démarche de relance téléphonique ensuite.
Le porte à porte	Il s'agit de chercher à rencontrer physiquement le prospect en se rendant là où il se trouve. Le porte à porte vient souvent en appui de la distribution d'ISA dans les boîtes aux lettres.
Le phoning	• **Dans le cadre de la « pige » :** consiste à contacter des personnes qui ont publié une annonce de vente de leur bien sur un site ou dans un support presse destiné aux particuliers. Le professionnel devra convaincre cette personne de l'intérêt de son offre de service. • **Dans le cadre d'une prospection systématique** d'un secteur : appel de tous les numéros pairs d'une rue par exemple.
La création d'événements	Il s'agit pour le professionnel de créer un événement qui lui permettra de générer des contacts : journée portes ouvertes, cocktail autour d'un thème...
Le relationnel	Le professionnel de l'immobilier est entouré de nombreux partenaires et relations de tous ordres qui lui apportent affaires et informations. Il s'agit donc pour lui d'entretenir ce réseau et de le développer. Les réseaux sociaux sont aussi un bon moyen d'entretenir ce réseau.

3. LA MÉTHODE DITE PROSPECTIVE

Définition

→ Cette méthode constitue la continuité directe des deux méthodes précédentes. Il s'agit en effet, une fois les informations collectées, de construire une base de données que l'on mettra à jour régulièrement et que l'on enrichira le plus possible (Voir fiche 9).

3. LA STRATÉGIE DE PROSPECTION

Le professionnel devra donc mettre en place une démarche complète et cohérente s'il veut obtenir des résultats satisfaisants :

Définition des objectifs → **Définition des méthodes et moyens** → **Planification** → **Évaluation coût/ retours**

15 LES OUTILS DE LA PROSPECTION

1. LA PROSPECTION TÉLÉPHONIQUE

Pour l'agent immobilier, le contexte de la prospection téléphonique concerne la prospection de biens à vendre ou à louer et la prospection de bien à gérer s'il souhaite éventuellement diversifier son activité de transaction pure.

1. LES TECHNIQUES D'ÉMISSION ET DE RÉCEPTION D'APPELS

Appels en émission

C	**CONTACT** Identifier l'interlocuteur / Saluer / Se présenter (nom et raison sociale de l'entreprise).
R	**RAISON DE L'APPEL** Il s'agit de l'annonce que le particulier a fait passer pour vendre son bien, ou d'une accroche par un avantage général ou par le motif du dernier contact avec le prospect,
O	**OBJECTIF DE L'APPEL** L'objectif est soit la prise de rendez-vous soit la demande et l'obtention de renseignements complémentaires.
C	**CONGÉ** Reformuler et éventuellement faire noter, remercier et prendre congé.

Il faut évidemment aussi appliquer toutes les règles de communication adéquates (voir Partie Communication professionnelle).

Appels en réception

Un prospect acquéreur par exemple, ou locataire ou encore un bailleur à la recherche d'un gestionnaire peut être amené à appeler l'agence immobilière. Dans ce cas on utilise la technique de réception d'appel CERC :

C	**CONTACT** Se présenter en indiquant son nom, sa fonction et la raison sociale de l'entreprise / Chercher à identifier son interlocuteur.
E	**ÉCOUTE** Identifier la demande, demander des renseignements complémentaires si besoin et reformuler afin de vérifier la bonne compréhension de la question évoquée.
R	**RÉPONSE** Formuler une proposition constructive ou bien transférer vers la bonne personne.
C	**CONCLUSION** Reformuler / Remercier et rassurer l'interlocuteur / Prendre congé.

2. ARGUMENTER ET RÉPONDRE AUX OBJECTIONS

Argumenter

Comme dans toutes les situations de négociation, le professionnel doit argumenter pour convaincre son prospect de devenir client. Il est conseillé d'utiliser la méthode « CAP », simple et efficace (voir fiche 37) :

C	A	P
CARACTÉRISTIQUE	AVANTAGE	PREUVE
Nos services sont très performants...	... vous vendrez votre bien très rapidement...	... la maison au bout de votre rue a été vendue par nos soins en 3 mois.

Répondre aux objections

Une objection est une remarque que le prospect oppose au professionnel, remettant en cause l'argumentation ou le bien-fondé de la démarche de prospection. La méthode de traitement des objections est rigoureuse (voir fiche 37) :

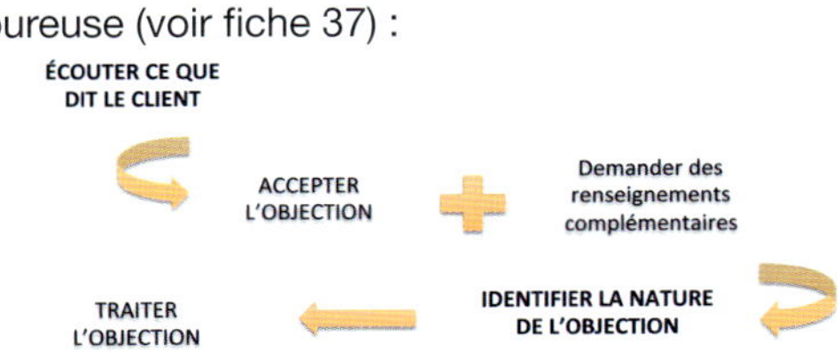

2. IMPRIMÉS SANS ADRESSE, ENCARTS PRESSE, ANNONCES...

L'ensemble des supports commerciaux (imprimés sans adresse, encarts et annonces presse, affichettes vitrine, publications sur les réseaux sociaux et sites spécialisés…) ont en commun leur méthode de rédaction. Pour rédiger ces supports le professionnel doit :

→ utiliser une méthodologie de rédaction (voir 1) ;
→ adapter son message à sa cible (voir 2).

1. AIDA – INDISPENSABLE ACROSTICHE

La technique AIDA

- **A – ACCROCHE** : Affirmation, anecdote, chiffre magique, question, elle attire l'attention du prospect
- **I – INTÉRÊT** : Plus de profit, de temps, de qualité, moins de gaspillage, de coûts : l'intérêt convainc le prospect
- **D – DÉSIR** : Basé sur les motivations fondamentales de la clientèle, la rédaction de ce message prend appui sur la technique d'analyse des motivations SONCAS
- **A – ACTION** : Date limite de réponse, cadeau, numéro de téléphone, adresse mail... cette dernière partie doit inciter le prospect à passer à l'action

2. SONCAS – LES MOTIVATIONS FONDAMENTALES

S'adapter à la cible

- **S – ÉCURITÉ** – Le client est sensible à la sécurité dans toutes ses dimensions (environnement du bien, équipements aux normes, placement financier sûr...)
- **O – RGUEIL** – Le client est centré sur lui, les solutions sont les siennes même si ce n'est pas toujours vrai. Le bien immobilier est une manière pour lui de se montrer.
- **N – OUVEAUTÉ** – Le client est sensible aux nouveautés : nouvelles technologies (nouveaux matériaux, construction novatrice...), changements de tous ordres pour lui-même et sa famille, nouveaux montages financiers...
- **C – ONFORT** – Le client est soucieux du confort qu'il obtiendra dans l'utilisation du bien ou dans sa gestion s'il investit dans un bien locatif.
- **A – RGENT** – Le client est sensible à l'économie, au gain. En immobilier les occasions d'en parler sont nombreuses : plus-value, rentabilité...
- **S – YMPATHIE** – Le client sympathique aime recevoir, est convivial et accorde volontiers sa confiance. Mais si celle-ci est rompue, c'est pour toujours et, blessé, il fera au professionnel de la mauvaise publicité.

3. LE FACE À FACE AVEC LE PROSPECT ET LA PROSPECTION TERRAIN

1. PROSPECTER EN FACE À FACE

La préparation mentale : être positif et persévérant.
La préparation méthodologiquement : fiche 14.
La posture professionnelle :

→ Respecter les règles fondamentales de la communication (verbale et non-verbale).
→ Mettre en œuvre la prise de contact, l'argumentation et la prise de congé.

La préparation matérielle : Prévoir tous les documents commerciaux et juridiques.

2. ORGANISER LES TOURNÉES

La prospection terrain doit faire l'objet d'une organisation rigoureuse.

Intérêt et objectifs

→ **Objectif n° 1 : rationaliser l'action et optimiser les coûts.**
→ **Objectif n° 2 : planifier le travail du négociateur.**

Types de tournée et méthodologie

→ Il s'agit de **déterminer le type de tournée le plus adapté à l'entreprise**, et de répartir équitablement le territoire entre les membres de l'équipe.

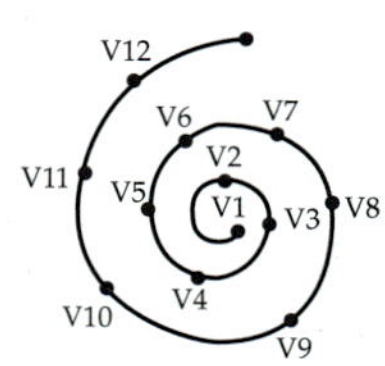

La tournée en spirale

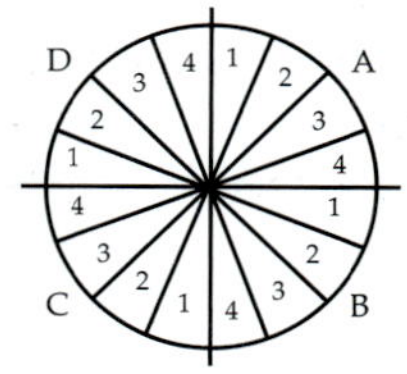

La tournée en marguerite

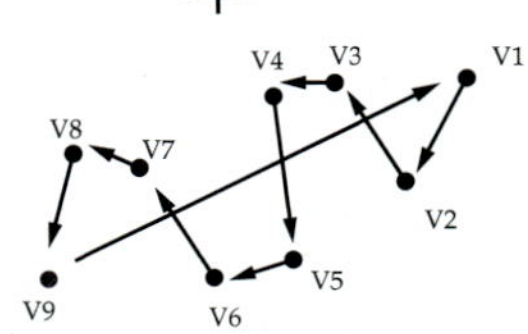

La tournée en zig-zag

16 LES FICHIERS ET LEUR GESTION

Une fois les outils de prospection mis en œuvre, les contacts établis avec les prospects doivent être gérés avec soin et obéir à des règles précises.

1. L'INTERÊT ET L'UTILISATION DU FICHIER

Le fichier remplit de nombreuses fonctions, il est :

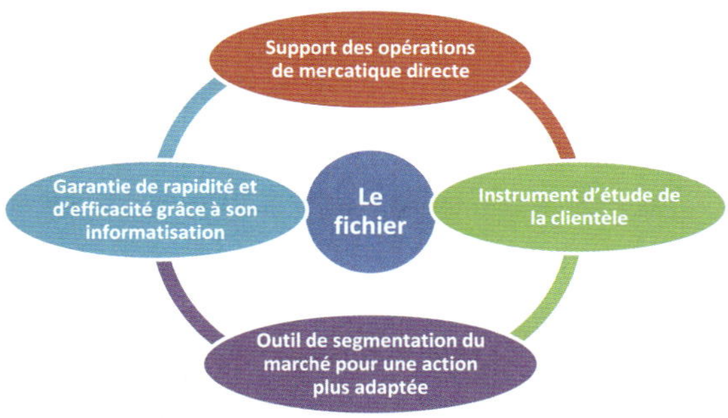

Un fichier doit faire l'objet d'une mise à jour régulière et rigoureuse. À cette condition il permettra :

➜ **d'adresser des offres indifférenciées mais nominatives.** Les offres pourront être facilement envoyées en nombre ;

➜ **d'adresser des offres différenciées à des cibles identifiées.** Un contact davantage personnalisé permettra en général une remontée supérieure.

Aujourd'hui les entreprises immobilières sont pour la plupart équipées de logiciels adaptés à la profession qui permettent une gestion efficace et permanente des fichiers clients, qu'ils soient vendeurs ou acquéreurs, locataires ou bailleurs.

2. LA RÉGLEMENTATION

1. LE CADRE RÉGLEMENTAIRE

➜ La loi informatique et liberté du 6 janvier 1978 a été adaptée par la loi relative à la protection des données personnelles du 20 juin 2018, issue du règlement européen le RGPD (règlement général sur la protection des données). Ce cadre doit désormais être respecté en matière de collecte, traitement, conservation des données personnelles. La CNIL (Commission nationale de l'informatique et des liberté) reste en charge du contrôle de l'application de ces dispositions.

➜ L'article 3.3 du code de déontologie des professionnels de l'immobilier entré en vigueur le 30 août 2015 dispose que les agences immobilières devront protéger les données à caractère personnel qu'elles possèdent.

➜ La CNIL a publié un référentiel spécifique à l'application du RGPD dans le cadre de la gestion locative le 21 mai 2021.

2. LES RÈGLES À RESPECTER

Conformément au RGPD :

➜ le consentement sans ambiguïté des personnes concernées par la collecte et l'usage de leurs données personnelles doit être obtenu ;

➜ un registre de traitement des données doit être tenu à jour ;

➜ un DPO (délégué à la protection des données) doit être nommé. Il est garant de l'application de la réglementation dans l'entreprise ;

➜ les droits des personnes sont renforcés : au-delà du droit d'opposition, d'accès, de modification, de restitution des données, les personnes bénéficient d'un droit à la limitation, à l'oubli, au transfert (portabilité) de leurs données ;

➜ il est obligatoire de déclarer sous 72 heures une violation de données personnelles susceptible d'entraîner « un risque élevé pour les droits et libertés » d'une personne physique concernée.

3. LES SANCTIONS POSSIBLES

La CNIL veille à la bonne application du cadre réglementaire. Les sanctions peuvent atteindre le plus élevé des deux montants suivants : 4 % du chiffre d'affaires de l'entreprise ou 20 millions d'euros.

17 LE SUIVI ET L'ÉVALUATION DE L'ACTION DE PROSPECTION

L'action prospection doit faire l'objet d'un suivi régulier. Il permettra une évaluation de qualité et les ajustements nécessaires. La démarche concerne ici l'action de prospection de mandats de vente et de location mais elle peut être étendue à toute autre action dans l'entreprise. Les indicateurs fournis dans cette fiche pourront alors être modifiés en conséquence.

1. LE SUIVI RÉGULIER DE L'ACTION PROSPECTION

Les outils du suivi de la prospection sont une aide permanente à l'évaluation future de l'action. Ces outils servent aussi à évaluer la performance du négociateur (voir fiche 7).

1. LE TABLEAU DE SUIVI HEBDOMADAIRE

Chaque négociateur fera son propre suivi. Cet outil est le plus souvent intégré au logiciel professionnel de l'agence.

SUIVI PROSPECTION TÉLÉPHONIQUE / TERRAIN Négociateur : Semaine : ... / ...							
Nom du prospect	Coordonnées	À adapter en fonction du mode de prospection choisi (téléphone ou terrain)			Rendez-vous	Relance	Refus
		1er appel ou 1er passage	1ère relance ou 2nd passage	Relance ultérieure	(préciser estimation, signature mandat…)	(préciser date)	
				Inscrire date dans l'agenda →		↑ Inscrire sur fiche contact la date concernée	

2. LE TABLEAU RÉCAPITULATIF D'UNE PÉRIODE

Mensuellement ou trimestriellement, un récapitulatif sera effectué, mettant en évidence les premiers indicateurs de retours de l'action.

RÉCAPITULATIF PÉRIODIQUE DE L'ACTION PROSPECTION TÉLÉPHONIQUE / TERRAIN Négociateur : Mois :							
Dates	Nombre d'appels ou de contacts	Nombre de contacts utiles*	Nombre de rendez-vous	Nombre de relances	Nombre de refus	Nb de contacts utiles / Nb de contacts	Nb de contacts utiles / Nb de rendez-vous

* Contacts utiles = rendez-vous + relances ou « contacts – refus »

2. L'ÉVALUATION DE L'ACTION

1. L'INTÉRÊT DE L'ÉVALUATION

La démarche d'évaluation permet globalement d'ajuster l'action au fil du temps. Elle permet notamment d'étudier et d'améliorer :

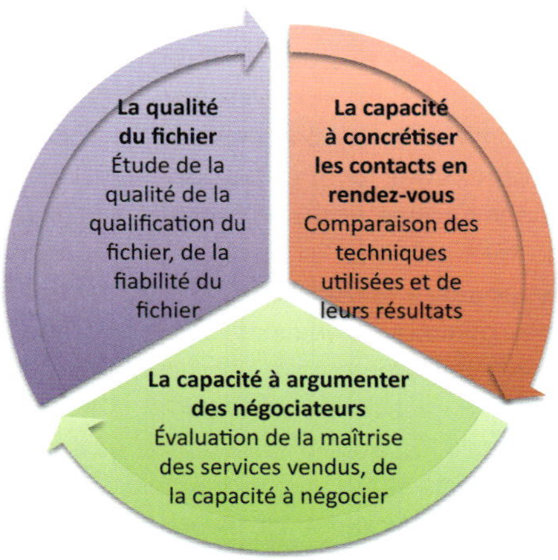

2. L'ENTONNOIR DE PROSPECTION

L'entonnoir de prospection révèle les informations figurant dans les documents de suivi et ce de manière organisée comme un entonnoir. Les éléments quantitatifs figurant dans ce document serviront au calcul des indicateurs (voir 3).

Exemple

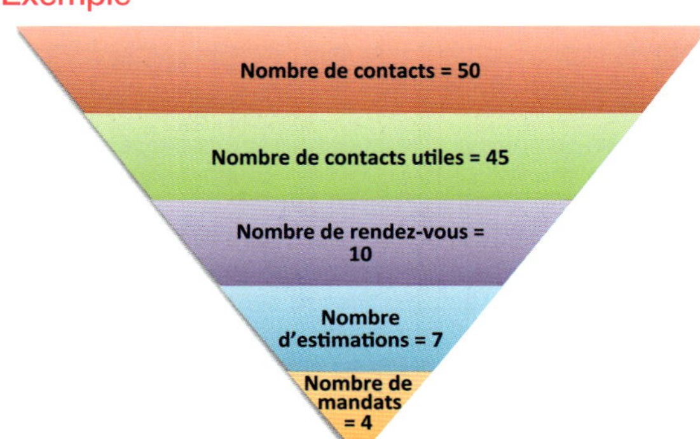

3. LES INDICATEURS DE LA PROSPECTION

À l'aide des informations ainsi posées il est possible de procéder au calcul des indicateurs qui permettront une analyse de la situation.

Exemple

(Reprise des données ci-dessus)

Les indicateurs de la prospection

Nom des ratios Formules	Exemples
Taux de validité du fichier Nombre d'adresses utilisables / nombre d'adresses total 100	(45 / 50) x 100 = 90 %
Taux de retour Nombre de rendez-vous / nombre de contacts utiles x 100	(10 / 45) x 100 = 22 %
Productivité des rendez-vous Nombre d'estimations/ nombre de rendez-vous x 100	(7 / 10) x 100 = 70 %
ou Nombre de mandats / nombre de rendez-vous x 100	(4 / 10) x 100 = 40 %
Taux de concrétisation Nombre de mandats / nombre d'estimations x 100	(4 / 7) x 100 = 57 %
Taux de transformation des contacts Nombre de mandats / nombre de contacts utiles x 100	(4 / 45) x 100 = 9 %

Pour aller plus loin, il peut être utile de parler de rentabilité, et de faire entrer dans l'analyse les notions de chiffre d'affaires et de coût.

Les ratios de la performance

Indicateurs	Formules
Coût du contact	Coût de l'opération de prospection / Nombre de contacts
Coût d'acquisition d'un mandant	Coût de l'opération de prospection / Nombre de mandats
Coût d'acquisition d'un acquéreur	Coût de l'opération de prospection / Nombre de ventes

De même, il sera pertinent de croiser les résultats de ces informations avec ceux de la performance du négociateur (voir fiche 7).

18 L'ESTIMATION DU LOYER ET L'ENTRÉE DU MANDAT DE LOCATION

La carte mention « Transactions sur immeubles et fonds de commerce » permet à l'agent immobilier d'agir dans le domaine de la transaction locative. Sa mission s'arrête à la signature du contrat de location. Au-delà, (pour assurer la gestion du bien), il a besoin de la carte mention « Gestion immobilière ». Les biens d'habitation représentent une grosse partie de l'activité de transaction locative, mais l'agent immobilier est aussi amené à trouver des locataires pour des locaux commerciaux ou professionnels. Voir Partie Gestion.

1. L'ESTIMATION DU LOYER ET DE LA PROVISION SUR CHARGES

1. DANS LE CADRE D'UN BIEN D'HABITATION

On entend par bien d'habitation :

➜ **les locaux loués nus pour un usage d'habitation ou un usage mixte à titre de résidence principale** ;

➜ **les locaux loués meublés** ;

➜ **les locaux meublés loués occasionnellement** ou de manière saisonnière.

la fixation initiale du loyer

Pour l'agent immobilier en charge d'un bien à louer, la première tâche consiste à fixer le loyer.

➜ Le principe : le montant du loyer est librement fixé par les parties, compte tenu des conditions du marché. La méthode utilisée peut-être :

- **comparative** : des références de loyers voisins sont prises en compte et le bien est ensuite estimé conformément à un prix au m^2 moyen local ;
- **basée sur la rentabilité** : la méthode d'estimation de la valeur vénale par le revenu peut-être inversée (voir fiche 23) tel que : Valeur vénale x Taux de capitalisation = Loyer annuel.

➜ En zone tendue et très tendue, pour les biens relevant de la loi du 6 juillet 1989 (biens loués nus ou meublés au titre de la résidence principale) :

- Le régime diffère selon que la zone est dite **« avec encadrement des loyers » ou non**.
- **Dans les zones non « encadrées »**, la fixation initiale du loyer est libre.
- **Les zones « encadrées »**, à titre expérimental, certaines communes peuvent mettre en place un encadrement complémentaire par l'instauration de plafonds. Ce dispositif est en vigueur à Paris depuis le 1er juillet 2019, à Lille, Hellemmes et Lomme depuis le 1er mars 2020, sur le territoire « Plaine commune (soit 9 communes de Seine Saint Denis) depuis le 1er juin 2021, à Lyon et Villeurbanne depuis le 1er novembre 2021 et sur le territoire « Est Ensemble » (soit 9 communes supplémentaires de Seine Saint Denis) depuis le 1er décembre 2021. Bordeaux et Montpellier sont actuellement en attente.

Dans ces zones où la situation locative est déséquilibrée, les préfets doivent fixer chaque année par arrêté un loyer de référence égal au loyer médian. Ce loyer de référence permet de déterminer un loyer de référence majoré de 20 % et un loyer de référence minoré de 30 %. Les références varient selon qu'il s'agit d'une location nue ou meublée. La fixation initiale du loyer doit respecter le plafond majoré.

nota$_1$: un complément de loyer peut être appliqué au loyer de base à condition qu'il présente des caractéristiques de localisation ou de confort le justifiant.

nota$_2$: le montant d'un loyer ne peut être fixé librement dans le cadre d'un investissement permettant de bénéficier de certains avantages fiscaux, conditionnés par un engagement de location nue à titre de résidence principale. Il s'agit ici des dispositifs Pinel, Duflot, Scellier dans le neuf, Borloo ancien, Cosse ancien ou « louer abordable » dans l'ancien, dans le cadre d'un conventionnement avec l'ANAH (voir fiche 21).

La fixation du loyer dans le cadre de la relocation

Lors de la mise en relocation dans les zones tendues :

→ Le loyer du nouveau locataire ne peut pas dépasser celui de l'ancien locataire éventuellement révisé avec l'IRL (indice de révision des loyers).

Remarque : le locataire entrant est informé du dernier loyer perçu dans son bail.

→ Les exceptions à ce principe :

- **le loyer est libre** si le local est loué pour la première fois ou s'il a subi une vacance de 18 mois au moins ;
- **dans le cas d'un loyer manifestement sous-évalué par rapport aux loyers observés localement** ;
- **dans le cas de la réalisation de travaux** d'amélioration ou de mise aux normes d'un montant **au moins égal à la dernière année de loyer** ;
- **dans le cas de la réalisation de travaux** d'amélioration d'un montant **au moins égal à la moitié de la dernière année de loyer**, la hausse du nouveau loyer est plafonnée à 15 % du prix réel des travaux TTC. Attention ! Depuis le 1er janvier 2020, le DPE après travaux doit se situer entre A et E (CEP inférieur à 331 kwh/m²/an). **L'encadrement à la relocation et le mécanisme de plafonnement des loyers vus précédemment se juxtaposent** (voir ci-dessus le mécanisme d'encadrement des loyers).

La fixation de la provision pour charges

→ Les charges récupérables sont des sommes accessoires au loyer principal. Il s'agit de la contrepartie :

- des services rendus liés à l'usage des différents éléments de la chose louée. Exemple : le gaz consommé pour le chauffage ;
- des dépenses d'entretien courant et des menues réparations sur les éléments d'usage communs de la chose louée. Exemple : le ramonage d'une cheminée ;
- des impôts attachés à des services dont le locataire profite. Exemple : la taxe d'ordure ménagère.

→ La provision pour charges : il s'agit de l'évaluation du montant approximatif des charges récupérables que le propriétaire va payer au fil des mois. Cette évaluation, appelée provision, sera versée mensuellement par le locataire en plus du loyer brut. Une régularisation sera effectuée en fin de période.

→ Pour les meublés au titre de la résidence principale. Les charges peuvent être payées sous la forme d'un forfait versé en même temps que le loyer. Mais ce forfait ne peut faire l'objet d'une régularisation. Il peut cependant être revu chaque année.

2. DANS LE CADRE D'UN BAIL COMMERCIAL OU PROFESSIONNEL

→ D'une manière générale, l'estimation des loyers des locaux qu'ils soient commerciaux ou professionnels se fait relativement à la situation du marché.

→ Plus spécifiquement, la valeur du loyer pour un local commercial dépend :

- **des facteurs de commercialité :** fréquentation, visibilité, accessibilité ;
- **de la consistance du local :** superficie, linéaire de façade, agencements, équipements, état…
- **de la situation locative :** destination des lieux, clauses du bail, indexations prévues, mode de révision du loyer envisagé…

Voir fiche 25.

2. L'ENTRÉE DU MANDAT DE LOCATION

Une fois l'estimation du loyer effectuée, l'agent immobilier propose au bailleur la signature d'un mandat de location lui permettant de trouver un locataire pour le compte de ce dernier.

1. LE CONSEIL DE L'AGENT IMMOBILIER AU MOMENT D'ENTRER LE MANDAT

→ L'agent immobilier, dans le cadre de son rôle de conseil, doit s'assurer que le bien correspond aux critères imposés par la loi (décence, état et salubrité). Il doit mettre en garde le bailleur contre les irrégularités concernant ces différents points, ainsi que l'informer des sanctions qu'il encourt en cas de non-respect des règles.

→ On notera que les biens énergivores vont progressivement devenir indécents. Leurs propriétaires ne pourront plus les louer. Le conseil de l'agent immobilier est donc essentiel, afin d'orienter le client notamment au sujet des travaux à effectuer.

Voir aussi Partie Gestion fiche 4.

Dans ce cadre, la responsabilité de l'agent immobilier est engagée.

→ De même, le professionnel doit avertir le bailleur de l'obligation de réaliser un certain nombre de **diagnostics** (voir fiche 19 et 20).

2. LE MANDAT DE LOCATION

Les informations figurant dans le mandat

L'ensemble des dispositions s'appliquant au mandat de vente dans le cadre de la loi Hoguet s'applique au mandat de location. Voir fiche 30.

➜ Les informations relatives aux parties :

- **pour le mandant** (le propriétaire-bailleur) : l'état civil : nom, prénom, date et lieu de naissance, domicile, profession, régime matrimonial, nationalité, s'il s'agit d'une personne physique ; dénomination sociale, forme sociale, siège social, nom du représentant, s'il s'agit d'une personne morale ;
- **l'agent immobilier doit vérifier les pouvoirs de la personne :** peut-elle mettre le bien en location ? (ex : si le bien est en indivision, vérification que les personnes représentant les 2/3 des droits dans l'indivision sont bien d'accord pour cette mise en location…) ;

Remarque : la signature d'un seul des époux propriétaires suffit pour une mise en location.

- **pour le mandataire** (l'agent immobilier) : les informations professionnelles devant figurer sur tous les documents (numéro et lieu de délivrance de la carte professionnelle, nom de la caisse de garantie et montant garanti, dénomination sociale, forme sociale, capital social…).

➜ Les informations relatives au bien : description la plus précise possible : adresse, surface, présence d'un parking, d'une cave…, usage du bien, type de location envisagé, et conditions essentielles de la location (loyers, charges, modalités de paiement, durée du contrat…).

➜ Les informations relatives à la mission du mandataire : le mandat doit indiquer les missions que le mandataire s'engage à effectuer pour le compte du mandant. La plupart du temps, le mandataire effectue :

- **la commercialisation** du bien, les visites ;
- **la sélection** du locataire ;
- éventuellement **la signature du bail** ;
- **l'état des lieux et la remise des clés.**

La remunération de l'agent immobilier pour la mise en location

➜ L'article 5 de la loi du 6 juillet 1989 prévoit la possibilité de partager cette rémunération en deux parts égales entre le bailleur et le locataire pour la réalisation de certaines prestations limitativement énumérées :

- la visite du logement ;
- la constitution du dossier ;
- la rédaction du bail ;
- l'établissement de l'état des lieux.

Remarque : depuis la loi ALUR du 24 mars 2014, les locations meublées à titre de résidence principale sont également concernées par ce partage.

➜ Le plafonnement des honoraires :

- le décret n° 2014-890 du 1er août 2014 est venu plafonner la rémunération des frais imputables au locataire en application de l'article 5 de la loi du 6 juillet 1989. Le plafonnement est fixé en fonction d'un montant déterminé par mètre carré de surface habitable et révisable chaque année en fonction de l'indice IRL ;
- le plafond des honoraires de mise en location (visite du logement, constitution du dossier, rédaction du bail) varie également en fonction de la localisation du logement :

Zone très tendue (zone A bis : Paris et certaines communes des départements de petite couronne et des Yvelines)	12 € par mètre carré de surface habitable
Zone tendue (zone concernée par l'encadrement des loyers à l'exception des communes de la zone A-bis)	10 € par mètre carré de surface habitable
Hors zone tendue	8 € par mètre carré de surface habitable

- les honoraires d'établissement d'état des lieux sont plafonnés à **3 € par mètre carré de surface habitable.**

➜ Le partage des honoraires : ces plafonds correspondent au montant maximum que l'on peut demander au locataire. Le bailleur paie au moins le même montant. Il est cependant possible de lui demander un surplus au titre de la recherche du locataire et des frais de commercialisation de son bien qui ne peuvent être réclamés au locataire.

La présentation du mandat au bailleur

➜ Tout comme pour le mandat de vente (voir fiche 29), l'agent immobilier doit mettre en évidence les caractéristiques des différents mandats : **mandat simple, mandat exclusif ou semi-exclusif.**

19 LA RECHERCHE DU LOCATAIRE ET SA SÉLECTION

L'agent immobilier doit mener la mission de commercialisation du bien, de recherche du locataire et d'étude de solvabilité de manière rapide et rigoureuse, de sorte de garantir une entrée du locataire dans les lieux dans les meilleures conditions.

1. LA COMMERCIALISATION DU BIEN

1. LES OUTILS DE COMMERCIALISATION

→ **La communication autour du bien à louer** utilise les mêmes outils que ceux utilisés dans le cadre de la vente (voir fiche 33).

→ L'outil le plus adapté reste cependant **l'annonce**. Elle apparaît dans la vitrine du professionnel, sur son site internet, ou bien sur un site dédié à la publicité. Elle respecte un plan du type AIDA (Attention Intérêt Désir Action). Par ailleurs quelques règles de rédaction sont à respecter :

Un contenu commercial et respectueux des règles :

→ Le caractère tendu ou non de la zone

→ Les caractéristiques du biens (réelles et non trompeuses)

→ Le type de bien

→ Location nue ou meublée

→ La situation du bien : la commune

→ Le montant du loyer et de la provision pour charges (obligatoire !) et le complément du loyer le cas échéant

→ Le mode de régularisation des charges

→ Le montant des honoraires et du dépôt de garantie (obligatoire !)

→ Le DPE (obligatoire !), portant mention des classes énergétiques et climatiques, ainsi qu'une indication du montant des dépenses annuelles des usages énergétiques du bien. Pour les biens en catégorie F et G, la mention « Logement à consommation énergétique excessive » doit être portée dans l'annonce.

→ La surface habitable (loi Boutin)

→ Le type de connexion internet fourni

Un style : des mots simples, peu d'abréviations, un style clair.

Des photos : une annonce avec photo est vue 10 fois plus qu'une annonce sans photo.

2. LA NÉGOCIATION AVEC LE LOCATAIRE

L'argumentation

Les techniques de négociation sont les mêmes que celles utilisées dans le cadre de la vente (voir fiche 15).

La visite

→ L'agent immobilier doit **faire découvrir le quartier au locataire ;**

→ Il peut lui demander dès la visite **les pièces du dossier** qu'il convient de constituer pour vérifier sa solvabilité ;

→ La visite du logement :

- **si le logement est vide**, il est possible de faire des visites individuelles ou collectives ;
- **si le logement est occupé**, il convient de prendre rendez-vous avec le locataire en place. La visite ne peut en aucun cas se faire à son insu.

Remarque : le locataire en place doit permettre les visites, mais un droit de visite de plus de 2 heures par jour et/ou les jours fériés et le dimanche est illégal.

2. LA CONSTITUTION DU DOSSIER

→ Afin de réaliser le choix du locataire le plus judicieux pour le compte du bailleur, l'agent immobilier doit constituer **un dossier** qui lui permet d'évaluer la qualité de la candidature.

→ **Pour autant, il ne s'agit pas de contrôler de manière abusive la solvabilité** et d'interroger le futur locataire sur des aspects purement privés de sa vie. On peut demander les pièces suivantes au locataire (pour obtenir la liste exhaustive consulter l'adresse www.legifrance.gouv.fr) :

- **une pièce justificative d'identité en cours de validité** ;
- **un document justifiant du droit au séjour du candidat à la location étranger** ;
- **une seule pièce justificative de domicile ;**
- **un ou plusieurs documents attestant des activités professionnelles ;**
- **un ou plusieurs documents attestant des ressources.**

En dehors des documents énoncés aucun autre support ne peut être demandé au locataire postulant, et ce dans un souci de non-discrimination. Le relevé d'identité bancaire ne peut par exemple pas être demandé.

3. LA SÉLECTION DU LOCATAIRE

1. LES CRITÈRES DE CHOIX DU LOCATAIRE

La solvabilité

Il n'existe pas de critères légaux de la solvabilité du locataire. L'analyse se réalise de la manière suivante :

➜ Le taux d'effort : les revenus du ou des locataire(s) doivent être plus de trois fois supérieurs au montant du loyer charges comprises (le taux d'effort ne doit pas dépasser 33 %) :

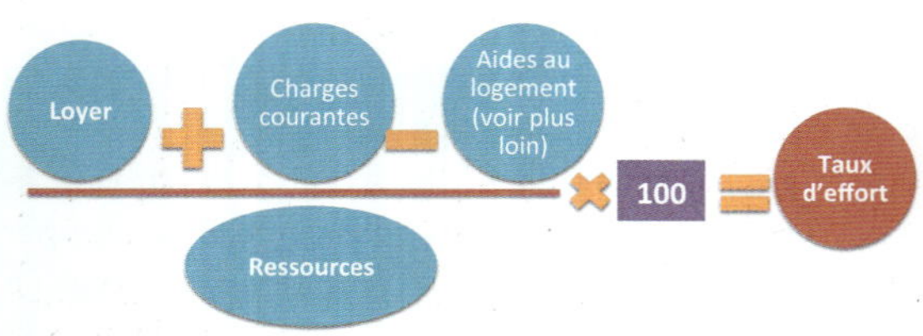

➜ D'autres facteurs entrent en ligne de compte. La nature et la stabilité de l'activité professionnelle exercée sont primordiales : fonctionnaire, salarié en CDI ou en contrat précaire, en période d'essai ou non…

L'adéquation entre la demande et le bien

La pérennité de la relation entre le locataire et le bailleur tient également à l'adéquation entre le bien et les désirs et besoins du ou des locataires. On prendra en compte :

➜ la composition de la famille ;
➜ les lieux de travail de chacun ;
➜ les enfants et les contraintes liées (écoles…) ;
➜ les loisirs du locataire (proximité ou non)…

L'interdiction de la discrimination

L'agent immobilier devra être vigilant à cet égard :

➜ les critères de discrimination sont donnés par **l'article 225-1 du Code pénal**. En cas de discrimination avérée, les sanctions sont de trois ans d'emprisonnement et de 45 000 euros d'amende ;

➜ l'agent immobilier aura donc un rôle de conseil vis-à-vis du bailleur : si celui-ci désire ne pas prendre un locataire sur la base d'un critère discriminant, il devra l'avertir de ce que dit la loi, voire refuser de traiter avec lui.

2. LES SOLUTIONS POUR UNE MEILLEURE SOLVABILITÉ

Le cautionnement

➜ **Le cautionnement est une sûreté personnelle** par laquelle une ou plusieurs personne(s) s'engage(nt) à payer le loyer du locataire en cas de défaillance de celui-ci.

➜ **L'acte de cautionnement doit être passé par écrit** avec la reprise d'une mention légale permettant à la caution de prendre conscience de l'étendue de son engagement.

➜ **Si le cautionnement est à durée déterminée**, la caution est engagée pour toute cette durée sans possibilité de résilier le contrat.

➜ **Si le cautionnement est à durée indéterminée, la caution peut le résilier à tout moment mais elle est engagée jusqu'à la fin du bail ou de ses périodes de renouvellement.**

➜ Il existe deux types de cautionnement :

- **Le cautionnement simple :** le bailleur doit constater l'insolvabilité du locataire avant de se retourner contre la ou les caution(s) (bénéfice de discussion pour le locataire). Il doit poursuivre chaque caution si elles sont plusieurs, l'une après l'autre, proportionnellement à leur part dans la dette (bénéfice de division pour les locataires) ;
- **Le cautionnement solidaire :** le bailleur peut directement poursuivre la caution sans constater au préalable l'insolvabilité du locataire (pas de bénéfice de discussion pour le locataire). Si les cautions sont plusieurs, il peut demander à une seule caution l'intégralité de la dette (pas de bénéfice de division pour le locataire).

Remarque : il n'est pas possible (sous peine de nullité du cautionnement) de cumuler un cautionnement avec une assurance loyers impayés, sauf lorsque le locataire est un étudiant ou un apprenti.

→ Le décret 2015-1437 du 5 novembre 2015 a également déterminé les pièces qu'il est possible de demander à la personne qui se porte caution (voir www.legifrance.gouv.fr) :

- **pour les cautions personnes physiques**, une pièce justificative d'identité en cours de validité ;
- **pour les cautions personnes morales** les deux justificatifs : extrait K bis original de moins de trois mois de la société ou les statuts ou toute autre pièce justifiant de l'existence légale de la personne et le justificatif d'identité du représentant de la personne morale figurant sur l'extrait K bis ou les statuts ;
- **une seule pièce justificative de domicile ;**
- **un ou plusieurs documents attestant des activités professionnelles ;**
- **un ou plusieurs documents attestant des ressources.**

Les assurances loyers impayés

Il est possible de proposer au bailleur de couvrir ses risques locatifs par une assurance loyers impayés. Il sera alors impossible de demander une caution (sauf étudiant et apprenti). La charge financière de ces garanties incombe au bailleur :

Les différents types de garanties loyers impayés

La Garantie Loyers Impayés (GLI)	– Assurances privées qui garantissent le plus souvent le bailleur contre le non-paiement des loyers et des charges, mais aussi les dégradations locatives ou les frais de contentieux. – La GLI reste la garantie la plus souple et la plus accessible, bien que le taux d'effort du locataire ne doit pas dépasser 30 % dans la plupart des cas.
VISALE (VISA pour le Logement et l'Emploi).	Il s'agit d'un dispositif de sécurisation des loyers impayés (actif depuis le 20 janvier 2016). Il est financé et géré par Action Logement. Le dispositif est gratuit pour le bailleur et pour le locataire. La Garantie Visale est ouverte à l'ensemble des salariés du secteur privé et agricole gagnant jusqu'à 1.500 € nets par mois, sans limite d'âge. – le taux d'effort ne doit pas excéder 50 %. – la garantie VISALE est cumulable avec l'avance LOCA-PASS et l'APL (voir ci-après).

Les aides au logement

Des aides peuvent par ailleurs être consenties au locataire en fonction de sa situation. L'objectif est de l'aider à payer son loyer. La Caisse d'Allocations Familiales est l'administration référente pour le versement de ces différentes allocations. Depuis le 1er janvier 2021, les aides sont recalculées tous les 3 mois sur la base des ressources des 12 derniers mois :

APL (Aide Personnalisée au Logement)	L'aide personnalisée au logement est destinée à toute personne locataire d'un logement neuf ou ancien qui a fait l'objet d'une convention entre le propriétaire et l'État fixant, entre autres, l'évolution du loyer, la durée du bail, les conditions d'entretien et les normes de confort. Elle est désormais dégressive au delà d'un certain niveau de loyer.
AL (Allocation Logement)	– **L'ALF** (Allocation Logement à Caractère Familial) concerne les personnes qui n'entrent pas dans le champ d'application de l'APL et qui ont des enfants ou certaines autres personnes à charge, ou forment un ménage marié depuis moins de 5 ans. Le montant de l'aide varie selon les ressources, les caractéristiques du logement, le loyer et le nombre de personnes à charge ; – **L'ALS** (Allocation Logement à Caractère Social) s'adresse à ceux qui ne peuvent bénéficier ni de l'APL, ni de l'ALF, toujours sous conditions de ressources.
La Garantie LOCA-PASS	– Il s'agit d'une garantie de paiement du loyer et des charges en cas d'impayés du locataire pendant 9 mois maximum dans la limite de 2000 € par mois. – Loca-pass financé par Action Logement ne concerne que les bailleurs personnes morales. – Les locataires éligibles sont : les salariés des entreprises du secteur privé non agricole, les jeunes de moins de 30 ans en formation en alternance, les travailleurs saisonniers.
L'AVANCE LOCA-PASS	Cette avance, également financée par Action Logement, permet au locataire de verser immédiatement le dépôt de garantie et de le rembourser petit à petit sans intérêts, sur 25 mois maximum. Son montant n'excède pas 1 200 €.
AIDE À LA MOBILITÉ	Une subvention de déménagement de 1 000 € est allouée aux salariés dont le salaire est inférieur ou égal à 1,5 fois le SMIC, dans le cadre d'un projet de mobilité professionnelle. Cette aide est également financée par Action Logement.

20 LA SIGNATURE DU CONTRAT DE LOCATION ET L'ENTRÉE DANS LES LIEUX

Une fois le locataire sélectionné, l'agent immobilier va permettre la signature du contrat de location pour les deux parties, le bailleur et le locataire. Puis le locataire pourra entrer dans les lieux.

1. LE CONTRAT DE LOCATION COUVERT PAR LA LOI DU 6 JUILLET 1989

1. CHAMP D'APPLICATION

→ Locaux loués nus pour un usage d'habitation ou un usage mixte à titre de résidence principale.

Rappel : la loi de 1989 ne s'applique pas dans différents cas :

- aux conventions autres que des contrats de location (exemple : prêt d'un logement, contrat hôtelier incluant des prestations de service) ;
- aux locations consenties aux personnes morales ;
- aux locations portant sur un fonds commercial, un bien à usage agricole, un bien à usage uniquement professionnel ;
- aux résidences secondaires ;
- aux locaux meublés **sauf meublés loués au titre de la résidence principale ;**
- aux logements foyers et aux logements de fonction ;
- aux locations à caractère saisonnier ou consenties à des travailleurs saisonniers.

2. LE CONTRAT

Les signataires du contrat

→ Le bailleur

Marié(s)	• Si le bien est commun, n'importe lequel des deux époux peut signer (excepté si le bien est encore le logement familial) ; • Si le bien est la propriété d'un seul, ce dernier seul peut signer (excepté si le bien est encore le logement familial).
Co-indivisaires	• Le ou les indivisaires représentant les 2/3 des droits dans l'indivision (les autres sont avertis).
Nu-propriétaire/ usufruitier	• L'usufruitier seul a le pouvoir de signer.
Incapable	• Mineur : un parent ou le tuteur ; • Majeur sous sauvegarde de justice ou sous curatelle : le majeur lui-même avec possibilité de remettre en cause le contrat s'il apparaît déséquilibré ; • Majeur sous tutelle : le tuteur.
Personne morale	• Le représentant de la personne morale

→ Le locataire

Marié(s)	La signature d'un des époux suffit à engager le couple : les époux sont co-titulaires du bail et solidaires des dettes naissant suite à ce contrat.
PACSÉS	Seul le signataire du PACS est titulaire du bail mais depuis la loi ALUR si le bailleur est informé du PACS, l'autre partenaire non-signataire devient titulaire du bail dans les mêmes conditions que les personnes mariées.
Concubins	Seuls les signataires du bail sont titulaires. Le non-signataire est considéré comme hébergé.

La forme du contrat

Le contrat de location est **écrit**. La loi ALUR a prévu un **contrat type** défini par le décret n° 2015-587 du 29 mai 2015.

→ Les mentions obligatoires :

- **le nom ou la dénomination du bailleur** et son domicile ou son siège social ainsi que, le cas échéant, ceux de son mandataire ;
- **le nom ou la dénomination du locataire** ;

- **la date de prise d'effet et la durée** ;
- **la consistance, la destination** ainsi que la surface habitable de la chose louée ;
- **la désignation** des locaux et équipements d'usage privatif dont le locataire a la jouissance exclusive ;
- **le montant du loyer**, ses modalités de paiement ainsi que ses règles de révision éventuelle ;
- **le complément de loyer** le cas échéant ;
- **le loyer de référence** et le loyer de référence majoré le cas échéant ;
- **le montant et la date de versement du dernier loyer** acquitté par le précédent locataire ;
- **la nature et le montant des travaux effectués** dans le logement depuis la fin du dernier contrat de location ou depuis le dernier renouvellement du bail ;
- **le montant du dépôt de garantie**.

➔ Les mentions interdites : elles sont précisées dans l'article 4 de la loi du 6 juillet 1989. Si l'une d'elles apparaît le contrat s'applique sans cette clause. Il en est ainsi des clauses :

- réduisant la liberté du locataire (exemple : imposer une compagnie d'assurance au locataire) ;
- imposant des frais supplémentaires au locataire (exemple : des frais de quittance) ;
- limitant la jouissance du locataire (exemple : interdire au locataire d'héberger des personnes qui ne vivent pas avec lui) ;
- facilitant la résiliation du bail (pour tout autre motif que ceux autorisés : non-paiement du loyer, défaut d'assurance ou trouble de voisinage) ;
- limitant ou exonérant la responsabilité des parties (exemple : tenir automatiquement responsable le locataire des dégradations constatées).

Les sanctions pour non respect de la forme

➔ Il manque les informations concernant la surface habitable, les loyers de référence ou le dernier loyer acquitté : le locataire peut mettre en demeure le bailleur de porter ces informations au bail. Si le bailleur ne répond pas sous un mois ou en cas de refus, le locataire peut saisir le juge afin de demander une diminution du loyer ;

➔ La surface réelle du logement est inférieure de plus de 5 % à celle mentionnée dans le contrat : le locataire peut demander une diminution du loyer proportionnelle à la différence constatée. Si la demande est faite dans les 6 mois de la prise d'effet du bail, la diminution du loyer prend effet à la date du bail, sinon, elle prend effet à la date de la demande.

Les annexes au contrat

➔ L'état des lieux d'entrée : voir 2.

➔ Les extraits du règlement de copropriété concernant le bien : l'absence de cette annexe peut entraîner la nullité du contrat. La loi ELAN rend possible la communication de ces informations par voie dématérialisée.

➔ Le dossier de diagnostic technique : les diagnostics obligatoires sont le **DPE** (diagnostic de performance énergétique, voir fiche 18), l'**ERP** (État des risques et Pollutions), le **CREP** (constat des risques d'exposition au plomb), un état de l'installation intérieure de l'électricité et/ou gaz, pour tous les biens depuis le 1er janvier 2018.

➔ Une notice informative sur le contrat (arrêté du 29 mai 2015) ;

➔ L'attestation d'assurance contre les risques locatifs souscrite par le locataire ;

➔ L'énumération des équipements d'accès aux technologies de l'information et de la communication ;

➔ Une copie de la convention ANAH, si le logement est conventionné ;

➔ Une copie de la grille de vétusté, s'il est convenu d'en appliquer une ;

➔ L'obtention d'une autorisation préalable, si le logement est situé dans une zone d'habitat dégradé.

Remarque : Le diagnostic amiante doit être tenu à disposition mais non annexé au bail.

Les obligations des parties

➔ Le bailleur doit délivrer un logement décent et en bon état : voir fiche 18 et Partie Gestion fiche 4.

➔ Le locataire doit :

- payer son loyer et ses charges ;
- assumer les réparations locatives ;
- s'assurer contre les risques locatifs ;
- utiliser paisiblement le logement…

3. LE CAUTIONNEMENT (Voir fiche 19)

4. LE DÉPÔT DE GARANTIE

➔ Le contrat de bail peut prévoir le versement d'un dépôt de garantie pour couvrir les éventuels manquements du locataire à ses obligations locatives ;

➔ Le dépôt de garantie est remis au propriétaire du logement ou, le cas échéant, à son mandataire au moment de la signature du bail :

- soit directement par le locataire ;
- soit par l'intermédiaire d'un tiers (notamment sous

forme d'une avance Loca-pass accordée par Action logement (voir fiche 19).

➜ Lorsque le versement d'un dépôt de garantie est prévu par le contrat de bail, **son montant ne peut être supérieur à 1 mois de loyer hors charges.**

➜ Aucun dépôt de garantie n'est exigible si le loyer est payable d'avance pour une période supérieure à 2 mois.

2. L'ENTRÉE DANS LES LIEUX

1. L'ÉTAT DES LIEUX D'ENTRÉE

Principe

L'état des lieux doit être constaté. Il permet au propriétaire de demander réparation des détériorations causées par le locataire. Le montant de ces réparations peut être retenu sur le dépôt de garantie.

Mise en œuvre

➜ **Le locataire et le propriétaire doivent constater l'état des lieux ensemble** ;

➜ **Le décret du 30 mars 2016** fixe les modalités de l'établissement et de la tenue des états lieux et de prise en compte de la vétusté des logements loués à usage de résidence principale. L'état des lieux doit être établi par écrit en 2 exemplaires et décrire le logement loué ainsi que les équipements qu'il comporte ;

➜ Il doit être signé par le propriétaire ou son représentant et par le locataire ;

➜ À l'entrée dans les lieux, le locataire peut :

- **émettre des réserves** pendant les 10 jours suivant la date de réalisation de l'état des lieux ;
- **compléter l'état des lieux** avec l'état des éléments de chauffage pendant le premier mois de chauffe.

Le défaut d'état des lieux

➜ **En l'absence d'état des lieux d'entrée**, le locataire est présumé avoir reçu le logement en bon état de réparations locatives. Cette présomption lui est défavorable : il devra en effet restituer en bon état de réparations locatives un logement qui ne lui a peut-être pas été délivré ainsi.

➜ Toutefois, il existe des possibilités d'écarter cette présomption :

- **le locataire apporte la preuve du mauvais état initial du logement**, par exemple, au moyen de photographies ;
- **le propriétaire a fait obstacle à l'établissement de l'état des lieux.** Dans ce cas, c'est au propriétaire de démontrer qu'il avait délivré un logement en bon état d'usage.
- **Pour toutes les autres réparations**, c'est-à-dire celles qui concernent les réparations d'entretien et celles dues à la vétusté des lieux, c'est au propriétaire de démontrer qu'elles sont imputables au locataire.

➜ **Les litiges** relatifs à l'état des lieux peuvent être portés devant la commission départementale de conciliation, avant de l'être devant le Tribunal d'instance.

2. L'ATTESTATION D'ASSURANCE

➜ **Le locataire est obligé de souscrire une assurance habitation** qui couvre la responsabilité civile (dommages envers des tiers), les dégâts des eaux, les explosions et les incendies. Il doit fournir une attestation à son bailleur ou à son représentant avant la remise des clés, puis annuellement.

➜ **Le défaut d'assurance** est sévèrement sanctionné par le législateur puisqu'il entraîne la résiliation du contrat (clause résolutoire dans le contrat).

3. LES AUTRES CONTRATS DE LOCATION

1. LE MEUBLÉ

À titre de résidence principale

➜ La loi ALUR du 24 mars 2014 intègre pour les meublés au titre de la résidence principale un titre particulier au sein de la loi du 6 juillet 1989 (Titre Ier bis), rapprochant fortement le statut des baux meublés de celui des baux nus.

➜ Les dispositions communes aux baux nus concernent :

- les diagnostics obligatoires ;
- les obligations des parties ;
- l'encadrement des loyers (des loyers de référence sont propres aux meublés) ;
- la décence du logement.

Les autres meublés

Voir Partie Gestion fiche 12.

2. LA LOCATION SAISONNIÈRE

Voir Partie Gestion fiche 14.

3. LES BAUX COMMERCIAUX ET PROFESSIONNELS

Voir Partie Gestion fiches 15 et 16.

21 LE CONSEIL AU CLIENT EN MATIÈRE D'INVESTISSEMENT

L'agent immobilier peut être amené à conseiller son client dans le cadre d'arbitrages auquel ce dernier se trouve confronté : doit-il vendre son bien, ou plutôt le mettre en location ? S'il loue son bien, doit-il le mettre en location dans le cadre d'un dispositif particulier, ou bien librement ? Doit-il revendre un bien ancien pour réinvestir dans un bien neuf et profiter d'un avantage fiscal ? L'agent immobilier pourra aider son client à répondre à ces questions, et l'orienter vers des solutions et des interlocuteurs adaptés.

1. LE PATRIMOINE DU CLIENT

1. DÉFINITION

→ **Au plan juridique**, le patrimoine est un ensemble de droits et d'obligations liés à la personne et appréciables en argent.

→ **Au plan comptable**, il s'agit des avoirs et des dettes (actif et passif) pouvant s'apprécier en termes monétaires, ainsi que le budget d'une personne s'analysant en termes de flux (entrées/sorties).

→ **Concrètement** les avoirs et dettes peuvent s'analyser de la manière suivante :

2. LES SOURCES D'ENRICHISSEMENT DU PATRIMOINE

L'analyse des sources du patrimoine permet de projeter les entrées et sorties à venir et d'aider à la définition d'une stratégie patrimoniale :

3. LES PHASES PATRIMONIALES

On distingue trois phases principales dans l'analyse patrimoniale. L'identification de ces différentes phases permet une approche plus fine du client :

Phase de construction	Phase de développement	Phase de transmission
• De l'entrée dans la vie active à 50 ans environ ; • La courbe des revenus augmente régulièrement, le besoin en biens de consommation est fort, le recours à l'endettement est important ; • L'objectif est de **financer sa résidence principale**.	• De 50 ans à 65 ans ; • Les revenus stagnent, le poids des dépenses tend à se réduire (équipements financés, départ des enfants…), l'épargne augmente ; • La résidence principale est souvent remboursée, **l'investissement locatif** devient une alternative à la préparation de la retraite parmi d'autres solutions ; • La **maîtrise de la pression fiscale** fait partie des objectifs.	• Au-delà de 65 ans ; • Les revenus baissent plus ou moins fortement en fonction de la situation professionnelle, de la prévoyance, il y a désépargne pour financer les dépenses ; • L'objectif est d'aider les enfants et de préparer la transmission du patrimoine tout en maîtrisant la pression fiscale.

4. L'ANALYSE PATRIMONIALE

Méthodologie

→ Le diagnostic : il s'agit d'interroger toutes les facettes patrimoniales du client :

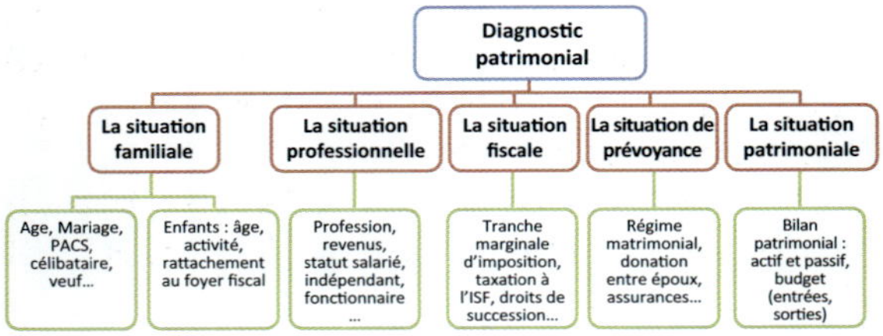

➜ **L'analyse :** il s'agit de faire une synthèse des informations collectées et de brosser un tableau de la structure et de l'équilibre du patrimoine de la personne et d'en faire la critique. Par exemple, il est toujours préférable de diversifier son patrimoine (valeurs mobilières et valeurs immobilières) afin d'écarter les risques liés à une concentration sur un certain type d'actifs.

➜ **La préconisation :** il s'agit de formuler des propositions sous forme de conseils juridiques, fiscaux et financiers pertinents eu égard à l'analyse précédente.

Le rôle de conseil de l'agent immobilier

➜ En fonction de l'analyse menée, des contraintes identifiées mais aussi du profil psychologique du client (la typologie SONCAS peut être utilisée), l'agent immobilier peut aider le client à prendre du recul sur la structure de son patrimoine, son équilibre. Il peut alors le conseiller dans le champ immobilier : lui conseiller tel ou tel type d'investissement locatif, tel ou tel dispositif fiscal en lien avec l'investissement (voir 2).

➜ Il peut aussi le renvoyer vers des professionnels plus aguerris que lui sur les valeurs mobilières par exemple ou sur un gestionnaire de patrimoine plus chevronné dans le cas de clients dont les arbitrages à faire sont nombreux et complexes.

2. LA NOTION DE RENTABILITÉ

La rentabilité est l'un des éléments clés à prendre en compte pour évaluer la pertinence d'un investissement locatif.

1. LA RENTABILITÉ BRUTE

La rentabilité locative brute est calculée par rapport au prix de revient du bien et ne prend en compte que le montant annuel des loyers perçus (hors charges).

➜ **Le prix de revient** comprend l'ensemble des sommes ayant été déboursées pour l'acquisition, telles que le prix d'achat, les honoraires d'agences, les frais notariés, les frais bancaires et les travaux.

➜ **Le calcul de la rentabilité brute :**

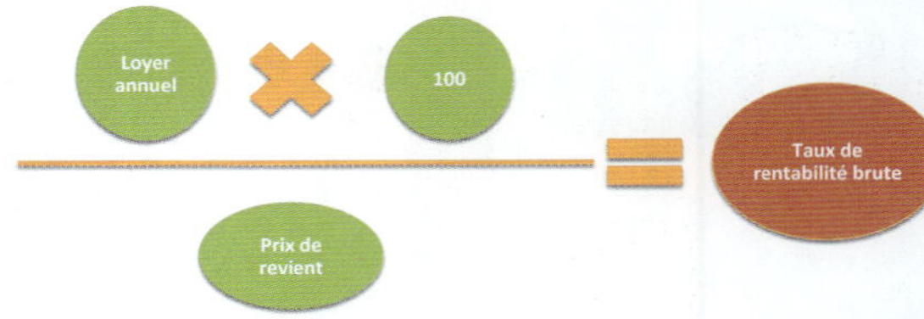

Remarque : le fait de ne pas prendre les frais annexes en compte rend ce résultat assez éloigné de la réalité (voir 2). Un taux brut de 6 à 7 % est jugé intéressant. Les marchés des grandes villes (Paris en particulier) ne permettent pas un rendement très intéressant du fait des coûts d'acquisition.

2. LA RENTABILITÉ NETTE

La rentabilité nette prend en compte les charges supportées par le propriétaire bailleur c'est-à-dire les charges non récupérables sur le locataire, qui viennent grever le revenu brut des loyers.

➜ **Le montant des charges :**

- les intérêts d'emprunt et les assurances du prêt ;
- la taxe foncière et autres taxes locales ;
- Les assurances loyers impayés ;
- les charges de copropriété non récupérables sur le locataire ;
- les frais de gestion ;
- les travaux ;
- les pertes de loyers dues à la vacance locative.

➜ **le calcul de la rentabilité nette :**

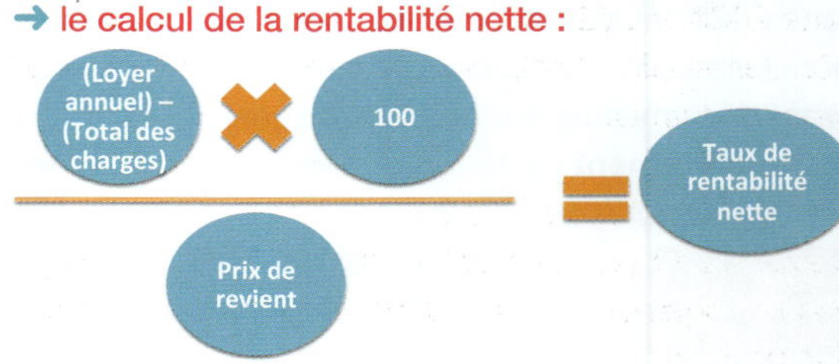

Le résultat de ce calcul est plus proche de la réalité.

3. LA RENTABILITÉ NETTE D'IMPÔTS

Il s'agit cette fois de tenir compte de la fiscalité existant sur les revenus locatifs :

➜ **La fiscalité des revenus locatifs :**

- les prélèvements sociaux : 17,2 % ;
- l'impôt sur le revenu supplémentaire acquitté par le bailleur : il dépend de son taux marginal d'imposition et du régime fiscal de la location du bien choisi (voir

Partie Gestion locative, fiche 8).

→ Le calcul de la rentabilité nette d'impôt :

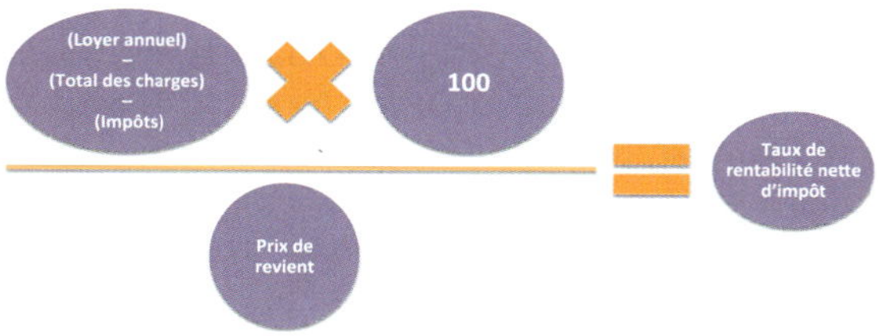

3. LES DISPOSITIFS FISCAUX ET LEUR INTÉRÊT

Afin d'affiner le conseil en matière de rentabilité, l'agent immobilier peut présenter les intérêts des différents types de dispositifs, notamment ceux qui permettent de favoriser le développement et la pérennité du patrimoine du client.

1. INVESTIR DANS LE NEUF : LA LOI PINEL

Le dispositif d'aide à l'investissement locatif intermédiaire dit « Pinel » est un dispositif créé par Sylvia Pinel, ministre du logement. Il donne droit à une réduction d'impôt lors de l'achat notamment d'un logement neuf, à condition :

→ qu'il soit mis en location pendant 6 ans au minimum au titre de la résidence principale du locataire ;

→ que l'achat ait lieu entre le 1er septembre 2014 et le 31 décembre 2024. Le dispositif est reconduit pour 2023 et 2024 avec des taux de réduction d'impôt dégressifs. Ainsi, l'avantage fiscal sera diminué progressivement.

Conditions tenant au logement

Depuis le 1er janvier 2021 le dispositif ne s'applique qu'aux logements situés dans un bâtiment d'habitation collectif.

→ Les logements éligibles au dispositif sont :

- les logements neufs ou acquis en l'état futur d'achèvement ;
- les logements qui ne satisfont pas aux caractéristiques de décence (article 6 loi du 06/07/89) et qui font l'objet de travaux de réhabilitation permettant au logement d'acquérir des performances techniques voisines de celles d'un logement neuf ;
- les locaux affectés à un usage autre que l'habitation et qui font l'objet de travaux de transformation en logement.

→ Par ailleurs :

- Le logement est situé dans une commune où existe un déséquilibre entre l'offre et la demande de logements (zones A bis, A, B1) ;
- Le logement neuf ou rénové atteint un niveau de performance énergétique globale (RT2005, RT2012, label HPE rénovation).

Remarque : la réduction d'impôt s'applique à deux logements maximum par an.

Conditions tenant au locataire

Le loyer et les ressources du locataire ne doivent pas excéder des plafonds :

→ **Plafonds de loyer mensuel, par m² 2020** :

- zone A bis : 17,55 € ;
- zone A : 13,04 € ;
- zone B1 : 10,51 € ;
- zone B2 : 9,13 €.

Remarque : le loyer est corrigée par un coefficient multiplicateur de 0,7 + (19/S) où S = surface.

→ **Les plafonds de ressources** dépendent de la composition du foyer et de la zone dans laquelle se situe le bien. Les revenus pris en compte sont les revenus nets imposables N–2 du foyer.

La réduction d'impôt

→ Elle dépend de la durée de l'engagement de location et se calcule sur l'investissement dans la limite d'un plafond égal à 5 500 € le m² ou 300 000 € :

- sur 6 ans = 12% ;
- sur 9 ans = 18% ;
- sur 12 ans = 21%.

→ **Pour un logement acquis neuf ou en l'état futur d'achèvement,** est pris en compte le prix d'acquisition majoré des frais afférents à l'acquisition : frais notariés, honoraires versés aux intermédiaires, taxe sur la valeur ajoutée.

→ **En cas de travaux de transformation ou de réhabilitation**, la réduction d'impôt est calculée sur le prix d'acquisition du local ou du logement, augmenté du montant des travaux.

Exemple

Un investissement de 180 000 € avec un engagement de location pris sur 12 ans permet d'obtenir une réduction d'impôt globale de 37 800 € : 12 = 3 150 € par an.

Remarque : la réduction d'impôt est déduite du montant de l'impôt et non du montant imposable.

2. INVESTIR DANS L'ANCIEN : LOC'AVANTAGES ET DENORMANDIE

Le dispositif Loc'Avantages

Ce dispositif remplace le dispositif le dispositif « Louer abordable » pour les logements conventionnés avec l'Agence nationale de l'habitat (Anah). Il prévoit une convention entre le bailleur et l'Anah d'une durée de 6 ans au moins :

- Le logement doit être non meublé, être récent ou ancien, avec ou sans travaux ;
- Le logement doit être loué et affecté à l'habitation principale du locataire ;
- Le logement doit respecter un niveau de performance énergétique globale fixé par arrêté (un logement dont le DPE est classé F et G ne peut être loué dans ce cadre) ;
- Le logement ne peut être loué aux membres du foyer fiscal, ascendants ou descendants du propriétaire ;
- Le bien doit être loué durant toute la durée d'application de la convention. Le dispositif est applicable à toutes les conventions conclues à partir du 1er mars 2022 ;
- Les ressources du locataire ne doivent pas dépasser un seuil en fonction de la composition du foyer et du type de convention passée avec l'Anah (convention à loyer intermédiaire, social ou très social, à intermédiation locative.

➜ Avantage fiscal

Le propriétaire a le choix entre trois niveaux de loyer en fonction du type de convention qu'il passe. Son avantage fiscal en dépend (voir tableau).

Dispositif Denormandie

La loi de finances pour 2019 a étendu le dispositif Pinel à certains investissements locatifs dans l'ancien, sous conditions. Ce dispositif concerne les communes dont les besoins en réhabilitation sont marqués ou signataires d'une convention de revitalisation du territoire (ORT).

➜ Conditions

Son fonctionnement est calqué sur celui du dispositif Pinel. Ce dispositif implique de répondre à certaines conditions :

- L'acquisition doit être réalisée entre le 27 mars 2019 et le 31 décembre 2024 ;
- Le logement est ancien et nécessite certains types de travaux (rénovation énergétique ou création de surfaces nouvelles), représentant au moins 25 % du coût total de l'opération ;
- Le logement est loué, le locataire ne doit pas appartenir au foyer fiscal de l'investisseur et ses revenus ne doivent pas dépasser certains plafonds réglementaires ;
- La location est destinée à être l'habitation principale du locataire avec une durée du bail de 6, 9 ou 12 ans et un montant du loyer réglementé.

➜ Avantage fiscal

La réduction d'impôt s'applique de la même façon que pour le dispositif Pinel (voir plus haut) ;

3. REMARQUES ET RAPPELS (VOIR PARTIE GESTION FICHE 8).

➜ **En dehors de tout dispositif fiscal** particulier, les revenus fonciers sont imposés en tenant compte des mécanismes de droit commun.

➜ **Dans le cadre du microfoncier**, lorsque le revenu foncier annuel n'excède pas 15 000 €, celui-ci est imposé après abattement forfaitaire de 30 % représentant l'ensemble des charges déductibles.

➜ **Le contribuable peut préférer opter pour le régime réel** des revenus fonciers et déduire ses charges foncières pour leur montant réel.

➜ **Dans le cadre de la location meublée,** le bailleur est imposé au titre des bénéfices industriels et commerciaux (BIC). Le régime fiscal du « micro BIC » permet, si les recettes n'excèdent pas 72 600 € de bénéficier d'un abattement au titre des dépenses de 50 %.

Ainsi l'agent immobilier dispose d'une palette de systèmes différents. Il peut conseiller son client en fonction de la situation patrimoniale et fiscale de ce dernier de manière optimale.

Niveau de loyer	Loyers – ils dépendent de trois niveaux de décote.	Taux de déduction appliqué aux revenus foncier (sans intermédiation locative	Taux de déduction appliqué aux revenus foncier en (avec intermédiation locative)
loc1	– 15 % sur le loyer constaté sur le marché	15 %	20 %
loc2	– 30 % sur le loyer constaté sur le marché	35 %	40 %
loc3	– 45 % sur le loyer constaté sur le marché	–	65 %

1. Les décotes sont calculées sur le loyer de marché observé sur la commune du logement.

22 LA LOCATION DANS LE LOGEMENT SOCIAL

1. LE LOGEMENT SOCIAL GÉNÉRALITÉS

→ Les premiers logements locatifs sociaux destinés à des ménages ayant des revenus modestes sont nés en France d'une initiative privée. Jules Siegfried, industriel et député, fait voter la loi du 30 novembre 1894 afin d'encourager la création d'organismes d'Habitations à Bon Marché (HBM). La construction de logements sociaux s'accroît considérablement après la première guerre mondiale.

→ Le secteur du logement social comporte **4,5 millions de logements détenus par 720 organismes** aux statuts juridiques divers : offices publics, sociétés anonymes, coopératives, Action Logement (collecteurs du 1 % logement).

→ Ce secteur immobilier emploie environ **82 000 agents salariés**.

→ **La législation** du logement HLM est contenue dans le livre IV du Code de la construction. Par ailleurs, plusieurs lois ont fait évoluer le cadre du logement social **:**

- **la loi SRU du 13 décembre 2000** favorise une plus grande mixité sociale avec un objectif de création de 25 % de logements sociaux sur l'ensemble du parc de ces villes ;
- **La loi ENL** (Engagement National pour le Logement) du 16 juillet 2006 prévoit des mesures destinées à favoriser l'accession à la propriété et inciter les locataires à la mobilité au sein du parc social.
- On peut également évoquer la loi de mobilisation pour le logement et la lutte contre l'exclusion (2009), la loi relative à la mobilisation du foncier et au renforcement des obligations de production de logements sociaux (2013), la loi ALUR (2014).
- Enfin, la loi ELAN du 23 novembre 2018 vient réformer une nouvelle fois le logement social, en encourageant notamment la concentration des organismes de logement social (OLS) : au 1er janvier 2021, les organismes gérant moins de 12 000 logements devront appartenir à un « groupe de logement social » gérant plus de 12 000 logements. Par ailleurs, la loi ELAN assouplit la vente de logements sociaux (voir fiche 47) et modifie le régime locatif (voir suite et Partie Gestion fiche 13).

2. LE PATRIMOINE HLM

→ Les logements sociaux sont construits grâce à des aides financières de l'État. Avec des prix inférieurs aux loyers du secteur privé, ils sont attribués aux ménages dont les ressources n'excèdent pas certains plafonds de ressources.

→ Il existe plusieurs catégories de logement dont le classement dépend du prêt qui a été utilisé pour financer les immeubles.

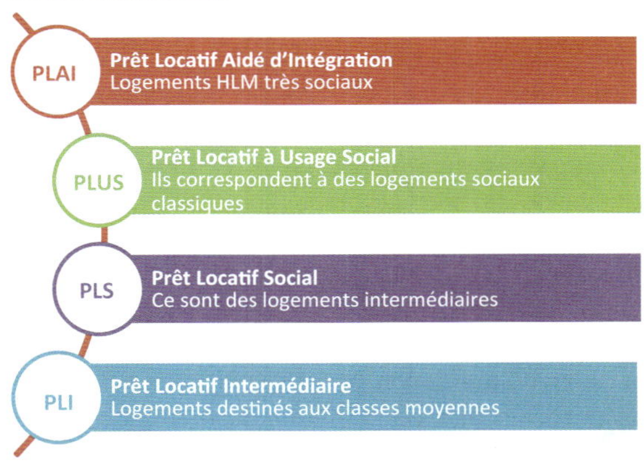

3. LA PROCÉDURE D'ATTRIBUTION D'UN LOGEMENT SOCIAL

1. LES CONDITIONS DE RESSOURCES

→ L'accès à ces logements locatifs aidés par l'Etat est soumis à **des conditions de ressources** du candidat locataire en fonction de la catégorie du ménage, du type de logement et de la zone sur laquelle le logement est situé.

→ Les ressources prises en compte sont les revenus fiscaux de référence figurant sur les avis d'imposition de chaque personne vivant dans le foyer :

- de l'année N–2 ;
- de l'année N–1, lorsque les ressources concernées ont diminué d'au minimum 10 % par rapport à l'année N–2.

Sont désormais considérés comme faisant partie du foyer les enfants disposant d'un droit de visite et d'hébergement.

→ **Les ménages sont classés par catégories** (consulter : www.service-public.fr). On notera que la loi ELAN ajoute à la liste des personnes bénéficiaires d'une priorité d'attribution : d'une part, les victimes de viol ou d'agression sexuelle à leur domicile ou à ses abords, lorsque la justice a imposé au supposé agresseur une interdiction de contact avec la victime. D'autre part, les jeunes de moins de 30 ans.

2. LA DEMANDE DE LOGEMENT

Le numéro unique d'enregistrement

→ **Le demandeur doit être de nationalité française ou titulaire d'un titre de séjour régulier.** Les demandes d'attribution de logements sociaux sont faites auprès des bailleurs sociaux, des collectivités territoriales ou des établissements publics de coopération intercommunale et des services de l'État.

→ **Le candidat se voit attribuer un numéro unique,** qui donne lieu à la délivrance d'une attestation. Il permet notamment de dater de façon certaine la demande, et de faire courir le délai « anormalement long » à l'expiration duquel, le demandeur qui n'a pas reçu d'offre peut exercer **un recours devant la commission de médiation DALO** (Droit Opposable au Logement). En plus du numéro unique attribué au demandeur, l'attestation comporte la liste des bailleurs de logements sociaux disposant d'un patrimoine sur les communes demandées.

→ La demande doit être renouvelée chaque année.

Le statut des réservataires

Les HLM peuvent réserver par convention des logements locatifs à certaines personnes morales en contrepartie d'un financement ou d'un apport de terrain, ou d'une garantie financière. Dans ce cas ces personnes proposent elles-mêmes des candidatures. Ainsi, l'Etat (représenté par le préfet de département), les collectivités territoriales, les établissements publics territoriaux, les partenaires d'Action Logement, et les chambres de commerce et d'industrie peuvent bénéficier de réservations de logements en contrepartie d'un apport de terrain ou d'un financement. On notera que la loi ELAN prévoit la possibilité de réserver un flux annuel de logements HLM au profit des personnes morales réservataires et non plus un stock. Cette mesure vise à assouplir l'attribution des logements.

La commission d'attribution des logements et d'examen de l'occupation des logements

→ La loi du 29 juillet 1998 relative à la lutte contre les exclusions a institué les commissions d'attribution. Ces commissions sont chargées d'apprécier la situation des demandeurs. La loi ELAN vient de modifier son nom et d'élargir ses missions.

→ **Elle se compose de** :

- un membre du conseil d'administration de l'organisme de logements sociaux ;
- un administrateur locataire, élu par les locataires ;
- le maire (ou son représentant) de la commune où est situé le logement concerné ;
- un représentant de l'État et éventuellement d'associations agréées sur le département.

→ Les décisions sont prises à la majorité des membres présents ou représentés et un procès-verbal est rédigé. Chaque demandeur dont le dossier a été présenté en commission reçoit une lettre l'informant de l'avis donné par la commission. La loi ELAN rend au maire sa voix prépondérante en cas d'égalité des voix au sein de la commission.

→ La loi ELAN a élargi la mission de la commission : à son rôle d'attribution des logements s'ajoute celui de contrôle de l'occupation de ces derniers : elle examine les dossiers de suroccupation, sous-occupation, de reconnaissance d'un handicap ou d'une perte d'autonomie d'un locataire, de dépassement des niveaux de ressources, qui lui sont transmis de manière triennale par les bailleurs. Elle régule ainsi l'attribution en encourageant le réexamen des situations et la proposition de parcours résidentiels plus adaptés.

→ La loi ELAN permet à la commission de se réunir à distance.

3. LA DÉTERMINATION D'UN TAUX D'EFFORT ET DU RESTE À VIVRE

Plusieurs candidatures sont examinées pour l'attribution d'un logement.

→ La sélection se fait en tenant compte d'un taux

d'effort du locataire. :

Taux d'effort = loyer + charges/Ressources mensuelles

Reste à vivre = revenus du ménage – (loyer charges comprises – APL)

→ **Le nombre d'UC (unités de consommation)** (il s'agit de comparer le niveau de vie de chaque ménage candidat) doit aussi être pris en compte :

- un système de pondération consiste à attribuer un coefficient à chaque membre du ménage. Avec cette pondération, le nombre de personnes est ramené à un nombre d'Unités de Consommation (UC). L'échelle actuellement la plus utilisée (dite de l'OCDE) retient la pondération suivante : **1 UC pour le premier adulte du ménage ; 0,5 UC pour les autres personnes de 14 ans ou plus ; 0,3 UC pour les enfants de moins de 14 ans. On peut ainsi calculer un reste à vivre par jour.**
- Ce coefficient permet de calculer :

Reste à vivre / UC / jour = reste à vivre / nombre d'UC du ménage / 30 jours

On notera que la loi ELAN prévoit au plus tard le 31 décembre 2021 la mise en place du **Plan partenarial de gestion de la demande** définissant les orientations d'une gestion partagée des logements sociaux et d'une bonne information des locataires et du public. Ce plan devra notamment prévoir **un système de cotation de la demande**. Il s'agira d'intégrer les critères d'attribution dans le respect des priorités. Ce système sera porté à la connaissance des locataires et du public. L'intention est notamment d'uniformiser les pratiques des OLS.

4. LA DÉTERMINATION DU LOYER ET SES MODIFICATIONS

Deux systèmes de fixation du loyer coexistent selon la date de construction de l'immeuble.

1. LES IMMEUBLES DATANT D'AVANT 1996

→ **Le loyer est fixé en fonction d'un prix au m² déterminé** par le conseil d'administration du bailleur social **appliqué à une surface corrigée** (La surface utile est corrigée par des coefficients d'habitabilité et de confort).

→ Le loyer est établi selon :

- les catégories d'immeubles ;
- un coefficient propre au local ;
- un coefficient d'ensemble du local : entretien et situation ;
- un coefficient d'équivalence superficielle qui mesure le degré de déperdition thermique de l'enveloppe du bâti.

2. LES IMMEUBLES CONSTRUITS APRÈS 1996

On prend en compte la surface utile et le coefficient de structure :

→ la surface utile du logement = (**surface habitable** + ½ des annexes**)**. Les annexes correspondent aux caves, balcons ;

→ le Coefficient de Structure (CS) permet de tenir compte du fait que proportionnellement, le loyer d'un petit logement est plus élevé que celui d'un grand logement.

- le CS a pour formule : $CS = 0{,}77(1 + 20\ m^2/SU)$

3. LES MODALITÉS DE RÉVISION DU LOYER

La révision du loyer est limitée à la variation de l'Indice de Référence des Loyers (IRL). L'indice de référence des loyers à prendre en compte est celui du 3e trimestre de l'année précédente.

4. LE SUPPLÉMENT DE LOYER SOLIDARITÉ

Un supplément de loyer dit *Supplément de Loyer de Solidarité (SLS)* peut être appliqué au locataire si ses revenus excèdent les plafonds de ressources exigés pour l'attribution d'un logement social (voir fiche gestion locative 13).

5. LA RÉDUCTION DE LOYER DE SOLIDARITÉ

La loi de finance de 2018 a institué une réduction de loyer de solidarité (RLS) appliquée par les bailleurs sociaux aux locataires dont les revenus sont inférieurs à un plafond. Cette baisse de loyer est corrélée à une baisse de l'aide personnalisée au logement (APL).

23 L'ESTIMATION DES BIENS D'HABITATION DANS LE CADRE DE LA VENTE

L'estimation d'un bien immobilier se pratique dans le cadre d'une vente, mais aussi d'une succession ou d'un partage, ou encore afin de permettre un arbitrage patrimonial : vendre ou louer. La qualité de l'estimation revêt donc une importance capitale, puisqu'elle se trouve être à l'origine d'un projet souvent engageant pour celui qui fait estimer, et plus tard pour celui qui achètera. Trouver la valeur vénale, terme propre à l'immobilier, sera l'enjeu de la démarche, et il existe pour cela un certain nombre de méthodes, qu'il conviendra de croiser pour obtenir un résultat le plus proche possible de la réalité.

1. LES PRINCIPES DE L'ESTIMATION

1. DÉFINITIONS ET ENJEUX

La valeur vénale

➜ La valeur vénale est la valeur à laquelle un bien peut normalement se vendre : c'est le prix que le propriétaire pourrait obtenir en cas de cession dans des conditions normales de marché.

➜ Le prix n'est pas nécessairement égal à la valeur vénale : il peut être plus élevé ou plus faible. Pour que le prix rejoigne la valeur, il sera nécessaire de négocier.

➜ Le prix de cession est le prix qui sera porté dans l'acte de vente.

Les enjeux de l'estimation

➜ L'enjeu fiscal

- Le fisc vérifie le prix auquel a été cédé le bien lorsque le notaire a effectué les formalités d'enregistrement. Un prix sous évalué entraînera un rectificatif du calcul des taxes et des pénalités en sus.

➜ Le risque économique est ressenti fortement par les parties du fait :

- des sommes mises en jeu ainsi que du caractère risqué d'une opération immobilière (un bien immobilier représente un capital immobilisé, non liquide) ;
- de la fonction essentielle du bien immobilier : lieu d'habitation, lieu de commerce, de loisir et d'éducation ; il est un enjeu fort dans la vie des ménages.

➜ Les enjeux psychologiques sont liés :

- à l'importance accordée au statut de propriétaire (en France en particulier) ;
- à la relation affective que le client, qu'il soit vendeur ou acquéreur, développe à l'égard du bien.

L'ensemble et l'importance des enjeux augmentent la propension des clients à négocier, d'où la nécessité d'une bonne estimation.

2. LES FACTEURS DE LA VALEUR DES BIENS IMMOBILIERS

Les données physiques

Les caractéristiques relatives à l'immeuble

Le gros œuvre : fondations, murs extérieurs, couverture, charpente	Le second œuvre : portes, fenêtres, volets, sols, cloisons, menuiseries intérieures, sanitaires, installation électrique, chauffage, isolation...

Les données extérieures à l'immeuble

La situation de l'immeuble dans la ville (zone centrale historique, faubourg...)	La situation de l'immeuble dans le quartier : proche église, mairie, arrondissement ...	La situation de l'immeuble dans le voisinage : environnement immédiat du bien (calme, type et qualité architecturale ...)

Les caractéristiques relatives au terrain

La forme, la topographie, les dimensions (largeur de façade, profondeur, superficie), la nature et la qualité du sol, la viabilité du terrain

Les données juridiques et fiscales

(Voir fiche 27)

➜ Le régime fiscal de la vente : s'agit-il du régime des droits d'enregistrement ou du régime de la TVA immobilière (biens neufs ou vente en VEFA) ?

➜ Le vendeur fera-t-il l'objet d'une taxation sur la plus-value ?

➜ Le bien est-il occupé (une décote sera alors appliquée) ?

➜ Existe-t-il des servitudes de droit privé, de droit public ?

Les données économiques

➜ Elles varient selon le marché et son évolution (voir fiches 10 et 11).

2. LES MÉTHODES D'ESTIMATION DES BIENS IMMOBILIERS

On distinguera le travail d'expertise et d'estimation. L'expert est un professionnel indépendant détenteur d'une assurance en responsabilité civile professionnelle dont la mission est d'analyser, synthétiser l'ensemble des paramètres économiques, techniques, comptables, juridiques et fiscaux afin de déterminer la valeur vénale d'un bien. Les méthodes de l'agent immobilier seront essentiellement des méthodes comparatives, et l'avis de valeur qu'il rendra sera moins détaillé que le rapport d'expertise.

1. LA MÉTHODE PAR LA SURFACE

Les méthodes par la surface consistent à calculer la surface pour laquelle il existe des références sur le marché pour le bien étudié et de la multiplier par le prix au m². Selon le type de bien on optera pour telle ou telle surface :

La surface habitable

➜ **Elle est utilisée pour tout type de bien**. Définie par le Code de la construction la surface habitable *correspond à la surface de plancher construite, déduction faite de l'épaisseur des murs, cloisons, gaines, ébrasements de portes et de fenêtres, surface des marches et cages d'escaliers. La surface habitable ne comprend pas les superficies des combles non aménagés, caves, sous-sols, garages, remises, terrasses, loggias, balcons, vérandas, séchoirs extérieurs au logement, locaux communs et autres dépendances des logements. Elle ne comprend pas non plus les surfaces dont la hauteur est inférieure à 1,80 mètre.*

➜ **Pour effectuer l'estimation d'un lot de copropriété la surface dite « Loi Carrez »** doit être prise en compte. Il s'agit de la *surface des planchers des locaux clos et couverts, après déduction des surfaces occupées par les murs, cloisons, marches et cages d'escalier, gaines, embrasures de portes et de fenêtres. Cette surface ne prend pas en compte les planchers des parties où la hauteur sous plafond est inférieure à 1,80 m. Sont également à exclure les surfaces des caves, garages, parkings ainsi que celles des petits locaux annexes (débarras, WC sur le palier) compris dans le lot principal, si leur surface est inférieure à 8 m².*

Exemple

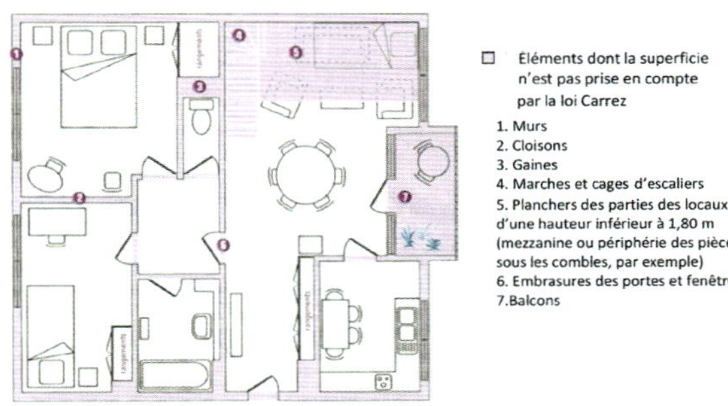

Dans le cadre de la démarche d'estimation, on utilise la surface dite « habitable » ou dite « loi Carrez », des pondérations peuvent être appliquées pour les surfaces non quantifiables dans ces définitions et qui pour autant apportent du confort et de la valeur au bien : un balcon, un atelier, un sous-sol, des combles… Les box et places de parking sont ajoutés pour leur valeur propre.

C'est cependant la surface « loi Carrez » qui sera portée dans l'acte de vente d'un lot de copropriété.

Exemples

Combles aménageables : 0,5
Véranda : 0,6 à 0,8 selon isolation
Loggia : 0,25 à 0,3
Sous-sol semi-enterré : 0,4 à 0,8 selon aménagement
Ainsi, un sous-sol semi-enterré non aménagé de 30 m² comptera pour 30 × 0,4 = 12 m².

La superficie développée pondérée hors œuvre (sdpho)

La SDPHO est calculée à partir de la superficie bâtie (surface couverte au sol par la construction) à laquelle sont affectés des coefficients tenant compte de l'usage et de la structure de chaque niveau (voir les coefficients dans l'exemple). La valeur des maisons individuelles peut être évaluée de cette façon.

Exemple

À titre d'exemple, soit un immeuble à évaluer d'une SDPHO de 250 m² avec un terrain intégré de 300 m².

Sur le marché, on a relevé deux mutations récentes de constructions d'importance et de structure analogues édifiées sur des terrains de 280 et 340 m², aux prix respectifs de 800 000 € et 950 000 €.

L'analyse de ces deux termes de comparaison peut être schématisée de la manière suivante :

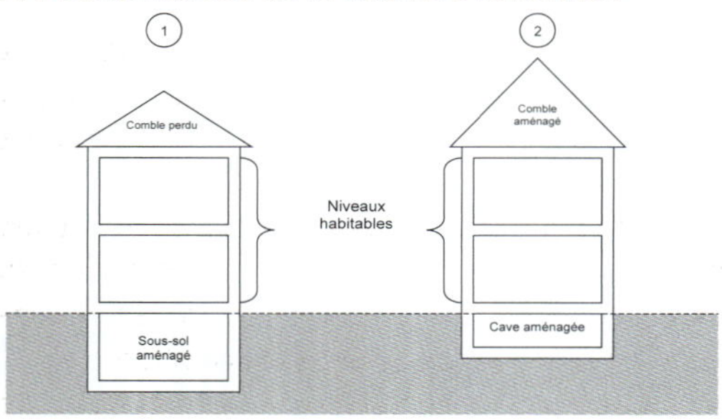

	SHO		SDPHO			
	①	②	①		②	
			Coefficient	SHO x Coefficient	Coefficient	SHO x Coefficient
Combles...............	80	80	0	0	0,8	64
Etage	80	80	1	80	1	80
Rez-de-chaussée..	80	80	1	80	1	80
Sous-sol...............	80	80	0,8	64	0,5	40
Totaux.............	**320**	**320**	-	**224**	-	**264**
Prix global	**800 000**	**950 000**	-	**800 000**	-	**950 000**
Prix au m² SDPHO	**2 500**	**2 970**	-	**3 570**	-	**3 590**

Compte tenu des prix dégagés (3 570 € et 3 590 € le m²), la valeur de l'immeuble à évaluer, terrain intégré, peut être fixé à 3 600 ×250 = 900 000 €.

Dans cet exemple, les références prennent en compte la valeur des maisons, terrain intégré. Il est possible de dissocier la valorisation de la maison et du terrain. Il faudra alors trouver des références pour la maison sans terrain d'une part, et le terrain d'autre part. Par ailleurs, il faudra tenir compte du droit à bâtir restant sur le terrain de la maison à évaluer. Cette méthode assez complexe nécessite une analyse poussée.

2. LA MÉTHODE HÉDONISTE

La valeur d'un bien dépend aussi de la satisfaction qu'il procure à son habitant. La méthode hédoniste met en œuvre des minorations et des majorations sur des critères tenant aux caractéristiques du bien et à son environnement. Les taux de majoration et de minoration sont appliqués à un prix moyen au m², préalablement estimé. Il s'agit de prendre en compte les points forts et les points faibles du bien à estimer par rapport au prix moyen.

Exemple

Extrait de grille hédoniste

Les obstacles importants à la vente		Bien
6e étage et plus sans ascenseur	– 20 %	
Nuisance de voisinage (route, train, avion, café…)	– 15 %	
Chauffage au sol ou par le plafond	– 10 %	
…		
Les facteurs négatifs		
Appartement bruyant	– 10 %	
Appartement sombre ou vis-à-vis proche	– 5 %	
…		
Les facteurs très valorisants		
Vue imprenable, très ensoleillée	– 10 %	
Décoration particulièrement soignée, très haut de gamme	+10 %	
…		
Les facteurs valorisants supplémentaires		
Appartement sur espace vert	+ 1 %	
Résidence avec piscine ou tennis	+ 0,5 %	
Total à appliquer au prix de vente moyen au m²		**…** %

Si le total obtenu est de 27 %, et le prix moyen de 1 700 € le m², le prix pondéré est 1 700 ×1,27 = 2 159 € le m². Ce prix au m² est ensuite multiplié par la surface.

3. LA MÉTHODE PAR COMPARAISON DIRECTE

Cette méthode consiste à estimer le bien par comparaison avec des biens similaires vendus récemment dans le secteur. La condition est une excellente connaissance du micro-marché sur lequel se situe chaque bien immobilier à estimer. Les agents immobiliers expérimentés sont en mesure de fournir des estimations très justes par cette méthode.

4. LA MÉTHODE PAR LA VALEUR ANTÉRIEURE

Il s'agit :

➜ de relever sur le titre de propriété le prix auquel le bien a été acheté et la date d'achat ;

➜ de rechercher le coefficient d'érosion monétaire de l'année d'achat (source INSEE) ;

➜ de multiplier le prix par le coefficient.

Si des travaux ont été effectués, la même méthode peut être appliquée en tenant compte cette fois du coût et de la date des travaux.

Exemple

Un propriétaire a acquis un appartement en 1980 pour un montant de 385 400 francs. (coefficient d'érosion monétaire 2,23)

385 400/6,559 57 = 58 754 € (valeur en €)

58 754 × 2,23 = 131 021 € (valeur actualisée).

Attention cette méthode ne prend pas en compte certains éléments déterminants : nouvelles infrastructures, déplacement d'un bassin d'emplois...

5. LA MÉTHODE PAR LE REVENU

➜ Cette méthode est adaptée pour l'évaluation de biens loués, et elle peut également être utilisée pour croiser le résultat avec ceux des autres méthodes.

➜ Il s'agit d'appliquer au revenu locatif généré par le bien un taux de capitalisation adapté :

- le loyer pris en compte est le loyer brut ;
- le taux de capitalisation correspond au rapport entre le revenu local des immeubles et leur valeur vénale. On estime les taux autour de 4 à 6 % pour des immeubles récents à loyers libres.

Exemple

Un appartement peut se louer 620 € par mois, le taux de capitalisation pour ce type de bien à cet endroit est de 7 % : (620 × 12)/0,07 = 106 286 €.

---

6. LA MÉTHODE PAR LA VALEUR A NEUF OU PAR LE COÛT DE REVIENT

➜ Pour appliquer cette méthode il faut connaître les éléments du coût de revient d'un immeuble afin d'évaluer le coût du remplacement du bien immobilier à estimer.

➜ Il convient ensuite d'appliquer au résultat des coefficients prenant en compte la dépréciation de la construction et les désuétudes notamment économiques.

Cette méthode ne présente d'intérêt réel que pour les constructions récentes. Par ailleurs, elle est délicate à utiliser car il faut tenir compte de toutes les désuétudes, en omettre remet en cause l'estimation.

L'intérêt d'avoir connaissance de l'ensemble de ces méthodes est de pouvoir croiser les résultats trouvés lors de l'application de chacune d'elle.

24 LA PRÉSENTATION DU PRIX AU VENDEUR

À la suite du rendez-vous d'estimation, un avis de valeur écrit est transmis au vendeur afin de l'informer des conclusions du négociateur. Le document lui sera présenté lors d'un rendez-vous.

1. LA RÉDACTION DE L'AVIS DE VALEUR

L'avis de valeur est souvent fourni gratuitement par l'agent immobilier au client. Il n'a pas d'effet juridique en cas de litige, mais contient des informations détaillées qui aideront à la négociation ensuite.

1. LE CONTENU D'UN BON AVIS DE VALEUR

➜ Le **rappel des circonstances** de l'estimation et les remerciements d'usage concernant la confiance que le client accorde à l'agence ;
➜ Le **rappel du descriptif sommaire** du bien ;
➜ Les **points forts du bien et ses points faibles** ;
➜ Le **prix moyen** du marché local et les **pondérations possibles** compte tenu des points forts et des points faibles du bien ;
➜ **Le prix net vendeur** pour le bien et **le prix de mise en vente** (incluant les honoraires de l'agent immobilier) ;
➜ **Les réserves d'usage** concernant les éléments à prendre en compte dans le titre de propriété, les diagnostics, les certificats d'urbanisme éventuels… qui pourraient faire apparaître une servitude, un engagement, un élément pouvant compromettre la santé du bâti… ;
➜ La précision qu'**il ne s'agit pas d'une expertise** et de ce fait ne peut servir à la mise en place d'un partage, d'une donation, d'une déclaration de succession… ;
➜ **L'invitation à recontacter l'agence** rapidement afin d'envisager la signature d'un mandat et la mise en vente.

2. LA FORME D'UN AVIS DE VALEUR

Concernant la forme, il s'agit d'**une lettre** dans la plupart des cas (voir Partie Communication). Certaines agences remettent **un dossier plus complet** comprenant :
➜ Une étude comparative du marché sur les six derniers mois ;
➜ Le détail des méthodes utilisées et des calculs permettant au client de croiser les résultats ;
➜ Les services de l'agence dans le cadre des différents types de mandats, ce afin de préparer l'argumentation pour signer le mandat.

2. PRÉSENTER LE PRIX AU VENDEUR

1. L'ARGUMENTATION PRIX À L'ÉGARD DU VENDEUR

Le marché…

Le client doit comprendre que :
➜ Le prix proposé correspond à la réalité du marché. Il se fonde :
- sur les prix des autres biens vendus récemment ;
- sur l'état de la demande (revenus, emplois…) ;
- sur le niveau des taux d'intérêt et la plus ou moins grande souplesse des banques ;
- sur le stock de biens disponibles sur le marché, neufs et anciens.

2. LES OUTILS DE L'ARGUMENTATION ET DE LA RÉFUTATION DES OBJECTIONS

Argumenter en prenant en compte son client

La méthode **CAP** (voir fiche 15).

Réfuter les objections

La technique de réfutation des objections correspond à celle utilisée dans toutes les situations de négociation (voir fiche 15).

27 LE RÉGIME FISCAL DES VENTES IMMOBILIÈRES

Lors de l'estimation il est essentiel d'informer le vendeur du régime fiscal auquel la vente va être soumise. Il doit être informé des charges supplémentaires dont il sera éventuellement redevable au fisc. Il détiendra ainsi tous les éléments financiers nécessaires à ses projets futurs.

1. LES IMPÔTS DUS SUR LA MUTATION

Il existe deux régimes : les droits d'enregistrement ou la TVA immobilière. Ces deux impôts sont perçus par le notaire pour le compte du Trésor Public au moment de la vente. Ce dernier ne peut recevoir l'acte que si ces impôts sont payés par la partie à laquelle ils incombent. La charge de l'impôt et sa nature dépendent de la qualité de professionnel ou de particulier des parties et du type de bien objet de la vente.

1. LES DROITS D'ENREGISTREMENT

Les opérations concernées par les droits d'enregistrement

Ventes d'un professionnel à un particulier ou ventes entre professionnels	• Terrains non constructibles • Immeubles anciens
Vente d'un particulier à un professionnel ou ventes entre particuliers	• Terrains non constructibles • Terrains à bâtir • Immeubles anciens • Immeubles neufs (hors VEFA)

→ **Le montant des droits d'enregistrement** se décompose en plusieurs droits proportionnels perçus par l'État, le département et la commune concernés :

- une taxe départementale au taux de 3,80 %, qu'une majorité de conseils généraux ont porté à 4,5 %. Cette augmentation est une mesure transitoire ;
- une taxe communale au taux de 1,20 % ;
- une taxe nationale au profit de l'État égale à 2,37 % du montant du droit départemental.

Les droits d'enregistrement atteignent donc un total de 5,09 % du prix de vente (5,80 % en tenant compte de la hausse transitoire).

→ **Les droits d'enregistrement sont calculés sur le prix de vente** (l'administration fiscale, en vertu de l'article 666 du CGI peut retenir la valeur vénale si la somme présentée dans l'acte ne lui apparaît pas pertinente) :

- **le fait générateur de l'impôt** est constitué par la signature de l'acte notarié.
- **le montant pris en compte** dépend de la charge des honoraires de l'agent immobilier (voir fiche 32) : il s'agit du prix net vendeur dans le cas d'honoraires à la charge de l'acquéreur et du prix frais d'agence inclus (FAI) dans le cas d'honoraires à la charge du vendeur.

Attention ! Les montants des valeurs mobilières déclarées dans l'acte de vente doivent être déduits de la base de calcul (ex : une cuisine).

→ **La contribution à la sécurité immobilière** : elle est perçue lors de la publication au service de publicité foncière de l'acte par le notaire**.** Cette contribution est tarifée proportionnellement au taux unique de **0,10 %** et s'applique au prix des immeubles faisant l'objet de la publication.

→ **L'ensemble de ces taxes est acquitté par l'acquéreur**.

Exemple

Pour un bien vendu prix FAI : 250 000 €
Honoraires de l'agence : 5 %
Charge des honoraires au mandat : acquéreur
Mobilier de cuisine évalué à 20 000 €.

Le montant des droits d'enregistrement est :

$\frac{250\ 000}{1{,}05}$ *= 238 100 € (net vendeur)*

238 100 – 20 000 = 218 100 € (net vendeur net du mobilier)

218 100 ×5,80 % = 12 649 € (montant des droits dus par l'acquéreur).

À ces droits viendront s'ajouter la CSI (contribution à la sécurité immobilière) et la rémunération du notaire (voir fiche 39).

2. LA TVA IMMOBILIÈRE

Les opérations concernées par la TVA immobilière

Ventes d'un professionnel à un particulier ou ventes entre professionnels	• Terrains à bâtir • Immeubles neufs y compris les constructions effectuées dans le cadre d'un CCMI • Immeubles en VEFA pour les ventes aux particuliers seulement

→ **Le taux appliqué est de 20 % et l'impôt est acquitté par le professionnel vendeur** (promoteur, constructeur, aménageur…).

→ **L'acquéreur règlera lui, une taxe de publicité foncière réduite de 0,715 %** (ceci explique l'expression « frais de notaire réduits ») et **la contribution à la sécurité immobilière de 0,10 %** (voir ci-dessus), toutes deux calculées sur le prix du bien TTC.

Exemple

Pour un logement vendu 200 000 € TTC à un acquéreur par un promoteur : le prix hors taxe est de $\frac{200\,000}{1{,}2} = 166\,667$ *€.*

La TVA à payer est donc de 200 000 – 166 667 = 33 333 €. Le promoteur verse donc à l'État 33 333 € et collecte ce montant auprès de l'acquéreur dans le prix de vente TTC.

2. LA PLUS-VALUE IMMOBILIÈRE ET SON IMPOSITION

Les plus-values immobilières sont taxées depuis le 1er janvier 2004 à un taux proportionnel précompté directement sur le prix payé par l'acquéreur. C'est le notaire qui doit calculer, déclarer la plus-value et payer l'impôt dû au moment de la vente, sur le produit de la vente. Le vendeur doit donc tenir compte de cette charge s'il est soumis à la taxation.

1. LE CHAMP D'APPLICATION DE L'IMPOSITION

Personnes

Les personnes physiques et certaines sociétés déterminées par le Code Général des impôts (essentiellement des SCI).

Opérations

Les opérations réalisées à titre onéreux : il s'agit des ventes, expropriations, échanges.

Biens

→ Les immeubles bâtis ou non bâtis ou les droits relatifs à ces immeubles (usufruit, nue-propriété, servitudes).

→ Les parts de SCI.

→ Les parts de sociétés à prépondérance immobilière.

→ L'échange de biens, le partage ou l'apport en société.

2. LES EXONÉRATIONS

Des exonérations viennent limiter le champ d'application des plus-values. Elles concernent :

→ les opérations pour lesquelles le prix de cession est **inférieur ou égal à 15 000 €** (ce seuil s'applique bien par bien et n'est pas applicable aux parts de SCI) ;

→ les opérations portant **sur la résidence principale** et ses dépendances ;

→ les opérations concernant les biens pour lesquels une **déclaration d'utilité publique a été prononcée en vue d'une expropriation lorsque la totalité de l'indemnité d'expropriation est remployée dans un délai de 12 mois dans l'achat, la construction ou l'agrandissement d'un ou** plusieurs biens de même nature ;

→ **les opérations effectuées par les titulaires de pensions de vieillesse ou de la carte d'invalidité** sous certaines conditions, notamment de ressources ;

→ **la première vente d'un bien autre que la résidence principale** si le vendeur n'a pas été propriétaire de sa résidence principale au cours des quatre années précédant la vente et s'il réemploie le prix de la vente, dans un délai de 24 mois pour acheter sa résidence principale ;

→ les Français et les ressortissants d'États membres de la Communauté européenne, de la Norvège ou de l'Islande, installés à l'étranger, lors de la cession de leur résidence en France ;

→ l'opération réalisée par une **personne âgée ou handicapée résidant dans un établissement médicalisé**, concernant le logement qui a constitué sa résidence principale, sous conditions de ressources, lorsque cette cession intervient dans un délai inférieur à deux ans suivant l'entrée de la personne concernée dans l'établissement ;

→ l'opération réalisée par une personne titulaire d'une pension vieillesse ou d'une carte de mobilité inclusion, sous conditions de ressources ;

→ **la cession d'un droit de surélévation** sous condition que le cessionnaire (acquéreur) s'engage à achever les locaux destinés à l'habitation dans un délai de quatre ans à compter de la date d'acquisition **;**

→ **les ventes réalisées au profit d'un organisme en charge du logement social** d'un opérateur privé s'engageant à réaliser ou à achever des logements sociaux ;

→ **enfin, la plus-value réalisée est réduite d'un abattement pour chaque année de détention au-delà de la 5e année, entraînant une exonération totale au bout de 30 ans** (voir 3).

3. LE CALCUL DU MONTANT DE LA PLUS-VALUE

Calculer la plus value brute

→ Principe :

PRIX DE CESSION (ou indemnités d'expropriation) – PRIX D'ACQUISITION = PLUS-VALUE BRUTE

→ Calcul :

Prix mentionné dans l'acte authentique + toute charge ou indemnité versée au cédant

–

Les taxes acquittées et frais supportés par le vendeur : honoraires de vente, dépenses liées aux diagnostics et certificats divers, honoraires d'architecte chargé des études indispensables à la vente, frais de mainlevée d'hypothèque...

=

PRIX DE CESSION

PRIX D'ACQUISITION

=

Prix effectivement payé lors de l'achat initial et figurant dans l'acte authentique

+

<u>Les frais d'acquisition</u>

Pour les biens acquis à titre onéreux : les frais d'acquisition (honoraires du notaire, droits d'enregistrement, TVA le cas échéant) sont retenus soit pour leur montant réel sur justificatif, soit pour un montant forfaitaire de 7,5 % en l'absence des justificatifs. Le contribuable peut retenir le résultat qui lui est le plus favorable..

Pour les biens acquis à titre gratuit (par voie de succession ou de donation) : le prix d'acquisition ne peut être majoré que du coût réel des frais d'acte ou de déclaration (honoraires du notaire, frais de publicité foncière, droits de succession ou de donation).

Attention ! Pour les SCI on ne retiendra que les frais réels.

<u>Les dépenses de construction, reconstruction, agrandissement, réparation rénovation et amélioration</u>

Ces dépenses ne peuvent être retenues que si elles n'ont pas été déjà prises en compte dans le calcul de l'IR et qu'elles ne présentent pas le caractère de dépenses locatives (peintures, moquette...).
Les travaux doivent avoir été réalisés par une entreprise (achat matériaux et pose).
Dans le cas d'une copropriété, on peut ajouter les travaux effectués sur les parties communes à hauteur de la quote-part du copropriétaire.

En principe les travaux ne peuvent être retenus que si le cédant peut produire les justificatifs, mais s'il possède l'immeuble depuis plus de 5 ans, l'administration fiscale autorise à majorer forfaitairement le prix d'acquisition de 15 % au titre de dépenses de travaux, sans justificatif.
Comme pour les frais d'acquisition, le cédant choisira la formule la plus avantageuse pour lui.

Les frais de voirie : il s'agit des frais des réseaux et distribution imposés par les collectivités locales ou leurs groupements dans le cadre du PLU.

Exemple – étape 1

Prix de cession Frais de diagnostics Honoraires agence (charge vendeur) Prix de cession corrigé	121 000 € 1 200 € 8 000 € 111 800 €
Prix d'acquisition Frais d'acquisition (réels > forfait) Travaux (15 % > réels) Prix d'acquisition corrigé	55 600 € 4 650 € 8 340 € 68 590 €
Plus-value brute	111 800 – 68 590 = 43 210 €

Calculer la plus value nette

➜ La plus-value brute est diminuée **d'un abattement par année de possession de l'immeuble au-delà de la 5e année.**

➜ **Mécanisme :** le taux et la cadence de l'abattement pour durée de détention diffèrent pour le calcul de l'impôt et celui des prélèvements sociaux (voir tableau ci-après) :

Taux d'abattement pour la vente d'un bien immobilier

Durée de détention	Taux d'abattement applicable chaque année de détention	
	Assiette pour l'impôt sur le revenu	Assiette pour les prélèvements sociaux
Moins de 6 ans	0 %	0 %
De la 6e à la 21e année	6 %	1,65 %
22e année révolue	4 %	1,60 %
Au-delà de la 22e année	Exonération	9 %
Au-delà de la 30e année	Exonération	Exonération

Ainsi l'exonération est totale au bout de 30 ans.

➜ La détention débute à la date d'achat (pour les ventes en VEFA elle débute à la date de signature du contrat de réservation). Si la date d'acquisition du terrain est différente de la date de construction, il faut distinguer les deux plus-values.

➜ Ces abattements s'appliquent à la plus-value brute et **par périodes de 12 mois en faisant abstraction des fractions d'années.**

Exemple – étape 2

Plus-value nette de l'abattement pour durée de détention *	
Pour le calcul de l'impôt	6 % × 7 ans = 42 % 43 210 × 42 % = 18 148 € PV nette de l'abattement = 25 062 €
Pour le calcul des prélèvements	1,65 % × 7 ans = 11,55 % 43 210 × 11,55 % = 4 990 € PV nette de l'abattement = 38 220 €

** durée de détention : 12 années pleines et 9 mois et demi soit 12 ans – 5 ans =prise en compte de 7 années pleines pour le calcul des abattements.*

4. LE CALCUL DE L'IMPÔT ET LES MODALITÉS DE PAIEMENT

Le calcul de l'impôt

➜ Le taux d'imposition sur les plus-values immobilières est de **19 %** (à calculer sur la plus-value nette) ;

➜ Les prélèvements sociaux qui s'ajoutent sont de **17,2 %** (à calculer également sur la plus-value nette) ;

Soit un taux global de 36,2 %

Exemple – étape 3

*Montant de l'impôt : 25 062 × 19 % = **4 761 €***
Montant des prélèvements sociaux :
*38 220 × 17,2 % = **6 573 €***
*Total : 4 761 + 6 573 = **11 334 €***

➜ **Une surtaxe pour les plus-values supérieures à 50 000 €** a été mise en place le 1er janvier 2013. Elle ne s'applique **qu'à la vente de logements et non à la vente de terrains**. Elle ne s'applique pas non plus aux ventes exonérées de taxe sur la plus-value.

➜ Le taux s'échelonne de 2 à 6 % en fonction de la plus-value réalisée.

Les modalités de règlement

➜ La déclaration et le paiement ont lieu **au moment de la vente chez le notaire, et font l'objet d'une déclaration spécifique que le notaire effectue pour le compte du vendeur.** Il doit déclarer l'impôt au service de la publicité foncière du lieu de situation du bien dans un délai d'un mois qui suit la date de l'acte constatant la vente. Par conséquent, le vendeur reçoit le prix du bien, net d'impôt, et est déchargé des soucis de la déclaration.

➜ Si la plus-value est exonérée il n'y a pas lieu d'établir de déclaration. L'acte de vente doit simplement préciser la nature et le motif de l'exonération.

Attention ! Si le notaire est en charge des formalités, **le vendeur est responsable aux yeux du fisc**. Ainsi, il doit fournir toutes les informations utiles au calcul de la plus-value au notaire.

28 LE MANDAT D'ENTREMISE

L'agent immobilier ne peut agir que s'il détient un mandat. Le mandat est l'acte, par lequel une personne (vendeur ou acquéreur), appelée mandant, charge un tiers, appelé mandataire, d'accomplir, en son nom et pour son compte, une mission (réalisation d'une vente ou d'une acquisition) déterminée. Le mandat immobilier est un contrat régi par la loi Hoguet du 2 janvier 1970 et son décret d'application du 20 juillet 1972.

1. LE PRINCIPE

➜ Le titulaire de la carte professionnelle « Transaction sur immeubles et fonds de commerce » ne peut négocier ou s'engager à l'occasion d'opérations spécifiées à l'article 1er de la loi Hoguet du 2 janvier 1970 sans détenir un **mandat écrit** préalablement délivré à cet effet par l'une des parties.

➜ En matière de transactions immobilières, le mandat le plus fréquent est le « mandat de vente » autrement qualifié de « mandat de recherche d'acquéreur ». Il s'agit d'un mandat d'entremise. Le propriétaire immobilier charge l'agent immobilier de lui trouver un acquéreur en vue de lui vendre un bien immobilier à un certain prix, moyennant quoi l'agent immobilier pourra percevoir une rémunération.

➜ Il est possible que l'agent immobilier travaille avec un « mandat de recherche ». Dans ce cas le futur acquéreur mandate l'agent immobilier de la mission de lui trouver le bien qui correspond à ses critères.

➜ Qu'il soit de vente ou de recherche, le mandat est encadré par des règles d'ordre public : le non-respect d'une seule d'entre elles entraîne la nullité de ce contrat. Le mandant pourra alors refuser de concrétiser l'opération même si un acquéreur se présente aux conditions prévues. L'agent immobilier ne pourra obtenir aucune rémunération ou dédommagement.

2. LES DIFFÉRENTS TYPES DE MANDATS

1. LES MANDATS DE VENTE

Présentation générale

Le mandat de vente simple	• Convention signée entre le vendeur (le mandant) et l'agent immobilier (le mandataire). Le vendeur garde le droit de vendre lui-même son bien et de signer des mandats avec d'autres agences immobilières. • Les honoraires ne seront dus qu'à l'agence qui aura permis la réalisation de l'affaire.
Le mandat de vente exclusif	Le mandant accorde sa confiance à un seul mandataire. Cela assure au mandataire le monopole de la transaction car lui seul pourra négocier.
Le mandat de vente semi-exclusif	• Il s'agit d'un contrat signé entre le mandant et une seule agence. L'agence dispose d'une exclusivité vis-à-vis des autres agences immobilières, mais le mandant se réserve la possibilité de vendre lui-même son bien. • Dans ce cas les modalités de paiement des honoraires sont préalablement prévues dans le mandat.

Le mandat de vente « simple » - sans exclusivité	
Parties au contrat	– Le vendeur : le mandant. – L'agence représentée par l'agent immobilier titulaire de la carte professionnelle : le mandataire.
Durée de validité	– Généralement, la durée initiale est de 3 mois, renouvelable pour une durée précisément déterminée. – Si le renouvellement du mandat se fait par tacite reconduction, ce qui, en général est le cas, la mention doit obligatoirement en être faite.
Mission générale de l'agent immobilier	– Trouver un acquéreur pour les biens désignés par et pour le mandant (propriétaire) – la désignation des biens doit être très précise. On parle de mandat d'entremise.
Les obligations du mandataire	– Entreprendre toutes les démarches pour mener à bien sa mission. – Informer le mandant de tout élément nouveau pouvant entraîner une modification des conditions de vente. – Négocier dans le cadre de la vente. – Informer de la vente sous 8 jours par LRAR.
Pouvoirs du mandataire	– Proposer, présenter, visiter et faire visiter le bien pour lequel il est mandaté. – Faire de la publicité y compris sur Internet, à ses frais. – Communiquer le dossier à un confrère dès lors que ce dernier peut aider à la vente du bien (délégation de mandat). – Réclamer toute pièce nécessaire à la vente (les frais sont à la charge du mandant). – Établir l'acte sous seing privé recevant la signature de l'acquéreur aux conditions du mandat.
Obligations du mandant	– Assurer au mandataire les moyens de visiter le bien. – Fournir au mandataire toutes les pièces nécessaires. – Signaler au mandataire toute modification dans le dossier. – S'engager à signer aux prix, charges et conditions tout avant-contrat avec tout acquéreur présenté par le mandataire. – S'interdire de traiter directement avec un acquéreur présenté par le mandataire pendant la durée du mandat et la période suivant son expiration indiquée dans le mandat. – Informer le mandataire de la vente du bien le cas échéant immédiatement par LRAR, ainsi que de l'identité de l'acquéreur et de son notaire, et ce pendant la durée du mandat et dans la période suivant son expiration indiquée au recto du mandat.
Droits du mandant	– Contracter librement avec tout autre professionnel ou directement avec l'acquéreur. – Dénoncer le mandat avec un préavis de 15 jours, une fois le délai de 3 mois écoulé.

Les mandats de vente exclusifs - Spécificités

	Mandat exclusif	Mandat semi-exclusif
Parties au contrat	Voir ci-dessus	
Durée de validité	Voir ci-dessus	
Mission générale de l'agent immobilier	Voir ci-dessus	
Obligations du mandataire	Voir ci-dessus	
		Au cas où la vente se réaliserait avec un acquéreur présenté par le mandant, le mandataire reste tenu d'accomplir diverses formalités juridiques, administratives consécutives au mandat.
Pouvoirs du mandataire	Voir ci-dessus	

Obligations du mandant	Voir ci-dessus	
	S'interdit pendant la durée du mandat de négocier directement ou indirectement pour la vente de son bien (vente au particulier ou par l'entremise d'une autre agence).	
Droits du mandant	Dénoncer le mandat avec un préavis de 15 jours, une fois le délai de 3 mois écoulé.	Conserve la faculté de rechercher par lui-même un acquéreur Dénoncer le mandat avec un préavis de 15 jours, une fois le délai de 3 mois écoulé.

2. LE MANDAT DE RECHERCHE

→ Un mandat de recherche est un contrat passé entre un particulier désireux d'acheter un bien et un agent immobilier. L'acquéreur charge ainsi le professionnel de prospecter en son nom et de trouver un bien correspondant à ses critères notamment de budget.

→ Le mandat de recherche est soumis à la loi Hoguet de la même façon que le mandat de vente. Il requiert le même formalisme (voir fiche 30).

→ Il est valable trois mois et peut être renouvelé une fois.

→ Il n'a généralement pas le caractère d'exclusivité, l'acquéreur peut mener ses recherches lui-même ou mandater d'autres agences.

→ Les honoraires dus à l'agent immobilier en cas d'achat sont indiqués dans le mandat (en pourcentage ou en valeur).

→ Les honoraires sont payés par l'acquéreur si l'agent immobilier a rempli sa mission : la vente doit être enregistrée sous la forme d'un acte authentique devant notaire.

3. LA DÉLÉGATION DE MANDAT

1. PRINCIPE ET DÉFINITION

→ L'agent immobilier détenant un mandat peut déléguer tout ou partie de sa mission à un confrère. Cette pratique s'inscrit dans une dynamique de regroupement plus ou moins formelle, largement encouragée par la diffusion des annonces immobilières sur les sites internet.

→ Il peut s'agir d'un simple inter-cabinet mais également de fichiers communs du type SIA (Service Inter Agence). Dans tous les cas il est nécessaire d'inscrire les conditions de cette délégation dans un mandat de délégation afin que les responsabilités de chacun soient clairement définies.

→ La délégation est prévue par la loi Hoguet. Les pouvoirs pour mener à bien la mission sont clairement définis. On parle alors de délégation autorisée (en opposition à la délégation de fait, qui n'est pas prévue au contrat).

→ Remarques

- le délégataire doit être détenteur de la carte professionnelle ;
- le délégué déclarant ne pas percevoir de fonds ne peut pas recevoir de chèque.

2. LES CONSÉQUENCES EN TERMES DE RESPONSABILITÉ

→ **L'agent immobilier recevant la délégation engage sa responsabilité propre professionnelle vis-à-vis du mandant, bien que le mandataire d'origine reste toujours responsable des fautes commises par son délégué.**

Remarques

→ En principe une délégation doit être faite pour chaque mandat.

→ Il est préférable qu'elle soit écrite et qu'elle soit enregistrée au registre des mandats par le délégué, même si la loi Hoguet ne l'impose pas.

→ L'information de la délégation de mandat doit être portée dans les publicités faites par le délégué.

29 LA PRÉSENTATION DU MANDAT AU CLIENT

À l'issue de la démarche d'estimation du bien dans le cadre de la démarche de prospection, le négociateur est amené à présenter à son client vendeur les différents types de mandats qu'il peut lui proposer. Comme dans toute négociation la première préoccupation du négociateur est le besoin du client, ici le vendeur : quel est le délai de vente souhaité, quel est le profil psychologique du client, quel est son attachement au bien… (voir Partie Communication professionnelle).

1. LES AVANTAGES ET INCONVÉNIENTS DES MANDATS

Une bonne connaissance de la perception des clients permet, au-delà de la connaissance juridique et technique des différents types de mandats, une meilleure argumentation. Bien argumenter c'est aussi avoir conscience des avantages et inconvénients pour soi-même.

	Mandat simple	Mandat exclusif	Mandat semi-exclusif
Avantages pour le mandant : les arguments potentiels	– Sécurité de la vente (compétences juridiques de l'agent immobilier) – Liberté – Visibilité plus large – Plus de travail sur le bien en général par la multiplication des agences	– Sécurité de la vente (compétences juridiques de l'agent immobilier) – Meilleur investissement de l'agence du fait de l'absence de concurrence – motivation des négociateurs – Pas de risque de dévalorisation du bien : crédibilité du produit et de son prix (un seul prix de vente, une seule présentation du produit)	– Sécurité de la vente (compétences juridiques de l'agent immobilier) – Meilleur investissement de l'agence du fait de l'absence de concurrence – motivation des négociateurs – Pas de risque de dévalorisation du bien : crédibilité du produit et de son prix (un seul prix de vente, une seule présentation du produit) – Possibilité de vendre seul
Inconvénients pour le mandant à prendre en compte	– Risque de décrédibiliser le bien (trop d'annonces, risque de prix différents selon les agences) – Investissement modeste des agences, du fait du nombre d'agences engagées	– Visibilité réduite du bien – Ne peut pas agir seul – perd la main sur son bien	– Visibilité réduite du bien
Avantages pour l'agence		– Gage de motivation – Crédibilité pour le prix et le produit : un seul prix de vente, une seule présentation du produit – moins de risques de négociation – Sécurité de la vente	
Inconvénients pour l'agence	– Concurrence forte – Décrédibilise le prix lorsque les annonces sont multiples à des prix différents – Risque d'engager des frais pour rien – manque de motivation – Vente en général plus longue		– Risque d'honoraires moins élevés

2. ARGUMENTER DANS LE CADRE DE LA PRISE DE MANDAT

1. LA TECHNIQUE D'ARGUMENTATION

→ Un argument se traduit par un avantage issu d'une caractéristique du service ou du produit que l'on vend, correspondant aussi aux motivations du client. On appliquera la technique **CAP** (Voir fiche 15).

2. L'ARGUMENTAIRE AU VENDEUR

Les arguments des mandats en général

On distinguera les arguments commerciaux, juridiques et administratifs :

	Caractéristique	Avantage	Preuve
Commercial	Nous proposons de nombreux supports publicitaires…	… votre bien sera très visible…	… voyez notre book, nous publions sur Se Loger, Bienici….
Commercial	Nos compétences en négociation faciliteront la vente de votre bien…	… vous gagnerez du temps…	… le temps moyen d'une vente est de 4 mois dans notre agence contre une moyenne de 7 mois sur le secteur.
Administratif	Une fois le compromis signé, ce n'est pas terminé. Nous vous accompagnons jusqu'à la signature de l'acte authentique, nous nous chargeons de transmettre tout le dossier au notaire...	… vous n'avez ainsi qu'un seul interlocuteur jusqu'au bout…	… le taux de litige est quasi nul dans notre agence.
Juridique	L'un des motifs de non-réalisation des transactions est la mauvaise maîtrise du droit, nos compétences en la matière sont réelles, nous sommes tous formés…	… nous vous éviterons ainsi bien des écueils…	… voyez notre charte de qualité, nous mettons un point d'honneur à la formation.
Juridique	Nous vous accompagnons sur des points spécifiques. Savez-vous par exemple, que la réalisation des diagnostics est de votre responsabilité ?...	… en nous confiant le mandat nous vous déchargeons de cette tâche, et la mise à jour est permanente …	… voyez ce document que nous avons réalisé pour vous (tableau des diagnostics de l'appartement).

Les arguments des mandats exclusif et semi-exclusif

	Caractéristique	Avantage	Preuve
Mandat Exclusif	Nous seuls réaliserons la publicité de votre bien, à un prix unique…	… votre bien ne sera pas dévalorisé et la vente sera accélérée…	… la durée de vente des biens en exclusivité dans notre agence est divisée par deux.
Mandat Semi-exclusif	Vous pouvez vendre votre bien par vous-même…	… vous conservez la maîtrise de la vente de votre bien et économisez une partie des honoraires…	… voyez la clause dans le mandat.

30 CONTENU ET FORMALISME DU MANDAT

Le mandat doit être rédigé avec soin et conformément aux règles d'ordre public (loi Hoguet du 2 janvier 1970 et le Code civil). La loi ALUR du 24 mars 2014 est venue renforcer certaines de ces règles.

1. LE CONTENU DU MANDAT

1. LES CLAUSES OBLIGATOIRES

➜ L'identité du mandataire : numéro de RCS, tribunal de commerce d'immatriculation, raison sociale, adresse du siège social, forme juridique, capital, mentions issues de la loi Hoguet (n° de carte professionnelle, Chambre de commerce et d'industrie de délivrance, nom et adresse de la garantie financière, de l'assurance « responsabilité civile professionnelle », mention de la non-détention de fonds le cas échéant).

➜ L'identité du mandant : noms et prénoms, date et lieu de naissance, nationalité, domicile, profession, nature de leurs liens juridiques lorsqu'ils sont plusieurs (régime matrimonial, PACS, nu-propriétaire, usufruitier, indivisaire ou SCI).

➜ L'objet du mandat : la nature de la mission de l'agent immobilier doit être clairement précisée en désignant le bien sur lequel porte l'opération ainsi que son prix.

➜ Le mandat **ne peut déroger à l'ordre public**.

➜ **Les conditions de validité** du contrat sont réunies.

➜ La contrepartie convenue doit être équilibrée, c'est-à-dire **non illusoire**, **non dérisoire**.

Depuis la loi ALUR

- Les mandats doivent préciser **les moyens employés** par le professionnel pour diffuser les annonces immobilières de vente ou de location.
- **Pour les mandats exclusifs**, il faut détailler les actions que le professionnel s'engage à réaliser et les modalités par lesquelles il en rend compte à son client.
- Les professionnels doivent désormais, s'ils proposent les services d'une entreprise (diagnostiqueur, entreprise du bâtiment…), **informer leurs clients par écrit des liens qu'ils ont avec les entreprises recommandées.**

➜ Le numéro d'enregistrement du mandat sur l'exemplaire du mandant : son absence entraîne la nullité du contrat et la perte des honoraires de l'agent immobilier.

➜ La rémunération de l'agent immobilier et la partie qui en a la charge : elle apparaît en chiffres et en lettres et la partie qui en a la charge doit être spécifiée clairement.

➜ La durée du mandat : un mandat sans limitation de ses effets dans le temps est nul (article 7 de la loi Hoguet). Il peut s'agir d'une durée déterminée non renouvelable ou d'une période initiale fixe avec tacite reconduction par périodes déterminées mais en précisant le nombre de reconductions et une date butoir de fin. Cette obligation s'applique à tous les mandats exclusifs ou non. À défaut de limitation, l'agent immobilier ne peut pas percevoir d'honoraires même s'il a joué un rôle déterminant dans la vente.

La durée initiale d'un mandat exclusif est limitée à trois mois. Il peut comporter une clause de renouvellement. Si le mandat comprend **une clause de tacite reconduction,** la loi ALUR oblige le professionnel de l'immobilier à informer par écrit le mandant non professionnel trois mois au plus tôt et un mois au plus tard avant le délai de préavis de la possibilité de ne pas reconduire le contrat. Il s'agit des modalités légales prévues au Code de la consommation (art L 136.1). À défaut ce dernier peut résilier le contrat à tout moment. Ces modalités de résiliation doivent être mentionnées de manière lisible et visible dans les contrats concernés.

➜ Les conditions d'habilitation du mandataire à percevoir ou remettre des fonds : en règle générale, il s'agit de l'acompte que verse l'acquéreur au moment de la signature du compromis de vente. Le mandat doit préciser si l'agent immobilier a la qualité de séquestre ou si ce rôle est attribué à un notaire.

➜ Les signatures : le mandat doit être daté et signé de la main du client et le mandataire fait précéder sa signature d'une mention manuscrite signifiant qu'il accepte sa mission.

→ **S'il existe une clause d'exclusivité**, le mandat doit porter mention en caractères très apparents les dispositions réglementaires autorisant le client à rompre le contrat. Le décret du 20 juillet 1972 prévoit les modalités de rupture : un courrier par lettre recommandée avec avis de réception, une fois passée la période irrévocable le cas échéant.
Par ailleurs, en cas de non-respect par le client de la clause d'exclusivité, le montant du dédommagement du professionnel est plafonné depuis le 1er juillet 2015, au montant des honoraires prévus dans le mandat en cas de réalisation de l'opération.
→ **Le démarchage à domicile** : lorsque le mandat est conclu hors des locaux de l'agent immobilier (mandat « hors établissement »), la loi relative au démarchage à domicile doit être respectée. L'article L 136-1 du Code de la consommation, doit être reproduit de manière « lisible et visible » sur le mandat. Une partie détachable au mandat ou un document séparé doit permettre au mandant d'exercer facilement son droit de rétractation, dans un délai de 14 jours par LRAR (Art L. 121-25 du Code de la consommation modifié par la loi Hamon du 17 mars 2014).
Note : si le jour d'expiration du délai est un samedi, un dimanche ou un jour férié ou chômé, le délai est prolongé jusqu'au lundi ou le lendemain du jour férié.

2. LES CLAUSES FACULTATIVES ET PARTICULIÈRES

→ **Le droit du mandataire de s'engager sur l'opération prévue** : sans cette clause expresse, l'agent immobilier ne peut signer le compromis au nom et pour le compte du mandant. Dans ce cas l'agent immobilier est tenu à une obligation de résultat.
→ **La clause d'irrévocabilité** du contrat : en général elle est d'une durée de 3 mois. Si une telle clause existe, le vendeur ne peut renoncer au mandat avant le terme de la période stipulée irrévocable.
→ **La faculté de délégation** : le mandataire qui entend déléguer sa mission à un confrère doit disposer de l'accord du mandant, en insérant une clause portant faculté de délégation. Cette délégation peut être totale ou partielle.
→ **La clause pénale** : elle consiste à faire peser sur le mandant l'obligation de verser au mandataire une indemnité (généralement égale au montant des honoraires prévus au mandat) dans l'hypothèse où :

- il vend son bien directement ou indirectement à un acquéreur qui lui aurait été présenté par le mandataire ;
- il refuse de concrétiser l'opération avec l'acquéreur présenté s'engageant aux conditions du mandat ;
- il vend son bien directement ou indirectement dans le cadre d'un mandat exclusif ou semi-exclusif.

Cette clause pénale doit être mentionnée en caractères très apparents.
Une notice d'information pré-contractuelle informant le mandant sur la plupart de ces dispositions est désormais souvent remise au client lors de la présentation du mandat à celui-ci. Le code de la consommation ne le prévoit pas explicitement, mais cette démarche, s'intégrant dans le cadre d'obligation d'information est conseillée par les organisations professionnelles, et permet au professionnel de justifier si besoin, avoir fourni toutes les informations au client.

2. LE FORMALISME LORS DE L'ENTRÉE DU MANDAT

1. LA NÉCESSITÉ D'UN ÉCRIT

→ **Le mandat de l'agent immobilier ne peut être qu'écrit**. Une lettre ou un courriel du propriétaire lui confiant la vente de son bien ne suffisent pas.
→ La détention du mandat écrit doit être **préalable à toute publicité, à toute visite** (articles 71 et 73 du décret du 20/07/1972).
→ Les parties doivent expressément **exprimer leur consentement de manière libre,** sans vice du consentement : violence morale, physique, dol ou erreur.
→ Le mandat doit être fait en autant d'originaux qu'il y a de parties ayant des intérêts distincts (article 6 loi Hoguet).
→ Si le mandat contient une clause d'exclusivité, le mandat doit être **remis immédiatement** au mandant. Cette clause d'exclusivité doit en outre être mentionnée en caractères très apparents.

2. LE REGISTRE DES MANDATS

→ Tous les mandats doivent être inscrits par ordre chronologique dans **un registre des mandats** coté à l'avance, sans discontinuité et relié.
→ Le numéro de mandat est identique à celui du registre. Le défaut de numéro d'inscription sur le mandat est une cause de nullité absolue.
→ L'inscription sur les 2 exemplaires du mandat doit être faite à sa date de signature sans pouvoir être ajoutée après coup (art 6 de la loi et 72 du décret).

mandat lectique

31 DEVOIR DE CONSEIL ET RESPONSABILITÉ LORS DE L'ENTRÉE DU MANDAT

L'agent immobilier doit, avant de faire signer un mandat à son client, collecter un nombre important d'informations qui constitueront les éléments du dossier de mise en vente. Cette collecte d'informations à la fois techniques et juridiques fait partie du devoir de conseil de l'agent immobilier. Le défaut de ce devoir de conseil, de même qu'une faute ou encore une négligence engagent la responsabilité de l'agent immobilier, qui s'apprécie à la fois au regard de sa qualité de mandataire et du Code civil et au regard de la loi Hoguet du 2 janvier 1970 et du décret du 20 juillet 1972.

1. LA CONSTITUTION DU DOSSIER DE MISE EN VENTE

1. LE DOSSIER DES DIAGNOSTICS TECHNIQUES

→ **L'objectif du dossier de diagnostic technique (DDT)** est de protéger et de mieux informer un futur propriétaire ou locataire sur les éléments de l'immeuble susceptibles de présenter des risques pour la santé ou pour la sécurité des personnes. Il s'agit également d'évaluer la performance énergétique du bien.

→ **Le dossier de diagnostic technique** (excepté l'état des risques et pollutions et l'état des installations d'assainissement non collectif) doit être établi par des professionnels présentant des garanties de compétence et disposant d'une organisation et de moyens appropriés. Les diagnostiqueurs doivent disposer d'un certificat de compétence émis par un organisme de certification, lui-même accrédité. Les diagnostiqueurs sont également tenus de souscrire une assurance de responsabilité professionnelle. Enfin, ils ne doivent avoir aucun lien de nature à porter atteinte à leur impartialité et à leur indépendance, ni avec le propriétaire ou son mandataire (l'agent immobilier) ni avec une entreprise pouvant réaliser des travaux sur les ouvrages, installations ou équipements pour lesquels il leur est demandé d'établir l'un des documents mentionnés faisant partie du dossier de diagnostic technique.

→ **Le Service Public d'Assainissement Non Collectif** (SPANC) fait établir l'état des installations d'assainissement non collectif.

→ **L'état des risques et pollutions (ERP)** est quant à lui établi directement par l'agent immobilier qui peut obtenir les informations sur le site de la préfecture du département du bien ou de la mairie.

→ **Le certificat de mesurage** peut être effectué par un géomètre ou bien le vendeur lui-même.

Les éléments constitutifs du dossier technique

Le constat des risques d'exposition au plomb (CREP)	• Tous les biens construits avant le 1er janvier 1949, y compris sur les parties communes d'immeubles collectifs construits avant le 01/01/49. • Vente et location. • Validité illimitée si absence de plomb – le premier constat doit dater de moins d'un an dans le cadre de la vente, de moins de 6 mois dans le cadre de la location.
L'état mentionnant la présence ou l'absence d'amiante	• Tous les biens construits avant le 1er juillet 1997, y compris les parties communes. • Vente et location. • Validité permanente. Si présence d'amiante, nouveau contrôle dans les 3 ans.
L'état relatif à la présence de termites	• Biens situés dans une zone à risque définie par arrêté préfectoral (seulement les parties privatives). • Vente. • Validité : 6 mois.

L'état des risques et pollution (ERP)	• Tous les biens, bâtis ou non, situés dans une zone exposée et couverte par un plan de prévention des risques technologiques, naturels, miniers, sismiques (parties privatives seulement). • La présence ou non de radon sera intégré à ce diagnostic, ainsi que le recul du trait de cote pour les biens concernés. • Vente et location. • Validité : 6 mois.
Information sur le plan d'exposition au bruit (PEB)	• Depuis le 1er juin 2020 une information sur les nuisances aériennes est à fournir au moment de la signature de l'avant-contrat pour tous les biens, à proximité ou non d'une zone aéroportuaire.
Le diagnostic de performance énergétique (DPE)	• Tous les biens (parties privatives seulement). • Vente et location. • Validité : 10 ans. • ATTENTION : désormais le DPE est opposable, il perd son caractère informatif (voir incidences juridiques). • La loi Climat et Résilience du 22 août 2021 impose la réalisation d'un DPE collectif pour tous les bâtiments d'habitation collective dont le permis de construire a été déposé avant le 1/01/2013.
Certificat de surface « loi Carrez »	• Biens situés en copropriété dont la surface est supérieure à 8 m² (quelque soit l'usage du bien, en excluant les garages et caves). • Vente en copropriété. • Validité : permanente sauf en cas de travaux ayant modifié la surface.
L'état des installations intérieures gaz et électricité (deux documents distincts)	• Immeubles à usage d'habitation comportant des installations de gaz ou d'électricité datant de plus de 15 ans. • Vente et location. • Validité : 3 ans et 6 ans pour une location.
Information sur la présence d'un risque de mérules	• Tout ou partie d'immeubles bâtis situé dans une zone à risque définie par arrêté préfectoral (parties privatives et communes). • Vente et location (le locataire en tant qu'occupant a aussi l'obligation de signaler la présence du champignon en mairie s'il en a connaissance). • Validité : 6 mois.
L'état d'installation d'assainissement « non collectif »	• Tout immeuble bâti non raccordé au réseau public d'assainissement collectif • Vente. • Validité : moins de 3 ans.

Remarque : le Diagnostic Technique Global (DTG) concerne les biens vendus dans le cadre d'une copropriété de plus de 10 ans et faisant l'objet d'une mise en copropriété ou d'une copropriété faisant l'objet d'une procédure d'insalubrité. Toutes les autres copropriétés doivent mettre au vote de l'AG la réalisation d'un DTG.

Les incidences juridiques de la non-présentation des éléments du dossier technique

→ Pour le vendeur

En cas d'absence : – du constat des risques d'exposition au plomb (CREP) – de l'état mentionnant la présence ou absence d'amiante – de l'état relatif à la présence ou l'absence de termites	• Pas d'exonération de la garantie des vices cachés pour le vendeur en cas d'absence de diagnostic.
En cas d'absence du certificat de surface dit « Loi Carrez » ou d'erreur de surface	• Nullité de la vente en cas d'absence de superficie. • Diminution du prix en cas d'erreur de plus de 5% du calcul de la surface.
En cas de non présentation du diagnostic de performance énergétique (DPE)	• Responsabilité du vendeur engagée en cas de non présentation volontaire ou de fausses informations. Demande en annulation de la vente et de dommages et intérêts possible par l'acquéreur. • Sanction pénale pour l'agent immobilier pouvant aller jusqu'à 15 000 €.
En cas d'absence : – de l'état des risques et pollutions (ERP) – de l'information relative au plan d'exposition au bruit	• Action en diminution du prix, et dans certains cas résolution de la vente pour dol (tromperie).
Absence de l'état des installations intérieures gaz et électricité	• Pas d'exonération de la garantie des vices cachés.
Défaut d'information sur la présence d'un risque de mérules	• Le défaut d'information peut dans certains cas constituer un vice caché susceptible d'engager la responsabilité du vendeur.
Non-conformité de l'état d'installation d'assainissement « non collectif»	• L'acquéreur doit effectuer les travaux de mise en conformité dans l'année de la vente. • Le vendeur ne peut s'exonérer de la garantie des vices cachés.

→ Pour le bailleur

Manquement aux obligations de sécurité relatives au plomb	**Responsabilité pénale du bailleur engagée**
Absence de l'état des risques et pollutions (ERP)	**Action en dommages et intérêts du locataire**
Absence de l'état des installations de gaz et d'électricité	**Mise en jeu de la responsabilité du bailleur pour vice caché**
Absence du DPE	**Mêmes sanctions que pour le vendeur**

Remarque : Un audit énergétique sera à prévoir à partir du 1er septembre 2022 en cas de vente d'un logement individuel ou d'un bâtiment d'habitation en monopropriété, classé F ou G. L'audit devra être intégré dans le DDT de vente.

Remarque 2 : Le CIL (carnet d'information du logement) est recréé par la loi Climat et Résilience du 22 août 2021. Son objectif est d'accompagner les travaux d'amélioration de le performance énergétique des logements neufs ou existants. Il sera remis au propriétaire à la livraison ou à la réception des travaux de rénovation par les professionnels concernés et devra ensuite être mis à jour par le propriétaire.

2. LA VÉRIFICATION DES POUVOIRS ET CAPACITÉ DES MANDANTS

	Documents	Informations
Personne physique	– Titre de propriété (acte de vente, acte de partage, de donation…) – Livret de famille – Extrait d'acte de naissance – Carte d'identité – Copie du contrat de mariage – Convention PACS	– Droit de propriété du vendeur – Identité/régime éventuel de protection (sauvegarde de justice, curatelle, tutelle) – adresse – Régime matrimonial (communauté légale, universelle, séparation de biens)
Note : Il est nécessaire d'obtenir tous les consentements et les documents relatifs à la situation et aux personnes s'il y a : – vente du domicile conjugal (article 215 du Code civil) ; – existence d'une indivision ; – démembrement du droit de propriété : existence d'un nu-propriétaire et d'un usufruitier.		
Personne morale	– Titre de propriété – Immatriculation au RCS (extrait Kbis) – Statuts et PV d'assemblée générale – Extrait Kbis de moins de 3 mois	– Existence de la personne morale et capacité Restrictions éventuelles concernant le mandataire représentant la personne morale.

3. LA VÉRIFICATION RELATIVE AU BIEN IMMOBILIER

	Documents	Informations
Pour tous les logements	Le titre de propriété (acte de vente, acte de partage, de donation…) - L'acte de constitution de servitude si séparé du titre de propriété	Description du bien, parcelle cadastrale, nature des servitudes privées le cas échéant
	Plan cadastral	Situation du bien – règles d'urbanisme applicables
	– La copie de l'offre de prêt et le tableau d'amortissement le cas échéant – L'état hypothécaire en cas de prêt garanti	– Le montant restant dû, la nature de la garantie prise sur le prêt – La situation du bien à l'égard de la mise en place d'une sûreté
	– Le certificat d'urbanisme – La copie du bail et les dernières quittances si le bien est loué, ainsi que l'état des lieux d'entrée	– Les servitudes publiques existantes – L'occupation du bien, l'ancienneté du bail, le montant du loyer, la nécessité de la mise en place d'une procédure de congé pour vente (droit de préemption du locataire)
	L'état d'éventuels litiges concernant le bien	Peut concerner un litige sur des travaux par exemple
	Les factures : chauffage, électricité, gaz, eau… + factures des contrats d'entretien	Montants des charges qui seront dues par le futur propriétaire
	L'avis de taxe foncière et d'habitation	Niveau d'imposition locale
Pour les terrains	**À demander en plus…** – Plan cadastral – Plan du bornage et des réseaux	– Constructibilité du terrain – Viabilité du terrain
En cas de travaux	– Autorisation administrative – PV d'assemblée générale dans le cas d'un bien en copropriété	– Autorisation départementale/communale obtenue concernant les travaux effectués – Autorisation de la copropriété pour la réalisation des travaux effectués
Pour les logements en copropriété	**Pour obtenir les informations relatives à la copropriété, son fonctionnement, sa gestion, ses projets de travaux… les documents suivants doivent être demandés.** – La fiche synthétique regroupant les données financières et techniques essentielles relatives à la copropriété et à son bâti – Le règlement de copropriété avec l'état descriptif de division et les éventuels actes modifiant – Les PV des assemblées générales des trois dernières années – Le carnet d'entretien de la copropriété – Les conclusions du diagnostic technique global (DTG) s'il existe ainsi que l'ensemble des diagnostics (voir page précédente) – La notice d'information relative aux droits et obligations des copropriétaires ainsi qu'au fonctionnement des instances du syndicat de copropriété – Le montant des charges courantes payées lors des 2 derniers exercices comptables	

Pour les logements en copropriété	– Les sommes susceptibles d'être dues par l'acheteur au syndicat des copropriétaires – L'état global des impayés de charges des copropriétaires et dettes fournisseurs – La surface privative du lot de copropriété et quote-part de parties communes (Loi Carrez) – Si existence d'un fond de travaux, les montants de la part du fonds de travaux rattachée au lot principal vendu et de la dernière cotisation versée – Le risque de présence de mérule (champignon) si la zone du logement a fait l'objet d'un tel arrêté préfectoral.	
Pour les logements dépendant d'un lotissement	– La copie du cahier des charges et du règlement du lotissement – La copie des statuts de l'ASL ou de l'AFUL – La copie des trois derniers PV de réunion de l'association syndicale – Les trois derniers relevés de charges	Règles régissant le lotissement, coordonnées des représentants de l'association syndicale en charge de la gestion du lotissement le cas échéant.
Pour les logements construits depuis moins de 10 ans ou ayant fait l'objet de gros travaux	– Permis de construire ou autorisation de travaux – Attestation de l'assurance dommage-ouvrage	Autorisation donnée par l'administration et régularité du projet

2. LA RESPONSABILITÉ DE L'AGENT IMMOBILIER DANS LE CADRE DE L'ENTRÉE DE MANDAT

1. LA RESPONSABILITÉ CIVILE

➜ L'agent immobilier se trouve engagé à l'égard du mandant : il s'agit de la **responsabilité civile contractuelle** (Voir fiche 1).

Ainsi, et à titre d'exemple, La responsabilité de l'agent immobilier peut être mise en cause dans les cas suivants et ce **dans le cadre d'une obligation de moyen :**

- s'il ne vérifie pas la capacité des parties et la solvabilité de l'acheteur ;
- s'il n'informe pas l'acheteur des vices apparents affectant l'immeuble ;
- s'il ne vérifie pas l'état hypothécaire du bien ;
- s'il effectue une opération incompatible avec les règles d'urbanisme ;
- s'il ne vérifie pas que le vendeur-constructeur d'un immeuble a souscrit une assurance dommage-ouvrage.

➜ Lorsqu'il agit en qualité de rédacteur d'acte il est responsable de toutes les conditions de forme des actes et des formalités. Il est alors investi d'une obligation de résultat.

➜ Dans le domaine civil, les sanctions se traduisent par des dommages et intérêts.

2. LA RESPONSABILITÉ PÉNALE

➜ La responsabilité pénale de l'agent immobilier a pour base les articles 314-1 et suivants du Code pénal et les articles 16 à 18 de la loi Hoguet du 2 janvier 1970.

➜ Les personnes morales peuvent aussi être déclarées pénalement responsables.

➜ Les sanctions se traduisent par des amendes et/ou de la prison. Ces sanctions peuvent être assorties de sanctions administratives, notamment le retrait de la carte professionnelle.

Exemples :

La publicité mensongère engage la responsabilité pénale de l'agent immobilier : l'agent immobilier faisant paraître une annonce ne mentionnant pas l'existence d'un projet de construction voisin susceptible d'affecter les qualités substantielles de la propriété.

L'absence de mandat écrit engage la responsabilité pénale de l'agent immobilier.

Remarque

➜ **Le CNTGI (conseil national de la transaction et de la gestion immobilière), organe de contrôle, veille au maintien et à la promotion des principes de moralité, probité et compétences des professionnels de l'immobilier.**

➜ **Il pourra intervenir au sujet de la responsabilité de l'agent immobilier dans le cadre du mandat (voir aussi fiche 1).**

32 LA RÉMUNÉRATION DE L'AGENT IMMOBILIER

L'agent immobilier est rémunéré par des honoraires libres calculés sur la base du prix de vente du bien. L'agent immobilier ne pourra percevoir ses honoraires que s'il remplit plusieurs conditions.

1. LES CONDITIONS DU DROIT AUX HONORAIRES

1. LA DÉTENTION D'UN MANDAT ÉCRIT

L'agent immobilier doit avant tout signer un mandat avec un vendeur ou bien un acquéreur pour pouvoir prétendre à une quelconque rémunération. Le mandat est obligatoirement écrit.

2. LA PRÉSENTATION DU CLIENT ET LA PARTICIPATION ACTIVE À LA NÉGOCIATION

L'agent immobilier pour pouvoir prétendre à ses honoraires doit avoir tout mis en œuvre afin d'obtenir l'accord d'un acquéreur pour acheter le bien dont il est en charge : recherche du client par tous les moyens, présentation du client au vendeur, négociation du prix. Si l'agent immobilier peut démontrer sa diligence, alors qu'il est attaqué de manière frauduleuse (par exemple, un vendeur et un acquéreur s'entendent pour traiter ensemble sans l'entremise de l'agent immobilier par lequel aurait été établi le contact initial), il percevra ses honoraires.

3. LA RÉALISATION DE LA VENTE

Les articles 6 et 8 de la loi Hoguet du 2 janvier 1970 précisent qu'aucun honoraire n'est dû avant que l'opération ait été conclue et constatée par un acte écrit devant notaire. Cette disposition est d'ordre public et sanctionnée pénalement.

Par ailleurs :

➜ **si plusieurs agents immobiliers ont eu la mission** de rechercher un acquéreur pour un vendeur (pluralité de mandats de vente simples), seul celui par l'entremise duquel l'opération a été définitivement conclue a droit aux honoraires ;

➜ **dans le cas de l'exercice d'un droit de préemption** (mairie, locataire), les honoraires incombent à celui qui préempte si ces derniers sont réputés être à la charge de l'acquéreur dans le mandat (voir 3) ;

➜ **si la valeur du bien est fixée en justice** à un montant inférieur à celui convenu au départ, les honoraires sont calculés sur le prix judiciairement fixé.

Remarque : la réalisation d'une vente après expiration du mandat ou bien en l'absence d'une carte professionnelle empêchent le paiement des honoraires à l'agent immobilier.

2. LE CALCUL DES HONORAIRES

Principes généraux

➜ Depuis le 1er janvier 1987, les honoraires des agents immobiliers sont fixés librement.

➜ Les honoraires des agents immobiliers sont soumis à la TVA au taux de 20 % ;

➜ L'agent immobilier a l'obligation d'afficher son barème dans sa vitrine de manière lisible et visible par la clientèle ;

➜ En dehors des honoraires de négociation, l'agent immobilier peut percevoir des honoraires complémentaires, à condition que les prestations rémunérées et les conditions soient aussi portées à la connaissance de la clientèle (exemple : prestation de chiffrage d'aménagement intérieur) ;

➜ La prescription du droit à rémunération de l'agent immobilier est de 10 ans.

5 ans a priori

Les barèmes

➜ **Le barème peut être forfaitaire**. Dans ce cas, le montant des honoraires ne varie pas en fonction du prix du bien ;

TECHNIQUES IMMOBILIÈRES
TRANSACTION

→ **Le barème peut être exprimé en pourcentage du prix de vente** (cas le plus fréquent), il est alors soit dégressif soit non dégressif (voir calcul).

Le calcul

→ Le barème non dégressif : il s'agit d'appliquer un pourcentage au prix de vente.

Exemple

Le barème d'une agence indique : entre 0 et 150 000 € le taux des honoraires est de 7 % TTC et pour tout montant supérieur à 150 000 € le taux est de 6 % TTC.
Pour un bien en vente à 200 000 €, le montant des honoraires sera de 200 000 × 0,06 = 12 000 € TTC soit un prix frais d'agence inclus de 212 000 €.

→ Barème dégressif : il s'agit d'appliquer un pourcentage par tranche du prix de vente. Désormais, le barème doit préciser si les tranches sont cumulatives entre elles.

Exemple

Le barème dégressif d'une agence est le suivant :
Les honoraires de l'agence s'entendent HT :
Barème par tranche de prix net vendeur
De 0 000 à 92 000 € : 8 %
De 92 001 à 175 000 € : 6 %
De 175 001 à 250 000 € : 5 %
Au-delà : 4 %
Pour le même bien estimé à 200 000 €, les honoraires seront de :
– (92 000 × 0,08) + ((175 000 – 92 001) × 0,06)) + ((200 000 – 175 001) × 0,05)) = 13 589,89 € HT
– 13 589,89 × 1,2 = 16 307,87 € TTC

→ De manière habituelle, l'agent immobilier calcule ses honoraires sur le prix de vente net vendeur après avoir fait l'estimation du bien et négocié le prix avec le vendeur. Si lors de la négociation avec l'acquéreur, le prix du bien est négocié, ce qui est couramment le cas, l'agent immobilier devra recalculer ses honoraires :

Exemple

Reprenons le premier exemple : l'acquéreur fait une offre à 205 000 € FAI, le nouveau montant des honoraires sera :
1. Calcul du nouveau prix net vendeur :

$$\frac{205\ 000}{1{,}06} = 193\ 396\ €$$

2. Calcul des nouveaux honoraires :
205 000 – 193 396 = 11 640 € TTC

3. LA CHARGE DES HONORAIRES ET SES IMPLICATIONS

Principe

→ Les honoraires sont dus :
- par le vendeur dans le cadre d'un mandat de vente ;
- par l'acquéreur dans le cadre d'un mandat de recherche.

Cependant, il a été admis par la jurisprudence que les honoraires puissent être portés à la charge de l'acquéreur dans le mandat de vente.

→ Il est interdit de mentionner dans le mandat « à la charge du vendeur ou de l'acquéreur », un choix doit être fait pour l'une ou l'autre partie.

→ Lorsque les honoraires sont à la charge de l'acquéreur, ils doivent désormais être clairement affichés dans la vitrine conformément à la loi ALUR du 24 mars 2014. Ainsi l'agent immobilier doit indiquer, sur l'affiche vitrine et sur les annonces concernant le bien, « PRIX DE VENTE FRAIS D'AGENCE INCLUS dont × % TTC d'honoraires à la charge de l'acquéreur ».

Implications

Lors de l'évaluation des frais notariés (taxes et émoluments notariés) la base de calcul varie selon que la charge des honoraires est au vendeur ou à l'acquéreur :

→ la base de calcul des frais notariés est le prix frais d'agence inclus si la charge des honoraires revient au vendeur ;

→ la base de calcul des frais notariés est le prix net vendeur si la charge des honoraires revient à l'acquéreur (dans le cadre d'un mandat de vente avec charge des honoraires à l'acquéreur ou dans le cas d'un mandat de recherche). Ainsi dans ce cas, l'acquéreur réalise une économie sur ses frais notariés.

La note d'honoraires

Le jour de la signature de l'acte authentique, l'agent immobilier remet sa facture, la note d'honoraires. Elle doit comprendre : les coordonnées de l'agence immobilière, les mentions légales, le nom et l'adresse du destinataire, le lieu, la date et le numéro de facture, l'objet des honoraires et le numéro de mandat, sa date, les parties au contrat, le bien dont il s'agit et son adresse, le montant sur lequel les honoraires s'appliquent, leur montant HT et TTC ainsi que le montant de la TVA.

33 LA COMMUNICATION DE L'ENTREPRISE IMMOBILIÈRE ET SON CADRE JURIDIQUE

L'agent immobilier doit mettre en place une stratégie de communication cohérente et respectueuse des règles.

1. LA COMMUNICATION DE L'ENTREPRISE IMMOBILIÈRE

1. DÉFINITION ET OBJECTIFS

➜ La communication est l'outil qui **permet à l'entreprise de se positionner.**
➜ Ses objectifs sont multiples :

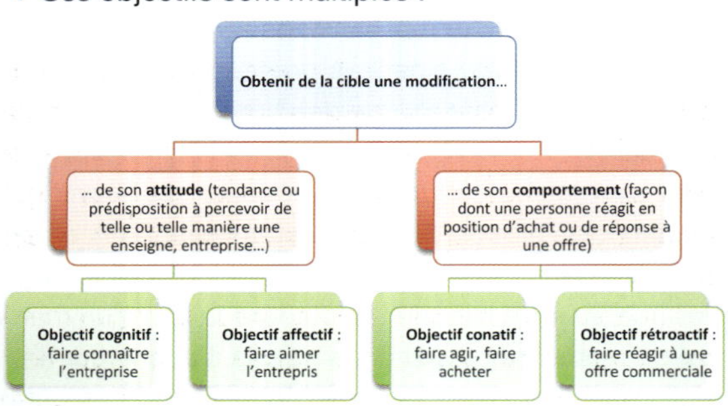

2. LA DEMARCHE D'ENSEMBLE

3. LES TYPES DE COMMUNICATION

Plusieurs typologies des moyens de communication existent. On peut retenir la suivante (voir fiche 34) :

➜ La communication média :
- **son objectif** est de toucher essentiellement par la publicité ;
- **ses moyens** sont les médias de masse : télévision, radio, presse, affichage, cinéma, Internet dans une certaine mesure.

➜ La communication hors média :
- **son objectif** est d'influer sur le comportement de la cible et sur son attitude ;
- **ses moyens** sont la mercatique directe, la publicité sur le lieu de vente, la promotion et la communication institutionnelle, avec ou sans recours aux supports numériques et à Internet.

2. L'ENCADREMENT JURIDIQUE DE LA PUBLICITÉ

1. RÈGLES GENERALES

➜ La publicité doit être **transparente** :
- **les mentions obligatoires** doivent figurer sur tous les documents publicitaires écrits (y compris par voie électronique) – article R-123-237 et 238 du Code du commerce ;
- **utilisation de la langue française** – loi Toubon 1994 ;

➜ le message **ne doit pas porter atteinte aux droits des tiers :** il ne peut ni dénigrer, ni imiter la publicité d'autrui. Il s'agirait de concurrence déloyale ;

➜ le message **ne peut utiliser la marque ou l'œuvre d'un tiers sans autorisation** (poursuites pénales pour contrefaçon) ;

→ le message **ne doit pas être trompeur** (article L 121-1 du Code de la consommation) **ni mensonger** ;

→ les indications portées sur les publicités doivent **respecter la réglementation de la publicité applicable à chaque support utilisé.** Les règles déontologiques du Bureau de Vérification de la Publicité (BVP) doivent notamment être prises en compte ;

→ la publicité à la télévision, à la radio et sur Internet est encadrée par **des règles relatives à l'audiovisuel** ;

→ **la publicité par courrier électronique** nécessite d'avoir le consentement préalable du destinataire sauf s'il est déjà client conformément au RGPD (voir aussi fiche 16).

2. LES SPECIFICITÉS DE LA PUBLICITE IMMOBILIERE

La loi Hoguet du 2 janvier 1970 et son décret d'application du 20 juillet 1972 donnent un cadre juridique précis aux obligations en matière de publicité immobilière. Les dispositions de ces textes viennent s'ajouter aux règles de base de droit commun :

Dans les locaux de l'agence

Doivent apparaître :

→ **le numéro de carte professionnelle**, le montant de la garantie financière ainsi que le nom et l'adresse du garant du professionnel ;

→ le nom de l'établissement bancaire où est ouvert **le compte spécial** ainsi que la mention de l'obligation de remise d'un reçu ;

→ la **déclaration d'absence de maniement de fonds** en caractères très apparents le cas échéant ;

→ **les informations relatives aux prix** (voir « au sujet des prix »).

Sur les documents commerciaux

Doivent être portés :

→ **les mentions légales : les indications spécifiques au droit commercial** et des sociétés : n° SIREN, RCS, capital social... la raison sociale, l'adresse de l'entreprise ;

→ le numéro et le lieu de délivrance de la **carte professionnelle** ;

→ les nom et adresse des **garants du professionnel et la RCP** (Responsabilité Civile Professionnelle) ;

→ dès lors qu'un agent commercial agit pour le compte du détenteur de la carte professionnelle, sa qualité doit être indiquée sur l'ensemble des documents dont il est l'auteur et auxquels il participe.

Dans la publicité

→ **Dans le cadre des activités de vente et si les honoraires sont à la charge de l'acquéreur**, ces derniers devront apparaître en pourcentage TTC du prix de vente sur toute publicité concernant le bien, quelque soit le support utilisé (loi ALUR du 24 mars 2014).

→ **De même, l'annonce devra préciser** si le bien se situe en copropriété, le nombre de lots, la quote-part annuelle de charges du bien. L'annonce doit également préciser si la copropriété fait l'objet d'une procédure en cours (voir exemple ci-après).

→ **Dans le cadre des opérations de location**, le montant TTC des honoraires à la charge du locataire doit être mentionné dans la publicité réalisée pour le bien précisant la part du prix de l'état des lieux.

→ **De même figureront dans l'annonce de mise en location :** la commune et la zone (tendue ou non) concernées, le montant du loyer charges comprises, la provision pour charges, et le mode de régularisation de ces dernières, le montant de dépôt de garantie.

→ **La publicité ne doit pas induire les clients en erreur** (publicité mensongère). Si l'information erronée porte sur une qualité principale du bien ou du service, sur le prix, sur les modalités de paiement ou l'existence d'un droit de rétractation non respecté, la sanction est pénale (37 500 € d'amende, 2 ans de prison) – article 213-1 du Code de la consommation.

→ **La surface des biens doit être clairement indiquée** ainsi que son mode de calcul. Ainsi, s'il s'agit d'un bien en copropriété la mention « métrage Carrez » doit être précisée. Concernant la location, la surface habitable sera obligatoirement portée sur l'annonce (loi Boutin).

→ Depuis le 1er janvier 2011, **le DPE doit figurer sur toutes les annonces** (vitrine, Internet…), en couleur et doit respecter une taille minimale. L'absence de cette mention peut être assimilée à un dol, lui même sanctionné par une nullité de l'acte de vente ou une réduction du prix. La loi Climat et Résilience du 22 août 2022 prévoit d'ailleurs des mentions supplémentaires relatives à la situation énergétique du bien.

Au sujet des prix

Les agents immobiliers sont soumis aux dispositions générales d'information du consommateur prévues par le Code de la consommation et précisées, par **l'arrêté du 10 janvier 2017** relatif à l'information des consommateurs par les professionnels intervenant dans une transaction immobilière.

Le non-respect des règles de publicité est puni par une amende administrative de 3000 euros pour une personne physique et de 15000 euros pour une personne morale (article L. 131-5 du Code de la consommation).

➜ **Le barème**

- Les prix des prestations doivent être affichés toutes taxes comprises, en indiquant pour chacune de ces prestations à qui incombe le paiement de cette rémunération. Les « fourchettes » de prix ne sont pas admises.
- Toute prestation complémentaire (expertise, courtage de crédit, rédaction d'actes...) ainsi que sa tarification, doivent être portées à la connaissance du public.
- À partir du 1er avril 2022, la mention « prix maximums » pourra être inscrite dans le barème.

➜ **L'affichage**

- Les honoraires affichés sur ce barème doivent être « effectivement pratiqués » à l'issue des transactions réalisées par l'intermédiaire du professionnel.
- Lorsque les honoraires proportionnels varient selon les tranches de prix de vente du bien, le professionnel doit préciser de manière très apparente et intelligible si celles-ci sont cumulatives entre elles.
- Le barème doit être affiché de façon lisible et visible à l'intérieur de l'agence. Pour une vitrine, le barème doit être affiché dans le même format et au même emplacement que celui normalement alloué aux annonces immobilière, bien visible depuis l'extérieur.

Exemple d'annonce immobilière

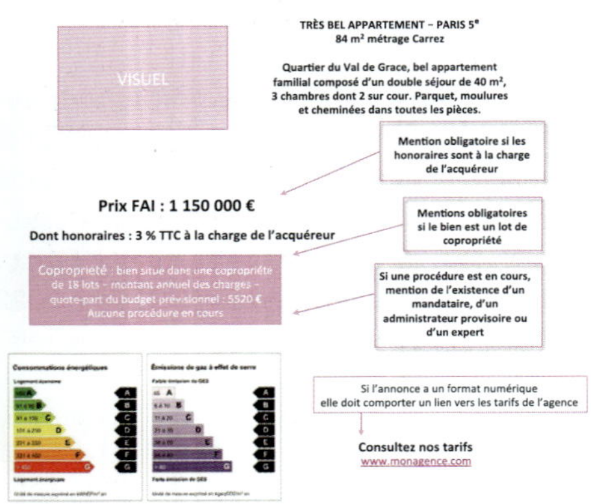

Nouveau DPE **en caractères lisibles et visibles, et en couleur.**

Une indication du **montant des dépenses théoriques annuelles** de l'ensemble des usages énergétiques doit être mentionné.

Pour les biens classés F et G la **mention « Logement à consommation énergétique excessive »** devra apparaître, sa taille sera identique à celle des caractères de l'annonce.

- Le barème doit également être facilement consultable sur le site internet de l'agence ou sur les pages dédiées au professionnel (deux clics maximum). Enfin, les annonces immobilières numériques doivent comporter un lien « consulter nos tarifs ».
- L'annonce ne pourra être publiée sans le DPE, lisible et en couleur. Cette mention doit occuper au moins 5 % de la surface pour un support imprimé, et au moins 180 × 180 pixels pour les annonces numériques.

3. L'ENCADREMENT DE LA MERCATIQUE DIRECTE

La mercatique directe implique une utilisation des fichiers prospects et clients. Elle est donc soumise au règlement général sur la protection des données entré en application le 25 mai 2018. (voir fiche 16, concernant notamment la collecte et l'utilisation des données personnelles).

4. L'ENCADREMENT JURIDIQUE DE LA PROMOTION

Il existe un certain nombre de principes qu'il faut appliquer en cas de réalisation d'une opération de promotion des ventes :

➜ **Aucune publicité de prix ou de réduction de prix ne peut être faite sur des biens qui ne sont pas disponibles à la vente** ;

➜ **La pratique des prix d'appel créant une dérive** des ventes est une tromperie ;

➜ **La publicité mensongère** est illicite ;

➜ Toute annonce de réduction de prix doit respecter **les obligations applicables à toute publicité comportant des indications de prix** : somme totale à payer, disponibilité du produit, garantie du prix pendant la durée de la publicité ;

➜ L'article 121-35 du code de la consommation **interdit toute vente ou prestation de services comportant la remise d'une prime** au consommateur ;

➜ Pour être licite **une loterie ne doit entraîner aucune dépense pour les participants**, la gratuité doit être totale. Le règlement doit être déposé auprès d'un officier ministériel.

35 L'ÉVALUATION DE LA COMMUNICATION DE L'ENTREPRISE IMMOBILIÈRE

Mettre en place une stratégie de communication représente un coût important pour l'entreprise. Aussi il est indispensable de mesurer les résultats qu'elle engendre afin de déterminer les moyens les plus efficaces et réaliser les adaptations permanentes à ces résultats.

1. LES RATIOS

Comme dans le cadre de l'évaluation de la prospection, des ratios peuvent être mis en place afin de mesurer les retours quantitativement.

1. LES RATIOS RELATIFS AUX RETOURS

Indicateurs	Formules
Taux de retours	$\frac{\text{Nombre de contacts}}{\text{Nombre de messages}} \times 100$
Taux de transformation en mandats	$\frac{\text{Nombre de mandats}}{\text{Nombre de messages}} \times 100$
Taux de transformation en ventes	$\frac{\text{Nombre de ventes}}{\text{Nombre de messages}} \times 100$

2. LES RATIOS RELATIFS AUX COÛTS DE L'ACTION ET A SA RENTABILITÉ

Indicateurs	Formules
Coût du contact	$\frac{\text{Coût de l'opération de communication}}{\text{Nombre de messages}}$
Coût d'acquisition d'un mandant	$\frac{\text{Coût de l'opération de communication}}{\text{Nombre de mandats}}$
Coût d'acquisition d'un acquéreur	$\frac{\text{Coût de l'opération de communication}}{\text{Nombre de ventes}}$
Rentabilité de l'opération	$\frac{\text{Chiffre d'affaires dégagé}}{\text{Coût de l'opération}}$

2. L'ENQUÊTE

→ Au-delà de l'évaluation quantitative de l'action de communication, l'entreprise mesure les améliorations engendrées par l'action sur les plans de **la notoriété et de l'image**. L'enquête (ou questionnaire) peut aider à mesurer ces deux aspects.

→ L'entreprise devra mettre en place **une démarche rigoureuse** afin de s'assurer des résultats sûrs et utiles :

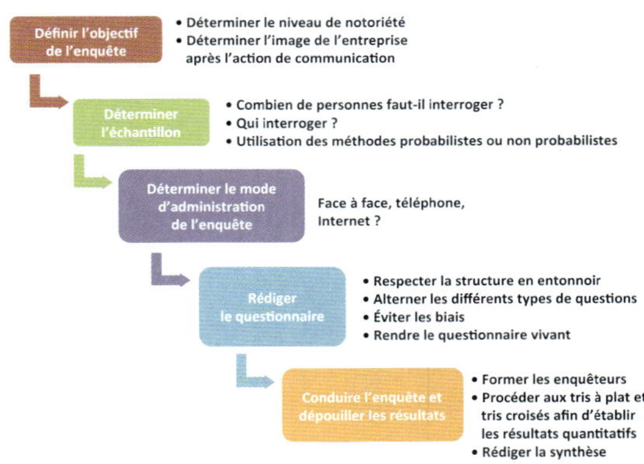

Le résultat de l'enquête et l'étude des ratios permettront une adaptation des actions de communication et une rationalisation des coûts.

36 LA NÉGOCIATION : DE LA PRÉPARATION À LA DÉCOUVERTE DU CLIENT

La mise en publicité d'un bien, la vitrine de l'agence ou une action plus offensive de l'agent immobilier permettent à ce dernier d'entrer en contact avec l'acquéreur. Il s'agit ensuite de découvrir ses motivations d'achat afin de lui proposer l'offre la plus intéressante possible. La démarche de négociation souvent longue s'inscrit dans une vraie démarche d'accompagnement du projet du client. L'agent immobilier ne doit pas oublier le vendeur, autre protagoniste dont il sert également les intérêts.

1. LE CONTEXTE DE TRAVAIL

1. LE CONTEXTE COMMERCIAL

→ L'acquéreur peut arriver à l'agence par le biais d'une action de prospection active de la part de l'agent immobilier :

- **la démarche et les outils de prospection de l'acquéreur** sont développés dans les fiches 14 et 15 ;

→ Il peut également arriver à l'agence parce qu'il est entré en contact par le biais d'un message publicitaire :

- **les outils de communication média et hors média** sont développés dans la fiche 34 ;

→ Enfin, l'acquéreur peut faire la démarche de lui-même et demander à l'agent immobilier de rechercher le bien qui correspondrait à ses critères.

2. LE CONTEXTE JURIDIQUE

→ **Le mandat de vente** : dans la plupart des cas, l'agent immobilier dispose d'un mandat de vente signé avec un propriétaire vendeur, auprès de qui il s'est engagé à tout mettre en œuvre pour trouver un acquéreur pour le bien, objet du mandat (voir fiche 28) ;

→ **Le mandat de recherche** : l'agent immobilier peut être amené à proposer à l'acquéreur la signature d'un mandat de recherche, cadre juridique adéquat lorsque l'acquéreur a des critères très précis auquel il ne souhaite pas déroger. Ce mandat permettra à l'agent immobilier de mettre en œuvre une recherche très ciblée pour ce client (voir fiche 28).

2. QU'EST CE QUE LA NÉGOCIATION ?

1. LES ÉLÉMENTS DE LA NÉGOCIATION

TECHNIQUES IMMOBILIÈRES
TRANSACTION

2. LES STRATÉGIES DE NÉGOCIATION

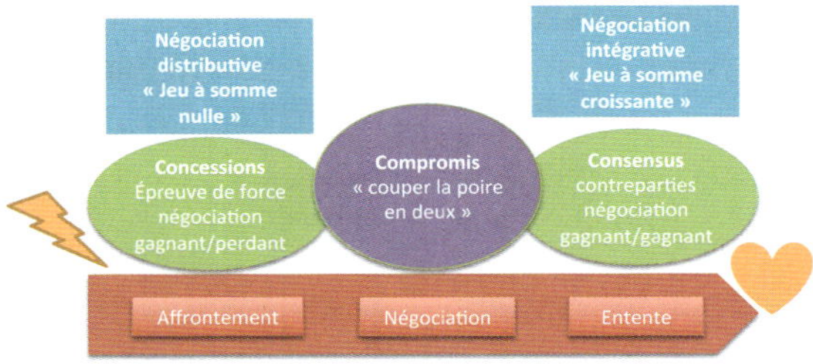

On préférera **la stratégie intégrative** basée sur **l'écoute active** (voir Partie Communication) et les tactiques d'influence positive : la promesse, la recommandation, le conseil…

3. LES CRITÈRES D'UNE NÉGOCIATION RÉUSSIE

OPTIMISATION	A t-on obtenu un résultat supérieur à celui attendu?
SATISFACTION	Les intérêts de chacun ont-ils été satisfaits?
ÉQUITÉ	Le processus et le résultat sont-ils équitables pour toutes les parties ?
RÉALISME	Les engagements pourront-ils être tenus ?
EFFICACITÉ	Équilibre du temps passé, de l'énergie dépensée ?
PERENNITÉ RELATIONNELLE	Peut-on envisager un maintien de la relation après la négociation ?

3. LA PRÉPARATION DE LA NÉGOCIATION

1. LA MAÎTRISE DES INFORMATIONS

Avant d'entrer en contact avec le client acquéreur il faut maîtriser toutes les informations concernant :

→ le marché : l'offre et la demande locales (voir fiches 10 et 11) ainsi que les facteurs environnementaux déterminants ;

→ le produit : le portefeuille produits de l'agence, les caractéristiques techniques… Il est indispensable d'avoir préalablement visité les biens que l'on pense pouvoir présenter au client, de maîtriser son argumentaire ;

→ le client : si le client acquéreur est déjà connu il est nécessaire de reprendre l'historique de la relation.

2. LES OBJECTIFS

→ l'objectif principal : quantitatif (négociation du prix par exemple) et/ou qualitatif (découvrir les besoins de l'acquéreur), il est un préalable indispensable à la rencontre ;

→ les objectifs de repli : obtenir un nouveau rendez-vous pour une nouvelle proposition, pour une étude du financement… ces objectifs seront plus faciles à atteindre que l'objectif principal et permettent une fluidité relationnelle lors de l'entretien ;

→ le processus de négociation immobilière est en général long, aussi il est important de fixer **des objectifs intermédiaires**.

3. LES STRATÉGIES DE DÉCOUVERTE/ ARGUMENTATION

Le négociateur doit envisager deux situations :

→ Éliminer la solution du prospect « ne pas acheter ou différer l'achat » :

- il doit dans la phase de découverte rechercher les motifs d'insatisfaction de la situation actuelle ;
- il doit ensuite s'appuyer sur ces éléments pour argumenter.

→ Éliminer la solution du prospect « acheter chez un concurrent » :

Le négociateur doit identifier parfaitement les besoins du prospect et argumenter de manière adaptée, personnalisée et concurrentielle.

4. LA PRÉPARATION PSYCHOLOGIQUE ET PHYSIQUE

→ Le mental

Être bien vis-à-vis de soi
=
Être bien vis-à-vis du client

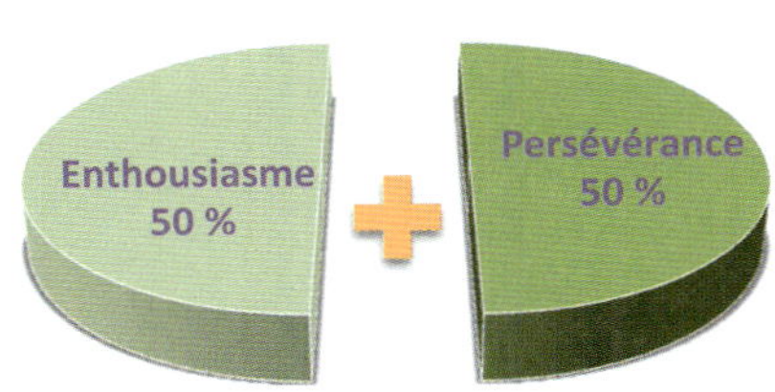

→ **Le matériel**

- Le plan de découverte (voir 5), l'argumentaire, la documentation commerciale (plaquette, book, carte de visite, documents juridiques, fiche client...).
- L'agenda, la calculatrice, la boussole, le mètre…

4. LA PRISE DE CONTACT

1. LES OBJECTIFS

→ Créer un climat de confiance.
→ Établir rapidement une communication efficace.
→ Apparaître immédiatement comme un professionnel.
→ Éviter les objections de départ.

2. LES COMPOSANTES : LES 4 × 20

Voir Partie Communication.

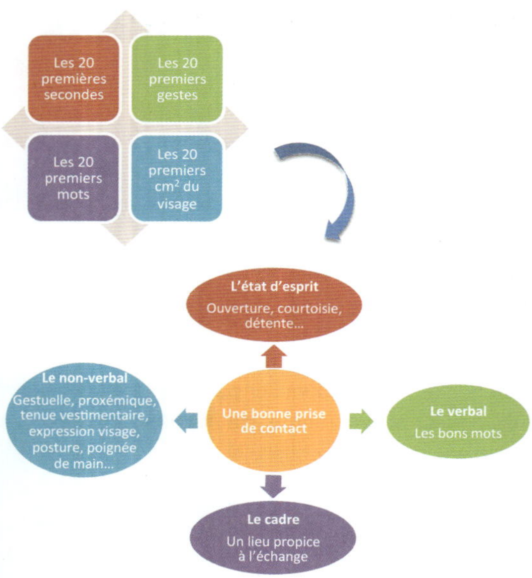

3. LE DÉROULEMENT DE LA PRISE DE CONTACT

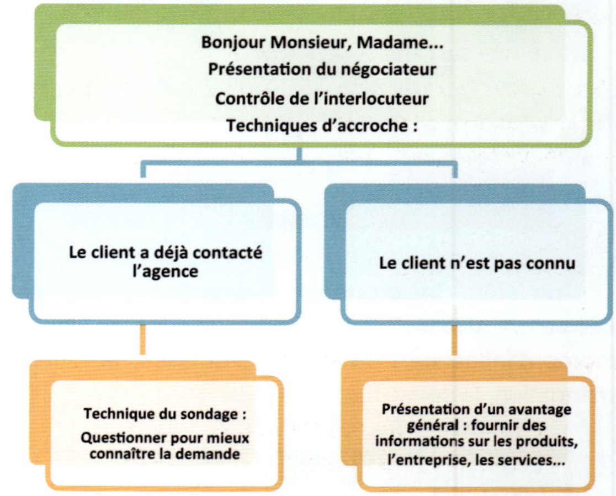

5. LA DÉCOUVERTE DU CLIENT

Cette phase est essentielle dans la démarche de négociation. La découverte de l'acquéreur prend au moins une heure lors d'un premier rendez-vous. Cette découverte ne cessera d'évoluer et de s'enrichir au fil des rendez-vous car le client ne livrera pas tout ce qu'il désire la première fois.

1. LES DIFFÉRENTES DIMENSIONS DU CLIENT

Le client doit être pris dans toutes ses dimensions :
→ **son profil** : sa dimension psychologique ;
→ **ses mobiles rationnels** d'achat : ce qu'il veut.

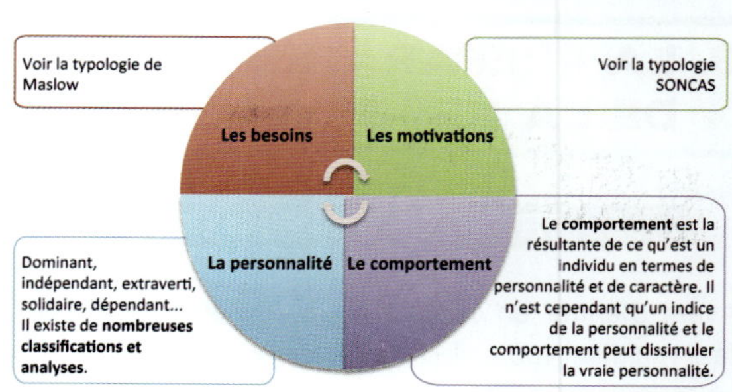

2. LES OUTILS D'UNE BONNE DÉCOUVERTE

Le plan de découverte

→ **La structure du plan de découverte :** le plan de découverte prend la forme d'un entonnoir (du général au particulier pour chaque thème abordé) et doit être rythmé par les hypothèses du négociateur et les vérifications de celles-ci :

→ **Le plan de découverte de l'acquéreur :** les thèmes abordés au cours de la découverte sont nombreux :

Le plan de découverte de l'acquéreur (adaptable au locataire) – Les thèmes

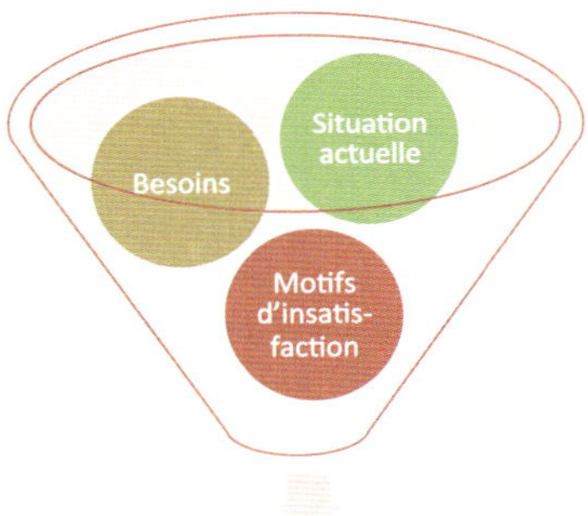

Une structure en entonnoir

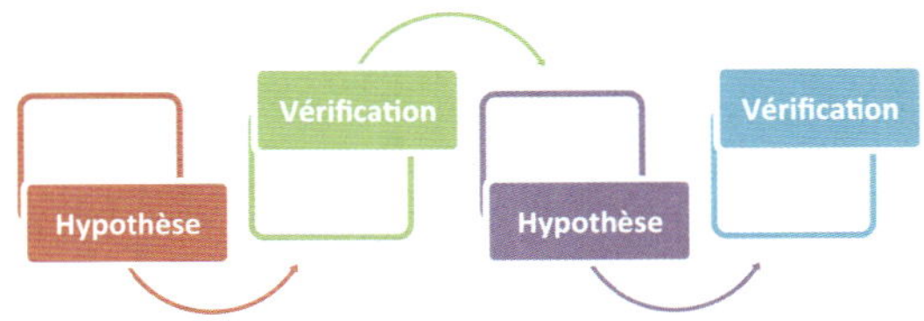

Les outils de la communication

→ **L'écoute active**

→ **Le questionnement**

→ **La reformulation**

L'ensemble de ces outils est vu dans la partie communication de l'ouvrage.

3. LE DROIT DE POURSUIVRE

À l'issue de la découverte le négociateur procède à une reformulation générale des besoins du client. Si le client accepte cette reformulation le négociateur peut faire une proposition et aborder l'argumentation. Sinon, il lui faudra approfondir la découverte.

37 LA NÉGOCIATION : L'ARGUMENTATION ET LE TRAITEMENT DES OBJECTIONS

Une fois la découverte achevée, le négociateur pourra faire une offre au client. Il s'agit alors de présenter un bien en le faisant visiter et d'argumenter conformément à la découverte.

1. PRÉSENTER UNE OFFRE ET ARGUMENTER

1. L'ORGANISATION DES VISITES

L'organisation des visites

➜ **Il convient de planifier les visites** en prévoyant un délai minimum entre chacune des visites. En général, une heure est nécessaire au total.

➜ **Si le bien est occupé par son propriétaire**, prendre rendez-vous avec lui est nécessaire. Il est préférable que le vendeur ne soit pas présent lors de la visite (il connaît trop son bien, et son intervention peut être préjudiciable à la bonne conduite de la négociation).

➜ Le vendeur aura par ailleurs été sensibilisé à la mise en valeur de son bien : entretien, menus travaux de peinture ou de décoration… Certains agents immobiliers proposent un service de « *home staging* » aux vendeurs afin de les accompagner dans cette étape.

La présentation du bien

➜ **Le rendez-vous** peut avoir lieu à l'adresse du bien : devant la maison ou dans le hall de l'immeuble s'il s'agit d'un appartement. Si la visite fait suite à la découverte, le négociateur et le client se rendent ensemble sur les lieux.

➜ **Le négociateur aura visité préalablement le bien** afin de le faire découvrir de manière fluide. Il veille à ce que les volets soient ouverts et que la lumière soit allumée dans chacune des pièces avant le début de la visite.

➜ **Le cheminement est préétabli** : généralement la visite commence par le rez-de-chaussée puis l'étage ou les étages et enfin le sous-sol et l'extérieur. Dans le cas d'une copropriété une visite des parties communes doit également être faite. Il est préférable de terminer la visite par un endroit agréable, permettant une discussion aisée.

➜ **Le négociateur doit être discret** durant la visite et doit savoir mettre en valeur les différentes caractéristiques du bien. Cependant il ne doit pas occulter les vices, il engage en effet sa responsabilité.

➜ **Il se tient prêt à répondre à toute question** du client mais évite toute négociation relative au prix (voir traitement de l'objection prix).

➜ Le négociateur a également dans son dossier **l'ensemble des documents** susceptibles de lui être demandés par le client (factures, diagnostics, taxes…).

Le bon de visite

➜ D'une manière générale les agents immobiliers font signer **un bon de visite ou reconnaissance de visite** à l'acquéreur afin de se prémunir contre une éventuelle indélicatesse de sa part. Ce dernier reconnaît avoir visité le bien par l'entremise de l'agence et s'interdit pendant un certain temps de traiter directement avec le vendeur.

➜ **Cependant, le bon de visite n'a qu'une valeur mineure**. L'agent immobilier doit remplir son obligation de moyens inscrite au mandat et seul le mandat permet à l'agent immobilier de se prévaloir de ses honoraires.

2. L'ARGUMENTATION

L'argumentation

→ Il s'agit du choix des arguments adaptés au client. Elle doit être :

- personnalisée : elle est conforme à la découverte ;
- crédible : elle est factuelle, logique ;
- amenée « juste à temps » : lorsque le client est prêt à la recevoir ;
- contrôlée par un questionnement : le négociateur doit vérifier que le client a bien intégré chaque élément ;
- structurée : chaque thème fera l'objet d'un approfondissement.

L'argument – la technique CAP

→ L'argument est composé d'une caractéristique, d'un avantage et de la preuve de ce que l'on avance (CAP) :

La Caractéristique...	... permet un Avantage...
+ L'immeuble vient d'être ravalé...	+ C'est une charge en moins pour vous acquéreur...

... dont on doit, si possible, apporter la Preuve

... vous pouvez prendre connaissance du procès verbal d'assemblée générale

L'argumentaire

→ Il s'agit de l'ensemble des arguments.

→ Il comprend des éléments sur :

- le bien et son utilisation ;
- l'environnement ;
- l'entreprise et la concurrence.

→ Il peut prendre la forme d'un tableau et peut être bâti en fonction de la typologie SONCAS (voir fiche 15).

Exemple

Caractéristique	L'électricité vient d'être totalement rénovée...
Avantage	... vous avez un appartement aux normes de sécurité...
Preuve	... voici les factures des travaux.
Typologie SONCAS	Sécurité

La mise en pratique de l'argumentation

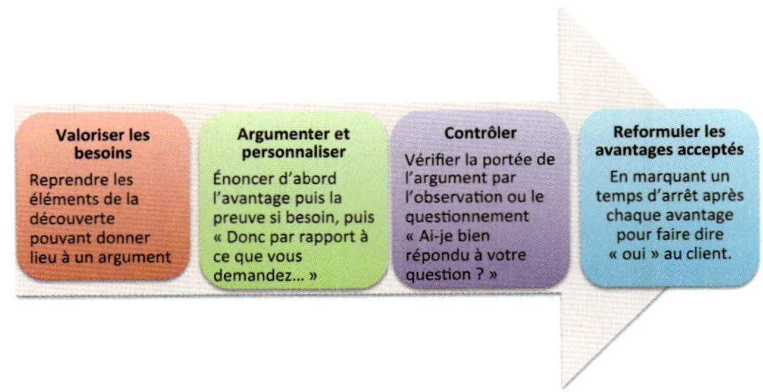

→ Les règles de base de la communication doivent être adoptées :

- **adapter le langage** au client, éviter les expressions qui engendrent le doute, les terminologies trop compliquées ;
- **utiliser la voix, le débit et le ton** pour donner du poids à l'argument ;
- **être dans l'empathie** : écoute, communication non verbale adaptée.

2. TRAITER LES OBJECTIONS DU CLIENT

L'objection consiste pour le client à contester certaines propositions ou affirmations. Il s'agit d'un réflexe de défense qui marque en fait souvent un signe d'intérêt : le client qui n'objecte pas n'est pas intéressé.

1. LES DIFFÉRENTS TYPES D'OBJECTIONS

→ Les objections vraies : elles sont fondées ou résultent de préjugés, ce sont de réelles préoccupations pour le client.

→ Les objections fausses : elles cachent souvent une objection vraie ou réelle qu'il appartient au négociateur de trouver.

Ainsi, les raisons d'objecter du client sont nombreuses :

Réflexion	Le client se laisse le temps de réfléchir, il demande une réponse qu'il connaît déjà.
Destructrice	Le client cherche à perturber le négociateur, le déstabiliser.
« Fausse barbe »	Le client cherche à se dérober, à trouver un prétexte.
Dernier combat	Le client lutte contre la tendance qui le pousse à l'achat. Il objecte de manière redondante. Cette objection est souvent un signal d'achat.
Demande d'information	Le client s'intéresse au produit, il demande un complément d'information.
Principe préjugé	Le client marque une position de principe. Le négociateur devra l'accepter mais ne pourra pas la contrer.
Négociation	Le client commence à négocier un point de la proposition, c'est un précieux indice d'achat.
Orgueil	Le client cherche la flatterie, l'intérêt du négociateur.
Test	Le client montre ses connaissances, ses compétences. Il teste celles du négociateur

2. LE PROCESSUS DE TRAITEMENT DES OBJECTIONS

Le processus général

➜ Le négociateur devra :

- **admettre et reconnaître** le bien fondé des objections ;
- **ne jamais entrer en conflit** avec le client (une objection n'est pas une attaque personnelle).

De manière générale, le processus est le suivant :

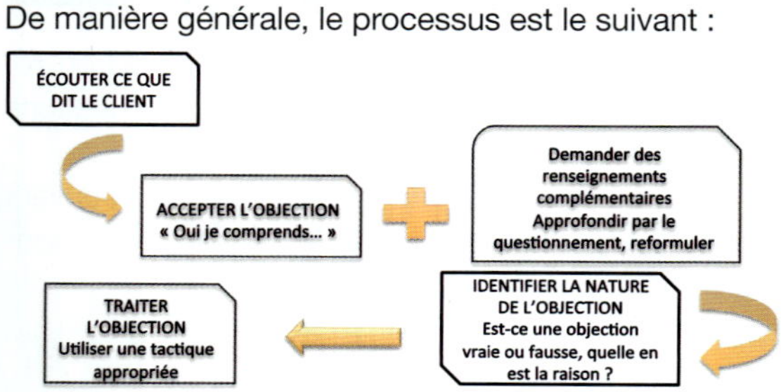

➜ La réponse peut être immédiate ou différée selon les cas. Elle peut aussi ne jamais être formulée (s'il s'agit d'un préjugé par exemple) pourvu que l'objection ait été acceptée.

3. LES STRATÉGIES ET LES TACTIQUES

➜ **L'objection est non sincère :** il s'agit d'un prétexte. Le négociateur adoptera une stratégie d'ignorance (pour éviter le conflit) ou de minimisation.

➜ **L'objection est sincère et non fondée :** le reproche formulé n'est pas justifié. Le négociateur adoptera une stratégie d'information.

➜ **L'objection est sincère et fondée :** le reproche est justifié. Le négociateur adoptera une stratégie d'acceptation.

➜ **Les tactiques sont diverses :**

Tactiques (objections réfutables)

ANTICIPATION	• **Devancer une objection certaine. Choisir le moment le plus favorable.** • « Vous souhaitez une terrasse, le bien que je vais vous proposer comporte un très grand balcon, il serait dommage de ne pas le visiter... »
APPUI	• **Transformer une objection en argument / avantage.** • **Cette porte vitrée est bien grande !** • Oui en effet, elle apporte une très belle luminosité dans l'appartement...
SILENCE	**Approuver avec un hochement de tête par exemple.**
SÉLECTIVE	**Dans une série d'objections, choisir et répondre à celle qui favorise la meilleure réfutation.**
TÉMOIGNAGE	**Se référer à l'expérience d'autres clients de préférence connus ou importants.**
IMPLICATION	• **Amener le client à répondre lui même à l'objection.** • **Ce placement n'est pas exceptionnel !** • Je comprends, qu'entendez-vous par placement exceptionnel ?
REFORMULATION INTERPRÉTATION	• **Reformuler l'objection de façon à orienter le dialogue sur un point précis.** • **C'est trop cher** • J'entends bien, vous pensez que le bien est cher par rapport à son emplacement ?
COMPENSATION	• **Traiter une objection en quantité négligeable face aux avantages importants et acceptés par le client.** • **Ce couloir prend vraiment trop de place !** • Il est grand effectivement, et il vous permettra de positionner de nombreux meubles de rangement.
ÉCRAN	• **Montrer que l'objection est enregistrée et qu'on y répondra.** • **Les cloisons ne me semblent pas très isolantes du bruit...** • Je comprends, poursuivons la visite, nous reviendrons sur les différents éléments ensuite...
ATTENUATION	• **Reformuler en atténuant pour réduire l'ampleur.** • **Le chauffage électrique est le moins économique de tous les modes de chauffage...** • Vous pensez que le chauffage électrique coûte un peu plus cher ?

4. TRAITER L'OBJECTION PRIX

Pourquoi une objection prix ?

Rappel des différents types d'objections

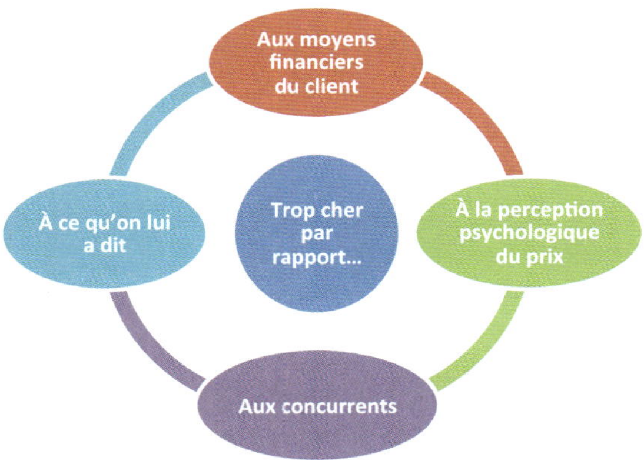

→ **Le client dit « non »** : il est plus facile de dire non au prix qu'aux caractéristiques du produit. Le client a le sentiment de prendre la main.

→ **L'objection prix traduit chez le client** :

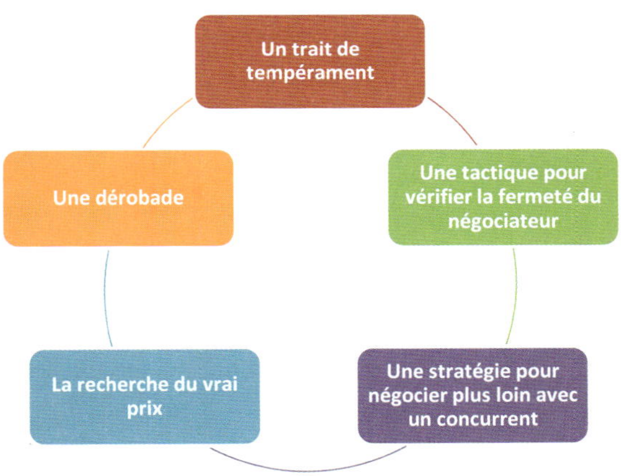

Le processus de traitement

Le processus de traitement de l'objection prix est le même que le processus général (écouter, accepter ; identifier, traiter). Quelques points supplémentaires doivent être observés :

→ **c'est le négociateur qui doit prendre l'initiative** du sujet. Il doit énoncer le prix calmement et légitimement (d'où l'importance d'une juste estimation) ;

→ si le client objecte sur le prix, le négociateur doit **repousser le traitement de cette objection** en fin de processus autant que possible ;

→ **le négociateur doit connaître sa marge** de négociation ainsi que les contreparties qu'il peut accepter. Il doit pouvoir dire « non ».

Rendre le prix plus acceptable : les tactiques de traitement

POSITIONNEMENT	**Affirmer le positionnement (élevé) du produit**
ADDITION	• **Additionner les avantages (conformes à la découverte)** • Emplacement, surfaces, proximité des écoles…
DIVISION	• **Ramener le prix à une unité de temps** • Pour … € par mois.
MULTIPLICATION	• **Multiplier les avantages procurés par leur durée d'utilisation** • Éviter un loyer, bâtir son patrimoine…
SOUSTRACTION	• **Faire ressortir ce que le client perd s'il n'achète pas de suite** • Aujourd'hui les taux d'intérêt sont bas, demain on ne sait pas…
SORTIR DU CADRE	• **Vendre le statut plutôt que le produit.** • Vous serez propriétaire de votre bien…
RELATIVITÉ	• **Comparer à un autre bien, aux gains possibles…** • Relativité du prix mensuel par rapport au loyer payé actuellement

38 LA NÉGOCIATION : DE L'OFFRE D'ACHAT À LA PRISE DE CONGÉ

La clôture de la négociation est un passage difficile. Il convient de respecter un certain nombre d'étapes et de principes. En règle générale, une offre d'achat sera faite par l'acquéreur, induisant un certain nombre de conséquences juridiques.

1. LA CONCLUSION

1. CONCLURE

Les différentes situations

→ Le négociateur repère des signaux d'achat : le client peut émettre un certain nombre de signaux :

Le client…(signaux verbaux)	Le client…(signaux non verbaux)
☐ Demande la répétition de la proposition	☐ Se détend, sourit
☐ Demande un avantage complémentaire	☐ Devient hésitant, réfléchit, revient en arrière, s'attarde dans une pièce…
☐ Se comporte en utilisateur futur	☐ Incline son corps en avant, décroise les membres
☐ Accepte la réfutation à une objection majeure	☐ Prend en main une proposition écrite et l'étudie attentivement
☐ Prend l'avis d'un tiers…	

Le négociateur doit cesser toute argumentation et chercher à conclure.

→ Le négociateur ne repère pas de signaux d'achat : le client est hésitant, ne prend pas de décision : **Le négociateur doit prendre l'initiative de la conclusion. Il peut proposer une argumentation concentrée ou mettre le client en situation d'achat (technique projective).**

Où conclure, avec qui ?

→ **Le lieu professionnel** doit être préféré (agence).

→ Le principe est de conclure **avec le décisionnaire** (souvent le payeur), mais la décision peut être élargie à l'ensemble de la famille par exemple.

Les techniques de conclusion

→ **Le résultat positif** doit être considéré comme évident.

→ **Les règles de communication** verbales et non verbales doivent être appliquées.

→ Il ne faut pas argumenter avec excès à ce moment-là, ce peut être contre-productif.

→ **Le contact avec le client** doit être permanent, tous les signes émis doivent être perçus.

→ **Les techniques principales sont :**

L'offre d'achat	Il s'agit pour le négociateur d'accepter une offre réaliste. Les incidences juridiques existent : il faut les expliquer.
L'objection	Le client est réticent sur une caractéristique mineure, le négociateur répond et propose une argumentation sur l'adaptation globale de la proposition.
Le plan de financement	Cette méthode convient aux clients qui maîtrisent mal leur capacité réelle d'emprunt. Il s'agit de rassurer le client sur sa solvabilité.
L'alternative	Le client hésite entre deux biens, le négociateur l'aide à trancher sans prendre position. Il se sert d'une argumentation adaptée aux besoins du client.
La revendication	Le négociateur propose de négocier avec le vendeur (mais il connaît les limites de ce dernier) ce que demande le client.
L'extrapolation	Cette technique est adaptée pour les clients hésitants, il s'agit de les mettre en situation de possession du bien.
La reformulation	Il s'agit de rappeler les principaux points d'adéquation entre les exigences du client et le bien proposé.

2. L'OFFRE D'ACHAT ET SES INCIDENCES JURIDIQUES

La première étape de la conclusion consiste pour l'acquéreur à faire une offre d'achat, écrite de préférence.

Caractéristiques de l'offre d'achat

→ **L'offre d'achat engage l'acquéreur** à acheter le bien au bénéficiaire de la promesse, le propriétaire du bien, à un prix déterminé.

→ L'offre d'achat doit respecter **les conditions de validité générales des contrats** et doit être écrite et signée par l'acquéreur, sans qu'aucun formalisme particulier ne soit imposé.

→ L'offre comporte généralement **un délai de validité** préférablement court.

→ **Il est interdit d'accompagner l'offre d'achat d'un versement** sous peine de nullité de l'offre, et ce quelque soit le type de bien immobilier, et la qualité des parties (professionnels ou non professionnels).

Les effets de l'offre d'achat

L'offre d'achat, souvent inexactement considérée comme un acte qui n'engage pas, est en réalité un acte important. Dès son acceptation par le vendeur, la vente devient définitive. Lorsque l'acquéreur méconnaît son engagement à acquérir il peut être amené à verser des dommages et intérêts au vendeur si ce dernier les demande en justice.

→ La rétractation de l'acquéreur de l'offre :

- **si l'offre ne comporte pas de délai,** la rétractation est possible à tout moment dès lors que cette rétractation intervient avant l'acceptation de l'offre par le vendeur ;
- **si l'offre comporte un délai,** elle ne peut être rétractée par l'acquéreur avant le terme du délai ou à défaut à l'issue d'un délai raisonnable. À l'issue du délai, l'offre devient caduque et l'acquéreur retrouve sa liberté.

→ L'acceptation ou le refus de l'offre par le vendeur

- **si l'offre est refusée par le vendeur**, l'acquéreur peut faire une autre proposition ;
- **si l'offre est acceptée**, les parties sont conduites à signer une promesse unilatérale ou synallagmatique de vente.

→ Le cas d'une multiplicité d'offres : plusieurs offres d'achat peuvent être signées par des acquéreurs différents, par l'intermédiaire d'un même professionnel ou de professionnels distincts. **Il appartient alors au vendeur de choisir celle qu'il souhaite accepter.** Le professionnel doit présenter toutes les offres et formaliser par écrit le refus et l'accord du vendeur.

2. LA PRISE DE CONGÉ

La prise de congé doit se faire de manière positive quel que soit le résultat de la rencontre :

Accord conclu	Accord non conclu
COMMUNIQUER : rassurer, féliciter, remercier	**COMMUNIQUER : rester souriant, remercier**
PRÉPARER LA PROCHAINE VISITE : rester à la disposition du client, prendre un rendez-vous de suivi	**PRÉPARER LA PROCHAINE VISITE : jeter les bases d'un nouveau rendez-vous**
PARTIR : pas de précipitation, éviter les bavardages	**PARTIR : pas de précipitation, éviter les bavardages**

3. RENDRE COMPTE AU VENDEUR

→ **Le négociateur devra rendre compte par écrit** des visites et des remarques faites sur son bien au cours des visites. Les comptes rendus prennent la forme d'un courrier ou d'un courriel et mettent en évidence les points positifs et négatifs relevés par les acquéreurs lors des visites (voir Partie Communication).

→ **Il s'agit de remplir sa mission dans le cadre du mandat**, et d'assurer la meilleure négociation possible pour les deux parties : la négociation du prix en particulier est plus aisée à partir des constats réguliers que le négociateur pourra faire remonter au vendeur.

39 LE PLAN DE FINANCEMENT DE L'ACQUÉREUR

Une fois que la négociation a abouti à un accord et tout au long du processus de décision d'achat, le client acquéreur va s'inquiéter de son financement. L'agent immobilier jouera à ces différents moments un rôle de conseil très important. La première étape consiste à établir le plan de financement.

1. LES POSTES CONSTITUTIFS DU COÛT DE L'OPÉRATION

1. LE PRIX DU BIEN

→ L'acquéreur doit payer le prix de vente au vendeur. Ce prix a fait l'objet d'une estimation préalable par l'agent immobilier et a dans la plupart des cas été négocié ensuite.

→ Dans le cas d'une vente en VEFA le prix de vente est le prix TTC annoncé par le promoteur.

2. LES FRAIS DE NÉGOCIATION

→ **Les honoraires de l'agence** sont calculés au moment de l'entrée du mandat et sont à nouveau calculés après la négociation du prix avec l'acquéreur, proportionnellement au barème (voir fiche 32) ;

→ **Dans le cas d'une vente en VEFA** les honoraires n'apparaissent pas. Que la vente se fasse directement auprès des services commerciaux du promoteur ou qu'une agence soit mandatée pour la vente du bien par le constructeur, le client est seulement informé du prix TTC et ne paie que celui-ci.

3. LA PROVISION POUR FRAIS D'ACTE

Lors de la signature de l'acte authentique le notaire demande à **l'acquéreur le paiement d'une provision pour frais d'acte** correspondant à peu près au montant des frais notariés. Une régularisation est effectuée dans les mois qui suivent la vente.

Les frais notariés comprennent **les taxes** dues à l'État que le notaire collecte auprès de l'acquéreur et qu'il rétrocède à l'État, et **ses émoluments**. La part revenant à l'État dépasse largement celle qui revient au notaire :

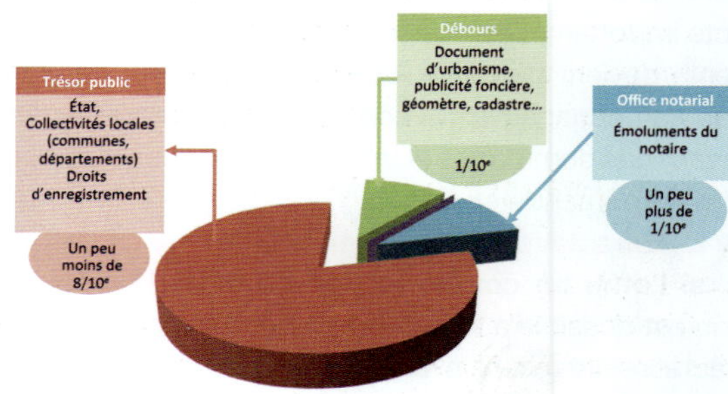

Les taxes dues à l'État

Voir fiche 27.

Les émoluments du notaire

→ **Les émoluments correspondent aux honoraires du notaire** pour le conseil apporté au client, la rédaction des actes, et la réalisation des formalités.

→ En vertu de l'article 1593 du Code civil, les frais d'acte sont à la charge de l'acquéreur, sauf accord contraire des parties.

→ **L'acquéreur et le vendeur peuvent recourir chacun à leur notaire**. Dans ce cas, les notaires se partagent les émoluments.

→ Pour les transactions immobilières, l'acquéreur devra s'acquitter **d'émoluments proportionnels et d'émoluments de formalités**. Ils sont établis selon un tarif officiel, national et obligatoire et fixés en fonction du type d'acte *(décret du 8 mars 1978, et revu par la loi Macron du 6 août 2015)*. Le tarif a été revu à la baisse pour la seconde fois à partir du 1er janvier 2021.

- ils sont **proportionnels au prix de vente du bien**. Ils sont calculés par tranche de prix, en appliquant un taux dégressif à la **valeur du bien énoncée dans l'acte**. Le prix utilisé est le net vendeur si la charge des honoraires d'agence est à l'acquéreur, et le prix frais d'agence inclus si la charge des honoraires est au vendeur ; les notaires peuvent consentir, à partir du 1er mai 2020, une remise pouvant aller jusqu'à 20 % sur la part du prix excédant 100 000 €.
- les émoluments de formalités rémunèrent les formalités effectuées par le notaire en vue de la réalisation de l'acte.

→ Le notaire récupère également les frais qu'il a engagés notamment auprès des administrations pour le dossier sous forme de débours.

Remarque

→ **Des émoluments de négociation** peuvent être dus lorsque, en vertu d'un mandat écrit, le notaire a trouvé un acquéreur, l'a mis en relation avec le vendeur et a reçu l'acte ou participé à sa réception.

4. LES TRAVAUX ET AUTRES FRAIS

Les travaux

→ Il est fréquent que le budget de l'acquéreur intègre des travaux. Ces travaux peuvent faire l'objet d'un prêt travaux, ou peuvent être intégrés au prix à financer par le prêt immobilier global.

→ Ces travaux doivent être pris en compte par l'acquéreur dès le départ. L'agent immobilier peut être amené à le conseiller dans leur estimation avec l'aide d'un professionnel du bâtiment, un architecte, un géomètre…

Les autres frais

Les autres frais sont des frais annexes au financement :

→ **les frais de dossier bancaires** : de 1 à 3 % du capital emprunté ;

→ les frais d'enregistrement et frais notariés afférents à la **mise en place d'une garantie** (voir fiche 39).

2. LES RESSOURCES DU CLIENT

1. LES ÉLÉMENTS DE L'APPORT

L'épargne personnelle

→ Un héritage, un gain au jeu…

→ Un placement sur un compte épargne ayant permis de capitaliser des intérêts. Dans ce cas on peut être amené à calculer la valeur prise par un capital placé durant un certain nombre d'années à un certain taux, c'est-à-dire sa valeur acquise :

Exemple

Un acquéreur a placé 25 000 € dont il a hérité sur un compte à intérêts composés au taux de 3,5 % pendant 10 ans. On applique la formule suivante :

$$VA = C\,(1 + t)^n$$

où VA est la valeur acquise, C le capital, t le taux d'intérêt, *n* la durée du placement

Ici, valeur acquise = 25 000 (1 + 0,035)^{10} *= 35 264,97 €*

Les compléments à l'épargne personnelle

Les banques considèrent comme apport un certain nombre de prêts, en fonction du dossier (l'intérêt pour l'emprunteur est d'obtenir le taux le plus favorable pour son prêt bancaire : plus l'apport est conséquent meilleure est l'offre de la banque) :

→ les emprunts de la famille ou de l'entourage ;

→ le prêt à taux zéro (voir 2) ;

→ l'épargne logement (voir 2) ;

→ les prêts relevant de Action Logement et les prêts fonctionnaires (voir 2) ;

→ les prêts à caractère social de la CAF ;

→ les prêts des caisses de retraite ;

→ les prêts relais le cas échéant.

2. LES PRÊTS

Les prêts classiques

Prêts	Caractéristiques
Les prêts bancaires à taux fixe	– Prêts qui ne bénéficient ni d'aides ni de plafonnements réglementaires. Ils **assurent le financement principal** du logement acheté ou construit, ou des travaux réalisés, ou bien viennent en complément d'un prêt aidé. – **Les taux sont fixes** sur toute la durée de l'emprunt, ils dépendent de la conjoncture. – **Le TAEG** (taux annuel effectif global) permet de comparer différentes offres. Le TAEG comprend le coût engendré par le taux de crédit et les coûts entraînés par les différentes garanties demandées ainsi que les frais de dossier. – **Les mensualités sont généralement constantes** et ne doivent pas dépasser 35 % des revenus de l'emprunteur. **Cependant, les mensualités peuvent être modulées** (prêts modulables) afin de prendre en compte les variations de revenus de l'emprunteur. – **La durée varie** de 7 à 25 ans.
Les prêts bancaires à taux variables	– Les prêts à taux variables permettent à l'emprunteur de **bénéficier de taux inférieurs à ceux des prêts ordinaires** : les banques se refinancent sur des marchés à court terme. Ainsi le client se voit répercuter immédiatement toute baisse de taux, généralement par raccourcissement de la durée du prêt. – Afin de se garantir contre les éventuelles hausses des taux, il est prévu dans les contrats une limite à cette hausse (et à la baisse). On dit que les taux sont « capés ».
Les prêts *in fine*	– Pendant la durée du prêt, l'emprunteur **ne paie que les intérêts du capital emprunté**. Il remboursera en une seule fois l'intégralité du capital emprunté. – Ce type de crédit permet aux **investisseurs locatifs fortement imposés** de déduire un montant important d'intérêts de leurs revenus locatifs. – Pour faire face à son unique et importante échéance, **l'emprunteur place son apport personnel dans un produit d'épargne.** Cet apport fructifie pendant la durée de l'emprunt, pour représenter au terme du crédit un montant suffisant pour rembourser le capital.
Les prêts relais	– Ces prêts sont utilisés lorsqu'une personne est amenée à acquérir un nouveau logement avant d'avoir eu le temps de vendre le précédent. La banque ou l'établissement financier met à disposition de l'emprunteur un prêt destiné à constituer tout ou partie de l'apport personnel nécessaire pour l'acquisition du nouveau logement, ledit prêt étant remboursé par le produit de la vente du premier logement. – Le prêt relais représente environ 80 % du prix du bien à vendre. Il est complété par un prêt amortissable pour permettre le paiement du nouveau bien. Des différés d'amortissement sont possibles.

Les prêts aidés

Prêts	Caractéristiques
Le prêt à taux zéro (PTZ+)	– Le prêt à taux zéro (PTZ) est **un prêt sans intérêt,** accordé **sous condition de ressources** pour compléter un prêt principal, et aider les ménages à acheter leur première résidence principale. – Sa durée totale est de 20 à 25 ans. Il est constitué d'une période de différé d'une durée de 5 à 15 ans. – Ses modalités évolutives sont disponibles sur le site www.service-public.fr.
L'épargne logement	– **Le Plan d'Épargne Logement (PEL)** est une épargne bloquée qui produit des intérêts et peut permettre d'obtenir un prêt immobilier. – **Le Compte Épargne Logement (CEL)** est une épargne liquide qui produit des intérêts et peut permettre d'obtenir un prêt travaux. – **Le montant maximum du prêt** épargne logement est de 92 000 €. Son montant est déterminé par le montant des intérêts cumulés sur le plan et/ou le compte épargne logement. – Le bénéficiaire dispose donc d'un apport égal au montant de son épargne + le montant des intérêts (et d'une prime d'État s'il contracte le prêt en fonction de la date d'ouverture du plan) + le montant du prêt.
Le prêt Action Logement	– Le Prêt Action Logement est destiné aux salariés des entreprises (non agricoles) d'au moins dix salariés participant à l'effort de construction en faveur des salariés. Conformément à la loi de 1953, ces dernières reversent 0,45 % de leur masse salariale à des organismes collecteurs. – Les prêts sont accordés **sous condition de ressources** du bénéficiaire. – Le prêt Action Logement est un prêt complémentaire et concerne la résidence principale.

Le Prêt Accession Sociale (PAS)	– Le PAS, Prêt Accession Sociale est un prêt aidé par l'État aux personnes qui acquièrent leur **résidence principale** et aux propriétaires qui font des travaux dans le logement qu'ils occupent. – Il est octroyé **sous conditions de ressources**. – Le PAS peut couvrir tout ou partie du coût de l'opération. – Il n'ouvre plus droit au versement de l'APL (Aide Pour le Logement) qui venait en soutien du paiement de la mensualité.
Le Prêt Conventionné (PC)	– Octroyé **sans condition de ressources**, le **Prêt Conventionné** (PC) bénéficie d'un taux plafonné en fonction de sa durée et n'ouvre plus droit au versement de l'APL (Aide Pour le Logement) qui venait en soutien du paiement de la mensualité. – Ce prêt est destiné à financer l'acquisition d'une **résidence principale**. – Le PC peut également financer un logement destiné à la location, à condition qu'il soit utilisé à titre de résidence principale par le locataire.
L'éco prêt à taux zéro	– L'éco-prêt permet de financer les **travaux de rénovation énergétique**. – Pour bénéficier de l'éco-prêt à taux zéro, il faut réaliser un à trois travaux parmi une liste établie par décret. Les travaux éligibles concernent la performance énergétique et l'assainissement principalement. Le montant du prêt est de 10 000 € à 30 000 € selon le nombre de travaux effectués et est remboursable en 10 ans.

3. LES AIDES À L'ACCÉDANT

Les aides et subventions

Aides	Caractéristiques
Les subventions de l'ANAH	– L'Agence Nationale de l'Habitat a pour mission de mettre en œuvre la politique nationale de développement et d'amélioration du parc de logements privés existant. – Elle accorde des subventions pour l'amélioration des résidences principales de propriétaires occupants modestes ou de logements locatifs de propriétaires bailleurs privés, en échange de contreparties sociales. Aujourd'hui, les aides sont centrées sur la rénovation énergétique et l'accessibilité.
Les aides des collectivités locales	– La gamme des aides de l'ANAH est consultable sur le site internet www.anah.fr – À consulter au cas par cas sur les sites des départements et régions et en particulier sur les sites des ADIL. exemple : www.adil75.org.

Les aides

→ La prime « MaPrimeRénov' » remplace désormais le CITE (crédit d'impôt pour la transition énergétique). Elle peut être attribuée au propriétaire occupant pour financer des travaux et/ou dépenses de rénovation énergétique de sa résidence principale. Cette prime s'adresse aussi aux copropriétés pour des travaux dans les parties communes. À partir du 1er juillet 2021, les propriétaires bailleurs, les usufruitiers pourront aussi en bénéficier. Seuls certains travaux sont éligibles. L'ANAH gère les dossiers.

Le site https://france-renov.gouv.fr. accompagne l'usager dans ses démarches.

3. LA STRUCTURE DU PLAN DE FINANCEMENT

Le plan de financement est un document qui réalise la synthèse des dépenses engendrées par le projet immobilier d'une part, et des ressources de l'acquéreur d'autre part. Il doit être équilibré :

Dépenses	Ressources
– Prix du bien – Frais de négociation – Provision pour frais d'actes – Travaux	– **Apport** Épargne, placements… PTZ+, épargne logement… – **Prêts** Prêts aidés Prêts bancaires
Total = A (= B)	**Total = B (= A)**

40 LA FAISABILITÉ DE L'OPÉRATION

Une fois le plan de financement effectué, il faut s'assurer de la faisabilité de l'opération.

1. LE CALCUL DE L'ANNUITÉ ET DE LA MENSUALITÉ

1. DÉFINITIONS

→ **L'annuité** est une somme payée à intervalles de temps égaux : mois, trimestre, semestre.

→ Dans le domaine de l'immobilier ces versements sont majoritairement mensuels : on parle donc de **mensualités**.

2. LES ÉLÉMENTS À PRENDRE EN COMPTE

Pour rembourser un emprunt, il faut pour chaque période rembourser :

→ une part du capital emprunté : **l'amortissement** de l'emprunt ;

→ payer **les intérêts** portant sur le capital restant dû à un certain taux. Dans le cas des prêts immobiliers il s'agit d'intérêts composés.

3. LA NOTION DE TAEG

→ **Le TAEG (Taux Annuel Effectif Global)** mesure le coût total d'un prêt, tous frais confondus : les intérêts, les frais de dossier, le coût des garanties.

→ **Le TAEG est obligatoirement indiqué dans l'offre de prêt** de la banque et permet à l'emprunteur de comparer les différentes offres de manière claire.

4. TAUX PROPORTIONNEL ET TAUX ÉQUIVALENT

Lorsque l'on dispose d'un taux annuel, il est nécessaire, si l'on ne dispose pas d'une table financière, de le convertir en taux mensuel pour calculer la mensualité. Selon que le taux est proportionnel ou équivalent, la conversion ne se fait pas de la même façon.

Le taux équivalent

→ Deux taux sont équivalents si à intérêts composés ils donnent les mêmes montants d'annuités quelque soit la périodicité (que l'on utilise le taux annuel ou le taux mensuel).

→ Pour trouver le taux équivalent mensuel correspondant à un taux annuel donné il faut utiliser la formule $((1+t)^{1/12}-1)\times 100$ (un mois = un douzième d'année).

Exemple

*Pour **un taux annuel de 2 %**, le taux mensuel équivalent sera :*

– $(1 + 0{,}02)^{1/12} = 1{,}001652$;

– donc $(1{,}001652 - 1) \times 100 =$ **0,1652 % par mois**

Le taux proportionnel

→ Pour passer d'un taux annuel proportionnel à un taux mensuel, il suffit de diviser le taux :

Exemple

*Pour **un taux annuel de 2 %**, le taux mensuel équivalent sera :*

$$\frac{0{,}02}{12} = 0{,}0017 \text{ soit } 0{,}17\ \% \text{ par mois.}$$

→ **MAIS,** à taux proportionnel le montant des annuités différera selon que l'on utilise le taux annuel ou le taux mensuel.

5. CALCULER LA MENSUALITÉ À L'AIDE DE LA FORMULE

Avec : **Mensualité** $= C \times \dfrac{i}{1-(1+i)^{-n}}$

→ C = capital emprunté

→ i = taux mensuel

→ n = nombre de mois d'emprunt

Exemple

Pour un emprunt de 150 000 € contracté pour une durée de 15 ans au taux annuel de 2 % équivalent, la mensualité sera de :
– le taux mensuel équivalent est 0,001652 ;
– n = 180 mois (15 ans) ;
– Il s'agit ici d'une mensualité hors assurance.

$$150\,000 \times \frac{0{,}001652}{1-(1+0{,}001652)^{-180}} = 964{,}04 \text{ €}$$

6. CALCULER LA MENSUALITÉ À L'AIDE D'UNE TABLE FINANCIÈRE

De manière plus simple, une mensualité peut être déterminée par lecture d'une table financière et calcul.

Exemple

Table des mensualités de remboursement pour 1 000 € empruntés

	10 ans	11 ans	12 ans	13 ans	14 ans	15 ans
2 %	9,193241	8,437759	7,808643	7,276731	6,821193	6,426755
2,50 %	9,414174	8,660042	8,032301	7,501781	7,047649	6,654627
3,00 %	9,637402	8,884938	8,258887	7,730074	7,277661	6,886366
...						

Pour le même emprunt de 150 000 € au taux de 2 % sur 15 ans il suffira d'utiliser le montant correspondant dans le tableau (en rouge) :
– De la même manière que précédemment, il s'agit d'une mensualité hors assurance.

$$150\,000 \times \frac{6{,}426755}{1\,000} = 964{,}03 \text{ €}$$

Attention ! La table financière peut être donnée pour 1 € emprunté, 1 000 € ou encore 10 000 € empruntés. Il faudra alors adapter le calcul en divisant par le bon montant.

7. CALCULER LE CAPITAL EMPRUNTABLE PAR LA VALEUR ACTUELLE

Lors de l'entretien de découverte l'acquéreur peut indiquer à l'agent immobilier le montant qu'il est en mesure de consacrer mensuellement au remboursement d'un prêt. Par la méthode d'actualisation, l'agent immobilier peut le renseigner sur le capital que cela lui permet d'emprunter, compte tenu des conditions actuelles des taux :

$$\textbf{Capital} = \text{mensualité} \times \frac{1-(1+i)^{-n}}{i}$$

Exemple

Un acquéreur annonce qu'il peut rembourser mensuellement 1 600 €. Il dit être prêt à s'engager sur 20 ans (240 mois), et le taux actuel des prêts immobiliers est de 2 % (taux équivalent mensuel : 0,1652 %). La formule d'actualisation permet de déterminer le capital qu'il peut emprunter :

$$1\,600 \times \frac{1-(1+0{,}001652)^{-240}}{0{,}001652} = 316\,800 \text{ €}$$

Le client pourra donc envisager un budget d'environ 317 000 € en dehors de son apport.

2. LES ASSURANCES EN COUVERTURE DU PRÊT

1. L'ASSURANCE DÉCÈS INVALIDITÉ

→ L'Assurance Décès-Invalidité (ADI) est une assurance en couverture du prêt. Elle permet à l'établissement de crédit de se garantir contre un risque lié à l'emprunteur : celui de ne pas pouvoir continuer à rembourser son prêt pour l'une des raisons suivantes :

- décès ;
- perte totale irréversible d'autonomie ;
- invalidité partielle.

→ **Elle a un caractère quasi obligatoire,** aucun montage financier immobilier ne se réalise sans cette assurance.

→ **L'ADI est calculée sur la base du capital emprunté**. Il peut s'agir d'un taux (ex : 0,35 % annuel) ou d'un montant pour un montant emprunté (ex : 3,50 € par mois et par personne pour 10 000 € empruntés).

→ **Dans le cas de co-emprunteurs** (cas d'un couple par exemple), l'ADI couvrira à 50 % chacune des deux personnes : si l'un ne peut plus rembourser, la moitié de la mensualité sera prise en charge par l'assurance. Si les deux personnes souhaitent être couvertes à 100 % chacune, il faut alors multiplier le tarif par deux et s'il advient que l'une des personnes ne peut plus rembourser, l'assurance prendra en charge la totalité de la mensualité.

→ La mise en place de l'ADI est encadrée par la loi Lagarde et la loi Hamon (voir fiche 41).

Exemple

Un emprunteur contracte un prêt de 150 000 € pour un achat immobilier. Il devra payer une mensualité hors assurance de 1 032 €. Il adosse à son prêt un contrat d'assurance décès invalidité qui lui coûtera 3,50 € par mois pour 10 000 € empruntés.

Il devra donc : $\frac{3,5 \times 150\,000}{10\,000} = 52,50$ *€ par mois en plus de sa mensualité.*

*On parle ainsi de **mensualité assurance comprise** : 1 032 + 52,5 = 1 084,50 € par mois.*

2. L'ASSURANCE PERTE D'EMPLOI

➜ Comme l'assurance décès invalidité, cette assurance est **une assurance en couverture du prêt.**

➜ **Elle est facultative** et garantit sous certaines conditions de perte d'emploi non intentionnelle le remboursement des échéances de prêts durant la période de chômage.

➜ **Les conditions varient d'un contrat à l'autre.** Un délai de carence peut notamment être prévu.

3. LE COÛT DU CRÉDIT

➜ **Le coût du crédit doit être indiqué sur toute offre de prêt** émise par un organisme bancaire. Il permet à l'emprunteur de comparer les offres entre elles et d'orienter son financement au mieux.

(Somme des mensualités hors assurance
+
Frais de dossier et coût des garanties au prêteur (sûretés)
+
Coût de l'ADI et des assurances chômage le cas échéant)

– Capital emprunté
= coût du crédit

4. LE TABLEAU D'AMORTISSEMENT

➜ Le tableau d'amortissement doit être joint à l'offre de prêt de la banque.

➜ **Il reprend l'intégralité des mensualités en détaillant la part des intérêts et celle du capital (amortissement) remboursé** pour chacune d'entre elles.

➜ Il permet de **déterminer pour chaque période le capital restant dû**, élément essentiel lors de la revente d'un bien pour lequel le prêt est en cours de remboursement. Le vendeur doit savoir combien il devra rembourser à la banque une fois son bien vendu.

Exemple

Période	Capital restant dû	Amortissement	Intérêts	ADI	Mensualités assurance comprise
05/03/N	330 000	1 867	714	190	2771
05/04/N	328 133	1 873	708	190	2771
05/05/N	326 260	1 880	701	190	2771
05/06/N	324 380	1 886	695	190	2771

328 133 = 330 000 – 1 867

714 = 330 000 * taux mensuel

L'ADI peut être constante ou dégressive

Les mensualités sont constantes, seuls l'amortissement et les intérêts évoluent

5. LA FAISABILITÉ DE L'OPÉRATION

1. LA CAPACITÉ D'ENDETTEMENT

➜ Il s'agit de la mensualité maximum que les acquéreurs pourront supporter : elle est relative au taux maximum accepté par les banques **: 35 % des revenus.**

➜ Ainsi, si les revenus mensuels d'un client sont de 3 500 €, il pourra au maximum rembourser 1 155 € par mois assurance comprise.

2. LE TAUX D'EFFORT

➜ Au regard de l'offre faite par l'organisme bancaire et des revenus de l'emprunteur le taux d'effort aussi appelé taux d'endettement se calcule comme suit : Mensualité assurance comprise / Revenus mensuels de l'emprunteur × 100 = Taux d'effort

41 LE CONTRAT DE PRÊT ET LA PROTECTION DE L'EMPRUNTEUR

Rares sont les ventes immobilières qui se réalisent sans recours à un prêt. L'agent immobilier doit accompagner son client acquéreur aussi dans l'obtention de ce prêt.

1. LE CONTRAT DE PRÊT ET SON CADRE JURIDIQUE

1. LA DEFINITION DU PRÊT IMMOBILIER

Le prêt immobilier est un contrat par lequel un prêteur (banque, établissement de crédit, promoteur) remet à un emprunteur une somme d'argent pour financer l'achat, la construction d'un immeuble ou pour financer des travaux de réparation ou d'entretien d'un immeuble au-delà d'un certain montant. L'emprunteur s'engage en contrepartie à restituer la somme avec le paiement d'intérêts au terme convenu.
L'obtention du crédit dans le cadre de l'achat immobilier est une condition suspensive obligatoire à la validité du contrat de vente.

2. LE CADRE JURIDIQUE DU PRÊT IMMOBILIER

➜ Le contrat de prêt est encadré par les articles 1895 et 1905 à 1908 du Code Civil ainsi que par la loi Scrivener 2 du 13 juillet 1979, qui a entouré le prêt immobilier de formalités préliminaires afin de protéger l'emprunteur. Cette loi figure aux articles L. 312-1 à L. 313-16 du Code de la consommation. Le dispositif de la loi Scrivener est d'ordre public.

➜ Conformément à l'article L. 312-2 du Code de la consommation, les opérations immobilières suivantes sont désormais concernées par le cadre protecteur : l'acquisition en propriété ou en jouissance d'immeubles d'habitation ou à usage mixte professionnel et d'habitation, la souscription ou l'achat de parts ou d'actions de sociétés donnant vocation à leur attribution en propriété ou en jouissance, l'achat de terrains destinés à leur construction, les dépenses relatives à leur réparation, amélioration, entretien quand le montant du crédit est supérieur à 75 000 €.

2. LORSQUE L'ACQUÉREUR DEVIENT EMPRUNTEUR

L'agent immobilier met en relation le vendeur et l'acquéreur. Ce dernier devient emprunteur dès lors qu'il obtient une réponse favorable aux démarches qu'il aura engagées pour trouver un prêt, et ce conformément à ce qui a été inscrit dans l'avant-contrat (voir fiche 43).

1. DE LA DEMANDE DE PRÊT À LA FORMATION DU CONTRAT

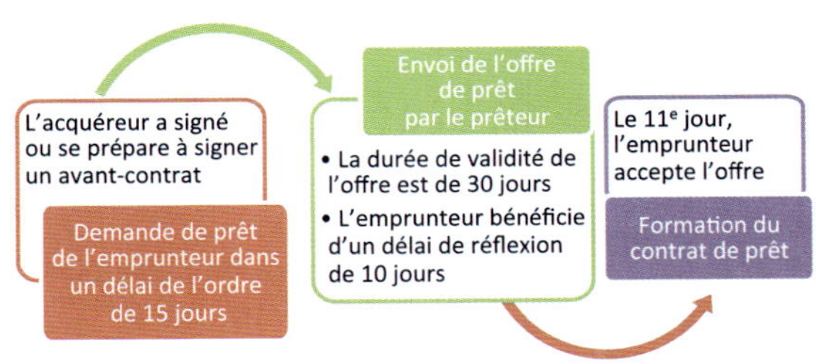

➜ L'offre doit être écrite et adressée par voie postale.

➜ En cas de pluralité d'emprunteur, chacun recevra l'offre.

➜ L'acceptation doit être donnée par écrit et expédiée par courrier. C'est le cachet de la poste qui fait foi.

➜ À partir de l'acceptation, le prêteur ne peut plus modifier les conditions du prêt mais le contrat ne devient définitif que si 3 conditions sont remplies (voir 3) :

- l'achat immobilier pour lequel le prêt est demandé doit être conclu dans un délai de quatre mois ;
- l'emprunteur doit avoir obtenu tous les prêts qu'il a sollicités pour financer son achat ;

- l'emprunt doit être garanti par une assurance décès-invalidité.

2. L'OFFRE DE PRÊT

L'offre de prêt doit contenir un certain nombre d'éléments. Elle est présentée de manière lisible et claire, en double exemplaire. Elle est accompagnée d'un formulaire d'acceptation détachable.

Le contenu obligatoire de l'offre de prêt

Elle doit comporter les caractéristiques du crédit (article L. 312-8 Code de la consommation) :

→ **l'identité** des parties et de la caution le cas échéant ;

→ la **nature, l'objet, et les modalités du prêt :** prêt à taux fixe ou révisable, les modalités de versement des fonds, les indemnités en cas de remboursement anticipé, les modalités d'acceptation, les conditions en cas de transfert du prêt ;

→ le **coût** global du prêt et le **TAEG (Taux annuel effectif global)**. Le TAEG inclut, outre les intérêts proprement dits, « *les frais, commissions ou rémunérations de toute nature directs ou indirects* » : *frais d'acte, coûts de prise de garantie, coût des assurances...* » ;

→ l'évaluation des **frais** : de dossier, de sûretés réelles ou personnelles qui conditionnent la conclusion du prêt ;

→ **la loi Hamon du 17 mars 2014** a instauré le taux annuel effectif de l'assurance : les établissements de crédit ont l'obligation d'exprimer l'assurance, à l'exclusion de tout autre taux, en « taux annuel effectif de l'assurance » (ou TAEA) comparable avec le TAEG (Taux Annuel Effectif Global) du crédit, d'en donner le coût périodique ainsi que le montant total sur la durée complète du prêt ;

→ **la durée** de cette offre qui ne peut être inférieure à 30 jours ;

→ **les garanties souscrites** en cas de défaillance de l'emprunteur (hypothèque, privilège de prêteur de deniers, caution).

Les annexes obligatoires

→ **Un échéancier** des amortissements, détaillant pour chaque échéance, la répartition du remboursement entre le capital et les intérêts.

→ **Une notice d'information** sur le contrat d'assurance décès-invalidité et, le cas échéant, perte d'emploi lorsque le prêteur le propose à l'emprunteur. La loi Hamon du 17 mars 2014 a instauré la fiche standardisée d'assurance emprunteur (voir ci-dessous *La protection de l'emprunteur*).

3. LES EFFETS DU CONTRAT DE PRÊT

Pour l'emprunteur

Les droits de l'emprunteur	Les obligations de l'emprunteur
– Se voir remettre les fonds à la signature du contrat de vente pour la vente d'un logement achevé, ou au fur et à mesure de la construction pour l'achat d'un logement à construire ; – Possibilité de rembourser par anticipation en totalité ou partiellement avec versement ou non d'une indemnité au prêteur.	Rembourser la somme prêtée et payer les intérêts conformément aux conditions prévues par le contrat, sous peine de pénalités.

Pour le prêteur

Les droits du prêteur	Les obligations du prêteur
– Exiger le remboursement de la somme avancée et les intérêts selon les termes du contrat, ainsi que le paiement des pénalités le cas échéant ; – Exiger la résolution du contrat et le remboursement majoré en cas de défaillance de l'emprunteur ; – Réclamer à chacun des héritiers la créance en cas de décès de l'emprunteur.	Débloquer les fonds dans les conditions prévues au contrat.

3. LA PROTECTION DE L'EMPRUNTEUR

1. L'INFORMATION A L'EMPRUNTEUR

Les documents publicitaires du prêteur

Pour que l'emprunteur soit informé de manière transparente, les indications suivantes doivent être portées dans les documents envoyés par le prêteur de manière très lisible et compréhensible :

→ le nom du prêteur ;

→ la nature du prêt (taux fixe, révisable...) ;

→ l'objet du prêt (acquisition, construction, travaux...) ;

→ la durée du prêt et le coût total du prêt ;

→ le délai de réflexion.

L'information à l'emprunteur sur les assurances et les risques de l'endettement

➔ Le prêteur doit **informer l'emprunteur sur l'assurance attachée au prêt, couvrant le risque de décès et d'invalidité de ce dernier**, et éventuellement le chômage. Le prêteur ne peut par ailleurs, pas imposer l'assurance de son choix à l'emprunteur (loi du 1er juillet 2010). La protection de l'emprunteur a été renforcée par la loi Hamon du 17 mars 2014 : désormais et ce depuis le 1er mai 2015 (décret n° 2015-494 du 29 avril 2015), les compagnies d'assurance ou les banques doivent remettre aux particuliers une fiche standardisée mentionnant : les garanties minimales exigées par le prêteur, les garanties proposées par l'établissement, le coût détaillé de la solution d'assurance envisagée, les conditions dans lesquelles l'emprunteur peut opter pour un autre assureur. Par ailleurs, depuis le 1er janvier 2018, l'emprunteur peut changer d'assurance en lui substituant un contrat alternatif et ce à chaque échéance annuelle du contrat. Le prêteur doit accepter la substitution.

➔ Le prêteur doit **déconseiller à l'emprunteur le recours à un emprunt excessif qui mettrait ce dernier en difficulté** (loi sur le surendettement du 31 décembre 1989).

L'information à l'emprunteur sur la protection du prêteur

➔ L'emprunteur doit être informé au sujet des modalités de remboursement anticipé. **La loi autorise en effet le prêteur à percevoir une indemnité au titre des intérêts non échus**. Le montant de l'indemnité ne peut excéder la valeur d'un semestre d'intérêts sur le capital remboursé par anticipation, sans pouvoir dépasser 3 % du capital restant dû avant le remboursement.

➔ L'emprunteur doit également être informé que le prêteur peut demander **la résolution du contrat** (procédure judiciaire ou clause résolutoire insérée au contrat).

2. LE DELAI DE RÉFLEXION

➔ L'emprunteur dispose d'un délai de réflexion de 10 jours à compter du jour de la réception de l'offre avant d'accepter.

➔ Ce délai est d'ordre public. Ainsi s'il accepte l'offre, l'emprunteur doit la retourner à partir du 11e jour et avant le 30e jour. L'acceptation forme le contrat de prêt.

3. L'INTERDÉPENDANCE DES CONTRATS DE VENTE ET DE PRÊT

L'interdépendance entre contrat de vente et de prêt

➔ Afin que l'acquéreur ne soit pas être engagé définitivement dans une opération immobilière sans avoir l'assurance d'obtenir le financement dont il a besoin, et qu'il soit libéré du prêt si l'opération pour laquelle il recourt à l'emprunt ne se réalise pas, les deux contrats d'achat et de crédit sont liés :

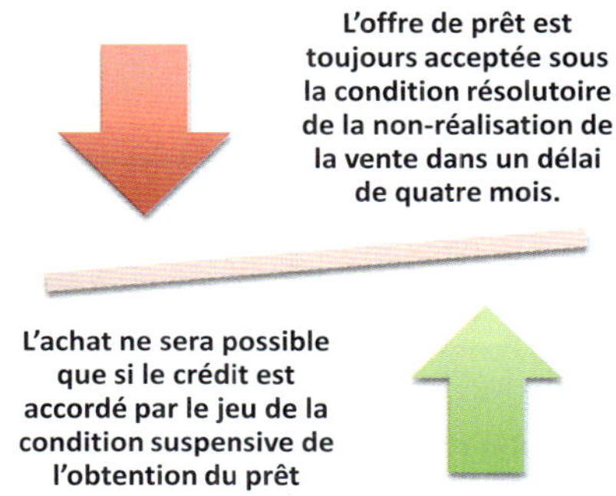

➔ La vente est le contrat principal et le crédit, le contrat accessoire.

L'interdependance entre les différents prêts

➔ Lorsque l'emprunteur informe ses prêteurs qu'il recourt à plusieurs prêts pour la même opération, chaque prêt est conclu sous la condition suspensive de l'octroi de chacun des autres prêts. Cette disposition ne s'applique qu'aux prêts dont le montant est supérieur à 10 % du crédit total.

42 LES SÛRETÉS

Le prêteur prend une garantie, visant à couvrir le risque que comporte le fait de prêter des capitaux à un client. Cette garantie porte la plupart du temps sur le bien acheté, mais peut aussi porter sur d'autres biens. L'emprunteur supporte le coût de la mise en place de cette garantie. On évalue son coût à environ 2 % du capital emprunté selon le type de garantie prise.

1. QU'EST-CE QU'UNE SÛRETÉ ?

Le créancier prend le risque de ne pas récupérer ce qu'il a prêté. Il met donc en place un dispositif qui lui permettra d'avoir une garantie de recouvrement de sa créance : la sûreté.

1. NOTION DE SÛRETÉ

➜ Tout créancier dispose **d'un droit de gage général** sur le patrimoine de son débiteur : il peut faire saisir et vendre aux enchères les biens de son débiteur et se faire payer sa créance sur le prix de vente (article 2093 du Code Civil). On parle alors de créancier chirographaire. La garantie de recouvrer sa créance est cependant aléatoire pour deux raisons : elle repose sur l'état du patrimoine du débiteur et elle passe après les créances bénéficiant d'une sûreté.

➜ La sûreté permet au créancier de bénéficier d'une garantie de recouvrement de sa créance. Elle peut être réelle ou personnelle.

2. LES DIFFÉRENTS TYPES DE SÛRETÉS

Sûreté réelle

Elle permet l'affectation d'un ou plusieurs biens du débiteur en garantie de la dette. Les garanties réelles comprennent le gage, le nantissement, l'hypothèque et les privilèges.

Sûreté personnelle

Elle permet à une ou plusieurs personnes de garantir sur leur patrimoine l'exécution du débiteur. Il s'agit par exemple de la caution.

Dans le domaine immobilier on trouvera couramment l'hypothèque et l'inscription en privilège de prêteur de deniers d'une part, et la caution d'autre part.

2. LES SÛRETÉS RÉELLES

1. L'HYPOTHÈQUE CLASSIQUE OU CONVENTIONNELLE

Le fonctionnement

➜ L'hypothèque classique est dite « conventionnelle » parce qu'elle résulte d'un contrat.

➜ Elle est possible pour garantir les prêts finançant tous les types de biens. Elle est surtout utilisée pour garantir le paiement des biens neufs ou vendus en VEFA.

➜ C'est une garantie prise par le créancier dit « hypothécaire », ici le prêteur (la banque par exemple), qui permet à ce dernier, en cas de défaillance définitive de l'emprunteur, de faire vendre le bien aux enchères par voie judiciaire afin de recouvrer les sommes restant dues (capital et intérêts) au titre du prêt.

➜ Elle fait l'objet d'un acte notarié et doit être inscrite au service de la publicité foncière dans les deux mois courant à compter de la signature de l'acte.

➜ Elle prend effet le jour de son inscription au service de la publicité foncière et s'étend sur la durée du prêt plus 12 mois.

➜ Si l'emprunteur souhaite lever l'hypothèque (en cas de revente de son bien par exemple avant la fin du prêt) il devra procéder à une mainlevée de ladite hypothèque. En cas de mainlevée il y a rédaction d'un acte notarié.

➜ L'inscription ou la mainlevée d'hypothèque donnent donc toutes deux lieu à paiement de frais. Il s'agit des taxes d'une part (taxe de publicité foncière de 0,715 % et contribution à la sécurité immobilière de 0,05 %) et des émoluments du notaire d'autre part.

Les effets de l'hypothèque

→ Si l'hypothèque se réalise, le créancier peut choisir la vente forcée de l'immeuble ou demander l'attribution préférentielle de l'immeuble hypothéqué.

→ **Le droit de préférence** : le créancier disposant de l'hypothèque sera payé sur le prix de vente avant les créanciers chirographaires et selon son rang à l'inscription au service de la publicité foncière.

→ **Le droit de suite** : le créancier peut saisir l'immeuble même si celui-ci se trouve entre les mains d'un tiers, dès lors que l'inscription de l'hypothèque s'est faite avant la cession au tiers. Ce dernier peut cependant rester propriétaire s'il accepte de payer les dettes du débiteur qui lui a vendu l'immeuble.

2. L'INSCRIPTION EN PRIVILÈGE DE PRÊTEUR DE DENIERS (IPPD)

→ **Le privilège de prêteur de deniers ne peut garantir que le paiement d'un immeuble existant. Ainsi les ventes en VEFA n'ouvrent pas cette possibilité.**

→ Le privilège est également une sûreté réelle permettant au créancier d'être préféré aux autres créanciers, en particulier les créanciers hypothécaires. En effet, le privilège prend rang à la date de la vente (ainsi il est prioritaire sur les garanties hypothécaires qui prennent rang à la date de l'inscription) et s'étend sur toute la durée du prêt plus 12 mois.

→ En matière immobilière on parlera de privilège immobilier spécial. Il doit faire l'objet d'une publicité dans les deux mois de la vente pour être opposable aux tiers.

→ Le privilège de prêteur de deniers est accordé à l'établissement de crédit qui lui permet, en cas de défaillance de l'emprunteur et sans son consentement, d'exiger la vente du bien immobilier avant l'expiration de la dette, de récupérer sa créance en priorité sur tout autre créancier

→ Son coût est plus faible que celui de l'hypothèque car il est dispensé de la taxe de publicité foncière de 0,715 %.

3. LA CAUTION – UNE SÛRETÉ PERSONNELLE

1. LA DÉFINITION

→ Il s'agit d'un contrat écrit par lequel une personne physique ou morale s'engage pendant la durée du prêt à rembourser l'établissement de crédit en cas de défaillance de l'emprunteur.

→ En matière de vente immobilière, la caution est le plus souvent une société spécialisée, de type mutualiste, filiale de l'établissement de crédit ou une mutuelle de fonctionnaires.

→ Si la société de cautionnement est amenée à payer en se substituant à l'emprunteur, elle aura la possibilité de se retourner contre lui et de procéder à une saisie.

2. LE FONCTIONNEMENT

→ En matière de cautionnement, les frais comportent deux volets :

- **une commission de caution** d'environ 0,50 % du montant du prêt pour les prêts épargne logement et de 150 € à 300 € pour les autres prêts, y compris les prêts relais. Cette somme représente les frais de gestion et la rémunération de la société. Ils sont « perdus » pour l'emprunteur ;
- **une contribution au Fonds Mutuel de Garantie (FMG)** de 1,50 % du montant du prêt pour les prêts épargne-logement. Pour les autres prêts, y compris les prêts relais, la contribution est de 0,8 % du montant de l'emprunt, plus 200 €.

→ **L'attrait principal de cette formule** est qu'au moment de la revente du bien ou à la fin du remboursement du prêt, une partie de la somme versée au titre du FMG est restituée à l'emprunteur. Actuellement, le taux de restitution est d'environ 75 %. Par ailleurs, on notera l'absence de taxe, et l'absence de frais de mainlevée le cas échéant du fait qu'il s'agit d'un acte sous seing privé.

43 LES AVANT-CONTRATS LES RÈGLES COMMUNES

Lorsque l'acquéreur a fait une offre, et que cette dernière a été acceptée par le vendeur, le négociateur peut prévoir une date pour la signature de l'avant-contrat. Il s'agira d'une promesse de vente unilatérale ou synallagmatique (voir fiche 44) dans le cadre de la vente d'un bien existant et d'un contrat de réservation dans le cadre d'une Vente en l'État Futur d'Achèvement (VEFA). Ces différents contrats ont des caractéristiques spécifiques, mais présentent avant tout des caractéristiques communes. Nombre de dispositions prévues ont pour objectif de protéger l'acquéreur.

1. LES RÈGLES COMMUNES AUX AVANT-CONTRATS

	Contenu
Éléments de rédaction de l'avant-contrat	➜ Les mentions essentielles à la vente doivent figurer dans l'avant-contrat afin d'assurer **les conditions de validité de fond** : • l'identification des parties (vérification de la capacité, régime matrimonial…) ; • la désignation complète du bien, les mentions spécifiques aux biens en copropriété (surface, lot) ; • le prix et les modalités de financement ; • les servitudes éventuelles, l'état hypothécaire ; • les conditions de la prise de possession ; • la rémunération de l'intermédiaire ; • la signature des parties. ➜ **Les conditions de l'article 1128 doivent être réunies** : le consentement des parties, leur capacité à contracter, un contenu licite et certain. ➜ **Le contrat doit être écrit**. Il prend la forme d'un acte sous seing privé ou d'un acte authentique (il est alors réalisé devant notaire). ➜ **Il est possible d'introduire une clause pénale** destinée à dissuader les parties de se rétracter sans motif légitime, par la menace d'une sanction pécuniaire convenue entre les parties. Remarques • Le logement de la famille ne peut être cédé qu'avec le consentement des deux époux (article 215 du Code civil). • La vente d'un bien indivis nécessite le consentement de tous les indivisaires.
Le délai de rétractation : une protection pour l'acquéreur	➜ Conformément à la loi SRU du 13 décembre 2000 (modifiée par la loi Macron du 6 août 2015), l'acquéreur non professionnel, qui conclut un avant-contrat ayant pour objet l'acquisition d'un immeuble à usage d'habitation bâti ou la vente d'immeuble à construire, bénéficie **d'un délai de rétractation de dix jours** avant de s'engager définitivement. ➜ **La rétractation n'a pas à être motivée** et doit être exercée par lettre recommandée avec avis de réception. ➜ Le délai court à compter du lendemain de la première présentation de la lettre recommandée lui notifiant l'avant-contrat. La lettre recommandée peut être remplacée par tout autre moyen présentant des garanties équivalentes.

Le versement d'argent : une réglementation protectrice pour l'acquéreur

→ Lors de la conclusion d'un avant-contrat sous seing privé, nul ne peut recevoir de l'acquéreur non professionnel aucun versement avant l'expiration du délai de rétractation.
→ Cependant, **lorsque l'avant-contrat est effectué par l'intermédiaire d'un professionnel disposant d'une garantie financière affectée au remboursement des fonds déposés et ayant reçu mandat**, un versement peut être reçu de la part de l'acquéreur non-professionnel, même pendant le délai de rétractation.
→ Si l'acquéreur se rétracte, **le professionnel lui restituera les fonds dans les 21 jours suivant la rétractation.**
→ **Ce versement doit être enregistré dans le registre-répertoire de l'agence (voir extrait ci-après)**. Ce dernier fait apparaître les parties contractantes, les montants versés et les motifs. Cet enregistrement fait également apparaître le numéro du mandat avec lequel la transaction est en lien.

Extrait du Registre répertoire de la loi du 2 janvier 1970

A- N° D'ordre	**B- Nature de l'opération**	**C- Désignation des biens**	**G- Observations générales**
D- N° du répertoire	**E- Nom et adresse des parties**	**F- N° du mandat**	

Date du mouvement	Nom et adresse de la ou des parties versantes	Nom et adresse de la ou des parties bénéficiaires du règlement	Motifs du mouvement	N° du reçu	Mode de paiement	Montant de la remise	Montant du règlement	Solde	Observations

→ **Les fonds sont versés sur le compte spécial de l'agent immobilier** détenteur de la carte professionnelle (autrement appelé « compte séquestre »). Le solde de ce compte, visible sur le registre répertoire ne doit en aucun cas dépasser le montant de la garantie financière qui couvre l'agence.
→ **Les versements sont qualifiés d'indemnité d'immobilisation ou d'acompte, d'arrhes ou de dédit**. Les conséquences juridiques en cas d'inexécution du contrat varient selon la qualification (voir fiche 44).

Le Dossier de Diagnostic Technique – DDT : une information pour protéger l'acquéreur

→ Différents diagnostics du bien immobilier sont imposés par le législateur afin d'assurer la protection de l'acquéreur. L'ensemble de ces diagnostics est regroupé dans le **dossier de diagnostic technique (DDT).** L'objectif du DDT est de protéger et de mieux informer le futur propriétaire sur les éléments de l'immeuble susceptibles de présenter des risques pour la santé ou pour la sécurité des personnes.
→ **La responsabilité de l'agent immobilier peut se trouver engagée** si l'un de ces diagnostics venait à manquer au dossier.
Voir fiche 31.

L'existence de conditions suspensives La condition suspensive d'obtention de prêt : un dispositif protecteur pour l'acquéreur	La condition suspensive est un événement futur et incertain dont dépend un contrat. Si la condition suspensive se réalise, le contrat devient parfait. Il peut s'agir : ➜ **de la condition suspensive d'obtention de prêt :** elle prévoit que le financement de l'achat se fera sous la condition de l'obtention d'un prêt. Son intérêt est de : • **mesurer la motivation de l'acquéreur :** la recherche par celui-ci de renseignements auprès d'organismes de crédit est un élément de motivation ; • **encadrer les démarches de demande de prêt** et permettre une caractérisation plus aisée de la faute de l'acquéreur au cas où celui-ci refuserait le prêt pour une raison non légitime. Le contrat de prêt est réglementé par la loi Scrivener du 13 juillet 1979 (voir fiche 41). La condition suspensive est d'ordre public. C'est-à-dire que l'emprunteur bénéficie de la protection même si l'avant-contrat ne comporte pas cette clause et que le prêt lui serait refusé. **Pour que cette condition ne s'applique pas, il faut :** • que l'avant-contrat indique que le prix sera payé sans le recours à un emprunt ; • que l'acquéreur précise de sa main qu'il a été informé, que s'il recourt néanmoins à un prêt, il ne pourra bénéficier des dispositions de la loi Scrivener. **La condition suspensive doit être précise :** elle indique le montant et le taux maximum du prêt envisagé ainsi que sa durée. La durée de validité de la condition suspensive est limitée dans le temps. La loi indique qu'elle ne peut être inférieure à 30 jours à compter de la signature de l'avant-contrat. En pratique, ce délai est souvent porté à 45 jours. ➜ **de la condition suspensive de purge des droits de préemption.** Le droit de préemption est la possibilité pour un tiers de se substituer dans le bénéfice de la promesse. Il peut s'agir : • **du droit de préemption d'un locataire** en place dans les lieux au moment de la vente ou de **co-indivisaires** ; • **du droit de préemption de la commune.** On parle alors de droit de préemption urbain ; • **de la mise en jeu d'un pacte de préférence** : le bénéficiaire du pacte est prioritaire au moment de la mise en vente. ➜ **de la condition suspensive d'urbanisme.** Elle est réalisée à la remise du certificat d'urbanisme, révélant toutes les servitudes administratives pouvant toucher le bien ; ➜ **de la condition suspensive de mainlevée d'hypothèque et privilège**, lorsque le bien en est grevé. Il existe d'autres conditions suspensives : libération des lieux par le locataire occupant, obtention d'un permis de construire…

2. LES ÉLÉMENTS RELATIFS À LA VENTE D'UN LOT EN COPROPRIÉTÉ

Dans le cadre de la vente d'un lot en copropriété, le vendeur est tenu de fournir un certain nombre d'informations. La loi ALUR du 24 mars 2014 a notamment renforcé l'obligation d'information en introduisant une liste des documents à annexer à la promesse. L'agent immobilier qui accompagne le vendeur devra l'aider dans cette tâche et le guider dans ses contacts notamment avec le syndic de l'immeuble. Voir Partie Gestion.

Le délai de rétractation de 10 jours dont bénéficie l'acquéreur court à compter de la réception du dernier document d'information rendu obligatoire lors de la signature de la promesse (article L. 721-2 du CCH). Le carnet d'entretien, le diagnostic global sont exclus de cette règle.

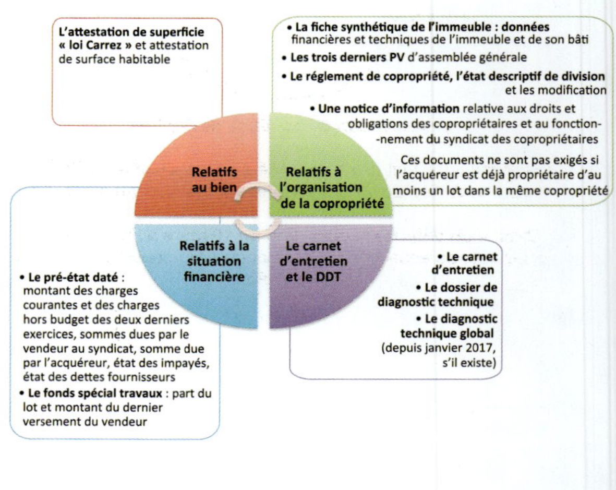

Deux situations peuvent se présenter :

44 LA PROPOSITION D'UN AVANT-CONTRAT AU CLIENT

➜ **le client acquéreur fait une offre d'achat acceptée par le vendeur** ;
➜ **le client acquéreur accepte la proposition d'un promoteur immobilier dans le cadre d'une vente en VEFA**.

1. LA PROMESSE UNILATÉRALE DE VENTE (PUV)

1. LE MÉCANISME GÉNÉRAL

La PUV est un contrat par lequel le promettant (le propriétaire vendeur) s'engage à vendre un bien à des conditions déterminées à un bénéficiaire (le futur acquéreur) qui dispose d'une option d'achat pendant un délai déterminé appelé « délai d'option » :

PHASE 1 : La signature de la promesse

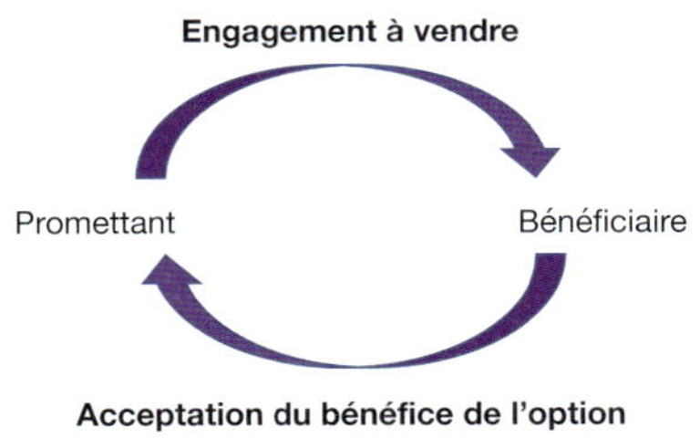

Versement immédiat de **l'indemnité d'immobilisation si l'avant-contrat est effectué avec un professionnel garanti à cet effet.**

Droit à un délai de rétractation de 10 jours au bénéfice de l'acquéreur potentiel non professionnel si l'immeuble est à usage d'habitation

PHASE 2 : La mise en œuvre de l'option par le bénéficiaire

Le bénéficiaire lève l'option ⬇ **FORMATION DE LA VENTE** Transfert de propriété : le promettant est obligé de vendre et le bénéficiaire est obligé d'acheter dans le respect des conditions suspensives

Le bénéficiaire refuse d'acquérir ⬇ **PERTE DE L'INDEMNITÉ D'IMMOBILISATION** si refus pour convenance personnelle

RESTITUTION DE L'INDEMNITÉ si refus légitime

PHASE 3 : La réalisation de la vente

« Les présentes constitueront dès la levée d'option un accord sur la chose et le prix »

2. LE FONCTIONNEMENT DE LA PUV

Les conditions de fond et de forme

➜ Les conditions propres aux contrats et aux avant-contrats s'appliquent, voir fiche 43.

L'indemnité d'immobilisation

➜ En contrepartie du droit d'option, le bénéficiaire se voit le plus souvent imposer le versement d'une **indemnité d'immobilisation** au profit du vendeur. C'est le « prix de l'exclusivité » consentie au bénéficiaire.
➜ Bien que le montant de cette indemnité soit libre, **il est recommandé de ne pas dépasser plus de 10 % du prix de vente**. En effet, si elle est trop élevée, les tribunaux considèrent que le bénéficiaire n'a plus vraiment le choix d'acheter ou non et qualifie le contrat de compromis de vente (voir 3).
➜ Depuis le 1er juillet 2009, **les promesses unilatérales de vente dont le délai d'option dépasse 18 mois** sont assujetties à un versement minimal de 5 %, à peine de nullité.

La durée

➜ **la promesse est consentie pour une durée expirant à une date limite fixée** librement par les parties.
➜ Si la durée dépasse 18 mois, la promesse unilatérale de vente doit prendre la forme d'un acte authentique (article L. 290-1 CCH depuis la loi du 25 mars 2009).

Remarque : en vertu de l'article 7 de la loi Hoguet, les promesses établies par les agents immobiliers, doivent être limitées dans le temps à peine de nullité.

➜ **L'enregistrement de la PUV** : la promesse sous seing privé doit être enregistrée auprès de la recette fiscale du lieu de situation du bien dans les 10 jours de l'acceptation par le bénéficiaire.

3. LES EFFETS DE LA PUV

Pour le promettant : l'engagement de vendre

➜ Le promettant demeure propriétaire tant que l'option n'est pas levée. Il assume donc les risques.

➜ Il est tenu de contracter avec le bénéficiaire. À défaut il peut voir sa responsabilité contractuelle engagée.

➜ Si le promettant refuse de vendre, l'acquéreur pourra obtenir l'exécution forcée de la vente.

Pour le bénéficiaire : le droit de lever l'option ou non

➜ Le bénéficiaire n'a pas l'obligation d'acheter (voir schéma ci-dessus). Deux possibilités s'offrent à lui :

- **la non-levée de l'option** : les deux parties sont libérées, l'indemnité d'immobilisation est conservée par le promettant ou restituée si la non-levée d'option est due à la non-réalisation d'une condition suspensive ;
- **la levée de l'option** : la vente est ferme et définitive, l'indemnité d'immobilisation s'impute sur le prix de vente.

2. LA PROMESSE SYNALLAGMATIQUE DE VENTE (PSV)

1. LE MÉCANISME GÉNÉRAL

➜ La PSV est un contrat préparatoire à la vente dans lequel un propriétaire et un candidat acquéreur se promettent respectivement de vendre et d'acquérir un bien moyennant un certain prix. Dès lors, on applique l'article **1589** du Code civil : « *la promesse de vente vaut vente, lorsqu'il y a consentement réciproque sur la chose et sur le prix* ».

➜ **La PSV correspond en pratique à une vente sous conditions suspensives** : la vente est formée mais sera définitive seulement lorsque les événements conditionnels, c'est-à-dire futurs et incertains, se réaliseront.

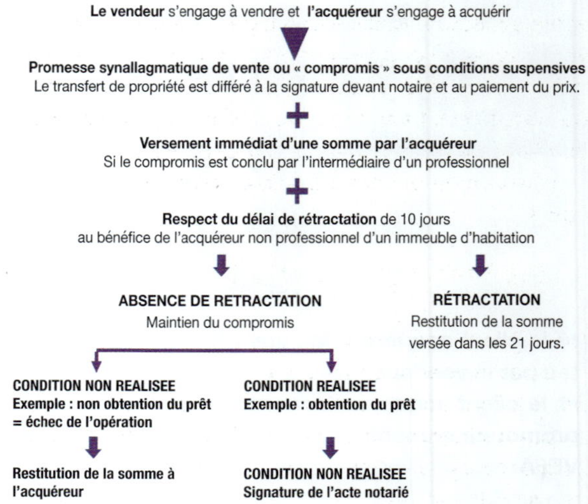

2. LE FONCTIONNEMENT DE LA PSV

Les conditions de fond et de forme

➜ Les conditions propres aux contrats et aux avant-contrats s'appliquent, voir fiche 43.

Les délais

➜ **Plusieurs délais** sont généralement fixés dans la promesse synallagmatique de vente :

- celui **afférent aux conditions suspensives** ;
- celui **afférent à la signature de l'acte authentique de vente**, couramment appelé délai de validité de la promesse. La fixation de ce dernier délai est obligatoire à peine de nullité lorsque le compromis est effectué par un agent immobilier (loi Hoguet article 7). Le délai couramment fixé est de trois mois à compter de la conclusion du compromis.

➜ Le délai initial ne peut être prorogé que par un nouvel accord mutuel des parties.

➜ Le dépassement des délais entraîne la **caducité de la promesse.**

Le dépôt de garantie :

➜ La promesse synallagmatique de vente prévoit très fréquemment **le versement par l'acquéreur d'une somme d'argent appelé « dépôt de garantie ».** Ce n'est cependant pas une condition de validité de cet avant-contrat. En pratique, un montant de 5 % à 10 % est généralement retenu :

- **en principe, le versement est qualifié d'acompte** : il s'agit d'une fraction du prix payé à l'avance et qui manifeste la volonté des parties de conclure la vente. La somme est destinée à s'imputer sur le prix si la

vente se réalise. Aucune des parties ne peut alors revenir sur son engagement. La somme demeure acquise au vendeur si la vente ne se réalise pas du fait de l'acquéreur. Le vendeur peut même agir en exécution forcée et pour obtenir le solde du prix ;

- **si le versement est qualifié d'arrhes** ou de dédit : voir 3.

3. LES EFFETS DE LA PSV

La PSV sans faculté de dédit

→ **Dans ce cas la vente est parfaite** dès le compromis car il y a accord sur le prix et sur la chose.

→ **Sous réserve de la réalisation des conditions suspensives**, les parties ne peuvent se désengager et peuvent être forcées à vendre ou à acheter, même si elles refusent de signer l'acte authentique.

La PSV avec faculté de dédit

→ **La faculté de dédit** est la possibilité laissée à une partie de se désengager de la vente en abandonnant à l'autre partie une somme d'argent :

- **si le dédit est permis seulement à l'acquéreur,** la somme versée par lui s'analyse comme **un acompte**.
- **si le dédit est permis aux deux parties**, on parlera **d'arrhes**. L'acquéreur, s'il se dédit, perdra la somme versée lors de la signature de la promesse.

3. LE CONTRAT DE RÉSERVATION

Le contenu du contrat de réservation

→ **Le réservant** (le promoteur) s'engage à réserver un logement dans le programme choisi au **réservataire** (le client).

→ En application de l'article R. 261-25 & s du CCH, ce contrat doit faire l'objet d'un **écrit** et contenir les **mentions obligatoires** suivantes :

- la description détaillée du futur logement ;
- la surface habitable approximative ;
- le nombre de pièces principales et de pièces de service (cuisine, salle d'eau…) ;
- les dégagements (couloirs, escaliers) et dépendances (cave, garage).

→ **Une notice technique doit être annexée au contrat** précisant la qualité de la construction ainsi que les matériaux utilisés et les équipements collectifs prévus dans l'immeuble (ascenseur, chauffage…) ; cette notice indique également le prix prévisionnel de vente et le cas échéant ses conditions de révision (la révision ne peut être opérée que dans la limite de 70 % de l'indice BT 01 entre la date du contrat de réservation et celle de la vente définitive).

→ **La date de signature** de la vente définitive.

→ **La date de livraison n'est pas une obligation**, mais le plus souvent, le promoteur mentionne une date limite ou une période (ex : 4e trimestre année N).

→ **La condition suspensive d'obtention de prêt.**

Le versement du dépôt de garantie

→ **Encadré par les articles R. 261-28 à R. 261-31 du CCH,** son montant ne doit pas dépasser :

- 5 % du prix si la signature de l'acte notarié d'acquisition est prévue moins d'un an après celle du contrat de réservation ;
- 2 % maximum si ce délai est compris entre 1 et 2 ans ;
- au-delà de 2 ans, aucun dépôt de garantie ne peut être exigé par le promoteur.

→ **La somme versée en garantie est déposée sur un compte spécial** ouvert au nom de l'acquéreur dans une banque ou chez un notaire.

→ La somme versée s'imputera sur le prix de vente lors de la signature de l'acte authentique.

La restitution du dépôt de garantie

→ Pour obtenir restitution de son dépôt de garantie, il faut en faire la demande par LRAR tant au vendeur qu'au dépositaire des fonds (banque ou notaire). La restitution doit intervenir intégralement dans les 3 mois suivant la demande. Les cas dans lesquels la restitution peut être demandée sont : **l'exercice du droit de rétractation** de 10 jours, **le prix de vente est supérieur d'au moins 5 % au prix prévisionnel**, **une différence anormale entre le contrat définitif et le contrat de réservation** entraînant une diminution évaluée à 10 % de la valeur du logement, **un équipement prévu faisant défaut**, **le non-respect de la date de signature du contrat de vente**, **la non-réalisation de la condition suspensive d'obtention de prêt**.

45 LA SIGNATURE DE L'ACTE AUTHENTIQUE

Environ 3 mois après la signature de l'avant-contrat, la vente est authentifiée. Elle fait l'objet d'un acte passé devant notaire.

→ Le délai de trois mois correspond au temps nécessaire à la réalisation des formalités préalables et d'éventuelles conditions suspensives.

→ Le prix de la vente transite par le notaire, qui procède à la publication au service de la publicité foncière de la vente dans un délai d'un mois à compter de l'acte.

→ Communément, le notaire de l'acquéreur est en charge de la rédaction de l'acte authentique.

1. LES FORMALITÉS PRÉALABLES

1. LES INFORMATIONS RÉUNIES PAR LE NOTAIRE

Avant la signature de l'acte authentique un certain nombre de formalités destinées à sécuriser la vente et à protéger les intérêts de l'ensemble des parties sont accomplies :

	Nature des formalités et des informations recueillies
L'identification des parties	Vérification des identités, de la capacité juridique des parties, du régime matrimonial…
L'immeuble	Vérification de la qualité de propriétaire du vendeur, des droits réels éventuels dont l'immeuble fait l'objet (hypothèque, privilège, servitudes éventuelles), de l'origine de la propriété sur 30 ans…
Les règles d'urbanisme	Demande du certificat d'urbanisme, du certificat d'alignement…
Les contraintes spécifiques relatives à certains immeubles	Demandes spécifiques relatives aux immeubles situés dans un périmètre protégé (monument historique, zone naturelle protégée), aux terrains situés dans une zone agricole devant faire l'objet d'une autorisation de la SAFER (Société d'Aménagement Foncier et d'Établissement Rural) par exemple ;
Les différents droits de préemption	Purge du droit de préemption urbain, de co-indivisaires, de locataires…
Les opérations spécifiques aux lots de copropriété	Collecte des documents obligatoires : voir fiche 43 ;
Le dossier des diagnostics techniques (DDT)	Vérification des diagnostics nécessaires pour chaque vente (voir fiches 31 et 43) ;
Les documents spécifiques aux ventes de biens de moins de 10 ans	Vérification de la garantie dommage-ouvrage, de la déclaration d'achèvement de travaux.

2. LE RÔLE DE L'AGENT IMMOBILIER

→ L'agent immobilier transmet au notaire le dossier de la vente :

- **L'avant-contrat** signé par les parties ;
- **Les annexes à l'avant-contrat :** le DDT, les documents spécifiques à la copropriété ainsi que tous les documents relatifs à toute vente. Lors de l'entrée du mandat et de la signature de l'avant-contrat, l'agent immobilier a procédé à un grand nombre de vérifications (voir fiches 31 et 43) qui lui permettront de transmettre le dossier complet et de répondre à toute question supplémentaire ;

→ L'agent immobilier utilise les outils de gestion du temps nécessaires à l'accomplissement de ces différentes démarches (voir fiche 8) afin de ne pas retarder la signature du contrat.

2. LES EFFETS DE LA VENTE

1. LES EFFETS POUR VENDEUR

L'obligation d'information (rappels)

→ **Le vendeur est tenu d'informer l'acquéreur non professionnel**. Le non-respect de cette obligation pourrait lui être reproché sur le fondement du vice du consentement, ou de la garantie des vices cachés.

→ La loi oblige en particulier le vendeur à **fournir un certain nombre de diagnostics** concernant l'état du bien vendu (voir fiche 31) ;

→ **Dans le cadre d'une vente en copropriété,** le vendeur doit également fournir un certain nombre d'informations (voir fiches 31 et 43).

L'obligation de délivrance

→ L'obligation de délivrance se matérialise par **la remise des clés s'il s'agit d'un bâtiment ou par la remise du titre de propriété**.

→ **Le vendeur doit mettre à disposition de l'acquéreur l'immeuble vendu** : l'immeuble doit être conforme à ce qui était prévu au contrat. Cette obligation comprend également les accessoires de l'immeuble : meubles affectés au service et à l'exploitation de l'immeuble ou attachés à perpétuelle demeure, accessoires incorporés à la construction (installation électrique par exemple).

→ **Le vendeur doit délivrer la bonne contenance** (surface). Si la contenance est inférieure à celle prévue une action en réduction du prix peut être intentée par l'acquéreur dans l'année qui suit la signature du contrat. Le législateur est intervenu pour éviter ce type de problème dans les actes de ventes d'immeubles en copropriété, en rendant obligatoire un certificat de surface dit « certificat Carrez » (voir 2).

→ **En l'absence de délivrance,** l'acquéreur peut demander la résolution de la vente ou bien la mise en possession avec dommages et intérêts.

L'obligation de garantie

→ La garantie contre les vices cachés :

- **article 1641 du Code civil :** « Le vendeur est tenu de la garantie à raison des défauts cachés de la chose vendue qui la rendent impropre à l'usage auquel on la destine, ou qui diminuent tellement cet usage, que l'acheteur ne l'aurait pas acquise, ou n'en aurait donné qu'un moindre prix, s'il les avait connus. » ;
- **le vice doit exister antérieurement à la vente** ou au moins être en germes à la date de celle-ci. Par ailleurs il ne doit pas être apparent, de sorte que l'acheteur n'a pas pu s'en rendre compte. La qualité de professionnel ou non est prise en compte dans l'appréciation de la connaissance du vice que l'acquéreur pouvait avoir ;
- l'acquéreur qui met en œuvre la garantie des vices cachés peut le faire **dans les deux ans de la signature.** Il peut rendre l'immeuble et se faire restituer le prix. Il peut également demander une réduction du prix ainsi que des dommages et intérêts ;
- il est possible d'inscrire dans l'acte une clause d'exonération mais elle n'est valable que pour le vendeur de bonne foi et seulement si celui-ci n'est pas un professionnel.

Remarque : En cas de non-présentation des diagnostics relatifs au plomb, à l'amiante, aux installations gaz et électricité, aux termites et à l'assainissement, la sanction prévoit l'absence d'exonération de la garantie des vices cachés.

→ La garantie d'éviction :

- **la garantie d'éviction préserve l'acquéreur d'être évincé de la chose**, c'est-à-dire d'être privé de la possession paisible, voire de la propriété de la chose vendue ;
- la garantie d'éviction crée pour le vendeur deux obligations : celle de **s'abstenir de porter personnellement atteinte au droit transmis à l'acquéreur :** il s'interdit d'accomplir un acte de nature à troubler la jouissance du bien vendu ; **celle d'assurer à l'acquéreur une protection en cas d'atteinte d'un tiers** : le vendeur doit prévenir l'acquéreur de tous les droits qui grèvent le bien vendu (usufruit, bail), et doit prendre la défense de l'acquéreur afin de faire rejeter la prétention d'un tiers ;
- pour mettre en œuvre sa garantie, l'acquéreur peut appeler son vendeur en garantie ou se retourner contre lui. L'acquéreur, selon les cas peut obtenir la restitution du prix et des dommages et intérêts ou bien la résolution de la vente ou le remboursement de la valeur de la partie dont il se trouve évincé.

Le droit à l'action en rescision pour lésion

→ **La rescision pour cause de lésion** est encadrée par les articles 1674 à 1685 du Code civil. La jurisprudence doit aussi être prise en compte.

→ Ainsi, le vendeur dispose **d'un droit de contester le prix de son bien** s'il s'avère que celui-ci a été vendu à un prix très inférieur à celui qui aurait dû être en fonction des conditions de marché du moment (lésion de plus de 7/12e du prix).

→ Le vendeur a **deux ans** à compter du jour de la vente pour faire valoir ce droit.

→ **L'estimation à prendre en compte** est celle du moment de la vente. Elle doit être prouvée par trois experts qui devront adresser un avis commun dans un procès-verbal commun.

→ Le Tribunal de Grande Instance est compétent.

→ Selon les situations, l'acquéreur pourra soit :

- **rendre le bien et en recevoir le prix payé**. S'il en

a récolté des revenus, il doit également remettre ces revenus ;

- **garder le bien et payer le supplément de prix** ainsi que l'intérêt du supplément.

2. LES EFFETS POUR L'ACQUÉREUR

Le paiement du prix

→ Le prix de vente au vendeur :

- la principale obligation de l'acquéreur est de **payer le prix de vente** au vendeur, selon ce qui a été prévu au contrat. L'argent est versé au vendeur par l'entremise du notaire. C'est après la publication au service de la publicité foncière que le notaire lui fera parvenir une copie de l'acte authentique valant titre de propriété. En attendant, le notaire remet à l'acquéreur une attestation de propriété ;
- **en cas de défaut de paiement** le vendeur pourra contraindre l'acquéreur à s'exécuter (action en paiement du prix) ou demander la résolution du contrat avec dommages et intérêts. Une clause résolutoire de plein droit (pacte commissoire) prévoyant la résolution du contrat de plein droit en cas de non-paiement peut être prévue.

→ Les frais de mutation : l'acquéreur supporte également les frais de la vente (il peut être convenu par les parties que le vendeur les supportera) :

- à l'occasion de la signature de l'acte authentique, l'acquéreur paie **des taxes dues à l'État**, et ce par l'entremise du notaire. Il s'agit dans le cadre de la vente classique du paiement principalement des droits d'enregistrement, comprenant la taxe départementale de publicité foncière ainsi que de la contribution au service de la publicité foncière (voir fiche 27) ;

Remarque : c'est au vendeur qu'incombe le paiement de l'impôt sur la plus-value immobilière le cas échéant.

- l'acquéreur paie également **les émoluments du notaire** (voir fiche 39) ;
- l'acquéreur verse dans un premier temps **une provision** qui sera régularisée par le notaire dans les semaines suivantes. C'est une obligation pour le notaire de demander à son client le versement de cette provision.

La livraison

L'acquéreur a l'obligation de prendre livraison du bien, si ce dernier est conforme au contrat de vente.

Le droit à l'action en réduction du prix

→ **Le vendeur est tenu de délivrer la contenance (surface) telle qu'elle est portée au contrat** :

- dans le cadre de la vente en copropriété le vendeur doit remettre un certificat dit « Carrez » (loi 96-1107 du 18 décembre 1996) ;
- dans le cadre des autres ventes, ce sont les hypothèses de délivrance de la bonne contenance prévues par le Code civil qui s'appliquent.

Ainsi,

→ **si la contenance est inférieure** de plus d'un vingtième entre la contenance indiquée et celle délivrée, eu égard à la valeur totale du bien, cela justifie une diminution du prix. La diminution du prix se calcule dès le premier mètre carré manquant ;

Remarque : si la contenance est supérieure à celle prévue, seul l'excédent de contenance de plus du vingtième est pris en compte. L'acheteur a alors le choix entre payer un supplément de prix ou se désister du contrat. Si l'acheteur se désiste, le vendeur doit lui restituer le prix et les frais du contrat.

→ l'action doit être intentée **dans l'année** à compter du jour de la signature de l'acte authentique devant le Tribunal de Grande Instance ;

→ **le contrat peut prévoir une clause de non-garantie de la contenance** sauf si la vente s'est faite entre un professionnel de l'immobilier et un non professionnel ou un consommateur.

Lors de la signature de l'acte authentique, l'agent immobilier perçoit ses honoraires. Il remet pour cela une note d'honoraires.

46 LA VENTE DES BIENS EN VEFA

Le contrat de réservation ou contrat préliminaire fait l'objet d'une réitération devant notaire. L'acte authentique ne peut être signé avant la fin des travaux de fondations.

1. LE CONTRAT

➜ Un mois avant la signature, le notaire adresse à l'acquéreur un projet d'acte.

➜ **Le projet doit reprendre** :

- la description précise du logement vendu ;
- le délai de livraison et la prévision de jours de retard éventuels dus aux intempéries, à une grève… ;
- le prix de vente et les modalités de paiement ;
- la consistance de l'immeuble et ses caractéristiques ;
- la garantie d'achèvement de l'immeuble ou la garantie de remboursement prévue en cas d'annulation du contrat pour non-achèvement ;
- la référence de l'assurance dommage-ouvrage que le vendeur a l'obligation de souscrire à l'ouverture du chantier.

➜ À la signature du contrat de vente définitif, **des documents sont remis à l'acquéreur :**

- le plan du logement, le plan de l'ensemble immobilier, la représentation en coupe ;
- la notice descriptive détaillée indiquant les caractéristiques techniques de la construction ;
- le cahier des charges et le règlement si le logement est situé dans un lotissement ainsi que les statuts de l'ASL chargée de gérer les parties communes ;
- Le règlement de copropriété le cas échéant.

2. LE PAIEMENT DU PRIX

L'acquéreur paie de manière échelonnée, au fur et à mesure de l'avancement des travaux de construction. Cet échelonnement est prévu dans l'article R. 261-14 du Code de la construction et de l'habitation :

➜ **achèvement des fondations : 35 % ;**

➜ **mise hors d'eau : 70 % ;**

➜ **achèvement des travaux : 95 % ;**

➜ **livraison du logement : 100 %.**

Remarque : les ouvrages deviennent la propriété de l'acquéreur au fur et à mesure de leur exécution. Le transfert des droits sur le sol et la propriété de l'existant (avant construction) ont lieu quant à eux immédiatement.

3. LA MISE EN ŒUVRE DES GARANTIES

➜ **La garantie de parfait achèvement** est due par l'entrepreneur au promoteur. Sa durée est d'un an à partir du procès-verbal de réception et l'acquéreur en profite indirectement.

➜ **La garantie de bon fonctionnement des équipements** : est biennale, elle permet à l'acquéreur d'exiger pendant **2 ans** la réparation de tous les équipements qui ne font pas partie intégrante de la construction (interphone, chauffe-eau…).

➜ **La garantie des défauts d'isolation phonique** permet à l'acquéreur d'obtenir, pendant **un an,** du promoteur qu'il effectue les réparations et corrections nécessaires pour atteindre les exigences acoustiques et phoniques prévues par la réglementation. Cette garantie est offerte au premier occupant des lieux seulement.

➜ **La garantie décennale** : elle couvre pendant **dix ans les malfaçons les plus graves, celles qui compromettent la solidité de l'immeuble ou le rendent impropre à sa destination** (étanchéité, toiture, fondations…). Cette garantie est d'ordre public, le promoteur ne peut pas déroger au fait de la contracter.

➜ **Pour faire face à ces garanties, notamment à la garantie décennale, le promoteur doit souscrire une assurance dommage-ouvrage**. Elle facilite les démarches et raccourcit les délais de remboursement en cas de mise en œuvre d'une garantie.

➜ Le promoteur doit également souscrire une **assurance de responsabilité professionnelle**.

47 LA VENTE IMMOBILIÈRE DANS LE SECTEUR SOCIAL

Les organismes de logements sociaux peuvent mettre en vente des logements sociaux. Cependant afin d'éviter des risques de spéculation immobilière, le législateur a instauré un mécanisme qui restreint la liberté de l'acquéreur en cas de revente ou en cas de mise en location dans les cinq ans suivant la date d'acquisition. Les modalités et conditions de vente des logements sociaux sont définies dans le code de la construction et de l'habitation aux articles L. 443-7 et suivants, modifiés récemment par loi la ELAN.

4. LES CONDITIONS DE LA VENTE

1. TYPES DE LOGEMENTS

→ Les logements sociaux peuvent être vendus s'ils ont été acquis ou construits **depuis plus de 10 ans** par un bailleur social.
→ Ces logements doivent être conformes aux **normes de décence et de performance énergétique**.

2. TYPES D'ACHETEURS

→ **Lorsque le logement est occupé**, seul le locataire en place depuis au moins deux ans, ou à sa demande, son conjoint, son partenaire de PACS ou son concubin, ses ascendants et descendants, sous conditions de ressources, sont susceptibles de faire une demande d'acquisition au bailleur social à tout moment. Le locataire doit adresser sa demande par **lettre recommandée avec accusé de réception** et le bailleur a 2 mois pour donner une réponse motivée.
→ **Lorsque le logement social est vacant,** il doit être proposé par ordre de priorité :

- aux locataires de logements appartenant aux bailleurs sociaux disposant de patrimoine dans le département et aux gardiens d'immeubles employés par ces bailleurs sous conditions de ressources;
- aux personnes physiques sous conditions de ressources;
- aux collectivités territoriales ou aux groupements de collectivités territoriales;
- aux autres personnes physiques (sans conditions de ressources).

→ **Dans le cas d'offres multiples**, l'organisme vendra en priorité à l'acheteur qui le premier formulera l'offre qui correspondra au prix ou qui est supérieure au prix évalué ; si l'offre est inférieure au prix évalué, l'organisme choisira l'offre la plus proche du prix évalué.
→ **Dans tous les cas**, un particulier qui achète un logement social doit le faire **pour l'occuper personnellement, ou pour le louer à usage de résidence principale sous certaines conditions de loyer et de ressources des futurs locataires.**

3. LA FIXATION DU PRIX DE VENTE

La loi ELAN réforme profondément les règles de fixation du prix de vente. Désormais, le prix de vente est fixé par l'organisme HLM en prenant pour base le prix d'un logement comparable libre d'occupation lorsque le logement est vacant ou occupé lorsque le logement est occupé. Le maire de la commune du logement n'est plus consulté et les dispositions qui faisaient référence à la Direction de l'immobilier de l'État (ex France Domaine) sont supprimées.

4. LES MODALITÉS D'ACQUISITION

Les organismes HLM proposent différentes modalités :
→ **la clause de rachat** : l'organisme s'engage à racheter le bien à une valeur prédéterminée ou à régler la différence entre valeur d'achat et valeur de revente dans le cas où l'acquéreur rencontrerait des difficultés ;
→ **le paiement-confiance** : l'accédant ne commence à rembourser qu'à compter de la remise des clés de son logement ;
→ **le contrat-sécurité** : en cas de difficultés persistantes à supporter le coût de l'accession ; l'organisme s'engage soit à maintenir l'accédant dans son

logement, devenu locatif, jusqu'à un retour à une meilleure situation, soit à le reloger dans le parc HLM possible pour lui. On notera que l'acquisition d'un logement social est éligible au prêt à taux zéro.

5. LA PROCÉDURE DE MISE EN VENTE

1. L'AUTORISATION ADMINISTRATIVE

➜ La procédure de mise en vente des logements sociaux a été allégée par la loi ELAN. Désormais c'est par l'entremise de la CUS (Convention d'utilité sociale) que les cessions sont déterminées dans le secteur social.
➜ La CUS est le cadre de contractualisation avec l'État et certaines collectivités locales pour les organismes HLM. Elle traduit les choix stratégiques de l'organisme et sa contribution aux orientations nationales et locales.
➜ Avant la loi ELAN, la mise en vente d'un logement social était soumise à l'obtention, au coup par coup, d'une autorisation préfectorale. Désormais, l'autorisation se fait de manière globale *via* la CUS : la signature de la convention vaut autorisation de vente pour les logements mentionnés dans l'annexe prévue à cet effet. La procédure préfectorale est cependant maintenue pour les logements non mentionnés dans la convention.

2. L'INFORMATION AU PUBLIC

➜ **L'organisme HLM doit faire connaître son projet par voie d'affichage** :
- à son siège social ;
- aux emplacements habituellement utilisés pour l'information des locataires dans les immeubles locatifs qui lui appartiennent ;
- dans des journaux locaux diffusés dans le département.

➜ **S'il s'agit d'une maison individuelle,** il peut être apposé un panneau d'information sur la maison ou à proximité immédiate. L'écriteau doit être visible depuis la voie publique. Cet affichage doit mentionner la superficie du logement et le prix de vente proposé.

3. L'INFORMATION A L'ACHETEUR

Le bailleur doit transmettre au locataire les informations suivantes par écrit :
➜ **le montant des charges locatives** des deux dernières années ;
➜ **la liste des travaux d'amélioration** des parties communes et des éléments d'équipement envisagés par le bailleur social ;
➜ **une évaluation du montant global de ces travaux** et de la quote-part qui sera à la charge de l'acquéreur ;
➜ un exemplaire de **l'état descriptif de division** de l'immeuble et **le règlement de copropriété** si l'immeuble est en copropriété.
➜ un document spécifiant que **l'acquéreur sera redevable de la taxe foncière annuellement** ;
➜ **une information sur les modalités de recours gratuit** dans le cadre d'un litige concernant la vente.

6. LES MESURES ANTI-SPÉCULATIVES

1. UNE SEULE OPÉRATION

Afin d'empêcher une spéculation sur la vente des logements sociaux, des mesures sont prises afin de limiter les plus-values. L'achat d'un logement social est limité à une seule opération. Toute personne ayant acquis un logement social vacant ne peut se porter à nouveau, acquéreur d'un autre logement social.

2. LES MESURES RELATIVES À LA REVENTE

➜ **Au-delà de 5 ans après l'achat initial,** la vente ou la mise en location du logement est libre ;
➜ **Si l'acquéreur, personne physique, souhaite revendre son logement au cours des 5 années suivant** son achat, il doit :
- en informer l'organisme HLM qui aura un droit de préemption ;
- si le bailleur social ne se porte pas acquéreur et que le bien initialement acheté à un prix inférieur au prix de mise en vente est revendu à un prix supérieur, l'excédent doit être restitué au bailleur social.

➜ **Si l'acquéreur est une personne morale,** le prix de vente ne peut être inférieur au prix de mise en vente.
➜ **Les conseils généraux peuvent exonérer les cessions de logement HLM des taxes** départementales de publicité foncière ou autres droits départementaux.

3. LES MESURES RELATIVES À LA MISE EN LOCATION

Lorsque l'acquéreur a acquis son logement à un prix inférieur au prix de mise en vente et qu'il le loue dans les 5 ans qui suivent son acquisition, il ne peut percevoir un loyer supérieur aux plafonds HLM.

EXERCICES

Exercice 1

Les diagnostics immobiliers – **Le devoir de conseil de l'agent immobilier – recherche d'informations, préalable au rendez-vous d'entrée de mandat**

Vous travaillez pour une agence immobilière indépendante « Immo Nord Ouest » située à Méry-sur-Oise dans le Val d'Oise. La zone de chalandise de l'agence est très étendue. La zone primaire se situe dans un rayon de 40 km autour de l'agence. Vous préparez deux rendez-vous avec deux propriétaires qui ont accepté de vous faire estimer leur bien immobilier. Vous avez relevé l'ensemble des informations qui vous ont permis de réaliser l'estimation et vous vous apprêtez à les rencontrer une seconde fois afin d'essayer de les convaincre de signer un mandat avec vous.

Dans le cadre de la préparation de votre argumentaire visant à les convaincre de signer un mandat, vous leur communiquez les informations suivantes dans un tableau synthétique :

- **les diagnostics à réaliser pour chacun des deux biens**
- **la justification des diagnostics à réaliser**
- **la durée de validité de chacun des diagnostics indiqués aux clients**
- **les conséquences de la non-présentation de ces diagnostics au moment de la vente.**

Présentation des biens

M. et Mme Divon vous ont contacté(e) pour la vente de leur appartement de 5 pièces situé dans une copropriété datant de 1971. L'appartement a été refait à neuf (y compris l'électricité et la plomberie désormais aux normes) – le bien est chauffé par convecteurs électriques, il n'y a pas de gaz dans la copropriété. Le bien est situé sur la commune de St Gratien dans le Val d'Oise – 6 rue Léon Fontaine. Nota : le bien est situé dans une zone concernée ni par les xylophages ni par les mérules, mais est soumis à un PPRN.

M. Lambert vous a fait visiter sa maison située rue du Moulin à Breuil le Vert dans l'Oise. Il s'agit d'une maison partiellement rénovée, datant de 1906. Rien n'a été fait sur le plan de la plomberie, l'électricité a été refaite par le propriétaire en partie seulement. Ce dernier a changé les fenêtres pour du double vitrage et a isolé la toiture et les parois extérieures opaques. Le chauffage est individuel au gaz propane, la chaudière a 17 ans et fonctionne toujours bien. La commune n'a pas les moyens d'installer l'assainissement collectif, et lorsque vous avez questionné M. Lambert sur ce point, il vous a répondu qu'il n'a touché à rien « ça fonctionne c'est tout ce qui compte » vous a-t-il dit. La commune est soumise à un PPRN mais ni xylophage ni champignon n'a été repéré jusqu'ici sur le secteur.

Exercice 2

L'entrée du mandat **Savoir remplir un mandat et le proposer au client.**

M. et Mme Divon vous reçoivent. Vous leur remettez leur estimation et avez pour objectif de « rentrer » le mandat. Ils vous avaient d'ores et déjà indiqué fermement que s'ils signaient un mandat ce serait un mandat simple. Ils ont un profil « indépendant » et vous avaient dit vouloir conserver la possibilité de vendre par eux-mêmes. Vous avez donc pris l'option d'être à leur écoute, et de défendre au mieux le mandat simple lors du rendez-vous.

- **Quels arguments pouvez-vous développer ? Vous utilisez la méthode CAP**

Le rendez-vous se passe bien, ils sont convaincus par votre argumentaire. Votre travail préparatoire des diagnostics à réaliser leur a particulièrement plu (voir exercice 1), et ils décident d'avoir recours à vos services et à vos conseils. Vos clients acceptent donc de signer un mandat simple. L'estimation que vous avez présentée aux vendeurs et qu'ils ont acceptée est de 225 000 € net vendeur. Le barème de l'agence est situé en annexe. **Vous mettez la charge des honoraires aux acquéreurs dans le mandat.**

→ **Quel est le montant de vos honoraires TTC ?**
→ **Le couple s'étonne que vous portiez les honoraires à la charge de l'acquéreur. Vous leur expliquez les raisons de ce choix.**
→ **Quelles sont les pièces que vous avez dû demander à vos vendeurs avant de faire signer le mandat ?**

Le barème de l'agence
Les honoraires de l'agence HT
De 0 à 92 000 € : 8 %
De 92 001 à 175 000 € : 6 %
De 175 001 à 250 000 € : 5 %
Au-delà : 4 %

Exercice 3

Créé en 1999, le cabinet FONCEAUX, situé 25 rue du petit chemin dans le centre de LYON (69000), est aujourd'hui une société anonyme au capital de 50 000 €. Spécialisé à l'origine dans l'administration de biens et l'activité de syndic, il offre actuellement à sa clientèle une gamme complète de services : transaction, gestion locative et de copropriété. Il est adhérent à la FNAIM et possède la carte professionnelle portant les trois mentions « T » et « G » et « S ». Les montants des garanties s'élèvent respectivement à 120 000 € et 600 000 € pour les cartes G et S. Vous travaillez sous la responsabilité de Madame Liver, responsable du service.

Traiter les objections et proposer le service de commercialisation au client

Vous rentrez encore tout ébloui(e) de la visite que vous venez de faire avec Madame Liver. Il s'agit d'une propriété de 20 hectares avec un château du XIXe siècle. Le bien se situe entre Genève et Lyon à 10 minutes d'une sortie d'autoroute. La demeure a belle allure, l'entrée se fait par une grande allée bordée d'arbres. Elle a de bonnes proportions, une architecture élégante. La construction est en pierre de taille, 7 fenêtres au rez-de-chaussée et à l'étage. Au-dessus, la toiture est ornée de lucarnes ; sur le côté une tour donne l'aspect « château ». La surface habitable est d'environ 800 m^2 sur 3 niveaux. On compte 10 chambres, trois salons, un bureau, une cuisine et un office.
Le parc est vallonné et comporte de nombreux arbres classés. Sur les 20 hectares, 5 hectares de bois sont entretenus par un agriculteur voisin. Sur ces 5 hectares se dresse une dépendance agricole qui pourrait faire l'objet d'une rénovation intéressante.
Mais il y a l'envers du décor : le bien, habité seulement l'été depuis 20 ans, a souffert : la toiture est à reprendre, l'intérieur doit être rénové sur le plan de l'électricité, de la plomberie et du chauffage. Vous imaginez aisément un budget travaux de 200 000 €.
Le propriétaire, monsieur De Lord espère le vendre 1 150 000 € net vendeur - vous pensez qu'il serait plus raisonnable de commencer la vente aux alentours de 1 000 000 € net vendeur.
À la demande de Madame Liver, et comme convenu avec le propriétaire, vous le rappelez pour prendre un nouveau rendez-vous afin d'entrer un mandat de préférence exclusif.
Vos honoraires pour ce type de transaction sont forfaitaires et vous l'annoncez dès le début des discussions. Leur montant est de 35 000 € TTC.
Au cours de la discussion téléphonique le client vous dit :

- « *Avant de signer un mandat il serait plus raisonnable que je tente la vente par moi-même* »
- « *Je préférerais m'engager sur un mandat simple.* »
- « *Votre prix est vraiment trop bas, je pense que nous devrions au moins commencer la mise en vente à 1 100 000 € net vendeur* »
- « *Votre commission est quand même un peu élevée* ».

→ **En utilisant la technique de traitement des objections vous répondez au client.**

Monsieur De Lord convaincu par vos arguments, accepte de venir à l'agence pour signer un mandat exclusif. Vous le remerciez et lui dites que vous lui présenterez les outils de commercialisation de son bien lors de votre prochain rendez-vous. Après avoir pris congé, vous commencez à travailler sur le dossier.

→ **Vous rédigez l'annonce que vous ferez paraître sur le site spécialisé « Immoprestige » (vous utilisez la technique de rédaction des documents commerciaux).**

→ **Quelles autres démarches engagez-vous pour la commercialisation de ce bien ? Vous justifiez vos choix.**

Monsieur De Lord vous pose encore quelques questions :

- « *Vous êtes bien jeune, avez-vous l'autorisation de signer le mandat pour vendre ma maison ?* »
- « *... mais pouvez-vous me dire comment on obtient cette carte ...* »
- « *... cela change-t-il quelque chose à votre pratique professionnelle ?* »

→ **Vous répondez à ses questions.**

La stratégie de communication de l'entreprise

Votre responsable a constaté que la synergie qui devrait exister entre les différentes activités du cabinet est loin d'être satisfaisante. Ainsi, la plupart des propriétaires-bailleurs, copropriétaires et locataires, ignorent souvent l'existence du service « Transaction » du cabinet.

→ **Vous proposez un courrier publicitaire qui sera joint au prochain appel de provisions adressé aux copropriétaires afin de les informer de l'existence du service « Transaction » du cabinet.**

Exercice 4

Le calcul d'un éventuel impôt sur la plus-value immobilière

Monsieur Ripon a vendu sa résidence secondaire par votre entremise le 15 septembre 2017 pour le prix de 121 000 € FAI. Cette résidence avait été acquise le 1er novembre 2003 pour 55 600 €, il en a toujours eu la libre disposition. Il est par ailleurs propriétaire de sa résidence principale depuis 1996. Ses frais réels d'acquisition se sont élevés à l'époque à 4 650 €. Il a conservé la facture.

En février 2010, il a fait faire pour 7 000 € de travaux d'amélioration (justifiés par des factures supposées déductibles). La même année, il a effectué lui-même des travaux de réparation et, à cette occasion, a acheté 2 000 € de matériaux divers. L'ensemble des autres travaux de rénovation a été fait au fur et à mesure par M. Ripon. Lors de la vente le coût des diagnostics est de 1 200 € TTC. La vente est réalisée moyennant des honoraires versés à votre agence par le vendeur, Monsieur Ripon, de 8 000 € TTC.

→ **Cette mutation a-t-elle été soumise à la taxation sur la plus-value ? Justifiez votre réponse.**

→ **Déterminez le montant de la plus-value brute et nette. Présentez votre travail sous forme de tableau.**

→ **Quel est le montant de l'impôt ? des prélèvements sociaux ?**

→ **À quel moment un agent immobilier doit-il estimer ce montant ?**

Exercice 5

De l'estimation du bien au financement de l'acquéreur

Monsieur et Madame Durand vendent leur bien. Il s'agit d'un T3 situé à Nantes. Sa surface est de 70 m^2 et il dispose d'un balcon de 15 m^2, d'un atelier en sous-sol semi-enterré de 20 m^2, éclairé par la lumière du jour et d'une cave de 10 m^2 ainsi que d'un box pour un véhicule. Le bien a de très bonnes prestations, ce qui le situe environ 5 % au-dessus du prix moyen du marché. Le prix moyen sur le secteur est de 2 630 € le m^2 net vendeur.
On considère les pondérations suivantes : balcon 0,4 ; atelier 0,6 ; cave 0,2.
On prend en compte le box à hauteur de 8 000 € supplémentaires.
L'agence a estimé le bien et entré le mandat. Les honoraires sont portés à la charge de l'acquéreur.

→ **Calculez le prix de mise en vente en prenant en compte les éléments fournis et le barème de l'agence (annexe 1). Vous arrondissez à la centaine d'€ supérieure.**

Une offre FAI à 245 000 € est acceptée par le vendeur.

→ **Quels sont vos honoraires désormais ?**

Des acquéreurs potentiels font une offre écrite que vous transmettez de suite aux Durand, les vendeurs. Ils comptent emprunter une partie du montant à financer (150 000 € environ). Ils viennent de vendre eux-mêmes un bien dont ils pourront se servir pour l'achat de l'appartement. Il s'agit d'un deux pièces, constituant leur résidence principale, pour lequel ils viennent de signer un compromis de vente avec des acquéreurs sérieux. Le prix de la transaction leur permettrait de disposer d'une mise de fonds de 95 000 €. Ils ont par ailleurs un compte livret A sur lequel ils ont un capital de 25 000 €. Ils ont cumulé depuis 10 ans 7 000 € d'intérêts.

Ils travaillent tous les deux, monsieur est professeur des écoles et gagne 2 300 € par mois sur 12 mois et Madame est chef de service des affaires sociales à la mairie de Nantes, son salaire est de 3 200 € sur 13 mois.

Le trois pièces leur plaît mais ils décident de provisionner dans leur projet les travaux nécessaires pour abattre une cloison, afin de ne garder qu'une chambre et de constituer un séjour plus grand. Les travaux sont estimés à 6 000 € environ.

Ils n'ont pas d'autre emprunt en cours. Le deux pièces est remboursé depuis l'an dernier.

Le trois pièces dispose d'une cuisine équipée estimée à 15 000 €. Vous simulez les frais notariés qui s'élèveraient à 18 700 €.

→ **À l'aide de l'annexe et des éléments du sujet, calculez le coût total de l'opération.**

→ **Bâtissez le plan de financement.**

→ **Quel est le montant du prêt que les clients doivent finalement demander à leur banque ?**

→ **Dans l'hypothèse d'un taux à 2 % TAEG sur 14 ans l'opération est-elle réalisable (annexe 2) ?**

L'offre d'achat que les acquéreurs ont signé a une durée de 3 jours. Le lendemain du dernier rendez-vous (au cours duquel ils ont fait l'offre), ils vous appellent et vous disent douter de leur projet. Ils vous demandent s'ils peuvent retirer leur offre.

→ **À l'aide de l'annexe 3, vous répondez aux clients.**

Annexe 1 – Barème de l'agence – en % TTC

Tranches	Taux TTC
0 à 70 000 €	5 %
70 000 à 150 000 €	4 %
150 000 à 300 000 €	3 %
Plus de 300 000 €	2,5 %

Annexe 2 – extrait de table financière – remboursements pour 1 000 € empruntés

	10 ans	11 ans	12 ans	13 ans	14 ans	15 ans
2 %	9,193241	8,437759	7,808643	7,276731	6,821193	6,426755
2,50 %	9,414174	8,660042	8,032301	7,501781	7,047649	6,654627
3,00 %	9,637402	8,884938	8,258887	7,730074	7,277661	6,886366

Annexe 3 - COUR DE CASSATION – 7 mai 2008 - extrait

Sur le premier moyen

Vu l'article 1134 du Code civil ;

Attendu, selon l'arrêt attaqué (Pau, le 17 octobre 2005), que par acte du 24 juin 2000, Mme X… a signé, par l'intermédiaire d'un agent immobilier, une proposition d'achat d'un immeuble appartenant aux consorts Y… avec remise d'un dépôt de garantie ; qu'elle a retiré son offre d'achat le 26 juin, tandis que l'agent immobilier lui adressait le 27 juin un courrier l'informant de l'acceptation de cette offre par les consorts Y… ; que Mme X… a assigné ces derniers en restitution de la somme versée et en paiement de dommages et intérêts ;

Attendu que pour accueillir cette demande, l'arrêt retient la validité de la rétractation de son offre d'achat par Mme X…, celle-ci étant intervenue par lettre recommandée expédiée le 26 juin 2000, antérieurement à l'émission, par les consorts Y…, de leur acceptation par lettre recommandée expédiée le 27 juin 2000 ;

Qu'en statuant ainsi, alors que si une offre d'achat ou de vente peut en principe être rétractée tant qu'elle n'a pas été acceptée, il en est autrement au cas où celui de qui elle émane s'est engagé à ne pas la retirer avant une certaine époque, et alors qu'elle avait constaté que les consorts Y… disposaient d'un délai jusqu'au 27 juin 2000 pour donner leur accord, et qu'il en résultait que Mme X… s'était engagée à maintenir son offre jusqu'à cette date, la cour d'appel a violé le texte susvisé ;

PAR CES MOTIFS, et sans qu'il y ait lieu de statuer sur le second moyen :

CASSE ET ANNULE, dans toutes ses dispositions, l'arrêt rendu le 17 octobre 2005, entre les parties, par la cour d'appel de Pau ;

(…)

SOLUTIONS

Exercice 1

Nom du propriétaire : Monsieur et Madame Divon
Adresse du bien : 6 rue Léon Fontaine – 95 St-Gratien

Diagnostics et certificats à réaliser pour la vente de votre bien	Justification	Durée de validité	Conséquence de la non-présentation du diagnostic ou du certificat
Amiante	Bien construit avant juillet 1997	Permanente	Pas d'exonération de la garantie des vices cachés
DPE	Pour tous les biens	10 ans	Opposable au vendeur – action devant le tribunal judiciaire possible en dommages et intérêts ou en annulation de vente
ERP et PEB (plan d'exposition au bruit)	Zone concernée	6 mois	Action en diminution du prix Résolution de la vente
Certificat loi Carrez	Bien situé en copropriété	Permanente (sauf travaux ayant modifié la surface)	Action en diminution du prix Nullité de la vente

Nom du propriétaire : Monsieur Lambert
Adresse du bien : rue du moulin – 60 Breuil le Vert

Diagnostics à réaliser pour la vente de votre bien	Justification	Durée de validité	Conséquence de la non-présentation du diagnostic
Amiante	Bien construit avant juillet 1997	Permanente	Pas d'exonération de la garantie des vices cachés
DPE	Pour tous les biens	10 ans	Opposable au vendeur – action devant le tribunal judiciaire possible en dommages et intérêts ou en annulation de vente
ERP et PEB	Zone concernée	6 mois	Action en diminution du prix ou résolution de la vente
CREP	Bien construit avant 01/01/1949	Permanente si absence de plomb, moins d'un an si présence constatée	Pas d'exonération de la garantie des vices cachés
Installation gaz et électricité	Installation de plus de 15 ans	3 ans	Pas d'exonération de la garantie des vices cachés
Assainissement	Immeuble non raccordé au réseau collectif	3 ans	Aucune sanction prévue mais action en justice possible

Exercice 2

	Caractéristiques	Avantages	Preuves
Commercial	Nous proposons de nombreux supports publicitaires (donner exemples)…	… votre bien sera très visible…	… voici nos différents supports….
	Nos compétences en négociation faciliteront la vente de votre bien…	… vous n'aurez pas à vous charger de cette partie souvent difficile avec l'acquéreur…	… bien souvent les ventes sont ralenties à ce moment-là.
	Nous vous apportons notre expertise en matière d'estimation…	… votre bien se vendra dans les meilleures conditions de temps, car un bien au prix du marché se vend rapidement…	… notre temps moyen de vente est de 2 mois de moins que la moyenne du secteur.
Juridique	Nos compétences en matière juridique sont réelles, nous sommes tous formés…	… nous pourrons répondre à vos questions et situation particulière …	… voyez notre charte de qualité, nous mettons un point d'honneur à la formation.
	Nous vous accompagnons sur des points spécifiques, par exemple nous vous indiquerons les dernières mesures en matière de diagnostics…	… en nous confiant le mandat nous vous déchargeons de cette tâche, et la mise à jour est permanente …	… voyez ce document que nous avons réalisé pour vous (tableau des diagnostics de l'appartement).
Administratif	La constitution du dossier vente est longue et fastidieuse, nous nous contenterons de vous demander toutes les pièces et nous chargerons du montage du dossier…	… vous gagnez ainsi beaucoup de temps et d'énergie…	… voyez notre dossier type (montrer le book de l'agence).

Calcul des honoraires

(92 000 × 0,08) + ((175 000 – 92 001) × 0,06)) + ((225 000 – 175 001) × 0,05) = 7 360 + 4 979,94 + 2 499,95 = 14 839,89 × HT soit 14 839,89 × 1,2 = 17 807,87 € TTC.

La charge des honoraires à l'acquéreur

« *Je comprends votre question, il s'agit d'un aspect fiscal pour l'acquéreur. Si nous mettons la charge des honoraires à l'acquéreur, les frais notariés seront calculés sur la base du net vendeur, ce qui représente une économie par rapport à une charge des honoraires au vendeur qui induirait un calcul des frais notariés sur la base du prix de vente frais d'agences inclus* ».

Les documents à demander au vendeur dans ce cas

- **Documents relatifs au bien** : titre de propriété, acte de servitude, factures, taxe foncière, ensemble des documents propres à la copropriété.
- **Documents relatifs au vendeur** : titre de propriété, livret de famille, carte d'identité, copie du contrat de mariage…
- **Autres** : documents relatifs au prêt en cours le cas échéant (tableau d'amortissement), facture de travaux le cas échéant.

Exercice 3

Répondre aux objections et commercialiser le bien de monsieur De Lord

« ***Avant de signer un mandat il serait plus raisonnable que je tente la vente par moi-même*** »
Je comprends votre remarque, elle m'est souvent faite, mais connaissez-vous les avantages qu'une agence immobilière peut vous apporter immédiatement ? Nous pouvons mettre en œuvre les outils de communication adaptés à votre bien qui n'est pas ordinaire et attirer ainsi les acquéreurs réellement intéressés par votre château.

« ***Je préférerais m'engager sur un mandat simple*** »
Le mandat simple donne souvent l'impression d'un engagement moins important mais concernant un bien comme le vôtre il est préférable d'opter pour un mandat exclusif qui permettra la commercialisation chez un seul professionnel, évitant ainsi la dévalorisation de celui-ci par trop de publicité.

« ***Votre prix est vraiment trop bas, je pense que nous devrions commencer la vente au moins à 1 100 000 euros net vendeur*** ».
J'entends bien votre demande mais notre estimation est conforme au marché. Mettre votre bien en vente trop cher, revient à le dévaloriser car nous devrons inévitablement baisser son prix à un moment donné. Mieux vaut conserver une marge de négociation raisonnable.

« ***Vos honoraires sont quand même un peu élevés*** »
Beaucoup de gens disent cela, cependant c'est méconnaître le travail et le coût des moyens que nous mettons en œuvre. La publicité est un moyen onéreux auquel un particulier n'a pas accès. Cet aspect est essentiel concernant votre bien.

L'annonce dans Immoprestige respecte la trame AIDA et les règles juridiques (honoraires, DPE, mentions légales). Notons que le nouveau DPE en caractères lisibles et visibles, en couleur. Une indication du montant des dépenses théoriques annuelles de l'ensemble des usages énergétiques doit être mentionné.
Enfin, pour les biens classés F et G la mention « Logement à consommation énergétique excessive » devra apparaître, sa taille sera identique à celle des caractères de l'annonce.

Magnifique propriété entre Lyon et Genève

1 050 000 € frais d'agence inclus – dont 35 000 € TTC d'honoraires supportés par l'acquéreur (soit 3,3 % TTC d'honoraires)

VISUEL

Nous avons hérité du 19e siècle de quelques belles demeures, en voici une preuve admirable : grande élégance des proportions, belle symétrie, superbes matériaux.

Cette propriété de 800 m² habitables, située entre Lyon et Genève, possède un grand parc de 20 hectares plantés d'arbres classés. Le reste du domaine comporte 5 hectares de bois qui permettent l'autonomie énergétique de l'habitation.

VISUEL

VISUEL

DPE

Les autres moyens de communication pour le bien

- Publication dans la vitrine : le client a consenti à signer un mandat exclusif, l'affaire doit faire partie des priorités de l'agence.
- Insertion publicitaire dans la presse : soit de prestige, soit de type hebdomadaire lue par une cible potentiellement intéressée.
- Insertion d'une annonce sur le site de l'agence et sur les sites dédiés - le renvoi aux tarifs de l'agence devra figurer sur ces annonces.

- Un événement peut être organisé sur le site du bien. Il faudra cependant l'accord du propriétaire et mettre en place des moyens à la hauteur du bien (accueil des clients, supports publicitaires…).
- Appel des acquéreurs du fichier susceptibles d'être intéressés par le bien. C'est le moyen de prospection le plus efficace dans un premier temps car les clients ont déjà été contactés et « triés »…

Les questions supplémentaires de monsieur De Lord

- « ***Vous êtes bien jeune, avez-vous l'autorisation de signer le mandat pour vendre ma maison ?*** »
- Je travaille sous la carte professionnelle de mon patron. À ce titre il m'a délivré une attestation collaborateur que voici, qui m'autorise à agir en son nom. Cette carte m'a été délivrée conformément à mes compétences, il s'agit d'une délégation de pouvoir.
- « ***… mais pouvez-vous me dire comment on obtient cette carte …*** »
- La profession d'agent immobilier est encadrée par la loi Hoguet qui impose les conditions d'obtention de la carte professionnelle : il faut justifier d'une aptitude professionnelle par un niveau de diplôme et/ou une expérience professionnelle (bac + 3 ans d'expérience – Bac + 3 ou BTS professions immobilières – ou 10 ans d'expérience) ; il faut avoir souscrit une garantie financière et une assurance en responsabilité civile professionnelle et ne pas avoir été condamné ni être concerné par une incapacité juridique (handicap, faillite personnelle…).
- « ***… cela change-t-il quelque chose à votre pratique professionnelle ?*** »
- Le Code de déontologie a fait l'objet d'un décret le 28 août 2015 et rappelle en fait quelques règles de professionnalisme que nous appliquons depuis longtemps. Il s'agit par exemple d'être tout à fait transparent avec notre clientèle, loyal. Il s'agit d'appliquer éthique et morale dans l'exercice de nos missions quotidiennes.

La stratégie de communication de l'entreprise

A I D A	**Forme** : expéditeur/destinataire/lieu et date/objet/formule d'appel/signature complète et mentions légales. **Fond** : respect de la forme AIDA du message. **Objet : Le cabinet Fonceaux – un service immobilier complet adapté à votre besoin !** Cher copropriétaire, cher client, Vous nous faites confiance depuis plusieurs années pour la gestion de votre résidence et nous vous en remercions. Nous profitons de cet appel de charges pour vous rappeler l'existence de notre département « Transaction ». **Si vous avez un projet de revente ou de location de votre bien, n'hésitez pas à nous solliciter pour l'ensemble des services liés à la transaction !** Estimation, mise en lien de votre bien avec notre fichier acquéreurs ou locataires, accompagnement jusqu'à la signature de l'acte, qu'il soit de vente ou de location, voici quelques-unes des missions que nous pouvons remplir pour votre compte. Ne perdez pas de temps à chercher un partenaire professionnel ! Contactez nous au **01 63 67 38 38** ou rendez nous visite du **mardi au samedi de 9 h 30 à 18 h 00** ! À très bientôt, XXXXX / responsable du service Transaction / mentions légales

Exercice 4

Le calcul d'un éventuel impôt sur la plus-value immobilière

La mutation est soumise à la taxation sur la plus-value car le propriétaire est une personne physique, il ne s'agit pas d'une résidence principale mais secondaire, il s'agit d'une mutation à titre onéreux et de plus de 15 000 €. Par ailleurs le propriétaire ne possède pas sa maison depuis plus de 22 ans. Enfin, il est propriétaire de sa résidence principale et ne peut donc pas bénéficier de l'exonération pour première cession.

Calcul de la plus-value brute et de la plus-value nette

Prix de cession Frais de diagnostics Honoraires agence (charge vendeur) **Prix de cession corrigé**	121 000 € 1 200 € 8 000 € **111 800 €**
Prix d'acquisition Frais d'acquisition (réels > forfait) Travaux (15 % > réels) **Prix d'acquisition corrigé**	55 600 € 4 650 € 8 340 € **68 590 €**
Plus-value brute	**111 800 – 68 590 = 43 210 €**
Plus value nette de l'abattement pour durée de détention * Pour le calcul de l'impôt Pour le calcul des prélèvements	 6 % × 7 ans = 42 % 43 210 × 42 % = 18 148 € PV nette de l'abattement = **25 062** € 1,65 % × 7 ans = 11,55 % 43 210 × 11,55 % = 4 990 € PV nette de l'abattement = **38 220** €

* durée de détention : 12 années pleines et 9 mois et demi
soit 12 ans - 5 ans = prise en compte de 7 années pour le calcul des abattements.

Quel est le montant de l'impôt ? Des prélèvements sociaux ?
Montant de l'impôt : 25 062 × 19 % = 4 761 €
Montant des prélèvements sociaux : 38 220 × 17,2 % = 6 573 €
Total : 4 761 + 6 573 = 11 334 €

À quelle moment un agent immobilier doit-il estimer ce montant ?
L'agent immobilier doit de préférence donner cette information au vendeur au moment de l'estimation afin que ce dernier puisse évaluer exactement ce qui lui reviendra de cette vente.

Exercice 5

De l'estimation du bien au plan de financement

Calculez le prix de mise en vente en prenant en compte les éléments fournis et le barème de l'agence (annexe 1). Vous arrondissez à la centaine d'€ supérieure.
Calcul de la surface pondérée : 70 + (15 × 0,4) + (20 × 0,6) + (10 × 0,2) = 90 m^2.
Calcul du prix en prenant en compte les 5 % sur surcôte :
90 × (2 630 × 1,05) = 248 535 + 8 000 (box) = 256 535 €.
Calcul des honoraires :
(70 000 × 0,05) + (80 000 × 0,04) + (106 535 × 0,03) = 3 500 + 3 200 + 3 196 = 9 896 €.
Mise en vente :
256 535 + 9 896 = 266 431 € - arrondi : **266 500 € FAI**.

Quels sont vos honoraires désormais ?

Tranches PNV	Taux par tranche	Honoraires de la tranche	Prix FAI par tranche	Prix FAI cumulé
70 000	0,05	3 500	73 500	73 500
80 000	0,04	3 200	83 200	156 700 (73 500 + 83 200)
88 300/1,03 = 85 728	0,03	2 572 = 88 300 - 85 728)	88 300 = 245 000 - 156 700	245 000 (offre FAI)

Soit un total de : 3 500 + 3 200 + 2 572 = **9 272 € TTC** d'honoraires

Bâtissez le plan de financement. Quel est le montant du prêt que les clients doivent finalement demander à leur banque ?

Coût de l'opération		Ressources	
Prix net vendeur	235 728	**APPORT :**	
Honoraires de négociation	9 272	Vente	95 000
Provision pour frais d'acte	18 700	Épargne	25 000 + 7000 = 32 000
Travaux	6 000	Total :	127 000
		Prêt :	
		269 700 - 127 000 =	142 700
Montant de l'opération	**269 700**	**Montant de l'opération**	**269 700**

Dans l'hypothèse d'un taux à 2 % TAEG sur 14 ans l'opération est-elle réalisable ?

- **Calcul de la mensualité :** 142 700 × 6,821193/1 000 = 973,38 € par mois
- **Calcul des revenus mensuels :** (2 300 × 12) + (3 200 × 13) = 5 767 € par mois
- **Taux d'endettement avec ces conditions :** $\frac{973{,}38}{5\ 767} \times 100 = 16{,}9$ % d'endettement
- **Conclusion :** l'opération est tout à fait possible, il est même possible de proposer aux clients de réduire la durée de leur prêt afin d'en diminuer le coût.

Exemple :

sur 10 ans : $\frac{142\ 700 \times 9{,}193241}{1\ 000} = 1\ 311{,}88$ € soit un taux d'endettement de $\frac{1\ 311{,}88}{5\ 767} \times 100 = 22{,}75$ %.

À l'aide de l'annexe 3, vous répondez aux clients.

Les clients ont signé une offre d'achat limitée dans le temps à 3 jours, laquelle a été transmise aux vendeurs. Les tribunaux sont clairs sur ce point, si une offre dûment signée (offre précise et ferme pour un prix donné) peut en principe, être rétractée tant qu'elle n'a pas été acceptée par le vendeur, « il en est autrement au cas où celui de qui elle émane s'est engagé à ne pas la retirer avant une certaine époque » (*cf.* arrêt de la cour de cassation). Ainsi, lorsque le vendeur dispose d'un délai pour donner son accord, l'acquéreur est engagé par son offre jusqu'à son expiration, ici 3 jours. Il convient donc de dire aux clients qu'ils se sont engagés durant 3 jours à maintenir leur offre. Par conséquent, il est impossible de retirer l'offre.

SOMMAIRE
GESTION IMMOBILIÈRE

Certains outils et points spécifiques du référentiel font l'objet de fiches à consulter en ligne, signalées par le symbole @ dans le sommaire.

Gestion locative

Gestion de copropriété

PRÉSENTATION DE L'ÉPREUVE

1. MODALITÉS DE L'ÉPREUVE

→ Épreuve écrite
→ Coefficient 3
→ Durée 3 heures

Cette épreuve se présente sous la forme d'une épreuve ponctuelle d'une durée de 3 heures quelle que soit la voie de formation du candidat (voie scolaire, apprentissage, formation à distance, formation professionnelle continue, candidat libre).

Cette épreuve écrite est l'une des deux sous-épreuves validant les compétences et savoirs associés relatifs aux techniques de l'immobilier du BTS Professions immobilières (E5). La sous-épreuve de gestion immobilière (E51), comme la sous-épreuve de transaction immobilière (E51) a un coefficient de 3.

L'épreuve de gestion immobilière met en œuvre des compétences juridiques, administratives et commerciales.

2. DÉFINITION DE L'ÉPREUVE

Elle est constituée d'une étude de cas comportant plusieurs parties indépendantes. L'épreuve de gestion est le plus probablement composée de deux à trois dossiers avec une partie en gestion locative et une partie en gestion de copropriété, dont on peut penser que leur poids respectif dans la notation est sensiblement équivalent.

Les dossiers remis au candidat sont constitués d'une ou plusieurs mise(s) en situation concrète(s) située(s) dans un contexte professionnel. Par contexte professionnel on comprend les structures de type agence immobilière qui agissent dans la gestion locative et/ou la gestion de copropriété. On comprend également des structures plus conséquentes telles qu'un bailleur social par exemple, le référentiel couvrant aussi le domaine du logement social.

Un questionnement est organisé autour de ces mises en situations et des annexes sont mises à disposition, dont certaines sont à compléter et à remettre avec la copie. Les mises en situation trouvent leur origine soit dans des thèmes relatifs à la gestion de copropriété, soit dans des thèmes relatifs à la gestion locative.

3. LES ATTENTES DU JURY

1. FINALITÉS ET OBJECTIFS

L'épreuve évalue la capacité du candidat à articuler des solutions cohérentes au cas proposé. La dimension du conseil et l'intégration de la dimension juridique aux réponses sont deux éléments particulièrement attendus. Ainsi l'évaluateur :

→ appréciera les qualités d'analyse et de synthèse du candidat et la cohérence de ses propositions, aux plans technique et juridique ;
→ vérifiera la capacité du candidat à mobiliser ses compétences et connaissances dans une ou plusieurs situations professionnelles relatives à la gestion immobilière.

2. CRITÈRES D'ÉVALUATION

Plus spécifiquement, l'évaluation prend en compte :

→ la rigueur de l'analyse de la ou les situations proposées, la capacité à prendre du recul ;
→ la pertinence et le professionnalisme des propositions du candidat, le degré de conseil au client, l'éthique professionnelle ;
→ la maîtrise des outils et des techniques ;
→ l'exactitude des résultats ;
→ la cohérence de l'ensemble de la prestation ;
→ la qualité de l'expression et de la présentation.

1 LES DIFFÉRENTS RÉGIMES JURIDIQUES DE LA LOCATION

L'administrateur de biens doit permettre au bailleur de maîtriser la réglementation de la location envisagée.

→ La loi n° 9-462 du 6 juillet 1989 tend à améliorer les rapports locatifs, elle constitue la principale source de réglementation relative aux locations nues et mixtes à usage d'habitation principale. Depuis la loi ALUR du 24 mars 2014, les locations meublées à titre de résidence principale ont été incorporées à cette loi par l'ajout d'un Titre Ier bis.

→ La loi du 6 juillet 1989 est d'ordre public (article 2), c'est-à-dire que ses dispositions ont un caractère impératif : quand leurs conditions d'application sont réunies, elles s'appliquent obligatoirement.

1. LES LOCATIONS CONCERNÉES PAR LA LOI DU 6 JUILLET 1989

1. LES CONDITIONS D'APPLICATION

Le local concerné doit être loué nu à usage d'habitation ou à usage mixte (habitation et professionnel). Il doit constituer la résidence principale du preneur. Enfin les garages, aires de stationnement, caves… se voient également appliquer cette loi, à condition d'être loués par le même bailleur et qu'ils soient accessoires au local d'habitation (article 2).

La loi ALUR précise le terme résidence principale du locataire : il s'agit du logement occupé au moins 8 mois par an, sauf obligation professionnelle, raison de santé, ou force majeure par le preneur, son conjoint ou une personne à leur charge (article 2).

2. LES LOCATIONS EXCLUES

Il s'agit :

→ des logements-foyers ;

→ des logements de fonction ;

→ des logements loués à des travailleurs saisonniers.

Certaines locations sont également exclues du champ d'application de la loi, car elles ne répondent pas à ses conditions d'application, ou parce qu'elles font l'objet d'une réglementation spécifique. Il s'agit :

→ des locations à usage commercial ;

→ des locations à usage exclusivement professionnel ;

→ des locations rurales ;

→ des locations relevant du secteur HLM ;

→ des locations relevant de la loi n° 48-1360 du 1er septembre 1948 ;

→ des locations saisonnières ;

→ des locations de résidences secondaires ;

→ des locations de caves, parkings, aires de stationnement… lorsque ceux ci ne sont pas les accessoires à la location d'un local principal ou lorsque ces deux locaux n'ont pas le même bailleur ;

→ des locations meublées.

Le champ d'application des différents régimes juridiques de location

Type de location	Champ d'application et textes applicables
Location loi de 89 (fiches 3 à 11)	Local loué nu pour un usage d'habitation ou un usage mixte à titre de résidence principale. Loi du 6 juillet 1989.
Location HLM (fiche 13)	Local loué pour un usage d'habitation à titre de résidence principale et destiné à des personnes de ressources modestes ou défavorisées. Livre IV du Code de la construction et de l'habitation
Location meublée (fiche 12)	Local équipé d'un mobilier en nombre et en qualité suffisants pour permettre au locataire d'y vivre convenablement. Titre Ier bis de la loi du 6 juillet 1989 (meublé résidence principale). Titre Ier ter de la loi du 6 juillet 1989 (meublé résidence principale - bail mobilité). Articles 1714 à 1762 du Code civil (meublé résidence secondaire).

Location saisonnière (fiche 14)	Local loué pour une courte période à une clientèle de passage qui n'y établit pas sa résidence principale. Articles 1714 à 1762 du Code civil.
Location commerciale (fiche 15)	Local ou terrain loué à une personne pour l'exercice de son activité commerciale. Chapitre V du Titre IV du livre I du Code de commerce.
Location professionnelle (fiche 16)	Local loué à une personne pour l'exercice de son activité professionnelle celle-ci n'étant ni commerciale, ni artisanale, ni industrielle, ni agricole (cas des professions libérales). Article 57A de la loi du 23 décembre 1986.
Location rurale	Local ou terrain loué à une personne pour l'exercice de son activité agricole. Livre IV du Code rural et de la pêche maritime.

2. LE PASSAGE D'UN RÉGIME JURIDIQUE DE LOCATION À UN AUTRE

Les propriétaires-bailleurs ne sont pas libres de modifier la destination du local qu'ils comptent mettre en location : un logement construit pour un usage d'habitation ne peut pas librement être transformé pour avoir un usage commercial.

1. LE RÔLE DU RÈGLEMENT DE COPROPRIÉTÉ

L'utilisation d'un logement dans une copropriété doit respecter la destination de l'immeuble notamment définie dans le règlement de copropriété.

La présence d'une clause d'habitation bourgeoise peut par exemple réserver certains locaux à un usage d'habitation. Ce type de clause interdit toute location commerciale, mais les tribunaux estiment que les locations professionnelles ou mixtes sont toujours possibles. De la même façon le règlement de copropriété peut interdire certains commerces qui présentent des nuisances jugées comme excessives (bruits, odeurs…).

Le bailleur souhaitant modifier l'usage du logement qu'il loue doit obtenir l'accord de tous les copropriétaires si cette modification touche à la destination de l'immeuble.

2. L'AUTORISATION DE LA MAIRIE

La nécessité de la réglementation

Le changement d'usage d'un local destiné à la location doit au moins faire l'objet d'une déclaration préalable auprès de la mairie où se situe le local.

Dans certains cas, et afin de limiter la diminution du nombre de m² destinés à la location à usage d'habitation dans des zones où il existe un déséquilibre significatif entre la demande et l'offre de tels logements, le législateur a mis en œuvre un régime plus contraignant avec une procédure d'autorisation préalable (articles L. 631-7 et suivants du CCH).

Les conditions d'application

➜ Les communes concernées

Les communes de plus de 200 000 habitants et celles des Hauts de Seine (92), de la Seine St Denis (93) et du Val de Marne (94). Les communes en dehors de ces zones peuvent par décision du conseil municipal décider de l'application de cette réglementation.

➜ Les locations concernées

La réglementation concerne le changement de destination des locaux à usage d'habitation. Il n'y a donc pas d'autorisation à demander pour passer d'une location nue à une location meublée (ou l'inverse). En revanche le fait de transformer un local d'habitation principale (nu ou meublé) en location meublée touristique rentre dans le champ d'application de la loi et nécessite une autorisation préalable.

A contrario, en principe il n'y a pas d'autorisation pour transformer un local professionnel ou commercial en local à usage d'habitation.

La procédure

L'autorisation est donnée par le maire. Elle peut être accordée avec compensation.

L'autorisation peut également être seulement temporaire, ce qui évite d'avoir à fournir une compensation.

Les sanctions

Le contrevenant à cette réglementation risque une amende de 50 000 € qui sera versée à la commune concernée. Le juge peut de plus ordonner le retour à la situation avant transformation sous astreinte pouvant aller jusqu'à 1 000 € par jour et par mètre carré. Enfin l'administration peut d'office réaliser l'expulsion des occupants du local et l'exécution des travaux nécessaires à la remise en état du local concerné.

2 LE MANDAT DE GESTION LOCATIVE

La loi Hoguet du 2 janvier 1970 et son décret d'application du 20 juillet 1972 distinguent 3 types de cartes professionnelles :

➜ une carte permettant d'effectuer des missions dans le domaine de la transaction immobilière (vente et/ou location) ;

➜ une carte permettant d'effectuer des missions dans le domaine de la gestion locative ;

➜ une carte permettant d'effectuer des missions dans le domaine du syndic de copropriété.

Le professionnel de l'immobilier qui souhaiterait assurer la mise en location d'un bien et ou sa gestion doit donc posséder les deux cartes T et G. Si la transaction locative est un accessoire au mandat de gestion, la carte T suffit.

1. LES INFORMATIONS NÉCESSAIRES À LA RÉDACTION DU MANDAT

Elles sont globalement les mêmes que celles nécessaires à la rédaction du mandat de transaction locative (voir Partie Transaction fiche 18).

Contrairement à son homologue se chargeant de la mise en location, le gestionnaire locatif n'a pas à tenir de registre-répertoire pour les versements ou remises de fonds effectués par ses clients, ni à délivrer de reçus lors de ces versements ou remises.

Enfin le mandat doit indiquer la périodicité de la remise du compte-rendu de gestion (document qui fait apparaître les sommes perçues et celles payées pour le compte du bailleur) entre le gestionnaire et le bailleur.

2. LA RÉMUNÉRATION DE L'ADMINISTRATEUR DE BIENS

La plupart du temps la rémunération de l'administrateur de biens est un pourcentage indiqué hors-taxe dans le mandat, qui se base sur tous les encaissements liés à la location.

Le mandat peut également prévoir des rémunérations faisant l'objet d'une rémunération spécifique et le plus souvent forfaitaire (exemple : établissement des déclarations de revenus fonciers, ou d'IFI).

3. LA RÉSILIATION DU MANDAT

Sa résiliation peut être invoquée à tout moment par LRAR après expiration des 3 premiers mois et en respectant un préavis de 15 jours.

Tous les mandats doivent être limités dans le temps sous peine de nullité. Les mandats peuvent prévoir une clause de tacite reconduction mais celle-ci doit également être limitée dans le temps. Le gestionnaire doit informer son client 3 mois au plus tôt et au plus tard 1 mois avant le terme du mandat de la possibilité de ne pas reconduire le contrat. À défaut le client peut résilier à tout moment.

3 L'USAGE DU LOCAL

1. L'USAGE PERSONNEL DU LOCAL

En théorie seules les parties signataires du bail (ou automatiquement co-titulaires de celui-ci par l'effet du mariage ou du PACS) peuvent habiter dans les lieux loués. Cette règle s'oppose cependant au principe du respect de la vie privée, la réglementation distingue donc plusieurs situations.

Les différentes situations pouvant porter atteinte à la notion d'usage personnel du local

Hébergement
- Fait de vivre chez et avec le locataire sans contrepartie financière.
- Toujours autorisée même en présence d'une clause dans le bail l'interdisant (article 4-n)

Sous-location
- Fait d'habiter dans tout ou partie du local loué en versant une participation financière au locataire principal en contrepartie.
- Nécessite l'accord écrit et préalable du bailleur. Le loyer de la sous-location ne peut excéder celui de la location principale (article 8).

Prêt
- Fait d'habiter dans le local loué de manière temporaire, sans contrepartie financière et en l'absence du locataire principal.
- Ne nécessite pas l'accord du bailleur sauf si une clause du bail le prévoit.

Cession
- Fait de s'être vu transmettre par le locataire principal ses droits et obligations.
- Même régime que la sous-location.

2. L'USAGE CONFORME À LA DESTINATION DU LOCAL

La loi du 6 juillet 1989 ne s'applique qu'aux locations de résidence principale à usage d'habitation ou mixte (habitation et professionnelle).

Ainsi le locataire ne bénéficiera pas de la protection de cette loi (et risquera la résiliation du bail ou son non-renouvellement) s'il utilise le local loué :

➜ comme résidence secondaire ;

➜ en vertu d'un bail mixte, exclusivement pour son activité professionnelle ;

➜ en vertu d'un bail exclusif d'habitation, pour son activité professionnelle (en plus d'y habiter).

Néanmoins, un locataire peut domicilier le siège social de son entreprise dans le logement qu'il loue. Il devra simplement en avertir le bailleur. Cependant, lorsque l'entreprise est une société, la domiciliation est toujours possible pendant 5 ans.

3. L'USAGE PAISIBLE DU LOCAL

1. LES OBLIGATIONS DU LOCATAIRE

Le locataire doit user paisiblement des lieux loués suivant la destination qui leur a été donnée dans le contrat de location. À défaut il risque la résiliation du bail.

Ainsi sont constitutifs d'un trouble de voisinage :

➜ les nuisances causées par les animaux appartenant au locataire (même si aucune clause du bail ne peut interdire le locataire d'un local d'habitation de posséder des animaux familiers) ;

➜ les comportements violents du locataire contre le gardien, les voisins (à condition que les actes se déroulent dans l'immeuble), ou le bailleur (mais pas son mandataire) ;

➜ les dégâts causés par des objets dont le locataire est le gardien (animaux domestiques, objets personnels…) ;

➜ les agissements des occupants de son chef (enfants même majeurs).

2. LES OBLIGATIONS DU BAILLEUR

Corrélativement, le bailleur est tenu d'une obligation de garantie à l'égard de son locataire. Il doit lui assurer la jouissance paisible du logement loué et ce :

➜ contre son fait personnel : la violation de domicile (le fait d'entrer dans le local loué au locataire sans l'accord de ce dernier) est un délit pénal ;

➜ contre le fait d'autrui : le bailleur est responsable dans certains cas des troubles causés par des tiers. Par exemple, si les troubles proviennent d'autres locataires du bailleur, la jurisprudence estime que ce dernier doit tout mettre en œuvre pour les faire cesser.

4 L'ÉTAT DU LOCAL

1. LA NOTION DE DÉCENCE

1. LA DÉFINITION

Il n'est pas possible de louer un logement jugé indécent (article 6 de la loi du 6 juillet 1989). La notion de décence a été précisée dans le décret n° 2002-120 du 30 janvier 2002. Elle recouvre plusieurs aspects.

Sécurité des occupants	Santé des occupants	Confort du local
• Plafond menaçant de s'effondrer • Sol non solide • Garde-corps mal fixés • ...	• Peintures au plomb dégradées • Ventilation insuffisante • ...	• Surface minimale • Présence d'un point d'eau • Alimentation en eau chaude • Chauffage • ...

2. LES SANCTIONS

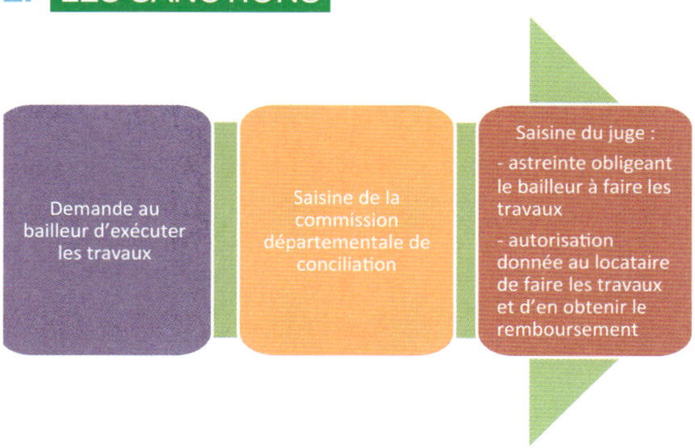

Le locataire peut également demander un dédommagement et la résiliation du bail sans préavis.
Enfin Le bailleur peut, de plus, voir sa responsabilité pénale engagée si l'hébergement des occupants du logement est jugé contraire à la dignité humaine (article L. 225-14 du Code pénal).
Le locataire ne peut en revanche décider de son propre chef de cesser le paiement des loyers pour faire pression sur son bailleur afin que celui-ci réalise les travaux voulus (Cass. civ. 3, 8 juillet 2009). Il risquerait de se voir reprocher cet agissement lors d'une procédure d'expulsion.

2. LA NOTION DE SALUBRITÉ

1. LA DÉFINITION

Un logement est insalubre s'il présente des risques pour la santé de ses occupants ou des tiers (voisins ou même simples passants).
Seuls les services techniques des pouvoirs publics peuvent à la demande des occupants du logement réaliser des visites à leur domicile pour estimer le degré d'insalubrité du logement. Le préfet sur la base de ces visites peut alors prendre 3 types d'arrêtés :
➜ **un arrêté d'insalubrité remédiable** lorsqu'il est possible de réaliser des travaux mettant fin à la situation ;
➜ **un arrêté d'insalubrité irrémédiable** lorsque tel n'est pas le cas ;
➜ **un arrêté de péril** lorsque l'immeuble présente des défauts relatifs à sa solidité même.
Le propriétaire est alors sommé d'engager des travaux et de reloger les occupants à ses frais.

2. LES SANCTIONS

Le bailleur qui ne respecte pas les obligations mises à sa charge par les pouvoirs publics peut notamment :
➜ voir sa responsabilité pénale engagée ;
➜ se faire confisquer le logement ;
➜ se faire interdire le droit d'acquérir tout logement autre que pour sa propre habitation ;
➜ se faire interdire d'exercer une activité en rapport avec les faits commis (agent immobilier, syndic…).
Les locataires sont de plus dispensés du paiement du loyer (mais pas des charges) tant que l'arrêté d'insalubrité n'est pas levé.

3. LE BON ÉTAT DU LOCAL

Article 6 de la loi du 6 juillet 1989

1. L'OBLIGATION DU BAILLEUR

Le bailleur doit délivrer au locataire un logement en bon état conforme à sa destination avec des équipements fonctionnant correctement et permettant une installation immédiate. Cela ne signifie cependant pas que le logement doive être remis à neuf à chaque nouvelle location.

2. LES AMÉNAGEMENTS CONVENTIONNELS

Les parties au contrat de bail peuvent prévoir sous certaines conditions des clauses aménageant leurs obligations respectives eu égard à l'état du logement :

- le contrat ne peut contenir une clause par laquelle locataire s'engage à prendre le logement dans l'état dans lequel il le trouve sans possibilité de recours en justice (Cass. civ. 3, 2 février 2010) ;
- en revanche la loi de 1989 permet de mettre à la charge du locataire, en contrepartie d'une réduction temporaire du loyer, des travaux à condition que ceux-ci ne portent pas sur la mise aux normes de décence ;
- une clause du bail peut également permettre la réalisation de travaux d'amélioration de la part du bailleur avec en contrepartie une augmentation du loyer (article 17-1-II).

4. LES TRAVAUX DANS LE LOCAL

Les réparations à la charge du locataire

Le locataire a ainsi la charge d'assurer l'entretien courant du logement et les menues réparations (décret n° 87-712 du 26/08/1987).

Sous certaines conditions, les travaux permettant de réaliser des économies d'énergie peuvent être mis en partie à la charge du locataire (art. 23-1, loi du 06/07/1989).

Le locataire doit de plus réparer tout ce qu'il a endommagé par sa faute.

Les réparations à la charge du bailleur

Le bailleur doit quant à lui assurer les travaux les plus importants, mais aussi ceux dus :

- à la vétusté ;
- à une malfaçon ;
- à un vice de construction ;
- à un cas de force majeure ;
- ou ceux qui sont imposés par la loi (installation d'un détecteur de fumée à compter du 8 mars 2015, ravalement, mise aux normes de sécurité des ascenseurs…).

Le bailleur peut exiger de son locataire d'accéder au logement pour faire réaliser les travaux dont il a la charge. Le locataire doit cependant être informé de la nature et des modalités des travaux. De plus si ceux-ci durent plus de 21 jours, le montant du loyer doit être réduit proportionnellement à la gêne subie.

Exemples de répartition des travaux

Travaux concernés	Répartition
La plomberie	À la charge du bailleur : remplacement des robinets, des canalisations… À la charge du locataire : remplacement des joints d'étanchéité, des fosses septiques…
Les revêtements	À la charge du bailleur : réfection totale des moquettes, carrelages, parquets… À la charge du locataire : entretien courant (propreté, raccords mineurs…)
L'électricité	À la charge du bailleur : mise aux normes de sécurité, remplacement des compteurs… À la charge du locataire : remplacement des ampoules, des fusibles…
Le chauffage	À la charge du bailleur : remplacement de la chaudière et de ses grosses pièces… À la charge du locataire : remplacement des petites pièces, ramonage…
Les ouvertures	À la charge du bailleur : remplacement des portes et fenêtres usagées, étanchéité… À la charge du locataire : remplacement des carreaux cassés, graissage des gonds…
Les sanitaires	À la charge du bailleur : remplacement des éviers, toilettes… détartrage… À la charge du locataire : remplacement du flexible de douche, des joints…

L'aménagement et la transformation du local

Le locataire peut réaliser comme il l'entend des aménagements dans le local loué (ex : peinture, etc.).

Le locataire est tenu de ne pas transformer les locaux et équipements loués sans l'accord écrit du propriétaire (exemple : abattre un mur…).

Si le locataire outrepasse cette interdiction, le bailleur pourra, à son départ :

- exiger la remise en état initial des lieux ;
- conserver les travaux sans indemniser le locataire.

5 LES ASSURANCES DE LA LOCATION

Le bailleur comme le locataire ont intérêt à souscrire à des contrats d'assurance, qui les protègent contre la survenance de risques liés au contrat les liant.

Mais alors que le fait que le locataire soit assuré contre les risques locatifs est une obligation issue du contrat de bail même, et dont le non-respect peut entraîner la résiliation dudit contrat, les assurances souscrites par le bailleur sont toujours facultatives. L'administrateur de biens doit donc être particulièrement vigilant aux assurances souscrites par le bailleur et par le locataire, qui certes ont un coût mais garantissent la pérennité de l'investissement locatif et de la relation contractuelle entre les parties.

1. L'ASSURANCE DU LOCATAIRE

→ Le locataire est obligé de s'assurer des risques dont il doit répondre en sa qualité de locataire, c'est-à-dire les risques de dégât des eaux, d'explosion et d'incendie. L'assurance contre le vol n'est pas en revanche obligatoire.

→ Le locataire doit justifier de son assurance lors de la remise des clés puis chaque année à la demande du bailleur.

→ Le défaut d'assurance permet au bailleur de demander la résiliation du bail après un commandement demeuré infructueux pendant un mois.

→ Le bailleur peut également choisir de souscrire une assurance pour le compte de son locataire. Le montant de la prime de celle-ci sera récupérable auprès du locataire par douzième à chaque paiement du loyer. Cette prime doit être mentionnée sur l'avis d'échéance et sur les quittances.

2. L'ASSURANCE DU BAILLEUR

Le bailleur a intérêt à souscrire une assurance propriétaire non-occupant, et ce pour plusieurs raisons :

→ l'assurance souscrite par le locataire ne couvre pas l'intégralité des risques qui peuvent se produire dans un appartement (il en est de même de l'assurance multirisque de l'immeuble dans le cadre d'une copropriété) ;

→ le bien peut se trouver vide d'occupant (et donc non assuré) en cas de période de vacances entre deux locataires ;

→ le bailleur reste responsable de nombreux travaux.

3. LA CONVENTION IRSI

La convention IRSI (inter-assureurs d'indemnisation et de recours des sinistres d'immeubles) a abrogé la convention CIDRE au 1er juin 2018. Elle modifie les règles d'indemnisation des sinistres dégâts des eaux et incendies d'un montant inférieur à 5 000 € HT :

→ pour les dommages inférieurs à 1 600 € HT, la prise en charge est faite par l'assureur de l'immeuble sinistré, sans possibilité de se retourner contre les autres assureurs ;

→ pour les dommages supérieurs à 1 600 € HT et inférieurs à 5 000 € HT un expert est désigné par l'assureur de l'immeuble sinistré, qui prend en charge le sinistre et peut ensuite se retourner vers les autres assureurs pour récupérer le coût incombant à chacun.

En cas de sinistre au sein d'une copropriété, l'assurance de l'immeuble intervient en troisième après l'assurance de l'occupant, puis celle du copropriétaire-bailleur.

6 LA COLOCATION

Depuis la loi ALUR, la colocation est expressément définie par la loi du 6 juillet 1989 dans son article 8-1, comme « *la location d'un même logement par plusieurs locataires constituant leur résidence principale et formalisée par la conclusion d'un contrat unique ou de plusieurs contrats entre les locataires et le bailleur* ». La colocation dispose donc d'un régime propre avec des règles spécifiques relativement à la surface du logement loué, aux loyers et charges payés par les colocataires et au terme de la colocation.

1. LA SURFACE DU LOGEMENT LOUÉ

La loi du 6 juillet 1989 distingue la surface dont doit disposer chacun des colocataires en fonction de l'existence d'un contrat de bail unique signé par tous les colocataires ou de contrats distincts propres à chacun des colocataires.

Signature d'un seul contrat par l'ensemble des colocataires	Le logement doit avoir une surface minimale de 16 m^2 pour deux colocataires et 9 m^2 supplémentaires par colocataire en plus.
Signature d'un contrat distinct pour chaque colocataire	Chaque colocataire doit disposer privativement d'une surface d'au moins 9 m^2 ou d'un volume d'au moins 20 mètres[3].

2. LE LOYER ET LES CHARGES

1. LA FIXATION DU LOYER ET DES CHARGES

La fixation du loyer

Dans les zones tendues où l'encadrement des loyers s'applique, le montant total des loyers payés par les colocataires ne peut dépasser le loyer de référence majoré.

La fixation des charges

Le bail peut prévoir une récupération des charges locatives en fonction de leur montant réel avec une régularisation annuelle comme pour les locations loi de 1989 « classique ». Il peut également prévoir un montant de provisions pour charges forfaitaire révisé chaque année en fonction de l'IRL, comme pour le loyer principal. Il faut simplement dans ce dernier cas que le montant retenu ne soit pas disproportionné par rapport au montant réel ou à la provision versée par le(s) précédent(s) locataire(s).

2. LE PAIEMENT DU LOYER ET DES CHARGES

Il n'y a pas d'automaticité de la solidarité entre les colocataires, il faut donc que le contrat de bail prévoit une clause instituant celle-ci. Cette clause doit permet au bailleur de réclamer l'intégralité du paiement du loyer et des charges auprès d'un seul locataire, qui a la possibilité de récupérer les sommes versées auprès des autres colocataires. Cette solidarité dure jusqu'à la date d'effet du congé, si le bailleur a trouvé un nouveau locataire, et six mois après cette date si tel n'est pas le cas. De la même manière les personnes qui se sont portées caution solidaire pour un des colocataires sont tenues des dettes locatives y compris celles des autres colocataires. En revanche leur engagement cesse avec le départ du colocataire auquel il procurait une garantie.

3. LE TERME DE LA COLOCATION

Les règles relatives aux congés (du locataire ou du bailleur) s'appliquent à la colocation. Lorsque le congé vient d'un des colocataires, le bail se poursuit pour les autres. Le colocataire partant ne peut réclamer le remboursement de sa quote-part de dépôt de garantie qui lui sera remboursée au départ de tous les colocataires (il peut toutefois s'arranger avec les autres colocataires ou avec la personne qui le remplace pour obtenir ce remboursement)

7 LE PAIEMENT DU LOYER

La principale obligation du locataire est de payer le loyer et les charges aux termes convenus, à défaut il risque la résiliation du bail.
Les règles relatives aux loyers et aux charges locatives se sont multipliées et limitent très fortement la liberté contractuelle non seulement quant à la fixation initiale du loyer ou de la provision pour charges, mais aussi relativement à leur évolution en cours de bail.
Le bailleur a donc également des obligations à suivre pour faire payer à son locataire le « bon » loyer.

1. LES MODALITÉS DE PAIEMENT ET LA QUITTANCE

1. LES MODALITÉS DE PAIEMENT

➜ le locataire doit payer le loyer et les charges aux termes convenus dans le bail : mensuellement, trimestriellement, à terme échu, à échoir (par avance), par chèque, par prélèvement, par virement… ;

➜ le paiement du loyer se fait la plupart du temps mensuellement et d'avance. Le locataire peut d'ailleurs imposer à son bailleur un paiement mensuel en cours de bail même si celui-ci prévoit une autre modalité. De la même façon, le locataire peut toujours choisir un autre mode de paiement que le prélèvement même si le bail le prévoit ;

➜ si les locataires sont mariés ou pacsés, ils sont automatiquement solidaires du paiement des loyers et des charges. Si tel n'est pas le cas, le bail doit prévoir une clause de solidarité, pour que le bailleur puisse en cas d'impayés poursuivre le locataire le plus solvable pour récupérer l'intégralité des sommes dues.

➜ comme toutes les créances nées du contrat de bail, le bailleur peut réclamer les loyers et charges non-payés pendant 3 ans.

2. LA QUITTANCE

En contrepartie de son paiement le locataire peut demander une quittance, qui doit lui être transmise gratuitement. Cette quittance doit préciser le montant du loyer et des charges de manière distincte.
La quittance est une preuve de paiement elle peut être demandée par les casses d'allocations familiales pour le versement des allocations logement, par un bailleur lors de la sélection d'un locataire afin que celui-ci démontre qu'il est bon payeur…

2. LA RÉVISION DU LOYER

1. LES CONDITIONS DE LA RÉVISION

Le loyer peut être révisé chaque année en fonction de la variation sur un an de l'indice IRL (Indice de Référence Loyer) à condition qu'une clause expresse du bail prévoit une telle possibilité (article 17-1 de la loi du 6 juillet 1989). Cette révision doit avoir lieu soit à la date anniversaire du bail, soit à une date fixée par les parties dans le contrat.

2. L'IRL

L'IRL à prendre en compte est soit le dernier publié à date de conclusion du contrat, soit celui déterminé par les parties dans le contrat.
L'IRL est un indice publié trimestriellement par l'INSEE et qui se base sur les prix à la consommation hors tabac et loyers. Il est publié :

➜ vers le 15 janvier pour l'indice du 4ᵉ trimestre ;
➜ vers le 15 avril pour l'indice du 1ᵉʳ trimestre ;
➜ vers le 15 juillet pour l'indice du 2ᵉ trimestre ;
➜ vers le 15 octobre pour l'indice du 3ᵉ trimestre.

3. LES MODALITÉS DE LA RÉVISION

Ancien loyer HC × IRL N/IRL N–1 = Nouveau loyer HC

Depuis la loi ALUR, la révision est effective à compter de la date de la demande du bailleur et non à compter de la date prévue dans le bail ou de la date anniversaire du bail. Le bailleur ne doit donc pas oublier d'en avertir son locataire.

De plus si le bailleur n'a pas demandé la révision dans un délai d'un an, il est considéré qu'il a renoncé à cette possibilité.

Exemple : un bail a été signé le 1er janvier 2020 avec un loyer de 600 €. Il contient une clause d'indexation sans référence à un indice IRL précis, c'est donc le dernier indice publié à cette date qui sera l'indice de référence (3T2019 publié le 15 octobre 2019 : 129,99). Le nouveau loyer au 1er janvier 2021 sera donc : (avec comme nouvel indice 3T2020 : 130,59). $600 \times \frac{130,59}{129,99} = 602,77$ €.

3. LA RÉGULARISATION DE CHARGES

1. LE MÉCANISME DE LA RÉGULARISATION DE CHARGES

Une fois par an le bailleur doit réaliser la régularisation des charges récupérables auprès de son locataire (article 23 de la loi du 6 juillet 1989). Un mois avant cette régularisation, il doit donc lui envoyer un document qui précise les opérations suivantes :

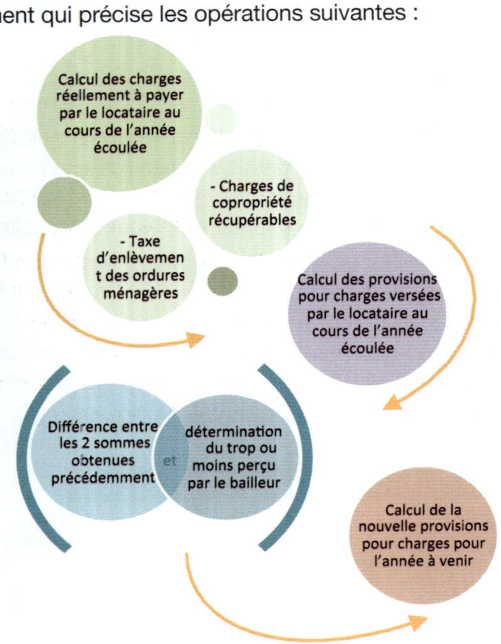

Exemple

Un locataire verse une provision pour charges de 50 euros par mois en plus de son loyer soit 600 euros sur l'année.

À la fin de l'année le relevé de charges de copropriété fait apparaître un montant de charges récupérables de 553,26 euros et l'avis de taxe foncière une taxe d'enlèvement d'ordures ménagères de 83 euros, soit un total des charges récupérables de 636,26 euros.

La régularisation des charges sera donc de 36,26 euros, et la nouvelle provision pour charges pourra être fixée à 636,26/12 = 53,02 € (arrondi à 53 euros).

2. LES JUSTIFICATIFS DE LA RÉGULARISATION DE CHARGES

Les pièces justificatives relatives à cette régularisation doivent être tenues à la disposition du locataire pendant 6 mois. Le bailleur doit transmettre à la demande du locataire le récapitulatif des charges par voie électronique ou par voie postale.

3. LE PAIEMENT DE LA RÉGULARISATION DE CHARGES

En cas de défaut de régularisation jusqu'au terme de l'année civile suivant leur exigibilité, le locataire peut en demander le paiement par douzième.

8 LA FISCALITÉ DES REVENUS LOCATIFS

Les revenus issus d'une location sont soumis à l'impôt sur le revenu. Encore faut-il distinguer, selon que la location envisagée est :

→ une location nue à usage d'habitation loi de 1989, et dans ce cas ces revenus seront des revenus fonciers ;

→ une location meublée et dans ce cas ces revenus seront des bénéfices industriels et commerciaux.

La fiscalité des revenus locatifs peut dépendre également du fait que la location concernée ait été réalisée à l'occasion d'un investissement locatif donnant droit à une réduction d'impôt. Dans cette optique, l'agent immobilier en charge de l'évaluation de l'investissement locatif doit pouvoir conseiller le futur bailleur sur la rentabilité de son achat en mettant en place diverses simulations (location nue ou meublée, avec ou sans défiscalisation...).

1. L'IMPÔT SUR LE REVENU

1. LES GRANDS PRINCIPES DE L'IMPÔT SUR LE REVENU

L'impôt sur le revenu est un impôt :

Déclaratif

- Chaque année les membres d'un même foyer fiscal doivent déclarer tous les revenus perçus, pour que le prélèvement à la source s'adapte aux modifications de leurs ressources.
- La notion de foyer fiscal, signifie que les individus ne sont pas forcément imposés individuellement mais qu'ils peuvent être « regroupés » pour réaliser une déclaration commune, en fonction de leur lien d'alliance, de filiation...
- Ainsi, deux personnes mariées ou pacsées constituent un seul foyer fiscal, alors que deux personnes vivant en concubinage constituent deux foyers fiscaux.

Progressif

Les revenus déclarés sont imposés par un barème par tranche, dont le taux augmente à chaque tranche : les euros de la première tranche ne sont pas imposés, les euros des tranches suivantes sont imposés à un taux de plus en plus élevé.

Prélevé à la source

Le prélèvement à la source institué à partir du 1er janvier 2019, consiste à faire payer l'impôt au moment de la perception des revenus, et non plus avec un an de décalage.

2. LA DÉTERMINATION DU REVENU IMPOSABLE

L'ensemble des revenus perçus par le foyer fiscal doit être additionné déduction faites pour chacun d'eux des charges et/ou de certains abattements.

Il existe différentes catégories de revenus : salaires, revenus fonciers, BIC...

Ainsi si les membres du foyer fiscal sont salariés, ils devront déclarer leurs salaires après déduction des éventuels frais qu'ils ont engagés pour les percevoir. Les salariés ont le choix entre une déduction forfaitaire égale à 10 % des salaires perçus ou une déduction des frais réellement constatés.

Chacun des revenus nets catégoriels peut être déclaré déduction faite d'un taux forfaitaire (qui diffère selon les revenus) ou déduction faite des frais réellement constatés.

L'ensemble des revenus nets catégoriels est alors additionné, on parle de revenu brut global.

Puis sont pris en compte certaines charges, abattements, déficits, pour déterminer le revenu net global qui servira de base imposable.

3. LA LIQUIDATION DE L'IMPÔT

La base imposable se voit en principe appliqué le barème progressif de l'impôt sur le revenu. Mais plusieurs facteurs entrent en compte :

→ le quotient familial. Le revenu déclaré va être pondéré par la prise en compte du quotient familial, c'est-à-dire de la situation familiale des membres du foyer fiscal : pour une famille de 5 personnes (2 adultes mariés et 3 enfants), on comptera ainsi 4 parts (une pour chacun des adultes, une demie pour les deux premiers enfants et une entière pour le troisième), ce qui diminuera le montant de l'impôt dû par le foyer fiscal ;

→ les réductions d'impôt. Une fois l'impôt brut calculé, il est possible de réduire le montant dû, notamment si le foyer fiscal a réalisé un investissement locatif dans des dispositifs de défiscalisation.

2. LES REVENUS FONCIERS

Les revenus fonciers sont ceux issus de la location d'un local nu relevant de la loi du 6 juillet 1989. Les recettes déclarées sont les loyers hors provisions pour charges perçues par le foyer fiscal pour une telle location. Pour déterminer le revenu net catégoriel, il existe deux possibilités.

1. LE MICRO-FONCIER

Les cas d'application

Le régime micro-foncier s'applique :

→ si le foyer fiscal a perçu moins de 15 000 euros de loyers dans l'année concernée ;

→ et si le foyer fiscal choisit de ne pas opter pour le régime réel.

La détermination du revenu net catégoriel

Le fisc applique automatiquement un abattement forfaitaire de 30 % sur les loyers perçus. Le revenu net catégoriel sera donc égal à 70 % des recettes perçues.

2. LE RÉGIME RÉEL

Les cas d'application

Le régime réel foncier s'applique :

→ si le foyer fiscal a perçu plus de 15 000 euros de loyers dans l'année concernée ;

→ ou si le foyer fiscal choisit d'opter pour ce régime, même si ses recettes sont inférieures au plafond des 15 000 euros. L'option se fait en remplissant une déclaration spécifique (n° 2044 ou 2044spe) et elle s'appliquera de manière irrévocable pour trois ans.

La détermination du revenu net catégoriel

Le contribuable doit calculer son revenu foncier imposable en déduisant des recettes perçues des charges déductibles (charges de copropriété hors celles récupérées sur le locataire, taxe foncière hors taxe d'enlèvement d'ordures ménagères, assurances loyers impayés, frais de gestion locatives, travaux dans l'immeuble, intérêts d'emprunt…).

Le résultat peut faire apparaître un déficit qui sera imputé sur le revenu brut global ou reporté pour l'être les années suivantes (dans la limite de 10 ans et 10 700 euros par an).

3. LES BIC (BÉNÉFICES INDUSTRIELS ET COMMERCIAUX)

Les BIC sont les revenus issus de la location d'un local meublé. Les recettes déclarées sont les loyers charges comprises perçus par le foyer fiscal pour une telle location. Pour déterminer le revenu net catégoriel, il existe deux possibilités.

1. LE MICRO-BIC

Les cas d'application

Le régime micro-BIC s'applique :

→ si le foyer fiscal a perçu moins de 72 600 euros de loyers dans l'année concernée (si la location est une chambre d'hôte ou un meublé de tourisme le plafond est de 176 200 euros) ;

→ et si le foyer fiscal choisit de ne pas opter pour le régime réel.

La détermination du revenu net catégoriel

Le fisc applique automatiquement un abattement forfaitaire de 50 % sur les loyers perçus. Le revenu net catégoriel sera donc égal à 50 % des recettes perçues. Si la location est une chambre d'hôte ou un meublé de tourisme, l'abattement forfaitaire est de 71 %.

2. LE RÉGIME RÉEL

Les cas d'application

Le régime réel BIC s'applique :

→ si le foyer fiscal a perçu plus de 72 600 (ou 176 200) euros de loyers dans l'année concernée ;

→ ou si le foyer fiscal choisit d'opter pour ce régime, même si ses recettes sont inférieures au plafond des 72 600 (ou 176 200) euros. L'option se fait par un simple courrier en ce sens auprès du centre des impôts et elle s'appliquera de manière irrévocable pendant deux ans.

La détermination du revenu net catégoriel

Le contribuable doit calculer son BIC imposable en déduisant des recettes perçues des charges déductibles et en prenant en compte les amortissements (par exemple ceux des meubles).

Le résultat peut faire apparaître un déficit qui sera imputé sur les revenus de même nature ou reporté pour l'être les années suivantes (cas du loueur en meublé non professionnel, c'est-à-dire notamment celui dont les loyers annuels ne dépassent pas 23 000 euros).

4. LA DÉFISCALISATION (DISPOSITIF PINEL)

Le dispositif Pinel est un dispositif devant favoriser l'investissement locatif : en contrepartie d'un tel investissement et du respect de conditions de location spécifiques, le contribuable bénéficie d'une réduction d'impôt.

Ce dispositif est le dernier d'une longue lignée de dispositifs de réductions d'impôt devant favoriser de tels investissements (Duflot, Scellier…).

1. LES LOGEMENTS CONCERNÉS

Le dispositif s'applique à tous les logements acquis neufs, en VEFA, transformés en logements neufs… jusqu'au 31 décembre 2022.

Le logement doit répondre à des impératifs énergétiques et être situé dans une zone géographique où existe un déséquilibre entre l'offre et la demande de logements entraînant des difficultés d'accès au logement sur le parc locatif existant. Ces zones sont fixées par décret.

2. LES LOCATIONS CONCERNÉES

La durée de la location

Le logement doit être loué nu à usage d'habitation principale pendant 6, 9 ou (avec prorogation) 12 ans.

Le(s) locataire(s)

Le ou les locataires ne doivent pas dépasser certains plafonds de ressources fixés par décret en fonction de la zone concernée et de la composition du ménage occupant.

Le ou les locataires peuvent être des ascendants ou descendants du bailleur.

Le loyer

Le loyer pratiqué ne doit pas dépasser un plafond fixé par décret en fonction de la zone concernée et de la surface du logement selon une formule pondératrice.

3. LA RÉDUCTION D'IMPÔT

Le plafond de la réduction d'impôt

La réduction d'impôt est un pourcentage du prix de vente de l'immeuble étalé sur la durée de la location, dans la limite d'un prix de vente de 300 000 euros et 5 500 euros par m^2 de surface habitable.

Le taux de la réduction d'impôt

Le taux de la réduction d'impôt est de :

- 12 % pour un engagement de 6 ans ;
- 18 % pour un engagement de 9 ans ;
- 21 % pour un engagement de 12 ans.

Si le montant de la réduction d'impôt dépasse le montant de l'impôt dû, la différence n'est pas reportable sur les années suivantes. Les taux de réduction seront dégressifs pour les années 2023 et 2024.

Exemple

Un investisseur fait l'acquisition d'un appartement valant 320 000 euros, frais de notaire inclus, pour un engagement sur 9 ans.

Le montant de sa réduction d'impôt chaque année sera donc de : $\frac{300\,000 \times 18\,\%}{9} = 6\,000$ *€.*

Si ces impôts sont de 5 500 euros pour l'année envisagée, il ne paiera pas d'impôt mais il ne pourra retirer la différence de 500 euros sur ses impôts des années suivantes.

9 LA RECONDUCTION OU LE RENOUVELLEMENT DU BAIL

Au terme du bail, les parties peuvent soit mettre fin à leur relation, ou décider de la poursuivre par le jeu de la reconduction ou du renouvellement avec modification du loyer.

1. LA RECONDUCTION DU BAIL

Au terme du bail, si aucune des parties ne donne congé ou ne réclame une modification du loyer, le contrat est reconduit aux mêmes conditions et pour la même durée.

2. LE RENOUVELLEMENT DU BAIL AVEC MODIFICATION DU LOYER

Depuis la loi ALUR du 27 mars 2014, la situation diffère selon que le bien, objet du bail est situé dans une zone tendue (définie par décret et où existe un déséquilibre entre la demande et l'offre de logements) ou non.

1. LE RENOUVELLEMENT HORS ZONES TENDUES

Hors zones tendues, la loi du 6 juillet 1989 prévoit dans son article 17-2, une procédure pour que le bailleur puisse proposer une réévaluation du loyer à son locataire au terme du bail.

La référence aux loyers du voisinage

Le bailleur doit prouver à son locataire que **le loyer est manifestement sous-évalué en comparaison des loyers habituellement pratiqués pour des logements équivalents dans le voisinage.** Pour cela il doit donc pouvoir lui montrer des éléments de comparaison.

Le propriétaire doit fournir trois références différentes ou six s'il loue dans une commune faisant partie d'une agglomération de plus d'un million d'habitants. Dans les deux cas, deux tiers de ces références doivent concerner un bail dont le locataire est présent depuis plus de 3 ans.

La loi ne dit pas ce qu'est un loyer manifestement sous-évalué. En pratique les juges du fond estiment qu'en-deçà de 10 % de différence entre les loyers du voisinage et le loyer que le bailleur essaye de réévaluer, il n'y a pas sous-évaluation.

La proposition de renouvellement

Le bailleur doit adresser à son locataire la proposition de nouveau loyer **six mois au moins avant la fin du bail par LRAR ou exploit d'huissier ou par remise en main propre contre récépissé ou émargement.** Elle doit indiquer obligatoirement les éléments suivants :

- ➜ **le nouveau loyer proposé**. La loi n'impose aucun mode de calcul relativement au nouveau loyer à proposer. Le plus sage semble être de faire la moyenne pondérée des références du voisinage afin de le fixer ;
- ➜ **les références du voisinage** en respectant le décret n° 90-780 du 31 août 1990 qui donne la liste des éléments à indiquer pour chaque référence ;
- ➜ la reproduction intégrale de l'article 17-2.

La réponse du locataire

Le locataire a deux mois pour répondre à la proposition du bailleur :

- ➜ **si la réponse est positive,** les parties doivent formaliser leur accord par un avenant au bail ;
- ➜ **si la réponse est négative (ou en cas d'absence de réponse),** le bailleur devra saisir dans les quatre mois précédents le terme du bail, la commission départementale de conciliation puis le cas échéant le tribunal judiciaire pour qu'un nouveau loyer soit fixé.

L'étalement de la hausse

Le nouveau loyer ne sera pas appliqué immédiatement mais progressivement, la hausse est étalée :

- la hausse se répartit par sixième annuel si le bail est renouvelé pour 6 ans ;
- la hausse s'applique par tiers annuel si le contrat est renouvelé pour 3 ans et si le nouveau loyer final n'est pas supérieur de plus de 10 % au loyer initial ;
- la hausse se répartit par sixième annuel si le bail est renouvelé pour 3 ans et si le nouveau loyer final est supérieur de plus de 10 % au loyer initial.

2. LE RENOUVELLEMENT DANS LES ZONES TENDUES

Dans les communes de Paris, Lyon, Villeurbanne, de Plaine commune Est ensemble (Seine St Denis), et dans l'agglomération de Lille, le loyer d'un logement mis en location ou dont le contrat est renouvelé est plafonné par un loyer de référence majoré, dépendant du type de la location (vide ou meublée), du nombre de pièces et de l'époque de construction du logement.

10 LE CONGÉ

1. LE CONGÉ DU LOCATAIRE

La motivation et le moment du congé

Le locataire peut, à tout moment, donner congé sans avoir à motiver sa décision.

Le préavis du congé

Le délai de préavis à respecter est de 3 mois. Le locataire peut bénéficier d'un délai de préavis réduit à 1 mois dans de nombreux cas comme le prévoit l'article 15 de la loi du 6 juillet 1989

La forme du congé

Le congé doit être notifié au propriétaire par LRAR ou par acte d'huissier ou par remise en main propre contre récépissé ou émargement.

L'abandon de domicile ou le décès du locataire

La loi (article 14 et 14-1) prévoit une procédure simplifiée lorsque le locataire abandonne son domicile sans prévenir. Mais dans ce cas (comme dans le cas du décès du locataire), le bail est transmis à son conjoint, son partenaire de PACS, son concubin notoire, ses descendants, ses ascendants ou les personnes à charge vivant avec lui depuis au moins 1 an.

2. LE CONGÉ DU BAILLEUR

La motivation et le moment du congé

Le congé doit être donné au terme du bail ou au terme de chacune de ses périodes de reconduction ou de renouvellement. Il doit être motivé par :

- ➜ la vente du logement ;
- ➜ la volonté de reprendre le logement pour y habiter ou pour y faire habiter un de ses proches ;
- ➜ un motif légitime et sérieux.

Le préavis du congé

Le délai de préavis à respecter est de 6 mois.

La forme du congé

Le congé doit être notifié à tous les titulaires du bail par LRAR ou par acte d'huissier ou par remise en main propre contre récépissé ou émargement.

Les conditions du congé en fonction du motif

Type de congé	Conditions du congé
Le congé pour vente	Le locataire bénéficie d'un droit de préemption : le bailleur doit lui proposer d'acheter le bien à des conditions précises. Si le locataire décide d'acheter, il a 2 mois pour finaliser la vente (4 s'il finance son achat par un prêt). Le locataire ne dispose pas d'un droit de préemption si le bailleur propose la vente de son bien à un parent jusqu'au 3e degré inclus et que celui-ci occupe le bien pendant au moins 2 ans.
Le congé pour reprise	Le congé doit préciser le nom et l'adresse du bénéficiaire de la reprise. Le congé pour reprise ne bénéficie qu'au bailleur personne physique ou au bailleur SCI familiale. Les bénéficiaires de la reprise peuvent être le bailleur lui-même, son conjoint, son partenaire de PACS, son concubin notoire depuis au moins 1 an, les ascendants et descendants de toutes ces personnes.
Le congé pour motif légitime et sérieux	Le congé doit indiquer le motif invoqué. Il peut s'agir du non-respect par le locataire de ses obligations, mais aussi de la volonté de modifier radicalement le local, de le reconstruire…

Il est complexe de donner congé à un locataire âgé de plus de 65 ans et dont les ressources sont modestes. Il faut dans ce cas lui proposer un autre logement correspondant à ses besoins et à ses possibilités (article 15 III). Toutefois tel n'est pas le cas, si le bailleur a lui-même plus de 65 ans ou si ses ressources sont modestes.

Le contrôle de la régularité du congé

Le juge peut vérifier même d'office la réalité du motif du congé, son caractère sérieux et légitime, et le respect de ses obligations par le bailleur.

Un congé frauduleux quant à la réalité de la reprise peut entraîner la condamnation pénale du bailleur (6 000 € d'amende pour un bailleur personne physique, 30 000 € pour un bailleur personne morale).

11 LA FIN DU BAIL

Le départ du locataire est souvent source de conflits, car c'est à ce moment que le bailleur peut constater les éventuelles dégradations de son bien, qui ne sont pas forcément du fait du locataire notamment lorsqu'elles sont dues à la vétusté. La tentation peut alors être grande de ne pas restituer le dépôt de garantie. Le locataire peut de son côté décider de ne pas payer son dernier mois de loyer, estimant que justement le dépôt de garantie servira à cela. Il est donc particulièrement important d'être attentif à la réglementation relative au départ du locataire.
Enfin, le refus d'un locataire de quitter le logement alors qu'il a reçu un congé ou qu'il ne respecte pas ses obligations, impose au bailleur de demander en justice la résiliation du bail et son expulsion.

1. LES FORMALITÉS À LA FIN DU BAIL

1. L'ÉTAT DES LIEUX DE SORTIE

Au départ du locataire un état des lieux doit être établi en suivant les mêmes règles qu'à son arrivée : soit directement par les parties, soit par huissier. Cet état des lieux permettra d'établir si le locataire rend ou non le logement en bon état, et de déterminer le cas échéant les éventuelles retenues sur le dépôt de garantie.

2. LA RESTITUTION DU DÉPÔT DE GARANTIE

Le moment de la restitution

Le dépôt de garantie doit être restitué dans les 2 mois suivants la remise des clés par le bailleur. Cette obligation incombe au bailleur actuel, et non au bailleur initial par exemple s'il y a eu vente du local depuis le début du bail ou à l'agence immobilière, qui n'a pas en principe le droit de garder le dépôt de garantie. Ce délai est réduit à 1 mois si l'état des lieux d'entrée est conforme à l'état des lieux de sortie. Passé ce délai le dépôt de garantie restant dû au locataire est majoré d'une somme égale à 10 % du loyer mensuel en principal pour chaque période mensuelle (article 22).

La restitution partielle

Lorsque le logement est situé dans un immeuble collectif, le bailleur peut conserver au maximum 20 % du montant du dépôt de garantie jusqu'à l'arrêté annuel des comptes de l'immeuble. La régularisation définitive et la restitution du solde sont effectuées dans le mois qui suit l'approbation définitive des comptes de l'immeuble.
Le bailleur peut garder tout ou partie du dépôt de garantie eu égard aux diverses sommes que le locataire lui doit (loyer, charges, dégradations…). Relativement aux dégradations, il appartiendra au bailleur de prouver :
➔ que les dégradations existent (en produisant des devis par exemple) ;
➔ qu'elles sont bien dues au locataire (en comparant les états des lieux d'entrée et de sortie).
La vétusté ne pourra en revanche pas justifier une retenue sur le dépôt de garantie.

La contestation de la restitution

Les contestations relatives à la restitution du dépôt de garantie devront être portées devant la commission départementale de conciliation puis le cas échéant (et le plus souvent) devant le juge.
Afin d'éviter ces contestations, il est préférable de faire réaliser un pré-état des lieux de sortie, qui permettra au locataire de se rendre compte des travaux à effectuer le cas échéant pour rendre le logement en un état conforme à ce qui est prévu au bail et dans la réglementation.

2. LA RÉSILIATION JUDICIAIRE

Seul le juge du tribunal judiciaire est compétent pour prononcer la résiliation d'un bail loi de 1989, qu'un locataire conteste. Nous présenterons la procédure relative à un défaut de paiement, mais la résiliation du bail peut être obtenue pour d'autres motifs :

validation d'un congé, troubles de voisinage, défaut d'assurance…

1. LA PROCÉDURE PRÉ CONTENTIEUSE

En cas de défaut de paiement, le bailleur peut entamer les démarches suivantes avant d'assigner son locataire en justice :

➜ mise en œuvre des garanties de paiement (cautionnement, assurances loyers impayés…) ;

➜ mise en place d'un plan d'apurement si le locataire peut reprendre de manière pérenne le paiement des loyers, avec éventuellement le recours au fonds de solidarité logement qui peut reprendre tout ou partie de la dette ;

➜ recours à une saisie-conservatoire qui permet à un huissier de faire un inventaire des meubles du locataire ou de bloquer ses comptes afin qu'il ne puisse pas organiser son insolvabilité.

2. LA PROCÉDURE CONTENTIEUSE

La clause résolutoire

Les contrats de location contiennent le plus souvent des clauses résolutoires, qui limitent le pouvoir d'appréciation du juge : si le motif prévu par la clause s'est réalisé, le contrat de bail doit être résilié (mais le juge peut toujours donner des délais de paiement allant jusqu'à 3 ans pour retarder son effectivité).

La loi du 6 juillet 1989 (article 4i) prévoit qu'une clause résolutoire n'est valable que dans certains cas :

➜ non-paiement des loyers ou des charges ;

➜ non-versement du dépôt de garantie ;

➜ défaut d'assurance ;

➜ troubles de voisinage.

La procédure d'expulsion

Le bailleur peut décider de demander le remboursement des sommes dues (procédure d'injonction de payer) ou/et demander la résiliation du bail. La procédure d'expulsion suit un formalisme rigoureux, et fait intervenir de nombreux acteurs (huissier de justice, juge du tribunal judiciaire, juge de l'exécution, force de l'ordre, préfet…).

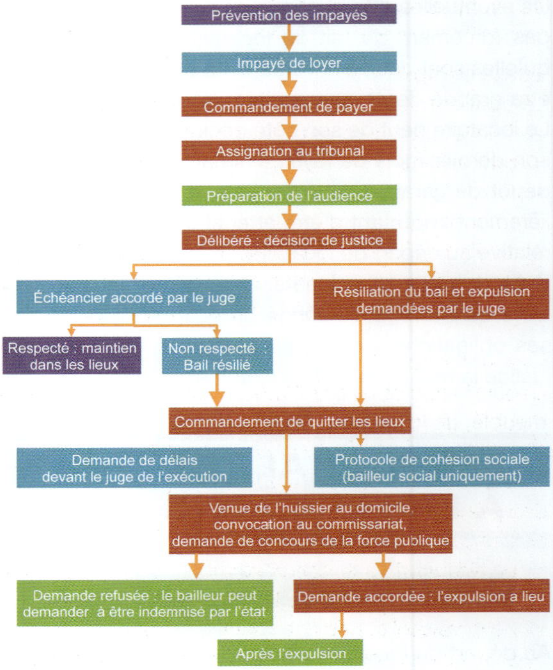

La trêve hivernale protège du 1er novembre d'une année au 31 mars de l'année suivante, les occupants d'un logement contre l'exécution des décisions de justice d'expulsion (mais pas contre le recours à la justice pour obtenir un jugement prononçant l'expulsion). Les personnes entrées par voie de fait ne profitent pas de la trêve hivernale.

12 LA LOCATION MEUBLÉE

1. LE DOMAINE CONCERNÉ

La définition

La location meublée est définie par l'article 25-4 de la loi du 6 juillet 1989 comme celle portant sur « un logement décent équipé d'un mobilier en nombre et en qualité suffisants pour permettre au locataire d'y dormir, manger et vivre convenablement au regard des exigences de la vie courante ». La loi ALUR du 23/03/2014 rapproche le statut des baux meublés et des baux nus si les locaux sont destinés à la résidence principale.

Les meubles

Depuis le décret du 31/07/2015, est considéré comme meublé, un local comprenant :

- ➜ une literie avec couette ou couverture ;
- ➜ des rideaux opaques ou volets pour les fenêtres des pièces de couchage ;
- ➜ des plaques de cuisson, un four ;
- ➜ un réfrigérateur et congélateur ou réfrigérateur avec compartiment pour produits congelés ;
- ➜ de la vaisselle, des ustensiles de cuisine ;
- ➜ une table et des sièges, une étagère de rangement ;
- ➜ des luminaires ;
- ➜ du matériel d'entretien ménager.

Le contrat et ses annexes

Le contrat de location meublé doit être passé par écrit et devra respecter un contrat type défini par le décret n° 2015-587 du 29 mai 2015. Il doit être accompagné par un inventaire et un état détaillé du mobilier.

2. LA DURÉE ET LA RÉSILIATION DU BAIL

La durée

Le contrat de location meublée (pour une résidence principale) doit avoir une durée minimale d'un an avec une reconduction tacite pour la même durée si aucune des parties ne donne congé (article 25-7).

Si le logement est destiné à être loué à un étudiant ou à un apprenti, la durée du contrat peut être réduite à 9 mois sans qu'il n'y ait alors de reconduction tacite.

La résiliation par le bailleur

Le bailleur peut donner congé dans les mêmes formes et pour les mêmes motifs qu'en matière de location nue, mais le préavis est seulement de 3 mois minimum avant le terme du bail (article 25-8).

En cas de congé pour vendre, le locataire ne dispose pas d'un droit de préemption.

La résiliation par le locataire

Le locataire peut donner congé dans les mêmes formes qu'en matière de location nue (sans avoir à motiver son choix), mais le préavis est seulement d'un mois (article 25-8).

3. LES CONDITIONS FINANCIÈRES DU BAIL

Le dépôt de garantie

Le montant du dépôt de garantie est limité à 2 mois de loyer hors-charges (article 25-6).

Les charges

Les charges réclamées en sus du loyer au locataire peuvent être, comme pour la location nue, fixées en fonction du décret du 26 août 1987 avec le versement d'une provision pour charges et une régularisation annuelle, mais elles peuvent aussi faire l'objet d'un forfait qui s'ajoutera au loyer principal.

Dans ce dernier cas, le montant du forfait sera révisé chaque année comme le loyer principal en fonction de l'indice IRL, mais ne pourra donner lieu à une régularisation ou à un complément ultérieur. Ce montant cependant ne doit pas être excessif (article 25-10).

La fiscalité

Les revenus tirés d'une location meublée sont des bénéfices industriels et commerciaux ayant leur régime juridique propre (abattement de 50 % en cas de choix du micro-BIC notamment). Ce régime est développé dans la fiche relative à la fiscalité des revenus locatifs (fiche 8).

4. LE BAIL MOBILITÉ

Depuis la loi du 23 novembre 2018, il a été institué par le titre Ier ter de la loi du 6 juillet 1989, un bail mobilité qui est un contrat de courte durée de location d'un logement meublé, avec des dispositions en partie dérogatoire au contrat de meublé « classique ».

1. LES LOCATAIRES CONCERNÉS

À la date de prise d'effet du bail, le locataire doit se trouver dans l'une des situations suivantes :
- ➜ formation professionnelle ;
- ➜ études supérieures ;
- ➜ contrat d'apprentissage ;
- ➜ stage ;
- ➜ engagement volontaire dans le cadre d'un service civique ;
- ➜ mutation professionnelle ;
- ➜ mission temporaire.

2. LA DURÉE DE LA LOCATION

Le bail mobilité est conclu pour au minimum 1 mois et au maximum 10 mois (avec un renouvellement inclu au maximum, mais qui ne peut permettre de dépasser la durée maximale de 10 mois). Ce contrat est non renouvelable et non reconductible.

À la fin du bail, si le locataire et le propriétaire signent un nouveau bail pour le même logement meublé, alors ce nouveau bail est obligatoirement le bail d'une location meublée « classique ».

3. LE CONTRAT DE BAIL

Il doit être établi par écrit et préciser notamment :
- ➜ la durée du bail ;
- ➜ que le bail est un bail mobilité ;
- ➜ le motif justifiant le droit à un bail mobilité.

À défaut le bail mobilité n'est pas applicable.

4. LES CONDITIONS FINANCIÈRES

Il est interdit au bailleur de demander un dépôt de garantie. Le loyer ne peut être révisé. Les charges récupérables sont fixées sous forme d'un forfait. Le cas échéant, il n'est pas possible de prévoir une solidarité entre les colocataires ou leurs cautions.

13 LA LOCATION DANS L'IMMOBILIER SOCIAL

Les logements sociaux ou habitations à loyers modérés « visent à améliorer les conditions d'habitat des personnes de ressources modestes ou défavorisées » et à permettre une réelle mixité sociale (article L. 411 du Code de la construction et de l'habitation – CCH).
Le régime juridique des logements sociaux possède des similitudes avec celui issu de la loi du 6 juillet 1989 (décence, non-discrimination…). Nous insisterons ici sur les principales spécificités de la gestion locative assumée par les sociétés ou offices HLM.

1. LE SUPPLÉMENT DE LOYER DE SOLIDARITÉ

1. L'ENQUÊTE ANNUELLE

Chaque année, les organismes HLM réalisent auprès de leurs locataires une enquête sur les revenus de ces derniers afin de vérifier qu'ils ne dépassent pas les plafonds d'attribution du logement qu'ils occupent.
Ils leur demandent donc leur avis d'imposition ou de non-imposition ainsi que le nombre de personnes vivant dans le logement.
Si cette enquête fait apparaître un dépassement de plus de 20 % du plafond de ressources, le ménage occupant le logement se voit appliquer un SLS (Supplément de Loyer de Solidarité), c'est-à-dire une augmentation de son loyer pour prendre en compte cette amélioration du niveau de vie, et encourager la mobilité locative.

2. LE CALCUL DU SLS

La formule

Le SLS est calculé en fonction des éléments suivants :
→ la Surface Habitable du logement (SH) ;
→ un Coefficient de Dépassement du Plafond des Ressources d'attribution du logement social (CDPR) ;
→ un Supplément de Loyer de Référence fixé en fonction de la zone géographique et exprimé en euros par m² de surface habitable (SLR).

→ La formule de calcul est la suivante :

SH × CDPR × SLR = SLS

Le CDPR

% de dépassement du plafond de revenu	Montant du CDPR
Dépassement de 20 %	0,27
Dépassement de 21 % à 59 %	0,27 + 0,06 pour chaque 1 % supérieur à 20 % Ex : pour un dépassement de 25 % le CDPR est de 0,27 + 0,06 × 5 = 0,57
Dépassement de 60 % à 149 %	0,27 + (0,06 × 39) + 0,08 pour chaque 1 % supérieur à 59 % Ex : pour un dépassement de 75 % le CDPR est de : 0,27 + 0,06 × 39 + 0,08 × 16 = 3,89
Dépassement à partir de 150 %	0,27 + (0,06 × 39) + (0,08 × 90) + 0,1 pour chaque 1 % supérieur à 149 % Ex : pour un dépassement de 160 % le CDPR est de : 0,27 + 0,06 × 39 + 0,08 × 90 + 11 × 0,1 = 10,91

Le SLR

Zone géographique	Montant du SLR par m² de surface habitable
1 bis Paris ou commune limitrophe	2,81 euros
1 Autre commune de l'agglomération parisienne ou commune en zone d'urbanisation ou ville nouvelle en Île-de-France	2,25 euros

2 Reste de l'Île de France ou agglomération de plus de 100 000 habitants ou commune rattachée à EPCI ou zone d'urbanisation ou ville nouvelle, hors Île-de-France	1,13 euro
3 Reste du territoire national	0,28 euro

Le plafonnement du SLS

La somme du SLS et du loyer hors charges ne peut dépasser 30 % des ressources des personnes du foyer concerné. Le SLS sera perçu comme le loyer courant à terme échu (à la fin de chaque mois pour le mois passé).

Enfin, le SLS ne s'applique pas dans les zones de revitalisation rurale, les zones classées quartier prioritaire et dans les zones urbaines sensibles.

2. LE DROIT AU MAINTIEN

Le principe

En principe les locataires HLM disposent d'un droit perpétuel au maintien dans les lieux tant qu'ils respectent leurs obligations.

Ils peuvent cependant et bien évidemment donner congé de leur location à tout moment dans les mêmes conditions de forme et de délai que pour les congés portant sur une location nue régie par la loi du 6 juillet 1989.

Le bailleur de son côté peut également obtenir le départ de son locataire si celui-ci ne respecte pas ses obligations (non-paiement du loyer, trouble de voisinage, sous-location, absence d'occupation suffisante, absence de réponse à l'enquête ressources…).

Les exceptions

Le principe du droit au maintien connaît quelques exceptions, par exemple :

➜ le logement est sous-occupé, c'est-à-dire que le nombre de pièces habitables est supérieur de plus de un aux personnes qui y ont leur résidence principale (exemple : une personne seule sous-occupe un 4 pièces et deux personnes un 5 pièces). Dans cette hypothèse, le bailleur social doit avant, donner de congé et éventuellement de procéder à l'expulsion du ménage, lui proposer un logement satisfaisant aux conditions de décence, dans un environnement proche et avec un loyer inférieur. Encore faut-il noter que le congé n'est possible qu'après trois refus du locataire et si celui-ci n'a pas plus de 65 ans, n'est pas handicapé… ;

➜ le logement est situé dans une zone tendue et est occupé par un ménage dépassant très largement les plafonds de ressources (revenus supérieurs à 1,5 fois le plafond de ressources pendant deux années consécutives). Dans ce cas le bailleur n'est pas tenu de faire une proposition de logement.

14 LA LOCATION SAISONNIÈRE

La location saisonnière est le plus souvent une location meublée, mais en théorie rien n'empêche qu'elle concerne un local loué nu.

Il n'existe pas de définition spécifique de la location saisonnière :

→ la loi Hoguet du 2 janvier 1970 précise dans son article 1-1 qu'« *est considérée comme une location saisonnière pour l'application de la présente loi la location d'un immeuble conclue pour une durée maximale et non renouvelable de quatre-vingt-dix jours consécutifs* » ;

→ une réponse ministérielle du 26 décembre 1983 a considéré que la location saisonnière était celle dont « *la durée n'excède pas celle d'une saison d'été ou d'hiver, c'est-à-dire trois mois* » ;

→ la jurisprudence a cependant pu admettre que la location saisonnière pouvait dépasser cette durée de 3 mois (Cass. civ. 3, 22 juillet 1987).

Le véritable critère de durée d'une telle location semble donc être le caractère de courte durée, limité dans le temps.

La location saisonnière est donc destinée à une clientèle de passage, présente essentiellement pour des raisons touristiques (le local ne constitue pas sa résidence principale). Sa durée est précisée dès le contrat, sans qu'il n'y ait de possibilité de reconduction tacite à son terme. Enfin il existe peu de dispositions spécifiques s'appliquant impérativement à ce type de location, les règles seront celles du contrat et à défaut celles supplétives du Code civil.

1. LA RÉSERVATION DE LOCATION

1. L'INFORMATION PRÉALABLE

Le descriptif de la location

La location saisonnière se fait le plus souvent sans que le locataire n'ait pu visiter les locaux qu'il va louer. Aussi un arrêté du 16 mai 1967 encadre-t-il l'information préalable que le loueur saisonnier fournit aux candidats à la location. Cet arrêté impose pour toute location saisonnière en meublé, que soit remis au preneur un état descriptif du local loué, de sa localisation et des conditions de location. L'arrêté fournit de plus un modèle-type de cet état descriptif pouvant être utilisé par les bailleurs.

Le décret n° 67-128 du 14 février 1967 punit le propriétaire qui ne respecterait pas cette obligation d'information d'une amende de 3 750 €.

Les informations à fournir doivent permettre au candidat à la location de pouvoir s'engager en toute connaissance de cause. Elles portent donc sur le type de construction, la situation du bien, la description de chacune des pièces, les conditions de la location (montant du loyer, dates et heures de départ et d'arrivée)…

Lorsque le bailleur est un bailleur professionnel, le contrat de bail se voit appliquer les dispositions du Code de la consommation relatives aux contrats conclus à distance (article L. 121-18 et suivants) : offre de contrat par écrit, mentions obligatoires, délai de rétractation du locataire de quatorze jours…

Les diagnostics techniques

Le bailleur doit fournir au locataire un dossier de diagnostic technique avec les diagnostics suivants :

→ un état des risques et pollutions (ERP) datant de moins de 6 mois, si le logement est situé dans une commune concernée par de tels risques ;

→ un constat de risque d'exposition au plomb (CREP) si le logement a fait l'objet d'un permis de construire délivré avant le 1er janvier 1949.

→ un diagnostic de performance énergétique (DPE) si le bien est loué plus de 4 mois dans l'année.

2. LES OBLIGATIONS FINANCIÈRES LORS DE LA RÉSERVATION

→ La plupart du temps, la conclusion du bail se matérialise dans un premier temps par un simple échange des consentements des parties au contrat et par le versement de la part du locataire d'une somme représentative de son engagement.

→ Il est indispensable de préciser la nature juridique de la somme versée :

- si la somme est qualifiée d'arrhes, elle s'impute sur le prix total de la location. Si le locataire se désiste, elle est perdue, mais le reste du prix de la location n'est pas dû. Si le bailleur se désiste il devra rembourser le double des arrhes versées par le locataire ;
- si la somme est qualifiée d'acompte, l'engagement des parties est définitif. Si le locataire se désiste, le bailleur peut exiger le versement du solde du prix de la location. Si le bailleur se désiste, il devra rembourser l'acompte versé par le locataire et l'indemniser de son éventuel préjudice.

→ Lorsque la location saisonnière est gérée par un professionnel relevant de la loi Hoguet, la somme de réservation ne doit pas excéder les 25 % du prix total de la location ;

→ Elle ne peut être versée que dans les 6 mois qui précédent la remise des clés ;

→ Le paiement de son solde ne peut se faire que dans le mois avant l'entrée dans les lieux (article 68 du décret du 20 juillet 1972).

2. LES OBLIGATIONS DES PARTIES

1. LES OBLIGATIONS FINANCIÈRES

Le contrat de location saisonnière doit indiquer quelles sont les conditions financières du bail. Le plus souvent le loyer est précisé « charges comprises ». Il est également possible de prévoir le versement d'un dépôt de garantie, ainsi que ses modalités de restitution.

2. LES AUTRES OBLIGATIONS

Lors de l'entrée dans les lieux

Il est recommandé de faire réaliser un état des lieux lors de l'entrée et de la sortie du locataire, à défaut le logement est réputé avoir été reçu en bon état sauf preuve contraire de la part du locataire (article 1731 du Code civil). Néanmoins cette formalité peut apparaître lourde pour une location de vacances aussi est-il préférable de laisser au locataire une durée de quelques jours pour faire les éventuelles remarques sur l'état du logement.

Le contrat de location peut prévoir que le locataire remette au bailleur lors de son arrivée une attestation d'assurance contre les risques locatifs. La plupart du temps il s'agira d'une extension de l'assurance habitation de sa résidence principale.

Pendant l'occupation des lieux

→ **les obligations du locataire**

Le locataire doit respecter les modalités d'occupation du logement: nombre de personnes maximum, interdiction des animaux (celle-ci est possible contrairement aux locations loi de 89 et meublées), respect du voisinage, destination des lieux (il n'est pas possible d'y exercer une activité professionnelle), entretien du local, réparations locatives (sauf si elles sont dues à un cas de force majeure, à la vétusté des installations ou à la faute d'un tiers qu'il n'a pas lui-même introduit dans le logement)…

→ **les obligations du bailleur**

Le bailleur est tenu des obligations « classiques » d'un bailleur : respect du domicile du locataire, bon état du logement (mais le logement n'a pas à être décent au sens du décret du 30 janvier 2002), jouissance paisible de celui-ci…

15 LA LOCATION COMMERCIALE

La location commerciale est une location accordée à un professionnel pour l'exercice d'une activité commerciale, industrielle ou artisanale (article L. 145-1 du Code de commerce).

Le bail commercial régit par les articles L. 145-1 et suivants du Code de commerce a été profondément modifié par la loi du 18 juin 2014 dite loi Pinel, dans un sens limitant la liberté du propriétaire-bailleur.

1. L'UTILISATION DU LOCAL

1. LA DESTINATION DU LOCAL

Le contrat de bail doit prévoir les activités que le commerçant pourra exercer dans le local loué. Le bail peut limiter la destination du local à une seule activité (exemple : commerce de bouche), à un type d'activité (exemple : bureaux) ou laisser le commerçant libre d'exercer dans les lieux loués n'importe quelle activité (bail exclusif). De plus le bail peut contenir une clause d'exclusivité, qui interdit au bailleur de louer dans le même immeuble des locaux à des commerçants concurrents.

Il convient également de vérifier si le type de commerce envisagé est possible eu égard aux caractéristiques techniques du local, mais aussi à l'éventuel règlement de copropriété, au cahier des charges du lotissement…

2. LA DÉSPÉCIALISATION

La déspécialisation partielle

Le locataire peut adjoindre à l'activité exercée dans le local des activités connexes ou complémentaires (article L. 145-47 du Code de commerce). Il n'existe pas de définition légale de ce qu'est une activité connexe ou complémentaire. Dans les faits les tribunaux se fondent sur les pratiques commerciales, les usages (exemple : activités de parapharmacie et activités de pharmacie, activités de traiteur et de restauration…).

Pour cela, le locataire doit en avertir le bailleur par acte d'huissier ou par LRAR avant de commencer cette nouvelle activité. Le bailleur ne peut s'opposer à cette déspécialisation, il peut simplement contester le caractère connexe ou complémentaire de la nouvelle activité envisagée dans les 2 mois de la demande. Dans ce cas le tribunal judiciaire devra trancher le litige.

Enfin si l'ajout des activités connexes ou complémentaires a entraîné une modification de la valeur locative des locaux loués, le bailleur pourra demander une augmentation du loyer lors de la première révision triennale (au bout de 3 ans) qui suivra la déspécialisation.

La déspécialisation plénière

Le locataire peut également demander d'exercer dans le local une ou plusieurs activités non prévues dans le bail, en plus ou à la place de celles qui y sont prévues. Il faut dans ce cas que le changement d'activité soit justifié par la conjoncture économique ou les nécessités de la distribution et soit compatible avec la destination de l'immeuble (article L. 145-48 du Code de commerce). Les activités de vente de montres et de vêtements ont ainsi été jugées comme relevant de la déspécialisation plénière.

Le locataire devra en demander l'autorisation par huissier ou par LRAR, au bailleur, qui aura 3 mois pour faire connaître son opposition à cette déspécialisation pour un motif grave et légitime. Dans ce cas le TGI devra trancher le litige.

Le locataire doit également informer ses créanciers bénéficiant d'une sûreté sur son fonds de commerce.

Le bailleur peut demander une révision du loyer déplafonnée ou une indemnisation pour le préjudice que lui fait subir cette déspécialisation.

2. LA DURÉE DU BAIL

1. LA DURÉE INITIALE

La durée minimale

Le bail commercial est conclu pour une durée minimale de 9 ans (article L. 145-4 du Code de commerce).

Le bail dérogatoire

Les parties peuvent déroger à la durée minimale de 9 ans en signant un ou plusieurs baux pour un total d'au maximum 3 ans (articles L. 145-5 du Code de commerce). Dans ce cas le locataire n'a pas droit au renouvellement.

2. LE RENOUVELLEMENT

Les conditions du renouvellement

➜ **La bénéficiaire du renouvellement**

Seul le propriétaire du fonds de commerce exploité effectivement dans le local pendant les 3 dernières années a droit au renouvellement (article L. 145-8 du Code de commerce).

➜ **La mise en œuvre du renouvellement**

• Lors du renouvellement les parties doivent se mettre d'accord sur les conditions pour un nouveau bail (essentiellement un nouveau loyer), à défaut **le bail sera reconduit tacitement aux mêmes conditions**.

• **Le bailleur peut adresser un congé** avec une offre de renouvellement à son locataire par un acte d'huissier ou par LRAR, au moins 6 mois avant le terme du bail ou pour le dernier jour du trimestre civil qui suit un délai de 6 mois s'il y a eu tacite reconduction. Le locataire a 2 ans pour contester le congé ou l'accepter et réclamer une indemnité d'éviction. Il peut également accepter le renouvellement aux conditions prévues ou l'accepter mais contester le montant du nouveau loyer demandé. Enfin il peut renoncer au renouvellement, le bail prend alors fin (article L. 145-9 du Code de commerce).

• **Le locataire peut demander un renouvellement** à son bailleur par acte d'huissier ou par LRAR, dans les 6 mois avant le terme du bail ou à tout moment s'il y a eu tacite reconduction. Le bailleur a 3 mois pour refuser le renouvellement à défaut il est réputé l'avoir accepté mais il pourra toujours demander une augmentation du loyer. Le refus de renouvellement doit se baser sur un motif grave et légitime ou sur la volonté de payer une indemnité d'éviction qui est accepté comme un motif suffisant de refus de renouvellement (article L. 145-10 du Code de commerce).

Les conséquences du renouvellement

Le loyer du bail renouvelé doit en principe correspondre à la valeur locative du local. Celle-ci peut soit résulter d'un accord entre les parties, soit être déterminée en référence aux caractéristiques du local concerné, à la destination des lieux, aux obligations respectives des parties, aux facteurs locaux de commercialité (emplacement du local, transports à proximité…) et aux prix couramment pratiqués dans le voisinage (article L. 145-33 du Code de commerce).

Cependant le montant du nouveau loyer est plafonné par la variation de l'Indice trimestriel des Loyers Commerciaux (ILC) ou par celle de l'Indice Trimestriel des Loyers des Activités Tertiaires (ILAT) selon l'activité concernée, depuis la fixation du loyer initial (article L. 145-34 du Code de commerce).

Si les éléments servant à fixer la valeur locative du local ont subi des modifications notables, il n'y a pas à tenir compte de ce plafonnement. Il en est de même si la durée du bail renouvelé par le jeu de la tacite reconduction a dépassé les 12 ans ou si le bail initial avait été conclu pour une durée supérieure à 9 ans.

Mais en cas de déplafonnement l'augmentation annuelle du loyer ne pourra pas dans tous les cas être supérieure à 10 % de l'ancien loyer.

3. LA FIN DU BAIL

Avant le terme du bail

➜ **La résiliation par le locataire**

Le locataire peut résilier le bail tous les 3 ans (c'est pour cela que les baux commerciaux sont appelés baux 3/6/9) par LRAR ou par acte d'huissier en respectant un préavis de 6 mois (article L. 145-4 du Code de commerce).

➜ **La résiliation par le bailleur**

Le bailleur peut également et aux mêmes conditions exercer une faculté de reprise triennale mais seulement dans un nombre limité d'hypothèses : construction, reconstruction, surélévation… (article L. 145-4 du Code de commerce).

Au terme du bail

Le bailleur au terme du bail peut donner congé à son locataire sans lui proposer d'offre de renouvellement, dans les mêmes conditions qu'en cas de congé avec offre de renouvellement. Il doit dans ce cas verser une **indemnité d'éviction**, qui indemnisera le locataire de la perte du fonds et du coût de sa réinstallation dans un fonds équivalent (article L. 145-14 du Code de commerce).

En cas de conflit sur le montant de l'indemnité d'éviction, le tribunal judiciaire sera saisi du litige et donnera une évaluation de celle-ci. Si le bailleur estime que l'indemnité fixée est trop élevée (et à condition que le locataire soit toujours dans les lieux) il dispose d'un

droit de repentir et peut proposer à son locataire le renouvellement du bail (article L. 145-58 du Code de commerce).
Si le bailleur justifie d'un motif grave et légitime (non-respect par le locataire de ses obligations par exemple), il n'aura bien évidemment pas à payer d'indemnité d'éviction (article L. 145-17 du Code de commerce).

3. LES OBLIGATIONS DES PARTIES

1. LES OBLIGATIONS FINANCIÈRES

Le paiement initial

→ **Le loyer initial**

Le loyer initial est fixé librement par les parties, en fonction de l'offre et de la demande. La plupart du temps son paiement se fait de manière trimestrielle et d'avance.

→ **Le dépôt de garantie**

Un dépôt de garantie peut également être demandé au locataire entrant dans les lieux. La plupart du temps sont montant équivaut à 3 mois de loyer.

→ **Le pas-de-porte**

Dans les secteurs à forte potentialité commerciale, il est d'usage de demander au locataire avant son entrée dans les lieux et en plus du versement du loyer et du dépôt de garantie, un pas-de-porte.

La révision du loyer

→ **La révision triennale ou légale**

Le loyer peut être révisé après l'expiration de chaque période triennale du bail à la demande de l'une des deux parties par LRAR ou par acte d'huissier et ce même si le contrat de bail ne contient aucune clause prévoyant cette possibilité (articles L. 145-37 du Code de commerce).
Le loyer révisé ne doit pas dépasser la variation des indices ILC ou ILAT (voir les conséquences du renouvellement), sauf en cas de déspécialisation ou de modification matérielle des facteurs locaux de commercialité (augmentation de la population dans le secteur, nouveaux moyens de transport…) ayant entraîné une augmentation de la valeur locative de plus de 10 %. Mais même dans ce dernier cas la variation du loyer ne peut être supérieure à 10 % par an (article L. 145-38 du Code de commerce).

→ **La révision annuelle ou conventionnelle**

Le loyer peut également être révisé tous les ans, à condition qu'une clause du bail le prévoit (on parle de clause d'échelle mobile). Les parties sont libres de la périodicité de la clause (même si dans les faits, de telles clauses ont une application annuelle) et du choix de l'indice à condition que celui-ci soit en rapport avec leur activité.
Le jeu de cette clause ne peut cependant pas amener une variation de plus de 25 % du loyer. Si tel est le cas les parties peuvent demander en justice la fixation du loyer révisé qui ne pourra pas être supérieur de plus de 10 % au loyer de l'année précédente (article L. 145-39 du Code de commerce).

Les charges

→ Il est obligatoire d'établir **un inventaire limitatif des charges et des impôts assorti d'une clé de répartition (par exemple un pourcentage)** entre bailleur et locataire lors de la conclusion du bail (il n'est donc pas possible d'établir des charges forfaitaires) ;

→ le bailleur doit informer le locataire en lui fournissant une fois par an **un état récapitulatif des charges et taxes** qu'il a dû payer et en le prévenant à chaque fois que de nouvelles charges ou taxes s'ajoutent en cours de bail au local loué et ce qui lui appartiendra de payer ;

→ il est possible de récupérer sur le locataire, les charges liées à la consommation du local (eau, électricité, chauffage…), au fonctionnement et entretien des parties communes (ascenseur, gardiennage…), à l'assurance de l'immeuble et à la taxe foncière.

2. LES TRAVAUX

→ Lors de la conclusion du bail, le bailleur doit communiquer à son locataire, un état récapitulatif des travaux réalisés au cours des trois années écoulées (cette obligation sera à renouveler tous les 3 ans), ainsi qu'un état et un budget prévisionnels des travaux envisagés pour les trois années à venir. Un état des lieux doit de plus être réalisé ;

→ le locataire doit prendre à sa charge le menu entretien et les réparations locatives, le reste (gros œuvre, mise en conformité…) étant supporté par le bailleur.

16 LA LOCATION PROFESSIONNELLE

La location professionnelle est très peu encadrée. Seul l'article 57 A de la loi n° 86-1290 du 23 décembre 1986 la régit (et de manière supplétive le Code civil). De plus cette disposition ne s'applique que si les parties au bail n'ont pas souhaité soumettre leur relation contractuelle au statut des baux commerciaux (article L. 145-2 I 7 du Code de commerce). Enfin rappelons que lorsque le local est loué pour un usage mixte (professionnel et habitation), c'est la loi du 6 juillet 1989, qui s'appliquera.

1. LE CHAMP D'APPLICATION

La jurisprudence a défini le domaine d'application du régime de la location professionnelle :

→ aux locaux où le locataire exerce une profession ou une fonction dont il tire des revenus de façon habituelle (Paris, 30 octobre 1995) ;

→ aux locaux dans lesquels sont exercées des activités économiques lucratives, qui ne sont ni commerciales, ni rurales qu'ils s'agissent d'activités libérales réglementées ou non (Paris, 26 avril 2000).

La location professionnelle s'applique dans les faits quasi-exclusivement aux professions libérales : médecins, architectes, avocats, notaires…

La forme sous laquelle cette activité est exercée, importe en revanche peu. Ainsi la jurisprudence a pu admettre que les personnes morales pouvaient bénéficier de ce statut (Cass. civ. 3, 10 décembre 2002), telles qu'une association (Cass. civ. 3, 22 novembre 1995), un groupement d'intérêt économique (Paris, 5 mars 2003), ou un établissement public (Paris, 8 mars 2007).

2. LE RÉGIME JURIDIQUE

1. LA DURÉE ET LA FORME DU BAIL

La durée du bail est d'au minimum 6 ans.

Le bail doit en principe être établi par écrit, mais le bail verbal est admis par la jurisprudence (Paris, 16 octobre 2001).

2. LE RENOUVELLEMENT DU BAIL

Au terme du bail, si aucune des parties ne met fin au contrat en donnant congé, il y a reconduction tacite aux mêmes conditions.

3. LA RUPTURE DU BAIL

Le congé du locataire

Le locataire peut donner congé à tout moment en respectant un préavis de 6 mois, soit par LRAR, soit par huissier.

Le congé du bailleur

Le bailleur peut donner congé à l'expiration du bail ou de sa période de renouvellement en respectant un préavis de 6 mois, soit par LRAR, soit par huissier. Le congé n'a pas à être motivé (Paris, 7 février 2006). Le locataire n'a aucun droit au renouvellement contrairement au bail commercial (Cass. civ. 3, 2 mai 2007), ni à une indemnité d'éviction.

EXERCICES

Exercice 1

Un propriétaire-bailleur souhaite vous confier la gestion d'un appartement (location nue loi de 1989), qu'il loue 700 € par mois (plus 50 € de provision pour charges).

Vos honoraires sont de 7 % HT des encaissements.

→ Déterminez le montant d'honoraires que ce propriétaire-bailleur devra vous régler pour un trimestre de mise en location.

Exercice 2

Vous devez réaliser la première révision de loyer pour un local loué nu (location loi de 1989) depuis le 1er janvier 2021, pour un loyer de 480 € (dont 30 € de provision pour charges).

→ À quelles conditions cette révision est-elle possible ?

→ Déterminez le montant du nouveau loyer.

Tableau des valeurs de l'IRL (base 100 au 4e trimestre 1998)

Année	1er trim	JO	2e trim	JO	3e trim	JO	4e trim	JO
2012	122,37	18/04/12	122,96	17/07/12	123,55	13/10/12	123,97	12/01/13
2013	124,25	14/04/13	124,44	16/07/13	124,66	23/10/13	124,83	17/01/14
2014	125,00	18/04/14	125,15	25/07/14	125,24	22/10/14	125,29	17/01/15
2015	125,19	17/04/15	125,25	23/07/15	125,26	15/10/15	125,28	14/01/16
2016	125,26	13/04/16	125,25	13/07/16	125,33	12/10/16	125,50	12/01/17
2017	125,90	13/04/17	126,19	13/07/17	126,46	12/10/17	126,82	12/01/18
2018	127,22	13/04/18	127,77	13/07/18	128,45	11/10/18	129,03	16/01/19
2019	129,38	12/04/19	129,72	17/07/19	129,99	16/10/19	130,26	16/01/20
2020	130,57	25/06/20	130,57	17/07/20	130,59	16/10/20	130,52	17/01/21
2021	130,69	17/04/21	131,12	16/07/21	131,67	16/10/21	132,62	15/01/22

Exercice 3

Un propriétaire-bailleur loue un appartement (location nue loi de 1989) depuis le 15 mai 2014. Il n'a jamais fait réviser son loyer, qui est toujours de 850 € hors provision pour charges.

→ Déterminez quel aurait dû être le montant de son loyer actuel.

Exercice 4

Un propriétaire-bailleur loue un appartement (location nue loi de 1989) depuis le 15 septembre 2020 pour un montant de 620 € (dont 45 € de provision pour charges).

→ Déterminez le montant du loyer du mois de septembre 2021.

Exercice 5

Un propriétaire-bailleur loue un appartement (location nue loi de 1989) plusieurs années, à un même locataire pour un loyer de 600 € dont 60 € de provision pour charges. Il vous demande de l'aider à réaliser la régularisation des charges locatives pour l'année 2021.

Il a payé 853,73 € de charges de copropriété en 2021, et le syndic de l'immeuble lui indique, que 73,57 % de ces charges sont récupérables.

Son avis d'imposition de taxe foncière de 2021 pour le lot loué indique un montant de 553 € dont 127 € de taxe d'enlèvement d'ordures ménagères.

→ Indiquez comment le syndic a pu déterminer le pourcentage des charges récupérables.
→ Déterminez le montant des charges locatives pour l'année 2021.
→ Procéder à la régularisation de charge du locataire pour 2021.

→ Déterminez quel devra être le montant de la future provision pour charges payée par le locataire en 2022, en prenant pour hypothèse celle d'une inflation de 1,5 % des charges (le résultat sera arrondi à l'euro le plus proche).

Exercice 6

Un propriétaire-bailleur loue un appartement (location nue loi de 1989) depuis le 1er février 2021, pour un loyer de 750 € dont 110 € de provision pour charges. Il vous demande de l'aider à réaliser la régularisation des charges locatives pour l'année 2021.

Il a payé 1 453,12 € de charges de copropriété en 2021, dont 1 213,75 € récupérables.

Son avis d'imposition de taxe foncière de 2021 pour le lot loué indique un montant de 752 € dont 195 € de taxe d'enlèvement d'ordures ménagères.

→ Procéder à la régularisation de charge du locataire pour 2021.

Exercice 7

Un propriétaire-bailleur vous demande de l'aider à déterminer le montant de ses impôts sur ses revenus de 2021.

Vous disposez des éléments suivants :

→ composition du foyer fiscal : 2 adultes mariés et 3 enfants mineurs ;
→ revenus salariaux du foyer fiscal (avant abattement de 10 %) : 45 323 € pour Monsieur, 38 256 € pour Madame ;
→ patrimoine locatif : un appartement loué nu (loi de 1989) pour 500 € par mois (dont 50 € de provision pour charges) en 2021 ;
→ charges sur l'appartement loué pour l'année 2021 :

- Taxe foncière : 452 € dont 134 € de taxe d'enlèvement d'ordures ménagères ;
- Charges de copropriété : 753 € dont 552 € récupérés sur le locataire ;
- Frais de gestion : 7 % HT des loyers HC ;
- Assurance loyer impayé : 1,5 % HT des loyers HC ;
- Remboursement d'emprunt : 1 384 €.

→ Déterminez le montant des revenus salariaux imposables.
→ Les revenus fonciers doivent-ils être déclarés au régime simplifié ou au régime réel ?
→ Calculez la base imposable du foyer fiscal concerné.
→ Calculez l'impôt à payer sur les revenus fonciers.
→ Calculez l'impôt à payer sur les revenus.

Tranche du revenu net imposable pour une part fiscale		Taux marginal d'imposition	Formule de calcul rapide de l'impôt
De 0 €	Jusqu'à 10 225 €	0 %	0
De 10 225 €	à 26 070 €	11 %	(R × 0.11) – (1 124,75 × N)
De 26 070 €	à 74 545 €	30 %	(R × 0.30) – (6 078,05 × N)
De 74 545 €	à 160 336 €	41%	(R × 0.41) – (14 278 × N)
Plus de 160 336 €		45 %	(R × 0.45) – (20 691,44 × N)

Avec R : revenu imposable et N : nombre de parts

Exercice 8

Un locataire dans un immeuble social situé à Paris a vu ses revenus augmenter sensiblement ces deux dernières années, il souhaite connaître le SLS qu'il risque de payer.
Il est célibataire sans enfant et son revenu fiscal de référence pour l'année concernée est de 47 815 €
Son logement est un PLS avec un plafond de 31 351 € avec une surface habitable de 32,43 m^2.

➜ Calculez le SLS qu'il aura à acquitter.

Exercice 9

L'agence immobilière qui vous emploie paye un loyer de 2 000 € (location commerciale) par trimestre depuis son emménagement dans ses locaux le 1er février 2019. Vous devez réaliser la 1re révision légale pour déterminer le nouveau loyer.

➜ À quelles conditions cette révision est-elle possible ?
➜ Déterminez le montant du nouveau loyer.

Indice des loyers commerciaux (ILC)								
Année	1er trim.	Publication Insee	2e trim.	Publication Insee	3e trim.	Publication Insee	4e trim.	Publication Insee
2021	116,73	23/06/21	118,41	24/09/21	119,70	22/12/21	118,59	25/03/22
2020	116,23	01/07/20	115,42	26/09/20	115,70	23/12/20	115,79	21/03/21
2019	114,64	21/06/19	115,21	21/09/19	115,60	19/12/19	116,16	21/03/20
2018	111,87	27/06/18	112,59	20/09/18	113,45	20/12/18	114,06	22/03/19
2017	109,46	21/06/17	110	20/09/17	110,78	20/12/17	111,33	22/03/18
2016	108,40	22/06/16	108,40	21/09/16	108,56	21/12/16	108,91	22/03/17
2015	108,32	12/06/15	108,38	16/09/15	108,38	18/12/15	108,41	21/03/16
2014	108,50	13/06/14	108,50	12/09/14	108,52	16/12/14	108,47	15/03/15

SOLUTIONS

Exercice 1

Montant des honoraires pour un trimestre de location :
(700 + 50) × 7% × 1,2 × 3 = 189 €

Exercice 2

La révision du loyer est possible si le bail contient une cause qui la prévoit, et si le bailleur en demande l'application. Le nouveau loyer est plafonné par l'augmentation annuelle de l'indice IRL.
Le contrat est passé le 1er janvier 2021, le dernier indice publié était donc celui du 3e trimestre 2020 (130,59).
Montant du nouveau loyer : (480 – 30) × 131,67 (indice T3 2021) / 130,59 (indice T3 2020) = 453,72 euros.

Exercice 3

Le contrat a été passé le 15 mai 2014, le dernier indice publié était donc celui du 1er trimestre 2014 (125).
Montant de ce qu'aurait dû être le loyer aujourd'hui : 850 × 130,69 (indice T1 2021) / 125 (indice T1 2014) = 888,69 euros.

Exercice 4

Le contrat a été passé le 15 septembre 2020, le dernier indice publié était donc celui du 2e trimestre 2020 (130,57).
Montant du loyer d'avril : [(620 – 45) × 14 / 30] + [(620 – 45) × 131,12 (indice T2 2021) / 129,72 (indice T2 2019) × 16/30] = 268,33 (montant du loyer pour les 14 premiers jours du mois de septembre avant la révision) + 307,96 (montant du loyer pour les 16 derniers jours du mois de septembre après la révision) = 576,29 €.

Exercice 5

Le syndic a pu déterminer le pourcentage des charges récupérables en regardant pour chaque catégorie de charges de copropriété, son caractère récupérable (et éventuellement le pourcentage à récupérer) en se basant sur la liste exhaustive des telles charges fixées par le décret du 26 août 1987.

Montant des charges locatives pour 2021 : 853,76 × 73,57% + 127 = 755,11 €
Régularisation pour 2021 : 755,11 – (60 × 12) = 35,11 €
Montant de la provision pour charges de 2022 = 755,11 × 1, 015 / 12 = 63,87 € soit une provision pour charges de 64 €.

Exercice 6

Montant des charges locatives pour 2021 : 1 213,75 + 195 = 1 408,75 €
Montant des charges locatives pendant le temps de présence du locataire en 2021 :
1 408,75 × 11 / 12 = 1 291,35 €
Régularisation pour 2021 : 1 291,35 – (110 × 11) = 81,35 €.

Exercice 7

Montant des revenus salariaux imposables : (45 323 + 38 256) × 90% = 75 221 €
Revenus fonciers :

➜ au régime simplifié : (500 – 50) × 12 × 70 % = 3 780 €

➜ au régime réel : (450 × 12) – [(452 – 134) + (753 – 552) + (450 × 12 × 7% × 1,2) + (450 × 12 × 1,5% × 1,2) + 1 384] = 5 400 – (318 + 201 + 454 + 97 + 1 384) = 2 946 €

Il est donc plus rentable de déclarer les revenus fonciers au réel, mais ce choix engage le bailleur pour 3 ans.
Base imposable : 75 221 + 2 946 = 78 167 €
Quotient familial : 78 167 / 4 = 19 542 soit un taux marginal d'imposition de 11 %
Impôt sur les revenus fonciers : 2 946 × 11 % = 324 €
Impôt sur les revenus : (78 167 × 0,11) – (1 124,75 × 4) = 8 598,37 – 4 449 = 4 149,37 €

Exercice 8

Formule de calcul du SLS : SH × CDPR × SLR
SH : 32,43 m^2
CDPR : 0,27 + 0,06 × 33 = 2,25 avec % de dépassement : (47 815 – 31 208) / 31 208 = 53 %
SLR : 2,81
SLS : 32,43 × 2,25 × 2,81 = 205,04 €

Exercice 9

La révision légale du loyer est possible même si le bail ne contient aucune cause la prévoyant, et si le bailleur ou le locataire en demande l'application par LRAR ou par exploit d'huissier. Le nouveau loyer est plafonné par la variation triennale de l'indice ILC (ou ILAT). Il est possible également que le bail prévoit une clause d'échelle mobile permettant la variation annuelle du loyer.
Le contrat est passé le 1er février 2019, le dernier indice publié était donc celui du 3e trimestre 2018 (113,45).
Montant du nouveau loyer : 2 000 × 119,70 (indice T3 2021) / 113,45 (indice T3 2018) = 2 110,18 euros.

1 LA DÉFINITION DE LA COPROPRIÉTÉ

Le régime juridique de la copropriété est défini par la loi du 10 juillet 1965 et son décret d'application du 17 mars 1967.

1. L'IMMEUBLE EN COPROPRIÉTÉ

1. IMMEUBLES ENTRANT DANS LE CHAMP D'APPLICATION DE LA LOI DE 1965

Le statut de la copropriété s'applique dès qu'il y a :
➜ plusieurs propriétaires ;
➜ une division de la propriété à usage total ou partiel d'habitation ;
➜ des parties privatives et communes.

2. IMMEUBLES EXCLUS DE LA LOI DU 10 JUILLET 1965

Immeubles ne pouvant servir d'habitation (art. L. 126-17 et L. 126-21 du CCH)
La division en copropriété ne peut concerner : – les immeubles frappés d'un arrêté de péril ou d'insalubrité ou d'une interdiction d'habiter ; – les immeubles dont au moins un quart des logements ne dispose d'aucun équipement, et dont les conditions ne permettent pas de les utiliser comme habitation ; – les immeubles dont la division aboutit à créer des locaux d'habitation inférieurs à 14 m^2 de superficie et à 33 m^3 de volume ; – les immeubles dont la division aboutit à créer des locaux dépourvus d'une installation en eau potable, d'évacuation en eaux usées ou d'un accès au courant électrique ; – les immeubles de grande hauteur n'ayant pas reçu d'avis favorable de la commission de sécurité.
Immeubles en cours de construction
Le statut de la copropriété ne s'applique pas aux immeubles en cours de construction. Néanmoins lors de la livraison du premier lot, le statut s'applique même si tous les lots n'ont pas trouvé acquéreurs (le promoteur se chargera alors du paiement des charges pour ces lots non encore vendus).

2. LES PARTIES PRIVATIVES ET COMMUNES

1. DÉFINITION

Parties privatives	Parties communes	Parties mitoyennes
Art. 2 de la loi du 10 juillet 1965 « sont privatives les parties des bâtiments et des terrains réservées à l'usage exclusif d'un copropriétaire déterminé. Les parties privatives sont la propriété exclusive de chaque copropriétaire ».	Art. 3 de la loi du 10 juillet 1965 « sont communes les parties des bâtiments et des terrains affectées à l'usage ou à l'utilité de tous les copropriétaires ou de plusieurs d'entre eux ».	Art. 7 de la loi du 10 juillet 1965 « les cloisons ou murs séparant des parties privatives et non compris dans le gros œuvre, sont présumés mitoyens entre les locaux qu'ils séparent ».

2. CRITÈRES DE RÉPARTITION

La répartition des parties de l'immeuble entre parties privatives et communes doit être fixée par le règlement de copropriété. Néanmoins l'art. 3 de la loi du 10 juillet 1965 précise que : « *dans le silence ou la contradiction des titres, sont réputées parties communes :*
➜ *le sol, les cours, les parcs et jardins, les voies d'accès ;*
➜ *le gros œuvre des bâtiments, les éléments d'équipement commun, y compris les parties de canalisations y afférentes qui traversent des locaux privatifs ;*
➜ *les coffres, gaines et têtes de cheminées ;*
➜ *les locaux des services communs ;*
➜ *les passages et corridors ;*
➜ *tout élément incorporé dans les parties communes.* »
Le juge saisit d'une requête pour définir si une partie de l'immeuble est une partie privative ou commune devra rechercher l'usage ou l'utilité de ladite partie.

2 LES DOCUMENTS DE LA COPROPRIÉTÉ

La loi du 10 juillet 1965 impose la rédaction et la tenue de documents obligatoires dans toutes les copropriétés.
Ces documents peuvent renseigner sur les droits et obligations des copropriétaires mais également sur l'état de l'immeuble. Les deux principaux sont le règlement de copropriété et l'état descriptif de division.

1. LE RÈGLEMENT DE COPROPRIÉTÉ

1. CONTENU

L'article 8 de la loi du 10 juillet 1965 prévoit, que le règlement détermine :
– la destination des parties tant privatives que communes ;
– les conditions de leur jouissance ;
– les règles relatives à l'administration des parties communes.
Mais le règlement de copropriété fixe également la quote-part de parties communes dont chaque copropriétaire dispose dans chacune des catégories de charges ainsi que la méthode de calcul utilisée pour déterminer cette quote-part (article 10).
Ainsi le règlement peut déterminer l'utilisation qui peut être faite de l'immeuble (notion de destination). Il peut notamment contenir une clause d'habitation bourgeoise qui prévoit que les copropriétaires ne peuvent utiliser leur lot pour exercer une activité commerciale, industrielle ou artisanale.

2. RÉGIME JURIDIQUE

Établissement

Il est normalement établi préalablement à la mise en copropriété et est donc approuvé par les copropriétaires lors de l'acte d'achat de leur lot.
Néanmoins pour les anciennes copropriétés qui en sont dépourvues, il est possible d'adopter un règlement à la majorité de l'article 26, mais à condition qu'il ne concerne que la jouissance, l'usage et l'administration des parties communes.

Modification

L'article 24 f de la loi du 10 juillet 1965 permet à l'assemblée générale de modifier le règlement de copropriété afin de l'adapter aux modifications législatives et réglementaires intervenues depuis son établissement.

Publication

Le règlement de copropriété et ses éventuelles modifications doivent faire l'objet d'une publication au fichier immobilier pour être opposables aux tiers (article 13).

2. L'ÉTAT DESCRIPTIF DE DIVISION

Il s'agit d'un document annexé ou non au règlement de copropriété et qui va attribuer à chaque lot un numéro, avec des informations relativement à la partie privative correspondante (bâtiment, escalier, étage, nature du lot) et au nombre de tantièmes représentant la quote-part de partie commune dudit lot. Son régime juridique se rattache à celui du règlement.

3. LES AUTRES DOCUMENTS

Carnet d'entretien	Diagnostic technique global	Fiche synthétique
Il répertorie les informations techniques sur la maintenance et les travaux effectués dans l'immeuble (contrats d'assurance, et de maintenance, gros travaux…)	À partir de janvier 2017, un diagnostic technique global (DTG) devient obligatoire pour les immeubles de plus de 10 ans et qui font l'objet d'une mise en copropriété avec notamment un état apparent des parties communes, un diagnostic de performance énergétique, une évaluation des travaux nécessaires à la conservation de l'immeuble ainsi que leur coût…	À partir de janvier 2017, les syndics de copropriété vont devoir progressivement réaliser une fiche synthétique de la copropriété regroupant les données financières et techniques de celle-ci, et ce afin que les copropriétés soient immatriculées dans un fichier national.

3 LES DROITS ET OBLIGATIONS DES COPROPRIÉTAIRES

1. LES DROITS

1. SUR LES PARTIES PRIVATIVES

Principe

Le copropriétaire dispose sur ses parties privatives du droit :

➜ d'usage (il peut y habiter) ;

➜ d'en jouir et en récolter les fruits (il peut le louer) ;

➜ d'en disposer (il peut les vendre, les hypothéquer, les transformer…).

Ces principes découlent de l'article 9 de la loi du 10 juillet 1965, et sont renforcés par l'article 26, qui prévoit que « l'assemblée générale ne peut, à quelque majorité que ce soit, imposer à un copropriétaire une modification à la destination de ses parties privatives, ou aux modalités de leur jouissance, telles qu'elles résultent du règlement de copropriété ».

Limites

Le copropriétaire ne doit pas porter atteinte :

➜ à la destination de l'immeuble (exemple : droit d'exercer une activité commerciale alors que l'immeuble est à usage exclusif d'habitation) ;

➜ aux droits des autres copropriétaires (exemple : troubles de voisinage).

Il doit de plus respecter le règlement de copropriété, qui peut également limiter ses droits.

2. SUR LES PARTIES COMMUNES

Les droits des copropriétaires sur les parties communes (et les limites à ces droits) sont relativement les mêmes que ceux s'appliquant aux parties privatives (hors droit d'en disposer : un copropriétaire seul ne peut réaliser de travaux sur les parties communes). Néanmoins, la propriété sur les parties communes est par définition une propriété non exclusive, dont doivent bénéficier tous les copropriétaires. Ainsi un copropriétaire ne saurait s'arroger un droit d'usage exclusif sur des parties communes, par exemple en les encombrant totalement avec des effets personnels.

Le règlement de copropriété peut cependant prévoir qu'un copropriétaire bénéficie d'un droit de jouissance exclusif sur une partie commune déterminée (ex. : terrasse, jardin…).

2. LES OBLIGATIONS

Outre le respect du règlement de copropriété, de la destination de l'immeuble et des droits des autres copropriétaires, un copropriétaire a pour obligation principale de payer les charges nécessaires à la copropriété. En cas de non-exécution de cette obligation des actions en recouvrement pouvant aller jusqu'à la vente judiciaire de son lot doivent être réalisées par le syndic.

1. LES CHARGES DE COPROPRIÉTÉ

Charges générales

Définition : Dépenses relatives à l'administration de la copropriété, à la conservation et à l'entretien des parties communes (ex. : réparation de la toiture, entretien des espaces verts, ravalement, frais de gardiennage, d'enlèvement des ordures, assurance du syndicat…).

Répartition : Chaque copropriétaire doit participer à ces charges en fonction de la valeur relative des lots évaluée lors de l'établissement de la copropriété. Chaque lot se voit attribuer dans le règlement une quote-part de partie commune exprimée en tantièmes. Cette valeur dépend de la superficie (mesure du local), de la consistance (structure physique du local : appartement, cave, parking…) et de la situation (accès, éclairement…) du local.

Charges spéciales

Définition : Charges entraînées par les services collectifs et les éléments d'équipement communs (ex. : ascenseur, chauffage, eau…).

Répartition : Chaque copropriétaire doit participer à ces charges en fonction de l'utilité objective qu'il retire de ces services et équipements. Cette utilité est définie dans le règlement de copropriété : le copropriétaire d'un lot situé au 1er étage paiera moins de charges d'ascenseur que celui d'un lot situé au 2e étage…

Charges imputables au seul copropriétaire concerné

En plus des charges générales et spéciales définies à l'article 10, la loi du 10 juillet 1965 prévoit que certaines charges puissent être imputées au seul copropriétaire concerné.

Il s'agit par exemple des honoraires du syndic d'établissement de l'état daté lors de la vente du lot concerné, des frais que le syndicat a dû supporter à compter de la mise en demeure pour recouvrir les sommes dont le copropriétaire était débiteur à l'encontre de la copropriété (frais d'huissier, d'hypothèque…).

Fixation des charges

Les charges sont définies et réparties dans le règlement de copropriété. En principe, une modification de cette répartition nécessite un vote de l'assemblée générale à l'unanimité. Néanmoins ce principe connaît des exceptions :

- en cas de changement d'usage d'une partie privative, l'assemblée générale peut décider de la modification des charges spéciales afférentes à ce lot à la majorité de l'article 25 ;
- en cas de travaux ou d'actes d'acquisition ou de disposition décidés par l'assemblée générale, la modification de la répartition des charges est votée à la même majorité que celle nécessaire pour le vote des travaux ou desdits actes ;
- dans certaines hypothèses de répartition illégale, il peut être demandé par le copropriétaire victime de cette répartition, une révision judiciaire de celle-ci (article 12).

2. LE PAIEMENT DES CHARGES

Le règlement des charges

- Établissement du budget prévisionnel par le syndic
- Approbation du budget prévisionnel par l'assemblée générale
- Calcul des charges dues par le copropriétaire
- Appel des provisions trimestrielles égale à 25 % des charges dues par le copropriétaire
- Régularisation en fin d'exercice pour le dernier appel de charges

Pour les charges exceptionnelles (hors budget prévisionnel), l'assemblée générale fixe les modalités de leur mode de recouvrement, au cas par cas.

Le recouvrement des impayés

Le recouvrement des charges est une des missions essentielles du syndic, qui doit pour cela et sans avoir besoin d'une autorisation des copropriétaires, mettre tout en œuvre pour récupérer les impayés (mise en demeure, hypothèque, saisie…). À défaut sa responsabilité pourrait être engagée.

4 LE SYNDICAT DES COPROPRIÉTAIRES

Depuis la loi ALUR du 24 mars 2014, et à partir du 1er janvier 2017, les syndicats de copropriété vont devoir être immatriculés dans un registre, où figureront le nom, l'adresse, la date de création du syndicat, le nombre et la nature des lots, et le nom du syndic, ainsi que des données relatives à la situation financière, au bâti de l'immeuble...

Ce fichier doit permettre aux pouvoirs publics de disposer d'informations, et constituera avec la fiche synthétique qui en sera issue, une véritable carte d'identité du syndicat.

1. LE RÔLE DU SYNDICAT DE COPROPRIÉTÉ

1. LE STATUT DU SYNDICAT

L'article 14 de la loi du 10 juillet 1965 reconnaît de plein droit que la collectivité des copropriétaires est « constituée en un syndicat qui a la personnalité civile ».

Ainsi le syndicat peut passer des contrats, agir en justice, a un patrimoine propre (qui n'est pas l'immeuble mis en copropriété)...

L'article 14 prévoit également que le syndicat puisse revêtir la forme coopérative, c'est-à-dire que la gestion de la copropriété soit confiée à un syndic choisi parmi les copropriétaires. Cette possibilité surtout utile pour les petites copropriétés, doit cependant être prévue par le règlement de copropriété.

2. LES MISSIONS DU SYNDICAT

Le syndicat « a pour objet la conservation et l'amélioration de l'immeuble ainsi que l'administration des parties communes. » (article 14 de la loi du 10 juillet 1965).

Ces décisions sont prises en assemblée générale.

À ce double titre, il :

- nomme et révoque le syndic ;
- nomme et révoque les membres du conseil syndical ;
- gère le personnel de la copropriété ;
- décide des travaux ;
- assure l'immeuble ;
- décide de recourir à un emprunt ;
- décide de l'achat ou vente de parties communes ou privatives pour son compte ;
- décide des actions en justice contre les copropriétaires ou contre les tiers ;

2. LA RESPONSABILITÉ DU SYNDICAT DE COPROPRIÉTÉ

Types de responsabilité	Régime juridique
Responsabilité spéciale (article 14 de la loi du 10 juillet 1965)	Le syndicat est « *responsable des dommages causés aux copropriétaires ou aux tiers ayant leur origine dans les parties communes.* » (ex. : problème de fonctionnement du chauffage collectif...). Toutefois, le syndicat qui a vu sa responsabilité engagée peut toujours exercer une action contre la personne « véritablement » responsable (ex : le chauffagiste...).
Responsabilité civile de droit commun	Il est notamment responsable des choses qu'il a sous sa garde ou des préposés qu'il emploie. À ce titre, l'article 9-1 de la loi du 10 juillet 1965 oblige le syndicat à s'assurer contre les conséquences résultant de la mise en cause de sa responsabilité civile.
Responsabilité pénale	Comme toutes les personnes morales, le syndicat des copropriétaires peut voir sa responsabilité pénale engagée si une infraction est commise, par exemple si l'assemblée générale refuse de souscrire une assurance dommage-ouvrage pour des travaux.

5 LE CONSEIL SYNDICAL

Le conseil syndical constitué par des copropriétaires est un organe qui bien que ne disposant pas de la personnalité juridique, apparaît comme indispensable dans la vie de la copropriété.
Il assure en effet une mission de liaison entre les copropriétaires et le syndic, qu'il a pour mission d'assister et de contrôler (article 21 de la loi du 10 juillet 1965).

1. SON RÔLE

Il est surtout consultatif et donne son avis sur :
➜ *« toutes questions concernant le syndicat, pour lesquelles il est consulté ou dont il se saisit lui-même »* (article 21 de la loi du 10 juillet 1965) ;
➜ tous les marchés et contrats dépassant un certain montant fixé par l'assemblée générale à la majorité de l'article 25 (article 21 de la loi du 10 juillet 1965) ;
➜ les contrats de syndic pour lesquels il procède à la mise en concurrence lorsque l'assemblée générale est appelée à désigner celui-ci (article 21 de la loi du 10 juillet 1965) ;
➜ l'ordre du jour de l'assemblée générale et le budget prévisionnel qui doivent être établis en concertation avec le syndic (article 18 de la loi du 10 juillet 1965 et 26 du décret du 17 mars 1967).

2. SON FONCTIONNEMENT

1. LES MEMBRES DU CONSEIL SYNDICAL

Ils sont élus pour une durée qui ne peut excéder trois ans renouvelables, par l'assemblée générale à la majorité de l'article 25 (ils sont révocables aux mêmes conditions).
Seules les personnes ayant fait acte de candidature peuvent être élues. Il peut s'agir d'un copropriétaire (même une personne morale) mais aussi de leurs conjoints, ascendants, descendants, représentants légaux, partenaires de PACS et usufruitiers. En revanche, le syndic, ses préposés, leurs conjoints, leurs partenaires liés à eux par un pacte civil de solidarité, leurs concubins, leurs ascendants ou descendants, leurs parents en ligne collatérale jusqu'au deuxième degré même s'ils sont copropriétaires (article 21 de la loi du 10 juillet 1965).
Enfin le conseil syndical qui aurait plus d'un quart de ses sièges vacants pour quelque cause que ce soit ne serait plus régulièrement constitué.

2. L'ORGANISATION DU CONSEIL SYNDICAL

Les règles relatives à l'organisation du conseil syndical doivent être définies par le règlement de copropriété ou par l'assemblée générale à la majorité de l'article 24. La réglementation prévoit seulement que le conseil syndical doit désigner parmi ses membres un président (article 21 de la loi du 10 juillet 1965).

3. LES POUVOIRS DU CONSEIL SYNDICAL

Il ne dispose pas de la personnalité juridique, mais la réglementation lui donne certains moyens :
➜ il peut prendre conseil auprès de toute personne de son choix et notamment demander un avis technique auprès d'un professionnel ;
➜ si la fonction de membre ou de président du conseil ne peut donner lieu à rémunération, les dépenses nécessaires à l'exécution de la mission attribuée au conseil syndical doivent être supportées par le syndicat des copropriétaires et payées par le syndic au titre des frais d'administration ;
➜ il peut obtenir communication de tous les documents intéressant le syndicat de la part du syndic. En l'absence de transmission des pièces dans un délai d'un mois à compter de la demande, une pénalité de 15 € par jour de retard est mise à la charge du syndic et peut être imputée sur la rémunération forfaitaire annuelle du syndic ;
➜ l'assemblée générale peut, à la majorité de l'article 25, déléguer au conseil syndical, lorsqu'il est composé d'au moins trois membres, le pouvoir de prendre seul des décisions relevant de la majorité de l'article 24 (sauf l'approbation des comptes et la détermination du budget prévisionnel).

6 LE SYNDIC

Le syndic est le mandataire du syndicat. À ce titre son statut est régi par la loi de 1965 et son décret de 1967 mais aussi par la loi Hoguet de 1970 et son décret de 1972. Le syndic doit donc détenir une carte professionnelle lui permettant d'exercer sa mission.

Toutefois la loi du 10 juillet 1965 prévoit qu'une copropriété peut recourir à un syndic non professionnel, bénévole ou coopératif. Dans ce cas le syndic est choisi parmi les copropriétaires. Il ne doit pas détenir la carte professionnelle afférente à sa mission ou souscrire à une assurance responsabilité civile professionnelle mais il peut en revanche recevoir une indemnisation votée par l'assemblée générale.

1. LA DÉSIGNATION ET LA FIN DES FONCTIONS DU SYNDIC

1. LA DÉSIGNATION DU SYNDIC

Le syndic peut être désigné dans le règlement de copropriété lors de la naissance de la copropriété ou par l'assemblée générale à la majorité de l'article 25.

La loi ALUR du 24 mars 2014 a rendu obligatoire la mise en concurrence de plusieurs contrats de syndic lorsqu'une assemblée a à se prononcer sur la désignation ou le renouvellement du mandant de syndic.

Cette mise en concurrence doit être organisée par le conseil syndical lorsque l'assemblée générale est appelée à le désigner sauf si le syndicat l'en dispense par un vote à la majorité de l'article 25 (ou s'il n'y a pas de conseil syndical).

Enfin le syndic peut être désigné en justice par le président du tribunal judiciaire et ce à la demande d'un ou plusieurs copropriétaires si l'assemblée générale ne l'a pas fait (en cas de carence ou d'absence de syndic, le président du tribunal judiciaire désignera un administrateur ad hoc dont la mission sera essentiellement de convoquer une assemblée générale qui nommera le nouveau syndic).

2. LA FIN DES FONCTIONS DU SYNDIC

Les cas de cessation des fonctions

* Par exemple défaut d'ouverture d'un compte bancaire ou postal séparé.

Les conséquences à la cessation des fonctions

Outre l'application des règles relatives à la désignation du nouveau syndic (convocation d'une assemblée générale, requête auprès du président du tribunal judiciaire, désignation d'un administrateur ad hoc…), l'ancien syndic est de tenu de restituer les archives et les fonds (article 18-2 de la loi du 10 juillet 1965) :

➜ dans un délai de 15 jours à compter la cessation de ces fonctions, il doit remettre au nouveau syndic la situation de trésorerie, les références des comptes bancaire du syndicat et les coordonnées de la banque ;

➜ dans un délai d'un mois, à compter de la cessation de ses fonctions, il doit transmettre l'ensemble des documents et archives du syndicat ;

➜ puis dans un nouveau délai de deux mois, il doit fournir l'état des comptes des copropriétaires ainsi que celui des comptes du syndicat.

2. LE CONTRAT ET LA RÉMUNÉRATION DU SYNDIC

1. LE CONTRAT DU SYNDIC

Le contrat du syndic doit fixer la durée de sa mission, sa date de prise d'effet, ses missions ainsi que les éléments de détermination de sa rémunération.
Son contrat doit être approuvé par un vote de l'assemblée générale à la majorité de l'article 25.

2. LA RÉMUNÉRATION DU SYNDIC

La loi prévoit que la rémunération des syndics est déterminée de manière forfaitaire, mais elle précise que des rémunérations complémentaires pourront être perçues lors de l'exécution de certaines missions définies par le décret du 26 mars 2015.

3. LES MISSIONS ET LA RESPONSABILITÉ DU SYNDIC

Les missions du syndic résultent :
➜ de l'article 18 de la loi du 10 juillet 1965 ;
➜ des articles 28 à 39-1 du décret du 17 mars 1967 ;
➜ du règlement de copropriété.

Types de missions	Exemples
Faire respecter le règlement de copropriété et les décisions prises en assemblée générale	➜ faire exécuter les travaux décidés par l'assemblée générale ; ➜ rappeler aux occupants de l'immeuble les obligations issues du règlement de copropriété (exemple : utilisation des parties communes) ; ➜ …
Assurer la conservation et l'administration de l'immeuble	➜ faire exécuter les travaux d'entretien et de conservation ; ➜ tenir à jour le carnet d'entretien ; ➜ établir un DTG (Diagnostic Technique Global) de la copropriété ; ➜ convoquer la ou les assemblées générales nécessaires (au moins une fois par an) ; ➜ assurer l'immeuble ; ➜ recruter et gérer le personnel de la copropriété ; ➜ tenir à jour et conserver les archives du syndicat
Gérer le budget, la comptabilité et les comptes du syndicat et des copropriétaires	➜ respecter la réglementation comptable relative au syndicat (livre journal, grand livre…) ; ➜ ouvrir un compte bancaire ou postal séparé au nom du syndicat ; ➜ réaliser les appels de fonds selon le budget prévisionnel voté ; ➜ recouvrer les sommes dues par les copropriétaires
Représenter le syndicat	➜ signer les contrats pour le compte du syndicat ; ➜ agir en justice pour le compte du syndicat

Les différents types de responsabilité

➜ responsabilité civile contractuelle ou délictuelle si par sa faute, il cause un préjudice au syndicat, à un copropriétaire et/ou à un tiers ;

➜ responsabilité pénale, non seulement pour des faits d'abus de confiance ou d'escroquerie mais de manière plus générale s'il cause des dommages corporels par sa négligence.

Le quitus

L'assemblée générale doit une fois par an voter à la majorité de l'article 24, la possibilité de donner quitus au syndic.
Cette disposition, qui ne doit pas être confondue avec l'approbation des comptes interdit au syndicat, si elle est votée, de poursuivre la responsabilité du syndic pour sa gestion de la copropriété sur l'année écoulée.

7 LA CONVOCATION À L'ASSEMBLÉE GÉNÉRALE

L'assemblée générale qui doit avoir lieu au moins une fois par an dans une copropriété est l'organe de délibération du syndicat des copropriétaires.

La réglementation (loi de 1965 et décret de 1967) est très précise sur les conditions de validité d'une telle assemblée et laisse peu de place aux aménagements que le règlement de copropriété pourrait apporter.

1. PERSONNES EN CHARGE DE LA CONVOCATION

1. CONVOCATION PAR LE SYNDIC

Il appartient au syndic de convoquer l'assemblée générale de son propre chef lorsqu'il le juge utile et au moins une fois par an (article 7 du décret du 17 mars 1967).

De plus le syndic doit convoquer l'assemblée générale si cela lui est demandé par (article 8 du décret du 17 mars 1967) :

- → le conseil syndical ;
- → un ou plusieurs copropriétaires représentant au moins 25 % des voix de la copropriété.

2. CONVOCATION PAR UNE AUTRE PERSONNE QUE LE SYNDIC

En cas de refus du syndic

Si le syndic ne convoque pas l'assemblée générale suite aux demandes décrites plus haut, la convocation peut être faite après une mise en demeure au syndic restée infructueuse pendant plus de 8 jours, par :

- → le président du conseil syndical ;
- → tout copropriétaire en en faisant la demande en justice, si le président du conseil syndical ne s'exécute par, ou s'il n'existe pas de conseil syndical.

En cas d'empêchement du syndic

Si le syndic est empêché de convoquer l'assemblée générale, cette convocation peut être faite par le président du conseil syndical. L'assemblée générale aura alors pour mission de désigner un nouveau syndic.

En cas de copropriété dépourvue de syndic

Si la copropriété est dépourvue de syndic, tout intéressé peut saisir le président du tribunal judiciaire afin que celui-ci nomme un administrateur provisoire, qui convoquera ladite assemblée générale (article 47 du décret du 17 mars 1967).

2. DÉLAIS ET FORMES DE LA CONVOCATION

1. DÉLAIS

Le délai minimum pour convoquer une assemblée générale est de 21 jours, mais le règlement de copropriété peut prévoir un délai minimal plus long (article 9 du décret du 17 mars 1967).

Suivant la forme de la convocation, le délai court à compter (article 64 du décret du 17 mars 1967) :

- → du lendemain du jour de la première présentation de la LRAR ;
- → du lendemain du jour de la réception de la télécopie ;
- → de la date du récépissé ou de l'émargement.

2. FORMES

La convocation peut être faite par :

- → LRAR ;
- → télécopie avec récépissé ;
- → remise en main propre contre récépissé ou émargement ;
- → voie électronique si la copropriété a donné son accord.

3. CONTENU DE LA CONVOCATION

1. ÉLÉMENTS POUR RÉDIGER LA CONVOCATION

Lieu, date, horaires

Ces éléments doivent être fixés par la personne en charge de la convocation. Cependant, l'assemblée doit en principe se tenir dans la commune où se situe l'immeuble en copropriété sauf si le règlement prévoit une autre disposition (article 9 du décret du 17 mars 1967).

Questions à l'ordre du jour

Outre les questions que l'on retrouve obligatoirement à l'ordre du jour d'une assemblée générale (exemple : élection des membres du bureau), il appartient au syndic après concertation avec le conseil syndical de fixer ce dernier.

La rédaction des questions mises à l'ordre du jour doit être suffisamment précise, pour qu'une prise de décision des copropriétaires soit possible. Ainsi la rédaction d'un point « questions diverses » ne permet pas qu'un vote ait lieu lors de l'assemblée.

Enfin un copropriétaire ou le conseil syndical peut toujours demander par LRAR, ou par télécopie, ou par lettre recommandée électronique, au syndic que soit mise à l'ordre du jour telle ou telle question (article 10 du décret du 17 mars 1967). Le syndic a l'obligation d'accéder à cette demande sauf si celle-ci est trop tardive (la question sera alors mise à l'ordre du jour de la prochaine assemblée générale) et/ou n'est pas accompagnée des documents nécessaires à la prise de décision des copropriétaires (exemple : devis).

2. DOCUMENTS À ANNEXER À LA CONVOCATION (ARTICLE 11 DU DÉCRET DU 17 MARS 1967)

Types de documents	Liste des documents
Documents à annexer à la convocation pour que les décisions prises en assemblée soient valables	→ en cas de vote sur l'approbation des comptes et sur le budget : • état financier ; • comptes de gestion ; • projet de budget. → en cas de vote sur un contrat : • conditions essentielles desdits contrats ; • projet de contrat de syndic. → …
Documents à annexer à la convocation pour que les copropriétaires soient informés	→ annexes au budget prévisionnel ; → état détaillé des sommes perçues par le syndic au titre de sa rémunération ; → avis du conseil syndical ; → compte-rendu de l'exécution de la mission du conseil syndical ; → état individuel de répartition des comptes de chaque copropriétaire.

Les copropriétaires peuvent de plus venir consulter les pièces justificatives de charges de copropriété pendant le délai entre la convocation et sa tenue auprès du syndic (article 18-1 de la loi du 10 juillet 1965).

4. PERSONNES CONVOQUÉES

La convocation est adressée à tous les copropriétaires. Cependant dans certaines hypothèses, il existe des complications :

8 LA TENUE DE L'ASSEMBLÉE GÉNÉRALE

1. LES FORMALITÉS PRÉALABLES AUX VOTES

1. LA FEUILLE DE PRÉSENCE

La feuille de présence doit être signée par les participants à l'assemblée générale lors de leur arrivée. Elle indique le nom et domicile de chaque copropriétaire ou de son mandataire et le nombre de voix dont il dispose. Elle sera annexée au procès-verbal à la fin de l'assemblée générale. Elle permettra donc de comptabiliser les copropriétaires présents, représentés et absents.
Depuis la loi ELAN (article 17-1 A de la loi de 1965), il est possible de participer à l'assemblée générale par visioconférence.

2. LA REPRÉSENTATION DES COPROPRIÉTAIRES

Mandataires autorisés

L'article 22 de la loi du 10 juillet 1965, donne à tout copropriétaire la possibilité d'être représenté par la personne de son choix. Ce mandataire ne peut détenir plus de trois pouvoirs, sauf si le total des voix qu'il possède (incluant la sienne) n'excède pas 10 % du total des tantièmes.

Mandataires interdits

Le syndic ou ses préposés, ainsi que leur conjoint, partenaire de PACS, ou concubin, ainsi que les ascendants ou descendants de toutes ces personnes ne peuvent recevoir de mandats de vote, et ce même s'ils sont copropriétaires.

3. LE « BUREAU »

En début d'assemblée générale, il est obligatoire de désigner :
→ **le président,** qui aura pour mission de diriger les débats et d'appeler aux votes ;
→ **le ou les scrutateurs,** qui ne sont pas obligatoires, et qui le cas échéant auront pour mission d'aider au comptage des votes ;
→ **le secrétaire,** qui aura pour mission de rédiger le procès-verbal durant la séance, qui sera ensuite authentifié par l'ensemble du « bureau ».
Le syndic, ses préposés, leur conjoint, partenaire de PACS, ascendants ou descendants ne peuvent recevoir être désignés président.

2. LES VOTES AUX POINTS MIS À L'ORDRE DU JOUR

1. LE DROIT DE VOTE

Principes

Le droit de vote en copropriété est :
→ **proportionnel** à la quote-part de parties communes dont dispose chaque copropriétaire (article 22 de la loi du 10 juillet 1965) ;
→ **transparent**. Le vote à bulletin secret est interdit ;
→ **indivisible**. En cas de multiplicité de propriétaires sur un lot (époux, démembrement, indivision…), les voix dudit lot ne peuvent être divisées entre les différents propriétaires.
Depuis la loi ELAN (article 17-1 A de la loi de 1965), il est possible de voter à l'assemblée générale par correspondance. Ce vote est pris en compte dans les votes présents ou représentés.

Exceptions

Le principe de proportionnalité du nombre de voix dont dispose un copropriétaire connaît les exceptions suivantes :
→ **copropriétaire majoritaire.** Si un copropriétaire possède plus de la moitié des tantièmes, le nombre de voix dont il dispose est réduit à la somme des voix des autres copropriétaires du syndicat (article 22 de la loi du 10 juillet 1965) ;

→ **copropriétaire défaillant.** Si l'assemblée générale vote pour autoriser le syndic à demander en justice la vente d'un lot d'un copropriétaire mauvais payeur, les voix de ce dernier ne sont pas prises en compte (article 19-2 de la loi du 10 juillet 1965) ;

→ **vote relatif aux charges spéciales.** Le règlement de copropriété peut mettre à la charge de certains copropriétaires, certaines dépenses pour des éléments qui ne les concernent qu'eux (exemple : ascenseurs...).

2. LES MAJORITÉS

La majorité simple de l'article 24

Définition	Il s'agit de la majorité des voix (tantièmes) exprimées des copropriétaires présents ou représentés. Les abstentionnistes ne sont donc pas pris en compte.
Calcul	→ un syndicat dont le total des voix est de 1 000 tantièmes → présents et représentés : 600 tantièmes → absents : 400 tantièmes → abstentions : 150 tantièmes → votes pour : 250 tantièmes → votes contre : 200 tantièmes → majorité requise : 450/2 + 1 = 226 tantièmes → Résolution adoptée
Exemples	→ approbation du budget ; → approbation des comptes ; → quitus au syndic ; → travaux nécessaires à la conservation de l'immeuble ou à la préservation de la sécurité ou de la santé des occupants ; → travaux rendus obligatoires par la loi ou les règlements...

La majorité absolue de l'article 25

Définition	Il s'agit de la majorité des voix (tantièmes) de tous les copropriétaires présents, représentés ou absents.
Calcul	→ un syndicat dont le total des voix est de 1 000 tantièmes → présents et représentés : 600 tantièmes → absents : 400 tantièmes → abstentions : 150 tantièmes → votes pour : 350 tantièmes → votes contre : 100 tantièmes → majorité requise : 1 000/2 + 1 = 501 tantièmes Résolution non adoptée
Exemples	→ désignation et révocation du syndic ; → désignation et révocation des membres du conseil syndical ; → autorisation permanente donnée à la police ou la gendarmerie de pénétrer dans les parties communes ; → ensemble des travaux comportant transformation, addition ou amélioration...

L'article 25-1 de la loi du 10 juillet 1965 permet d'alléger la majorité de l'article 25 et de procéder à un second vote sur la même résolution à la majorité de l'article 24, si le premier vote n'a pas été positif :

Ce second vote dit « allégé » peut avoir lieu :

→ **immédiatement,** si le premier vote a obtenu au moins un tiers de voix de tous les copropriétaires (dans notre exemple 334 voix) ;

→ si la résolution a été rejetée parce que le nombre de voix « contre » a été supérieur au nombre de voix « pour » ;

→ si la résolution en cause porte sur l'approbation d'un contrat ou devis et que plusieurs entreprises sont en concurrence. Dans ce cas le second vote à la majorité de l'article 24 ne pourra intervenir si aucune des entreprises n'a obtenu de vote positif à la majorité de l'article 25.

La double majorité de l'article 26

Définition	Il s'agit de la majorité de tous les copropriétaires (présents, absents, ou représentés) détenant les 2/3 des tantièmes.
Calcul	➜ un syndicat composé de 12 copropriétaires dont le total des voix est de 1 000 tantièmes ➜ présents et représentés : 10 copropriétaires détenant 900 tantièmes ➜ absents : 2 copropriétaires détenant 100 tantièmes ➜ abstentions : 1 copropriétaire détenant 100 tantièmes ➜ votes pour : 8 copropriétaires détenant 650 tantièmes ➜ votes contre : 1 copropriétaire détenant 150 tantièmes ➜ majorité requise : 12/2 + 1 = 7 copropriétaires et 1 000 × 2/3 + 1 = 667 tantièmes Résolution non adoptée
Exemples	➜ modification du règlement de copropriété concernant la jouissance, l'usage, et l'administration des parties communes ; ➜ dispense de disposer d'un conseil syndical ; ➜ suppression du poste de concierge ou de gardien remplacé par l'intervention d'une entreprise extérieure ; ➜ …

L'article 26-1 permet de revoter immédiatement à la majorité de l'article 25, lorsque l'assemblée générale n'a pas décidé à la majorité prévue à l'article 26, mais que le projet a au moins recueilli l'approbation de la moitié des membres du syndicat des copropriétaires présents ou représentés, représentant au moins le tiers des voix de tous les copropriétaires.

L'unanimité

Dans certaines hypothèses les plus graves et qui portent atteintes aux droits privatifs des copropriétaires ou à la destination de l'immeuble.

Le procès-verbal de l'assemblée générale doit être rédigé durant celle-ci par le secrétaire (en principe le syndic), et signée à son terme par les membres du « bureau ». Ce document est primordial pour la suite de l'assemblée générale, il sera la « feuille de route » du syndic qui devra exécuter les décisions votées, mais il sera avant cela envoyé à certaines copropriétaires qui pourront éventuellement demander l'annulation de l'assemblée générale.

9 LE PROCÈS-VERBAL DE L'ASSEMBLÉE GÉNÉRALE

1. LA RÉDACTION DU PROCÈS-VERBAL

Le procès-verbal rappelle le déroulement de l'assemblée générale avec le jour, l'heure, et le lieu de la réunion, la liste des copropriétaires absents et les éventuels arrivées ou départs.

Sous chaque point à l'ordre du jour dont le texte est rappelé, sont indiqués :

- le résultat du vote ;
- les noms des copropriétaires opposants ou abstentionnistes ainsi que leur nombre de voix ;
- les éventuelles réserves (article 17 du décret du 17 mars 1967).

Le procès-verbal est en principe signé par les membres du « bureau » mais l'absence de signature n'est pas une cause de nullité

2. LES CONSÉQUENCES DU PROCÈS-VERBAL

1. LA NOTIFICATION DU PROCÈS-VERBAL

Le procès-verbal est notifié par le syndic par LRAR, ou par lettre recommandée électronique aux copropriétaires défaillants, opposants ou ayant émis des réserves et ce dans le mois de la tenue de l'assemblée générale.

2. LES CONSÉQUENCES DE LA NOTIFICATION

La notification fait courir le délai de deux mois permettant aux copropriétaires concernés de contester en justice la validité de l'assemblée générale (article 42 de la loi du 10 juillet 1965).

Le syndic n'a donc pas intérêt à commencer à exécuter les décisions de l'assemblée générale avant l'expiration de ce délai (la réglementation lui interdit même de le faire pour les décisions relatives à des travaux aux majorités 25 ou 26).

Il doit de plus informer les occupants de l'immeuble (propriétaires occupants, mais aussi locataires, occupants à titre gratuit…) dans un délai de trois mois des décisions prises susceptibles d'avoir des conséquences sur les conditions d'occupation et sur les charges des occupants, et ce par voie d'affichage ou par remise de courriers dans les boîtes aux lettres (décret du 15 décembre 2015).

Enfin le syndic responsable des archives de la copropriété doit y ajouter le procès-verbal et la feuille d'émargement en annexe.

10 LES TRAVAUX DE LA COPROPRIÉTÉ

Le droit de la copropriété distingue principalement deux sortes de travaux :
➜ les travaux d'entretien ;
➜ les travaux d'amélioration.

1. LES TRAVAUX D'ENTRETIEN

Les travaux d'entretien doivent être votés par l'assemblée générale de la copropriété à la majorité de l'article 24. Le syndic bien qu'en charge de l'entretien de la copropriété ne peut décider de son propre chef (sauf travaux urgents) de faire réaliser de tels travaux.
Les travaux d'entretien se distinguent des travaux d'amélioration par leur faible coût, leur importance minime, leur caractère nécessaire, notamment quand des considérations liées aux évolutions techniques rendent préférable le remplacement d'un équipement commun plutôt que sa réfection.

2. LES TRAVAUX D'AMÉLIORATION

Majorités nécessaires	Exemples de travaux
Majorité de l'article 24	➜ travaux d'accessibilité aux personnes handicapées ou à mobilité réduite ; ➜ travaux rendus obligatoires par un texte légal ou réglementaire (ravalement, mise aux normes de sécurité et de salubrité, pose des détecteurs de fumée…) ; ➜ travaux nécessaires à la préservation de la sécurité des occupants (notamment dispositif d'ouverture et de fermeture de la copropriété) ; ➜ …
Majorité de l'article 25	➜ travaux comportant transformation, additions ou amélioration (exemple : installation d'équipements communs ascenseur, aires de jeux…) ; ➜ travaux d'économie d'énergie ; ➜ travaux d'alimentation de véhicules électriques ; ➜ travaux d'installation de compteurs d'eau ; ➜ …
Unanimité	Travaux portant atteinte à la destination de l'immeuble ou à ses modalités de jouissance (exemple : suppression d'un équipement commun).

3. LES TRAVAUX URGENTS

Le syndic ne peut de son propre chef décider de travaux pour la copropriété. Il doit obtenir au préalable l'autorisation de l'assemblée générale.
L'article 37 du décret du 17 mars 1967 l'autorise cependant à faire exécuter de sa propre initiative les travaux urgents et nécessaires à la sauvegarde de l'immeuble.
Il doit en avertir les copropriétaires par voie d'affichage et convoquer une assemblée afin que celle-ci valide les travaux. Il peut de plus demander, après avoir pris l'avis du conseil syndical une provision au maximum d'un tiers du montant du devis estimatif des travaux, aux copropriétaires.
Si l'assemblée n'approuve pas les travaux, le syndic peut voir sa responsabilité mise en cause, mais le syndicat doit payer les travaux.

4. LES TRAVAUX EXÉCUTÉS PAR UN OU PLUSIEURS COPROPRIÉTAIRES

Définition	Régime juridique
Travaux dans les parties privatives	Liberté totale du copropriétaire tant qu'ils n'affectent ni les parties communes, ni l'aspect extérieur de l'immeuble.
Travaux affectant les parties communes ou l'aspect extérieur de l'immeuble	Les travaux doivent être autorisés au préalable par l'assemblée générale à la majorité de l'article 25. Des travaux non autorisés peuvent donner lieu à une ratification ultérieure à la même majorité. En cas de non-respect de ces règles, le copropriétaire devra indemniser le syndicat et remettre les lieux en l'état. Enfin la copropriétaire peut passer outre le refus de l'assemblée générale, en obtenant une autorisation en ce sens en justice (article 30 de la loi du 10 juillet 1965).

5. LA GESTION DES TRAVAUX

1. LE VOTE

Il y a en réalité plusieurs votes à chaque fois que des travaux sont envisagés dans une copropriété. L'assemblée vote en effet sur :

➜ le principe des travaux ;

➜ le choix de l'entreprise qui sera mandatée pour les réaliser (le montant des travaux à partir duquel la consultation du conseil syndical et/ou une mise en concurrence est nécessaire est fixé par l'assemblée générale à la majorité de l'article 25) ;

➜ la répartition de leur coût entre les copropriétaires et les modalités de recouvrement ;

➜ la rémunération du syndic, si celui assure le suivi des travaux.

Toutes ces décisions sont prises à la même majorité.

2. LE FINANCEMENT

Le financement par les copropriétaires

Les copropriétaires doivent payer les charges liées aux travaux selon les modalités décidées par l'assemblée générale, cependant plusieurs tempéraments viennent atténuer ce principe :

➜ les copropriétaires qui n'ont pas approuvé le vote de travaux d'amélioration peuvent demander à les payer sur 10 ans (article 33 de la loi du 10 juillet 1965) ;

➜ les copropriétaires pour lesquels les travaux ne présentent aucun avantage ou utilité n'ont pas à les financer ;

➜ les copropriétaires opposants qui ont fait reconnaître en justice le caractère somptuaire des travaux n'ont pas à les financer (article 34 de la loi du 10 juillet 1965) ;

➜ le ou les copropriétaires autorisés à réaliser des travaux affectant les parties communes ou l'aspect extérieur du bâtiment doivent seuls en supporter le coût.

Le financement collectif

Pour financer les travaux, une copropriété peut recourir à des modes de financement collectif (même si ce sont toujours les copropriétaires qui payent) :

➜ l'emprunt. La loi de 1965 permet aux copropriétés de recourir à un emprunt, à condition d'y être autorisé par l'assemblée générale ;

➜ la constitution d'un fonds de travaux. La loi ALUR impose aux syndicats des immeubles d'au moins 10 lots construits depuis plus de 5 ans de constituer un fonds spécial de travaux, alimenté par une cotisation annuelle obligatoire versée par les copropriétaires. Ce fonds est égal à 5 % du budget annuel.

3. LE SUIVI

La plupart du temps le suivi des travaux est assuré par le syndic, qui peut faire voter une rémunération spécifique par l'assemblée générale pour cela.

L'article 9 de la loi du 10 juillet 1965 prévoit que les copropriétaires ne peuvent s'opposer à la réalisation des travaux votés, tant qu'il n'en résulte pas une altération durable de l'affectation, la consistance ou la jouissance de leurs parties privatives. Le copropriétaire qui subirait un préjudice important (diminution de la valeur de son lot, trouble de jouissance grave…) peut demander une indemnisation au syndicat.

11 LE PERSONNEL DE LA COPROPRIÉTÉ

Les salariés de la copropriété dépendent de la convention collective nationale des gardiens, concierges et employés d'immeubles du 11 décembre 1979.

La difficulté de la gestion du personnel de la copropriété vient que leur employeur est le syndicat des copropriétaires, mais que la gestion effective est assurée par le syndic en tant que mandataire du syndicat, et de la division du personnel en deux catégories : les employés d'immeubles (catégorie A) et les gardiens concierges (catégorie B).

1. LES DEUX CATÉGORIES DE PERSONNEL

1. LA DISTINCTION EMPLOYÉS D'IMMEUBLES-GARDIENS CONCIERGES

Employés d'immeubles Catégorie A	Gardiens concierges Catégorie B
• Régime usuel du droit social • Rémunération en fonction du temps de travail	• Régime dérogatoire au droit social • Rémunération en fonction d'unités de valeur (UV) • Obligation faite à l'employeur d'offrir un logement de fonction sur le lieu de travail

2. LA DISTINCTION GARDIENS CONCIERGES EN SERVICE PARTIEL, PERMANENT, COMPLET

- Service partiel

→ Totalise moins de 9 000 UV.

→ Voit ses tâches limitées à l'entretien et au nettoyage des parties communes, à la sortie et rentrée des poubelles, à la distribution du courrier une fois par jour.

→ Peut travailler pour un autre employeur en dehors des tâches définies ci-dessus et de s'absenter à toute heure du jour.

- Service permanent

→ Totalise entre 3 400 et 9 000 UV.

→ Doit assurer une permanence de jour.

→ Doit rester dans la copropriété pendant les heures comprises dans leur amplitude de travail.

- Service complet

→ Totalise au moins 10 000 UV.

→ Doit rester dans la copropriété pendant les heures comprises dans leur amplitude de travail.

3. LES UNITÉS DE VALEUR (UV)

Les UV permettent l'évaluation des tâches confiées aux gardiens, concierges. La convention collective prévoit dans son annexe I, un tableau permettant de définir pour chaque tâche un nombre d'UV correspondant.

4. L'AMPLITUDE DE TRAVAIL

L'amplitude de travail qui concerne les gardiens concierges, correspond à la durée pendant laquelle ils doivent accomplir leur tâche.

2. LES SPÉCIFICITÉS DU STATUT DES SALARIÉS DE LA COPROPRIÉTÉ

La plupart des règles de droit du travail s'appliquent aux salariés de la copropriété (forme du contrat, période d'essai, rupture du contrat…).

Les spécificités du contrat des salariés de la copropriété sont :

→ le contrat peut-être prévu pour un couple ;

→ un logement de fonction est mis à disposition (contrat de location régi par le Code civil constituant un avantage en nature, qui doit être quitté à la rupture du contrat de travail).

12 LA COMPTABILITÉ DE LA COPROPRIÉTÉ

Le syndic doit assurer la gestion financière de la copropriété. Il doit donc tenir à jour les comptes, établir un budget prévisionnel, faire apparaître la position de chacun des copropriétaires à l'égard du syndicat, ainsi que la trésorerie du syndicat.

1. LES RÈGLES COMPTABLES DE LA COPROPRIÉTÉ

1. LA COMPTABILITÉ D'ENGAGEMENT

La comptabilité de la copropriété est une comptabilité d'engagement, ce qui implique les conséquences suivantes :

→ les charges et les produits sont enregistrés dès leur engagement juridique (exemple : exigibilité de la provision) indépendamment de leur règlement (exemple : encaissement de la provision) ;

→ les écritures comptables sont passées en partie double (la somme des crédits est donc égale à la somme des débits) avec un numéro de compte, une date et un libellé. Cette règle ne concerne pas les petites copropriétés comportant moins de dix lots et dont les trois derniers budgets prévisionnels sont inférieurs à 15 000 € ;

→ les charges et produits pour opérations courantes qui font l'objet du budget prévisionnel se distinguent des charges et produits pour travaux et dépenses exceptionnelles hors budget prévisionnel.

2. LA NOMENCLATURE DES COMPTES

Le plan comptable présente une division des comptes en cinq classes.
Classe 1 : Comptes de provisions, d'avances, d'emprunts et de subventions. (Ex. : travaux exceptionnels)
Classe 4 : Comptes de tiers. (Ex. : factures de fournisseurs, rémunération des gardiens et concierges)
Classe 5 : Comptes financiers. (Ex. : fonds rémunérés placés en banque)
Classe 6 : Comptes de charges. (Ex. : achats de fournitures, dépenses énergétiques)
Classe 7 : Comptes de produits. (Ex. : appels de fonds)

3. LES LIVRES COMPTABLES OBLIGATOIRES

Le syndic a l'obligation de tenir à jour l'ensemble des documents comptables obligatoires.
Livre-journal : enregistrement chronologique des opérations financières du syndicat.
Grand livre : répertoire de l'ensemble des comptes du syndicat.
Balance : solde de tous les comptes enregistrés dans le grand livre.

2. LA PRÉSENTATION DES COMPTES ET LEUR APPROBATION

1. LA CLÔTURE DES COMPTES

Dans les six mois suivant la clôture des comptes l'assemblée générale doit approuver les comptes, voter le budget prévisionnel et les dépenses pour travaux hors budget prévisionnel, à la majorité de l'article 24.

2. LES DOCUMENTS DE SYNTHÈSE

Annexe I (état financier) : fait apparaitre la situation financière du syndicat.
Annexe II (compte de gestion général) : récapitule les charges et produits de la copropriété et permet de comparer le budget prévisionnel et le budget réel (constat d'un excédent ou d'un déficit).
Annexe III (compte d'opérations courantes) : présente les grandes catégories de charges.
Annexes IV et V (compte de travaux réalisés).

13 LES ACTIONS EN JUSTICE

Doté de la personnalité morale, le syndicat des copropriétaires peut être amené à agir en justice. Il peut ainsi être lui-même à l'origine d'une action collective en défendant les droits de l'ensemble des copropriétaires, mais il peut aussi être assigné par une autre personne, y compris un copropriétaire. On distinguera donc les actions collectives du syndicat et les actions individuelles des copropriétaires.

1. LES ACTIONS COLLECTIVES

1. LES CONDITIONS DE L'ACTION EN JUSTICE

Comme pour toute action en justice, l'action du syndicat des copropriétaires doit répondre à plusieurs conditions cumulatives :

➜ l'intérêt à agir ;
➜ la qualité pour agir ;
➜ la capacité juridique ;
➜ la prescription (voir fiche 4 Droit et veille juridique).

Le syndicat peut agir au nom de la défense des intérêts collectifs des copropriétaires liés à l'immeuble dont il assure l'administration des parties communes et l'application du règlement de copropriété. Il peut agir en demande ou en défense, contre ou avec un ou plusieurs copropriétaires.

2. LE RÔLE DU SYNDIC

Le syndic est en charge de mener l'action au nom et pour le compte du syndicat. Il doit au préalable y être autorisé par l'assemblée générale à la majorité de l'article 24, les copropriétaires recevant ainsi à cette occasion l'information nécessaire relative à ladite action. Cette autorisation préalable n'est cependant pas toujours requise :

➜ le syndic peut (et doit) poursuivre seul le recouvrement en justice des charges auprès des copropriétaires, sauf si l'action en justice doit mener à la saisie du lot du copropriétaire défaillant en vue de sa vente ;
➜ le syndic peut engager seul une action en référé c'est-à-dire une procédure d'urgence sans aucune contestation sérieuse, une demande de mesures conservatoires ou de remise en état pour prévenir un dommage imminent ou pour faire cesser un trouble manifestement illicite (articles 808 et 809 du Code de procédure civile). Par exemple si un copropriétaire fait réaliser des travaux sur les parties communes sans autorisation, le syndic peut agir en référé pour faire cesser les travaux et obtenir la remise en état du bâtiment ;
➜ le syndic peut agir seul dans le cadre des procédures des copropriétés en difficulté par exemple pour demander la nomination d'un expert, d'un administrateur provisoire, d'un mandataire *ad hoc*.

Le président du conseil syndical peut, en cas de carence ou d'inaction du syndic et sur délégation expresse de l'assemblée générale, exercer une action contre le syndic en réparation du préjudice subi par le syndicat. En l'absence de conseil syndical, cette action peut être engagée par un ou plusieurs copropriétaires représentant au moins un quart des voix de tous les copropriétaires.

2. LES ACTIONS INDIVIDUELLES DES COPROPRIÉTAIRES

L'action individuelle des copropriétaires doit répondre aux mêmes conditions que celle du syndicat (intérêt à agir, qualité pour agir, capacité juridique, prescription). Les copropriétaires pour agir doivent donc notamment justifier d'un intérêt personnel. Ils peuvent à ce titre agir avec le syndicat (exemple : copropriétaire subissant un préjudice dû à une malfaçon lors de l'intervention d'une entreprise sur les parties communes mais aussi sur ses parties privatives, non-respect par un copropriétaire de la destination de l'immeuble...), ou contre lui (exemple : demande d'annulation d'une assemblée générale, inaction du syndicat alors qu'un copropriétaire ne respecte pas le règlement de copropriété).

3. LES RÈGLES DE PROCÉDURE

1. LE TRIBUNAL COMPÉTENT

En matière de copropriété, le tribunal compétent est le tribunal judiciaire du lieu de situation de l'immeuble.

2. LES DÉLAIS DE PRESCRIPTION

Délais d'action	Principales procédures concernées
2 mois	Demande d'annulation d'une assemblée générale ou de résolutions d'une assemblée générale par les copropriétaires opposants ou défaillants. Le délai court à compter de la notification du procès-verbal.
5 ans	→ action d'un copropriétaire pour demander la révision de la répartition des charges en cas de calcul irrégulier ou erroné. Le délai court à compter de la publication du règlement de copropriété (lorsqu'une personne acquiert un lot, qui est vendu pour la première fois, il a deux ans pour intenter cette action) ; → action en responsabilité entre le syndicat ou un copropriétaire et un tiers ; → action personnelle entre des copropriétaires ou entre un copropriétaire et le syndicat (article 42 de la loi du 10 juillet 1965) ; → action en recouvrement de charges ; → ...
30 ans	Action réelle (exemple : relative à la propriété des parties communes ou des parties privatives).

3. LES FRAIS DE JUSTICE ET LES DOMMAGES-INTÉRÊTS

Les frais de justice

Les frais de justice engagés par le syndicat font partie des charges générales et sont donc répartis entre les copropriétaires en fonction de leur quote-part de parties communes.

Cependant en cas de litige entre un copropriétaire et le syndicat, et si le copropriétaire l'emporte, il est dispensé de participer au paiement des frais de procédure du syndicat sans avoir à en faire la demande (article 10-1 de la loi du 10 juillet 1965).

Les dommages-intérêts

Les dommages-intérêts que le syndicat a obtenus en cas de réussite de son action en justice, sont affectés selon une décision de l'assemblée générale.

Les dommages-intérêts que le syndicat doit verser en cas d'échec de son action en justice font partie des charges générales et sont donc répartis entre les copropriétaires en fonction de leur quote-part de parties communes.

Dans les deux hypothèses et à l'opposé de la solution amenée par l'article 10-1 pour les frais de justice, le copropriétaire qui est en litige avec le syndicat doit payer (ou obtenir) sa quote-part de dommages-intérêts.

14 LES COPROPRIÉTÉS EN DIFFICULTÉ

La loi du 10 juillet 1965 contient des dispositions spécifiques relativement aux copropriétés en difficulté depuis la loi du 21 juillet 1994. Les procédures mises en place n'ont toutefois pas empêché l'augmentation du nombre de copropriétés connaissant des problèmes de trésorerie conduisant à une dégradation significative des bâtiments. Aussi la loi du 25 mars 2009 a-t-elle mis en place une procédure préventive afin de repérer le plus tôt possible lesdites difficultés. La loi ALUR a poursuivi dans cette voie de déclenchement précoce de procédures destinées à éviter que la situation précaire ne devienne irrattrapable en abaissant les seuils de déclenchement desdites procédures, et en donnant un rôle plus important aux pouvoirs publics.

1. LE DISPOSITIF DE PRÉVENTION DES DIFFICULTÉS : LE MANDATAIRE AD HOC

1. LA DÉSIGNATION DU MANDATAIRE AD HOC

À la clôture des comptes de la copropriété, le taux d'impayés atteint 25 % (ou 15 % pour les copropriétés de plus de 200 lots)

↓

Le syndic informe le conseil syndical de la situation et demande au président du tribunal judiciaire la nomination d'un mandataire *ad hoc*. Si le syndic n'agit pas, le président du tribunal judiciaire peut également être saisi par les copropriétaires représentant au moins 15 % des voix du syndicat, un créancier impayé depuis plus de 6 mois, le représentant de l'État, le procureur de la République, le maire...

↓

Le demandeur informe le représentant de l'État dans le département, le maire de la commune où est implanté l'immeuble.

2. LA MISSION DU MANDATAIRE AD HOC

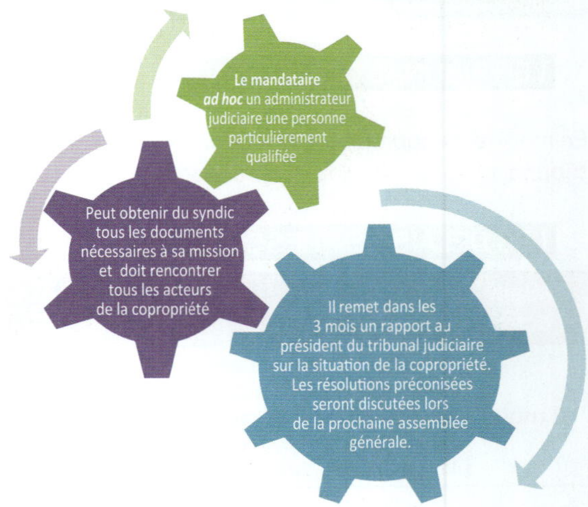

2. LE DISPOSITIF DE RÉSOLUTION DES DIFFICULTÉS : L'ADMINISTRATEUR JUDICIAIRE

1. LA DÉSIGNATION DE L'ADMINISTRATEUR JUDICIAIRE

2. LA MISSION DE L'ADMINISTRATEUR JUDICIAIRE

La mission de l'administrateur judiciaire est délimitée par le juge pour une durée d'au minimum 12 mois. Il doit dans tous les cas prendre toutes les mesures nécessaires au rétablissement de la situation de la copropriété.

3. LES EFFETS DE LA DÉSIGNATION DE L'ADMINISTRATEUR JUDICIAIRE

3. L'IMPOSSIBILITÉ DE LA RÉSOLUTION DES DIFFICULTÉS

Lorsque les difficultés ne peuvent pas être résolues, une procédure de carence est enclenchée. Le président du tribunal judiciaire peut alors prononcer l'expropriation des copropriétaires et la dissolution de la copropriété qui passe alors dans le domaine public (le plus souvent au profit des organismes HLM).

EXERCICES

Exercice 1

Vous êtes syndic de la copropriété du Gai savoir située à Paris. Vous devez gérer le suivi de l'assemblée générale annuelle de cette copropriété.

➜ Identifiez les erreurs et omissions dans la lettre de convocation de l'assemblée.

Convocation à l'Assemblée Générale 2021 de la copropriété « Le Gai savoir »

Paris, le 10 juillet 2022

Recommandé avec AR

Madame, Monsieur,

En qualité de syndic de la copropriété « Le Gai savoir » située au 10, rue de la Justice Paris 20e, je vous prie de bien vouloir assister à la réunion de l'assemblée générale.

Cette assemblée se tiendra :

le 21 juillet à 19 heures,
dans nos bureaux, 133 avenue du bois, à Vincennes

afin de délibérer sur l'ordre du jour suivant :
1. Approbation des comptes arrêtés au 31 décembre 2021 (article 24) ;
2. Quitus à donner au syndic (article 25) ;
3. Vote du budget prévisionnel (article 24) ;
4. Ravalement (article 25) ;
5. Questions diverses (article 26).

Toutes les pièces justificatives relatives à cet ordre du jour sont tenues à votre disposition par le syndic le jour où celui-ci reçoit le conseil syndical pour examiner les pièces, conformément aux modalités définies par l'assemblée générale.

Dans le cas où vous ne pourriez pas assister personnellement à la réunion du 21 juillet 2022, vous avez la possibilité de vous faire représenter par le copropriétaire de votre choix, muni de la procuration écrite ci-jointe, dûment complétée par vos soins.

Veuillez agréer, Madame, Monsieur, l'expression de mes sentiments dévoués.

Le syndic

Exercice 2

Vous venez de faire remplir la feuille de présence de l'assemblée générale de la copropriété du Gai savoir.

➜ **Déterminez le nombre de tantièmes, et le cas échéant de copropriétaires, minimal pour obtenir les majorités des articles 24, 25 et 26 si aucun copropriétaire ne s'abstient.**

Feuille de présence de l'assemblée générale du Gai savoir

Lots	Copropriétaires	Tantièmes	Signature	Mandataires
1	Albin	75	*albin*	
2	Gontan	87	*gontan*	
3	Difot	96	*difot*	
4	Rambert	104	*rambert*	
5	Oussif	122		*gontan*
6	Jacquet	57		
7	Sybulle	97		
8	Omprin	100	*omprin*	
9	Garland	107		
10	Annoul	96		*rambert*
11	Betard	59		
		1000		

Exercice 3

Un budget de 35 000 € a été proposé lors de l'assemblée générale, M. Omprin s'est opposé et M. Difot s'est abstenu.

➜ **Déterminez si le budget a été adopté.**
➜ **Rédigez le procès-verbal de l'assemblée générale concernant cette résolution.**
➜ **Calculez quel sera le montant de chacune des provisions trimestrielles réclamées à M. Omprin.**
➜ **Déterminez pour quelle raison M. Omprin n'aura pas à verser de provisions pour l'entretien de l'ascenseur de la copropriété.**
➜ **Déterminez quelles sont les conséquences de l'opposition de M. Omprin.**
➜ **Calculez le montant du fonds spécial de travaux dont devra se doter la copropriété, et la part devant être payée par M. Oussif.**
➜ **Calculez quel devra être le montant des impayés de la copropriété pour que la désignation d'un administrateur provisoire soit demandée par le syndic (dans l'hypothèse où le budget est respecté).**

SOLUTIONS

Exercice 1

- Le délai minimal de convocation de 21 jours n'est pas respecté.
- L'assemblée est convoquée à Vincennes alors que la copropriété se situe à Paris.
- L'ordre du jour ne contient pas l'élection des membres du bureau.
- L'assemblée générale ne se tient pas dans les 6 mois de la clôture de l'exercice.
- Le quitus doit être voté à la majorité de l'article 24.
- Le ravalement doit être voté à la majorité de l'article 24 et faire l'objet de plusieurs votes (décision d'entreprendre les travaux, choix de l'entreprise, rémunération du syndic…).
- L'intitulé « questions diverses » est trop imprécis, aucune décision ne pourra être prise à ce sujet.
- Certaines pièces justificatives doivent obligatoirement être envoyées, le plus souvent avec la convocation, aux copropriétaires, il ne suffit donc pas seulement d'en permettre la consultation.
- La possibilité de donner procuration n'est pas limitée aux seuls copropriétaires.
- Le courrier du syndic doit contenir des informations légales (carte professionnelle, garantie…), qui sont absentes ici.

Exercice 2

- 7 copropriétaires présents ou représentés disposant de 680 tantièmes
- 3 copropriétaires absents non représentés disposant de 320 tantièmes

Article 24

Nombre de tantièmes à obtenir : 680/2 + 1 = 341 tantièmes.

Article 25

Nombre de tantièmes à obtenir : 1 000/2 + 1 = 501 tantièmes.

Article 26

Nombre de copropriétaires : 10/2 + 1 = 6 tantièmes.

Nombre de tantièmes à obtenir : 1 000 × 2/3 + 1 = 667 tantièmes.

Exercice 3

Le budget se vote à la majorité de l'article 24.

- Votes pour : Albin 75 + Gontan 87 + Rambert 104 + Oussif 122 + Annoul 96 = 484
- Vote contre : Omprin 100
- Abstention : Difot 96

La résolution est adoptée.

Extrait du procès-verbal

« Résolution relative au vote du budget pour l'exercice 2019
L'assemblée générale approuve pour l'exercice 2019, le budget prévisionnel d'un montant de 35 000 €
Vote pour : 484 tantièmes
Vote contre : Omprin 100 tantièmes
Abstention : Difot 96 tantièmes
La résolution est adoptée à la majorité de l'article 24 »

Montant des provisions trimestrielles de M. Omprin : 35 000 × 100 / 1 000 ; 4 = 875 €

M. Omprin n'a pas de provisions à verser pour l'entretien de l'ascenseur car cet équipement ne lui est sûrement d'aucune utilité. Le lot de M. Omprin doit être au RDC.

Le procès-verbal devra être envoyé à M. Omprin en LRAR ou par lettre recommandée électronique dans le mois qui suit la tenue de l'assemblée générale. M. Omprin aura alors deux mois pour demander l'annulation de l'assemblée générale.

Montant du fonds spécial de travaux : 35 000 × 5 % = 1 750 €

Part de M. Oussif dans ce fonds : 1 750 × 122 ; 1 000 = 213,50 €

Montant des impayés pour que soit demandée la désignation d'un administrateur provisoire : 35 000 × 25 % = 8 750 €

CONSEIL EN INGÉNIERIE DE L'IMMOBILIER

PRÉSENTATION DE L'ÉPREUVE

1. MODALITÉS DE L'ÉPREUVE

- Épreuve écrite
- Coefficient 4
- Durée 3 heures

2. DÉFINITION DE L'ÉPREUVE

Elle concerne les 3 matières visées par l'unité 3 (U3) du référentiel du BTS Professions immobilières :
- droit et veille juridique ;
- économie et organisation de l'immobilier ;
- architecture, habitat et urbanisme, développement durable.

Le sujet remis au candidat est constitué d'un dossier documentaire d'une dizaine de pages et comporte des questions couvrant les 3 domaines de l'unité 3.

Les documents fournis en annexe peuvent prendre des formes diverses (articles de presse, tableaux statistiques, photographies, graphiques, plans, extraits de décisions de justice, de réglementation, de contrats…)

En principe, cette base documentaire s'articule autour d'une même situation pratique concernant le domaine de l'immobilier.

Par exemple :
- la rénovation d'un quartier ;
- l'implantation d'une résidence de logements ;
- la création d'un « éco-quartier » ;
- le lancement d'une ZAC (zone d'aménagement concertée).

Chaque annexe, qu'elle soit de nature juridique, économique, architecturale ou autre, envisagera un aspect du thème pratique abordé par le sujet de l'épreuve.

L'approche pluri-disciplinaire de la situation proposée conduit à une série de questions qui ne sont pas séparées par matière, même si le sujet se présente sous la forme de plusieurs dossiers. En conséquence, une question de droit peut succéder à une question portant sur le domaine économique ou architectural.

L'épreuve en conseil en ingénierie est issue de la rénovation du BTS Professions immobilières de 2012. Il est conseillé aux futurs candidats d'observer les sujets proposés depuis la rénovation pour vérifier s'ils sont restés axés sur les premiers choix opérés de la présentation de cette épreuve.

3. LES ATTENTES DU JURY

Les critères d'évaluation sont assez traditionnels :
- la capacité du candidat à développer des réponses en adéquation avec les questions posées ;
- l'utilisation d'un vocabulaire précis et adapté aux différents contextes professionnels abordés par le sujet ;
- l'aptitude à raisonner de manière cohérente dans chaque discipline ;
- la capacité à exploiter des connaissances actualisées ;
- l'aptitude à exploiter la documentation fournie ;
- l'aptitude à structurer sa réponse et à construire une réponse argumentée (une idée + une justification + un exemple) ;
- d'une manière générale, la maîtrise de la ou les compétences relatives à l'unité 3 du référentiel.

SOMMAIRE

DROIT ET VEILLE JURIDIQUE

Certains outils et points spécifiques du référentiel font l'objet de fiches à consulter en ligne, signalées par le symbole @ dans le sommaire.

1 LE DROIT ET LA HIÉRARCHIE DES SOURCES DE DROIT

Le droit constitue un ensemble de règles qui s'expriment à travers des textes législatifs et réglementaires nationaux, mais aussi à travers des coutumes, des décisions de justice, voire des traités internationaux ou communautaires.

La déontologie vient préciser et compléter les règles de droit existantes.

Le terme « droit » se décline en deux catégories : le « droit objectif » qui a vocation à satisfaire l'intérêt général et les « droits subjectifs » qui en découlent.

1. LA NOTION DE DROIT

1. LA DISTINCTION ENTRE LES DROITS OBJECTIFS ET LES DROITS SUBJECTIFS

→ **Le droit objectif** constitue l'ordonnancement juridique de l'État. Il détermine les règles de conduite humaine, les relations des hommes entre eux (ex : les règles du droit civil, du droit de la famille, du droit de l'urbanisme etc.).

→ **Les droits subjectifs** sont des prérogatives dont chaque individu dispose pour la satisfaction de ses propres intérêts (ex : le droit de propriété, le droit de créance). Le droit objectif en assure le respect à travers des sanctions diverses à la fois réparatrices (ex : dommages et intérêts) et répressives (ex : sanctions pénales) prononcées par les tribunaux.

2. LA NATURE JURIDIQUE DES DROITS SUBJECTIFS

Les individus sont titulaires de droits subjectifs divisés en deux catégories différentes :

→ **les droits patrimoniaux :** ce sont des droits qui confèrent à leur titulaire :

- **un droit réel** : pouvoir direct sur une chose (ex : droit de vendre un appartement) ;
- **un droit personnel** : le droit d'exiger d'une autre personne une prestation (ex : droit de créance du créancier sur son débiteur).

Ils ont une valeur monétaire. Ils portent sur des choses qui peuvent être des meubles ou immeubles (ex. : droit de propriété).

On peut les transférer, ils peuvent s'éteindre et ils sont inégalement répartis entre les individus.

Droits patrimoniaux

Nature du droit	Définition
Droit réel de propriété	C'est un droit de pleine propriété. Le titulaire de ce droit a un pouvoir exclusif sur la chose (article 544 du Code civil)
Droits réels démembrés (voir fiche 12)	**Le droit d'usufruit** c'est un droit réel sur la chose d'autrui qui ne confère au bénéficiaire qu'un droit d'usage et de jouissance. **Les servitudes :** charges imposées sur un fonds pour l'usage d'un autre fonds (ex : servitude de passage)
Droit réels accessoires	Ils sont accessoires à une créance et permettent de garantir le paiement. Ex. : l'hypothèque sur un prêt immobilier et le nantissement sur un fonds de commerce
Droit de créance	C'est le droit pour un créancier d'exiger de son débiteur l'exécution de la prestation due : Obligation de faire, de ne pas faire, de donner

Les droits extrapatrimoniaux : ils ne représentent pas par eux-mêmes un avantage évaluable en argent. Ils correspondent à des intérêts moraux.

Droits extrapatrimoniaux

Nature du droit	Définition
Les droits de la famille	Relations entre membres d'une même famille (ex : autorité des parents sur leurs enfants, soutien moral entre époux…)
Les droits de la personnalité	Respect de la vie privée, intégrité physique et morale Droit de propriété intellectuelle

2. LES GRANDES DIVISIONS DU DROIT

1. LES BRANCHES DU DROIT OBJECTIF

Le droit national est appelé « droit positif ». Notre droit français opère une distinction entre le droit public et le droit privé.

→ **Le droit public** comprend l'ensemble des règles supposant une intervention de la puissance publique.

→ **Le droit privé** regroupe les règles régissant les rapports entre les personnes privées.

→ **Les branches mixtes** concernent des domaines de droit se rapportant à la fois à des règles de droit public et privé (droit pénal et de la procédure pénale, droit de l'environnement, droit de la consommation).

2. LES BRANCHES DU DROIT IMMOBILIER

Les activités immobilières regroupent un ensemble des professions réglementées par le droit immobilier. En dehors du Code civil qui réglemente le droit des contrats, on distingue plusieurs domaines de droit relevant du droit public et du droit privé :

→ **le droit de la construction** encadre les contrats de construction et les rapports entre concepteurs d'ouvrages, maîtres d'œuvre et maîtres d'ouvrage ;

→ **le droit des assurances** détermine les différentes assurances obligatoires des constructeurs et des professionnels de l'immobilier ;

→ **le droit de l'urbanisme** fixe les règles d'aménagement et d'urbanisme ;

→ **le droit de la copropriété** réglemente les immeubles en copropriété et permet de définir les règles relatives à l'usage des parties communes de l'immeuble.

→ **le droit des baux** d'habitation, commerciaux et professionnels

3. LA HIÉRARCHIE DES SOURCES DU DROIT

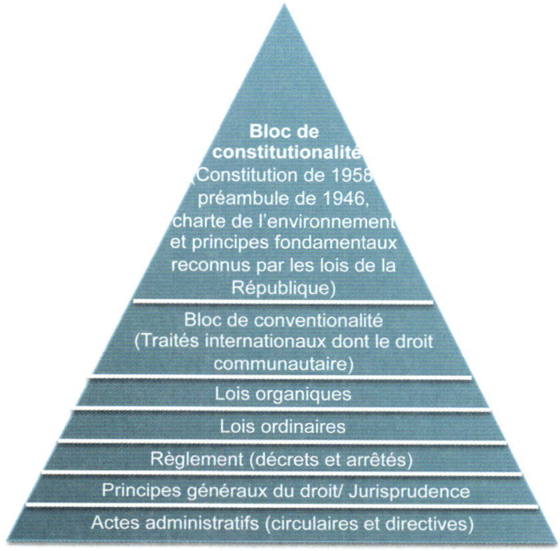

Hans Kelsen, juriste autrichien du XXe siècle a établi une pyramide des sources de droit.

Chaque norme juridique doit se conformer à l'ensemble des règles ayant une force supérieure dans la hiérarchie des normes et textes en vigueur.

1. LES SOURCES NATIONALES ÉCRITES

→ **La Constitution** du 4 octobre 1958 fixe les règles d'organisation et de fonctionnement des pouvoirs publics. Elle intègre les traités et conventions de droit européen et international après ratification.

→ **La loi** est la source principale des normes juridiques écrites. Elle émane du pouvoir législatif (assemblée nationale et sénat). Il existe plusieurs types de lois.

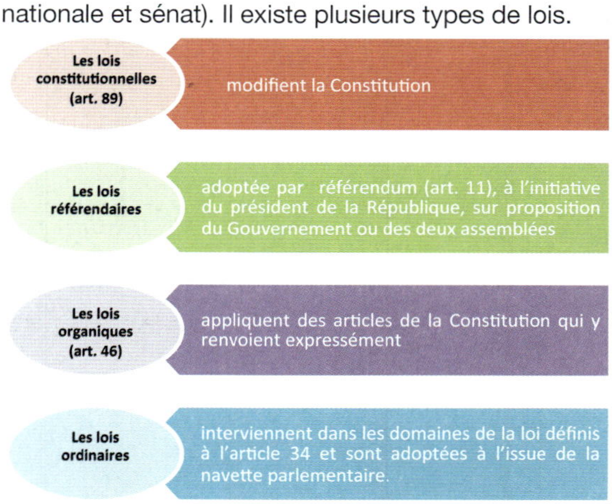

→ Les règlements émanent du pouvoir exécutif et prennent la forme de décrets, arrêtés et circulaires.

→ Les conventions collectives complètent les dispositions du Code du travail pour des branches de métier et des professions, y compris les professions immobilières (*ex : La convention nationale de l'immobilier, la convention nationale des gardiens et employés d'immeubles*). Elles s'inscrivent dans le respect du Code du travail. L'accord d'entreprise prime sur l'accord de branche dans certains domaines.

2. LES AUTRES SOURCES DE DROIT NATIONAL

→ La coutume est une règle de droit non écrite née d'un « usage » prolongé par des habitants de certaines régions et reconnue par les tribunaux.

→ La jurisprudence constitue l'ensemble des décisions rendues par les juges.

3. L'IMPACT DU DROIT COMMUNAUTAIRE

Les règles et les actes du droit national ne peuvent contredire les règles de droit communautaire. Le droit communautaire prend la forme de directives et règlements.

→ **Les règlements européens** sont directement applicables sans transcription nationale.

→ **Les directives** constituent des objectifs à transposer dans le droit national sous un délai déterminé.

La Cour de Justice des Communautés Européennes est la gardienne de l'application du droit communautaire et à un droit de regard sur les lois nationales, en vertu des engagements pris par la France.

2 LES POUVOIRS PUBLICS ET LES COLLECTIVITÉS LOCALES

La constitution française définit le rôle de l'État et son organisation à travers le rôle des collectivités territoriales.

1. L'ORGANISATION DES POUVOIRS PUBLICS

→ **Le pouvoir législatif** est exercé par le Parlement, composé de deux chambres : l'Assemblée nationale et le Sénat.

→ **Le pouvoir exécutif** est exercé par le chef de l'État et par le Gouvernement avec à sa tête un Premier ministre. Il met en œuvre les lois et conduit la politique nationale. Il a le pouvoir d'édicter des règlements (décrets, arrêtés ministériels et ordonnances)

→ **Le pouvoir judiciaire** applique les lois pour trancher les conflits entre les particuliers eux-mêmes ou entre l'État et ces derniers.

→ **Les pouvoirs publics locaux**. La Constitution française distingue les compétences respectives de l'État central et des institutions locales (région, département, communes) qui disposent d'un pouvoir décentralisé (loi du 2 mars 1982 complétée par la loi du 7 janvier 1983 et la loi NOTRe du 7 août 2015, portant sur la Nouvelle Organisation Territoriale de la République).

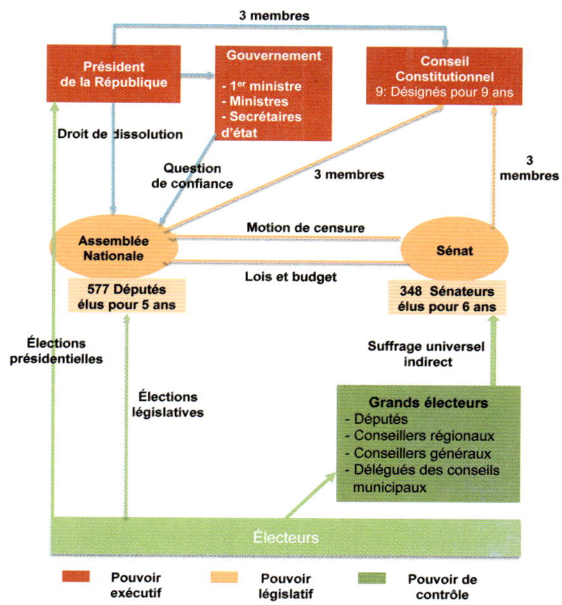

2. LES COLLECTIVITÉS TERRITORIALES

1. DES PERSONNES MORALES DE DROIT PUBLIC

Les collectivités locales sont :

→ **Les communes**

→ **Les intercommunalités ou EPCI** (Établissements Publics de Coopération Intercommunale)

→ **Les départements**

→ **Les régions…**

Ce sont des pôles de décisions autonomes dont les organes de direction sont élus au suffrage universel direct.

2. LA NOUVELLE ORGANISATION TERRITORIALE

La loi portant Nouvelle Organisation Territoriale de la République (NOTRe) du 7 août 2015 a renforcé les compétences de la région en matière de développement économique et de développement des activités internationales des entreprises (ex : aides financières à l'investissement).

3. LES DOMAINES RESPECTIFS DE COMPÉTENCE

➜ La région (au 1er janvier 2016, la France compte 18 régions) élabore un schéma régional de **développement économique**, d'innovation et d'internationalisation (SRDEII) qui définit « *les orientations destinées à renforcer l'attractivité du territoire régional* ». Elle a aussi à sa charge **l'aménagement durable du territoire**.

➜ Le département (101) a une compétence sociale.

➜ La commune reste centrée sur l'organisation des services publics de proximité, l'aménagement de l'espace et le développement local.

➜ Les intercommunalités. La loi pour l'Accès au Logement et un Urbanisme Rénové (Loi ALUR du 24 mars 2014) a instauré le transfert de la compétence sur le Plan Local d'Urbanisme (PLU) aux intercommunalités.

3. LA GESTION DU FONCIER PAR LES COLLECTIVITÉS TERRITORIALES

1. LE DROIT D'ACQUISITION OU DE VENTE SUR LE MARCHÉ FONCIER

La direction générale des Finances publiques (DGFiP) fournit des données sur les valeurs foncières à partir d'actes notariés et du cadastre :

➜ les ventes immobilières publiées au service de publicité foncière avec pour chaque vente enregistrée : la nature des biens, leur adresse et leur superficie, la date de mutation, les références de publication au fichier immobilier ainsi que la valeur foncière déclarée ;

➜ un descriptif des biens en provenance du cadastre.

Pour acheter à l'amiable un terrain ou un bâtiment, la commune est soumise aux règles du droit privé, et le bien acheté fera partie du domaine privé de la commune (ou de l'EPCI). Elle doit demander une évaluation à la direction de l'immobilier de l'État qui est un service de la (DGFiP). Son évaluation a une seule valeur indicative.

2. L'EXPROPRIATION

Une collectivité peut obliger un propriétaire à lui vendre son terrain, moyennant le versement d'une indemnité correspondant à la valeur du bien exproprié. Cette atteinte au droit de propriété oblige la collectivité à justifier d'un but d'intérêt général auprès du Préfet.

3. LE DROIT DE PRÉEMPTION

C'est un outil stratégique destiné à mettre en œuvre des plans d'urbanisme et des politiques du logement :

➜ le principe de substitution : tout propriétaire qui souhaite vendre son bien immobilier situé sur une zone de préemption doit faire une déclaration à la mairie de son intention d'aliéner son bien (DIA). La collectivité publique dispose de deux mois à compter de sa réception pour faire savoir si elle souhaite ou non acquérir le bien.

➜ Le motif d'intérêt général : il peut s'agir d'un projet de construction de logements sociaux ou d'équipements collectifs. Toutefois, en cas de désaccord sur le prix, le propriétaire peut retirer son offre, ou faire une contre-proposition, voire demander l'intervention du juge de l'expropriation en cas de désaccord persistant.

4. LA DIRECTION DE L'IMMOBILIER DE L'ÉTAT

C'est un service des finances publiques qui a pour mission de :

➜ définir et mettre en œuvre la politique immobilière de l'État ;

➜ assurer la gestion et l'évaluation domaniales ;

➜ apporter un conseil au juge de l'expropriation dans la fixation des indemnités d'expropriation.

3 L'ORGANISATION JUDICIAIRE

En France il existe une dualité des juridictions : les juridictions judiciaires et administratives.
La distinction entre ces deux ordres de juridictions est consacrée par la loi des 16 et 24 août 1790.

→ **L'ordre de juridiction administratif** tranche les litiges opposants les citoyens à l'administration portant sur des questions relevant du droit public.

→ **L'ordre des juridictions judiciaires** tranche les litiges opposant des personnes privées sur des questions de droit civil (juridictions civiles) et les juridictions pénales sanctionnent les infractions au Code pénal.

Une loi du 23 mars 2019 apporte une amélioration de l'organisation judiciaire.

1. L'ORDRE JURIDICTIONNEL

1. LA DUALITÉ DES JURIDICTIONS

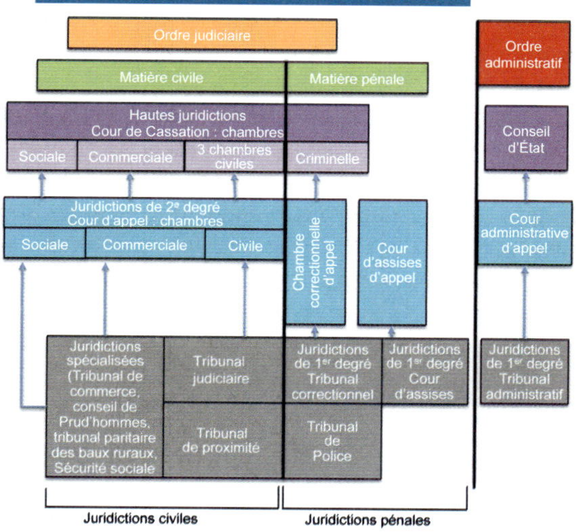

2. LA COMPÉTENCE D'ATTRIBUTION DES JURIDICTIONS

La compétence d'attribution repose sur l'organisation en tribunaux d'exception et tribunaux de droit commun. Les tribunaux de droit commun sont compétents pour les affaires qui n'ont pas été expressément attribuées par une disposition légale à une juridiction d'exception.

Juridictions pénales	Domaines
Tribunal de police	Il juge les infractions pénales les moins graves : contraventions.
Tribunal correctionnel	Il juge les infractions pénales intermédiaires : les délits.
Cour d'assises	Elle juge les infractions pénales les plus graves : les crimes.

Juridictions civiles	Domaines
Tribunal judiciaire Les tribunaux d'instance et de grande instance situés dans une même ville sont regroupés au sein du tribunal judiciaire.	Juridiction de droit commun, il a une compétence exclusive dans certains domaines : location à usage d'habitation par exemple. Il connaît de plus les litiges portant sur des affaires inférieures à 10 000 euros.
Tribunal de proximité Le tribunal d'instance situé dans une commune différente d'un tribunal de grande instance devient un tribunal de proximité.	Le tribunal de proximité traite la plupart des petits litiges civils de la vie quotidienne dont la demande porte sur des sommes inférieures à 10 000 euros : ex. : conflits relatifs au paiement des charges de copropriété, dettes impayées, livraisons non conformes, travaux mal exécutés, demandes de dommages et intérêts ou de remboursement d'un produit ou d'un service… Y siègent des juges du tribunal judiciaire (contentieux de la protection, compétences en matière de tutelles, de baux d'habitation, de crédits à la consommation et de surendettement).
Conseil de prud'hommes	Il est compétent pour les litiges individuels entre employeurs et salariés portant sur le contrat de travail.
Tribunal de commerce	Il est compétent pour les litiges entre commerçants ou sociétés commerciales.
Tribunal paritaire des baux ruraux	Il est compétent pour les litiges entre propriétaires et exploitants de terres ou de bâtiments agricoles.

3. LA COMPÉTENCE TERRITORIALE

La juridiction territorialement compétente est celle du lieu où réside le défendeur. Ce principe connaît des exceptions, parmi lesquelles :

- en matière contractuelle, le demandeur peut également choisir la juridiction du lieu de livraison de la chose objet du contrat ou de la prestation de services ;
- en matière délictuelle, le demandeur peut également choisir la juridiction du lieu où s'est déroulé le dommage ;
- en matière de propriété immobilière, la juridiction compétente est celle du lieu de situation de l'immeuble.

4. LES CONDITIONS DE L'ACTION EN JUSTICE

Le point de départ d'un traitement judiciaire commence par l'envoi d'une lettre de mise en demeure en recommandé avec accusé de réception afin de faire cesser le problème.

Pour qu'il y ait une action en justice il faut réunir trois conditions :

- un intérêt légitime (respect d'une règle de droit) ;
- un intérêt personnel (On ne peut agir en principe pour autrui, sauf le syndic qui a reçu un mandat pour l'administration et la gestion d'une copropriété) ;
- un intérêt né et actuel.

Des ordonnances de référé qui sont des mesures provisoires destinées à faire cesser un trouble avant le jugement peuvent être prises par un juge de 1er degré.

2. LES VOIES DE RECOURS

Les personnes peuvent contester les décisions prises par les juridictions de premier degré.

Le recours contre une décision des juridictions administratives est porté devant la cour administrative d'appel et le conseil d'État.

Dans les juridictions judiciaires, l'appel et le pourvoi en cassation constituent les deux voies de recours les plus fréquentes.

- **La cour d'appel** rend des arrêts qui confirment la décision de la juridiction du premier degré, et dans ce cas la décision du 1er degré s'applique ou bien elle infirme la décision et contredit le juge de première instance. Sa décision remplacera celle de première instance. L'appel doit être fait dans le mois qui suit la notification de première 1re instance. Il est suspensif. L'arrêt d'appel ou le jugement de première instance (dont la valeur est inférieure à 4 000 €) peuvent faire l'objet d'un recours en cour de cassation.
- **La Cour de cassation** peut rendre un arrêt de rejet du pourvoi et dans ce cas la décision de la juridiction précédente s'applique. Mais elle peut rendre aussi un arrêt de cassation et renvoyer l'affaire devant une autre cour d'appel ou autrement composée. Elle peut rendre un arrêt de cassation sans renvoi et rendre la décision. Tout justiciable peut effectuer un pourvoi en cassation suite à une décision définitive. Le délai de recours est de 2 mois il n'est pas suspensif donc la juridiction du fond s'applique.

3. LES PROCÉDURES AMIABLES

Dans les affaires civiles ou administratives, à tout moment de la procédure, le juge saisi d'un litige peut proposer aux parties de résoudre leur conflit à l'amiable. Cette forme de résolution des litiges est souvent prévue dans les contrats.

- **La médiation :** c'est un mode de règlement amiable faisant intervenir un tiers dont le rôle est de tenter un rapprochement des parties, afin d'établir les bases d'un accord durable et acceptable.
- **La conciliation :** elle peut être tentée soit directement par le juge, soit par un conciliateur de justice. En cas de compromis, le conciliateur dresse un constat, signé par les parties. Ce constat est déposé auprès du tribunal d'instance et le juge peut lui donner force exécutoire.
(ex : En matière de baux, la commission Départementale de Conciliation est compétente pour le règlement des litiges opposants bailleurs et locataires).
- **Le procédé d'arbitrage :** c'est une justice privée choisie par les parties chargée de trancher les litiges dans le respect des principes du droit. L'accord prend la forme d'une clause compromissoire dans les contrats. L'arbitre rend une sentence qui s'impose aux parties. En revanche, celle-ci n'acquiert force obligatoire que par l'intervention d'un juge qui délivre une « ordonnance d'exequatur ». La sentence arbitrale est susceptible d'appel devant la cour d'appel, mais les parties peuvent y renoncer dans la convention d'arbitrage.

4 LE DROIT AU LOGEMENT

Le législateur a été amené à faire une distinction entre le droit de propriété et le droit au logement. Ainsi une loi du 5 mars 2007 donne aux personnes en difficulté de logement le droit de faire valoir leurs droits au logement décent.

Le droit de propriété est inscrit :

→ Dans la déclaration des droits de l'homme et du citoyen de 1789 (art 17) et a valeur constitutionnelle :

→ Dans la convention européenne des droits de l'homme :

La violation de ce droit peut être sanctionnée par la Cour européenne des droits de l'homme.

1. LA DISTINCTION ENTRE DROIT DE PROPRIÉTÉ ET DROIT AU LOGEMENT

1. DÉFINITION DU DROIT DE PROPRIÉTÉ

Le régime juridique du droit de propriété est fixé par le Code civil. Il peut porter sur un bien meuble ou immeuble.

Il s'agit d'un droit réel qui confère à son titulaire des prérogatives dans les limites des lois (voir fiche 10) :

→ Droit *usus* : c'est le droit d'user d'une chose, c'est-à-dire de l'utiliser (ou de ne pas l'utiliser). avec une obligation de conservation de la chose.

→ Droit *fructus* : c'est le droit de jouir d'une chose, c'est-à-dire de percevoir les fruits qu'elle est susceptible de produire (ex : un loyer, fruits d'une récolte…).

→ Droit *abusus* : c'est le droit de disposer d'une chose, c'est-à-dire de la gérer, de la vendre, de la céder, de la donner ou de la détruire.

2. LA NOTION DE DROIT AU LOGEMENT

Plusieurs textes consacrent l'idée d'un « *droit au logement* » :

→ la loi Quilliot du 22 juin 1982 réglemente les rapports locatifs dans le cadre d'un bail d'habitation protégeant les locataires.

→ la loi Besson du 31 mai 1990 permet la création des « *plans départementaux d'action pour le logement des personnes défavorisées* » (PDALPD) et un « *dispositif d'incitation à l'investissement locatif* » afin de rétablir un équilibre sur le marché de l'offre de logements locatifs en France.

→ la loi 13 décembre 2000 relative à la solidarité et au renouvellement urbain, dite « loi SRU », confirme le droit à un « logement décent ».

→ la loi du 5 mars 2007 institue le « droit au logement opposable ». Les personnes dépourvues de logement adapté à leurs besoins peuvent exercer leurs droits, dans le cadre d'un recours amiable puis, le cas échéant, à travers un recours contentieux au tribunal administratif.

→ la loi ALUR du 24 mars 2014 renforce l'attribution des logements sociaux aux ménages les plus modestes.

2. L'EXERCICE DU DROIT AU LOGEMENT OPPOSABLE (DALO)

Depuis la loi du 5 mars 2007, toute personne sans logement, mal logée, menacée d'expulsion ou dont la demande HLM est sans réponse depuis trois ans (six ans à Paris) dispose d'un droit au logement dit « opposable ». Il s'exerce à travers un recours administratif afin d'obtenir sa mise en œuvre effective. L'État est garant de ce droit et doit faire reloger ou héberger les personnes reconnues prioritaires. Le préfet de département mobilise les organismes de logements sociaux ou les structures d'hébergement pour reloger ou héberger les personnes reconnues prioritaires.

Les personnes habilitées à exercer ce droit (DALO) doivent répondre à des conditions de logement inadapté. Toutes les conditions sont intégrées dans le code de la construction et de l'habitation (art. L300-1 et suivants).

1. LES PERSONNES CONCERNÉES

➜ Sans domicile.

➜ Demandeur d'un logement social depuis un délai supérieur au délai anormalement long (délai qui varie d'un département à l'autre) sans avoir reçu de proposition adaptée à leurs besoins et capacités.

➜ Personne menacée d'expulsion sans relogement,

➜ Personne hébergée dans une structure d'hébergement ou une résidence hôtelière à vocation sociale (RHVS) depuis 6 mois consécutifs (ou logée temporairement dans un logement de transition ou un logement-foyer depuis plus de 18 mois).

➜ Personne logée dans des locaux impropres à l'habitation ou présentant un caractère insalubre ou dangereux.

➜ Personne logée dans un logement indécent ou sur-occupé avec à sa charge un enfant mineur ou une personne handicapée ou elle-même handicapée.

2. LES CONDITIONS DE LA SAISINE DE LA COMMISSION DE MÉDIATION

Il faut remplir trois conditions :

➜ être de nationalité française ou disposer d'un droit ou d'un titre de séjour en cours de validité ;

➜ ne pas pouvoir se loger par ses propres moyens dans un logement décent et indépendant ;

➜ répondre aux conditions d'accès à un logement social (Plafonds de ressources fiscales).

Pour saisir la commission de médiation, le candidat doit transmettre un formulaire CERFA n° 15036*01 téléchargeable.

3. LA DÉCISION DE LA COMMISSION DE MÉDIATION

La commission de médiation émet un avis sur le caractère prioritaire ou non de la demande en tenant compte des critères suivants :

➜ la taille et composition du foyer ;

➜ l'état de santé et aptitudes physiques ou handicaps des personnes qui vivront dans le foyer ;

➜ le lieu de travail ou d'activité et la disponibilité des moyens de transport.

À la réception du dossier du demandeur, la préfecture délivre un accusé de réception. À compter de cette date, la commission doit rendre sa décision dans un délai de :

- 6 mois pour l'Ile-de-France ;
- 3 mois pour les autres régions.

La commission notifie sa décision au demandeur en précisant les motifs d'attribution ou de refus. Elle indique qu'en cas de refus d'une proposition de logement adaptée, le candidat peut perdre son bénéfice de priorité.

➜ **Si la demande est prioritaire** et qu'un logement doit être attribué en urgence, le dossier est transmis au préfet en précisant les caractéristiques que doit avoir le logement pour répondre à la qualité du candidat.

À compter de la notification de la décision, le préfet dispose des mêmes délais (3 ou 6 mois) pour faire des propositions de logement adaptées.

Passé ce délai, si le demandeur n'a eu aucune proposition, ou que la proposition n'est pas adaptée, il peut exercer un recours devant le tribunal administratif.

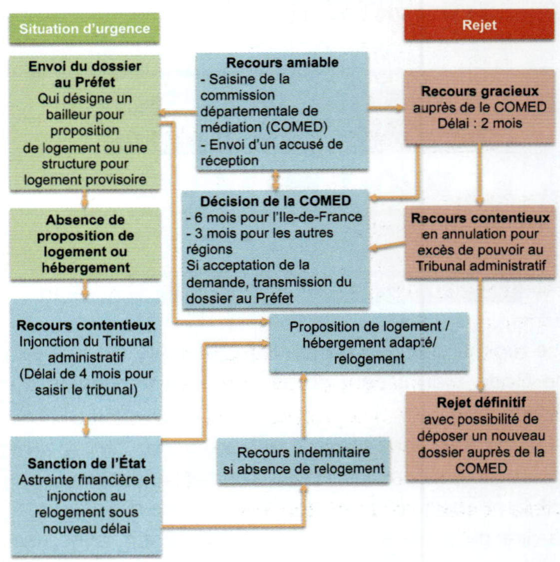

4. LE RECOURS CONTENTIEUX

Le recours doit s'exercer dans des conditions de délai :

- **délai de 4 mois** à compter de la fin du délai laissé au préfet pour faire ses propositions de logement. Il doit être accompagné de la décision de la commission de médiation ayant statué sur le caractère urgent de la demande ;
- **délai de 2 mois** pour le tribunal administratif à compter de sa saisine pour se prononcer. Il peut ordonner au ministère du logement de procurer un logement et demander le versement d'une indemnité d'astreinte équivalent au loyer moyen d'un logement adapté au besoin de la personne. Cette indemnité sera versée au fonds d'aménagement urbain qui finance la construction de logements sociaux.

5 LES PROFESSIONS RÉGLEMENTÉES DE L'IMMOBILIER

La loi du 2 janvier 1970 dite « loi Hoguet » et son décret d'application du 20 juillet 1972 réglementent le métier d'agent immobilier. La loi ALUR du 24 mars 2014 et la loi ELAN du 23 novembre 2018 sont venues sont venues compléter ces textes de base.

1. LES ACTEURS DES MÉTIERS DE L'IMMOBILIER

1. LES ACTIVITÉS IMMOBILIÈRES

Les acteurs de l'immobilier ont vocation à réaliser :

→ l'aménagement et le montage d'opérations immobilières (promoteurs) ;

→ l'expertise immobilière et la transaction vente et location ;

→ la gestion et l'administration des biens ;

→ le conseil en financement et en investissement.

Il existe en outre des professionnels partenaires :

→ les notaires et huissiers de justice ;

→ les architectes et géomètres (professions non réglementées par la loi Hoguet).

2. LES MÉTIERS ENCADRÉS PAR LA LOI HOGUET

Les professionnels relevant de la loi du 2 janvier 1970 doivent, pour exercer leur activité, détenir une carte professionnelle. Cette carte s'obtient auprès des chambres de commerce et de l'industrie. De plus, ils doivent être inscrits au RCS (registre du commerce et des sociétés).

→ **L'agent immobilier :** il agit pour le compte de propriétaires vendeurs ou bailleurs et d'acquéreurs ou locataires.

La loi ALUR du 24 mars 2014 a complété la loi Hoguet en incluant les activités de recherche de biens à vendre ou à louer pour le compte d'un client.

→ **Le marchand de listes** : (carte T « Transaction ») il propose des listes ou fichiers de logements à louer ou à vendre à son client, moyennant le versement d'une somme généralement forfaitaire.

→ **L'administrateur de biens** : (carte G « Gestion » et S « Syndic ») sa mission recouvre deux types d'activités : la gestion locative et la gestion de copropriété. L'activité de syndic de copropriété a été ajoutée dans l'article 1 de la loi Hoguet à l'alinéa 9.

2. LES CONDITIONS D'ACCÈS À LA PROFESSION IMMOBILIÈRE

1. LA CARTE PROFESSIONNELLE

Type de carte	Détenteurs et activités
« T » portant mention « Transactions sur immeubles et fonds de commerce »	Agents immobiliers pour leurs activités d'entremise et de négociation relatives à l'achat, la vente, l'échange, la location, la sous-location de biens immobiliers, de fonds de commerce ou de parts de sociétés immobilières.
« G » portant mention « Gestion immobilière »	Administrateurs de biens pour les activités d'intermédiation en gestion locative.
« Marchand de listes »	Professionnels dont l'activité consiste à proposer des listes ou fichiers de logements à vendre ou à louer.
« S » portant mention « Syndic de copropriété »	Professionnels exerçant la fonction de syndic de copropriété.

Un décret du 17 octobre 2017 met en place une carte professionnelle européenne d'agent immobilier. dans l'activité de transaction. Elle s'obtient par voie numérique.

2. LES AUTRES CONDITIONS

→ **Une formation et/ou une expérience professionnelle**

Conditions d'aptitude	Définition
Sans diplôme	Si le candidat est cadre : il doit justifier de 4 années d'activité à temps complet par activité dans une entreprise titulaire des cartes professionnelles sollicitées 10 ans d'activité pour les autres candidats
Baccalauréat ou diplôme de niveau équivalent	Le candidat doit justifier de 3 années d'activité à temps complet par activité dans une entreprise titulaire des cartes professionnelles sollicitées
BTS Professions Immobilières	Accès direct à la carte visée
Baccalauréat + 3 années d'études supérieures	Il peut s'agit d'une licence en droit ou économie ou diplôme inscrit au Répertoire National des Certifications Professionnelles de niveau II ou d'un diplôme de ICH (Institut d'Études Économiques et juridiques appliquées à la construction)

→ **Une assurance en Responsabilité Civile Professionnelle** (RCP en vue de garantir les fautes ou erreurs professionnelles).

→ **La capacité juridique** (majeur capable).

→ **Ne pas être frappé d'une interdiction d'exercer** (condamnations pénales ou faillite personnelle).

→ **Être inscrit sur le registre du commerce et des sociétés.**

→ **Justifier d'une garantie financière** si l'agent immobilier déclare percevoir des fonds (obligatoire pour la carte S et G).

3. LES CONDITIONS D'EXERCICE

Le détenteur de la carte qui ouvre plusieurs établissements doit faire une déclaration préalable d'activité pour chaque établissement.

Les agents commerciaux, collaborateurs non-salariés de l'agent immobilier, doivent contracter une assurance en responsabilité civile professionnelle.

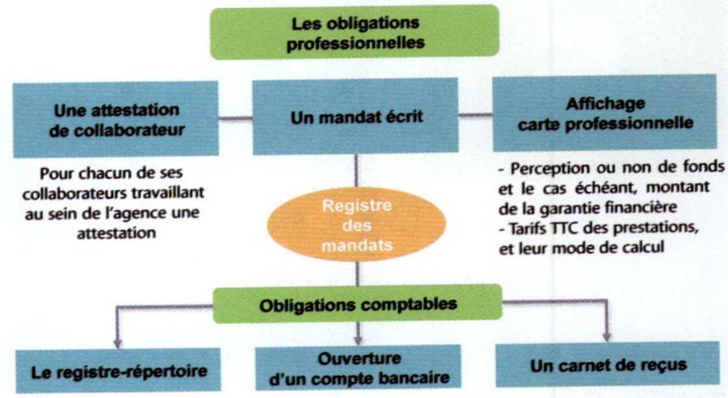

4. L'ÉTHIQUE ET LA DÉONTOLOGIE DES AGENTS IMMOBILIERS

Le décret du 28 août 2015 fixe les règles d'un Code de déontologie incombant aux professionnels de l'immobilier.

1. UNE OBLIGATION D'ÉTHIQUE PROFESSIONNELLE

→ Une obligation de loyauté, de probité et de moralité (art. 2 du décret). Dans l'intérêt des clients et le respect de bonnes pratiques commerciales.

→ Une obligation de formation continue de 14 heures par an organisée par les directeurs d'agence à destination de leurs collaborateurs en vue de renforcer leur compétence, dont 4 heures sont dédiées au règles de non-discrimination et déontologie (ou de 42 heures au cours de 3 années consécutives).

2. LE CONTRÔLE DES ACTIVITÉS (CNTGI)

→ La loi ALUR a créé un Conseil National de la Transaction et de la Gestion Immobilière (CNTGI) habilité à veiller au maintien d'une bonne moralité et de probité dans la profession. Il est consulté sur des projets de loi.

→ La commission de contrôle des activités de transaction et de gestion immobilières est constituée majoritairement de professionnels et peut porter à la connaissance du CNTGI et de la DGCCRF des pratiques abusives et infractions. Des sanctions sont prévues depuis la loi du 17 juin 2020.

→ La loi ELAN du 28 novembre 2018 a réecrit le titre II bis de la loi Hoguet du 2 janvier 1970.

6 ACTES, FAITS JURIDIQUES ET DROIT DE LA PREUVE

Certains événements de l'existence vont déclencher l'application d'une règle de droit et vont faire naître des droits subjectifs (ex : le mariage, la naissance, le décès…). D'autres sont provoqués volontairement par les personnes (ex : les contrats). Il faut donc distinguer :

→ **les actes** qui émanent de la volonté des individus et qui entraînent des effets juridiques recherchés ;

→ **les faits** ou événements produisant automatiquement des conséquences juridiques prévues par la loi.

La question de la qualification entre acte ou fait juridique se pose dès lors qu'il faut justifier son droit par la production de preuves.

1. LES FAITS JURIDIQUES

Les faits entraînent des conséquences qui ne sont pas forcément voulues, mais la loi a prévu des effets juridiques.

Il existe deux catégories de faits :

Nature du fait	Définition
Naturels involontaires	– **La naissance** fait acquérir des droits de la personnalité (ex : droit à l'intégrité physique et morale) – **Le décès** transfert les droits patrimoniaux du défunt à ses héritiers
Imputables à l'homme	On distingue **le délit (civil)** qui se caractérise par un fait de l'homme issu d'une faute intentionnelle ; **Le quasi-délit** est le fait de l'homme qui commet une faute sans intention de nuire.

2. LES ACTES JURIDIQUES

1. DÉFINITION

Les actes juridiques sont accomplis avec l'intention de produire des effets. Les conséquences sont voulues. Le plus classique est le contrat.

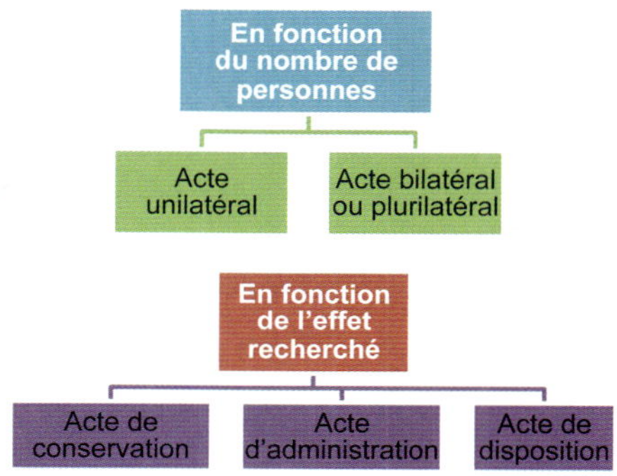

→ **L'acte unilatéral** émane de la volonté d'une seule personne (testament, acte de donation).

→ **L'acte bilatéral et plurilatéral** se caractérise par l'accord de deux volontés ou de plusieurs volontés. Il prend la forme d'un contrat (mandat de gestion ou mandat de vente).

→ **Le contrat synallagmatique** donne naissance à des obligations réciproques (ex : compromis de vente).

2. EFFETS

→ **Les actes conservatoires** permettent de maintenir le patrimoine dans son état actuel (contrats d'assurance).

→ **Les actes d'administration** consistent à assurer la gestion courante d'un patrimoine (mandat de gestion locative).

→ **Les actes de dispositions** sont les actes les plus graves puisqu'ils modifient la consistance du patrimoine (donation, vente, destruction).

Il arrive que les individus soient amenés à présenter des preuves de l'existence d'un droit ou d'un fait afin de faire valoir leurs droits.

3. LE DROIT DE LA PREUVE

La preuve est le moyen utilisé pour faire établir l'existence d'un fait ou d'un droit dont on se prévaut.

1. L'OBJET DE LA PREUVE

S'il s'agit d'un fait juridique la preuve peut être rapportée par tous moyens, écrits, témoignages, aveux, présomption, constat demandé à un huissier…
S'il s'agit d'un acte juridique : il faut apporter la preuve de l'existence de l'acte (contrat, acte civil). En principe les sommes dépassant 1 500 € ne doivent être prouvées que par un écrit.

2. LA CHARGE DE LA PREUVE

Le principe

Il appartient au demandeur de rapporter la preuve de l'acte ou du fait qu'il invoque.
Le défendeur, de son côté opposera un moyen de défense face aux prétentions du demandeur.

Les exceptions

➜ **Présomptions légales :** la loi dispense de toute preuve celui au profit duquel elle existe. Elles ont pour effet de renverser la charge de la preuve. Ce sont des conséquences que la loi ou le magistrat tire d'un fait connu. L'article 312 du Code civil énonce ainsi que : « *l'enfant conçu pendant le mariage a pour père le mari* ».
➜ **Présomption simple :** la preuve contraire peut être faite par tous moyens.
Elle peut être combattue en apportant la preuve contraire.
Une présomption qui admet la preuve contraire est dite simple. C'est le renversement de la charge de la preuve : le défendeur doit prouver.
➜ **Les présomptions irréfragables :** Elles ne peuvent être combattues par une preuve contraire. C'est le cas de la présomption de responsabilité des parents vis-à-vis de leurs enfants.
➜ **Les présomptions mixtes :** il est admis dans certains cas de pouvoir rapporter une preuve contraire pour s'exonérer de sa responsabilité. La preuve contraire ne peut être que la cause étrangère ou le cas de force majeure.

4. LES MOYENS DE PREUVE

Il existe 5 moyens de preuve :
➜ la preuve écrite : littérale ;
➜ la preuve testimoniale (le témoignage) ;
➜ la preuve par indice ou présomption ;
➜ l'aveu ;
➜ le serment décisoire.
Dans les affaires pénales, le juge pénal peut considérer toutes les preuves y compris l'intime conviction.

1. LA PREUVE DES ACTES JURIDIQUES

En procédure civile, les actes doivent être prouvés par des preuves écrites. Il existe 2 types de preuves écrites :
➜ **l'acte authentique :** article 1317 du C.C. (ex. : tout acte portant sur une mutation immobilière), rédigé par un officier ministériel (ex : le notaire) ;
➜ **l'acte sous-seing privé** qui tire sa valeur de la signature des intéressés (voir fiche 7).
Les autres documents constituent des présomptions ou commencement de preuve par écrit.

2. LA PREUVE DES FAITS JURIDIQUES

Il est possible d'apporter des preuves par tout moyen. Il peut donc s'agir de documents écrits : lettres, factures, papiers domestiques
➜ témoignages : déclarations orales ou écrites de tiers que le juge peut parfois rejeter ;
➜ présomptions de fait ou indices ;
➜ aveu qui est une reconnaissance faite par une partie au procès du droit de son adversaire ;
➜ serment : promesse solennelle du bon droit de l'adversaire.

3. LES NOUVELLES TECHNOLOGIES

La signature électronique a été admise par la loi du 13 mars 2000. Pour être admissible l'écrit électronique doit respecter des conditions :
- être intelligible ;
- permettre d'identifier celui dont il émane ;
- être établi et conservé dans des conditions de nature à garantir son intégrité.

Un décret du 28 septembre 2017 consacre la fiabilité de la signature électronique jusqu'à preuve du contraire.

7 L'ACTE AUTHENTIQUE ET SOUS-SEING PRIVÉ

Les acteurs de la vie juridique sont amenés, dans le cadre de leurs activités, à accomplir des actes juridiques qui peuvent prendre la forme d'actes authentiques ou sous-seing privé.

La différence entre ces deux types d'actes porte essentiellement sur leurs conditions de réalisation et leur portée en terme de preuve.

L'acte authentique trouve son origine dans l'étymologie grecque : « *autentikos* » qui veut dire « qui agit de sa propre autorité ».

La traduction de ce caractère authentique est qu'en cas de contestation, l'autorité du juge n'est pas nécessaire pour pouvoir être exécuté.

Les actes sous seing privé sont très nombreux. Ils peuvent par exemple prendre la forme :

- d'un contrat de vente, de location, etc. ;
- d'une reconnaissance de dette.

Les articles 1322 à 1333 du Code civil énoncent les règles de preuve applicables aux actes sous seing privé.

1. L'ACTE SOUS-SEING PRIVÉ

1. DÉFINITION

L'acte sous seing privé est un acte librement conclu entre les parties, rédigé directement par elles ou par un tiers (mandataire). C'est donc un acte rédigé et signé par des particuliers, sans la présence d'un professionnel du droit (juriste, avocat) ou officier ministériel (notaire).

2. FORME

Il peut prendre la forme d'un contrat.

Les actes sous seing privé qui prennent la forme de contrats synallagmatiques (contenant des obligations réciproques) doivent être rédigés en autant d'originaux qu'il y a de parties ayant un intérêt distinct.

→ **Pour les contrats passés sous la forme électronique**, La loi du 13 mars 2000 portant adaptation du droit de la preuve aux technologies de l'information et relative à la signature électronique a admis les écrits sous forme électronique dans le Code civil.

> Art. 1316-1.
> L'écrit sous forme électronique est admis en preuve au même titre que l'écrit sur support papier, sous réserve que puisse être dûment identifiée la personne dont il émane et qu'il soit établi et conservé de nature à en garantir l'intégrité.

L'article 1316-4 du Code civil précise que lorsque la signature de l'acte est électronique elle consiste en l'usage d'un procédé fiable d'identification garantissant son lien avec l'acte auquel elle s'attache. La fiabilité de ce procédé est présumée, jusqu'à preuve contraire.

3. EFFETS JURIDIQUES

En cas de contestation sur l'acte, pour pouvoir être exécuté ou respecté, il faudra obtenir une décision d'un juge.

L'article 1322 du Code civil énonce : « l'acte sous seing privé, reconnu par celui auquel on l'oppose, ou légalement tenu pour reconnu, a, entre ceux qui l'ont souscrit et entre leurs héritiers et ayants cause, la même foi que l'acte authentique ».

Pour être valable, l'acte doit comporter une date certaine et être signé par les auteurs. Pour être contesté, celui auquel on oppose l'acte sous seing privé est obligé d'avouer ou de désavouer formellement son écriture ou sa signature.

2. L'ACTE AUTHENTIQUE

La vente immobilière doit être constatée dans un acte authentique rédigé par un notaire. Le jour de la signature de l'acte authentique, les clés du bien sont remises à l'acquéreur.

Définition et forme de l'acte	Nature des actes	Effets juridiques
– C'est un acte ou document établi par un officier public compétent (notaire, huissier, officier d'état civil), rédigé selon les formalités exigées par la loi. – Il peut être établi et signé sur support électronique	– Les actes d'état civil – Les contrats de mariage – Les actes de donation – Les ventes immobilières – Les personnes physiques ou morales peuvent choisir d'établir certains autres actes selon cette forme (les prêts, les contrats commerciaux, les actes de contrat de société etc.)	– Il a une force probante : Il comporte une date certaine et la signature des parties. L'officier public procède à la vérification des informations. Les parties doivent s'y soumettre. – Il a une force exécutoire : Il est exécutoire de plein droit, comme une décision judiciaire.

1. UNE SÉCURITÉ JURIDIQUE

Les actes solennels

Tous les contrats importants peuvent être dressés par acte authentique. Il arrive que la loi et les règlements l'imposent. C'est le cas des actes dit « solennels » (ex : les contrats de mariage, les donations, les ventes d'immeubles, les prises d'hypothèques...).

L'opposabilité aux tiers

L'acte authentique permet de constituer une preuve. Il devient opposable aux tiers, ce qui signifie que l'acte ne peut être ignoré des tiers. Il produit des effets et des conséquences juridiques qu'ils devront respecter. Par exemple dans le cas d'une vente immobilière, le notaire chargé de la vente doit, dans un délai d'un mois à compter de l'acte authentique, accomplir des formalités de publicité au service de publicité foncière. Ces formalités de publicité sur l'existence de la vente rendent l'acte opposable aux tiers.

Date certaine

Il comporte une date certaine, ce qui est parfois nécessaire dans le cas de recours et d'application de délais.

2. L'ÉVOLUTION NUMÉRIQUE

Il est adapté à l'économie du numérique puisqu'il peut être établi sur support électronique et conservé au « Minutier central des notaires » pendant au moins 75 ans.

Il conserve sa force probante grâce à la signature du notaire. Le notaire reçoit l'acte grâce à la clé « Real » qui permet de garantir son authenticité. Le client repart avec une attestation papier de l'acte et peut disposer d'une version dématérialisée.

8 LE PATRIMOINE DES PERSONNES : BIENS MEUBLES ET IMMEUBLES

Le mot patrimoine vient du latin « *patrimonium* » qui signifie littéralement « l'héritage du père ».
Il comporte des éléments d'actifs (les biens ou immeubles.) et un éventuel passif (les dettes). L'actif du sujet doit répondre du passif. Seules les personnes physiques ou morales ont un patrimoine.

1. COMPOSITION DU PATRIMOINE

1. UN ENSEMBLE DE DROITS

Les individus détiennent un ensemble de droits (extrapatrimoniaux et patrimoniaux). Les droits extrapatrimoniaux sont attachés à la personne mais ne font pas partie de son patrimoine. On ne traitera ici que des droits patrimoniaux.
Ces derniers se répartissent en trois catégories :

→ **Les droits réels** donnent à la personne un pouvoir direct et immédiat sur une chose (en latin « *res* » signifie chose) qui peut être un meuble ou un immeuble (ex : le droit d'habiter une maison ou de la louer).

→ **Les droits personnels** constituent le droit qu'a une personne, appelée créancier, d'exiger d'une autre personne, le débiteur, une certaine prestation consistant à faire ou ne pas faire quelque chose, ou encore à payer une somme d'argent. (ex : le droit de créance, le règlement du loyer).

→ **Les droits intellectuels** concernent les droits d'auteurs sur la propriété littéraire et artistique, sur les logiciels et sur les créations industrielles (ex : brevets d'invention).

Tous ces droits sont cessibles, transmissibles, saisissables et prescriptibles.

2. UN ENSEMBLE DE BIENS

Les biens sont des choses qui servent à l'usage de l'homme. Ce sont des choses corporelles.
Selon l'article 516 du Code civil, tous les biens sont meubles ou immeubles et cette distinction a des conséquences sur les formalités de publicité foncière et sur les modes de sûretés qui s'appliquent.

2. LES BIENS MEUBLES ET IMMEUBLES

Les biens meubles
Biens corporels, amovibles et susceptibles d'être déplacés.
Les biens immeubles
L'art. 517 du Code civil donne la définition suivante :

Type de biens immeubles	Définition juridique
Par nature Article 518 du Code civil	Ce sont les fonds de terre et les bâtiments. Ils sont fixés au sol, attachés de façon durable soit par des fondations soit par des racines.
Par destination Article 524 du Code civil	Un bien meuble placé pour le service et l'exploitation d'un fonds par le propriétaire. Le but étant d'éviter une dissociation économique. Exemples : – animaux et matériels dans une exploitation agricole ; – une cuisine intégrée si ses éléments sont scellés au mur.

Par l'objet auquel ils s'appliquent Article 526 du Code civil	Ce sont des biens incorporels portant sur un immeuble. – les droits réels immobiliers (usufruit, servitude, hypothèque) (voir fiche 12) ; – les créances immobilières (la vente sur plan) ; – les actions immobilières (actions en justice : résolution d'une vente, actions en revendication d'un immeuble).

3. INTÉRÊT DE LA DISTINCTION

→ La distinction est importante car le régime juridique applicable aux meubles et immeubles n'est pas le même.

1. LES CRITÈRES DE DISTINCTION

Critères de distinction	Biens meubles	Biens immeubles
Transfert de propriété	Aucune formalité particulière sauf les meubles ayant un port d'attache (avions, bateaux), les ventes d'actions et le fonds de commerce	La vente d'un bien immobilier : – Acte authentique – Publicité légale du transfert de propriété au service de publicité foncière
Tribunal compétent	Le tribunal du domicile du défendeur	Lieu de situation de l'immeuble et non celui du défendeur
Garanties de paiement	Gage ou nantissement	Hypothèque, cautionnement et privilèges spéciaux immobiliers
Fiscalité	Pas de droits de mutation sauf pour les cessions de fonds de commerces et les actions	Droits de mutation sur les propriétés immobilières

2. LES ACTIONS SPÉCIFIQUES

Les ventes immobilières

→ Le notaire doit assurer la publicité légale de la vente du bien immobilier et la publie au service de publicité foncière dans les 2 mois de la signature de la vente.

L'acte authentique (la minute) est conservé par le notaire.

La prescription acquisitive ou usucapion

C'est le fait d'acquérir juridiquement un droit réel, après l'usage et la possession du bien pendant d'un certain temps.

→ Pour les meubles, la possession de bonne foi fait acquérir la propriété selon l'article 2279 du CC : « *en fait de meuble, possession vaut titre* ». 2276

→ Pour les immeubles, il faut la justification d'une possession prolongée de 10, 20 ou 30 ans selon les cas pour prétendre acquérir la propriété.

La lésion

→ La vente d'un immeuble : en vertu de l'article 1674 du Code civil, lorsque le prix de la vente obtenu est inférieur de plus de 7/12 de la valeur du bien, une action en rescision pour cause de lésion est possible afin de rétablir un juste prix. L'acquéreur aura le choix entre restituer la chose en récupérant le prix (action rédhibitoire) ou conserver la chose en versant un supplément (action estimatoire) afin que le prix effectif de la vente soit égal à 9/10 de la valeur réelle.

→ La vente d'un meuble ne peut être remise en cause pour lésion sauf cas exceptionnel où le vendeur est un incapable.

La défense du droit de propriété immobilière

Les atteintes à la propriété des personnes sont jugées au tribunal judiciaire.

On distingue deux types d'action en justice possibles :

→ **Les actions pétitoires** (défense de la propriété) : elles concernent celui qui se prévaut d'un titre de propriété et permettent de demander le respect d'un droit réel immobilier.

→ **L'action en revendication** vise à la restitution du bien à celui qui se prétend propriétaire et qui en a été dépossédé par un tiers.

→ **Les actions en référé :** cette action a remplacé les actions possessoires. La loi du 16 février 2015 relative à la modernisation et à la simplification du droit et des procédures prévoit la procédure de référé pour mettre fin au trouble de la possession.

9 LA SOCIÉTÉ CIVILE IMMOBILIÈRE : OUTIL DE GESTION DU PATRIMOINE IMMOBILIER

La société civile immobilière (SCI) est une société qui obéit à la définition de l'article 1832 du Code civil puisqu'elle est établie par un contrat de société.
Elle est régie par les articles 1845 à 1870 -1 du Code civil issus de la loi du 4 janvier 1978.

1. DÉFINITION

Une SCI est un contrat de société par lequel plusieurs personnes (les associés) décident de mettre en commun un ou plusieurs biens immobiliers afin d'en partager les bénéfices ou de profiter de l'économie qui pourrait en résulter, tout en s'engageant à contribuer aux pertes.
Plusieurs raisons peuvent justifier la création d'une SCI :

→ l'exercice d'une profession libérale : notaires, avocats, médecins créent une SCI professionnelle ;
→ la volonté de faciliter la gestion d'un patrimoine immobilier qui est loué : Les associés créent une SCI qui sera propriétaire d'un (ou plusieurs) immeuble (s). Le but est de faciliter la gestion du patrimoine, sa répartition et favoriser sa transmission éventuelle.

2. LA CRÉATION DE LA SOCIÉTÉ CIVILE IMMOBILIÈRE

1. L'OBJET

La SCI se distingue des autres formes de sociétés :

→ elle a pour objet principal de gérer un patrimoine immobilier ;
→ elle n'exerce que des activités de nature civile ;
→ c'est une société de personnes par opposition aux sociétés de capitaux.

2. LE FONCTIONNEMENT

Les statuts déterminent les règles de fonctionnement de la société civile immobilière :

→ **le gérant de la société :** il peut être associé ou tiers. Les conditions de nomination ou de révocation sont librement déterminées dans les statuts. Le gérant engage la société par tous les actes entrant dans l'objet social. Il engage sa responsabilité civile, et pénale (voir fiche 23). Il doit réunir les associés au moins une fois par an ;
→ **les associés :** Ils sont indéfiniment et solidairement responsables des dettes mais chaque associé n'est responsable qu'à proportion de sa part dans le capital social ;
→ **la cession de parts sociales :** Elle doit être constatée par écrit ;
→ **le droit de vote :** le nombre de voix dont dispose chaque associé est librement fixé par les statuts. Il est souvent proportionnel au nombre de parts détenues ;
→ **le droit aux bénéfices** est accordé aux associés dans les proportions et conditions prévues par les statuts ;
→ **la nomination d'un commissaire aux comptes** est obligatoire en fonction du nombre de salariés et du chiffre d'affaires.

3. LES AVANTAGES À CRÉER UNE SCI

La SCI permet d'atteindre plusieurs objectifs :

→ **optimiser un investissement :** Elle permet à plusieurs personnes de réaliser un investissement immobilier important ;

→ **obtenir un avantage fiscal** selon le régime fiscal des associés qui peuvent déclarer les bénéfices de la société à l'impôt sur les revenus et éventuellement de déduire les pertes ;

→ **éviter l'indivision :** elle permet aux héritiers d'éviter la situation d'indivision et de favoriser ainsi la gestion du patrimoine immobilier. Dans une SCI, toutes les décisions sont prises selon la règle de majorité des associés ;

→ **favoriser la transmission aux héritiers** à travers la cession des parts sociales (transmission progressive sous forme de parts sociales qui permet de réduire la pression fiscale).

4. LES DIFFÉRENTES SOCIÉTÉS CIVILES IMMOBILIÈRES

→ **La SCI de gestion ou de location :** c'est la forme la plus utilisée.

→ **La SCI familiale :** Elle permet de faciliter la transmission aux membres de la famille et obtenir une diminution des droits de succession.

→ **La SCI de construction-vente :** Elle a un but commercial mais l'objet reste civil. Les biens ne peuvent pas être loués, ni vendus aux associés.

→ **La Société Civile de Placement Immobilier (SCPI) :** Elle est appelée communément « pierre-papier ». L'investisseur détient des parts dans la société de gestion. Avec les fonds détenus, la société constitue un parc immobilier global et les investisseurs perçoivent une rémunération sous la forme de quote-part des loyers encaissés au prorata des sommes investies. Il existe des SCPI d'immobilier d'entreprise et d'immobilier d'habitation.

→ **La SCI d'attribution.**Elle permet à des associés l'acquisition ou la construction d'un ensemble immobilier destiné à être partagé entre eux. Les lots partagés entraînent la dissolution de la SCI et la mise en place d'une organisation différente (la copropriété ou le lotissement, par exemple).

10 LE DROIT DE PROPRIÉTÉ

L'article 544 du Code civil définit la propriété comme : « *le droit de jouir et de disposer des choses de la manière la plus absolue pourvu qu'on n'en fasse pas un usage prohibé par les lois ou règlements* ».
La propriété est issue de la philosophie libérale du XVIIIe siècle.

1. LES COMPOSANTES DU DROIT DE PROPRIÉTÉ

Le droit de propriété porte sur la chose, ses accessoires, ses fruits, ses produits et tout ce qui s'y incorpore. C'est un droit réel.
L'*usus*, le *fructus* et l'*abusus* représentent les trois attributs du droit de propriété (voir fiche 4).
Le droit abusus est un attribut essentiel du droit de propriété.

2. LES CARACTÈRES DU DROIT DE PROPRIÉTÉ

Le droit de propriété est un droit réel qui porte directement sur une chose et possède 3 attributs :

Les attributs du droit de propriété

Caractéristiques	Définition
Caractère absolu	Le propriétaire peut faire sur son bien tout ce qu'il veut à l'exception de ce qui est prohibé par les lois ou par les règlements (ex : troubles du voisinage)
Caractère exclusif	Seul le propriétaire peut faire sur son bien ce qu'il veut. La propriété exclut l'ingérence d'autrui.
Caractère perpétuel	Le propriétaire ne perd pas son droit s'il n'utilise pas sa propriété. La propriété est un droit imprescriptible qui peut toujours être revendiqué. Il survit à la disparition du titulaire puisqu'il est transmis à ses héritiers.

Toutefois ces attributs connaissent quelques limites.

3. LES LIMITES AU DROIT DE PROPRIÉTÉ

Ces limites peuvent avoir pour cause des motifs d'utilité publique ou des motifs liés aux bonnes relations de voisinage.

1. L'EXPROPRIATION

L'expropriation est une procédure qui permet à une personne publique (État, collectivité locale…) de priver une personne physique (particulier) ou une personne morale (société, association…) de sa propriété immobilière ou d'un droit réel immobilier (servitude, usufruit…) pour un motif d'intérêt général (création d'une école, d'un hôpital, amélioration de routes…) en contrepartie d'une indemnisation.

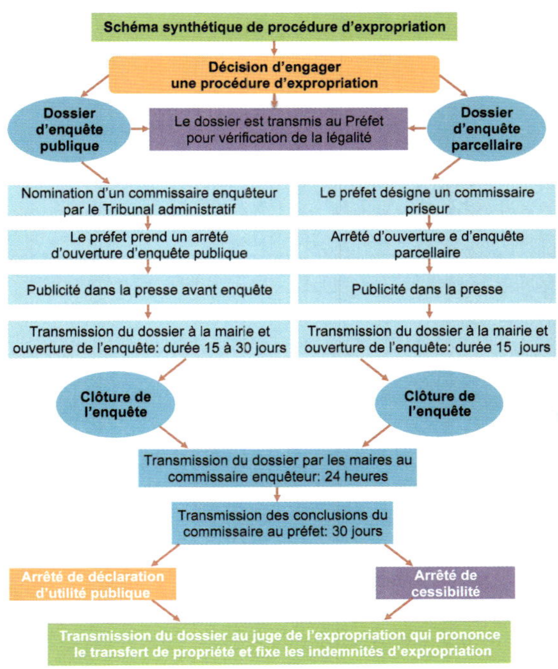

La procédure d'expropriation se fait en deux temps :

➜ La première phase, de nature administrative, est destinée à vérifier le caractère d'utilité publique du projet.

➜ La seconde phase est de nature judiciaire : le transfert de propriété se fait soit par accord amiable entre la personne publique et la personne expropriée, soit par saisine du juge de l'expropriation du tribunal judiciaire.

2. LES SERVITUDES

Définition

Une servitude est un droit réel immobilier à caractère perpétuel, rattaché à un fonds et qui se transmet avec ce fonds (art. 637 du Code civil).

Typologies juridiques

Article 639 du Code civil	
Dérivant de la situation naturelle des lieux	Servitude liée aux eaux de pluie ou aux eaux fluviales ou au littoral.
Légale	La servitude a pour objet l'utilité publique (par exemple servitudes de vues, de distance pour les plantations, lignes électriques).
Du fait de l'homme	La servitude résulte d'un acte juridique (contrat, testament...), d'une prescription trentenaire ou d'une destination du père de famille.
Article 688 du Code civil	
Continue	La servitude s'exerce en permanence (servitude de vue, conduite d'eau par ex).
Discontinue	La servitude ne s'exerce que par l'intermédiaire de son titulaire (servitude de passage, puisage par ex).
Article 689 du Code civil	
Apparente	La servitude visible (servitude de bornage par ex).
Non apparente	La servitude est invisible (servitude liée à des interdictions de construire par ex).

Effets

➜ **Le propriétaire du fonds servant** a essentiellement une obligation passive, celle de laisser le propriétaire du fonds dominant exercer sa servitude.

➜ **Le propriétaire du fonds dominant** doit assurer les charges d'entretien de celle-ci.

Les exemples dans l'immobilier

➜ Les servitudes d'urbanisme : elles imposent des limites administratives au droit de propriété et trouvent leur fondement dans le code de l'urbanisme (distance séparative entre deux fonds, par exemple).

➜ Les servitudes de droit privé : art. 637 à 710 du code civil étables par la volonté des propriétaires, en vertu d'un acte notarié (ex : droit de passage).

➜ Les servitudes d'utilité publique : elles émanent de la puissance publique (conservation du patrimoine, utilisation des ressources naturelles, ou encore défense nationale).

3. LA MITOYENNETÉ

Définition

La mitoyenneté est une copropriété entre deux voisins sur la clôture (quelle qu'en soit sa forme) qui sépare leurs fonds (articles 653 et suivants du Code civil).

Toute matérialisation d'une séparation entre deux fonds est présumée mitoyenne.

Les droits et les obligations

Les propriétaires mitoyens peuvent :

➜ construire contre la clôture avec l'accord du voisin ;

➜ pratiquer des ouvertures avec l'accord du voisin ;

➜ appuyer des plantations sans l'accord du voisin ;

➜ surélever la clôture sans l'accord du voisin ;

➜ abandonner la mitoyenneté.

Les propriétaires mitoyens doivent veiller au bon entretien et à la conservation du mur à frais partagés.

4. LES LIMITES DANS L'INTÉRÊT DES TIERS

➜ La protection des tiers : le droit abusus peut être contraint du fait de la protection de certaines personnes vulnérables (ex. : le droit de préemption du locataire en cas de vente immobilière).

➜ Les troubles du voisinage sont sanctionnés par le biais de l'abus de droit. Les juges doivent vérifier les mobiles et les preuves (courriers, constats d'huissiers...).

11 LES MODES D'ACQUISITION DU DROIT DE PROPRIÉTÉ

Les articles 711 et 712 du Code civil énumèrent les modes d'acquisition de la propriété.

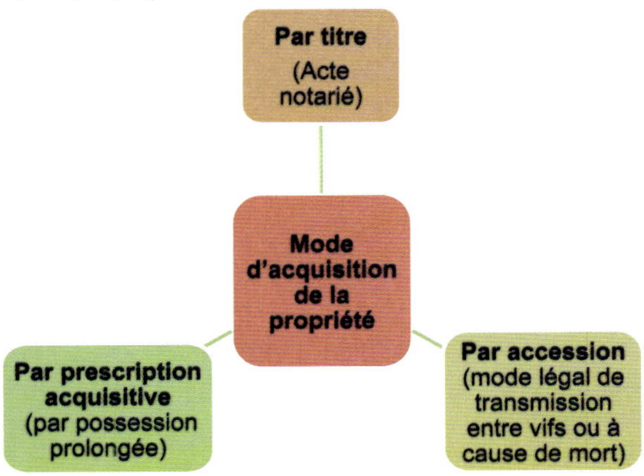

1. PAR TITRE

Le statut de propriétaire peut se prouver par un titre qui peut être :

➜ une convention : un acte de donation, un acte de vente, un titre de propriété ;

➜ un jugement à l'occasion d'un litige portant sur la revendication d'un droit de propriété.

2. PAR PRESCRIPTION ACQUISITIVE

Appelée ***usucapion*** (*du latin usus : l'usage et capio : acquérir = acquérir par l'usage*), la prescription acquisitive de propriété est une conséquence de la possession prolongée d'un immeuble (article 2258 du Code civil) pendant un délai durant lequel le possesseur s'est comporté comme le propriétaire.

Cette possession prolongée doit toutefois répondre à plusieurs conditions de validité.

1. LES ÉLÉMENTS CONSTITUTIFS

La possession s'acquiert par la réunion de deux éléments :

➜ matériel : *corpus* : ensemble de faits qui montrent que le possesseur a une maîtrise de fait sur la chose ;

➜ psychologique : *animus*. le possesseur a la volonté de se comporter en propriétaire.

2. LES CONDITIONS DE LA POSSESSION

➜ Une intention évidente de posséder.

➜ Une possession continue et non interrompue.

➜ Paisible : la possession doit avoir été établie de façon non violente.

➜ Publique : Les actes du possesseur sont apparents.

➜ Non équivoque et à titre de propriétaire : le comportement du possesseur ne doit pas pouvoir s'interpréter comme l'exercice d'un autre droit (ex. : le locataire, l'usufruitier).

3. LES DÉLAIS POUR PRESCRIRE

➜ Délai de 30 ans de possession : selon l'article 2272 du Code civil si personne ne conteste ce droit.

➜ Le délai est ramené à 10 ans si le possesseur est titulaire d'un titre et est de bonne foi car il ignore les vices du titre.

3. PAR ACCESSION

L'accession est le mode d'acquisition du droit de propriété sur une chose. Elle se produit :

➜ **à cause de mort :** On devient propriétaire par l'application des règles de succession « *ab intestat* » ou par un testament ;

➔ **entre vifs :** Il peut s'agir d'un acte de donation. Dans cette situation, les consentements doivent être exprimés devant notaire dans un acte authentique.

4. LE DROIT DE PROPRIÉTÉ PARTAGÉ

La propriété connaît deux modalités : la propriété individuelle (ex : maison individuelle, propriété privée) et la copropriété.

La copropriété s'illustre à travers :

➔ la copropriété ordinaire appelée : « indivision » ;

➔ la copropriété forcée que l'on trouve à travers l'immeuble sous statut de la loi du 10 juillet 1965.

1. DÉFINITION DE L'INDIVISION

L'indivision désigne la situation dans laquelle plusieurs personnes appelées « *indivisaires* » sont collectivement propriétaires d'un même bien « *indivis* ». Chaque indivisaire détient une « quote-part indivise » du bien.

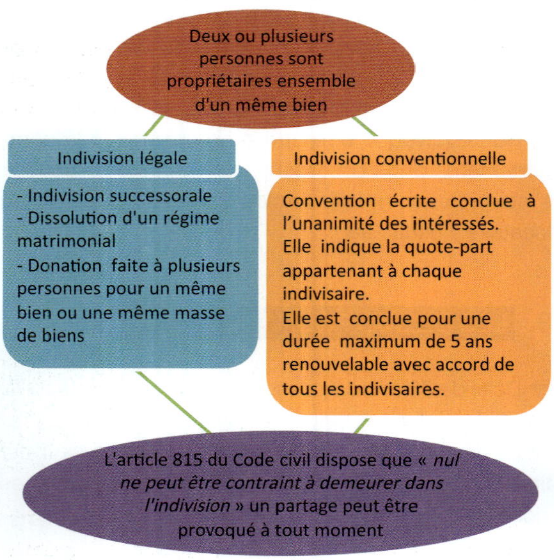

2. GESTION DE L'INDIVISION

Chaque indivisaire a droit aux bénéfices issus des biens indivis et supporte les éventuelles pertes proportionnellement à ses droits dans l'indivision.

L'article 815-3 du Code civil prévoit les règles de majorité pour les décisions à prendre.

Règles de vote	Types de décisions
2/3 des droits indivis	– Les actes d'administration (ex : des travaux d'entretien) – Donner à l'un ou plusieurs des indivisaires ou à un tiers un mandat général d'administration (ex : mandat de gestion), – Vendre les meubles indivis pour payer les dettes et les charges de l'indivision – Conclure et renouveler des baux autres que ceux portant sur un immeuble à usage agricole, commercial, industriel ou artisanal
Unanimité	– Acte de nature exceptionnelle : changer l'affectation d'un bien immobilier, ou encore donner congé à un locataire – La vente de biens meubles indivis autre que celle destinée à payer les dettes et charges de l'indivision – La vente de biens immobiliers indivis
Exception à la règle de l'unanimité La règle de l'unanimité peut être assouplie par le biais d'une autorisation judiciaire et sous certaines conditions (article 815-5-1 du Code civil issu de la loi n° 2005-526 du 12/05/2009)	

Les actes de conservation peuvent être pris par un seul indivisaire sans l'accord des autres (ex : réfection d'une toiture).

3. SORTIE DE L'INDIVISION

Chaque co-indivisaire peut sortir de l'indivision :

➔ **en donnant ou en vendant leur part :** les autres co-indivisaires ne peuvent s'y opposer. Ils disposent d'un droit de préemption sur la quote-part cédée ;

➔ **en demandant le partage de tout ou partie des biens :** si les autres veulent rester en indivision, ils peuvent demander au juge de les autoriser à rester dans l'indivision mais d'attribuer la part au demandeur.

4. L'ÉTABLISSEMENT D'UNE CONVENTION D'INDIVISION

Les indivisaires peuvent décider d'établir une convention pour fixer les règles de fonctionnement de l'indivision. Si les biens dans l'indivision sont des immeubles, elle doit être rédigée par écrit par un notaire et publiée au bureau des hypothèques.

La convention doit comporter **des mentions obligatoires :**

➔ la nature des biens concernés, les droits de chaque indivisaire ;

➔ la durée de la convention (5 ans maximum, renouvelable) ou pour une durée indéterminée.

12 LES DÉMEMBREMENTS DU DROIT DE PROPRIÉTÉ

Le droit de propriété est un droit réel portant sur une chose.

Ainsi, la plupart du temps un immeuble est détenu par un seul propriétaire qui en détient la pleine-propriété. Il arrive cependant que certains droits réels soient détachés du droit de propriété. Ce détachement est appelé démembrement du droit de propriété.

L'immeuble peut être ainsi détenu par un usufruitier et un nu-propriétaire.

Certains démembrements sont temporaires : l'usufruit D'autres sont : perpétuels et attachés au droit de propriété : les servitudes.

L'usufruit, est une servitude personnelle temporaire qui permet au titulaire d'utiliser et de percevoir les revenus sans être propriétaire. La servitude perpétuelle est réelle et attachée à un fonds. Ces deux démembrements constituent des atteintes au droit de propriété.

1. DÉFINITION DU DÉMEMBREMENT

Il existe différentes formes de démembrements :

➔ le démembrement « viager » : le viager prend fin à la disparition de l'usufruitier pour donner la pleine-propriété du bien au nu-propriétaire. Il ne peut donc pas être transmis aux héritiers de l'usufruitier ;

➔ le démembrement temporaire : l'usufruit est convenu dès le départ sur une durée déterminée. Au terme de cette durée, Le nu-propriétaire récupère alors la pleine et entière propriété du bien sans aucune formalité. Si le titulaire du droit d'usufruit est une personne morale le droit d'usufruit ne peut dépasser 30 ans ;

➔ le démembrement perpétuel : la servitude. Elle est établie sur un fonds au profit d'un autre fonds, bien souvent, à perpétuité (voir fiche 10).

2. LES MODES DE CONSTITUTION DE L'USUFRUIT

L'article 579 du Code civil établi les modes de constitution d'usufruit. Une loi du 4 février 2020 portant sur le droit des biens a réformé l'usufruit en vue d'une meilleure équité entre usufruitier et nu-propriétaire.

1. L'USUFRUIT PAR LA LOI

À l'occasion d'une succession : il est déterminé par le droit des successions, à la suite à la transmission du patrimoine d'un défunt à ses héritiers.

Ainsi la loi du 3 décembre 2001 prévoit qu'en cas de décès de l'un des époux, et en présence d'enfants héritiers communs, le conjoint survivant peut opérer un choix sur la part successorale du conjoint décédé.

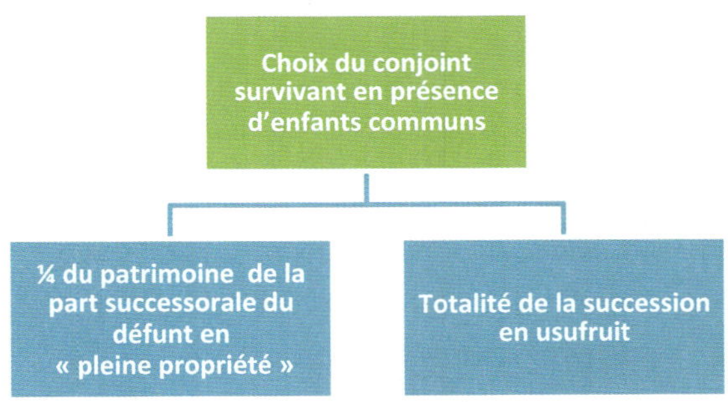

Des dispositions testamentaires ou de donation entre époux peuvent aménager les dispositions légales et accorder plus de droits au conjoint survivant.

2. L'USUFRUIT PAR LA VOLONTÉ DE L'HOMME

Il s'agit de la vente avec réserve d'usufruit. Elle a pour contrepartie le versement d'une rente viagère.

Dans cette situation, un propriétaire vend son bien

mais garde le droit d'usufruit de celui-ci. Le vendeur appelé crédirentier continue donc de jouir du bien qui ne deviendra la pleine propriété de l'acquéreur (débirentier) qu'au décès du crédirentier. Le prix de la vente s'effectue par le versement d'une rente viagère par le débirentier au profit du crédirentier jusqu'à la mort de ce dernier.

3. LES DROITS, LES OBLIGATIONS

En principe l'usufruitier et le nu-propriétaire sont indépendants pendant toute la durée de l'usufruit. L'un et l'autre ne peuvent cependant pas nuire à leurs intérêts respectifs. Ils ne sont pas non plus en situation d'indivision donc aucun d'eux ne peut exiger le partage.

1. L'USUFRUITIER

→ L'usufruitier assume les dépenses relatives aux menues réparations et devra participer au financement des grosses réparations à concurrence de la valeur de son usufruit.
→ Doit respecter la destination du bien. (ex : un usage d'habitation exclusif).
→ Doit s'acquitter de toutes les charges usufructuaires (impôts locaux, charges de copropriétés liées à l'usage du local).
→ Il peut conclure seul un bail d'habitation (sauf pour une durée de plus de 9 ans et les baux commerciaux et ruraux pour lesquels il doit obtenir l'accord du nu-propriétaire). Il en perçoit les loyers.
→ Peut vendre sont droit d'usufruit.

2. LE NU-PROPRIÉTAIRE

→ Il est en charge des grosses réparations relatives à la solidité et la consistance du local selon une répartition légale des frais avec l'usufruitier.
→ Il détient un droit de disposition et peut donc aliéner (ex. : vendre) son droit de nu-propriétaire à condition de respecter les droits de l'usufruitier.

4. LE MODE D'EXTINCTION DE L'USUFRUIT

En vertu de l'article 617 du Code civil, l'usufruit est un droit temporaire limité à une durée dans le temps.

→ **Il existe cinq causes légales d'extinction de l'usufruit :**

- le décès de l'usufruitier ;
- l'expiration du temps dans le cadre d'un démembrement établi temporairement ;
- la réunion sur la même personne des qualités d'usufruitier et de nu-propriétaire ;
- le non-usage de la chose pendant 30 ans ;
- la perte totale de la chose, objet du droit d'usufruit.

→ Les autres causes d'extinction peuvent être :

- la renonciation au droit d'usufruit ou la volonté d'y mettre fin ;
- si l'usufruitier laisse la chose dépérir ou s'il commet des dégradations importantes.

5. LE DÉMEMBREMENT PERPÉTUEL : LES SERVITUDES

Une servitude est perpétuelle et accessoire au droit de propriété. C'est un droit attaché au bien et non à la personne du propriétaire du bien. Ainsi en cas de vente, la servitude est indissociable du bien (voir fiche 10).

13 LES PERSONNES PHYSIQUES ET MORALES

Les acteurs de la vie juridique sont des personnes ou sujets de droit.
Il existe deux sortes de personnes :
- les individus : personnes physiques ;
- les groupements : personnes morales réunies en vue de l'exploitation en commun d'une activité.

1. NAISSANCE DE LA PERSONNALITÉ JURIDIQUE

1. LES PERSONNES PHYSIQUES

La personne physique jouit d'une identification, d'un patrimoine, et d'une capacité à exercer des droits.
La personnalité juridique commence quand l'enfant est né vivant et viable.
Mais plusieurs lois récentes sont venues assurer une protection de l'embryon pour défendre les intérêts de l'enfant à venir. Ainsi L'enfant est réputé avoir la personnalité juridique à partir du jour de la conception et le temps de la conception se situe entre le 300e et 180e jour avant la naissance.
La personnalité s'éteint :
- par le décès ;
- par l'absence : après déclaration d'absence pendant dix ans ;
- par la disparition.

2. LES PERSONNES MORALES

La personnalité juridique des personnes morales naît à compter de la déclaration de leur existence. Les personnes physiques qui la composent doivent respecter les formalités légales déclaratives. Elles rédigent les statuts qui font l'objet d'une publication au journal officiel ou au registre du commerce et des sociétés.
Ces personnes morales selon leur nature doivent obéir aux règles de droit privé, public voire, mixte.
La personnalité morale disparaît lors de sa dissolution.

2. LES ATTRIBUTS DE LA PERSONNALITÉ

La personnalité juridique confère aux personnes physiques et morales des attributs.

	Personne physique	Personne morale
Nom	Nom patronymique, le nom d'usage, le prénom	La dénomination ou raison sociale choisie par les membres et indiquée dans les statuts
Domicile	Le lieu est établi son principal établissement	Le siège social
Nationalité	La nationalité française est attribuée par la filiation, lieu de naissance et par un acte volontaire	Lieu d'implantation du siège social
Patrimoine	Constitué d'un actif et d'un éventuel passif	Constitué d'un patrimoine social distinct des patrimoines personnels
Actions en justice	Droit de défendre les atteintes aux libertés civiles	Pour la défense des intérêts personnels et collectifs

3. LES CONSÉQUENCES DE LA PERSONNALITÉ

➔ Le nom bénéficie d'une protection et l'action en justice la plus fréquente est l'usurpation. Le nom commercial d'une personne morale bénéficie d'une protection commerciale.

➔ Le domicile : c'est le lieu d'exercice des droits civils et commerciaux.

➔ la nationalité : c'est le lien juridique qui relie un individu ou une personne morale à un État déterminé.

➔ Le patrimoine. Seules les personnes juridiques ont un patrimoine qui est unique, indivisible, incessible.

4. LES DIFFÉRENTES CATÉGORIES DE PERSONNES MORALES

1. LES PERSONNES MORALES DE DROIT PUBLIC

On distingue les personnes morales :

➔ celles qui sont investies d'attributions générales : l'État et les collectivités territoriales et celles qui sont investies d'activités spécialisées : les établissements publics chargés de la gestion d'un service public (ex : offices publics de l'habitat).

2. LES PERSONNES MORALES DE DROIT PRIVÉ

Il existe cinq catégories de personnes morales de droit privé.

Les associations

Elles sont régies par la loi du 1er juillet 1901.

Les sociétés

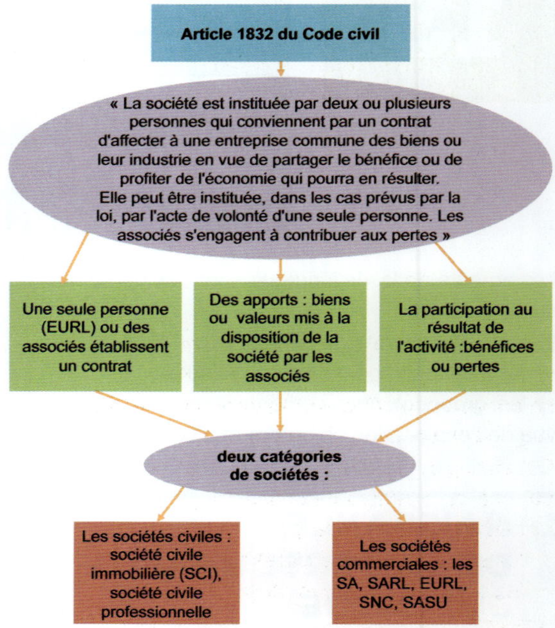

Les syndicats

Ils ont pour but de défendre les intérêts professionnels.

Les Groupements d'Intérêts Économiques (GIE)

Ce sont des groupements de personnes ou de biens qui ont pour objet de favoriser une activité économique de leurs membres (ex : réseaux franchisés d'agences immobilières).

Les fondations

Ce sont des groupements de biens en vue de la réalisation d'une œuvre d'intérêt général.

Les personnes morales mixte

Elles comportent des aspects de droit public et des aspects de droit privé.

Les EPIC, (Établissements Publics à Caractère Industriel et Commercial) relèvent quant à leur organisation du droit privé tout en empruntant certains aspects et caractéristiques du droit public.

14 LES FORMES JURIDIQUES DES SOCIÉTÉS ET GROUPEMENTS

Les activités économiques sont exercées au sein de groupements de personnes ou sociétés dirigées par un entrepreneur. Ces entités économiques sont appelées « entreprises ».

On distingue plusieurs formes d'entreprises dirigées par une ou plusieurs personnes physiques :

- l'entreprise individuelle ;
- les sociétés commerciales ;
- les sociétés civiles (voir fiche 9).

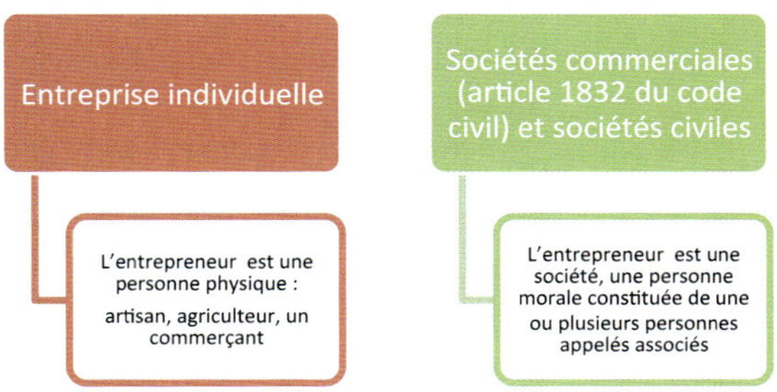

Les activités rattachées aux actes de commerce s'accomplissent dans le cadre de la société commerciale. En fonction des actes qu'elle accomplit, l'entreprise relève tantôt du droit civil, tantôt du droit commercial, du droit du travail, du droit fiscal, du droit communautaire, du droit de la sécurité sociale…

1. LES FORMES JURIDIQUES D'ENTREPRISES DANS LE SECTEUR IMMOBILIER

Dans la profession immobilière, près d'un tiers des agents immobiliers choisissent le statut de :

- **l'entreprise individuelle.** Ce statut permet de garder une indépendance. Les formalités sont simples. Les agents mandataires indépendants, appelés agents commerciaux choisissent ce statut ;

création plus possible depuis 16.02.2022 celles créés avant continuent d'exister

- **l'Entreprise Individuelle à Responsabilité Limité ou EIRL.** Récemment créée, cette nouvelle forme d'entreprise individuelle permet de protéger le chef d'entreprise en séparant son patrimoine personnel des actifs et passifs de l'entreprise.

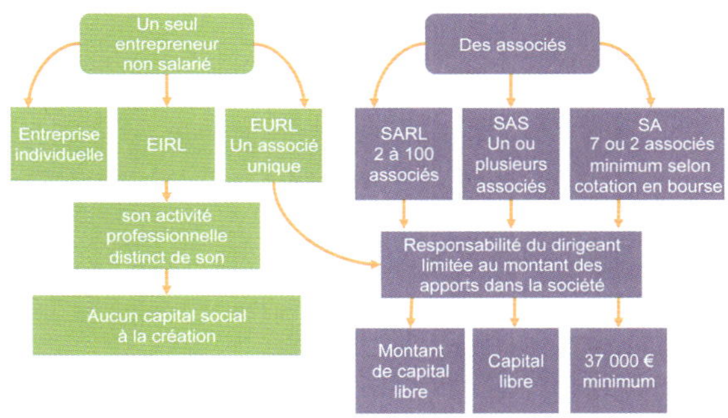

La plupart des entreprises immobilières sont organisées autour d'un contrat de société.

Les formes généralement choisies dans la profession immobilière sont :

- la SARL, Société à Responsabilité Limitée ;
- la SA, Société Anonyme pour des projets plus importants qui nécessitent l'apport de fonds conséquents ;
- la SAS, Société par Action Simplifiée. Pouvant être formée par un seul associé sans aucun capital minimum exigé (SASU) ;
- la Société en Nom Collectif (SNC), plus rarement développée. C'est une société créée sans capital minimum dans laquelle les associés (minimum 2) ont la qualité de commerçants et sont responsables solidairement des dettes de la société.

2. LES CRITÈRES DE CHOIX

Le choix du statut juridique va dépendre des objectifs recherchés par le dirigeant et des stratégies commerciales envisagées pour renforcer sa notoriété.

1. LES OBJECTIFS DE L'ENTREPRENEUR

Les objectifs	Incidences
La nature de l'activité	Certaines activités rares imposent le choix de la structure juridique : cas des débits de tabac obligatoirement exploités en entreprise individuelle ou en société en nom collectif.
La volonté de s'associer	Et de créer une société à plusieurs pour des raisons patrimoniales, économiques, fiscales.
L'organisation patrimoniale	La recherche d'une protection du patrimoine personnel et la transmission de l'entreprise.
Les besoins financiers	La stratégie de développement poursuivie peut imposer l'accueil d'investisseurs. Si les besoins en financement sont importants il faudra privilégier la constitution d'une société.
Le fonctionnement de l'entreprise	Dans l'entreprise individuelle, le dirigeant est seul, et les règles de fonctionnement sont simples mais il engage sa responsabilité. Dans les sociétés, le dirigeant agit «au nom et pour le compte» de la société. Il doit obtenir l'autorisation de ses associés pour tous les actes importants qui touchent la vie de l'entreprise.
Le régime social de l'entrepreneur	Le choix entre un statut de travailleur indépendant ou de salarié.
Le régime fiscal de l'entrepreneur et de l'entreprise	Les bénéfices de l'entreprise seront assujettis à l'impôt sur le revenu ou à l'impôt sur les sociétés selon la forme choisie.
La stratégie de développement	La société avec un capital apporte de la crédibilité.

2. LES GROUPEMENTS D'INTÉRÊT ÉCONOMIQUES ET LES RÉSEAUX

Certaines agences sont organisées en réseau afin de développer leur force commerciale. Ces réseaux prennent la forme de GIE et de franchises.

➜ **Le GIE** permet à des entreprises indépendantes de mettre en commun des moyens afin de favoriser leur développement (études de marché, publicité, bureaux partagés…). Les statuts sont rédigés par les associés (2 membres au minimum qui peuvent être des personnes physiques ou morales). Tous les associés sont en principe responsables solidairement et indéfiniment sur leurs biens personnels des dettes du groupement envers les tiers, sauf si une convention limite cette responsabilité.

➜ **Les réseaux de franchise :** c'est un accord par lequel une entreprise, le franchiseur accorde à une autre, appelée le franchisé, en échange d'une compensation financière directe ou indirecte, le droit d'exploiter une franchise dans le but de commercialiser des types de services ou produits déterminés.

La franchise fait l'objet d'un contrat « intuitu personae » C'est un contrat qui comprend :

- l'utilisation d'un nom ou d'une enseigne communs et d'une présentation uniforme des locaux ;
- la communication par le franchiseur au franchisé de savoir-faire (élément essentiel du contrat) ;
- la fourniture continue par le franchiseur au franchisé d'une assistance commerciale ou technique pendant la durée de l'accord ;
- l'attribution par le franchiseur d'une zone d'exclusivité au franchisé.

Le franchisé doit verser un droit d'entrée et des redevances (ex : 3.5 % sur le Chiffre d'affaires HT).

Le franchisé doit appliquer les méthodes commerciales mises au point par le franchiseur. Il ne doit pas divulguer les savoir-faire et ne pas faire de concurrence à l'égard du franchiseur et des autres franchisés. De plus, il doit fournir des informations au franchiseur sur son activité.

En cas de vente d'une agence franchisée, le contrat doit être signé par les 3 parties et le vendeur doit montrer le contrat de franchise à l'acquéreur et prévenir le franchiseur de la vente.

15 LE STATUT DE COMMERÇANT

Le Code du commerce donne une définition du commerçant : ceux qui exercent des actes de commerce et en font leur profession habituelle.

L'article L. 110-1 du Code de commerce énumère les actes de commerce :

→ **1°** Tout achat de biens meubles pour les revendre, soit en nature, soit après les avoir travaillés et mis en œuvre

→ **2°** Tout achat de biens immeubles aux fins de les revendre, à moins que l'acquéreur n'ait agi en vue d'édifier un ou plusieurs bâtiments et de les vendre en bloc ou par locaux

→ **3°** Toutes opérations d'intermédiaire pour l'achat, la souscription ou la vente d'immeubles, de fonds de commerce, d'actions ou parts de sociétés immobilières

L'agent immobilier est un commerçant. À ce titre c'est un intermédiaire qui intervient dans les opérations d'achat, de vente, d'échange, de location, saisonnière ou non, de maisons, d'appartements, de fonds de commerce, terrains.

1. LES CONDITIONS DE L'EXERCICE DE LA PROFESSION DE COMMERÇANT

Pour avoir le statut de commerçant, il faut accomplir des actes de commerce, pour son propre compte, à titre de profession habituelle pour subvenir à ses besoins.

1. LES DIFFÉRENTES CATÉGORIES D'ACTES

L'article L. 110-1 du Code de commerce définit trois catégories d'actes de commerce :

→ Par nature : Il faut la réunion de deux éléments : un achat et une revente. L'achat implique une acquisition à titre onéreux. Il faut qu'il y ait l'intention de revendre au moment de l'achat (ex. : le marchand de biens dans le cadre d'un immeuble qu'il revend) ;

→ Par la forme : Ils sont associés à un procédé juridique relevant du droit commercial (ex. : la lettre de change, et les actes accomplis par les sociétés commerciales) ;

→ Par accessoire : Tout acte fait ou accompli par un commerçant dans l'exercice de sa profession est présumé commercial. Ainsi un acte civil accomplit par un commerçant pour les besoins de son commerce devient commercial par accessoire (ex. : achat de matériel de supports pour la vitrine d'une agence).

Ces actes doivent correspondre à une recherche d'un profit, d'une rémunération.

2. À TITRE DE PROFESSION HABITUELLE

L'activité ne peut pas être accessoire d'une autre activité qui serait civile. Elle suppose une entreprise organisée comprenant un fonds de commerce et une clientèle.

3. DE MANIÈRE PERSONNELLE ET INDÉPENDANTE

Il faut accomplir des actes de commerce en son nom et pour son propre compte, ce qui exclu le caractère de lien de subordination avec un employeur que l'on peut retrouver dans un contrat de travail.

2. LES COLLABORATEURS DE L'AGENT IMMOBILIER

Afin de développer son activité, l'agent immobilier peut s'entourer de collaborateurs.

1. LES DIFFÉRENTS STATUTS

L'agent immobilier peut opter pour :

➜ le statut de salariée négociateur immobilier (VRP ou non) ;

➜ le statut d'agent commercial qui est un professionnel indépendant et sans aucun lien de subordination avec le dirigeant de l'agence.

2. L'ATTESTATION PROFESSIONNELLE

Quel que soit le statut du collaborateur, il devra être titulaire de l'attestation d'habilitation du négociateur afin de prouver qu'il fait bien partie des personnes habilitées à négocier, s'entremettre pour le compte de l'agent immobilier (article 9 du décret n° 72-678 du 20 juillet 1972).

3. LES OBLIGATIONS DU COMMERÇANT

Elles sont relatives à l'immatriculation au RCS, aux obligations comptables, fiscales, et sociales. Le commerçant peut bénéficier des services d'un centre de gestion agréé.

1. LES OBLIGATIONS DE PUBLICITÉ ET D'INFORMATION

➜ Immatriculation : le commerçant doit s'inscrire et s'immatriculer au registre du commerce et ses sociétés (RCS). Cette demande s'effectue par le biais du centre de formalité des entreprises (CFE). Le RCS est tenu au greffe de chaque tribunal de commerce. Cette inscription conduit à l'attribution d'un numéro d'immatriculation (SIREN ou SIRET).

➜ Publication au BODACC (bulletin officiel des annonces civiles et commerciales).

2. LES OBLIGATIONS DU COMMERÇANT

Les commerçants doivent accomplir des obligations :

➜ Obligations comptables et sociales :

- documents d'enregistrements des mouvements : livre journal, grand livre, livre d'inventaire ;
- documents de synthèse annuels à la clôture de l'exercice : bilan, compte de résultat, et leurs annexes ;
- ouverture d'un compte bancaire ou postal ;
- affiliation au régime social des travailleurs indépendants, régime de retraite ;

➜ Obligations fiscales : le commerçant est assujetti à différents impôts et taxes (taxe professionnelle, déclaration de revenu au titre des bénéfices industriels et commerciaux (BIC), TVA).

4. LES CONSÉQUENCES JURIDIQUES

Ce statut conduit à quatre grandes conséquences :

➜ une unité du patrimoine : le commerçant exploite un fonds de commerce et répond sur ses biens personnels des conséquences de son activité commerciale ;

➜ un nom commercial : appellation sous laquelle il exerce son activité : non patronymique ou autre. C'est un élément qui fait l'objet d'une protection particulière ;

➜ un domicile commercial : les actes de la vie commerciale doivent être réalisés au domicile commercial ;

➜ le commerçant a un fonds de commerce qui comprend des éléments corporels (matériel, équipement…) et incorporels (droit au bail, nom commercial, enseigne et clientèle) À ce titre il bénéficie d'un régime de protection.

16 PERSONNES PHYSIQUES : CAPACITÉ, INCAPACITÉ

Toute personne dotée de la personnalité juridique est en principe pleinement capable d'exercer et de jouir de ses droits, lesquels sont d'ailleurs inscrits dans la déclaration des droits de l'homme et du citoyen : « les hommes naissent et demeurent égaux ». Il y a cependant des exceptions. Certaines personnes n'ont pas la pleine capacité de leurs droits. La capacité est une règle, établie par l'article 1145 du Code civil : L'incapacité est une exception. Il existe plusieurs régimes d'incapacité ».

→ **Les incapacités de protection :** en raison de l'âge, ou de l'insuffisance de facultés mentales ou physiques (ex : mineur de moins de 18 ans et majeur incapable du fait de facultés altérées).

→ **Les incapacités fondées sur la protection des intérêts de la société :** certaines personnes peuvent être déchues de leurs droits à l'issue d'une condamnation pénale.

L'agent immobilier dans son rôle de conseiller doit s'assurer de la pleine capacité de ses mandants.

1. LES DEUX TYPES D'INCAPACITÉS

Il faut distinguer la capacité de jouissance, qui est l'aptitude à être titulaire de droits et débiteur d'obligations et la capacité d'exercice, qui est la possibilité de mettre personnellement en œuvre ses droits et obligations à travers un certain nombre d'actes juridiques.

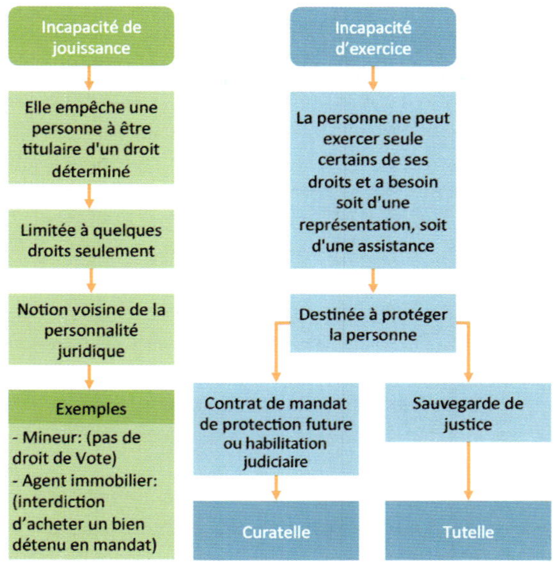

2. LE STATUT DU MINEUR

On distingue le mineur non émancipé qui est frappé d'une incapacité générale d'exercice et qui n'a pas atteint l'âge de 18 ans et le mineur émancipé.

1. LA REPRÉSENTATION DU MINEUR

Le mineur étant frappé d'une incapacité générale d'exercice, il est représenté par ses parents.

S'il n'y a plus de parent ou que ses parents sont défaillants, le juge des tutelles met en place un régime de tutelle par le biais d'un conseil de famille.

2. LE MINEUR ÉMANCIPÉ

Il est possible de donner l'émancipation à un mineur de 16 ans révolus sur décision du juge des tutelles.

3. LA PROTECTION DU MINEUR

Les actes accomplis portant atteinte aux droits d'un mineur sont protégés par :

→ **La nullité relative** : la personne protégée, ou son représentant, peut invoquer la nullité d'un contrat dans le cas où il y aurait eu violation d'une condition de formation du contrat.

→ **La nomination d'un tuteur par le juge des tutelles** : Le conseil de famille règle les conditions générales de l'entretien et de l'éducation du mineur. Le tuteur a en outre un pouvoir de représentation pour tous les actes que la loi autorise.

3. LE STATUT DU MAJEUR FRAPPÉ D'INCAPACITÉ

L'incapacité des majeurs se caractérise, selon l'article 425 du Code civil, par « *l'impossibilité de pourvoir seul à ses intérêts en raison d'une altération, médicalement constatée, soit de ses facultés mentales, soit de ses facultés corporelles de nature à empêcher l'expression de sa volonté* ».

La loi du 5 mars 2007 portant sur la réforme de la protection juridique des majeurs a introduit la possibilité d'organiser pour l'avenir une protection pour le moment où la personne ne pourra plus gérer ses propres intérêts.

La loi du 23 mars 2019 introduit l'ouverture de l'habilitation familiale.

1. LE MANDAT DE PROTECTION FUTURE

C'est un acte prévoyant la mise en place d'une protection pour l'avenir. Le mandant désigne une personne de son choix pour le représenter pour l'avenir. Le mandat de protection future peut prendre la forme d'un acte authentique rédigé par un notaire ou d'un acte sous-seing privé contresigné par un avocat ou établi par le ministère de la justice.

Le juge des contentieux de la protection exerce un contrôle « a posteriori » c'est-à-dire uniquement en cas de contestation des actes accomplis par le mandataire.

2. L'OUVERTURE D'UNE PROTECTION JUDICIAIRE

Il existe trois mesures de protection judiciaire :

→ la sauvegarde justice ;

→ la curatelle ;

→ la tutelle.

→ Trois conditions doivent être réunies :

→ **une demande d'ouverture d'une mesure judiciaire de protection** au juge par la personne elle-même, son conjoint ou par un parent ou un allié ;

→ **la production d'un certificat médical** ;

→ **un entretien du juge avec l'intéressé**.

La tutelle et la curatelle sont des mesures prises pour 5 ans renouvelables pour la même durée initiale après examen de santé de la personne.

Mesures	Définition
Sauvegarde de justice (Art. 433 et suivants du Code civil)	Régime de protection temporaire pris par le juge des contentieux de la protection en attente de la mise en place d'un régime plus protecteur (curatelle ou tutelle). Durant la période de protection, le majeur conserve le droit d'accomplir tous les actes de la vie civile, même vendre ou donner ses biens. Le juge peut toutefois désigner un mandataire pour l'accomplissement de certains actes.
Curatelle (Art. 440 du Code civil)	Le juge nomme un curateur. Le majeur peut agir seul pour les actes de gestion courante ne portant pas atteinte à son patrimoine.
Tutelle (Art. 440 du Code civil)	Elle peut prendre la forme : – la « tutelle familiale » : l'administration légale du majeur est confiée à un membre de la famille ; – la tutelle complète : confiée au conseil de famille ; – la « tutelle externe » : qui est une tutelle de l'état confiée à l'autorité publique Le tuteur agit en qualité de représentant du majeur incapable. Certaines décisions sont soumises à avis et contrôle du conseil de famille ou du juge selon la forme de la tutelle.

3. L'HABILITATION JUDICIAIRE AUPRÈS DU JUGE DES CONTENTIEUX

→ Habilitation du conjoint pour représenter l'autre époux.

→ L'habilitation familiale : un proche peut représenter un majeur incapable sans contrôle du juge.

→ Mesures d'accompagnement social personnalisé.

17 LES RÉGIMES MATRIMONIAUX

Le régime matrimonial désigne un ensemble de dispositions légales ou conventionnelles destinées à organiser les rapports des époux entre eux et avec les tiers. Les personnes physiques peuvent s'organiser autour de communautés de vie pouvant prendre des formes variées :

→ l'union libre qui s'exprime à travers le concubinage et le pacte civil de solidarité (PACS) ;

→ le mariage qui peut être communautaire ou séparatiste.

1. LES COMMUNAUTÉS HORS MARIAGE

1. LE CONCUBINAGE

Le terme « concubin » vient du latin : « *Partager le même lit* ».

→ L'article 515-8 du Code civil définit le concubinage C'est une union de fait et non un contrat.

Conséquences juridiques

Les dettes du ménage : il n'y a pas de solidarité de dettes entre les concubins.

Pour l'achat d'un bien immobilier : chaque concubin se trouve propriétaire d'une partie du bien, appelée quote-part selon une convention d'indivision. Ils peuvent aussi créer une SCI (voir fiche 8)

La succession : le concubin n'est pas un héritier.

Pour la location : en cas d'abandon du domicile par le locataire en titre, ou en cas de décès de ce dernier, le contrat de location continue au profit du concubin notoire qui peut justifier d'une communauté de vie depuis au moins un an.

2. LE PACS

Selon l'article 515-1 du Code civil : c'est un contrat organisant la vie commune, notamment la communauté de dépenses et d'habitation. Il ne peut être conclu que par 2 personnes majeures capables, de même sexe ou de sexe différent.

Modalités

Les futurs partenaires doivent se présenter en personne et ensemble à la mairie ou chez un notaire pour faire enregistrer leur déclaration conjointe de Pacs.

Conséquences juridiques

→ Inscription à l'État civil en marge de l'acte de naissance avec l'indication du nom du conjoint.

→ Devoirs réciproques entre partenaires : Assistance réciproque, soutien et aide mutuelle et matérielle.

→ Résidence commune : en cas de décès du conjoint, le partenaire survivant bénéficie d'un droit au logement et sur le mobilier pendant 1 an.

→ Le statut patrimonial :

- une aide matérielle entre partenaires ;
- une obligation solidaire aux dettes pour les besoins de la vie courante ;
- les biens acquis ensemble par les partenaires peuvent être en indivision (les biens peuvent être mentionnés dans la convention) ;
- le droit à héritage : S'il n'y a pas d'enfant héritier réservataire, les conjoints peuvent léguer par testament l'ensemble de leurs biens au partenaire survivant ;
- impôts : imposition commune.

Rupture et fin du PACS

Il est possible de rompre le contrat de PACS :

→ par décision commune : en mairie ou chez le notaire ;

→ par décision unilatérale : l'un des partenaires signifie à l'autre sa décision par huissier. Il prend fin à compter de l'enregistrement de la signification en mairie ;

→ par rupture unilatérale pour cause de mariage : Lorsque l'un des partenaires se marie ;

→ par décès : une copie de l'acte de décès est transmise au TI ;

→ par mise sous tutelle d'un des partenaires.

2. LA COMMUNAUTÉ DANS LE MARIAGE

1. LE RÉGIME PRIMAIRE

Le mariage conduit au respect de règles dites « Impératives » d'ordre public issues d'un régime primaire.
Ces règles comprennent :

➜ un logement familial qui constitue la résidence des époux et des enfants ;

➜ art. 212 du Code civil : une obligation de fidélité, secours et assistance ;

➜ une direction matérielle et morale de la famille (ex : éducation et protection des enfants) ;

➜ une solidarité des dettes ménagères : contribution aux charges du mariage (article 214 et 220) c'est-à-dire une solidarité des époux aux dettes d'entretien du ménage et d'éducation des enfants ;

➜ une gestion personnelle des biens propres de chacun des époux.

2. LE RÉGIME DE LA COMMUNAUTÉ LÉGALE RÉDUITE AUX ACQUÊTS

Les époux qui se marient sans contrat de mariage relèvent, par défaut, du régime légal de la communauté réduite aux acquêts.

Mariage sans contrat
Régime de communauté légale réduite aux acquêts

Biens propres	Chacun des époux gère et dispose de ses biens propres : - Ce que chacun possède avant le mariage - Les biens qu'il reçoit par donation ou succession pendant le mariage	
Biens communs	Les biens acquis pendant le mariage ainsi que les revenus des biens communs et propres sont communs ➜	Chacun des époux peut accomplir les actes d'administration, conservation et disposition
Dettes	Les dettes de chacun des époux, contractées pendant le mariage, obligent l'ensemble de la communauté. L'emprunt et le cautionnement n'engagent la communauté que s'ils ont été consentis par les deux	

La gestion et l'administration des biens

Les époux peuvent l'un et l'autre faire tous les actes d'administration et de conservation qu'ils souhaitent sur l'ensemble des biens communs mais (art. 1422 du Code civil).

➜ pour le logement familial : même s'il s'agit d'un bien propre tout acte portant sur le logement est soumis au consentement de l'autre ;

➜ une gestion exclusive dans l'accomplissement d'actes nécessaires à une profession ;

➜ La cogestion : Les époux ne peuvent l'un sans l'autre accomplir des actes de disposition (ex. : vente d'un bien commun).

3. LES RÉGIMES CONVENTIONNELS

Les époux peuvent par un contrat de mariage déroger au régime légal de la communauté de biens. Ce contrat est obligatoirement rédigé devant notaire.

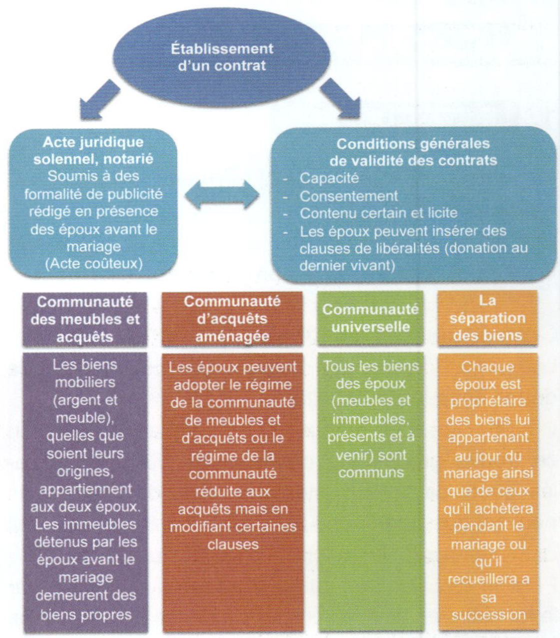

Les époux peuvent décider de modifier le régime matrimonial dans l'intérêt de la famille. Ils doivent informer leurs enfants majeurs et leur créancier.

18 LA TRANSMISSION DU PATRIMOINE

Les personnes juridiques peuvent transmettre leur patrimoine de leur vivant ou « *pour cause de mort* ».
La succession « *ab intestat* » est la succession qui s'opère de plein droit par la loi lorsque le défunt meurt sans avoir laissé de testament. Dans ce cas, la loi prévoit un transfert automatique du patrimoine du défunt à ses héritiers selon un ordre défini par le Code civil (articles 718 et suivants).
Les personnes peuvent cependant organiser la transmission de leur patrimoine par anticipation. Dans ce cas elles disposent de moyens juridiques appelés « *libéralités* ».

1. LE RÉGIME DES SUCCESSIONS

1. LES PRINCIPES QUI GOUVERNENT LA SUCCESSION

➜ La succession s'ouvre par l'acte de décès.
➜ Elle comprend les biens meubles et immeubles.
➜ Droits actifs et passifs du défunt à ses héritiers.
➜ Le lieu d'ouverture de la succession est celui du domicile du défunt.
➜ Pour succéder, il faut être parent du défunt.
➜ Les héritiers « *ab intestat* » sont les héritiers légaux désignés par le Code civil appelés « *réservataire* ».
➜ Dans le cas où il reste un conjoint survivant, l'héritage se répartit entre les enfants et le conjoint.

2. LE RANG DES HÉRITIERS

Les héritiers succèdent selon l'ordre suivant :
➜ **1°** le conjoint survivant, les enfants et leurs descendants (aucune distinction ne doit être faite entre les enfants, que leurs parents soient mariés ou non) ;
➜ **2°** les parents, les frères et sœurs et les descendants de ces derniers ;
➜ **3°** les ascendants autres que les parents ;
➜ **4°** les collatéraux autres que les frères et sœurs et les descendants de ces derniers.
Chacune de ces 4 catégories constitue un ordre d'héritiers qui exclut les suivants.

Schéma simplifié du rang des héritiers

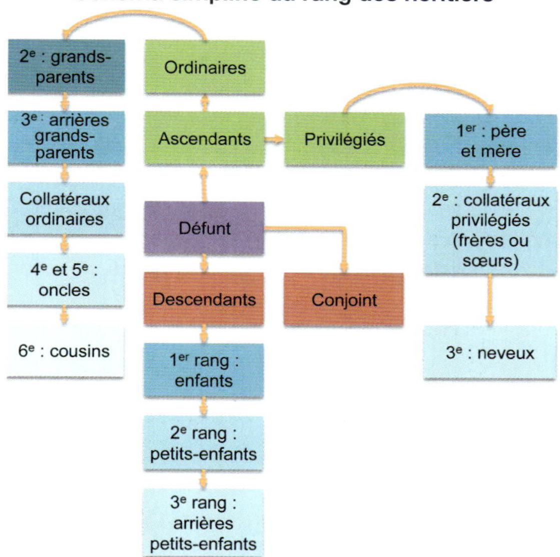

3. LA RÉSERVE ET LA QUOTITÉ DISPONIBLE

➜ La réserve est la part minimale d'héritage à laquelle ont droit les héritiers dits « réservataires » (descendants et conjoint survivant).
➜ La quotité disponible est la part pouvant être donnée ou léguée par testament.
En présence de descendants, la part successorale réservée aux enfants :
➜ la moitié des biens en présence d'un enfant ;
➜ les 2/3 des biens en présence de deux enfants ;
➜ les 3/4 des biens en présence de trois enfants ou plus.

Exemple

Si un défunt a un patrimoine successoral évalué à 300 000 € et 2 enfants : la réserve = 200 000 € (2/3 de 300 000 €) donc chacun aura droit à un minimum de 100 000 €.

Les 100 000 € qui ne font pas partie de la réserve sont la quotité disponible qui peut être attribuée à une personne de son choix par testament ou donation.

En l'absence de descendants

Le conjoint survivant est héritier réservataire quand le défunt ne laisse pas de descendant en vie.

4. LES DROITS DU CONJOINT SURVIVANT

Sa part dépend de plusieurs facteurs :

→ de la présence d'autres héritiers au jour du décès (enfants communs ou enfants du défunt issus d'une autre union) ;

→ du régime matrimonial des époux (communauté réduite aux acquêts ou contrat de mariage) ;

→ de l'existence d'un testament ou d'une donation entre époux.

En présence d'héritiers enfants

Le conjoint recueille sur la part successorale de son conjoint au choix :

→ la totalité des biens en usufruit ;

→ la pleine propriété du quart des biens ;

En présence d'un ou plusieurs enfants non issus des deux époux : il ne peut prendre qu'¼ de la pleine propriété des biens seulement.

Exemple

Si les époux étaient mariés sous un régime de communauté légale et avaient deux enfants : le conjoint survivant hérite de la moitié des biens de la communauté + une part sur l'autre moitié qui constitue la part successorale à partager entre tous les héritiers.

Si la valeur de la communauté = 600 000 €

Le conjoint recueille automatiquement 300 000 € + 1/3 sur la valeur de l'autre moitié (appelée part successorale) à partager avec les 2 enfants. Au total il recevra : 4/6 de l'ensemble.

En l'absence d'héritiers réservataires

Le conjoint hérite de toute la succession en pleine propriété.

Ses droits sur le logement commun

Un droit gratuit d'habitation temporaire d'un an (art. 763 CC) sur le logement occupé à titre de résidence principale. S'ils étaient locataires, les loyers versés pendant cette année seront remboursés au conjoint survivant par la succession au fur et à mesure du paiement.

Un droit d'habitation viager au-delà de la première année. Le conjoint profite du droit d'habitation viager jusqu'à son propre décès sauf si le défunt l'en avait privé par un testament authentique.

2. LES LIBÉRALITÉS

La libéralité est l'acte par lequel une personne dispose à titre gratuit de tout ou partie de ses biens ou de ses droits au profit d'une autre personne par donation ou legs (Article 893 du Code civil).

Ainsi il existe :

→ la donation qui est une libéralité *entre vifs* ;

→ le legs ou testament qui est une libéralité *pour cause de mort*.

1. L'ACTE DE DONATION

Selon l'article 894 du Code civil, c'est « *un acte par lequel le donateur se dépouille actuellement c'est-à-dire de son vivant, et irrévocablement de la chose donnée en faveur du donataire qui l'accepte* ».

Elle ne peut porter que sur la quotité disponible.

Cependant une donation peut être consentie à un futur héritier. Dans ce cas elle constitue seulement une avance sur sa part successorale appelée : « *avancement d'hoirie* ».

Les formes de donation

→ **Les donations simples** apparentes en faveur d'un tiers.

→ **La donation-partage** : C'est un acte par lequel les parents et autres ascendants (donateurs) peuvent faire entre leurs enfants et descendants (donataires enfants ou petits enfants) la distribution et le partage de leurs biens.

→ **La donation entre époux** : les époux peuvent par donation sur la quotité disponible accorder plus d'avantage au conjoint survivant.

Ainsi le conjoint peut se voir attribuer par donation ½ ou les 2/3 de la quotité disponible au lieu du ¼ de la quotité disponible.

La validité de l'acte

L'acte doit respecter plusieurs conditions :

- → acte solennel notarié avec état estimatif des biens ;
- → publicité foncière de l'acte même s'il s'agit d'un droit d'usufruit ;
- → acceptation par le donataire en terme express.

2. LE LEGS

Définition

Le legs est un acte par lequel le testateur (celui qui fait le testament) dispose pour le temps où il n'existera plus, de tout ou partie de ses biens. Le testament ne produit d'effet qu'à la mort du testateur et peut être révoqué à tout moment. Il peut être rédigé par acte authentique ou sous-seing privé.

Types de legs

Il existe trois types de legs :

- → le legs universel qui permet de léguer tous les biens à une ou plusieurs personnes. En présence de plusieurs légataires universels, le partage s'effectuera entre eux à parts égales ;
- → le legs à titre universel permet de léguer à une personne une partie seulement des biens en fonction de la quotité disponible (biens immobiliers seulement par exemple) ;
- → le legs particulier permet de léguer à une personne un ou plusieurs biens déterminés ;
- → le legs graduel ou résiduel permet de transmettre les biens à deux bénéficiaires successifs. Au décès du premier bénéficiaire, les biens sont transmis au second bénéficiaire désigné.

Forme de l'acte

Acte	Définition
Mystique	Acte sous-seing privé rédigé par le testateur et remis à un notaire en présence de 2 témoins dans une enveloppe fermée et cachetée.
Olographe	Acte sous-seing privé écrit de la main du testateur. Les pages doivent être numérotées et paraphées par le testateur. Il doit être signé et daté et ne doit comporter ni ratures ni taches ni surcharge.
Authentique	Certifié authentique par l'intervention du notaire. Le testateur le rédige en présence de 2 témoins ou d'un notaire.

19 LE CONTRAT

Les obligations peuvent avoir pour origine un acte ou un fait juridique. Les faits sont des situations qui n'ont pas été voulues mais qui produisent des conséquences juridiques (ex : réparation d'un préjudice). L'acte provient de la manifestation de volonté et est destiné à produire des effets juridiques recherchés (exemple : le contrat).
Ainsi, dans les affaires immobilières le contrat est la source principale des obligations.

Art. 1101 du Code civil :
"Le contrat est un accord de volontés entre deux ou plusieurs personnes destiné à créer, modifier, transmettre ou éteindre des obligations."

Les contrats doivent être négociés, formés et exécutés de bonne foi.

1. THÉORIE GÉNÉRALE DES CONTRATS

Le respect des engagements provient de l'autonomie de la volonté. Mais la liberté contractuelle ne permet pas de déroger aux règles qui intéressent l'ordre public.

1. LE PRINCIPE DE LA LIBERTÉ CONTRACTUELLE

Le contrat est le reflet du libéralisme économique affirmé au XVIIIe siècle. Cette liberté trouve cependant des limites :

➜ certaines clauses du contrat sont encadrées par un texte (ex : clause de non-concurrence) ;
➜ l'État intervient en tant que régulateur des rapports entre les parties au contrat (ex : le droit de rétractation de 10 jours du bénéficiaire d'une promesse de vente dans la vente immobilière) ;
➜ sont interdites les clauses des contrats ayant pour effet de contourner le jeu de la concurrence (ex : ententes illégales) ;
➜ l'État impose certains types de contrats (ex : le mandat de l'agent immobilier.

2. LE PRINCIPE DE LA FORCE OBLIGATOIRE DES CONTRATS

Les parties sont tenues d'exécuter leurs obligations. Le juge doit respecter la liberté contractuelle et le législateur ne peut par une nouvelle loi modifier les règles d'un contrat en cours.
Les contrats peuvent être nommés ou innomés :

➜ nommés : ils sont obligatoirement écrits et réglementés par le Code civil ou par des lois (ex : le contrat de louage, de mandat, de prêt immobilier…).
➜ innomés : ne font l'objet d'aucun régime légal particulier et correspondent à une grande variété de contrats.

Lorsqu'un contrat pose problème, les juges recherchent si celui-ci peut se rapprocher d'un contrat nommé afin d'en déterminer le régime juridique et ses conséquences.

2. LA TYPOLOGIE DES CONTRATS

1. LES PRINCIPAUX CONTRATS

Les contrats sont classés selon :

Conditions de formation

Nom	Définition
Consensuel (Art. 1109 du Code civil)	Les parties sont engagées par un simple échange des consentements qui peut être écrit ou verbal. (Exemple : le contrat de vente)
Solennel ou formel	Il faut respecter un formalisme (écrit, acte authentique, mentions. obligatoires.) (Exemple : contrat de mandat)
Réel	Le consentement s'accompagne de la remise d'une chose. (Exemple : contrat de prêt)
De gré à gré (Art. 1110 du C. C)	Les stipulations sont librement négociées entre les parties. (Exemple : contrats entre particuliers)
D'adhésion	Une des parties impose à l'autre le contenu du contrat. (Exemple : le contrat d'assurance)

Contenu du contrat

Nom	Définition
Synallagmatique (Art. 1106 du Code civil)	Les parties ont des obligations réciproques (Exemple : contrat de bail, de vente, compromis de vente)
Unilatéral	Une ou plusieurs parties s'obligent envers une ou plusieurs autres sans qu'il y ait d'engagement réciproque de celles-ci (Exemple : acte de cautionnement)
À titre onéreux	– Chacune des parties reçoit de l'autre un avantage – Commutatif : les parties connaissent l'avantage à la signature du contrat – Aléatoire : l'avantage dépend d'un événement incertain (Exemple : durée de la rente viagère)
À titre gratuit	Seule une partie en tire un avantage (Exemple : contrat de donation)

Exécution du contrat
(Art. 1111-1 du Code civil)

Nom	Définition
Instantané	Les parties exécutent le contrat et leurs obligations en une seule fois. (Exemple : le contrat de vente).
Successive	Les obligations s'exécutent en prestations échelonnées dans le temps. (Exemple : le contrat de bail, le contrat de travail…)

2. LES AUTRES DÉFINITIONS DU CONTRAT

➜ **Le contrat « *intuitu personae* » :** certains contrats sont conclus au regard des personnes contractantes. En principe ce type de contrat prend fin à la disparition du cocontractant. Mais la plupart des contrats sont transmissibles en cas de disparition du cocontractant. Exemple : le contrat de bail à usage d'habitation qui est transmis au conjoint ou concubin notoire.

➜ **Le contrat principal :** c'est un contrat autonome.

➜ **Le contrat accessoire :** L'interdépendance des contrats a pour conséquence que le sort de l'un est lié au sort de l'autre (ex : l'acte de cautionnement est accessoire au contrat principal qui est le contrat de bail).

➜ **Le contrat-cadre :** c'est un accord par lequel les parties conviennent des caractéristiques de leurs relations contractuelles futures.

➜ **Le pacte de préférence et la promesse unilatérale :** une partie s'engage à proposer prioritairement de contracter avec un bénéficiaire. La promesse unilatérale est la situation juridique dans laquelle une partie accorde à une autre le droit d'opter pour la conclusion d'un contrat (ex : promesse unilatérale de vente). Le contrat sera alors formé lorsque l'autre partie aura donné son consentement.

➜ **Le contrat par voie électronique :** l'article 1125 du Code civil admet la conclusion d'un contrat par voie électronique. L'offre de biens ou la prestation de service doit être clairement énoncée et permettre de préciser les différentes étapes de saisie des informations.

20 LE CONTRAT : CONDITIONS DE FORMATION ET DE VALIDITÉ

1. LA FORMATION DES CONTRATS

Le contrat étant la source principale des obligations entre les parties, il fait l'objet d'un grand nombre de litiges et conduit à l'existence d'une jurisprudence abondante. C'est pourquoi une ordonnance du 25 février 2015 est venue apporter une plus grande sécurité juridique à la conclusion des contrats en introduisant dans le Code civil une phase préparatoire. Cette phase est constituée de dispositions consacrées à la négociation et à l'échange des consentements.

1. LA PHASE PRÉCONTRACTUELLE

Le devoir d'information précontractuelle

La conclusion d'un contrat passe par une phase de négociation entre les parties soumises à un devoir d'information. Ce devoir d'information précontractuelle est introduit dans le Code civil dans l'article 1112-1 et porte principalement sur le contenu du contrat et la qualité des parties. Il a une importance déterminante car les parties ayant reçu toute l'information nécessaire il sera ensuite difficile de demander l'annulation du contrat.

La partie qui invoquerait un défaut d'information dans cette phase, doit apporter les preuves que l'autre partie qui la lui devait a manqué à ses obligations. Ce devoir d'information dans le contrat est d'ordre public.

La sanction

En cas de manquement à cette obligation, il peut y avoir mise en jeu de la responsabilité et éventuellement la nullité du contrat si le défaut d'information est à l'origine d'un vice du consentement.

2. L'ÉCHANGE DU CONSENTEMENT : OFFRE ET L'ACCEPTATION DU CONTRAT

Art. 1113 du Code civil :
"Le contrat est formé par la rencontre d'une offre et d'une acceptation par lesquelles les parties manifestent leur volonté de s'engager.
Cette volonté peut résulter d'une déclaration ou d'un comportement non équivoque de son auteur."

L'offre

L'offre doit comporter les éléments essentiels du contrat envisagé et doit être la manifestation d'une volonté expresse ou tacite. Le contrat est conclu dès l'acceptation par l'autre partie.

L'acceptation

Le silence du cocontractant ne signifie pas acceptation de l'offre. L'acceptation peut être retardée par l'existence d'un délai de réflexion (ex : le délai de réflexion de 10 jours dans le contrat de prêt immobilier) ou devenir précaire du fait d'un délai de rétractation légal (ex : le délai de rétractation de 10 jours dans la promesse de vente immobilière).

2. LES CONDITIONS DE VALIDITÉ DU CONTRAT

Art. 1128 du Code civil :
"Sont nécessaire à la validité d'un contrat :
1° le consentement des parties ;
2° leur capacité ;
3° un contenu licite et certain."

1. LES VICES DU CONSENTEMENT

L'article 1129 du Code civil énonce que le sujet du contrat doit être sain d'esprit pour que le contrat soit valable et l'art. 1130 défini les trois catégories de vices : Les vices de consentement sont une cause de nullité relative du contrat.

L'erreur		
Sur la substance ou les qualités des choses	Une croyance fausse portant sur un élément du contrat	Ex : erreur portant sur un terrain frappé d'inconstructibilité
Sur la personne	Sur l'identité de la personne. Élément important dans les contrats « *intuitu personae* »	Ex : les qualités professionnelles de l'agent immobilier
La violence		
Élément matériel	Physique ou moral	Ex : l'abus de faiblesse économique
Psychologique	La victime peut être forcée par un membre de sa famille	Ex : rapports entre conjoints à l'occasion de la signature d'un mandat de vente
Le dol		
Élément intentionnel et matériel	Il peut émaner du gérant d'affaires, du préposé, du contractant	Ex : mensonge, dissimulation intentionnelle

2. LA CAPACITÉ DES CONTRACTANTS

L'article 1146 du Code civil défini l'incapacité des personnes physiques :

- les mineurs non émancipés ;
- les majeurs protégés.

Toute personne incapable de contracter peut néanmoins accomplir seule les actes courants conclus dans des conditions normales, autorisés par la loi ou l'usage.

Le représentant légal du contractant ne peut conclure des contrats que dans la limite des pouvoirs qui lui sont conférés.

3. LE CONTENU LICITE ET CERTAIN

Pour être valable, le contrat doit avoir un contenu licite et certain.

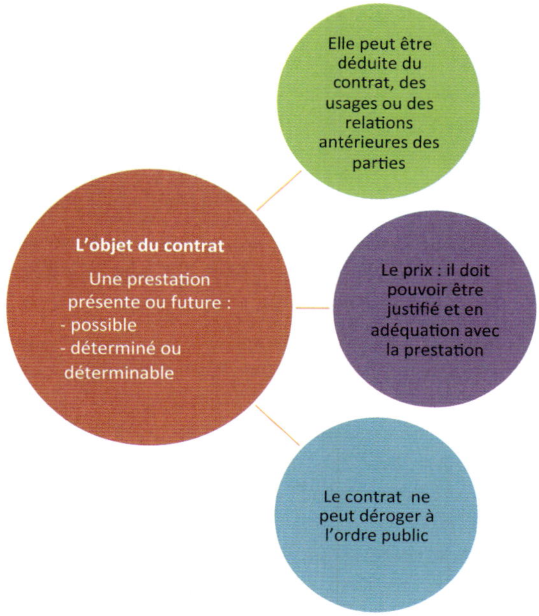

- **Le prix** peut être unilatéralement fixé mais le juge peut, en cas d'abus le requalifier.
- **La clause abusive :** il s'agit d'une clause qui crée un déséquilibre significatif entre les droits et les obligations des parties au contrat.

4. LES SANCTIONS : LA NULLITÉ

Un contrat qui ne remplit pas les conditions de validité est nul.

- **La nullité absolue :** elle a pour objet la sauvegarde de l'intérêt général. Elle peut être invoquée par le ministère public ou toute personne justifiant d'un intérêt (ex : absence consentement).
- **La nullité relative :** elle ne peut être invoquée que par la partie au contrat qui l'invoque, ou ses ayants-droits. Elle sanctionne les cas les moins graves des vices du consentement (Incapacité).
- **La confirmation du contrat :** après la conclusion du contrat, en présence d'une cause de nullité, si les parties le confirment volontairement, le contrat est valable.

5. LA CADUCITÉ DU CONTRAT

Si la nullité n'affecte qu'une ou plusieurs clauses qui ne constituent pas un élément déterminant de l'engagement des contractants, la ou les clauses sont réputées non écrites et le contrat est maintenu.

21 L'EXÉCUTION DU CONTRAT

1. LES EFFETS DU CONTRAT ENTRE LES PARTIES

Les parties qui ont donné leur consentement peuvent être :

➜ les personnes qui ont participé au contrat ;

➜ les mandataires qui représentent leurs mandants à travers un contrat de mandat (ex : l'administrateur de biens) ;

➜ les représentants légaux issus de la loi (ex : les parents ou le tuteur) ;

➜ les ayants-cause universels des parties (ex : les ayants-droit ou héritiers d'un défunt).

Le juge peut être amené à intervenir si le **contrat est obscur**. Il recherchera les intentions réelles des parties.

D'une manière générale, le contrat ne peut être révoqué que par un consentement mutuel.

1. LES CAS DE RÉVOCATION

Une révocation conventionnelle

C'est une faculté ouverte et prévue au contrat.

Certains contrats de vente prévoient une faculté de révocation moyennant le versement d'une somme d'argent fixée à l'avance dans le contrat appelé « Arrhes ».

Une révocation unilatérale légale

C'est une faculté ouverte dans le cadre de contrats à exécution successive (ex : le contrat de bail, le contrat de travail). Elle est souvent accompagnée d'un préavis inscrit au contrat, afin que le contractant soit averti à l'avance de cette rupture.

Le droit de rétractation

➜ Afin de protéger le consommateur non professionnel, le législateur a mis en place un droit de rétractation dans des situations bien précises :

Types de contrat	Conditions	Délai applicable
Assurance-vie	Renonciation expresse par LRAR	30 jours à compter de la conclusion du contrat
Crédit à la consommation et achat à distance (Internet)	Formulaire détachable de renonciation	14 jours à compter de l'acceptation de l'offre préalable
Acquisition d'un immeuble à usage d'habitation bâti ou la vente d'immeuble à construire	L'acquéreur non professionnel, qui conclut un avant-contrat (LRAR)	Délai de 10 jours à compter du lendemain de la première présentation par LRAR lui notifiant l'avant-contrat ou le lendemain de la remise en mains propres.

Le consommateur peut renoncer à son engagement sans motifs et sans pénalités.

2. LES EFFETS DU CONTRAT EN CAS D'INEXÉCUTION

Les modalités

Face à l'inexécution d'un contrat, après lettre de mise en demeure d'exécuter le contrat, il existe plusieurs remèdes :

➜ l'exception d'inexécution : droit ouvert à chaque partie dans le contexte des contrats synallagmatiques de refuser d'exécuter son obligation tant qu'elle n'a pas reçu la prestation qui lui est due (ex : contrat de vente, contrat d'échange…) ;

➜ l'exécution forcée en nature : il peut être demandé une exécution forcée en nature (ex. : saisies) ;

➜ la résolution du contrat pour l'avenir ;

➜ la réduction du prix (rescision pour lésion) ;

➜ l'exécution par équivalent : la réparation du préjudice peut se faire sous forme d'indemnité réparatrice. C'est le fondement de la responsabilité civile contractuelle (voir fiche 23).

Les formes de saisies

Les acteurs sont le juge de l'exécution et l'huissier

On distingue :

→ les saisies attribution : blocage de fonds détenus par la banque du débiteur ;

→ les saisies sur rémunération : une partie du salaire. est saisie (sauf revenu minimum et pensions qui sont insaisissables) ;

→ les saisies-vente : sur les meubles du débiteur sauf meubles nécessaires à la survie du débiteur ;

→ les autres saisies mobilières (ex : véhicules) ;

→ les saisies immobilières : les créanciers peuvent forcer la vente des immeubles du débiteur par une procédure au tribunal judiciaire.

Les cas d'exonération

Il est possible dans certains cas d'invoquer une impossibilité de respecter le contrat :

→ le cas de force majeure : événement échappant au contrôle du débiteur ;

→ l'imprévision : en cas de changement de circonstances imprévisibles au moment de la conclusion du contrat, il est possible de renégocier les termes du contrat. En cas d'échec, une partie peut demander au juge la résolution ou l'adaptation du contrat ;

→ la responsabilité délictuelle des tiers si ceux-ci empêchent l'exécution du contrat.

2. LES EFFETS DU CONTRAT ENVERS LES TIERS

Le contrat n'a théoriquement d'effet qu'entre les parties. Il ne concerne pas les tiers. Cependant le contrat passé peut avoir des répercussions sur les tiers et d'autre part ces derniers ne peuvent ignorer le contrat. Les tiers sont :

→ les tiers absolus : ils n'ont aucun lien avec le contrat cependant le contrat leur est opposable ;

→ les ayants-cause universels : les personnes qui recueillent la totalité ou partie du patrimoine du défunt deviennent débitrices ou créancières des obligations contractuelles ;

→ les créanciers chirographaires : ce sont des créanciers non-privilégiés n'ayant aucun droit de privilège sur les contrats passés. Ces contrats leur sont donc inopposables.

3. LES CLAUSES INCITANT À L'EXÉCUTION DU CONTRAT

L'insertion d'une clause pénale ou d'une clause résolutoire dans le contrat peut contraindre les parties à exécuter leurs obligations.

1. LA CLAUSE PÉNALE

C'est une clause contractuelle par laquelle les parties fixent à l'avance une sanction pécuniaire civile applicable au cas où l'une des parties n'exécuterait pas ses obligations.

2. LA CLAUSE RÉSOLUTOIRE

Elle consiste à prévoir une résiliation automatique du contrat par le juge en cas de manquement à une obligation contractuelle par l'une des parties (ex : le non-paiement du loyer).

En cas de litige, si la formulation est trop vague, le juge peut librement l'apprécier.

Lorsqu'il s'agit d'un contrat à exécution successive on parle de résiliation du contrat (ex : le contrat de bail).

L'intérêt d'une telle clause est qu'il n'y a pas lieu d'apporter la preuve d'une quelconque faute du débiteur, la simple constatation du non-respect des engagements énumérés dans la clause suffit.

4. LES MODALITÉS D'EXÉCUTION

Deux modalités sont susceptibles de modifier les effets normaux de l'obligation : le terme et la condition. Il peut par ailleurs y avoir une solidarité dans l'obligation.

1. LE TERME

C'est un événement futur et certain dont dépend l'exigibilité ou l'extinction de l'obligation. On distingue le terme extinctif et le terme suspensif :

→ le terme extinctif : l'obligation disparaît à l'échéance du terme (ex : dans la vente en viager, le versement de la rente par le débirentier se fait jusqu'au décès du crédirentier) ;

➜ **le terme suspensif :** Consiste à retarder l'exécution de l'obligation. Il retarde l'exigibilité.

2. LA CONDITION

C'est un événement futur et incertain dont dépend la naissance ou l'extinction de la convention. Tant que l'événement ne s'est pas réalisé, les parties ne sont pas liées (ex : la condition suspensive d'obtention d'un prêt dans le cadre d'un achat immobilier).
Ainsi on distingue la condition suspensive et la condition potestative.

➜ **La condition suspensive** : la condition ne dépend pas des parties (ex : Obtention d'un permis de construire par la mairie ; obtention d'un prêt). En revanche, dès qu'elle se réalise (permis accordé), l'obligation est formée et le contrat est conclu.

➜ **Condition potestative** : elle dépend de la volonté d'une seule des parties. Cette condition est illicite car le contrat peut être anéanti par la simple volonté d'une seule des parties.

effet en cas d'inexécution

3. L'EXTINCTION DE L'OBLIGATION

Les modes d'extinction des obligations nées d'un contrat peuvent prendre diverses formes :

➜ **le paiement :** le paiement signifie juridiquement versement d'une somme d'argent. Le paiement incombe au débiteur. L'objet du paiement peut être un corps certain : remise de la chose ou une chose de genre : somme d'argent. Le paiement peut être fait immédiatement ou à un terme défini dans le contrat ;

➜ **le paiement avec subrogation :** c'est lorsque le paiement est fait par un tiers. Le débiteur n'est pas libéré totalement car celui qui a payé exercera un recours contre le débiteur ;

➜ la **novation :** substitution à une obligation ancienne qui disparaît d'une obligation nouvelle qui la remplace ;

➜ **la compensation :** pour les contrats portant sur les choses fongibles et dont les deux personnes se trouvent débitrices l'une envers l'autre de choses fongibles. Il y a une compensation qui éteint les deux dettes ;

➜ **la remise de dette** ;

➜ **l'impossibilité d'exécuter l'obligation :** cas de force majeure et imprévision.

22 LA PROTECTION DES CONTRACTANTS

La protection du consommateur est assurée par un ensemble de dispositions légales consignées dans le Code de la consommation (Loi du 26 juillet 1993). Le but de la codification est de favoriser des relations équilibrées entre les professionnels et les consommateurs. La loi consommation (dite loi Hamon) du 17 mars 2014 est venue renforcer cette protection. Elle contient un ensemble de mesures portant sur des actions de groupe, les contrats d'assurance, les prêts immobiliers, les garanties, les achats sur Internet, et le démarchage téléphonique.

Le Code de la consommation énonce deux grands principes :

→ une l'obligation générale de sécurité des produits et services ;

→ une information préalable du consommateur, en matière de prix et de contrats.

1. LA PROTECTION GÉNÉRALE DU CONSOMMATEUR

Le Code de la consommation précise que le consentement de l'acheteur non professionnel doit être libre et éclairé.

1. LES OBLIGATIONS GÉNÉRALES

Le vendeur professionnel a donc trois obligations à l'égard de l'acheteur :

→ une obligation d'information et de renseignement avant la conclusion du contrat (art L. 111-1 du Code de la consommation CC) sur le produit, les dangers du produit, les conditions particulières de la vente et le prix toutes taxes comprises par voie de marquage, d'étiquetage ou d'affichage ;

→ une obligation de conseil par le vendeur avant la conclusion du contrat (ex : obligation d'information et de conseil de l'agent immobilier) et après le contrat, par une notice d'utilisation du produit ;

→ une obligation de sécurité après la conclusion du contrat : les produits doivent être exempts de tout vice ou défaut de nature à créer un danger pour les acheteurs et les tiers.

2. LES PRATIQUES COMMERCIALES RÉGLEMENTÉES

Pratiques	Obligations
Démarchage à domicile ou par téléphone et autre lieux non dédiés à la commercialisation	Le professionnel doit fournir des informations sur son identité et les conditions contractuelles spécifiques. Le contrat comporte en annexe : – un modèle de formulaire de rétractation ; – une notice d'information type concernant l'exercice du droit de rétractation par le consommateur (le délai de rétractation étant de 14 jours) ; – le professionnel adresse par écrit une confirmation de l'offre qu'il a faite. Le consommateur n'est engagé par cette offre qu'après avoir signé l'offre par écrit ou par voie électronique.
Les ventes en ligne	Droit de rétractation de 14 jours à partir du lendemain de la prise de possession du bien ou de l'acceptation de l'offre de prestation.
La publicité	– Elle ne doit pas être trompeuse ou de nature à induire en erreur. – Elle ne doit pas être mensongère ou fausse (prestations fausses). – Elle peut être comparative à condition de ne pas être déloyale et de porter sur des biens ou services de même nature et disponibles sur le marché.
La vente à crédit	L'acheteur bénéficie d'une offre valable pendant 15 jours et après acceptation dispose d'un droit de rétractation pendant 14 jours

3. LES PRATIQUES COMMERCIALES ILLICITES

L'article L. 120-1 du Code de la consommation pose un principe général d'interdiction des pratiques commerciales déloyales.
Le Code précise ce qu'est une pratique commerciale trompeuse :

- elle crée une confusion avec un autre bien ou service, une marque, un nom commercial, ou un autre signe distinctif d'un concurrent ;
- elle repose sur des allégations, indications ou présentations fausses ou de nature à induire en erreur ;
- les omissions trompeuses : elles peuvent induire le consommateur en erreur.

Ces pratiques sont pénalement sanctionnées (ex : emprisonnement de 2 ans et amende de 300 000 euros).
Les pratiques commerciales agressives sont des pratiques de ventes forcées pouvant être sanctionnées par l'abus de faiblesse qui est une infraction sanctionnée pénalement.

2. LA PROTECTION DES CONSOMMATEURS DANS LES AFFAIRES IMMOBILIÈRES

Un arrêté du 10 janvier 2017 oblige les professionnels de l'immobilier à apporter toute la clarté sur les opérations de ventes ou de location.
Un devoir d'information s'impose sur la présentation des biens dans les annonces de biens à vendre qu'à louer. Le non-respect des règles de publicité donne lieu à des amendes administratives (3 000 € à 15 000 €).

1. DANS LA VENTE

Les mesures de publicité des annonces

Tous les biens offerts à la vente doivent comporter obligatoirement le diagnostic des performances énergétiques.
Pour les biens situés en copropriété : elles doivent mentionner :

- la quote-part des charges de copropriété annuelle pour le lot ;
- une information sur l'existence ou non d'une procédure judiciaire en cours sur la copropriété ;
- le pourcentage d'honoraires de l'agent immobilier TTC ;
- le nombre de lots.

La protection de l'acquéreur a la signature d'une promesse de vente

La protection de l'acquéreur est assurée par :

- un délai de rétractation de 10 jours sans motifs à compter du lendemain de la présentation par lettre recommandée de la promesse de vente au domicile de l'acquéreur ou tout autre moyen présentant des garanties équivalentes ;
- un délai de rétractation de 14 jours quand le contrat est signé en dehors des locaux de l'agence ;
- la protection des fonds (indemnités d'immobilisation ou acompte) versés sur un compte séquestre lors de la signature de la promesse de vente ;
- le dossier de diagnostics techniques ;
- les conditions suspensives : qui permettent au bénéficiaire d'une promesse de vente de renoncer au projet sans pénalité (ex : Prêt immobilier, droits de préemption…).

2. DANS LA LOCATION

Les annonces (arrêté du 10 janvier 2017)

Elles doivent mentionner des informations sur le diagnostic de performance énergétique, la surface habitable, les conditions du loyer et des charges locatives, le montant de la rémunération de l'agent immobilier à la charge du locataire, montant du dépôt de garantie, la commune…

Le contrat de bail à usage d'habitation

Le contrat de bail à usage d'habitation principale comporte une notice d'information destinée à apporter une information complète sur le contrat.
Un état des lieux permet de prendre compte de l'état du logement.

23 LA RESPONSABILITÉ CIVILE ET PÉNALE DU PROFESSIONNEL DE L'IMMOBILIER

Le droit français distingue deux types de responsabilité pouvant être mises en œuvre en cas de non-respect des obligations entre les personnes ou infractions aux lois et règlements :

- ➜ la responsabilité civile.
- ➜ la responsabilité pénale.

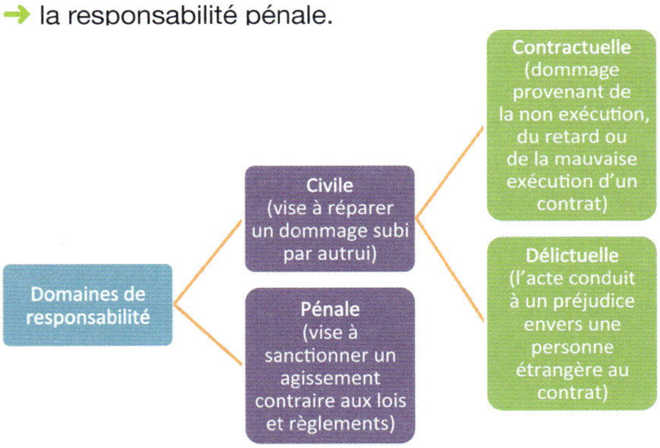

Au cours d'un procès les deux domaines de responsabilité civile et pénale peuvent être engagés si le comportement fautif a entraîné une infraction et un préjudice à une personne.
Il s'agit de la mise en œuvre de la responsabilité civile.

1. LA RESPONSABILITÉ CIVILE

1. LA RESPONSABILITÉ CIVILE CONTRACTUELLE

Les conséquences de l'inéxécution du contrat

Le contrat a force de loi entre les parties. Le juge peut être amené à intervenir soit parce que le contrat n'est pas respecté, soit parce qu'il est ambigu, soit parce que les conditions d'exécution se modifient.

L'inexécution du contrat pourra conduire à :

- ➜ l'anéantissement du contrat par la résolution du contrat dans le cas d'un contrat à exécution instantanée ou par la résiliation (anéantissement pour l'avenir dans le cas d'un contrat à exécution successive).
- ➜ l'exécution forcée du contrat ou sa réparation : dans le cas d'une obligation de donner, la réparation pourra se faire en nature. Dans une obligation de faire ou de ne pas faire, l'obligation se résoudra par équivalent (versement de dommages-intérêts).

La mise en œuvre de la responsabilité contractuelle

En vertu de l'article 1344 du Code civil, le créancier doit mettre en demeure son débiteur de répondre de ses obligations. Cette mise en demeure s'effectue par une sommation d'huissier ou tout autre acte équivalent (LRAR). Faute de réponse adaptée, le créancier va saisir un tribunal afin d'obtenir réparation.
La réparation peut prendre la forme :

- ➜ **de dommages-intérêts compensatoires** qui remplacent l'exécution en nature.
- ➜ **de dommages et intérêts moratoires** qui sanctionnent un retard de paiement à compter de la mise en demeure.

La preuve de la faute contractuelle

Le créancier de l'obligation non exécutée doit prouver la faute de son débiteur, le préjudice qu'il a subi et le lien de causalité entre la faute et le préjudice.

- ➜ Dans le cas d'une obligation de moyen : le débiteur s'engage à tout mettre en œuvre pour atteindre le résultat

Exemple
L'agent immobilier ayant reçu un mandat de vente, mais n'est pas tenu d'atteindre le résultat.

➜ **Dans le cas d'une obligation de résultat :** le débiteur est tenu au résultat. Il a donc une présomption de faute. Le simple fait de ne pas avoir atteint le résultat suffit et exonère le créancier de toute recherche de preuves pour faire valoir ses droits.

Exemple
Le mandat de vente doit être valable.

Les cas d'exonération de responsabilité contractuelle

La responsabilité contractuelle peut être écartée du fait de clauses limitatives ou par le fait d'une cause étrangère.

➜ **Les clauses limitatives :** prévoient l'exclusion ou la limitation de responsabilité. Les juges peuvent être amenés à les supprimer ou à les réviser.

➜ **La cause étrangère :** il peut s'agir d'un événement imprévisible, irrésistible et indépendant de la volonté des personnes, du fait de la victime qui aurait causé le préjudice.

➜ **Une clause pénale :** le contrat peut prévoir à l'avance un montant d'indemnisation en cas d'inexécution des obligations. Cette clause peut avoir ainsi un effet dissuasif.

2. LA RESPONSABILITÉ CIVILE EXTRACONTRACTUELLE

Ses fondements (art. 1240 et suivants du Code civil)

Il n'y a pas de lien juridique entre l'auteur du dommage et la victime. La responsabilité civile extracontractuelle s'exerce en dehors de tout contrat. Mais la loi permet à la victime d'obtenir une réparation.

Les faits générateurs

Le ou les faits générateurs du dommage peuvent avoir plusieurs origines :

Fait générateur	Définition
Fait personnel	Il s'agit d'un comportement fautif qui peut être une faute de commission ou d'abstention volontaire ou par imprudence.
Fait d'autrui	– Les parents du fait de leurs enfants mineurs. – Le commettant du fait de son préposé dont la relation est le lien de subordination. – Les artisans du fait de leurs apprentis. – La responsabilité des « instituteurs » du fait de leurs élèves.
Fait des choses	Toute personne est responsable des choses qu'elle a sous sa garde. Le dommage doit être rattaché au fait de la chose, c'est-à-dire que la chose doit avoir joué un rôle déterminant dans la production du dommage. (ex : bâtiment mal entretenu).

Le dommage

Le dommage causé par le fait générateur peut être un dommage matériel, corporel ou moral.

Il doit en outre être certain (réalisé ou futur), personnel et direct (doit résulter directement du fait dommageable). Il est admis que le dommage puisse être subi par une ou plusieurs autres personnes que la victime elle-même. Dans ce cas il s'agit d'une action de groupement (du fait d'associations ou syndicats…). Enfin, le dommage présenter un caractère licite.

3. LA RESPONSABILITÉ CIVILE DES AGENTS IMMOBILIERS

Responsabilité civile contractuelle

Cadre de responsabilité	Nature de l'obligation
Exécution du mandat	– Le professionnel est tenu par une obligation de moyens. – Il doit accomplir sa mission avec diligence.
Rédaction des actes	Il a une obligation de résultat. Les actes doivent être accomplis dans la légalité Il doit s'assurer que les conditions nécessaires à l'efficacité juridique du contrat sont réunies
Devoir de conseil et d'information	Il doit éclairer ses clients sur les conséquences financières et fiscales ainsi que sur les risques que ces derniers peuvent prendre à l'occasion d'une opération.

L'agent immobilier est un mandataire. Sa responsabilité à l'égard du mandant est contractuelle. Il peut être amené à commettre des fautes ou négligences dans l'exercice de son mandat. À ce titre la loi du 2 janvier 1970 lui impose la souscription d'une assurance en responsabilité civile professionnelle.

Responsabilité civile extracontractuelle

L'agent immobilier peut engager sa responsabilité à l'égard de celui qui ne l'a pas mandaté s'il commet une faute préjudiciable pour le cocontractant de son mandant (ex : l'acquéreur, cocontractant du mandant).

2. LA RESPONSABILITÉ PÉNALE

1. CARACTÈRES GÉNÉRAUX DU DROIT PÉNAL

Le Code pénal classe les infractions aux lois et règlements selon leur gravité. Les plus graves sont des crimes punis par la prison et les moins graves sont de simples contraventions sous forme d'amendes.
L'infraction suppose la réunion de 3 éléments :

→ un élément légal : l'infraction et la peine sont prévues dans le Code pénal ;
→ un élément matériel : l'infraction doit être caractérisée par des actes ou des omissions ;
→ un élément moral : l'acte est accompli par une personne dont les facultés intellectuelles ne sont pas altérées.

Le nouveaux code pénal du 1er mars 1994 a introduit la mise en œuvre de la responsabilité pénale des personnes morales et de leurs dirigeants pour des infractions commises pour leur compte par leurs organes ou représentants.

2. LA RESPONSABILITÉ PÉNALE DES AGENTS IMMOBILIERS

Les domaines généraux de droit pénal

La responsabilité pénale du professionnel de l'immobilier a pour base légale les articles 314-1 et suivants du Code pénal qui détermine des infractions :

→ abus de confiance : remise de valeur et dissipation ou refus de restitution injustifié dans le cadre d'un mandat ;
→ discriminations : fait d'opérer un choix entre des personnes sur des critères discriminants ;
→ escroquerie : usage d'un faux nom, d'une fausse qualité..., dans le but de tromper une personne ;
→ faux en écritures privées : altération de la vérité de nature à causer un préjudice ;
→ publicité mensongère : rédaction et usage de termes susceptibles d'être constitutifs de tromperie ;
→ blanchiment de capitaux : Les professionnels de l'immobilier doivent déclarer les sommes ou opérations susceptibles d'opérer un blanchiment de capitaux (TRACFIN). La loi ALUR du 24 mars 2014 étend cette obligation aux syndics de copropriété.

Les domaines spéciaux

L'agent immobilier peut avoir des sanctions administratives (ex : le retrait de la carte professionnelle).
Les incriminations spécifiques sont celles prévues par la loi du 2 janvier 1970.

→ Exercice d'activités de mandataire dans des conditions irrégulières : (ex. : défaut de carte professionnelle...).
→ Exercice dans le cadre d'incapacités professionnelles visées par les articles 9 à 12 de la loi Hoguet.
→ Irrégularités à l'occasion de la perception des fonds.
→ Irrégularités à l'occasion de la perception d'une rémunération.
→ Refus de communication de documents obligatoires lors d'un contrôle, dans le cadre d'une mission de police, administrative ou de police judiciaire.

La loi ALUR du 24 mars 2014 a mis en place un organe de contrôle : le Conseil National de la Transaction et de la Gestion Immobilières (CNTGI). Il a pour mission de veiller au maintien et à la promotion des principes de moralité, de probité et de compétences nécessaires au bon accomplissement des activités d'achat, de vente, de recherche, dans le cadre de la loi du 2 janvier 1970. Une commission de contrôle et de discipline peut rédiger des rapports sur les irrégularités observées dans certaines agences et les communiquer à la DGCCRF (Direction générale de la concurrence, de la consommation et de la répression des fraudes). Elle peut décider de sanctions.

24 LES ASSURANCES DANS L'IMMOBILIER

Les affaires immobilières conduisent dans de nombreux cas à une obligation de souscription d'un contrat d'assurance car ces opérations sont exposées à des risques qui peuvent porter préjudice aux personnes concernées.

1. LES CONDITIONS GÉNÉRALES DU CONTRAT D'ASSURANCE

1. LE PRINCIPE DE L'ASSURANCE

C'est un contrat par lequel l'assureur, personne morale, s'engage, en contrepartie du paiement d'une prime ou cotisation, à verser une prestation pécuniaire à un souscripteur (l'assuré) ou ses ayants-droit, pour le cas où le risque assuré prévu au contrat arriverait.
L'intérêt du contrat d'assurance est de permettre une indemnisation rapide des victimes en dehors de toute recherche de responsabilité.

2. DÉFINITION DU RISQUE

Les risques peuvent entraîner :
➜ des dommages aux personnes ;
➜ des dommages aux biens.
Le risque s'applique au cas fortuit (événement dont on n'est pas responsable), à la faute non intentionnelle de l'assuré.

3. DÉFINITION JURIDIQUE DU CONTRAT D'ASSURANCE

Le contrat d'assurance un contrat : synallagmatique (ou bilatéral) ; aléatoire ; à titre onéreux (Prime d'assurance) ; successif (où à exécution successive) ; d'adhésion (contrat dont les clauses sont imposées à l'assuré). Ce contrat entre dans la catégorie des contrats nommés puisqu'il relève du droit des assurances, droit lui-même régi par le Code Civil et le Code des Assurances.

2. LES DOMAINES DE L'ASSURANCE DANS L'IMMOBILIER

1. L'OBLIGATION D'ASSURANCE DES AGENTS IMMOBILIERS ISSUE DE LA LOI DU 2 JANVIER 1970

La demande de carte professionnelle oblige les agents immobiliers à présenter des attestations d'assurance.

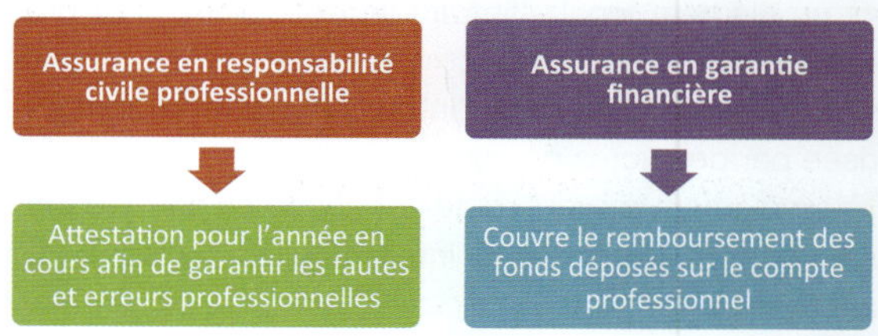

L'assurance en responsabilité civile professionnelle

L'agent immobilier est tenu à une obligation d'assurance en responsabilité civile professionnelle (art 49 du décret du 20 juillet 1972).
Cette obligation s'impose à chaque établissement, succursale, agence ou bureau, ainsi qu'aux agents commerciaux habilités par le titulaire de la carte professionnelle d'agent immobilier.

L'assurance en garantie financière

Les agents immobiliers qui détiennent des fonds, effets ou valeurs pour leurs clients (ex : un dépôt de garantie, une indemnité d'immobilisation issue d'une promesse de vente et les professionnels de la gestion immobilière)

sont tenus de souscrire une assurance en garantie financière (le montant minimum est de 110 000 € et de 32 000 € pour les deux premières années).
En gestion le montant garanti doit être au moins égal au montant des sommes détenues l'année précédente.
Ceux qui déclarent leur intention de ne détenir aucun fonds, effet ou valeur, ne sont pas tenus de justifier de cette garantie financière.

2. L'ASSURANCE HABITATION

Les biens immobiliers peuvent subir des sinistres (exemple : dégâts des eaux, incendies).

→ **Les propriétaires et les locataires** ou colocataires souscrivent un contrat d'assurance multirisque habitation. Le défaut de production d'assurance annuelle multirisques par le locataire est d'ailleurs une cause de résiliation du contrat de bail régit par la loi du 6 juillet 1989.

→ **L'assurance en responsabilité civile** des propriétaires : l'article 58 de la loi du 26 mars 2014, dite loi ALUR a rendu obligatoire la souscription par les copropriétaires d'une assurance en responsabilité civile qu'ils soient propriétaires occupants ou non.

→ **Le syndic** peut aussi souscrire un contrat d'assurance habitation pour les parties communes de l'immeuble.

3. L'ASSURANCE CONSTRUCTION

La loi « Spinetta » du 4 janvier 1978 a rendu obligatoire les assurances dans le domaine de la construction. Cette obligation est intégrée dans le code civil à travers les articles 1792 et suivants.

L'assurance dommages-ouvrage

Le maître d'ouvrage doit souscrire une assurance dommages ouvrage en vue de couvrir des dommages liés à la construction.

L'assurance construction

Garantie de parfait achèvement	S'applique aux désordres ayant fait l'objet de réserve dans le procès-verbal de réception du chantier et aux vices survenant dans la 1re année qui suit la réception du chantier
Garantie biennale	C'est la garantie de bon fonctionnement des éléments d'équipement dissociables de la construction qui dure 2 ans à compter de la réception du chantier
Garantie décennale	Elle couvre les vices graves de la construction pendant 10 ans à compter du procès-verbal de réception du chantier

4. LES ASSURANCES LOYERS IMPAYÉS

→ **La garantie « VISALE »** : l'organisme « Action Logement » a conçu un service gratuit de sécurisation des loyers. Lorsque les bailleurs du secteur privé choisissent un locataire salarié précaire ou un jeune actif, Visale garantit aux bailleurs du parc privé qui respectent les conditions d'éligibilité, le paiement de tous les loyers impayés (charges incluses) au cours des trois premières années du bail.
Le loyer maximum est égal à 50 % des revenus du locataire. Le plafond est actuellement fixé à 1 500 € en région Île-de-France et 1 300 € pour le reste du territoire.

→ **La GLI :** (Garantie des Loyers Impayés) est un contrat d'assurance privé pouvant être souscrit par tout bailleur afin de s'assurer contre les éventuels impayés de loyers et charges.

5. L'ASSURANCE DES EMPRUNTEURS

L'achat ou la construction d'un bien immobilier nécessite très souvent le recours à un emprunt immobilier. L'assurance d'un prêt immobilier n'est pas obligatoire, mais les organismes prêteurs l'exigent la plupart du temps. Les organismes prêteurs proposent un contrat d'assurance-groupe. La loi du 17 mars 2014 dite « loi Hamon » a prévu que l'emprunteur pouvait librement changer d'assurance pendant un an suivant la signature du contrat de prêt.
À compter du 1er janvier 2018 les emprunteurs peuvent changer d'assurance à chaque date anniversaire du contrat.

25 LES RÉGIMES JURIDIQUES DE TRAVAIL DANS L'IMMOBILIER

Le secteur de l'immobilier est constitué d'entreprises organisées en grands groupes et en petites unités et représente un poids économique important en France.
Les acteurs de l'immobilier sont regroupés dans des secteurs d'activité variés et exercent différents métiers liés à la vie de l'immeuble.
Les secteurs principaux d'activité sont :
- ➜ la construction ;
- ➜ la promotion ;
- ➜ la transaction vente et location ;
- ➜ l'immobilier du secteur social ;
- ➜ la gestion locative ;
- ➜ la gestion d'immeubles en copropriété.

Leur statut juridique va du statut de salarié du secteur privé à celui de travailleur indépendant. Le Code du travail dont la dernière mise à jour est entrée en vigueur le 1er mai 2008 est régulièrement mis à jour (ex. : *la loi Macron du 6 août 2015, loi du 8 août 2016 sur le travail et le dialogue social*).

1. LE RÉGIME JURIDIQUE DU SALARIÉ DE DROIT PRIVÉ

1. LE RÔLE DU CODE DU TRAVAIL

Le Code du travail recense l'ensemble des dispositions relatives à la réglementation du travail (lois et décrets). Il régit les relations entre employeurs et salariés (ex : embauche, contrats, conditions de travail, relation de travail, durée et temps de travail, suspension du contrat de travail, salaires et primes, formation professionnelle, rupture du contrat de travail, accords collectifs et usages d'entreprise, représentants du personnel, hygiène et sécurité, contrôles et contentieux, etc.)

2. LE RÔLE DES CONVENTIONS COLLECTIVES

En dehors du cadre légal du Code du travail, certaines activités de l'immobilier sont régies par des conventions collectives. Ce sont des accords écrits définissant le cadre et les conditions de travail dans l'exercice d'un métier ou d'une activité. Elles sont le résultat « d'accords majoritaires » entre partenaires sociaux et ont pour vocation de définir les grandes lignes de la relation entre salarié et employeur.
On distingue 2 catégories de conventions collectives :
- ➜ les conventions et accords conclus au niveau des branches d'activité ;
- ➜ les conventions et accords conclus au niveau des entreprises.

Elles portent principalement sur les congés, les salaires, les indemnités de licenciement, les périodes d'essai, les heures supplémentaires, etc.
On distingue plusieurs catégories de conventions collectives dans l'immobilier :
- ➜ la convention collective nationale de l'immobilier du 9 septembre 1988 qui régit les agents immobiliers, administrateurs de biens et sociétés immobilières ;
- ➜ la convention collective nationale des gardiens, concierges et employés d'immeubles (réécrite par l'*avenant n° 74 du 27 avril 2009*)
- ➜ la convention collective nationale des ouvriers employés par les entreprises du bâtiment (*décret du 1er mars 1962*)

3. LE LIEN DE SUBORDINATION

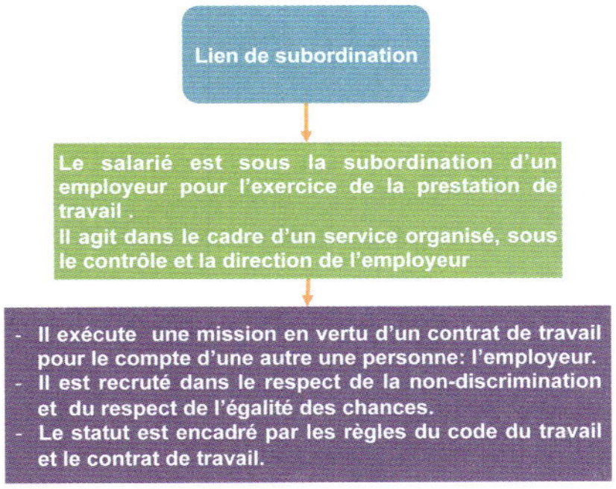

Le salarié est soumis à l'exécution d'un travail sous l'autorité d'un employeur.
Les conflits éventuels issus de ce lien juridique sont portés devant la juridiction du conseil des prud'hommes.

4. LE CODE DE DÉONTOLOGIE

Un décret 28 août 2015 fixe les obligations déontologiques qui incombent aux professionnels de l'immobilier.
→ La loyauté : le professionnel doit agir avec « conscience, dignité, loyauté, sincérité et probité ».
→ Doit veiller à ne pas se trouver en conflit d'intérêts avec ses mandants.
→ Le respect des lois.
→ La « prudence et la discrétion dans l'utilisation des données à caractère personnel et des informations relatives à leurs mandants ».
→ L'absence de discrimination.
→ Le respect des obligations en matière de lutte contre le blanchiment des capitaux ;
→ une obligation de formation continue.
En cas de violation de ces règles, les professionnels s'exposent à des « sanctions disciplinaires » prononcées par la Commission de contrôle des activités de transaction et de gestion immobilières.

2. LE RÉGIME DU TRAVAILLEUR INDÉPENDANT

Définition

Le travailleur indépendant est une personne physique qui exerce son activité en toute autonomie, à titre personnel et sous sa propre responsabilité.
Il doit être immatriculé auprès de l'organisme compétent (Chambre de commerce et de l'industrie) et son statut est encadré par les règles du droit commercial et du droit civil selon l'activité

Le statut d'indépendant dans l'immobilier

L'agent immobilier a le choix entre différents statuts pour ses collaborateurs. Il peut opter pour :
→ une relation salariée de négociateur immobilier VRP (ou non) ;
→ le contrat de mandat d'intérêt commun avec un professionnel indépendant, appelé « agent commercial ».
Quel que soit le statut du collaborateur, le collaborateur devra être titulaire de l'attestation de collaborateur afin de prouver qu'il fait bien partie des personnes habilitées à négocier, s'entremettre ou s'engager pour le compte de l'agent immobilier *(article 9 du décret n° 72-678 du 20 juillet 1972).*
L'agent commercial est un travailleur indépendant, enregistré au Registre Spécial des Agents Commerciaux (RSAC) auprès du Greffe du Tribunal de Commerce et au Centre de Formalités des Entreprises (CFE).
Il n'a pas la qualité de commerçant, il n'accomplit pas d'actes de commerce. Il agit au nom et pour le compte de l'agent immobilier, le but étant de développer la clientèle et l'essor de l'agence.

26 LE CONTRAT DE TRAVAIL

Convention par laquelle une personne (le salarié) s'engage à mettre à la disposition d'une autre personne (l'employeur) sa force de travail, moyennant une rémunération et sous la subordination de cette dernière. Il se caractérise par 3 éléments :

- ➜ l'exécution d'un travail ;
- ➜ en échange d'une rémunération ;
- ➜ un lien de subordination qui correspond à la direction et au contrôle exercé par l'employeur sur le travail du salarié.

C'est un contrat synallagmatique, à titre onéreux, *intuitu personae*, d'adhésion, à exécution successive (voir fiche 19).

1. LA CONCLUSION DU CONTRAT DE TRAVAIL

1. FORME DU CONTRAT

Le contrat de travail à durée indéterminée (CDI) peut être écrit ou verbal.

Toutefois, si le contrat reste verbal, l'employeur a l'obligation de remettre au salarié un document écrit reprenant les informations contenues dans la déclaration préalable à l'embauche adressée à l'Urssaf (ou à la Mutualité Sociale Agricole – MSA).

Hormis le CDI à temps complet, tous les autres contrats doivent être écrits.

Certaines clauses peuvent être insérées dans le contrat (ex : clause de mobilité) à condition que celles-ci ne soient pas contraires à l'ordre public (ex : clause discriminatoire ou rémunération inférieure au SMIC).

Le contrat peut prévoir une période d'essai permettant à l'employeur comme au salarié de rompre le contrat, au cours de cette période sans formalité ni indemnité, mais en respectant un délai de préavis. La période doit être mentionnée dans le contrat ou dans la lettre d'engagement de façon explicite.

2. LES DROITS ET LES OBLIGATIONS

Les obligations nées du contrat de travail doivent être respectées et exécutées de bonne foi :

L'employeur est tenu de :

- ➜ fournir un travail dans le cadre de l'horaire établi ;
- ➜ verser le salaire correspondant au travail effectué ;
- ➜ respecter les autres éléments essentiels du contrat (qualification, lieu de travail quand il est précisé dans le contrat…) ;
- ➜ faire effectuer le travail dans le respect du Code du travail et de la convention collective applicable à l'entreprise.

Le salarié doit tenir les engagements mentionnés dans le contrat de travail et le règlement intérieur de l'entreprise.

2. L'EXÉCUTION DU CONTRAT DE TRAVAIL

1. LES PRINCIPAUX CONTRATS DE TRAVAIL

Nature du contrat	Définition
Le Contrat de travail à Durée Indéterminée (CDI)	Il n'y a pas de fin de contrat prévue. Sa durée est illimitée. Il peut s'agir d'un contrat à temps plein (35 heures), à temps partiel, intermittent : en alternance de périodes travaillées et non travaillées.
Le Contrat de travail à Durée Déterminée	Le contrat fixe un terme précis et une date de fin de contrat entre 9 et 24 mois selon le cas.
Le Contrat de Travail Temporaire (CTT)	Le contrat ne peut avoir ni pour objet ni pour effet de pourvoir durablement un emploi lié à l'activité normale et permanente de l'entreprise utilisatrice.

Le contrat de profession-nalisation	C'est un contrat de travail conclu entre un employeur et un salarié jeune âgé entre 16 et 25 ans ou demandeurs d'emplois de plus de 26 ans permettant d'acquérir une qualification professionnelle (ex : diplôme ou titre). Le salarié bénéficie d'une alternance de périodes de formation et de périodes de travail.
Le contrat d'apprentissage	Il permet à l'apprenti de suivre une formation en alternance en entreprise sous la responsabilité d'un maître d'apprentissage et dans un centre de formation des apprentis (CFA) pendant 1 à 3 ans.

2. LES CLAUSES DU CONTRAT DE TRAVAIL

Le contrat de travail comporte des mentions obligatoires dictées par le Code du travail et les conventions collectives, mais il peut aussi comporter des clauses spécifiques :

→ **la clause de non-concurrence :** le salarié s'engage à ne pas faire de concurrence à son ancien employeur. Cette clause doit être limitée dans le temps et dans l'espace et entraîne une indemnité compensatrice ;

→ **la clause de dédit-formation :** elle oblige un salarié à s'engager à rester au service de l'employeur pendant un certain délai en contrepartie de la formation suivie dans le cadre de son travail ;

→ **la clause de mobilité :** dans le cadre de l'intérêt de l'entreprise, l'employeur et la convention collective peuvent prévoir la possibilité de muter le salarié sur une zone géographique ;

→ **la clause de garantie d'emploi :** l'employeur s'engage à ne pas rompre le contrat de travail du salarié pendant un certain temps ;

→ **la clause de résultat** appelée aussi « objectifs » permet à l'employeur de fixer à un salarié un résultat quantifié, qu'il devra réaliser sur une période donnée. On peut trouver ce type de clause dans le cadre d'un contrat d'agent commercial. Le licenciement ne peut toutefois pas tenir à la seule raison du non-respect des objectifs fixés.

3. LA RUPTURE DE LA RELATION DE TRAVAIL

La rupture du contrat peut résulter d'un licenciement ou d'une démission du salarié.

1. LA DÉMISSION DU SALARIÉ

Elle doit être exprimée par le salarié de façon claire et non équivoque (lettre).
Le salarié doit respecter un préavis de démission.

2. LE LICENCIEMENT

Le Code du travail détermine les conditions légales du licenciement d'un salarié. En cas de litige, le conseil de prud'hommes vérifie le caractère légitime et sérieux du licenciement.

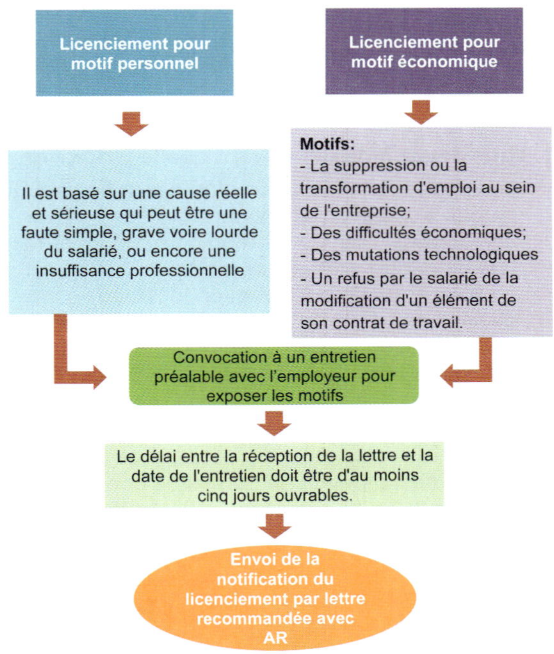

Le licenciement à l'initiative de l'employeur ouvre doit à des indemnités en fonction de l'ancienneté du salarié.

3. LA RUPTURE CONVENTIONNELLE DU CONTRAT DE TRAVAIL

C'est une procédure permettant à l'employeur et au salarié de convenir d'un commun accord des conditions de la rupture du contrat de travail. Elle n'est possible que pour les Contrats de travail à Durée Indéterminée (CDI) et ne peut être imposée. Un accord d'entreprise peut prévoir une rupture conventionnelle collective.

EXERCICES

Exercice 1

M. Pierre G. est employé d'immeuble de catégorie A dans un immeuble en copropriété depuis 13 ans. Le syndic B a repris la gestion de l'immeuble et consulte le contrat de travail. Après étude des droits à congés de M. Pierre G, vous consultez trois sources de droit qui gouvernent son droit à congé.

1. Quelles sont ces sources ?

2. Quelle est leur hiérarchie ?

Exercice 2

1. Vous devez indiquer devant quelle juridiction vous pouvez porter les affaires suivantes :

- la demande de restitution d'un dépôt de garantie d'un montant de 1 000 € dans le cadre d'un contrat de bail à usage d'habitation ;
- une contestation autour d'un bornage de terrain ;
- une demande de mise sous tutelle ;
- un litige entre un bailleur et un locataire ;
- un litige sur un changement de régime matrimonial ;
- une contestation sur un droit de propriété immobilière ;
- un litige portant sur une dette de 5 000 € ;
- une contestation sur un bail commercial ;
- une contestation entre un agent immobilier et un fournisseur ;
- un litige entre un salarié en contrat de professionnalisation et une agence immobilière ;
- une contestation sur un permis de construire ;
- un litige entre un exploitant agricole et son propriétaire bailleur ;
- un litige portant sur une vente immobilière réalisée par une agence immobilière.

Un client de votre agence, M. HOTO vous demande un conseil. Un journal local a fait un article sur les belles maisons architecturales de la région et a illustré le reportage en intégrant une photo de sa maison. Depuis, il constate un afflux de personnes qui se postent devant chez lui et cela occasionne des nuisances quotidiennes. Il se demande s'il ne peut pas intenter une action en justice contre le journal car il estime que son droit de propriété est perturbé.

2. Quelles sont les conditions générales de l'action en justice ?

3. Présentez les caractères du droit de propriété.

4. Exposez les limites au droit de propriété.

Exercice 3

Une maison vient d'être vendue à des acquéreurs. Peu de temps après la prise de possession des lieux, les nouveaux propriétaires constatent que le fermier local entrepose des produits très odorants sur ce terrain. Gênés par les odeurs nauséabondes, ils se rendent à l'agence immobilière qui a établi l'entremise sur la vente afin de demander des conseils sur les suites à donner à cette situation.

Vous êtes chargé (e) d'apporter une réponse à votre client. Vous vous servez de vos recherches sur Internet afin de les informer sur leurs droits. Vos photos sur l'environnement du terrain sur lequel est située la maison ne montrent pas l'existence de produits entreposés sur le terrain. Et lors des visites, aucune trace de ce fumier n'a été constatée. Vous faites des recherches et vous disposez d'un extrait d'une décision de la cour de cassation du 17 février 2011.

1. L'agent immobilier peut-il voir sa responsabilité engagée et sur quel terrain juridique ?

2. Quels sont les moyens d'action dont disposent les acquéreurs pour remédier à cette situation ?

3. Que signifie les phrases et groupes de mots en caractères gras dans l'arrêt ?

Extrait de la décision de la cour de cassation

LA COUR DE CASSATION, DEUXIÈME CHAMBRE CIVILE, a rendu l'arrêt suivant :
Sur le moyen unique :
Vu l'article 4 du Code de procédure civile ;
Attendu, selon l'arrêt attaqué, que M. et Mme X... sont propriétaires d'une maison d'habitation à Sasse, jouxtant une parcelle sur laquelle la société I.S.N. (la société) a entrepris au cours de l'année 2003 une activité de stockage de bouteilles de gaz, et installé une cuve d'azote liquide ; que se plaignant de troubles anormaux de voisinage provenant de cette exploitation, M. et Mme X..., après **expertise obtenue en référé**, ont fait assigner la société devant un tribunal de grande instance afin de la voir condamner à cesser son activité ;
Attendu que **l'arrêt infirme le jugement** ayant condamné la société à interrompre son activité de stockage de gaz liquéfié et condamne la société à exécuter les préconisations de l'expert (déplacement du stockage au nord du terrain, création d'un poste d'eau équipé en permanence et formation du personnel de la société) ;
Qu'en statuant ainsi, alors que la demande de M. et Mme X..., dont la société se bornait à solliciter le rejet, tendait exclusivement à obtenir la suppression totale de l'activité de stockage de gaz, la cour d'appel, qui a modifié l'objet du litige, a violé le texte susvisé
PAR CES MOTIFS :
CASSE ET ANNULE, ... l'arrêt rendu le 30 juin 2009, entre les parties, par la cour d'appel de Grenoble ; remet, en conséquence, sur les autres points, la cause et les parties dans l'état où elles se trouvaient avant ledit arrêt et, pour être fait droit, les renvoie devant la cour d'appel de Lyon ;
Condamne la société I.N.S. aux dépens ;
Vu l'article 700 du Code de procédure civile, condamne la société International Services à payer à M. et Mme X... la somme globale de 2 500 euros.

Exercice 4

Le décret du 28 août 2015 a mis en place un Code de déontologie pour les professionnels de l'immobilier.

1. Que revêt le terme déontologie ?

2. Quelles sont les sanctions en cas de violation du Code de déontologie ?

Exercice 5

Un particulier envisage de vendre sa maison située aux abords de sa commune. Il consulte un agent immobilier afin de faire une estimation de son bien. L'agent immobilier l'informe que vu la situation de sa maison, la commune dispose d'un droit de préemption. Il vous demande de lui apporter des précisions sur le droit de préemption et ses conséquences par rapport à son projet.

1. Dans quels cas la commune peut-elle exercer un droit de préemption ?

2. Définissez cette notion juridique.

3. Quelles sont les conditions d'exercice du droit de préemption ?

4. Quelles seront les conséquences de cette situation juridique par rapport à son projet de vente.

Exercice 6

Vous êtes sur le point de mettre en vente votre appartement et vous savez que la vente sera effective à la signature de l'acte authentique. L'agent immobilier vous a expliqué que vous pouviez cependant signer une promesse de vente par acte sous-seing privé.

1. Expliquez la différence entre un acte authentique et un acte sous-seing privé.

2. Quelles sont les conséquences juridiques de l'acte authentique ?

Exercice 7

Un propriétaire vient d'hériter d'une maison, d'un appartement, et de 40 hectares de terres agricoles.

Dans l'acte authentique de succession il a noté des termes juridiques : « Immeubles », « par nature », « par destination » et « par l'objet auquel il s'applique » et vous demande de lui préciser ces termes.

1. Définissez ces termes.

2. Qualifiez les éléments mentionnés dans l'acte : troupeau de mouton, boiseries sculptées faisant corps avec le mur, servitude de passage, des ruches à miel. Un usufruit au profit d'une tante.

L'agent immobilier et le notaire lui ont conseillé de constituer une société civile entre ses frères et sœurs afin de favoriser l'exploitation du patrimoine reçu en héritage. L'appartement étant libre d'être loué. Les héritiers envisagent une location sous le régime de la location nue du 6 juillet 1989.

3. En quoi la création d'une société civile peut être un outil de gestion d'un patrimoine familial ?

4. Le bailleur étant une personne morale, le contrat de bail à usage d'habitation signé pour la location doit-il être d'une durée minimale de 6 ans ? Justifiez votre réponse.

Par ailleurs après vérifications, les héritiers constatent qu'un fermier local a entretenu pendant longtemps une des terres de la succession et a même construit une étable sur cette terre. Il n'a jamais reçu d'acte l'y autorisant. Il s'en sert depuis de nombreuses années comme terre de pâturage. Un des frères se pose la question de la prescription trentenaire qui pourrait être revendiquée par ce fermier.

5. Quelles sont les conditions de la prescription trentenaire appelée aussi « usucapion » ?

6. Ce fermier peut-il revendiquer la propriété de la terre.

Exercice 8

Le Code civil énonce dans son article 815 : « Nul ne peut être contraint à demeurer dans l'indivision et le partage peut toujours être provoqué, à moins qu'il n'y ait été sursis par jugement ou convention ».

1. Citez et expliquer les deux formes juridiques d'indivision.

2. Quelles sont les règles de majorité requise pour la prise de décision sur un bien indivis ?

3. Quelle est la solution qui permet de gérer au mieux un bien appartenant à plusieurs ?

Afin de contourner la situation d'indivision, un couple envisage de conclure un PACS afin de pouvoir acheter un bien immobilier.

4. Définissez le PACS.

5. Quelles sont les conséquences juridiques et patrimoniales relatives à la conclusion d'un PACS ?

Exercice 9

Sur la commune de Dampleux (02600), un jeune diplômé du BTS Professions immobilières envisage d'ouvrir une agence immobilière spécialisée dans la gestion de copropriété et la transaction vente et location.

Un local est disponible sur la commune. Il doit maintenant mettre au point son projet et demander la carte professionnelle. Il envisage d'être seul dans un premier temps afin d'avoir le moins de charges possibles tout en envisageant de se développer par la suite et de recruter un collaborateur.

1. Quels sont les critères à prendre en compte pour le choix de la forme juridique de son agence ?

2. Quelle structure peut-on lui conseiller ?

3. Quelles sont les obligations professionnelles de l'agent immobilier commerçant ?

Exercice 10

Un couple de personnes âgées s'interroge sur leur avenir et les difficultés pouvant survenir du fait de handicaps. Ils ont entendu parler d'une possibilité de prévoir à l'avance un mode de protection pour le cas où l'un d'entre eux serait en difficulté et victime d'incapacités.

1. Quel est le moyen juridique permettant d'envisager par avance une protection future ?

2. Faut-il obligatoirement faire établir un acte authentique ? Précisez-en les conséquences ?

3. Citez et définissez les différents types de protection des majeurs incapables ?

Exercice 11

Des époux mariés sous un régime de séparation de biens envisagent de modifier leur régime matrimonial. À la suite d'une modification de leur activité professionnelle, le régime de séparation de biens ne s'impose plus.

1. Quelles sont les conditions à respecter pour changer de régime matrimonial ?

2. Qu'est-ce qu'un régime de séparation de biens ?

3. Les époux choisissent d'opter pour un régime de communauté légale réduite aux acquêts. Expliquer le fonctionnement de ce régime matrimonial.

Ils ont décidé de faire une donation à leurs deux enfants. Mais ils ont besoin d'avoir des précisions sur les droits relatifs à cet acte modifiant la consistance de leur patrimoine. Le notaire leur a expliqué que les actes de donation étaient envisageables à condition de ne pas porter atteinte à la réserve héréditaire.

4. Expliquer les notions de réserve héréditaire et de quotité disponible.

5. En cas de décès de l'un des conjoints quels sont les droits du conjoint survivant ?

Exercice 12

Des acquéreurs ont visité une maison (une ancienne grange rénovée) dans un petit village par l'intermédiaire d'un agent immobilier. Une promesse de vente est conclue sous la condition suspensive de l'obtention d'un prêt immobilier. Par ailleurs, après avoir vérifié la surface du terrain, il s'avère que la surface du terrain indiquée dans la promesse de vente ne correspond pas à la réalité. Les acquéreurs, au moment de la signature de l'acte authentique refusent de verser les honoraires de 15 000 € à l'agence immobilière.

1. Quelle est la conséquence juridique de la clause relative à l'obtention d'un prêt ?

2. Quelle sera la juridiction compétente en cas de litige portant sur le refus de verser les honoraires ?

3. La responsabilité de l'agence immobilière peut-elle être engagée ? sur quel fondement juridique ?

4. Vous caractériserez le contrat de prêt immobilier

5. Les acquéreurs peuvent-ils invoquer un vice du consentement ? rappelez les principaux vices de consentement.

Exercice 13

La réglementation en matière de droit de la construction repose sur les règles générales du droit civil (responsabilité civile contractuelle et délictuelle) mais connaît des spécificités légales.

1. Rappelez les conditions d'assurance des constructeurs.

2. Pourquoi les propriétaires sont-ils tenus de s'assurer, et quelle est l'assurance qu'ils doivent contracter ?

Exercice 14

Une négociatrice salariée d'une agence immobilière se voit confier la prise de mandat pour un appartement. Elle propose de l'acheter directement au vendeur pour son propre compte et déclare vouloir y établir son habitation. Mais quelque temps plus tard elle décide de le revendre à un prix supérieur. Le directeur de l'agence découvre l'opération et envisage de rompre son contrat de travail.

1. Définissez le contrat de travail.

2. Le directeur de l'agence peut-il rompre le contrat du négociateur ?

3. Présentez les étapes de la procédure applicable.

4. Présentez les avantages de la rupture conventionnelle.

Exercice 15

1. Vous devez préciser les obligations d'information relatives à la rédaction d'une annonce pour la mise en vente d'un appartement en copropriété.

2. Expliquez comment sont calculés les honoraires de location pour un bien situé en zone tendue, dont la surface est de 55 m^2.

3. Indiquez en quoi consiste la « délégation de mandat ».

4. En quoi consistent les honoraires d'entremise dans la vente immobilière ?

SOLUTIONS

Exercice 1

1.Quelles sont ces sources ?
Le Code du travail, le contrat de travail et la convention collective.

2.Quelle est leur hiérarchie ?
Chaque norme doit respecter la norme supérieure.
La convention collective en principe prévoit des dispositions plus favorables que le Code du travail pour le salarié. Le contrat de travail ne peut déroger aux lois, règlements et conventions collectives.
Dans l'ordre : le Code du travail, la convention collective, le contrat de travail.

Exercice 2

1. Vous devez indiquer devant quelle juridiction vous pouvez porter les affaires suivantes :

- la demande de restitution d'un dépôt de garantie d'un montant de 1 000 € dans le cadre d'un contrat de bail à usage d'habitation : tribunal de proximité ;
- une contestation autour d'un bornage de terrain : médiation et accord amiable ;
- une demande de mise sous tutelle : juge des contentieux de la protection ;
- un litige entre un bailleur et un locataire : commissaire départemental de conciliation ;
- un litige sur un changement de régime matrimonial : tribunal judiciaire ;
- une contestation sur un droit de propriété immobilière : tribunal judiciaire ;
- un litige portant sur une dette de 5 000 € : tribunal de proximité ;
- une contestation sur un bail commercial : tribunal judiciaire ou commerce ;
- une contestation entre un agent immobilier et un fournisseur : tribunal de commerce ;
- un litige entre un salarié en contrat de professionnalisation et une agence immobilière : conseil de prud'hommes ;
- une contestation sur un permis de construire : tribunal administratif ;
- un litige entre un exploitant agricole et son propriétaire bailleur : tribunal paritaire des baux ruraux ;
- un litige portant sur une vente immobilière réalisée par une agence immobilière : tribunal judiciaire.

2. Quelles sont les conditions générales de l'action en justice ?
Pour intenter une action en justice il faut avoir :

- un intérêt à agir personnel, né, actuel et légitime ;
- une qualité pour agir : le titulaire du droit, ses héritiers ou créanciers ;
- la capacité juridique.

3. Présentez les caractères du droit de propriété
Réel : porte directement sur la chose objet du droit.
Absolu : c'est la faculté de tirer de la chose toutes les utilités dont elle est susceptible (usus, fructus, abusus).
Exclusif : le propriétaire est le seul détenteur des droits usus, abusus, fructus.
Perpétuel : le droit de propriété dure autant que dure la chose et ne s'éteint pas à la mort du propriétaire puisqu'il est transmis à ses héritiers.

4. Exposez les limites au droit de propriété
Les principales limites à ce droit de propriété sont :

- les limites fondées sur l'intérêt des tiers : issues de la jurisprudence : l'abus de droit et les troubles de voisinage, règles de plantation et de construction entre propriétés voisines.
- limites fondées sur l'utilité publique : usages et lois, règlements et intérêts généraux, règles du PLU.

Exercice 3

1. L'agent immobilier peut-il voir sa responsabilité engagée et sur quel terrain juridique ?
Il aurait pu voir sa responsabilité délictuelle engagée (responsabilité civile vis-à-vis des tiers) si les acquéreurs peuvent rapporter la preuve que cette situation était connue de l'agent immobilier. Il doit apporter toutes les informations nécessaires à la bonne conclusion de la vente. En l'occurrence dans cette affaire il peut dégager sa responsabilité car il peut apporter des preuves de l'inexistence de ce stockage (photos).

2. Quels sont les moyens d'action dont disposent les acquéreurs pour remédier à cette situation ?
Dans un premier temps ils peuvent essayer une résolution amiable du problème avec le fermier. S'adresser au tribunal de proximité et en cas de persistance du problème, ils peuvent intenter une action en justice auprès du tribunal judiciaire sur le terrain juridique du « trouble anormal de voisinage après avoir tenté la résolution amiable par un conciliateur de justice ».

3. Que signifient les phrases et groupes de mots en caractères gras dans l'arrêt ?

- **Expertise obtenue en référé :** c'est une action rapide devant la justice civile qui permet de demander des mesures provisoires afin de régler des cas urgents. Dans le cas présent, le référé permet au demandeur de faire constater et cesser le trouble par un enlèvement du stockage en attendant l'issue du procès. C'est une décision provisoire.
- **L'arrêt infirme le jugement :** l'arrêt de la cour d'appel a contredit le jugement de première instance.

Exercice 4

1. Que revêt le terme déontologie ?
Les agents immobiliers, administrateurs de biens, syndics de copropriété, marchands de listes doivent exercer leur profession avec « conscience, dignité, loyauté, sincérité et probité » pour donner la meilleure image de leur profession. Ils doivent veiller à ne pas se trouver en conflit d'intérêts avec leurs mandants, ni dans les opérations qui leur sont confiées, ni dans l'exercice d'activités annexes.

2. Quelles sont les sanctions en cas de violation du Code de déontologie ?
La Commission de contrôle des activités de transaction et de gestion immobilières peut transmettre un rapport à la DGCCRF.

Exercice 5

1. Dans quels cas la commune peut-elle exercer un droit de préemption ?
Le droit de préemption doit être exercé en vue de la réalisation d'opérations d'aménagement urbain d'intérêt général (création d'équipements collectifs, création de logements sociaux, lutte contre l'insalubrité, renouvellement urbain…). Elle exerce ce droit en vue d'une gestion optimale du foncier et en vue d'éviter une spéculation immobilière.

2. Définissez cette notion juridique : Le droit de préemption permet à une personne publique, généralement une commune, d'acquérir en priorité, dans certaines zones préalablement définies par elle, un bien immobilier mis en vente par une personne privée (particulier) ou morale (entreprise). Le propriétaire du bien n'est alors pas libre de vendre son bien à l'acquéreur de son choix et aux conditions qu'il souhaite.

3. Quelles sont les conditions d'exercice du droit de préemption ?
La commune doit préalablement définir, par une délibération au conseil municipal, les zones à préempter pour sa localité (ex : ZAC). Elle doit mentionner précisément l'objet pour lequel ce droit est exercé et en quoi l'opération projetée est conforme à cet objectif.
La délibération instituant un droit de préemption doit faire l'objet.

- d'un affichage en mairie pendant un délai d'un mois ;
- et d'une insertion dans des journaux diffusés dans le département.

Le préfet possède aussi un droit de préemption afin de réaliser des logements sociaux dans les communes possédant un parc locatif social trop faible.

4. Quelles seront les conséquences de cette situation juridique par rapport à son projet de vente
Le vendeur peut vendre à la commune son bien ou exercer un recours en annulation de ce droit au tribunal administratif (délai de 2 mois à compter de l'affichage en mairie).

Exercice 6

1. Expliquez la différence entre un acte authentique et un acte sous-seing privé :

➜ **un acte authentique** est un document rédigé conformément aux formalités légales par un officier public habilité par la loi (notaire, officier d'état civil, huissier de justice) et qui est parfois obligatoire pour l'accomplissement de certains actes ;

➜ **l'acte sous-seing privé** est rédigé par des personnes privées (promesse rédigée par l'agent immobilier).

2. Quelles en sont les conséquences juridiques ?

L'acte authentique constitue une preuve certaine, donc il est difficilement contestable, sauf à prouver qu'il s'agit d'un faux. Il est doté de qualités juridiques :

➜ il a une force probante ;

➜ une force exécutoire ;

➜ une date certaine ;

➜ si l'un des signataires refuse de respecter les engagements contenus dans l'acte, il peut y avoir exécution forcée. Il a alors la même force qu'un jugement ;

➜ certains actes revêtent obligatoirement la forme authentique (donation, ventes, contrat de mariage…) ;

➜ l'acte notarié peut être établi et signé sur support électronique ;

➜ l'original de l'acte s'appelle « la minute » qu'il conserve dans les archives de l'office. Il établit des copies qu'il remet aux parties « appelées expéditions ».

Exercice 7

1. Définissez ces termes :

➜ **Immeuble par nature :** choses définies par le Code civil et ne pouvant être susceptibles d'être déplacées : Fonds de terre et bâtiments.

➜ **Immeuble par destination :** meubles placés pour le service et l'exploitation d'un fonds, soit attachés au fonds à perpétuelle demeure.

➜ **Par l'objet auquel il s'applique :** il s'agit de droits immobiliers et non de biens.

2. Qualifiez les éléments précisés dans l'acte :

➜ troupeau de mouton : immeuble par destination ;

➜ boiseries sculptées faisant corps avec le mur : par destination ;

➜ servitude de passage : par l'objet auquel il s'applique ;

➜ ruches à miel : par destination ;

➜ usufruit : par l'objet auquel il s'applique.

3. En quoi la création d'une société civile peut être un outil de gestion d'un patrimoine familial

La SCI familiale permet aux membres d'une même famille d'être propriétaires, dans des proportions différentes ou pas, et de gérer ensemble, un ou plusieurs biens immobiliers dans un but non commercial.

Les SCI sont réglementées par les dispositions communes à toutes les sociétés, fixées par les articles 1832 et suivants du Code civil, ainsi que par les articles 1845 et suivants.

C'est une entité juridique dotée de la personnalité morale distincte des personnes qui la composent. La SCI permet d'atteindre plusieurs objectifs :

➜ optimiser un investissement : Elle permet à plusieurs personnes de réaliser un investissement immobilier important dépassant la capacité de chacune et de réaliser un investissement locatif

➜ obtenir un avantage fiscal selon le régime fiscal des associés qui peuvent choisir de déclarer les bénéfices de la société à l'impôt sur les revenus ou l'impôt sur les sociétés.

➜ éviter l'indivision : elle peut naître à l'occasion d'une succession, ce qui permet aux héritiers d'éviter la situation d'indivision et de favoriser ainsi la gestion du patrimoine immobilier. En effet dans l'indivision certaines décisions se prennent à l'unanimité et peuvent entraîner des situations de blocage, car les actes de dispositions nécessitent l'unanimité des indivisaires. Dans une SCI, toutes les décisions sont prises selon la règle de majorité des associés.

➜ favoriser la transmission aux héritiers à travers la cession des parts sociales.

4. Le bailleur étant une personne morale, le contrat de bail à usage d'habitation signé pour la location peut-il être d'une durée minimale de 6 ans ? Justifiez votre réponse.

Le contrat de bail est d'une durée de 3 ans car il s'agit d'une société civile familiale (définition dans le contrat type de bail issu de la loi du 6 juillet 1989).

5. Quelles sont les conditions de la prescription trentenaire appelée aussi « usucapion » ?
« L'usucapion » ou prescription acquisitive est un moyen permettant au possesseur d'un bien d'en acquérir la propriété. Pour revendiquer la possession il faut réunir plusieurs conditions :
- une intention : il faut montrer une intention de posséder
- une possession continue et non interrompue : dépourvue d'un vice de discontinuité (actes accomplis de manière épisodique)
- paisible : la possession doit avoir établi de façon non violente
- publique : Les actes du possesseur sont apparents
- non équivoque et à titre de propriétaire : le comportement du possesseur ne doit pas pouvoir s'interpréter comme l'exercice d'un autre droit. Ainsi le locataire, le dépositaire, l'usufruitier et tous autres qui détiennent précairement le bien ou le droit du propriétaire ne peuvent le prescrire.
  En matière d'usucapion immobilière, le Code civil exige que la possession dure 30 ans.

6. Ce fermier peut-il revendiquer la propriété de la terre.
L'acquisition de propriété par prescription nécessite obligatoirement une action en usucapion, par la voie d'un avocat du possesseur, devant le président du tribunal de grande instance afin d'être reconnue en tant que telle et de produire tous ses effets. La loi ne permet pas au possesseur réunissant les conditions de l'usucapion de devenir propriétaire de plein droit.
Seul un jugement peut constater l'existence de l'usucapion.

Exercice 8

1. Citez et expliquer les deux formes juridiques d'indivision.
- **Indivision légale :** indivision successorale : situation issue de la loi sur le partage d'une succession issue d'un défunt.
- **Indivision conventionnelle :** établi par la volonté des parties. Elle est à durée limitée (5 ans).

2.Quelles sont les règles de majorité requise pour la prise de décision sur un bien *indivis* ?
- **Acte de conservation :** tout indivisaire peut prendre seul les actes conservatoires qui permettent de maintenir le bien en bon état de conservation (réparations urgentes, assurances.)
- **Acte d'administration :** règle des 2/3 des droits indivis (ex : conclusion d'un mandat de gestion).
- **Acte de disposition :** unanimité sauf pour la vente du bien afin d'éviter une dégradation ou régler une dette (règle des 2/3).

3. Quelle est la solution qui permet de gérer au mieux un bien appartenant à plusieurs ?
La création d'un SCI.

4. Définissez le PACS et ses modalités de constitution
Il s'agit d'un contrat organisant la vie commune, notamment la communauté de dépenses et d'habitation. Il ne peut être conclu que par 2 personnes majeures capables, personnes de même sexe ou de sexe différent.
Les futurs partenaires doivent se présenter en personne et ensemble à la mairie ou chez un notaire pour faire enregistrer leur déclaration conjointe de Pacs. Le lieu d'enregistrement du Pacs dépend du lieu de la résidence commune des futurs partenaires.

5. Quelles sont les conséquences juridiques et patrimoniales relatives à la conclusion d'un PACS ?
- Inscription à l'État civil en marge de l'acte de naissance avec l'indication du nom du conjoint.
- Devoirs réciproques entre partenaires : Assistance réciproque, soutien et aide mutuelle et matérielle (résidence, revenus, dépenses).
- Résidence commune : en cas de décès du conjoint, le partenaire survivant bénéficie d'un droit au logement et sur le mobilier pendant 1 an. Si les conjoints étaient locataires, la succession (constituée de la part successorale du défunt attribuée aux héritiers) rembourse au fur et à mesure les loyers pendant 1 an.
- Une aide matérielle entre partenaires : qui peut être proportionnelle à leur faculté respective (inscrire dans le contrat).
- Une obligation solidaire aux dettes pour les besoins de la vie courante : les loyers et charges de copropriété participent de la vie courante.
- Les biens acquis ensemble par les partenaires peuvent être en régime de séparation ou en indivision (les biens peuvent être mentionnés dans la convention).
- Le droit à héritage : S'il n'y a pas d'enfant héritier réservataire, les conjoints peuvent léguer par testament l'ensemble de leurs biens au partenaire survivant et écarter ainsi les parents du défunt.

- Impôts : imposition commune à compter de l'imposition des revenus de la 1re année de l'enregistrement du pacte.

Exercice 9

1. Quels sont les critères à prendre en compte pour le choix de la forme juridique de son agence ?

- Le besoin en capitaux.
- L'existence ou non d'associés.
- Le besoin en financement dans le cadre d'un développement.
- Le mode de gestion : pouvoir partagé ou non.
- Le régime social du dirigeant : salarié ou non.
- La protection du patrimoine familial.
- Le régime fiscal.

2. Quelle structure peut-on lui conseiller ?

L'entreprise individuelle à responsabilité limitée (EIRL).

L'EURL avec un contrat de société mais un associé unique.

SARL pour le développement de l'entreprise, l'ouverture à d'autres associés et la confiance des partenaires financiers.

La SASU : société par action simplifiée unipersonnelle.

3. Quelles sont les obligations professionnelles du commerçant ?

Les commerçants doivent accomplir des obligations :

- Obligations comptables et sociales :
  - documents d'enregistrements des mouvements : livre journal, grand livre, livre d'inventaire ;
  - documents de synthèse annuels à la clôture de l'exercice : bilan, compte de résultat, et leurs annexes ;
  - ouverture d'un compte bancaire ou postal ;
  - affiliation au régime social des travailleurs indépendants, régime de retraite.
- Obligations fiscales : le commerçant est assujetti à différents impôts et taxes (taxe professionnelle, déclaration de revenu au titre des bénéfices industriels et commerciaux (BIC), TVA).
  Le régime d'imposition BIC peut être un régime réel normal ou simplifié (tenue d'une comptabilité complète mais simplifiée) ou au forfait (tenue d'un registre de recettes et dépenses, factures).
- Carte professionnelle G et S.

Exercice 10

1. Quel est le moyen juridique permettant d'envisager par avance une protection future ?

Le mandat de protection future permet de désigner à l'avance la ou les personnes (mandataires) pouvant gérer tout ou partie du patrimoine et de veiller sur la personne pour le jour où elle ne sera plus en état physique ou mental de le faire seule. Le mandat pourra porter :

- soit sur la protection de la personne ;
- soit sur la gestion des biens et du patrimoine ;
- soit sur les 2.

La protection des biens et celle de la personne peuvent être confiées à des mandataires différents.

2. Faut-il obligatoirement faire établir un acte authentique ? Précisez-en les conséquences.

Le mandat peut être établi par acte authentique notarié ou par acte sous-seing privé.

Le mandat authentique permet d'autoriser le mandataire à procéder à des actes de disposition du patrimoine du mandant (par exemple : vente d'un bien immobilier). Dans ce cas le mandataire rend compte de ses actes au notaire et lui remet l'inventaire des biens et le compte annuel. Le notaire peut signaler au juge des tutelles tout acte litigieux pris par le mandataire contraire aux intérêts du mandant.

Un mandat pris par des parents pour leur enfant est obligatoirement notarié.

Mandat sous seing privé : la gestion des biens se limite aux actes d'administration, c'est-à-dire ceux qu'un tuteur peut faire sans autorisation du juge (renouveler le bail d'un locataire par exemple). Tout acte de disposition nécessite l'autorisation du juge des tutelles.

3. Citez et définissez les différents types de protection des majeurs incapables ?
Il existe trois mesures de protection judiciaire :
- la sauvegarde justice : mesure temporaire ou en attente d'une autre mesure de protection ;
- la curatelle : assistance dans les actes par un curateur ;
- la tutelle : tous les actes sont placés sous le contrôle d'un juge des contentieux de la protection.
- 3 mesures d'habilitation judiciaire auprès du juge des contentieux (habilitation du conjoint, habilitation familiale, mesures d'accompagnement).

Exercice 11

1. Quelles sont les conditions à respecter pour changer de régime matrimonial ?
Quel que soit celui choisi au moment du mariage, les époux peuvent au bout de 2 ans, dans l'intérêt de la famille, décider de modifier le régime matrimonial.
Les personnes qui avaient été parties dans le contrat modifié et les enfants majeurs de chaque époux sont informées personnellement de la modification envisagée. Chacun d'eux peut s'opposer à la modification dans le délai de trois mois.

2. Qu'est ce qu'un régime de séparation de biens ?
Régime matrimonial établi par un contrat de mariage rédigé par-devant notaire.
Chaque époux reste propriétaire des biens qui lui appartenaient au jour du mariage ainsi que de ceux qu'il achètera pendant le mariage ou s'il recueillera par succession, donations ou legs.
Il sera seul responsable de ses dettes et il pourra disposer seul de ses biens à l'exception du logement de famille.
Les biens achetés ensembles sont en indivision.

3. Les époux choisissent d'opter pour un régime de communauté légale réduite aux acquêts. Expliquer le fonctionnement de ce régime matrimonial.
Les biens communs sont tous les biens achetés pendant le mariage mais aussi les revenus des époux.
Les biens propres sont les biens acquis par héritage, par donation et avant le mariage.
Chaque époux peut administrer seul les biens de la communauté. Mais les actes de disposition doivent être conclus d'un commun accord.

4. Expliquer les notions de réserve héréditaire et quotité disponible :
La réserve est la part minimale d'héritage à laquelle ont droit les héritiers dits « réservataires ».
Les héritiers réservataires sont les descendants, le conjoint survivant.
La quotité disponible est la part pouvant être donnée ou léguée par testament.
En présence de descendants, la part successorale réservée aux enfants :
- la moitié des biens en présence d'un enfant ;
- les 2/3 des biens en présence de deux enfants ;
- les 3/4 des biens en présence de trois enfants ou plus.

5. En cas de décès de l'un des conjoints quels sont les droits du conjoint survivant ?
Le conjoint survivant a droit :
- droit à la moitié des biens acquis ensemble + une part sur le patrimoine du défunt ;
- la jouissance gratuite du logement pendant un an (si c'est une location, la succession doit régler les loyers) ;
- droit d'usage sur le mobilier

Exercice 12

1. Quelle est la conséquence juridique de la clause relative à l'obtention d'un prêt ?
C'est une condition suspensive, c'est-à-dire que la vente ne pourra se faire que si les acquéreurs obtiennent leur prêt.
SI la banque refuse le prêt, ils peuvent se désengager sans pénalité. Le contrat est anéanti.

2. Quelle sera la juridiction compétente en cas de litige portant sur le refus de verser les honoraires ?
L'action sera portée devant le tribunal judiciaire car le montant du litige est supérieur à 10 000 €.

3. La responsabilité de l'agence immobilière peut-elle être engagée ? sur quel fondement juridique ?
Oui car l'agent a commis une faute professionnelle en n'apportant les conseils avisés et l'information exacte. Une action en responsabilité civile délictuelle est possible car les acquéreurs sont victimes d'une faute commise par l'agent immobilier qui aurait dû s'assurer que toutes les conditions sont requises pour assurer la conclusion de la vente.

4. Vous caractériserez le contrat de prêt immobilier.
Contrat formel, écrit, réel, à titre onéreux, à exécution successive.

5. Les acquéreurs peuvent-ils invoquer un vice du consentement ? rappelez les principaux vices de consentement
L'article 1129 du Code civil énonce que le sujet du contrat doit être sain d'esprit pour que le contrat soit valable et l'art 1130 défini les trois catégories de vices :
➜ l'erreur ;
➜ la violence ;
➜ le dol.
Les vices de consentement sont une cause de nullité relative du contrat. Dans ce cas il y a eu une erreur sur la surface.

Exercice 13

1. Rappelez les conditions de responsabilité des constructeurs
Elle est encadrée par les articles 1792 à 1792-7 du Code civil. Les constructeurs sont réputés responsables de plein-droit des dommages qui compromettent la solidité d'un ouvrage ou qui l'affectent dans l'un de ses éléments constitutifs ou l'un de ses éléments d'équipement, le rendant impropre à sa destination.
Il y a donc une présomption de responsabilité des constructeurs

2. Pourquoi les propriétaires sont-ils tenus de s'assurer, et quelle est l'assurance qu'ils doivent contracter ?
Le propriétaire de l'ouvrage qui fait réaliser des travaux est tenu de souscrire une assurance dommage-ouvrage afin de garantir en dehors de toute recherche de responsabilité une indemnisation en vue de la réparation rapide.

Exercice 14

1. Définissez le contrat de travail.
Convention par laquelle une personne, le salarié met son activité professionnelle à la disposition d'une autre personne, l'employeur, qui lui verse en contrepartie un salaire et a autorité sur elle par un lien de subordination.

2. Le directeur de l'agence peut-il rompre le contrat du négociateur ?
Oui Il y a un motif légitime et sérieux : motif personnel. Licenciement disciplinaire pour faute.

3. Présentez les étapes de la procédure applicable
Convocation à un entretien préalable : LRAR ou remise en main propre contre décharge avec mention de l'objet de l'entretien.
Tenue de l'entretien : 5 jours de délai (assistance du salarié possible par une personne de son choix).
Notification du licenciement par LRA avec motifs au moins 2 jours ouvrables après l'entretien.

4. Présentez les avantages de la rupture conventionnelle.
Permet une séparation en bons termes et offre au salarié le bénéfice de l'assurance chômage et d'une indemnité de rupture.

Exercice 15

1. Vous devez préciser les obligations d'information relatives à la rédaction d'une annonce pour la mise en vente d'un appartement en copropriété.

Toute annonce de vente d'un logement en copropriété émanant d'un professionnel de l'immobilier (agent immobilier, notaire...) ou d'un particulier doit contenir plusieurs informations :

- la mention explicite que le bien est situé dans une copropriété ;
- le nombre de *lots de copropriété* dans l'immeuble ;
- la quote-part annuelle de charges de copropriété ;
- l'existence de procédures en cours ou non ;
- la part TTC des honoraires à la charge de l'acquéreur (en pourcentage du prix hors honoraires) ;
- le prix de vente honoraires TTC inclus doit apparaître en premier aux yeux du consommateur ;
- le prix exprimé hors honoraires doit également apparaître sur l'annonce (si les honoraires sont à la charge exclusive du vendeur, seul le prix de vente hors honoraires doit être mentionné) ;
- le DPE.

2. Expliquez comment sont calculés les honoraires de location pour un bien situé en zone tendue, dont la surface est de 55 m².

Honoraires de location : $10 \times 55 = 550$ € payés par le locataire et le bailleur, soit un total de 1 100 €.

3. Indiquez en quoi consiste la « délégation de mandat ».

La délégation de mandat concerne les mandats exclusifs ou semi-exclusifs. Le vendeur autorise l'agent immobilier qui détient le mandat exclusif à conclure une convention avec une ou plusieurs autres agences afin d'aider à la commercialisation du bien. Si une autre agence trouve un acquéreur, le contrat prévoit un partage des honoraires.

4. En quoi consistent les honoraires d'entremise dans la vente immobilière ?

Les honoraires d'entremise sont des honoraires fixés librement par l'agent immobilier et supportés uniquement par le bailleur.

SOMMAIRE
ÉCONOMIE ET ORGANISATION

Certains outils et points spécifiques du référentiel font l'objet de fiches à consulter en ligne, signalées par le symbole @ dans le sommaire.

1 PRÉSENTATION DU MARCHÉ DE L'IMMOBILIER

En économie, un marché est un lieu où se rencontre l'offre (les vendeurs) et la demande (les acheteurs). L'ajustement entre offre et demande permet de déterminer un prix d'équilibre (il s'agit du prix pour lequel l'offre est égale à la demande).
Il existe différents types de marchés : marché de biens et services, marché du travail, marché financier…

1. FONCTIONNEMENT THÉORIQUE D'UN MARCHÉ

1. LE FONCTIONNEMENT DE BASE

Si l'offre est supérieure à la demande, les offreurs vont être en compétition pour attirer cette demande et baisser leur prix pour trouver un acheteur.
À l'inverse, si la demande est supérieure à l'offre, les offreurs auront tendance à augmenter leur prix sachant qu'ils trouveront preneur vu l'excédent de demande.

Mais la formation du prix par la rencontre de l'offre et de la demande n'est possible que dans l'hypothèse d'une concurrence pure et parfaite.

2. LA CONCURRENCE PURE ET PARFAITE

Sur un marché de concurrence pure et parfaite, plusieurs conditions sont requises :

➜ **offreurs et demandeurs sont nombreux et de taille réduite.** Ainsi aucun des agents économiques ne peut influer à lui seul sur le prix ;

➜ **offreurs et demandeurs sont parfaitement informés** au sujet des quantités présentes sur le marché et prix pratiqués ;

➜ **l'offre peut à tout moment varier** du fait de l'entrée possible d'un nouveau concurrent ;

➜ **les biens doivent être homogènes** de façon à ce que les demandeurs n'aient que le prix comme critère d'achat ;

➜ **les facteurs de production (travail et capital) doivent être mobiles** c'est-à-dire que les agents économiques doivent pouvoir se les procurer en fonction de leurs besoins.

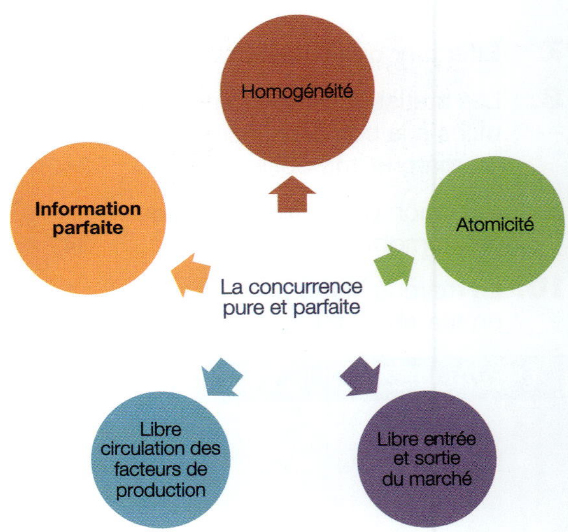

2. LE MARCHÉ IMMOBILIER, UN MARCHÉ DE CONCURRENCE IMPARFAITE

1. LE MARCHÉ IMMOBILIER, UN MARCHÉ DIVISÉ EN DEUX SOUS-MARCHÉS

→ Résidences, appartements, entrepôts… sont des biens qui peuvent faire l'objet d'une vente. Le prix correspond donc à la valeur attribuée au bien en lui-même. On parle alors de bien logement.

→ Mais ces mêmes biens peuvent faire l'objet d'un service dont le prix correspond à un loyer en contrepartie d'un usage. On parle alors de service logement.

2. LE MARCHÉ IMMOBILIER, UN MARCHÉ DE CONCURRENCE IMPARFAITE

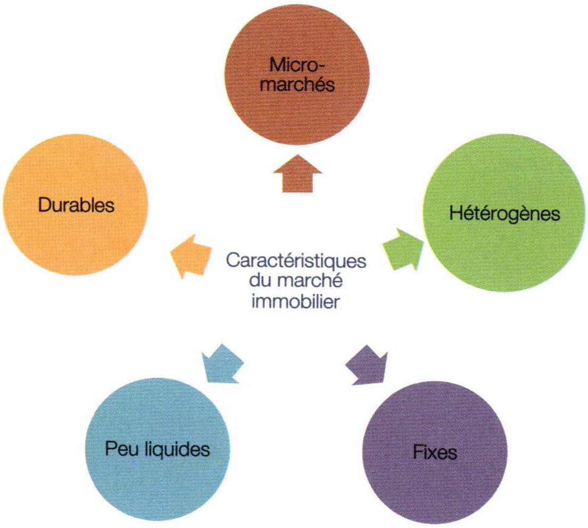

Ces marchés de ventes et locations sont des marchés de concurrence imparfaite et ce pour plusieurs raisons liées à la spécificité des biens :

→ Il n'y a pas un marché mais des micro-marchés en fonction du lieu notamment. Pour un type de bien donné, la demande et donc le prix peut être différent selon une ville donnée ou un quartier voire une rue. La préférence des acheteurs est liée par exemple à l'existence de commerces, moyens de transports, écoles, parcs…

→ Les biens sur le marché de la vente comme de la location sont hétérogènes. Chaque bien possède ses propres caractéristiques (surface, nombre de pièces, état d'entretien…). Il est donc difficile de comparer ces biens.

→ Les biens immobiliers sont fixes et peu liquides c'est-à-dire qu'on ne peut les transporter et les vendre ou les acheter rapidement à l'exception de la « pierre papier » (détention de parts sociales de société civile de placement immobilier).

→ Enfin, ce marché est très réglementé et la réglementation peut évoluer à tout moment impactant ainsi un marché de biens dit durable dont la durée de vie est de plusieurs dizaines d'années.

2 LE MARCHÉ IMMOBILIER RÉSIDENTIEL

Le parc de logements est relativement important en France par rapport à la population. au 1er janvier 2020, la France métropolitaine compte 37 millions de logements pour 66,99 millions de Français.

Evolution annuelle moyenne du nombre de logements en %

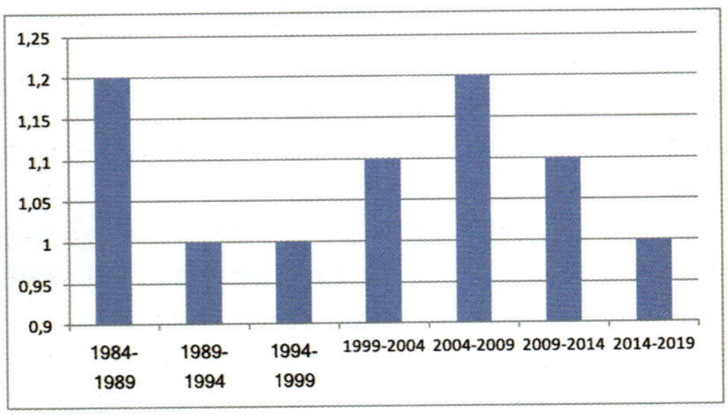

Une partie de ce parc est régulièrement mise sur le marché de la vente ou de la location. Ainsi comme sur tout marché, il existe sur le marché immobilier résidentiel une offre et une demande qui détermine un prix d'équilibre. Mais son fonctionnement est plus complexe qu'il n'y paraît et de nombreux facteurs viennent influencer les comportements des différents acteurs du marché faisant régulièrement varier offre et demande.

1. UNE OFFRE DOUBLE : LOGEMENTS NEUFS OU LOGEMENTS ANCIENS

1. LES LOGEMENTS NEUFS

C'est à partir des mises en chantier en date réelle et des permis de construire qu'il est possible de chiffrer et d'analyser le secteur du neuf.

Depuis la crise de 2008, les mises en chantier sont moins nombreuses et varient au grès des mesures gouvernementales (mesures d'encouragement à l'achat par la défiscalisation par exemple), de la conjoncture économique, de la crise de la covid-19 qui a accentué cette situation.

On distingue :

➜ les logements individuels purs (un seul logement) ;

➜ les biens individuels groupés (dans le cadre d'un lotissement par exemple) ;

➜ les biens collectifs ;

➜ les résidences de services (pour personnes âgées, étudiants…).

Les chiffres de la construction varient au gré de la conjoncture. Le nombre de permis de construire a chuté de 6,5 % entre mai 2020 et avril 2021 par rapport aux 12 mois précédents. Toutefois sur la même période, on observe une augmentation de 7 % des mises en chantier.

Ces biens sont construits soit par des constructeurs de maisons individuelles soit par des promoteurs privés soit par des bailleurs sociaux. La raréfaction du foncier (terrains) ou son prix élevé sur certaines communes ralentissent les possibilités de construction.

2. LES LOGEMENTS ANCIENS

Les logements anciens ont vocation à alimenter le marché de la vente ou de la location jusqu'à leur destruction.

Les ventes

Les ventes de logements concernent les appartements comme les maisons. 2019 enregistre un record de transactions (1 059 000), soit une hausse annuelle de 10,4 %. Le marché en Île-de-France, et dans les grandes villes était particulièrement dynamique jusqu'en 2020.

En revanche, 2020 enregistre une perte de 4 %, une baisse relativement contenue au vu de la conjoncture. 2020 est également marquée par une baisse de transaction en Île-de-France. Contre toute attente, 2021 pourrait se traduire par une hausse record des transactions. En Ile-de-France, après un premier trimestre 2021 encourageant, le deuxième trimestre 2021 est relativement décevant. Les franciliens sont attirés par des régions plus verdoyantes (Normandie par exemple). Ce marché est alimenté par le marché du neuf, la mobilité résidentielle (changement du lieu de résidence) lié par exemple à un déménagement, la mise en vente d'un logement vacant ou d'une résidence secondaire ou par des bailleurs sociaux qui désirent renouveler leur parc.

Les locations

En ce qui concerne le marché de la location, il convient de distinguer les logements sociaux du parc privé.

Les logements sociaux sont en nombre insuffisants et la mobilité résidentielle très limitée. Ainsi ces logements n'approvisionnent presque pas le marché de la location. C'est donc le marché privé qui fourni l'essentiel des opportunités de location. L'offre locative est dépendante de la mobilité résidentielle (changement de locataire), du changement d'usage d'une résidence (location d'un logement vacant par exemple ou à l'inverse retrait, mise en vacance d'un logement jusque-là loué, du fait d'une nouvelle législation défavorable aux propriétaires).

2. LE CHOIX DU DEMANDEUR : ACHETER OU LOUER

1. L'ACHAT

Les Français sont très attachés à la propriété. Ils achètent essentiellement pour occuper personnellement le logement.

47 % des acheteurs sont des **primo-accédants** (personne acquérant un logement pour la première fois). Un quart d'entre eux souhaite effectuer un investissement immobilier.

Le marché du logement ancien domine et représente plus des ¾ des ventes totales.

Dans l'ensemble, les acheteurs ont une préférence pour les logements individuels plutôt que pour les logements collectifs. Ceci s'explique par le fait qu'une majorité d'acheteurs sont des couples avec enfants. Les personnes seules optent plutôt pour des logements collectifs.

Les Français désirant acquérir un logement ont un budget compris entre 190 000 et 260 000 euros. À l'heure actuelle, 30 % des acquéreurs ont un budget supérieur à 250 000 €. On observe un vieillissement de la population des acquéreurs qui ont pour la grande majorité aux alentours de 45 ans.

Ainsi on distingue parmi les logements récemment acquis :

- ➜ l'individuel existant (plus de 50 %) ;
- ➜ le collectif ancien (pour un quart) ;
- ➜ l'individuel neuf (environ 20 %) ;
- ➜ le collectif neuf.

Ce marché est très dépendant de la conjoncture économique. Il a été très dynamique de 1997 jusqu'à la crise de 2009 époque à laquelle, il a enregistré une chute brutale pour remonter dès l'année 2010. Des taux d'intérêts bas, les aides financières dédiées à ce secteur et la présence d'investisseurs profitant de prix plus bas expliquent la reprise du marché immobilier de 2010. Aussi, en dépit de la crise de la Covid-19, le marché immobilier résiste plutôt bien.

D'autres facteurs viennent influencer la demande de biens immobiliers :

- ➜ les taux d'intérêt : des taux d'intérêt bas peuvent augmenter la capacité d'emprunt ou être un élément déclencheur au niveau de la décision d'achat ;
- ➜ les mesures gouvernementales telles que l'instauration d'un prêt à taux zéro ou la déduction des intérêts des emprunts ;
- ➜ des facteurs plus globaux qui jouent sur le long terme tels que l'augmentation de la population.

2. LA LOCATION

C'est essentiellement vers le secteur locatif privé que se tourne la demande. Et pour cause, le secteur locatif social offre peu d'opportunités. 42 % des ménages sont locataires.

➜ Le secteur locatif social : ces logements attribués par les bailleurs sociaux, les collectivités territoriales et l'État sont réservés aux personnes qui disposent de ressources inférieures à un plafond. Les délais d'attente pour un logement social sont importants. À Paris par exemple, il faut compter 6 ans pour un F1 et 10 ans pour un F4.

➜ Le parc est restreint et la mobilité peu importante. Les personnes à faibles ressources n'ayant pu accéder à ce parc sont contraintes de se tourner vers le parc privé.

➜ Le secteur locatif privé : il s'est considérablement développé depuis 1975. Toutefois, le manque de logement se fait sentir dans certaines communes.

Ce parc est composé essentiellement d'appartements. La demande émane surtout des ménages jeunes et des personnes seules qui n'ont pas accès au parc social. Le taux de rotation est relativement important, 17,8 % et varie fortement selon la tranche d'âge (33 % chez les moins de 30 ans).

3. LE PRIX SUR LE MARCHÉ IMMOBILIER

1. LE PRIX DE VENTE

Évolution

Après des années de stabilité relative, le secteur immobilier a connu une forte hausse stoppée en 2008 par la crise économique. La baisse des prix qui s'en est suivie a été de courte durée.

Les prix sont repartis à la hausse dès le fin 2009 et ce jusqu'en 2011.

Depuis les prix sont stables ou fléchissent légèrement selon le lieu géographique. Ainsi par exemple, si les prix de l'ancien en 2014 ont baissé de 1,7 %, sur la même période, les prix des appartements franciliens ont baissé de seulement 1,5 % et les prix des appartements en région Aquitaine ont augmenté de 1,2 %. Les prix du neuf sont restés relativement stables en 2014.

Depuis 2015, les prix sont repartis à la hausse mais les disparités restent fortes. Après de fortes hausses, Bordeaux a enregistre une baisse de 0,3 % en 2019. Paris, Rennes, Nantes et Lyon ont connu sur la même période des hausses de 4 à 7 %. Par contre, Marseille, Montpellier, Lille enregistrent des variations de prix comprises entre –2 % et +2 %.

En 2020, les prix ont augmenté de 5,7 % sur Paris, de 11,6 % sur Lyon, et de 10,4 % sur Nantes. En début d'année 2021, les prix ont légèrement chuté sur Paris.

Fonctionnement

Les prix sont donc dépendants :

➜ du type de bien :
- neuf/ancien ;
- appartement/logement individuel.

➜ du lieu géographique.

Le prix d'équilibre entre offre et demande tarde parfois à s'établir. En effet, les offreurs sont réticents à baisser leur prix malgré des délais d'achat qui s'allongent, estimant que la baisse est transitoire et qu'ils finiront par trouver preneur au prix qu'ils désirent.

2. LE PRIX DE LA LOCATION

Évolution

Depuis les années 2000, les loyers ont connu une forte hausse. Sur le court terme, la hausse n'est que légère et très variable selon le lieu géographique. Chaque trimestre, l'Insee publie l'indice de référence des loyers qui sert à indexer les loyers des logements d'habitation. L'IRL du 15 octobre 2021 a été fixé par l'INSEE à 131,67. Sur un an la hausse est de 0,83 %. On constate depuis 2002 une hausse moyenne de 1,4 % par an.

Intervention étatique

➜ **Sur le marché privé** : en théorie, un marché fonctionne librement sans intervention étatique. En pratique, il arrive que l'État légifère pour orienter le marché. C'est le cas ici. Pour freiner la hausse des loyers en zone tendue (zones dans lesquelles il y a plus de demandes que d'offres et donc une augmentation des prix), l'État a mis en place un système d'encadrement des loyers en fixant pour chaque zone un loyer de référence. Fin 2017, le tribunal administratif a annulé les arrêtés mettant en œuvre l'encadrement des loyers à paris au motif que la zone d'application choisie était trop restrictive. La loi ELAN, promulguée fin novembre 2017, offre la possibilité aux communes situées en zone tendue qui le souhaitent de recourir à l'encadrement des loyers. Courant 2022, Bordeaux et Montpellier viendront plafonneront également les loyers tout comme Paris, Lyon, Villeurbanne.

➜ **Dans le secteur social**, ce n'est pas l'offre et la demande qui déterminent le prix car les loyers sont réglementés et plafonnés. Si globalement les loyers du secteur social sont inférieurs à ceux du secteur privé, ils n'en ont pas moins connu une hausse sur le long terme plus importante que dans le privé.

3 LES CARACTÉRISTIQUES DU PARC RÉSIDENTIEL

1. QUELLE UTILISATION EST FAITE D'UN LOGEMENT ?

Un logement peut-être utilisé comme résidence principale, secondaire ou rester vacant.

Utilisation des logements en 2021

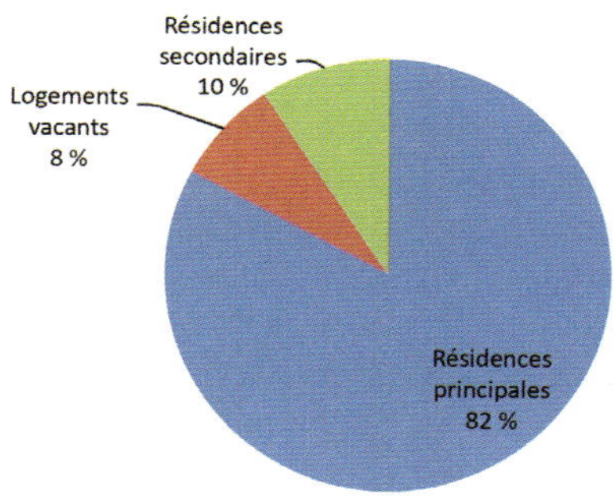

1. LES RÉSIDENCES PRINCIPALES

Selon l'Insee, une résidence principale est un logement occupé de façon habituelle pendant au moins huit mois de l'année, à titre principal, par au moins une personne du ménage.

➜ 82 % sont des résidences principales.

En 10 ans, ce nombre a augmenté de 10,4 %.

➜ 78 % de ces résidences sont situées en zones urbaines dont plus de 16 % dans l'agglomération parisienne.

➜ Ce parc est vieillissant. Un quart des résidences principales ont été construites avant 1949 et quasiment deux tiers entre 1949 et 1999.

➜ La surface moyenne par personne est en augmentation. Elle atteint aujourd'hui 40 m² alors qu'elle n'était que de 25 m² en 1973.

➜ 61 % des logements ont au moins 4 pièces et plus.

➜ La sur-occupation (l'indice d'occupation est l'étude de la surface du logement par rapport à la composition du ménage) et le surpeuplement (l'indice de peuplement est l'étude du nombre de pièce par rapport à la composition du ménage) sont en baisse. Cela s'explique d'une part par le fait que les logements nouvellement construits sont de taille plus conséquente et d'autre part par le fait que le nombre de personnes par ménage est en baisse.

Notons enfin que la part des logements sans confort sanitaire (présence ou absence d'eau courante, WC…) n'est plus que de 1,4 % contre 15 % il y a 30 ans. Un décret du 6 mars 1987 a fixé les conditions minimales de confort et d'habitabilité auxquelles doivent répondre les locaux mis en location. La loi SRU du 13 décembre 2000 complété par le décret du 30 janvier 2002 a introduit la notion de logement décent.

2. LES RÉSIDENCES SECONDAIRES

Une résidence secondaire est un logement utilisé occasionnellement pour le week-end, les loisirs ou les vacances.

➜ 10 % des logements sont des résidences secondaires (la France détient le record mondial du nombre de résidences secondaires).

En 10 ans, ce chiffre a augmenté de 6,1 %. Ces résidences sont nombreuses en zones littorales et rurales (Charente-Maritime, sud de la France par exemple).

Si ce parc est relativement ancien, on observe de plus en plus de constructions neuves.

Localement, ces résidences engendrent des retombées économiques non négligeables du fait de leur construction, de l'entretien, des dépenses touristiques. Elles alimentent également la commune en taxes d'habitation, taxes foncières.

Toutefois, ces résidences sont peu fréquentées (42 nuits par an).

3. LES LOGEMENTS VACANTS

Selon l'Insee, un logement vacant est un logement inoccupé se trouvant dans l'un des cas suivants :

- proposé à la vente, à la location ;
- déjà attribué à un acheteur ou un locataire et en attente d'occupation ;
- en attente de règlement de succession ;
- conservé par un employeur pour un usage futur au profit d'un de ses employés ;
- gardé vacant et sans affectation précise par le propriétaire (exemple un logement très vétuste…).

8,4 % des logements sont des logements vacants. En 10 ans ce chiffre a augmenté de 37,1 %.

Un paradoxe alors que l'on parle de plus en plus de pénurie de logement.

Comment expliquer une telle augmentation ?

D'une part, les programmes de défiscalisation ont conduit à la construction de logements neufs dans des communes qui n'en avaient pas besoin.

Les surfaces construites sont réduites et ne correspondent pas à la demande.

Le phénomène est identique dans le parc social. La loi impose aux communes la construction de 20 % de logements sociaux. Or, dans certaines communes, en l'absence de demande, ces logements restent vacants.

D'autre part, certains propriétaires gardent volontairement leur logement vide considérant ce bien comme un investissement qui s'appréciera avec le temps ou le réserve à la location estivale jugée plus rentable qu'une location à l'année.

2. LE STATUT D'OCCUPATION : PROPRIÉTAIRE OU LOCATAIRE ?

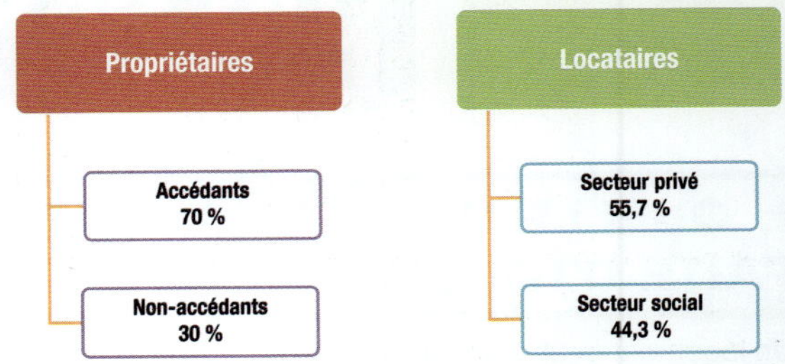

1. LES PROPRIÉTAIRES

On distingue deux catégories de propriétaires :

➜ **les propriétaires accédants**, propriétaires ayant acquis leur résidence principale et qui ont un crédit en cours pour l'achat de ce bien.

➜ **les propriétaires non-accédants** qui n'ont pas de crédit en cours pour l'achat de leur résidence principale.

57,7 % des Français sont propriétaires de leur résidence principale. Parmi les propriétaires, 70 % sont des propriétaires accédants. En 10 ans, on note une augmentation des propriétaires accédants de 24 %. Les propriétaires non-accédants sont 30 % et en 10 ans leur nombre a baissé de 7,8 %.

2. LES LOCATAIRES

Parmi les locataires, 58 % sont locataires du parc privé (en hausse de 10,7 % sur les 10 dernières années) et ceux du secteur social 42 % (en hausse de 9,4 % sur 10 ans).

4 LA DIVERSITÉ DU MARCHÉ PROFESSIONNEL ET SES CARACTÉRISTIQUES

1. L'ÉVOLUTION DE CE MARCHÉ

1. UN MARCHÉ RÉCENT

Au XIXe siècle, l'industrialisation a favorisé la construction de locaux d'entreprise. Les entreprises réalisent et conçoivent directement les locaux qu'elles occupent. Ce sont des productions pour compte propre.
Il faudra attendre les années 60/70 pour que se développe un véritable marché avec une offre et une demande de produits différenciés à la vente comme à la location.
Aujourd'hui, ce marché est essentiellement locatif. La conjoncture économique et la concurrence accrue entraînent des changements de stratégie plus fréquents de la part des entreprises nécessitant des modifications d'implantation. De plus, l'entreprise peut utiliser le capital pour développer son activité ou financer son pôle recherche et développement.

2. UN MARCHÉ VARIÉ

Ce marché est aujourd'hui particulièrement diversifié en terme de produit :
- bureaux ;
- usines ;
- commerces ;
- entrepôts ;
- parking ;
- hôtels ;
- cliniques ;
- maisons de retraite.

En raison de la rentabilité, les investisseurs ont une préférence nette pour l'immobilier de bureaux qui représente plus de 60 % de l'investissement en immobilier d'entreprise, devant les commerces (15 %).

3. UN FONCTIONNEMENT ET UNE TERMINOLOGIE À PART

Programme en blanc ou en gris

Les investisseurs recherchent un retour sur investissement et un rendement intéressant. Deux types de stratégie sont donc menés :
- la mise en place d'un programme spéculatif en blanc : la construction est lancée sans vente ou location préalable aux utilisateurs ;
- la mise en place d'un programme spéculatif en gris : la construction débute après location ou vente de tout ou partie à un utilisateur.

Le loyer

On distingue le loyer facial du loyer prime et hors prime.
- Le loyer facial est le loyer annuel par an et par mètre carré inscrit sur le bail.
- Le loyer prime est le loyer le plus élevé pour un type de bien pour un marché donné.

Pourquoi un loyer facial différent du loyer réellement payé ?

Le prix d'un immeuble à la revente étant étroitement lié à la rentabilité espérée, donc au loyer, il est préférable de maintenir dans le temps un loyer facial stable et élevé. Les locataires n'étant pas prêts à débourser un tel montant, le propriétaire leur propose en échange de l'inscription au bail du loyer demandé, une franchise de loyer, ou la prise en charge de travaux.

La demande placée

La demande placée est l'ensemble des transactions effectuées en immobilier d'entreprise. Il s'agit aussi bien des m² vendus ou loués que des locaux neufs ou de seconde main.

Les locaux de seconde main

Il s'agit de locaux qui ont déjà été occupés ou qui n'ont pas été occupés depuis plus de cinq ans.

2. LES BUREAUX

Les bureaux sont des locaux utilisés pour des activités administratives, juridiques, comptables… c'est-à-dire des activités intellectuelles.

En France, l'immobilier de bureaux est concentré sur l'Île-de-France jusque dans les années 60. Par la suite, il se développe d'une part dans les métropoles régionales tout particulièrement dans le sud de la France et sur la façade atlantique et d'autre part en Europe avec le développement du commerce international.

Les principales capitales européennes se font alors concurrence. Londres et Paris deviennent les deux leaders européens.

Le parc de bureau est hétéroclite. En effet, certains biens résidentiels n'avaient pas pour vocation de servir à un usage professionnel. L'entreprise privilégie donc parfois, l'emplacement au détriment de la surface occupée, de l'agencement de l'espace ou de la qualité du travail. Il en est ainsi des bureaux de centre-ville.

En périphérie des grandes villes, les espaces bureaux anciens sont souvent délaissés pour des immeubles récents (neufs ou neufs restructurés) répondant aux besoins actuels en matière d'agencement, de normes, d'économie d'énergie et donc de coût de fonctionnement.

De ce fait, on observe en Île-de-France, un excès d'offres et en parallèle une pénurie d'immeubles correspondant aux critères des entreprises multinationales.

Jusqu'en 2020 ce marché se portait bien. Le taux de vacance était en moyenne de 5,5 %. Sur Paris intra-muros, le taux de vacances était de seulement 2,3 %.

Ce marché avait été fortement impacté par la crise de 2008 puis avait retrouvé des couleurs. Le voici à nouveau touché par la crise de la Covid-19 : sur l'année 2020, on observe en Île-de-France une hausse de 18 % de la vacance. La demande évolue. Les entreprises désirent des bureaux peu énergivores pour limiter les coûts et des espaces modulables.

3. LES COMMERCES

1. LES TYPES DE COMMERCES

Les commerces sont des locaux destinés à accueillir une clientèle.

On distingue :

→ Les centres et parcs commerciaux

- **Les centres commerciaux** sont des ensembles composés d'un hypermarché (dont la surface est égale ou supérieure à 2 500 m²) ou d'un supermarché (dont la surface est comprise entre 400 m² et 2 499 m²) et de magasins. Ils sont situés le plus souvent à l'extérieur des agglomérations.
- **Les parcs commerciaux** : selon le CNCC (Conseil National des Centres Commerciaux), un centre commercial se définit comme « *un ensemble d'au moins 20 magasins et services totalisant une surface commerciale utile minimale de 5 000 m², conçu, réalisé et géré comme une entité* ». Val d'Europe en est un exemple.

→ Les magasins implantés en centre-ville

Ces commerces sont multiples et très variés et leur activité dépend principalement de l'emplacement.

2. LES CENTRES ET PARCS COMMERCIAUX

Ces espaces se sont développés à partir des années 1970 avec l'inauguration de Parly 2 dans les Yvelines. Leur développement très rapide sera freiné par des lois telles que la loi Royer en 1973 qui imposera une autorisation administrative pour toute nouvelle ouverture.

La crise et la baisse de la consommation ont impacté ce marché tout particulièrement dans les zones déjà bien pourvues en parc d'activité commerciale. Le développement de ces parcs continu toutefois à proximité des villes de taille moyenne moins bien équipées.

La conjoncture économique à conduit les acteurs du secteur à plus de prudence et à ajourner certains projets d'extension ou de création.

Stratégies de repositionnement et innovation sont donc privilégiées.

De nouveaux concepts de plus en plus gigantesques voient le jour incluant des espaces verts, des rues, places… Une mini-ville en proche agglomération ou bien-être, écologie et développement durable sont mis en avant afin de séduire des consommateurs de plus en plus exigeants.

3. LE *RETAIL* EN CENTRE-VILLE

Le *retail* ou commerce de détail est en déclin depuis vingt ans. Les raisons sont multiples :

➜ le *retail* a été fortement impacté par le développement des centres commerciaux ;

➜ pendant longtemps les propriétaires des commerces étaient exploitants de leurs propres murs, ce qui est de moins en moins le cas aujourd'hui ;

➜ ce marché est aujourd'hui réglementé (heures d'ouverture, liquidation de stocks…).

Tous ces facteurs et le fait que le chiffre d'affaires d'un commerce est largement dépendant de l'emplacement du local ont contribué à diviser le marché. On distingue :

➜ les emplacements très prisés des centres-villes qui attirent les investisseurs et conservent une rentabilité correcte ;

➜ les emplacements secondaires dont la rentabilité pâtit d'un manque de demande.

4. LES ENTREPÔTS

Un entrepôt est un bâtiment logistique qui sert de lieu de réception, de stockage et de préparation des produits avant leur livraison aux clients.

1. TENDANCE DU MARCHÉ

Le marché des entrepôts est relativement stable dans l'ensemble. Toutefois, depuis 2015 la demande placée en immobilier logistique est en forte progression grâce à la grande distribution et à l'e-commerce. Les bâtiments de très grande taille (bâtiments supérieurs à 50 000 m^2) représentent 37 % de la demande.

On observe de grands écarts de loyers liés à la localisation, à la qualité des bâtiments, au type de produit (clés-en-main, produit disponible…). Si dans un premier temps la pandémie à fait chuté le marché, très vite le marché des entrepôts a connu une embellie liée à la vente à distance.

2. LE *DRIVE* : CONCEPT EN PLEIN DÉVELOPPEMENT

Qu'est ce qu'un *drive* ?

Le concept du *drive* connaît depuis 2010 un succès grandissant en France. Le client passe commande sur Internet et vient retirer ses achats sur le lieu de stockage des marchandises. Le *drive* n'est donc pas considéré comme une surface de vente mais comme un entrepôt de marchandises.

On distingue trois types de *drive* :

➜ le *drive* « solo » ou « déporté » est un entrepôt avec places de parking construit sur un site indépendant ;

➜ le *drive* « accolé » est une extension à un hypermarché ou supermarché ;

➜ le *drive* « picking » consiste à utiliser le supermarché en préparant les commandes directement dans les rayons. Seules quelques places de parking sont alors dédiées au drive.

Les raisons du succès

Les consommateurs modifient leur comportement d'achat. En achetant en ligne et en allant récupérer leurs courses sur place, il économise du temps et de l'argent lié à l'absence de frais de livraison ou aux achats compulsifs fréquents lorsqu'ils parcourent les rayons.

Ceci explique l'essor des *drives* ces 5 dernières années. On comptabilise actuellement environ 5 000 drives en France. Après une forte période d'extension, on observe une certaine stabilité en nombre d'ouverture (création annuelle de 650 à 700 unités, 325 seulement en 2015 et environ 250 en 2016 et 2017). Toutefois, le développement des *drives* pourrait être relancé grâce à la crise de la Covid-19. En effet, avec les confinements, les ventes en *drive* ont particulièrement augmenté.

Il apparaît de plus en plus difficile de trouver de bons emplacements. Or, la rentabilité dépend étroitement du lieu d'implantation. De plus, la loi ALUR du 24 mars 2014 impose de demander avant ouverture une autorisation d'exploitation commerciale à la CDAC (Commission Départementale d'Aménagement Commerciale).

5 LES INVESTISSEURS

1. QUI SONT LES INVESTISSEURS ?

1. LES PARTICULIERS

Compte tenu de la valeur des biens par rapport aux revenus des particuliers, ces investissements restent marginaux et centrés sur l'immobilier résidentiel.
Le *crowdfunding* ou financement participatif immobilier fait son apparition avec des structures qui proposent aux particuliers d'investir dans des différents projets (construction d'immeubles, de maisons individuelles...).
La plateforme récolte des fonds auprès des particuliers qu'elle reverse ensuite au promoteur chargé de la construction et de la commercialisation du projet. Une fois le programme commercialisé, le particulier est censé récupérer son capital et un bénéfice.

2. LES PROFESSIONNELS

On distingue trois grandes catégories parmi les investisseurs professionnels.

➜ **Les investisseurs institutionnels**

Ce sont des personnes morales prenant la forme de mutuelles, caisses de retraite, assurances...

➜ **Les investisseurs côtés en bourse**

Il s'agit par exemple de Sociétés d'Investissement À Capital Variable (SICAV) immobilières ou de Fonds Commun de Placement (FCP) immobilier.

➜ **Les investisseurs non-côtés en bourse**

Il s'agit tout d'abord de Sociétés Civiles de Placement Immobilier (SCPI) qui acquièrent et gèrent des biens immobiliers (essentiellement de l'immobilier d'entreprise). Les épargnants peuvent acquérir des parts de SCPI et bénéficier en contrepartie d'une part de revenus fonciers et de la valorisation des parts. Ensuite d'Organismes de Placement Collectif en Immobilier (OCPI) constitués essentiellement d'actifs immobiliers mais également de valeurs mobilières (actions et obligations) et de liquidités. Enfin de fonds d'investissement qualifiés d'*Hedge funds*, de fonds souverains. Ce sont des fonds qui investissent pour le compte de particuliers fortunés ou des États disposant d'excédents commerciaux par exemple.

2. STRATÉGIES D'INVESTISSEMENTS DES PARTICULIERS

C'est l'immobilier ancien qui a la préférence des particuliers suivi par les résidences seniors et les résidences étudiantes. Les résidences médicalisées (EHPAD) sont délaissées.
L'investisseur type : il a environ 45 ans, est marié, a des revenus d'environ 3 500 € par mois et investit dans un deux pièces, le plus souvent en région parisienne ou dans le sud de la France.
Ces investisseurs cherchent soit un rendement locatif, soit à se constituer un patrimoine pour le transmettre à leurs héritiers soit investissent en vu de leur retraite.

3. STRATÉGIES D'INVESTISSEMENT DES PROFESSIONNELS

Les stratégies d'achat sont de trois ordres.

➜ **Une stratégie de focalisation** centrée sur la qualité : il s'agit d'investir dans des immeubles de qualité en terme de confort, d'équipements et de localisation (immeubles de bureaux des quartiers d'affaires prisés, commerces dans les rues populaires des centres villes...). Ce sont des investissements de long terme (5 à 6 ans) qui offrent un rendement locatif intéressant.

➜ **Une stratégie accès sur la plus-value** : il s'agit d'acheter pour revendre à un prix supérieur 3 à 6 ans plus tard.

➜ **Une stratégie spéculative** : il s'agit ici d'anticiper les évolutions du marché et de saisir les opportunités d'achat ou de revente afin d'engranger des plus-values.

6 LA MULTIPLICITÉ DES INTERVENANTS

Les intervenants du secteur immobilier sont nombreux et peuvent être regroupés en quatre domaines d'activités :

- la production et la promotion immobilière ;
- la transaction immobilière ;
- la gestion des biens immobiliers ;
- les organismes à vocation sociale.

1. DE LA PRODUCTION À LA PROMOTION IMMOBILIÈRE

1. DISTINGUER MAÎTRE D'OUVRAGE ET MAÎTRE D'ŒUVRE

→ **Le maître d'ouvrage** est une personne physique (un particulier) ou morale (SCI par exemple) de droit privé ou publique (État, collectivité…) pour laquelle un projet est réalisé. Pour cela elle détermine les besoins, le budget, conclut les contrats, réceptionne les travaux et effectue le paiement.

→ **Le maître d'œuvre** est une personne physique ou morale qui a en charge la réalisation de l'ouvrage. Il doit respecter les contraintes fixées par le maître d'ouvrage (délais, budget…). Il peut concevoir le projet, élaborer les plans, coordonner les travaux. Pour cela, il peut sous-traiter, s'entourer d'une équipe composée d'architectes, de bureaux d'études…

2. LE PROMOTEUR IMMOBILIER

Le promoteur immobilier, appelé aussi promoteur-constructeur est un maître d'ouvrage.

Ses fonctions

- Trouver le terrain.
- Évaluer la faisabilité du programme.
- Définir le projet.
- Mettre en place la stratégie commerciale. La commercialisation se fait le plus souvent en VEFA (Vente en l'État Futur d'Achèvement), appelé aussi vente sur plan.

Le statut juridique

Le promoteur est une personne morale de droit privé. Elle peut réaliser elle-même l'opération de promotion ou la confier à une SCI (Société Civile Immobilière) spécialement créée pour le projet. Les promoteurs nationaux ont des structures plus complexes avec des filiales en région.

La répartition des promoteurs

- Les 10 principaux promoteurs immobilier français (Nexity, Bouygues immobilier…) concentrent plus du tiers des mises en chantier et des ventes de logements.
- Les promoteurs indépendants sont nombreux car cela comprend les petites structures mais aussi les particuliers.
- Les petites entreprises du bâtiment.

3. LE CONSTRUCTEUR DE MAISONS

Le constructeur de maisons individuelles est un professionnel qui prend en charge le projet des démarches administratives jusqu'à la remise des clés en passant par la construction. Généralement, il dispose d'un catalogue de maisons. Il peut également proposer un terrain individuel ou en lotissement. Il se charge du recrutement des artisans, de la surveillance du chantier et est le seul responsable vis-à-vis du maître d'ouvrage. On ne dénombre pas moins de 3 000 constructeurs de maisons individuelles dont le champ d'action est souvent limité à une région.
Depuis la crise de 2008, le marché des maisons individuelles a particulièrement souffert.

4. LES AMÉNAGEURS

Un aménageur est un maître d'ouvrage qui acquiert un terrain, le viabilise, le divise en lots et commercialise.

On parle également de lotisseur.
Dans un sens plus large, l'aménageur a un rôle au niveau de l'aménagement du territoire et inscrit son action dans le cadre de la politique territoriale de l'État et des collectivités.
L'aspect aménagement du territoire et environnemental étant devenu incontournable, l'aménageur est amené à s'entourer de nombreux professionnels tels que des architectes, des paysagistes, des géologues…
Le statut juridique est varié : on distingue des aménageurs privés, des sociétés d'économie mixte dont une partie du capital est public et qui sont présidés par des élus et des aménageurs publics qui dépendant de l'État.

2. LES MÉTIERS DE LA TRANSACTION IMMOBILIÈRE

1. AGENT IMMOBILIER

Un agent immobilier est un intermédiaire dans les transactions relatives aux biens, fonds de commerce ou parts de sociétés immobilières, qui agit dans le cadre d'un mandat.
De plus en plus, l'agent immobilier propose des prestations de service en complément de son activité principale telles que la recherche d'un plan de financement ou d'un diagnostiqueur.

Statut juridique

Les agents immobiliers agissent sous forme de société commerciale ou d'entrepreneur individuel.
La profession est réglementée par la loi Hoguet de 1970 et son décret d'application de 1972. L'agent doit être titulaire d'une carte professionnelle, doit présenter des garanties financières et souscrire une assurance responsabilité civile.

Évolution du nombre d'agences

À partir des années 90, le nombre d'agences a connu une forte croissance liée au nombre de transactions et à la forte augmentation des prix de l'immobilier. La crise de 2007 a fait disparaître nombre d'entités. Aujourd'hui, on estime le nombre d'agences à 33 000 et ce nombre semble se stabiliser. 68 % des transactions immobilières en France se concluent *via* des agents immobiliers.

L'organisation de la profession

➜ Les agences indépendantes.
➜ Les agences en réseau telles que ORPI, ERA.
➜ De nouveaux entrants : les mandataires indépendants qui travaillent à domicile, sont présents uniquement sur Internet et sont rattachés à des réseaux.

Innovations

Avec le développement des nouvelles technologies, de nouvelles menaces et de nouveaux entrants apparaissent sur le marché faisant évoluer le métier d'agent immobilier et les structures.
Les principaux réseaux et les syndicats tels que la FNAIM ont décidé par exemple d'investir plusieurs millions d'euros pour lancer un site commun visant à faire face à la concurrence de site de particulier à particulier.

2. LES NOTAIRES

Le notaire est un officier public qui intervient obligatoirement en matière de transaction immobilière en veillant à la bonne exécution du contrat. En 2015, la loi Macron a permis la création de nouveaux offices notariaux.

Rôles

➜ **Conseil juridique**

- Préparation des contrats (compromis, actes authentiques).
- Vérification de l'identité des parties, du droit de propriété, des diagnostics…
- Information de la collectivité de la signature du compromis pour purger le droit de préemption (le Droit de Préemption Urbain ou DPU permet à une collectivité publique d'acquérir en priorité un bien immobilier mis en vente.
- Assure la sécurité des transactions et perçoit les droits de mutation (taxes) pour le compte de l'État et des collectivités.

➜ **Expert en immobilier**

Les notaires de part leur expertise, connaissent parfaitement le marché immobilier et peuvent conseiller acheteurs et vendeurs. Ils perçoivent alors des honoraires fixés par le ministère de la justice.
➜ Ils sont présents sur Internet par l'intermédiaire de leur site, le site officiel des notaires de France qui regroupe leurs offres.

3. AUTRES ACTEURS DE LA TRANSACTION

Les intermédiaires en opération de banque

Il s'agit principalement d'entreprises spécialisées dans le crédit.

Depuis 2013, les intermédiaires en opération de banque doivent respecter les conditions d'accès au métier, s'inscrire à l'ORIAS (Organisme pour le Registre des Intermédiaires en Assurances) et souscrire une assurance responsabilité professionnelle.

Les experts immobiliers

Un expert immobilier est un professionnel dont la fonction est d'évaluer avec précision la valeur d'un bien immobilier pour le compte d'un particulier, d'une banque, d'un notaire, d'une administration, de la justice…

Il exerce soit en tant qu'indépendant soit en tant que salarié pour le compte d'une compagnie d'assurance ou une banque.

Les diagnostiqueurs immobiliers

Le diagnostiqueur est un professionnel le plus souvent indépendant qui veille au respect de la réglementation et des normes immobilières.

Afin de protéger les acquéreurs et les locataires, la vente ou la location immobilière est assujettie à la production de certificats et diagnostics (amiante, plomb, termites, diagnostic énergétique…) faisant de cette profession une activité en pleine expansion.

L'activité est réglementée. Le diagnostiqueur doit demander une certification pour cinq ans à un organisme agréé. Il doit s'assurer. Il doit être impartial et indépendant et de ce fait ne peut prendre part à la vente ou à la location du bien diagnostiqué. La profession évolue. Des réseaux de diagnostiqueurs indépendants sont apparus, de même que des franchises de diagnostiqueurs.

3. LES MÉTIERS DE LA GESTION DES BIENS IMMOBILIERS

1. LES ADMINISTRATEURS DE BIENS

L'administrateur de biens prend en charge la gestion locative des biens (logements, bureaux, commerces) comme définie dans le mandat signé avec son client.

Cette gestion consiste par exemple, à réaliser l'état des lieux, établir le bail, encaisser les loyers, rédiger les quittances…

Selon la loi Hoguet, l'administrateur doit détenir une carte professionnelle, souscrire une assurance et disposer d'une garantie financière.

2. LES SYNDICS DE COPROPRIÉTÉ

En vertu de la loi du 6 juillet 1965, le syndic de copropriété est désigné par l'assemblée générale des copropriétaires pour administrer l'immeuble (veiller à l'entretien des parties communes, faire respecter le règlement de la copropriété…).

Le syndic peut-être un professionnel (administrateur indépendant, réseau de gestion immobilière tel que Foncia ou d'agents immobiliers tel que Century 21) ou un non professionnel.

Les professionnels doivent remplir des obligations similaires aux obligations des administrateurs de biens.

4. ORGANISMES À VOCATION SOCIALE

Ces organismes ont pour mission :

- ➜ de construire des logements à prix abordables ;
- ➜ de gérer ces logements sociaux ;
- ➜ de participer à la rénovation urbaine ;
- ➜ de promouvoir l'accession à la propriété pour les ménages aux revenus modestes.

On distingue divers types d'organismes :

- ➜ des Offices Publics de l'Habitat (OPH), rattachés aux collectivités locales dont la fonction principale est de construire et gérer un patrimoine à caractère social ;
- ➜ des entreprises sociales pour l'habitat, entreprises privées à but lucratif souvent rattachées aux collecteurs du 1 % patronal ;
- ➜ des sociétés coopératives d'HLM qui ont un rôle très varié, construction, gestion locative, accession à la propriété des ménages modestes…

7 EFFECTUER DES CHOIX STRATÉGIQUES

Une décision stratégique est une décision qui engage l'entreprise sur le long terme. Elle est donc décisive pour la pérennité de l'entreprise.

Afin de choisir la stratégie gagnante, l'entreprise doit se questionner sur le but recherché et sa situation actuelle. On parle de démarche stratégique.

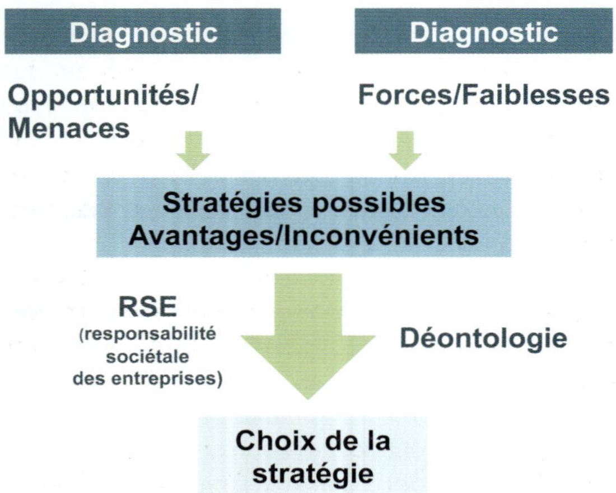

1. LA DÉMARCHE STRATÉGIQUE

1. UN PRÉALABLE, LA SEGMENTATION STRATÉGIQUE

La segmentation stratégique est un préalable pour toute entreprise qui intervient sur plusieurs marchés. Un segment stratégique intègre les produits ou services qui requièrent les mêmes compétences.

Ainsi par exemple, une agence peut effectuer de la transaction et de la gestion locative. Il conviendra donc de mener une démarche stratégique pour chacun des Domaines d'Activités Stratégiques (DAS).

2. LE DIAGNOSTIC STRATÉGIQUE

Ce diagnostic est double. L'entreprise doit tout d'abord s'interroger sur son environnement et la concurrence afin de déterminer les opportunités et les menaces du marché. On parle de diagnostic externe. Elle doit ensuite effectuer un diagnostic interne afin de déterminer ses forces et ses faiblesses.

Le diagnostic externe

→ **L'analyse de l'environnement à l'aide de la méthode PESTEL**. Cette méthode permet de rassembler un ensemble d'informations afin d'identifier et de hiérarchiser les éléments de l'environnement qui peuvent constituer dans le futur une opportunité ou une menace pour l'entreprise.

Politique	(exemple : dispositif Duflot)
Économique	(exemple : crise)
Socioculturel	(exemple : modes de consommation)
Technologique	(exemple : internet)
Écologique	(exemple : normes BBC)
Légal	(exemple : Loi ALUR)

→ **Les forces concurrentielles de Michael Porter**

Elles sont au nombre de 5.

- **L'intensité de la concurrence.** Il est important de connaître le nombre de concurrents, leur taille.

Exemple

Pour un agent immobilier : avec combien d'agences suis-je en concurrence ? les sites internet sont-ils un danger direct pour mon agence…

- **Les nouveaux entrants.** Les nouveaux entrants potentiels (nouveaux concurrents) sont animés par le désir de conquérir des parts de marché. Or, sur le marché immobilier, il y a régulièrement de nouveaux entrants.
- **Le pouvoir de négociation des clients** se traduit par la capacité d'obtenir de l'entreprise des conditions

de vente et de services avantageux. En période de crise, le client a tendance à réclamer à l'agent un effort sur ses honoraires.

- **Les fournisseurs** sont des fournisseurs de matières premières, de composants, de main-d'œuvre ou de capitaux. Un vendeur peut être tenté de vendre directement son bien plutôt que de s'adresser à un agent immobilier.
- **Les offreurs de produits de substitution** sont des entreprises qui proposent des produits satisfaisant les mêmes besoins. Ainsi la construction d'un immeuble dans un quartier peut faire chuter les ventes dans l'ancien.

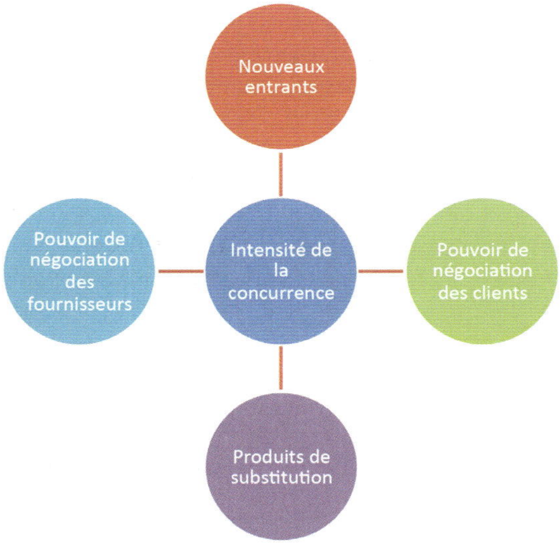

Le diagnostic interne

→ L'analyse des ressources

- **Ressources tangibles** : ressources financières (sources de financement, capacité d'endettement…), ressources humaines (capacité de recrutement…), ressources physiques (usines, magasins…).
- **Ressources intangibles** : ressources technologiques (brevet…), marque, nom commercial, réputation de l'entreprise…

Analyser ces ressources permet de distinguer :

- **les ressources requises** c'est-à-dire celles qui sont indispensables pour satisfaire le client et faire face à la concurrence ;
- **les ressources uniques** qui procurent un avantage concurrentiel et qui vont participer directement au succès de la stratégie choisie.

→ Les compétences

Les compétences désignent la capacité de l'entreprise à déployer ses ressources. Les compétences distinctives sont celles que ne possèdent pas les concurrents.

3. L'INTÉGRATION DES VALEURS SOCIÉTALES

D'autres éléments vont compter lors du choix de la stratégie :

→ les valeurs des dirigeants ;
→ la RSE (Responsabilité Sociétale de l'Entreprise) ;
→ l'éthique ou la déontologie.

La RSE

La RSE signifie qu'une entreprise doit se soucier non seulement de sa rentabilité et de ses résultats financiers, mais aussi des impacts environnementaux et sociaux de ses activités. Elle doit également être plus attentive aux attentes de ses parties prenantes : salariés, actionnaires, clients, fournisseurs…

La mise en place de telles démarches permet à l'entreprise de se forger une image de qualité auprès de la clientèle de plus en plus soucieuse d'éthique et de se démarquer des concurrents.

La déontologie

La loi ALUR est venue renforcer l'éthique pour les professionnels de l'immobilier. Le décret du 28 août 2015, entrée en vigueur au 1er septembre fixe des règles déontologiques.

Ces règles « *doivent permettre l'exercice des activités de transaction et de gestion immobilières dans des conditions conformes aux intérêts des clients et d'assurer le respect de bonnes pratiques commerciales par tous les professionnels* ».

Les professionnels du secteur doivent :

- éviter les conflits d'intérêts avec leurs mandants ;
- faire preuve de transparence ;
- faire preuve de discrétion concernant les données personnelles ;
- veiller au respect des obligations en matière de lutte contre le blanchiment des capitaux et le financement du terrorisme et refuser leur concours en cas de sollicitation pour l'élaboration d'actes frauduleux.

Alors que la loi ALUR avait érigé le conseil national de la transaction et de la gestion immobilière en organe de contrôle, la loi ELAN lui a retiré ce pouvoir. Reste en son sein une commission de contrôle habilitée à enquêter sur les pratiques abusives.

2. LES DIFFÉRENTES STRATÉGIES

1. CHOISIR UN DOMAINE D'ACTIVITÉ

Stratégie de diversification

Consiste pour une entreprise à développer ses compétences sur des nouveaux marchés. Exemple : Guy Hoquet est composé par exemple de Guy Hoquet immobilier, Guy Hoquet entreprises et commerces, Guy Hoquet patrimoine.

Avantages

➜ Répartition des risques.
➜ Acquisition de nouvelles compétences.
➜

Inconvénients

➜ Culture d'entreprise diluée.
➜ Mauvais choix possibles.
➜ Dispersion des ressources.

Stratégie de spécialisation

Consiste à maintenir une entreprise sur un seul domaine d'activité en privilégiant le métier de base.

Exemple

Engel & Völkers est leader mondial dans le service de courtage de propriétés résidentielles et commerciales haut de gamme.

Avantages

➜ Réduction des coûts grâce aux économies d'échelle.
➜ Image de spécialiste

Inconvénients

➜ Entreprise dépendante d'un seul marché et donc vulnérable en cas de crise ou de nouveaux entrants.
➜ Réactivité moindre.

2. CHOISIR UNE POSITION AU SEIN DE LA FILIÈRE

Stratégie d'intégration

La stratégie d'intégration consiste, pour une organisation, à prendre en charge des opérations en amont et en aval de son activité principale. Intégration verticale pour Bouygues construction (production de matériaux et construction) en complément de Bouygues immobilier.

Avantages

➜ Plus grande indépendance.
➜ Réduire les coûts en supprimant les intermédiaires.
➜ Plus grand pouvoir de négociation.

Inconvénients

➜ Demande une maîtrise des compétences.
➜ Gestion plus lourde liée à la diversité des activités.
➜ Organisation plus rigide.

Stratégie d'externalisation ou d'impartition

Confier à des partenaires extérieurs la réalisation d'activités sous différentes formes : sous-traitance, franchise…

Avantages

➜ Flexibilité.
➜ Limiter les investissements.
➜ Bénéficier d'un savoir faire qu'on ne maîtrise pas.

Inconvénients

➜ Dépendance vis-à-vis des partenaires.
➜ Problème possible de qualité.
➜ Perte de compétences.

3. LES STRATÉGIES GÉNÉRIQUES

Domination par les coûts

L'entreprise cherche à produire au moindre coût (par des effets de volume) ce qui lui permet de vendre moins cher que ses concurrents et ainsi devenir leader sur le marché.
Exemple : **123webimmo.com :** quasi-absence de charges fixes. Ils peuvent ainsi rendre le service attendu à un coût particulièrement attractif pour la clientèle, tout en bénéficiant d'une forte rentabilité.

Avantages

➜ Avantage concurrentiel ce qui permet de conquérir des parts de marché.
➜ Elle va également établir des barrières à l'entrée du marché ce qui va rendre difficile l'apparition de nouveaux concurrents.

Inconvénient

→ La position de l'entreprise peut être remise en cause à tout moment par un concurrent ou l'apparition d'un produit de substitution.

Différenciation

Elle consiste à faire apparaître, aux yeux du consommateur, le produit comme unique. La différenciation peut porter sur le produit, service, marque…

Exemple : **OuHabiter.com** est un site d'annonces immobilières spécialisé dans l'immobilier géolocalisé pour acheter et vendre une maison ou un appartement facilement.

Avantages

→ Fidélisation de la clientèle.

→ Défense contre les produits de substitution.

→ Le consommateur est prêt à payer un prix supérieur, d'où marge plus élevée.

Inconvénients

→ Le facteur de différenciation peut se banaliser avec le temps.

→ L'écart de prix ne doit pas être perçu comme excessif.

Focalisation

Consiste à se limiter à un segment de marché très spécifique.

Exemple : Kit Eco Logis : maison en ossature bois en kit pour l'autoconstruction de maisons en bois.

Avantages

→ Concurrence faible.

→ Marge élevée.

Inconvénient

→ Position peut-être rapidement remise en cause par un nouvel entrant.

4. LES MODALITÉS DE DÉVELOPPEMENT STRATÉGIQUE

Croissance interne

Augmentation de la taille d'une entreprise par l'acquisition de nouveaux actifs grâce à ses fonds propres (autofinancement).

Exemple : Le réseau ORPI poursuit son développement interne avec 80 à 100 agences par an.

Avantages

→ Processus continu et contrôlable.

→ Indépendance de l'entreprise.

→ Limitation des risques sociaux (caractère progressif des changements).

Inconvénients

→ Processus lent.

→ Problèmes des sources de financement si la croissance doit être forte.

Croissance externe

Racheter ou se rapprocher de concurrents *via* des prises de participation.

Exemple

Kaufman et Broad poursuit ses investissements : acquisition en 2016 des sociétés Seri Ouest et Serge Mas Promotion.

Avantages

→ Croissance rapide.

→ Renforcement de la position concurrentielle : par l'augmentation de la taille, des parts de marché, par l'acquisition de nouvelles marques.

→ Accession à de nouveaux marchés.

→ Diversification et acquisition de nouvelles compétences.

Inconvénients

→ Coût du financement.

→ Grands ensembles plus difficiles à gérer.

→ Restructurations nécessaires (avec les difficultés sociales afférentes).

→ Dilution de la culture d'entreprise.

Internationalisation

Stratégie d'extension de l'entreprise au-delà de son marché national.

Exemple : Bouygues immobilier est implanté en France, au Maroc, au Portugal, en Espagne, en Pologne et en Belgique.

Avantages

→ Répartir les risques.

→ Proposer une carrière internationale à une main-d'œuvre très qualifiée.

Inconvénients :

→ Maîtrise de la législation étrangère.

8 LES STATISTIQUES ÉCONOMIQUES UTILES À LA COMPRÉHENSION DU MARCHÉ IMMOBILIER

1. MESURER LA CROISSANCE ÉCONOMIQUE

1. PIB ET VALEUR AJOUTÉE

C'est le PIB qui permet de mesurer la croissance économique. Le PIB est la somme des valeurs ajoutées des différentes branches de l'économie.

→ Pour tout ce qui fait l'objet une vente, on calcule la valeur ajoutée (VA) de la façon suivante : Chiffre d'affaires (CA) – Consommations intermédiaires (CI).

→ Pour les services non marchands (enseignement par exemple), on mesure l'apport productif par les rémunérations versées au personnel.

2. RÉPARTITION DE LA VALEUR AJOUTÉE

La valeur ajoutée est répartie entre les différents agents économiques qui participent à sa création et sera ensuite consommée ou épargnée. De la répartition dépend le dynamisme de l'économie et de ses secteurs dont le secteur immobilier. Ainsi par exemple, l'épargne des salariés *via* le livret A permet de financer les logements sociaux.

3. LES FACTEURS DE CROISSANCE

On oppose une croissance dite « extensive » résultant uniquement de l'augmentation quantitative des facteurs de production (capital et travail), à une croissance dite « intensive » où l'augmentation de la production provient d'une utilisation plus efficace des facteurs de production (main-d'œuvre plus qualifiée par exemple).

Taux de croissance et taux de chômage sont étroitement liés. La croissance est nécessaire à la création d'emploi. Toutefois, ces dernières années, du fait des efforts de productivité, le taux de croissance qui permet de créer des emplois n'a plus besoin d'être aussi élevé. Un taux de croissance d'environ 2 % suffit.

D'autres facteurs expliquent la croissance :

→ confiance des agents économiques en l'avenir ;

→ rôle de l'État (investissements, législation…) ;

→ innovations.

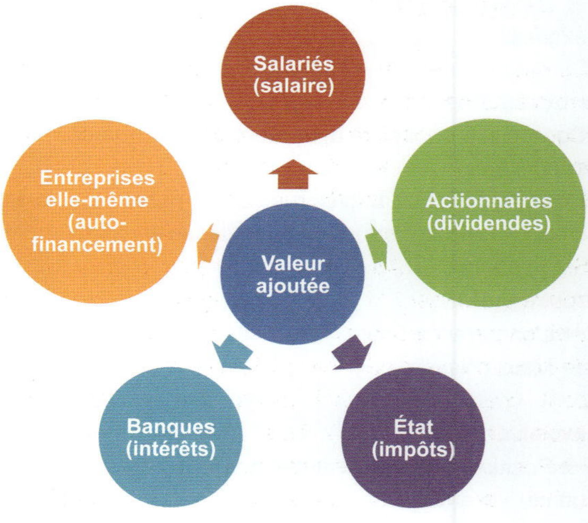

2. LES NOTIONS DE SECTEUR, BRANCHE ET FILIÈRE

L'Insee et la comptabilité nationale répartissent les entreprises de trois façons différentes :

→ secteur d'activité : un secteur d'activité regroupe des entreprises ayant la même activité principale.

→ branche d'activité : une branche d'activité regroupe des entreprises ayant le même produit principal.

→ filière : une filière est constituée de l'ensemble des entreprises qui interviennent dans le processus de fabrication, de la matière première au produit final.
Ainsi selon l'Insee, le secteur activités immobilières comprend trois branches : activités des marchands de biens immobiliers, location et exploitation de biens immobiliers, activités immobilières pour compte de tiers.
La filière construction comprend les matériaux, les travaux publics, le bâtiment.

3. LE POIDS DE L'IMMOBILIER DANS L'ACTIVITÉ ÉCONOMIQUE

Poids actuel	Évolution	Rang
Représente 11 % du PIB	Stable sur le long terme	2e branche après le secteur public
Représente 8,5 % des emplois	En baisse, l'immobilier représentait 10 % en 1970	5e employeur parmi les branches d'activité
Représente 24 % des dépenses	En augmentation, l'immobilier représentait 19 % des dépenses en 1960	1er poste de consommation
Représente 55 % des investissements	En baisse, l'immobilier représentait 65 % en 1984	1re destination d'investissement

1. LA RELANCE DE L'ÉCONOMIE GRÂCE AU SECTEUR IMMOBILIER

Comme on peut le constater l'immobilier est un pan important de notre économie. C'est la raison pour laquelle on considère que lorsque le « bâtiment va, tout va » et inversement. Aussi pour relancer la croissance, certains prônent une politique de relance de type Keynésien.

Selon Keynes, l'État doit intervenir pour réguler l'économie en utilisant la politique budgétaire (distribution d'aides par exemple) ou la politique monétaire (baisse des taux d'intérêt par exemple) ou la législation. L'État peut également investir (construction d'infrastructures) pour soutenir l'activité économique.

L'ensemble de ses mesures aurait un effet multiplicateur car la relance d'un secteur tel que l'immobilier va entraîner la relance d'autres secteurs (matériaux de construction par exemple).

2. LES LIMITES DES POLITIQUES DE RELANCE

Toutefois, de nombreux facteurs sont à prendre en compte et les mesures adoptées pour relancer un secteur n'ont pas toujours les effets escomptés. La baisse des taux d'intérêt ne se traduit pas forcément par une augmentation du nombre de crédits et donc d'achats immobiliers si les banques sont réticentes à accorder des crédits.

Et si la baisse des taux d'intérêt se traduit tout de même par un nombre plus important de transactions, le risque est alors de voir, par le jeu de l'offre et de la demande, les prix augmenter.

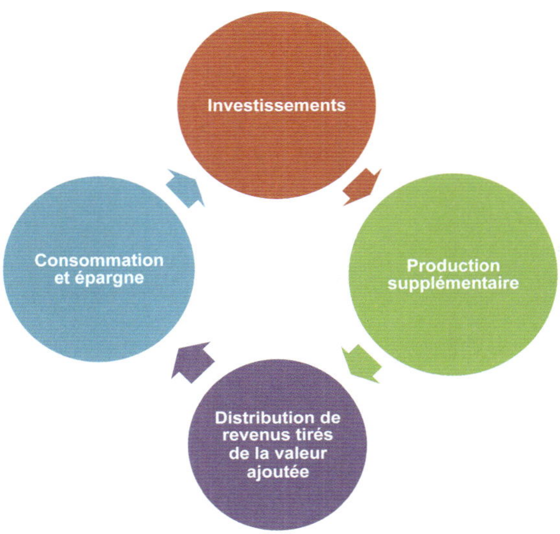

9 LA NOTION DE CYCLE ÉCONOMIQUE EN IMMOBILIER

L'activité économique n'est pas linéaire. Les économistes ont constaté des périodes d'expansion et des périodes de récession à un rythme plus ou moins régulier. On parle alors de **cycle économique**.

1. FONCTIONNEMENT THÉORIQUE D'UN CYCLE ÉCONOMIQUE

1. LES PHASES D'UN CYCLE

Un cycle est une succession de quatre phases :

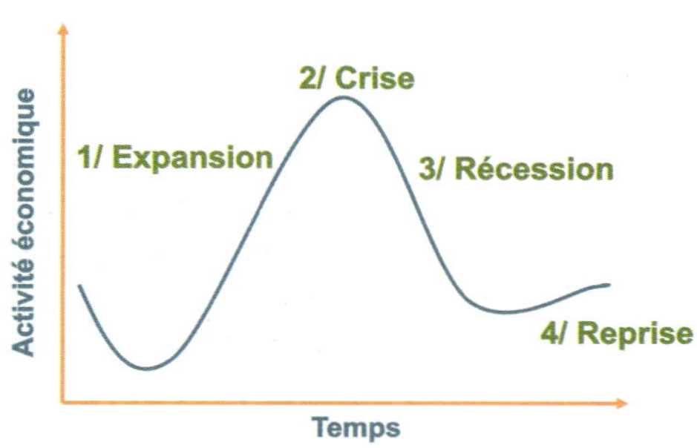

2. CYCLES COURTS ET CYCLES LONGS

Les économistes ont étudié la fréquence des cycles et en ont tiré des théories :

→ Les cycles de Joseph Kitchin de 3 à 4 ans basés sur la variation des prix. Il n'y a pas vraiment de crise mais une récession due à une production trop importante en période d'expansion et à la constitution de stocks qu'il faut ensuite écouler en baissant les prix.

→ Les cycles de Clément Juglar de 8 à 10 ans liés à des anticipations en période d'expansion qui ne se réalisent pas et qui entraînent un manque de confiance préjudiciable à l'économie.

→ Les cycles de Nicolai Kondratief d'une cinquantaine d'années. Chaque phase d'expansion serait due à une innovation majeure. L'innovation une fois répandue entraînera alors une période de récession avant qu'une nouvelle innovation ne relance un nouveau cycle.

2. LES THÉORIES DES CYCLES ÉCONOMIQUES APPLIQUÉES AU MARCHÉ DE L'IMMOBILIER

1. LES PHASES D'UNE BULLE IMMOBILIÈRE DE JEAN-PAUL RODRIGUE

Le marché immobilier est lui aussi rythmé par des cycles, alternance d'une phase d'expansion et de récession liée à l'éclatement d'une bulle immobilière. Une bulle immobilière se forme lorsque les prix des biens augmentent de façon rapide du fait de la spéculation.

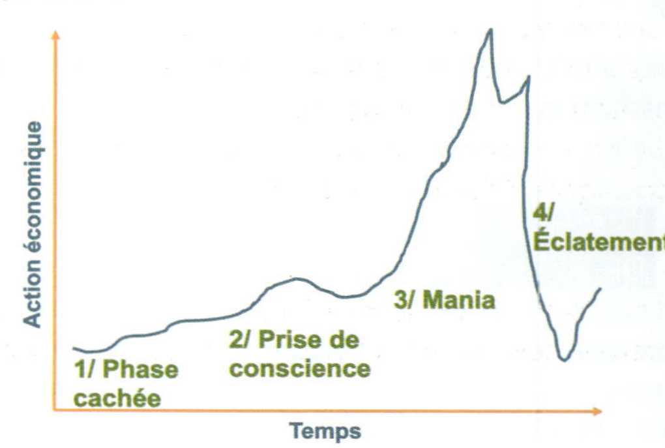

→ La phase cachée : les investissements sont le fait d'agents économiques expérimentés et renseignés.

→ La prise de conscience : les premiers investisseurs sont rapidement rejoints par les investisseurs institutionnels. Les médias en divulguant l'information sur la hausse des prix et les bénéfices qui en résultent, entraînent l'arrivée de nouveaux investisseurs. Cet afflux de demandes entraîne la hausse des prix.

→ La phase Mania : la hausse des prix alimente la hausse du fait de nouveaux arrivants sur le marché qui sont attirés par les plus-values potentielles. Les prix de vente se déconnectent de la valeur réelle des biens et les premiers investisseurs, conscients des risques commencent à se désengager du marché.

→ La phase d'éclatement : la demande chute du fait de prix trop élevés et du désengagement des investisseurs. Le dégonflement de la bulle immobilière peut-être lent ou rapide. Dans ce dernier cas, on parle d'un krach immobilier. Les investisseurs avertis profitent alors des opportunités.

2. LES RAISONS QUI EXPLIQUENT LA FORMATION D'UNE BULLE IMMOBILIÈRE

Les causes économiques

→ Les taux d'intérêt : des taux d'intérêt bas entraînent une hausse de la demande de crédit.

→ L'inflation : en période d'inflation, les agents économiques investissent estimant que le bien sera plus cher s'ils attendent et qu'en cas de revente future, ils encaisseront une plus-value.

→ Le niveau des salaires

→ Le niveau de la croissance et de l'emploi

→ Le rendement des autres placements (actions, obligations…). L'immobilier reste un placement attractif.

Les causes légales

→ Les aides à l'accession à la propriété.

→ La politique d'urbanisme et notamment le nombre de permis de construire délivrés.

→ La réglementation en matière de location qui peut encourager ou décourager les investisseurs.

Les causes sociologiques

→ Les facteurs démographiques peuvent jouer à moyen terme (l'augmentation de la population favorise une demande de logement plus importante, le vieillissement de la population a une incidence sur les besoins en logement tels que des logements adaptés à la dépendance…).

→ Les craintes sur le financement des retraites poussent les ménages à investir.

→ Le mimétisme qui consiste à imiter le comportement des autres agents économiques.

3. L'ÉVOLUTION DE L'IMMOBILIER EN FRANCE DEPUIS LES ANNÉES 1960

Évolution des prix

→ 1re phase : de 1965 aux années 2000, on observe une relative stabilité (alternance de hausses et de baisses légères).

→ 2e phase : on a assisté entre 2000 et 2008 à une augmentation des prix de l'immobilier. Globalement, les prix de l'immobilier ont quasiment doublé par rapport aux revenus des ménages.

→ 3e phase : une baisse légère entre 2008 et 2010 puis une alternance de hausses et baisses que les spécialistes résument comme étant une période de quasi-stabilité. Nous sommes actuellement dans une phase de hausse des prix liée entre autre à des taux d'intérêts bas.

Évolution des loyers

Depuis 1965, les loyers ont augmenté de 10 % par rapport aux revenus des ménages. Compte tenu de l'augmentation des prix à l'achat, l'investisseur a vu son rendement passer en moyenne de 6 à 8 %, puis de 3 à 4 %. Dans certaines villes, la loi ALUR encadre les loyers afin de limiter les augmentations.

Prévisions

Il est quasiment impossible de prédire l'évolution des prix de l'immobilier. Sur le moyen et long terme, plusieurs hypothèses contradictoires (baisse rapide de 35 à 40 % sur 5 à 8 ans ou baisse lente voir une relative stabilité) sont avancées par les économistes.

10 LE MARCHÉ IMMOBILIER, UN MARCHÉ INTERNATIONAL

Si globalement, les principaux marchés immobiliers dans le monde ont connu une envolée des prix sur les dernières décennies, une comparaison des principaux pays permet de se rendre compte de situations très différentes.

1. PANORAMA DES PRINCIPAUX MARCHÉS IMMOBILIERS MONDIAUX

1. COMPARAISON DE L'ÉVOLUTION DES PRIX DE L'IMMOBILIER

Nous observons de fortes disparités en terme de prix au niveau mondial.

Nombre de M2 qu'il est possible de s'offrir avec 300 000 € dans quelques villes du monde

Ville	M2
Lisbonne	85
Berlin	70
Barcelone	70
Shangai	60
Tokyo	52
Paris	31
New York city	20
Londres	18

2. COMPARAISON DES SITUATIONS

France

→ 58 % sont propriétaires de leur résidence principale.
→ Un manque de foncier selon les zones géographiques.
→ Une augmentation des prix jusqu'en 2008.
→ Une légère baisse des prix après 2008 puis alternance de hausses et baisses légères.

Royaume-Uni

→ 70 % de propriétaires-accédants (Seulement 59 % en 1983).
→ L'augmentation du pourcentage de propriétaires-accédants se fait au détriment de la location.
→ Prix particulièrement élevés à Londres.
→ Très forte augmentation des prix jusqu'en 2018.
→ Baisse modérée des prix après 2008 puis une remontée après 2012.

Espagne

→ 83 % de propriétaires.
→ Endettement sur de longues durées (50 ans).
→ Nombreux crédits dits « douteux » (crédits souscrits par des personnes à faibles revenus) qui font craindre des défauts de paiement.
→ Forte augmentation des prix jusqu'en 2008.
→ Forte chute des prix après 2008.
→ Après 6 ans de crise, légère remontée mais pas dans toutes les régions. Cette remontée semble compromise par la nouvelle crise de la Covid qui laisse entrevoir une baisse des prix.

États-Unis

→ Taux de propriétaire : 67 %.
→ Forte augmentation des prix jusqu'en 2006.
→ Crise des *subprimes* (voir *2*) entraînant la défaillance de nombreux emprunteurs et une forte baisse des prix en raison d'un nombre important de biens remis sur le marché.
→ Depuis 2012, le marché se redresse.

Allemagne

→ Faible taux de propriétaires : 48 %.
→ Démographie stable qui n'entraîne pas une augmentation de la demande.
→ Du foncier en abondance.

➔ Prix et loyers modérés.
➔ Loyers en augmentation dans les grandes villes d'où l'encadrement des loyers.
➔ Prix en légère baisse jusqu'en 2014. Une augmentation croissante des prix est constatée ces dernières années.

Japon

➔ Très forte hausse des prix dans les années 80 liée à une politique d'endettement tournée vers le crédit immobilier.
➔ La remonté des taux de crédit et le vieillissement de la population va entraîner une chute de la demande et des prix qui vont alors être divisés par 2 sur les vingt dernières années.
➔ Des prix qui restent très élevés dans les grandes villes par manque de foncier.

2. UN MARCHÉ IMMOBILIER INTERNATIONAL INTERDÉPENDANT

En dépit des particularités propres à chaque pays, le marché immobilier est un marché international interdépendant.

1. LA CRISE DES *SUBPRIMES*

Des crédits à taux variable, très bas, et des crédits accordés à des personnes dites à « risques » sont à l'origine de cette crise. Lorsque les taux d'intérêt sont repartis à la hausse, les ménages ont été dans l'incapacité de rembourser les mensualités du crédit. De nombreux biens ont alors été remis sur le marché au même moment. Cet excès d'offres par rapport à la demande a entraîné une chute des prix.
Les établissements de crédit, pour continuer à prêter, avaient besoin de liquidités. Ils avaient revendu ces prêts immobiliers à des sociétés qui les ont titrisés c'est-à-dire transformé en titres revendables sur les marchés financiers. Des investisseurs du monde entier (banques, assurances, États, particuliers…) ont acheté ces titres.

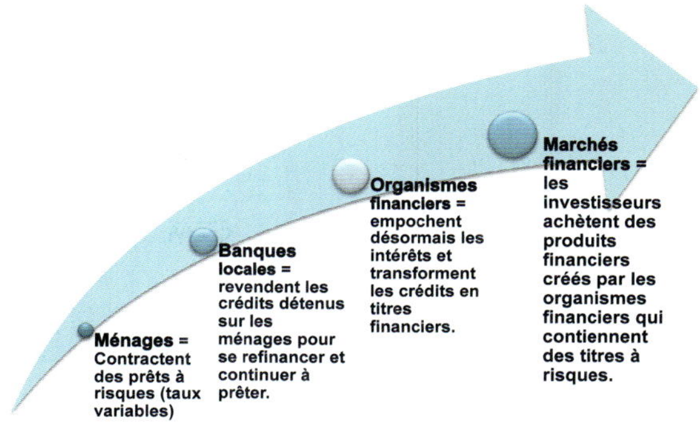

La faillite des acheteurs a rendu ces titres invendables et sans valeur entraînant la faillite d'investisseurs. C'est donc par le biais des marchés financiers que la crise immobilière américaine s'est propagée à la sphère réelle et aux autres pays.

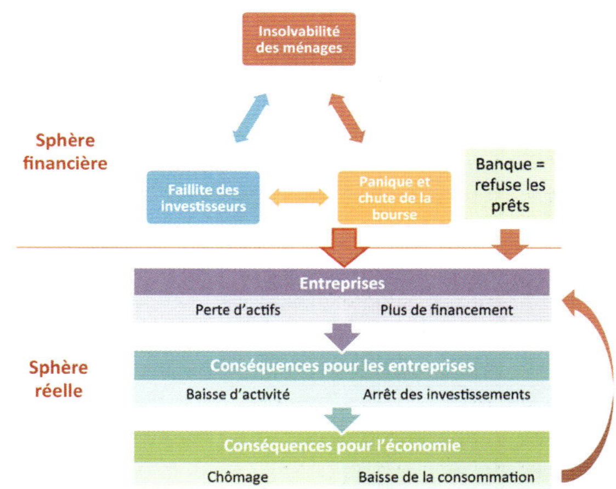

2. LE MARCHÉ IMMOBILIER FRANÇAIS ET LES INVESTISSEURS ÉTRANGERS

Ces dernières années, les investissements des étrangers sur le marché immobilier français ne cessaient de décroître du fait notamment d'une fiscalité fluctuante. 2017 a marqué le retour des investisseurs. Ce retour est lié aux bons rendements espérés et au Brexit. En 2017 Paris est devenue la ville européenne la plus prisée d'Europe.
Si les Britanniques sont de moins en moins nombreux à investir en France, il n'en reste pas moins les premiers acheteurs, talonnés par les Belges.

11 NOTION DE PATRIMOINE ET PATRIMOINE IMMOBILIER

Le patrimoine d'un ménage est composé de l'ensemble des biens que possède ce ménage. Ces biens sont aussi appelés des actifs.

1. COMPOSITION THÉORIQUE D'UN PATRIMOINE

1. LES TYPES D'ACTIFS

Le patrimoine d'un ménage est composé de différents actifs plus ou moins liquides :

➜ actifs **immobiliers** (terrains, maisons…) ;
➜ actifs **financiers** (comptes bancaires, actions, obligations…) ;
➜ actifs **professionnels** (fonds de commerce, parts d'entreprises…) ;
➜ biens **matériels** (meubles, véhicules, œuvres d'art…) ;
➜ biens **immatériels** (brevets, droit d'auteur…).

Un **actif** est dit **liquide** lorsqu'il peut être acheté ou vendu rapidement sans grand effet sur le prix.

2. PATRIMOINE BRUT ET PATRIMOINE NET

➜ On parle de **patrimoine brut** lorsqu'on se contente d'évaluer les actifs que possède un ménage.

➜ On parle de **patrimoine net** lorsqu'on retranche du patrimoine brut les dettes. Un ménage qui achète un appartement par exemple, contracte le plus souvent un emprunt. Pour évaluer ce que possède vraiment le ménage et donc sa véritable richesse, il faut donc soustraire les dettes aux actifs.

2. UN PATRIMOINE INÉGALEMENT RÉPARTI

1. BILAN

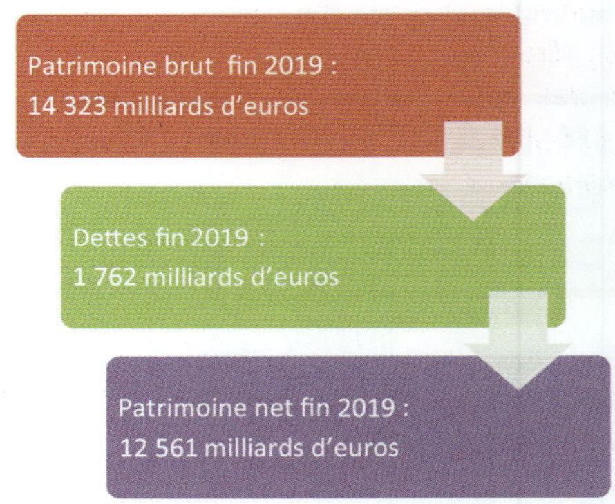

La patrimoine brut moyens par ménage est de 276 000 euros.

Le patrimoine net rapporté à la population française représente :

➜ 362 000 euros par ménage.
➜ 155 000 euros par habitant.

Ce patrimoine n'est bien sûr pas réparti de façon égale entre les ménages.

Selon l'Insee :

➜ les 10 % des ménages les plus riches détiennent 47 % du patrimoine, avec un patrimoine d'au moins 607 700 €.
➜ les 10 % des ménages les plus pauvres ne détiennent que 0,1 % du patrimoine soit environ de 3 800 €.

2. LES DÉTERMINANTS

L'âge

Le patrimoine d'une personne tend à augmenter avec l'âge. Ceci s'explique aisément :

→ le patrimoine se constitue au fil du temps ;
→ pendant la vie active, les revenus professionnels sont moins importants en début de carrière et la priorité des plus jeunes est de s'installer et non d'épargner ou de se constituer un patrimoine ;
→ les personnes plus âgées ont souvent hérité d'un patrimoine.

Le patrimoine net moyen des moins de 30 ans est de 38 500 €, il est de 315 200 € pour les plus de 60 ans. Mais diminue après 70 ans (286 100 €).

La catégorie socio professionnelle (CSP)

→ Le patrimoine professionnel est une composante importante du patrimoine. Ainsi parmi les CSP qui ont un patrimoine élevé, on trouve les professions libérales, les agriculteurs puis les commerçants…
→ Il convient de souligner qu'il n'y a pas toujours de lien direct entre revenus et patrimoine. Prenons le cas des agriculteurs. Certains ont un revenu inférieur au SMIC et ont un patrimoine élevé lié à leur outil professionnel.

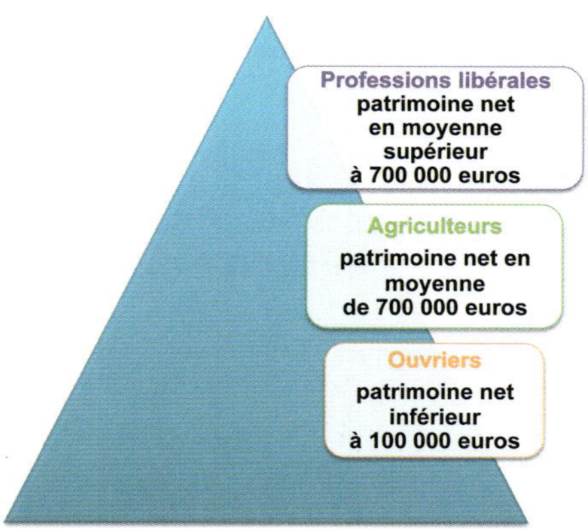

La composition du ménage

De façon logique, la composition du ménage influe sur le patrimoine.
→ Les charges de la vie courante (logement, eau…) pèsent plus lourd pour une personne seule que pour un couple qui a souvent deux salaires.
→ L'argent consacré aux enfants n'est pas de ce fait utilisé pour la constitution d'un patrimoine.

Patrimoine net en moyenne	
Personne seule	162 000 €
Famille mono parentale	113 500 €
Couple sans enfant	328 700 €
Couple avec enfant	283 800 €

3. LA COMPOSITION RÉELLE DU PATRIMOINE DES MÉNAGES

1. LE TAUX DE DÉTENTION DES ACTIFS SELON L'INSEE

Actifs non financiers	58 %
Dont terrains	Pour moitié
Dont logements	Pour moitié
Actifs financiers	**42 %**
Dont assurance-vie	16 %
Dont actions	11 %
Dont argent	11 %
Autre	Résiduel

→ Les ménages ont une préférence pour les placements peu risqués (livret A, assurance-vie) au détriment des valeurs mobilières (actions/obligations).
→ Les ménages ont un patrimoine composé en priorité d'actifs non financiers.

2. LE PATRIMOINE IMMOBILIER

La part du patrimoine immobilier est stable depuis 2004. La résidence principale représente 84 % de ce patrimoine.
Si la majorité des ménages possèdent leur résidence principale, ils sont 18 % à posséder un autre logement (résidence secondaire, logement vacant…). Ce taux est stable.
Le taux de détention d'actifs immobiliers augmente avec l'âge. Depuis 5 ans, les moins de 30 ans, qui possèdent moins d'actifs que les autres classes d'âge, investissent davantage.
Le nombre de couples qui possèdent un bien immobilier augmente alors que chez les personnes seules le nombre stagne à un sur deux.
Si l'endettement des ménages paraît peu important par rapport à l'ensemble du patrimoine des ménages, il a tout de même augmenté de 44 % en une décennie. L'endettement des Français est essentiellement lié à un achat immobilier. Ceci s'explique par la hausse des prix de l'immobilier, la multiplication des offres de crédit et les taux d'intérêt bas.

12 LE BUDGET DES MÉNAGES

Le budget des ménages est alimenté par l'ensemble des revenus et sert à consommer ou à épargner.

1. LES REVENUS

1. LES REVENUS SELON LA COMPTABILITÉ NATIONALE

Définitions	
Revenus primaires	Revenus du travail + Revenus du capital (intérêts, dividendes d'actions, loyers…)
Revenu disponible brut (RDB)	Revenus primaires – Impôts – Cotisations sociales + Prestations sociales
Revenu arbitrable	Revenu disponible brut – Dépenses pré-engagées
Dépenses pré-engagées	Dépenses sur lesquelles les ménages ne peuvent agir à court terme (logement, services de télécommunications…).
Pouvoir d'achat	Revenu disponible brut corrigé de l'inflation.
Niveau de vie	Revenu disponible brut du ménage/UC
Unités de consommation	Chaque ménage est composé d'un certain nombre d'unités de consommation (UC). Par exemple, 1 UC pour un adulte et 0,3 UC pour un enfant de moins de 14 ans.

2. RÉPARTITION ET ÉVOLUTION

Le revenu disponible brut n'évolue pas de façon linéaire.

➜ **Sur le long terme** : les revenus primaires et les prestations sociales ont augmenté. Mais en raison de l'augmentation des impôts et des cotisations sociales, le revenu disponible brut n'a pas augmenté autant que les revenus primaires.

➜ **Sur le court terme** : on observe depuis la fin 2012 une progression très faible du revenu disponible brut (environ 0,6 %) Le salaire moyen par tête baisse du fait du chômage et les revenus de location de logement décélèrent de même que les prestations sociales. Parallèlement, les impôts et cotisations sociales augmentent.

Il convient d'utiliser les chiffres avec précaution. L'indicateur utilisé influe sur les résultats. Le niveau de vie médian permet par exemple de comparer les revenus des personnes qui vivent dans des ménages de compositions différentes contrairement au RDB.

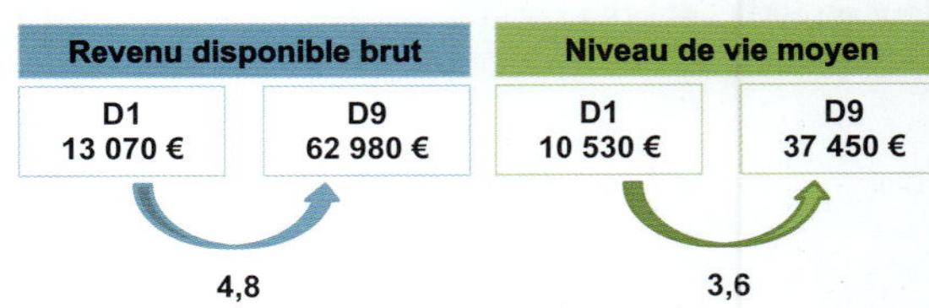

À des fins statistiques, l'Insee divise certaines composantes (ici les revenus) en 10 parts égales. On parle de déciles.
Le décile D1 représente les 10 % de ménage les plus modestes et le décile D9 les 10 % de ménage les plus aisés.

2. LA CONSOMMATION

1. COMPOSITION ET ÉVOLUTION

Les indicateurs

➜ **Consommation effective des ménages** : selon l'Insee, la consommation effective des ménages inclut les biens et les services acquis par les ménages pour la satisfaction de leurs besoins mais également les dépenses faites par les administrations publiques à leur intention (frais de scolarité par exemple).

➜ **Coefficient budgétaire** : rapport des dépenses consacrées à un bien (exemple le logement) à la dépense totale.

Les déterminants de la consommation

Certaines variables agissent d'une part sur la propension à consommer (part du revenu qui est consommé et non épargné) et d'autre part sur la structure de la consommation. Ces variables sont :

→ les revenus (niveau de revenu et survenance de revenus exceptionnels) ;

→ les prix ;

→ les déterminants sociaux : âge, catégories socio-professionnelles, mode de vie, publicité…

Les postes

Poids des principaux postes de dépenses des ménages dans la valeur de la consommation effective en % selon l'Insee :

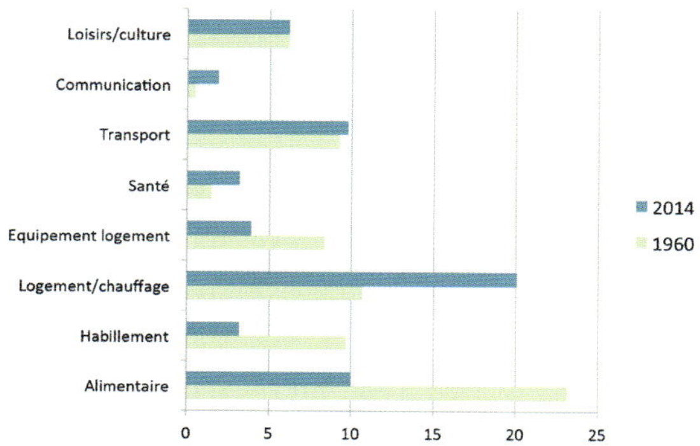

Le volume annuel de consommation par personne est aujourd'hui trois fois plus élevé qu'en 1960.

Les dépenses pré-engagées telles que le logement, les transports et les télécommunications sont de plus en plus importantes. Structurellement, les principales évolutions sont le recul du poste alimentation et l'augmentation des dépenses de logement qui en font le premier poste de consommation.

2. LES DÉPENSES EN LOGEMENT

→ **Les dépenses en logement** correspondent aux sommes consacrées au logement par les ménages mais aussi les bailleurs sociaux, les pouvoirs publics… Elles comprennent :

- les dépenses courantes (loyers y compris loyers imputés, énergie, charges locatives, petit entretien) mais pas les taxes d'habitation ni les taxes foncières ;
- les dépenses d'investissement (achat logement neuf, terrain, gros entretien) ;
- certaines aides telles que le fonds de solidarité logement.

→ **Le coût du logement** correspond aux dépenses en logement telles que les ressentent les ménages. Il comprend donc :

- les loyers réellement acquittés ;
- les remboursements d'emprunts ;
- les charges ;
- les taxes d'habitation, foncière.

→ **Le loyer imputé** aussi appelé loyer fictif correspond au loyer que les propriétaires paieraient s'ils étaient locataires de leur résidence.

→ **Le taux d'effort** est le coût du logement réellement acquitté par rapport au revenu des ménages. On parle de taux d'effort net si on tient compte des aides au logement et de taux d'effort brut si on ne tient pas compte de ces aides.

Poids des dépenses en logement

→ Les loyers et remboursements d'emprunts représentent l'essentiel des dépenses de logement (environ les ¾) pour les locataires et les propriétaires accédants. Leur taux d'effort médian est de ce fait de l'ordre de 27 %.

→ Les dépenses des propriétaires n'ayant plus de charge de remboursement se limitent aux taxes et charges. Leur taux d'effort médian est de l'ordre de 10 %.

→ Les locataires du secteur libre dépensent environ 40 % de plus que ceux du secteur HLM.

→ Le taux d'effort médian dépasse 30 % pour plus d'un ménage sur cinq.

3. L'ÉPARGNE

La part du revenu disponible des ménages non consommée constitue l'épargne. L'Insee, distingue une épargne logement (remboursement de crédits immobiliers) et une épargne financière (placements tels que les assurances-vie, dépôts bancaires…).

L'épargne est une épargne de précaution, sert la consommation future ou la constitution d'un patrimoine.

Le taux d'épargne est fonction :

→ des revenus ;

→ de l'arbitrage consommation/épargne ;

→ du taux de rémunération de l'épargne ;

→ de la conjoncture.

Le taux d'épargne des français est d'environ 13,6 %, taux supérieur au taux constaté en moyenne dans l'UE. Ce taux est monté à 20,3 % en 2020 du fait de la crise de la Covid-19.

13 LES POLITIQUES DE REDISTRIBUTION

Face aux inégalités de salaires et de patrimoine, l'État intervient *via* un système de redistribution de revenus afin d'assurer une plus grande justice sociale.

1. LE MÉCANISME DE LA REDISTRIBUTION

1. PRINCIPE ET FINALITÉS

L'État dans un premier temps prélève sur les revenus primaires issus du travail et du capital des impôts et des cotisations sociales.
Dans un second temps, il reverse des prestations sociales. On parle de répartition secondaire.

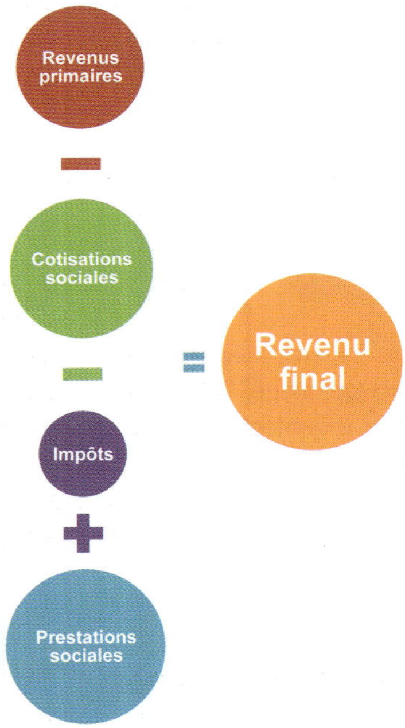

Lorsque la redistribution vise à réduire les inégalités *via* les impôts et les services publics, on parle de redistribution verticale. Cette redistribution suit une logique d'assistance en organisant un transfert de revenus des ménages les plus aisés vers les ménages les moins aisés.
Par contre, lorsque la redistribution vise à faire face à des situations telles qu'une période de chômage ou de maladie, on parle de redistribution horizontale qui suit une logique d'assurance.

2. LA POLITIQUE DU LOGEMENT

La politique du logement est une composante du système de redistribution avec pour finalités :
➜ de diminuer les inégalités d'accès au logement ;
➜ de réduire le poids des dépenses en logement ;
➜ de favoriser la construction et la réhabilitation de logements.
Elle est composée :
➜ d'un dispositif légal visant notamment à assurer le droit au logement, droit fondamental ;
➜ de prestations sociales à destination :
• de consommateurs, c'est-à-dire des ménages locataires ou propriétaires occupants de leur logement ;
• de producteurs, c'est-à-dire de propriétaires occupants ou non de logements, d'organismes sociaux ou d'entreprises possédant un parc immobilier.

2. LE DROIT AU LOGEMENT

Le droit au logement est un droit constitutionnel réaffirmé par la suite. Les principales lois concernant le droit au logement sont :
➜ la loi Quillot du 22 juin 1982 qui reconnaît le droit à l'habitat comme un droit fondamental ;
➜ la loi Mermaz du 6 juillet 1989 qui interdit toute forme de discrimination dans l'accès au logement ;
➜ la loi DALO du 5 mars 2007 qui institue un droit au logement opposable. Les personnes sans logement ou qui en demandent un depuis un temps anormalement long peuvent :
• dans un premier temps saisir une commission de médiation ;

- dans un second temps, sous condition, saisir le tribunal administratif au titre du droit au logement opposable.

3. LA DIVERSITÉ DES AIDES AU LOGEMENT

1. LES AIDES À LA PERSONNE

Les aides au logement

→ Les APL (aides personnalisées au logement) : le critère retenu pour ces aides est le type de financement du logement. En effet, sont éligibles aux APL, les locataires d'un logement conventionné, les accédants à la propriété « hors zone tendue » ayant obtenu un prêt conventionné ou le PAS (prêt d'accession sociale) ou les résidents en foyer d'hébergement.

Ces aides sont versées :

- pour la résidence principale ;
- sous condition de ressources et le plafond varie en fonction de la composition du foyer et du lieu géographique ;
- directement au propriétaire ou à l'établissement bancaire.

→ Les ALF (allocation de logement à caractère familial) : ces aides sont versées aux personnes bénéficiant des prestations familiales, ayant des personnes à charge (ascendant ou descendant). Elles bénéficient :

- aux locataires ou aux accédants à la propriété ;
- selon leurs ressources ;
- pour leur résidence principale située en France.

→ Les ALS (allocation de logement à caractère social) sont réservées à ceux qui ne peuvent bénéficier des ALF : jeunes, étudiants, ménages sans enfants, personnes âgées, handicapés.

Ces aides sont versées :

- aux locataires ou propriétaires accédants ;
- pour la résidence principale ;
- sous condition de ressources.

Les APL, ALF et ALS ne sont pas cumulables.

Le fonds de solidarité pour le logement

Dans chaque département, un fonds de solidarité pour le logement finance des dépenses en logement pour les personnes en difficultés (locataires, propriétaires accédants ou résidents de foyer logement) :

→ dépenses liées à l'entrée dans un logement (dépôt de garantie, premier loyer...) ;

→ certaines dettes (loyer, facture d'électricité, de gaz...).

Ces aides doivent être demandées au département ou à la caisse d'allocation familiale et sont attribuées selon ressources.

Les aides au logement temporaire (ALT)

Financées à 50 % par l'État et à 50 % par les organismes de sécurité sociale, les ALT sont au nombre de deux :

→ l'ALT 1 a été créée par la loi du 31 décembre 1991. Les aides sont versées à des associations conventionnées ou des centres communaux d'action sociale afin de pourvoir au logement temporaire de personnes en situation d'urgence (sans-abri par exemple).

→ l'ALT 2 a été créée par la loi du 5 juillet 2000. Les aides sont versées à des communes de plus de 5 000 habitants ou des établissements publics de coopération intercommunale afin qu'ils mettent à disposition des gens du voyage des aires d'accueil aménagées.

2. LES AIDES À LA PIERRE

Ces aides prennent la forme de subventions ou de prêts à taux réduits et sont versés par différents organismes.

Les aides de l'ANRU

L'agence Nationale pour la Rénovation Urbaine est chargée du programme de rénovation urbaine (destruction de logements vétustes, rénovation de logements, aménagement d'espaces publics privilégiant la mixité sociale...). Ces actions visent également les équipements scolaires, commerces, insertion par l'emploi...

Dans cette optique, l'ANRU aide financièrement les programmes des collectivités locales et des organismes publics et privés.

Les ressources de l'ANRU viennent principalement du fonds « Action Logement » (voir plus loin le paragraphe consacré à ce fonds).

Les aides de l'ANAH

L'agence Nationale de l'Habitat vise l'amélioration de l'habitat privé des ménages les plus modestes, aide les personnes âgées ou handicapées à adapter leur logement à leur situation afin de favoriser le maintien au domicile, encadre les copropriétés en difficulté. Pour cela :

→ elle propose des aides à la rénovation aux propriétaires occupants et aux bailleurs ;

➜ elle accompagne les élus, responsables du service habitat dans leur politique de l'habitat privé ;
➜ elle accompagne les entreprises de construction, les architectes, les bureaux d'études au niveau de la conception de leur projet ou en cas de difficultés au niveau de la mise en œuvre.

Le PAH

Le prêt à l'amélioration de l'habitat est :
➜ un prêt à 1 % ;
➜ à destination des locataires ou propriétaires de leur résidence principale ;
➜ bénéficiaires d'une prestation familiale ;
➜ pour des travaux de réparation, d'isolation thermique.

Action logement

Les entreprises du secteur privé qui entrent dans le champ d'application de la taxe versent 0,45 % de leur masse salariale (ancien 1 % logement) au titre de la participation des employeurs à l'effort de construction.
Les objectifs de ce fonds sont :
➜ de financer des logements sociaux et intermédiaires en zones tendues ;
➜ de contribuer au développement de l'éco-habitat ;
➜ d'accompagner les salariés dans leur mobilité résidentielle et professionnelle.
Pour cela le fonds propose des prêts à taux réduit, des aides (Mobili-jeune par exemple) ou des garanties (Loca-pass par exemple).

Le PTZ 2021

Il s'agit d'un prêt immobilier sans frais de dossier dont les intérêts sont à la charge de l'État afin de permettre aux ménages les plus modestes d'accéder à la propriété.
Il est possible de bénéficier du PTZ pour financer une résidence principale dans le neuf ou l'ancien avec travaux (si les travaux représentent au moins 25 % du coût total de l'opération), ainsi que l'achat d'un logement social.
Le calcul du montant du PTZ dépend du revenu du ménage de la zone géographique du bien, de la composition du ménage et du prix du logement acheté.

Les dispositifs fiscaux destinés aux investisseurs

Afin de favoriser la construction de logements et la location, l'État a mis en place des mesures de défiscalisation qui permettent aux investisseurs de financer une partie du bien acheté grâce à des réductions d'impôts sous conditions telles que :
➜ engagement à louer le bien un certain temps ;
➜ louer à des locataires dont les ressources ne dépassent pas un certain plafond ;
➜ respecter un plafond de loyer…

Mise en place	Nom du dispositif
1984	Quilès-Méhaignerie
1996	Périssol
1999	Besson
2003	Robien
2006	Robien recentré et Borloo
2009	Scellier
2013	Duflot
2015	Pinel
2017	Cosse

3. L'EFFICACITÉ DES POLITIQUES DE REDISTRIBUTION

Les dépenses publiques représentent 56 % du PIB. En 2020, marquées par la crise de la Covid-19, les dépenses publiques devraient représenter 64 % du PIB. Lorsque ces dépenses permettent la mise en place de services publics, elles ont une certaine efficacité (extension de la scolarité, des services de santé…). Les prestations sociales réduisent davantage les inégalités de revenus que les impôts. Au final, le système de redistribution a peu réduit les inégalités notamment en matière de logement. 35 milliards d'euros soit 2 % du PIB sont consacrés au logement en France. Cela comprend l'aménagement du territoire, les aides logement et l'hébergement d'urgence.
Le dernier rapport commandé par le gouvernement (2014) soulignait :
➜ une politique de plus en plus coûteuse et de moins en moins efficace ;
➜ la multiplicité des acteurs ayant des objectifs parfois contradictoires ;
➜ une pénurie de logements en zone tendue ;
➜ des prix de l'immobilier multipliés par quatre en 30 ans ;
➜ une progression du mal-logement.

14 L'IMPACT DES ÉVOLUTIONS SOCIO-DÉMOGRAPHIQUES EN MATIÈRE D'HABITAT

L'analyse des données démographiques et sociologiques (évolution des modes de vie par exemple) est particulièrement importante car elle permet de détecter les besoins en logement à moyen et long terme.

1. ÉVOLUTIONS DÉMOGRAPHIQUES ET HABITAT

1. L'AUGMENTATION DE LA POPULATION

Selon l'Insee, la France qui compte 66,99 millions d'habitants devrait avoisiner les 73,6 millions d'habitants en 2060.

Cela s'explique par :

→ une espérance de vie stable (79,8 ans pour les hommes et 85,7 ans pour les femmes en 2019 en France métropolitaine) ;

→ un des taux de fécondité les plus élevés en Europe (1,96 enfants par femme) ;

→ un solde migratoire positif.

2. L'AUGMENTATION DU NOMBRE DE MÉNAGES

L'augmentation du nombre de ménages est supérieure à celle de la population. Dans le même temps, on a observé une baisse du nombre de personnes par ménage.

Selon l'Insee, le nombre moyen d'occupants par résidence principale était de 3,08 en 1968, il est aujourd'hui de 2,26.

Cela s'explique par :

→ l'augmentation du nombre de ménages composés d'une personne (personne ne se mettant pas en couple, personnes divorcées, veuvage) ;

→ l'augmentation du nombre de couples sans enfant ;

→ l'augmentation des foyers monoparentaux.

3. L'IMPACT DES ÉVOLUTIONS SUR L'HABITAT

Ces évolutions démographiques se traduiront par un besoin en logement.

→ Quantitativement, la France accuse un déficit de logements. Il lui faudra donc combler ce déficit et engager des programmes de construction ou de rénovation pour faire face à une demande croissante de biens.

→ Il conviendra, par ailleurs, de se demander où construire ces logements et à quels besoins devront-ils répondre. En effet, les évolutions démographiques se couplent avec des évolutions sociologiques.

2. ÉVOLUTIONS SOCIOLOGIQUES ET HABITAT

1. LES TRANSFORMATIONS SOCIÉTALES

Les jeunes

Cette catégorie est très hétérogène. On y trouve des étudiants, des jeunes actifs, des couples…

De façon générale, on constate une difficulté pour ces jeunes à accéder au logement et donc une décohabitation tardive. Les facteurs explicatifs sont multiples :

- des conditions économiques subies : CDD, chômage, faibles revenus ;
- des loyers élevés pour les petites surfaces dont ils sont demandeurs ;
- une accession au parc social quasi inexistante en raison d'un manque de petites surfaces.

L'ensemble de ces facteurs font des jeunes les premières victimes du mal-logement.

Par ailleurs, la France manque cruellement de logements étudiants alors que la durée des études augmente et que les jeunes trouvent rarement à étudier près du logement familial. Ils recourent donc de plus en plus à la colocation.

Le divorce

Le taux de divorces est d'un peu plus de 50 % créant ainsi un besoin supplémentaire en logements. Cela induit d'une part, une augmentation des familles monoparentales et donc une forte demande de logements sociaux et d'autre part, une augmentation des familles recomposées logées le plus souvent en maisons individuelles.

Il convient de souligner un phénomène récent, le « *living together apart* ». : des couples séparés continuent à vivre sous le même toit. Le manque de ressources, la difficulté à se loger lorsqu'on est seul ou seul à assumer la charge des enfants, la cherté des loyers et le coût d'un divorce sont autant de facteurs explicatifs.

Les seniors

Selon l'Insee, en 2050, un habitant sur trois serait âgé de 60 ans ou plus.

Les conséquences en matière de logement sont multiples. Toutefois, il convient de distinguer **deux catégories de seniors :**

- les jeunes retraités très actifs ;
- les seniors dépendants.

Les jeunes retraités recherchent la proximité d'une agglomération afin de conserver une activité sociale et culturelle importante et d'être proche des services médicaux. Ils sont souvent propriétaires de leur logement et n'hésitent pas à s'en séparer pour acheter un logement plus adapté à leurs besoins (résidence avec ascenseur par exemple) ou dans un lieu géographique choisi (sud de la France par exemple).

Les seniors dépendants souhaitent autant que possible rester à domicile. Toutefois, cela demande des investissements souvent onéreux afin d'aménager le logement (adapter une salle de bain par exemple). Les petits investissements notamment en matière de sécurité sont par contre de plus en plus fréquents et la domotique (ensemble des technologies de l'électronique de l'information et des télécommunications utilisées dans les domiciles) devrait se généraliser.

Un tiers des personnes dépendantes sont logées en collectivité. La création d'EHPAD (Établissement d'Hébergement pour Personnes Âgées Dépendantes) est donc indispensable.

2. LA MOBILITÉ RÉSIDENTIELLE

Un certain nombre de facteurs, études, changement d'emploi, divorce entraîne un nécessaire changement de domicile. Or, le coût du logement freine cette mobilité résidentielle. Il entraîne un manque de mobilité géographique des salariés. De ce fait, les entreprises peinent à faire accepter une mobilité géographique à leurs salariés et ont des difficultés de recrutement. Les emplois ne sont pas forcément là où sont les logements et les salariés.

3. LES MODES DE VIE

En matière de logement, les Français ont des préférences :

- ils désirent être propriétaires ;
- le logement individuel est plébiscité ;
- la cuisine se veut ouverte sur un vaste séjour ;
- la salle de bain devient un critère de choix ;
- les suites parentales sont appréciées ;
- le logement doit être connecté. En effet, les premières questions posées aux agents immobiliers concernent l'accès à Internet. Depuis la pandémie, les espaces extérieurs sont fortement demandés.

15 LE MAL-LOGEMENT

Le mal-logement regroupe des situations de logement qui ne répondent pas aux normes minimum d'une situation donnée.

1. QU'EST CE QUE LE MAL LOGEMENT

1. SELON L'INSEE

L'Insee comptabilise les « personnes privées de logement et de confort » et les répartie en trois catégories :

➜ les sans domicile ;

➜ les hébergés (exemple : hôtel ou logement contraint chez un tiers) ;

➜ les personnes vivant dans un logement privé de confort.

Il convient de souligner qu'en raison de rares enquêtes logement, il n'y a pas de chiffres récents sur le mal-logement.

2. SELON LA FONDATION ABBÉ PIERRE

Chaque année, la fondation Abbé Pierre publie un rapport très complet sur le mal-logement.

Elle distingue deux grandes catégories :

➜ les personnes mal logées au nombre de 4 millions ;

➜ les personnes fragilisées par rapport au logement au nombre de 12,1 millions.

Elle définie le mal-logement de la façon suivante : situations de grande insalubrité et de précarité de logement qui comprend :

➜ le surpeuplement (personne habitant dans 9m^2 maximum) ;

➜ la privation de confort (humidité, nuisance sonore…) qui inclut la précarité énergétique ;

➜ les sans domicile ;

➜ les logés de façon contrainte chez un tiers ou à l'hôtel.

2. LE MAL-LOGEMENT EN CHIFFRE

1. BILAN

Le mal logement : 4 millions de personnes	
Privation de confort	52,7 %
Surpeuplement	23,5 %
Personnes hébergées chez des tiers	16,2 %
Personnes sans domicile	3,6 %
Habitations de fortune	2,1 %
Travailleurs en attente d'une place en foyer	1 %
Gens du voyage sans aire d'accueil	1 %
Personnes en hôtel	1 %

Le coût de l'hébergement d'urgence a quadruplé en dix ans.

2. ÉVOLUTION

Il est difficile de faire une comparaison dans le temps dans la mesure où la notion de mal-logement évolue (prise en compte de la précarité énergétique par exemple).

	Variation	Période
Absence de confort sanitaire de base	– 41 %	2006-2013
Surpeuplement accentué	+ 17 %	2006-2013
Hébergement contraint chez des tiers	+ 19 %	2002-2013
Personnes sans domicile	+ 50 %	2001-2012

3. LES CAUSES DU MAL-LOGEMENT

Les causes sont multiples :

➜ l'essor démographique et la production de logements insuffisante : l'augmentation de la population se traduit par un plus grand besoin de logements, besoin qui n'est pas satisfait. En effet, la production de logements est insuffisante (logements sociaux, hébergement d'urgence…). Au 1er janvier 2020, le parc social comptait 5,2 millions de logements, soit une hausse de 1,1 % sur un an.

→ un désengagement de l'État : baisse des subventions, difficulté d'application de la loi SRU ;

→ un contexte économique difficile (baisse de la croissance, augmentation du chômage) qui touche les plus fragiles et en parallèle une augmentation du coût du logement, dépenses contraintes. Ces facteurs entraînent une diminution de la mobilité résidentielle ;

→ un parc immobilier vieillissant.

4. LES CONSÉQUENCES DU MAL-LOGEMENT

→ Le mal-logement est la 3e source d'inégalités.

→ Les personnes vulnérables sont particulièrement touchées : familles monoparentales, jeunes, personnes en souffrance psychique…

→ Les enfants concernés ont des problèmes de scolarité.

→ L'insalubrité, la précarité énergétique, l'absence de logement entraînent de graves problèmes de santé (maladies respiratoires, allergies, stress, dépression…) dont le coût est important pour la société.

5. LES MESURES VISANT À LUTTER CONTRE LE MAL-LOGEMENT

Les mesures actuelles sont de diverses natures, législations, taxes, allégements fiscaux…

Parmi l'ensemble des mesures, on peut citer notamment :

→ **la loi DALO** (droit au logement opposable) qui permet à toute personne ayant effectué en vain des démarches pour obtenir un logement décent d'exercer un recours amiable puis contentieux devant le tribunal administratif ;

→ **la loi SRU** renforcée (Solidarité et Renouvellement Urbain) qui impose un taux de 25 % de logements sociaux aux communes sous peine de sanctions financières ;

→ **la taxe sur les logements vacants** ;

→ **la majoration de la taxe foncière** à payer sur les terrains constructibles situés en « zone tendue » ;

→ **les aides de l'ANAH** (Agence NAtionale de l'Habitat) pour le financement de travaux à caractère énergétique.

6. LES SOLUTIONS PRÉCONISÉES PAR LA FONDATION ABBÉ PIERRE

Le rapport de la fondation Abbé Pierre regroupe les solutions proposées en quatre piliers :

→ produire davantage de logements accessibles : pour cela, il convient par exemple d'accentuer la pression fiscale sur le foncier de façon à libérer du terrain, d'élaborer des plans pluriannuels tenant compte des disparités territoriales, de modifier les dispositifs de type « Pinel » de façon à ce que les avantages fiscaux aient des contreparties plus importantes (plafonds de ressources et de loyers par exemple) ;

→ réguler les marchés et modérer les coûts du logement : dans cette optique, il est préconisé d'encadrer les loyers, de taxer les loyers abusifs, de diminuer le loyer de certains HLM, de revaloriser les APL, d'encadrer les frais d'agence, de compléter éventuellement la taxe renforcée sur les logements vacants par des réquisitions… ;

→ prévenir et combattre les facteurs d'exclusion par le logement : les mesures d'urgence (hôtels, foyers…), relativement onéreuses, devraient être des solutions de court terme et non de moyen terme comme c'est le cas aujourd'hui. Il convient donc de favoriser pour les personnes sans domicile, l'accès direct à un logement en respectant le droit au logement opposable et en mobilisant les contingents de logements sociaux. La création d'une garantie des loyers universelle inciterait les propriétaires bailleurs à louer. Il est également important de prévenir les risques d'expulsion en intervenant dès les premiers impayés ;

→ construire une ville équitable et durable : imposer un pourcentage de logements sociaux dans chaque programme immobilier permettrait de favoriser la mixité sociale. Favoriser la réhabilitation plutôt que la démolition.

16 LES ÉLÉMENTS DE VALORISATION ET L'ÉQUILIBRE D'UNE OPÉRATION IMMOBILIÈRE

Il est parfois nécessaire d'évaluer un bien existant et indispensable de déterminer le coût exact d'un bien à construire pour en assurer la rentabilité. Se pose alors la question de la valeur du bien existant ou futur.

1. LA NÉCESSITÉ D'ÉVALUER UN BIEN

1. DANS QUEL CAS ?

Toutes les catégories d'agents économiques sont concernées par l'évaluation d'un bien (ménages, entreprises, collectivités territoriales...) et ce pour des raisons diverses. Prenons quelques exemples :

→ un ménage a besoin de connaître la valeur de son bien pour fixer un prix de vente, pour organiser sa succession, pour organiser le partage dans le cadre d'un divorce, pour évaluer son patrimoine (en vue du paiement de l'impôt sur la fortune par exemple)...

→ une entreprise va évaluer son patrimoine immobilier car ce patrimoine est inscrit à l'actif du bilan de la société ou comme le ménage va envisager l'évaluation d'un bien immobilier en vu de sa vente ;

→ l'État, les collectivités territoriales ont également un patrimoine à gérer et vont de plus s'intéresser à la valeur des biens afin par exemple d'exercer leur droit de préemption ou d'anticiper les droits de mutation qu'ils vont percevoir ;

→ les investisseurs quels qu'ils soient (ménages, sociétés...) vont mettre en rapport la valeur du bien, la rentabilité espérée et la plus-value possible en fonction d'éventuels travaux à effectuer ou des tendances du marché avant tout investissement.

2. UNE OPÉRATION COMPLEXE

L'évaluation d'un bien peut être faite par la personne qui possède le bien ou par une personne extérieure (agent immobilier, notaire...). Dans la mesure où il n'existe pas une méthode scientifique pour évaluer un bien, de nombreux éléments vont venir influencer l'évaluation.

Ainsi un ménage qui envisage la vente de son bien sera tenté de fixer le prix de vente en fonction de son futur achat et non de la valeur réelle du bien à vendre.

L'agent immobilier de son côté peut sous-estimer un bien afin d'espérer le vendre plus rapidement.

On le voit donc, les agents économiques chargés d'évaluer le bien ne sont pas toujours objectifs.

2. LES MÉTHODES D'ÉVALUATION

1. ÉVALUER UN BIEN EXISTANT

Choisir une méthode

Il existe différentes méthodes pour évaluer un bien. Aucune d'entre elles n'est optimale aussi la méthode choisie sera :

→ celle adaptée au bien du fait par exemple de sa localisation ou de la conjoncture économique ;

→ ou une moyenne des résultats obtenus grâce à l'utilisation de plusieurs méthodes successives.

La méthode générale par comparaison

La méthode dite « par comparaison » consiste à apprécier la valeur d'un bien en fonction des transactions effectuées dans le quartier pour des biens de même type.

Il est évident qu'en l'absence de transaction pour des biens similaires, la méthode n'est pas utilisable.

La méthode hédoniste

Un bien immobilier n'est pas recherché pour lui-même mais pour les caractéristiques qui le définissent (emplacement, superficie, nombre de pièces, balcon ou jardin…).
Partant de ce constat, la méthode hédoniste consiste à fixer une valeur à chacune des caractéristiques du bien et à additionner ces valeurs pour obtenir l'évaluation globale du bien.

La méthode par capitalisation

Elle consiste à prendre en compte dans un premier temps le revenu du bien (revenu brut ou loyers – charges) puis à appliquer un taux de capitalisation.

2. LA NOTION DE VALEUR POUR UN BIEN À CONSTRUIRE

La complexité d'une opération de promotion

Les biens immobiliers sont souvent vendus avant d'être construits. Le prix de vente est donc fixé alors qu'on ne connait pas encore le coût exact de construction. Par ailleurs, l'achat du terrain puis la construction nécessitent des fonds qu'il faudra obtenir des organismes financeurs tel que les banques. Ces organismes ne vont pas accepter de financer le projet sans un plan de financement.

La méthode du compte à rebours

C'est le foncier qui détermine le plus souvent la faisabilité d'une opération immobilière. La méthode du compte à rebours permet au promoteur de connaitre l'enveloppe dont il dispose pour le foncier. Si l'enveloppe n'est pas suffisante, la construction ne pourra se faire.

Le prix maximum à consacrer au foncier est calculé de la façon suivante :

Chiffre d'affaires TTC des ventes

– Coûts de construction

– Taxes

– Honoraires

– Frais financiers

– Marge

= Somme maximale à consacrer au foncier

Les particularités du secteur social

Une opération immobilière à caractère social doit être agréée par l'État. De plus, les financeurs sont pour partie l'État et les collectivités territoriales. Ce sont eux qu'il va falloir convaincre de l'équilibre de l'opération en fournissant un compte à rebours. Mais si le promoteur privé peut aisément évaluer le chiffre d'affaire TTC des ventes dans le cadre de son opération, le bailleur social lui, doit se baser sur les recettes constituées de loyers plafonnés par décret. De ce fait, il dispose d'une somme réduite pour le foncier. Compte tenu des prix élevés du foncier, une opération immobilière à caractère social ne peut se faire qu'avec l'aide des pouvoirs publics (subventions, cession à titre gratuit de fonciers appartenant à l'État ou aux collectivités locales).

17 L'IMPACT DU DÉVELOPPEMENT DURABLE SUR LE SECTEUR IMMOBILIER

L'idée que notre mode de croissance est incompatible avec les ressources existantes de la planète se propage peu à peu à partir des années 70. Mais c'est Mme Brundland, Premier ministre norvégienne qui en 1987 définira la notion de développement durable.
Le développement durable est « *un développement qui répond aux besoins du présent sans compromettre la capacité des générations futures à répondre aux leurs* ». Cela consiste à assurer un développement économiquement efficace, socialement équitable et écologiquement soutenable.

1. DE L'ACCORD DE KYOTO À LA COP 21

Différentes conférences et accords au niveau international ou national ont permis des avancées en matière de développement durable.
Parmi eux, on peut citer :

➜ le protocole de Kyoto de 1997 dont l'objectif était de réduire les émissions de gaz carbonique ;

➜ les lois Grenelle 1 et 2 qui ont été adoptées après une série de rencontres politiques de 2007 entre l'État français, les collectivités locales, des entreprises, des syndicats et des organisations non gouvernementales. L'objectif affiché de lutter contre le réchauffement climatique et de préserver la biodiversité s'est traduit en matière d'habitat et d'urbanisme par des engagements à accroître la performance énergétique des logements ;

➜ les COP, ces conférences mondiales qui se tiennent depuis 2015 se concluent par des accords visant à contenir le réchauffement climatique.

2. L'IMPACT DES ACCORDS SUR LE SECTEUR DU BÂTIMENT

1. POURQUOI LE SECTEUR EST-IL IMPACTÉ ?

➜ Les accords en matière de développement durable ont d'importants effets sur le secteur du bâtiment car ils participent activement au réchauffement climatique et à la production de gaz à effet de serre.

Consommation d'énergie par secteur en France

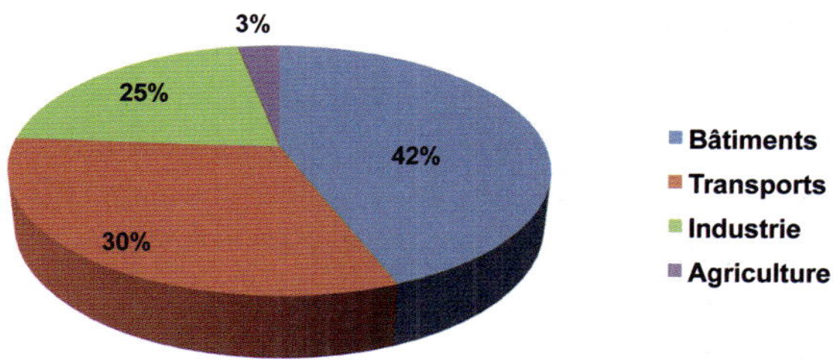

➜ les bâtiments résidentiels et tertiaires représentent 44 % de l'énergie consommée ;

➜ ces mêmes bâtiments représentent 19 % des émissions de gaz à effet de serre du pays ;

➜ dans les résidences principales, le chauffage représente 65 % de l'énergie finale consommée.

2. LES RÉGLEMENTATIONS THERMIQUES

L'objectif étant de réduire la consommation d'énergie, des réglementations thermiques (RT) ont été

adoptées.
La réglementation thermique de 1974 a permis de réduire la consommation d'énergie des constructions neuves par deux. Le Grenelle de l'environnement prévoyait de diviser encore par trois cette consommation grâce à la réglementation thermique de 2012.

La RT 2012

Les objectifs de la RT 2012 sont ambitieux et concernent les bâtiments neufs et le parc ancien.
➜ en ce qui concerne les bâtiments neufs, la législation impose une consommation d'énergie primaire inférieure à 50Kwh/M²/an en moyenne. Pour cela, elle impose des normes en matière d'isolation et de système énergétique (surface minimale de baies vitrées, traitement de l'étanchéité de l'air…). Une attestation de prise en compte de la RT 2012 devra en plus être fournie avec le dépôt du permis de construire ;
➜ en ce qui concerne les bâtiments existants, la RT s'applique dès lors que des travaux d'amélioration ayant un impact sur les performances énergétiques sont envisagés.

La RT 2015

La RT 2015 applicable depuis le 1er janvier 2015 accroît les exigences en matière de consommation d'énergie primaire des bâtiments neufs tout en simplifiant la RT 2012.
Les principales mesures sont :
➜ une consommation d'énergie primaire inférieure à 30Kwh/M²/an en moyenne pour les bâtiments neufs ;
➜ la suppression de la RT 2012 pour les constructions ou extensions de moins de 50 m². L'attestation à joindre au permis de construire est de plus simplifiée ;
➜ la réduction des exigences pour les extensions des maisons individuelles ;
➜ l'allégement de la règle des 1/6e de surface vitrée ;
➜ la création d'un nouveau label performance environnementale très exigeant qui prendra en compte les performances environnementales de la construction jusqu'à l'utilisation.

La RT 2020

Elle remplacera la RT 2012 pour les bâtiments construits à partir de 2020 et prendra en compte les aspects thermiques mais également le cycle de vie des matériaux et les conditions de fabrication des équipements. Ces bâtiments devront produire plus d'énergie qu'ils n'en consomment. On parle de bâtiments à énergie positive (BPOS).

Consommation d'énergie primaire des bâtiments neufs

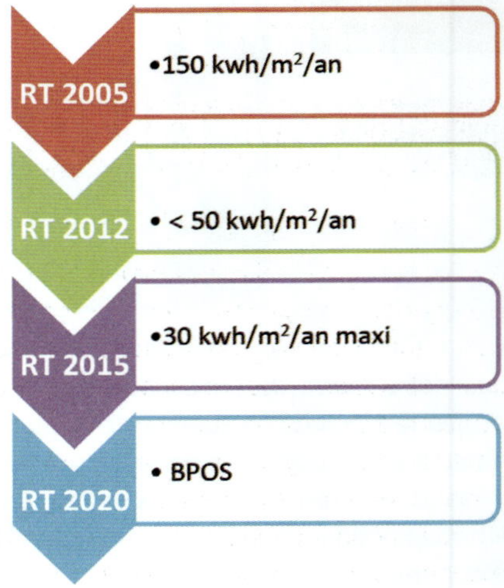

3. LES MESURES D'ACCOMPAGNEMENT

L'État a prévu des mesures d'accompagnement sous forme de prêts à taux zéro, crédits d'impôts… afin de faciliter la rénovation énergétique.
Parmi ces mesures, on peut citer :
➜ l'éco-prêt à taux zéro d'un montant maximum de 7 000 à 30 000 euros selon les travaux qui permet à un propriétaire d'effectuer des travaux d'éco-rénovation prévus dans une liste prédéfinie (exemple : isolation d'une toiture) ;
Le crédit d'impôt pour la transition énergique (CITE), dispositif d'incitation fiscale à l'amélioration énergétique des logements, disparaît. Il est remplace par Maprim'revov. Cette aide peut-être demande pour tous les propriétaires et les copropriétés afin de financer des travaux d'isolation, de chauffage…

3. VERS UNE APPROCHE GLOBALE D'UN HABITAT « DURABLE »

1. APPROCHE GLOBALE EN TERME DE CYCLE DE VIE D'UN BÂTIMENT

Le cycle de vie

Dans une optique de développement durable, il apparaît important d'intégrer dès la conception une réflexion sur la qualité des matériaux (mode de production respectueux de l'environnement, matériaux recyclables…), la consommation d'énergie du bâtiment tout au long de la vie (au moment de la construction, au niveau de l'utilisation mais également au moment de la destruction), se préoccuper du coût de la rénovation ou de la destruction et donc du recyclage des matériaux…

La Technologie BIM

Une nouvelle technologie, la technologie BIM (*Building Information Modeling*) est en train de révolutionner la façon dont on conçoit, construit et gère un bâtiment. Dès la conception du projet, il sera possible de faire collaborer les différents intervenants (maîtres d'ouvrage, architectes, ingénieurs et entrepreneurs) et de modéliser le bâtiment sous forme de prototype intégrant toutes les données techniques, écologiques, financières du projet. Il sera possible d'effectuer des modifications de quelque nature que ce soit pour en analyser les impacts tout au long du cycle de vie.

Concept de « valeur verte »

Le concept de « valeur verte » d'un bâtiment a fait son apparition : un logement dont les performances environnementales au sens large (performances énergétiques, matériaux de construction écologiques, accès aux moyens de transports…) seraient élevées se vendrait ou se louerait plus cher.

Même si les acheteurs sont de plus en plus sensibles aux aspects environnementaux, cette théorie n'est pas démontrée tout particulièrement en zone « tendues ».

2. APPROCHE GLOBALE DU QUARTIER : L'ÉCO QUARTIER

Définition

Un éco Quartier est un projet d'aménagement urbain qui respecte les principes du développement durable tout en s'adaptant aux caractéristiques de son territoire.

Ces éco quartiers intègrent donc :

- ➜ des bâtiments performants énergétiquement ;
- ➜ des habitations, services publics, jardins, commerces…
- ➜ des transports en commun, pistes cyclables, espace de circulation pour piétons…
- ➜ une gestion durable de l'eau, des déchets.

Le développement économique et la mixité culturelle et générationnelle sont également au cœur des préoccupations des concepteurs d'éco-quartiers.

Label national « éco quartier »

En 2012 un label éco quartier a été créé par le ministère de l'écologie, du développement durable et de l'énergie afin de clairement identifier les éco quartiers remplissant des critères définis.

Il est décerné par une commission nationale.

Mode de vie et éco quartier

L'Éco quartier vise à promouvoir un nouveau mode de vie. Leur nombre est en augmentation constante. Toutefois, il semblerait, selon une étude du CRÉDOC que les Français n'adhéreraient pas à ce genre d'habitat. De façon générale, les Français sont encore très attachés à la maison individuelle avec jardin sans mitoyenneté et si possible en périphérie d'une agglomération.

EXERCICES

Exercice 1

Le crowdfunding immobilier continue sa percée

Publié le 16/01/2019 - www.batiactu.com

CONJONCTURE. Pour financer des opérations immobilières, le crowdfunding a toujours la cote, comme le prouve le dernier baromètre annuel présenté le 15 janvier par la plateforme Fundimmo et Hellocrowdfunding.

Cette année encore, la collecte de fonds pour la réalisation d'opérations immobilières connaît des chiffres gargantuesques avec 185 millions d'euros de financements, en hausse de 83 % par rapport à l'année 2017. Cela correspond en tout et pour tout, à 343 projets et à une collecte moyenne de 539 128 euros, contre 457 749 euros en 2017.

Les collectes se sont principalement concentrées sur le marché du résidentiel, qui constitue 73,4 % des financements globaux, même si la somme dédiée aux bureaux a « doublé » (8,4 % en 2018), suivie des projets d'aménagement, de commerce, d'hôtellerie et d'autres usages. Le secteur résidentiel démontre par ailleurs « *une finalité altruiste* », avec des investisseurs qui ciblent des programmes comportant des logements sociaux, dont la part a été de 25 % dans les projets financés en 2018. En parallèle avec ces bons scores, les montants remboursés connaissent également une hausse, avec une enveloppe 2018 de 55 millions d'euros, presque le double du montant remboursé en 2017.

Démocratisation du produit

« *Malgré le ralentissement observé dans le logement neuf, la croissance continue du marché du crowdfunding immobilier démontre que les acteurs de la promotion immobilière ont de plus en plus recours aux services du financement participatif pour financer leurs fonds propres* », a traduit Stéphane Bombon, président de Fundimmo.

Le gros volume d'investissement est également un signe « *de démocratisation du produit* » et de « *diversification des promoteurs financés* », juge Jérémie Benmoussa, directeur général de Fundimmo. Ce mode de mobilisation de fonds permet à certains acteurs de la promotion « *une solidité financière plus forte* », et suscite d'autre part un « *intérêt croissant* » chez les promoteurs de taille moyenne.

Demeurent cependant quelques couacs, à commencer par le contexte général d'un marché de la construction qui ralentit, et qui rallonge les durées moyennes de placement, passées de 18 mois en 2017 à 23,3 mois en 2018. Pour les projets en eux-mêmes, Hellcrowdfunding a recensé un taux de retards de remboursement de 7,68 % pour ceux de moins de 6 mois, et de 8,24 % pour les retards supérieurs à 6 mois.

Source : La rédaction de Batiactu

➜ Questions 1

Après avoir défini le *crowdfunding* immobilier, listez les types de projets financés.

➜ Questions 2

Expliquez la phrase suivante : « Les acteurs de la promotion immobilière ont de plus en plus recours aux services du financement participatif pour financer leurs fonds propres. »

➜ Questions 3

Pour un investisseur, quels sont les risques du *crowdfunding* ?

Exercice 2

Coliving : tendance éphémère ou concept durable ?

Publié le 7 janvier 2019 - www.immobilier.cbre.fr/

Après le coworking, le coliving est le phénomène qui interroge le monde immobilier. Les nombreuses conférences du SIMI 2018 dédiées à ce sujet en témoignent. De quoi parle-t-on exactement ? **CBRE décrypte pour vous ce nouveau modèle.**

Sous l'impulsion des start-up et des Millennials, le coworking est en plein essor depuis les années 2010. Il a largement dépassé la seule cible des jeunes pousses et des indépendants. Le bureau n'est plus seulement un lieu utilitaire, **il devient un espace désirable, désenclavé et flexible, valorisant la notion d'expérience et de lien**. C'est aujourd'hui l'offre résidentielle qui est fragmentée avec l'arrivée, timide mais remarquée, du coliving qui pourrait révolutionner la chaîne de valeurs des actifs.

Le coliving peut être apparenté aux espaces de coworking, à l'hôtellerie ou encore aux systèmes de colocation car il reprend différents codes. C'est un lieu communautaire qui mixe **parties privatives et espaces à partager**. Les services associés varient selon les offres et le tout est compris dans un loyer, avec une durée d'engagement plus flexible et souvent plus courte.

Coliving : pour qui ?

Le coliving est particulièrement apprécié des personnes « **en transition** ». Il peut s'agir de nouveaux arrivés, de célibataires géographiques, d'expatriés de retour en France ou encore de personnes en transition résidentielle pour cause de travaux… Il permet dans tous les cas un ancrage social et un confort rapidement gagné, le tout en conservant liberté, flexibilité et indépendance. Cette forme de « colocation moderne » réduit les espaces privatifs au profit d'espaces communs plus agréables. Si les particuliers représentent actuellement la majorité des locataires, **les entreprises pourraient être la cible de demain** et permettre ainsi une hausse du taux d'occupation des résidences.

Coliving : pour quoi ?

Wifi, ménage, laverie, événements, Internet, petit-déjeuner… Les services varient, des classiques aux plus atypiques. Certains espaces cherchent déjà à se démarquer à l'image de La Casa des Chefs à Neuilly-Plaisance/Rosny qui propose des cours de cuisine et même la possibilité à tous les résidents de préparer gratuitement leur CAP Cuisine ou Pâtisserie (d'une valeur de 1 175 euros). Sur ce même credo, La Casa Wellness à Colombes est un espace de coliving spécialisé dans le bien-être. Au menu sauna, spa et un accès illimité à plus de 500 salles de sport en Île-de-France.

Coliving : où et à quels prix ?

Rempart à la solitude des citadins, l'esprit communautaire du coliving prend son sens dans une société moderne où l'individualisme fait toujours plus échos. Ce modèle semble aussi particulièrement adapté aux grandes villes en raison de la hauteur des prix actuellement proposés. L'offre y est alors plus alignée aux prix du marché. En moyenne il faut compter minimum 700 euros par mois en région et 850 à Paris pour se loger en coliving. Pour autant on en trouve également en Province à l'image de Lime au Pays Basque ou de The Babel Community à Marseille. Beaucoup de projets sont aussi situés aux abords de Paris comme Flatmates à Maison-Alfort et Porte de Saint-Ouen. Ivry-sur-Seine devrait bientôt accueillir un immeuble de coliving avec l'extension logements annoncée de la Station F, plus grand incubateur d'Europe.

Le coliving, encore un segment de niche en France, est à des stades de maturité différents selon les pays. Si on peut plaider des freins culturels, ce modèle, encore en mutation, attire en tout cas l'attention de certains promoteurs et semble donc voué à se développer dans nos grandes villes.

Source : Clémence de Fleurian, CBRE – issu du blog immobilier.cbre.fr

➜ Questions 1

Après avoir défini le *coliving*, dites en quoi le modèle est séduisant pour les utilisateurs ?

➜ Questions 2

Le *coliving* est-il un simple produit marketing ?

SOLUTIONS

Exercice 1

Réponse question 1

Le *crowdfunding* immobilier est une forme d'investissement en immobilier. Des investisseurs financent à plusieurs un projet de promotion immobilière. L'appel de fonds s'effectue *via* une plateforme de *crowdfunding* sur laquelle le porteur de projet a déposé son projet en précisant les modalités (durée du prêt, taux…). Les projets financés sont pour une grande part des projets liés au marché résidentiel dont des programmes de logements sociaux. Mais le marché professionnel n'est pas en reste avec le financement de bureaux, commerces, hôtels…

Réponse question 2

De façon générale, le financement d'une opération immobilière se décompose d'apports en fonds propres, pour certaines opérations, de sommes liées à la vente en l'état futur d'achèvement et pour le reste de prêts bancaires.
Les acteurs de la promotion immobilière manquent de fonds propres. Ils ont donc recours au *crowdfunding*. Toutefois, les banques imposent pour financer le reste du projet que les sommes issues du *crowdfunding* ne dépassent pas 50 % des apports.

Réponse question 3

Un placement en *crowdfunding* est un placement peu liquide et potentiellement risqué. En cas de défaillance du projet (lié à la liquidation judiciaire du porteur de projet par exemple), l'investisseur perdrait le capital investi.
Par ailleurs, si lors de la souscription il est fait mention d'un délai de remboursement, Hellcrowdfunding souligne que certains remboursements interviennent avec retard. Le taux de retard de remboursement varie de 7,68 % à 8,24 % selon les projets.

Exercice 2

Réponse question 1

Le *coliving* n'est ni de la colocation ni du *coworking* mais un concept à mi-chemin entre ces deux produits immobiliers. Il s'agit d'habiter à plusieurs un lieu composé d'espaces privés réduits et d'espaces communs. Les utilisateurs, souvent des Millennials, y voient une solution de logement transitoire lors du passage de la vie étudiante à la vie professionnelle. Mais ce type de logement est également adapté à ceux qui sont en transition résidentielle (pour travaux par exemple) ou en mobilité géographique (cumul de contrats à durée déterminée dans différentes villes).
De plus, cette forme d'habitat offre de nombreux services (salle de sport, spa, laverie…) compris dans le prix de la location la rendant compétitive par rapport au prix du marché.
Enfin, le *coliving* permet de briser la solitude du citadin.

Réponse question 2

Le *coliving* est apparu en 2010 et est en plein essor. On ne peut donc plus parler d'un « phénomène de mode » ou de simple produit marketé.
Le *coliving* répond à un besoin commun à de plus en plus de personnes. La cible s'est d'ailleurs élargie. Les utilisateurs ne sont plus seulement des Millennials et des indépendants mais également des seniors, des divorcés… Le *coliving* est une solution alternative à la hausse des loyers dans les métropoles et constitue un nouveau mode de vie collaboratif et plus flexible (pas de bail par exemple). L'habitat suit simplement les évolutions sociologiques (transformations sociétales, mobilité résidentielle, modes de vie).

SOMMAIRE
ARCHITECTURE, HABITAT ET URBANISME, DÉVELOPPEMENT DURABLE

Certains outils et points spécifiques du référentiel font l'objet de fiches à consulter en ligne, signalées par le symbole @ dans le sommaire.

1 LES STYLES ARCHITECTURAUX

Ce chapitre présente les principales caractéristiques des principaux styles architecturaux. Il ne s'agit pas d'une grille de lecture à appliquer à tous les immeubles, certains reprenant des éléments de différents styles. Un bon moyen d'enrichir sa culture architecturale est d'aller observer des immeubles «in situ» et d'en repérer les principales caractéristiques.

1. LE MOYEN ÂGE ET L'ANCIEN RÉGIME

1. LE MOYEN ÂGE

Au Moyen Âge, l'habitation occupe toute la parcelle, construite sur trois ou quatre étages, avec généralement une pièce par étage. Le rez-de-chaussée est généralement en pierre, les étages supérieurs sont construits sur une armature à **colombage** (voir photo ci-dessous).

© La gueuse

2. SOUS L'ANCIEN RÉGIME

Au XVIIe siècle (Louis XIII et Louis XIV), les colombages disparaissent et les constructions se font **en pierre**. Les bâtiments sont étroits et de taille modeste (2 à 3 étages); leurs façades sont parfois inclinées vers l'arrière pour éviter un basculement sur la rue.

Certains détails apparaissent: l'entrée se fait par une **porte cochère**, des **bandeaux** ornés d'une moulure séparent les étages, le **toit à la Mansart**, une toiture percée de lucarnes au niveau des combles, se généralise. Durant la seconde moitié du XVIIe, les immeubles gagnent en raffinement: on utilise davantage la pierre de taille, on peut observer des **arcades** au niveau de l'entresol, on note l'apparition de **refends** horizontaux (lignes creusées sur le parement de la façade).

Exemple de «toit à la Mansart»

© Edwinb at Dutch Wikipedia

Durant la première moitié du XVIIIe siècle (Louis XV), la dimension des bâtiments augmente, en largeur et en hauteur (4 à 5 étages). L'ornementation (décoration) se développe, la hauteur des étages décroît à partir du 1er étage, des balustrades en fer forgé apparaissent, il y a des bandeaux séparant les étages.

2. DE LA FIN DE L'ANCIEN RÉGIME À LA FIN DU XIXE SIÈCLE

1. LOUIS XVI ET LE STYLE EMPIRE

On revient à une architecture plus simple et moins d'ornementation que pour le style Louis XV. Comme pour le style Louis XV, la hauteur des étages diminue à mesure que l'immeuble gagne en hauteur. Le **néoclassicisme** émerge : il prône le retour à une architecture plus rationnelle (symétrie, peu d'ornementation) **inspirée de l'architecture classique** (antiquité grecque, romaine). Pour des exemples à Paris, voir le Panthéon (Soufflot), ou l'église de la Madeleine (Vignon).
En France, durant la première moitié du XIXe siècle, il inspirera le **style Empire** (Napoléon 1er). Ce dernier reprend certains principes de l'architecture antique : les fenêtres en arc plein cintre (demi-cercle au-dessus des fenêtres), les frontons inspirés de l'antiquité au-dessus des ouvertures et des bâtiments, des colonnes, et un aspect extérieur plutôt austère.
Les rues sont numérotées, on observe les premiers alignements de façade (ex. : rue de Rivoli à Paris). Les premiers balcons filants apparaissent. Sous le règne de Louis Philippe (1830-1848), la dimension des bâtiments n'évolue pas (4 ou 5 étages plus des combles), mais l'ornementation et le décor des bâtiments se développent.

2. LE STYLE HAUSSMANNIEN

Au milieu du XIXe siècle, **Napoléon III confie à Haussmann la modernisation de Paris**. Ce chantier a largement modelé le Paris que nous connaissons :

- fluidification de la circulation (nouvelles rues plus larges, plan de circulation organisé) ;
- annexion des villages voisins (Belleville, Montmartre…) ;
- eau potable et assainissement ;
- embellissement de la ville (parcs, immeubles).

En architecture le bâtiment haussmannien se caractérise par :

- le recours obligatoire à la **pierre de taille**
- **l'alignement des façades** (les constructions nouvelles doivent s'aligner sur le modèle d'immeuble haussmannien déjà existant dans la rue) ;
- **des balcons filants** aux immeubles du 2e étage et du 5e étage ;
- l'entresol, au-dessus du rez-de-chaussée est d'une hauteur moindre (stockage des marchandises), le deuxième étage a une hauteur sous plafond plus importante (étage noble) ;
- **refends** sur les façades des deux premiers niveaux ;
- le dernier niveau (combles) était généralement dédié au personnel de maison.

Le Boulevard Haussmann, Paris

© Thierry Bézecourt

3. L'ART NOUVEAU

À la fin du XIXe siècle, les règles de construction des immeubles à Paris s'assouplissent. C'est à cette époque que sont bâtis des immeubles art nouveau, se distinguant par leur originalité, leur fantaisie, et un sens du détail marqué (notamment au niveau des balustrades et éléments de ferronnerie). Ce style a touché toute l'Europe : il est très présent à Barcelone, à Paris on en trouve de beaux exemples dans le 16e arrondissement (**le Castel Béranger de Hector Guimard**, qui a aussi dessiné un modèle de bouches du métro parisien).

3. LE XXE SIÈCLE

1. L'ART DÉCO

Ce style se recentre sur des **lignes plus austères et pures, des couleurs assez claires, des formes**

géométriques simples. Les façades des immeubles sont souvent rythmées par la construction de *bow-window*.
Le béton, en tant que matériel de construction, devient de plus en plus utilisé (et notamment par des architectes comme Auguste Perret). Dans de nombreux immeubles d'habitation inspirés par l'Art-déco, l'utilisation de la brique apparente se mêle aux façades claires.

2. LE MODERNISME

Initié par le **Bauhaus** en Allemagne (Gropius, Mies Van der Rohe), le modernisme émerge au cours des années trente. Il se caractérise par une **architecture fonctionnelle** (au service de celui qui « utilise » le bâtiment), **des lignes droites, un refus global de l'ornementation**. Le verre est utilisé comme matériau de construction dans les façades. Le bâtiment du Bauhaus (1926) à Dessau, en Allemagne, en est une bonne illustration.

En France, Le Corbusier s'inscrit dans une démarche similaire. Sa **villa Savoye** à Poissy (78) est le manifeste de son architecture :

- ➜ **plan libre** (cloisons déplaçables librement, espaces modulables) ;
- ➜ **façade libre** (la façade n'est pas porteuse) ;
- ➜ **pilotis** libérant un espace sous le bâtiment ;
- ➜ **fenêtres en bande** (larges ouvertures permises par le fait que la façade n'est pas porteuse) ;
- ➜ **toiture-terrasse.**

La villa Savoye (2015)

© LStrike

La **charte d'Athènes** (1933) pose le principe du **fonctionnalisme** : les villes sont découpées selon quatre fonctions (habiter, travailler, se divertir, se déplacer), on doit construire beaucoup plus haut pour créer de l'espace entre les immeubles (routes, espaces verts). Pour aller plus loin, on peut se référer au « **plan Voisin** », élaboré par Le Corbusier pour Paris (jamais mis en œuvre).

Le style international s'inspire du Bauhaus, il y ajoutera l'usage de techniques modernes de construction en verre et en acier développées aux États-Unis. Voir par exemple : le siège de l'ONU, à New York, ou le MoMa (Museum of Modern arts, New York, USA).

3. APRÈS LA SECONDE GUERRE MONDIALE

Durant les trente glorieuses, de nombreuses tours et barres sont construites **pour faire face à l'importante crise du logement que traverse la France** : les formes sont souvent simples, les façades austères, car il faut construire vite. Les abords des immeubles sont essentiellement dédiés au stationnement automobile, les places et autres lieux de rencontre cèdent la place à la circulation au pied des bâtiments.

À partir des années soixante-dix, les dimensions n'évoluent guère, mais leurs formes évoluent vers beaucoup moins de monotonie, les façades sont rythmées, plus originales (**postmodernisme**).

Ces dernières années sont marquées par des immeubles peu monotones : on fait varier les couleurs, les matériaux, et, point important, on veille particulièrement à ce que les immeubles soient ouverts, ou donnent sur de**s espaces publics (esplanades).**

2 LA PROTECTION DES SITES PATRIMONIAUX REMARQUABLES ET DES MONUMENTS HISTORIQUES

1. LA LOI MALRAUX ET LA PROTECTION DU PATRIMOINE

La loi Malraux du 4 août 1962 a pour objectif la sauvegarde du patrimoine, mis en danger par les aménagements urbains des années 1940-1950.

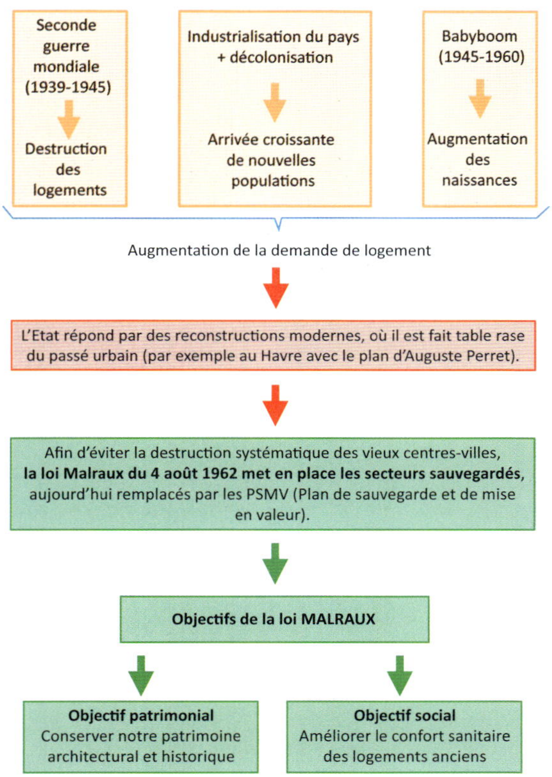

2. LA CRÉATION DES SITES PATRIMONIAUX REMARQUABLES

1. PRINCIPE

La loi relative à la liberté de création, à l'architecture et au patrimoine (LCAP) du 7 juillet 2016 crée les sites patrimoniaux remarquables qui sont «*les* ***villes, villages*** *ou* ***quartiers*** *dont la conservation, la restauration, la réhabilitation ou la mise en valeur présente, au point de vue historique, architectural, archéologique, artistique ou paysager, un intérêt public*».

Au sein de ces sites patrimoniaux remarquables, un plan de gestion propre aux spécificités du territoire se traduit par:

<table>
<tr><td>Le plan de sauvegarde et de mise en valeur (PSMV)</td><td>Le plan de valorisation de l'architecture et du patrimoine (PVAP) sur les parties du site patrimonial remarquable non couvertes par un PSMV.</td></tr>
<tr><td colspan="2">Ces plans contiennent un règlement et un document graphique (carte) comme le PLU.
Ces règles écrites et graphiques doivent s'appliquer aux bâtiments situés dans le périmètre du site patrimonial remarquable.
Exemple: le PSMV de la ville de Senlis</td></tr>
<tr><td colspan="2">L'architecte des bâtiments de France (ABF) participe à l'élaboration, la révision ou la concertation du PSMV et du PVAP avec les services de l'Etat et les collectivités territoriales.</td></tr>
<tr><td>Le PSMV est un document d'urbanisme.</td><td>Le PVAP est une servitude d'utilité publique.</td></tr>
</table>

Le document d'urbanisme fixe les règles d'aménagement et d'utilisation des sols.	Les servitudes d'utilité publiques sont des interdictions et limitations ou obligations qui impactent le droit de propriété.
Le PSMV et le PVAP ont pour but de protéger le patrimoine.	

2. DÉFISCALISATION

Dispositif Loi Malraux	
Objectif pour l'État	**Protéger le patrimoine architectural**
Objectif pour les bénéficiaires de la loi Malraux	➜ Réaliser une réduction d'impôt pour les personnes qui réalisent des travaux dans les immeubles concernés. ➜ Aider à protéger et à entretenir un patrimoine coûteux
Règle de droit	La loi de défiscalisation Malraux est régie par l'article 199 tervicies du Code Général des Impôts.
Le taux de réduction varie selon l'implantation du logement	
30 %	**22 %**
➜ Pour les immeubles situés dans le périmètre d'un SPR couvert par un PSMV approuvé ➜ Dans un ancien quartier dégradé ➜ Dans un quartier présentant une concentration élevée d'habitats anciens dégradés	➜ Pour les immeubles situés dans le périmètre d'un SPR couvert par un PVAP approuvé ➜ Opération de restauration déclarée d'utilité publique

Le plafond des dépenses est d'un maximum de 400 000 euros. Ce plafond de dépenses est un plafond pluriannuel sur une période de 4 ans. Il peut y avoir 120 000 euros la première année, 200 000 euros la deuxième année, 60 000 euros la troisième année et 20 000 € la quatrième année pour un total de 400 000 euros maximum. Les conditions pour pouvoir bénéficier de la défiscalisation :

- Les travaux doivent aboutir à la restauration complète du bien ;
- Ils doivent être réalisés par un professionnel ;
- Le chantier doit être suivi par un architecte des bâtiments de France (ABF) ;
- Le bien doit être loué, en location nue, pendant au moins 9 ans ;
- La mise en location intervient au plus tard dans les 12 mois suivant la fin des travaux ;
- Le montant du loyer n'est pas encadré, mais il est impossible de louer aux ascendants ou descendants.

3. LA PROTECTION DES MONUMENTS HISTORIQUES

Règle de droit	La loi du **31 décembre 1913** protège les monuments historiques (45 000 sont protégés).
Définition	Les immeubles dont la conservation présente un intérêt public du point de vue de l'histoire ou de l'art peuvent être classés au titre des monuments historiques.
Immeubles concernés	➜ Les immeubles classés monuments historiques ➜ Inscrits à l'inventaire supplémentaire des monuments historiques (ISMH)
Objectif pour l'État	Protéger et favoriser la restauration de biens ayant une grande valeur architecturale, historique ou artistique.
Objectif pour les bénéficiaires de la loi Malraux	Le régime monument historique : ➜ Obtenir un avantage fiscal ➜ Aider à protéger et à entretenir un patrimoine coûteux
Régime fiscal	Le régime des monuments historiques permet de déduire de son revenu global imposable l'ensemble des charges foncières y compris les travaux.
Subvention	Il est possible aussi d'obtenir des subventions.

3 L'ÉCO-HABITAT : LES ÉCOQUARTIERS ET LA VILLE DURABLE

1. LA NOTION DE DÉVELOPPEMENT DURABLE

La notion de développement durable est au cœur de la notion d'éco-habitat, car elle constitue le principe fondateur de la constitution des éco-quartiers et des villes durables.

Selon, le rapport Brundtland (1987), le développement durable doit permettre de répondre aux besoins de développement du présent sans compromettre les capacités des générations futures à répondre aux leurs.

Les piliers du développement durable

Une action tend vers le développement durable quand elle répond à ces trois principes :

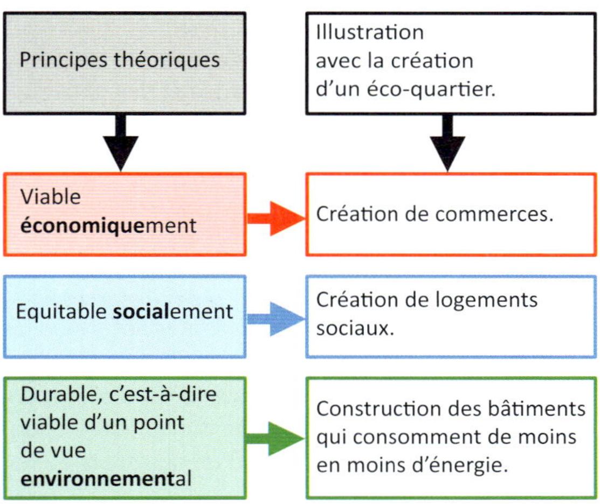

2. LE LABEL ÉCOQUARTIER

1. LES PRINCIPES D'UN ÉCOQUARTIER

→ **Favoriser un habitat plus respectueux de l'environnement :** construire des logements économes en énergie, utiliser des énergies renouvelables (panneaux solaires…).

→ **Favoriser les déplacements doux :** marche à pied, utilisation du vélo encouragée par le développement des pistes cyclables, utilisation de la voiture limitée et transports en commun reliant l'écoquartier au reste de la ville.

→ **Favoriser la réduction des déchets.**

→ **Favoriser les espaces verts :** développement des espaces verts afin de limiter l'impact des rejets de CO_2 dans l'atmosphère et de créer des espaces de loisirs et de socialisation.

→ **Favoriser la mixité sociale :** intégration de logements sociaux dans les projets.

→ **Favoriser la participation des habitants :** Les habitants doivent être acteur du projet.

→ **Favoriser une diversité fonctionnelle** : le territoire de l'écoquartier doit comprendre des équipements publics, des logements, des commerces, des bureaux…

2. LES ÉTAPES DE LA LABELLISATION « ÉCOQUARTIER »

Étape n° 1 Signature de la charte Ecoquartier	Signature par la commune et les partenaires du projet. La commune s'engage dans cette démarche.
Étape n° 2 Expertise du projet	Lors du début de la construction de l'écoquartier, on procède à l'analyse de l'écoquartier pour identifier ses points forts et les points à améliorer.
Étape n° 3 Livraison et obtention du label	Lorsque l'écoquartier est terminé, une expertise est réalisée pour permettre l'obtention du label.
Étape n° 4 Confirmation de l'écoquartier	Trois ans après l'obtention du label « écoquartier ». La collectivité mesure la tenue de ses engagements dans le temps, la façon dont les usages projetés sont appropriés par les usagers du quartier.

3. LES LIMITES ET CRITIQUES DES ÉCOQUARTIERS

Une faible implication des citoyens

La conception des écoquartiers en France reste trop souvent centrée sur le rôle des acteurs publics et pas assez sur la prise en compte des attentes des citoyens.

Des quartiers trop chers

Les logements dans les écoquartiers sont chers et accusés de favoriser le regroupement des catégories sociales aisées.

Une appropriation des logements parfois difficile

Les habitants ont aussi parfois des difficultés à s'habituer aux nouvelles façons de vivre dans les bâtiments d'un écoquartier (entretien, consommations d'énergie et d'eau excessives).

Les consommations d'énergie effectives peuvent être ainsi supérieures aux prévisions.

3. BÂTIMENT ET BIODIVERSITÉ

La biodiversité représente la faune (les animaux…) et la flore (les végétaux…) présents sur terre.

L'urbanisation et l'artificialisation des sols galopantes qui se traduisent par la construction de bâtiments met en danger cette biodiversité. Il faut donc concilier ces deux notions qui s'opposent.

➜ **Favoriser les trames.**

- Les **trames bleues** favorisent la présence de l'eau dans les villes.
- Les **trames vertes** permettent de protéger et de créer de nouveaux espaces verts.
- Les **trames noires** permettent d'éviter les pollutions lumineuses la nuit qui sont néfastes pour les êtres vivants.
- Les **trames brunes** protègent les sols contre l'urbanisation et favorisent le vivant et la biodiversité.

➜ **Favoriser la biodiversité sur le bâti** (Toitures végétalisées, plantes grimpantes, nichoirs pour les oiseaux…).

➜ **Favoriser la densification et les constructions en hauteur.**

➜ La loi climat et résilience (22 août 2021) veut lutter contre l'artificialisation :

- Horizon 2030 : diviser par deux le rythme d'artificialisation ;
- En 2050, il faudra atteindre le zéro artificialisation.

➜ Cette même loi climat et résilience oblige, à partir de 2030, l'usage des matériaux biosourcés (matériaux organiques : végétaux...) ou bas-carbone dans au moins 25 % des rénovations lourdes et des constructions relevant de la commande publique.

4. LA CONSTRUCTION DES VILLES DURABLES

La ville durable devient un enjeu important avec l'urbanisation qui s'est développée au fil du XXe siècle. Pourtant, les premiers travaux sur le développement durable traitent peu de la ville, se contentent d'énoncer qu'il faut freiner les rythmes d'urbanisation.

1. DEFINITION

La ville durable doit :

- Répondre aux principes du développement durable ;
- Être une « ville capable de se maintenir dans le temps » ;
- Favoriser la mixité fonctionnelle ;
- Être un projet collectif.

Une ville durable doit être pensée à l'échelle des quartiers.

2. LA CHARTE D'AALBORG ET SES OBJECTIFS

Présentation

La charte d'Aalborg fut rédigée, en 1994, par des représentants de villes européennes qui s'engagèrent à promouvoir le développement des villes durables. La charte estimait que les villes avaient une large part de responsabilité dans la dégradation de l'environnement et qu'elles devaient agir pour se situer dans une démarche de développement durable.

Objectifs

- **L'adoption de politiques d'aménagement** visant à réduire les impacts négatifs sur l'environnement par :
  - Le développement des transports en commun ;
  - La réduction des dépenses énergétiques ;
  - Le développement de la mixité fonctionnelle.
- **Le développement de l'accessibilité** par la réduction des besoins de mobilité afin de limiter les déplacements.
- **La substitution des modes de transports** actuels (voiture individuelle), par des transports en commun.
- La réduction des émissions de gaz à effet de serre ;
- La prévention maximale des rejets toxiques.
- L'implication des acteurs concernés par une intégration des citoyens dans la mise en œuvre des villes durables.

4 LE DÉVELOPPEMENT URBAIN ET SES PROBLÉMATIQUES

1. LA QUESTION DE LA MIXITÉ SOCIALE

La nécessité de mixité sociale se fonde sur un **constat de développement territorial très inégalitaire.** Ces inégalités ne sont pas neuves, au XIXe siècle par exemple, les villes étaient déjà clivées entre faubourgs ouvriers et quartiers bourgeois ; à Paris et en région parisienne les zones situées au nord et à l'est étaient traditionnellement des quartiers populaires, quand la bourgeoisie vivait à l'ouest (cette distinction perdure, même si elle a été mise à mal par le processus de gentrification).

1. LE CONSTAT

L'urbanisation galopante des trente glorieuses, prévue pour faire face à la pénurie de logements (*cf.* fiche 2) a entraîné certaines conséquences négatives.

Conséquences négatives	Illustrations
Une **répartition inégale du logement social** à l'échelle du pays qui fige une situation d'entre-soi (ségrégation sociale).	Neuilly sur Seine a 6,8 % de logements sociaux. 15 % des communes de l'Île-de-France concentrent 90 % du parc social.
La concentration du logement social sur certains secteurs.	Dans le nord-est de l'Île-de-France, certaines communes ont un taux de logements sociaux dépassant les 50 % (Dugny, Aubervilliers, Bobigny).
Une concentration du logement social sur certains quartiers.	Dans les villes ayant un parc conséquent de logements sociaux, on constate qu'ils sont souvent concentrés dans certains quartiers (ex : Les Courtilières à Pantin, grand ensemble de Sarcelles).

Des **inégalités territoriales**. Les secteurs concentrant le logement social subissent souvent une discrimination territoriale liée à un cadre de vie dégradé :

- **éloignement** des transports en commun ;
- **isolement** par rapport aux autres quartiers de la ville (enclavement) ;
- **tissu urbain malmené** par l'omniprésence d'importantes infrastructures routières. On remarquera par exemple les inégalités de couverture des autoroutes circulaires franciliennes, des périphériques et de l'A86 : elles sont plus souvent couvertes et cachées à proximité des zones favorisées ;
- **peu d'espaces verts.**

L'ensemble de ces facteurs crée chez les habitants concernés **un sentiment de relégation**, qui a des conséquences sur une multitude d'autres facteurs (parcours scolaire, accès au marché du travail, etc.). Ces **secteurs concentrent d'importantes difficultés socio-économiques** (taux de chômage élevé, revenus plus faibles, taux de pauvreté pouvant dépasser les 40 % quand il est de 15 % au niveau national).

2. LES REMÈDES

Remède n° 1: LOI SRU (13 décembre 2000)

Objectif: favoriser la construction de logements sociaux.

Application de la loi: La loi SRU est imposée aux communes de plus de 3500 habitants (1500 en Île-de-France), rattachées à une intercommunalité de plus de 50000 habitants avec une ville centre d'au moins 15000 habitants. La loi impose **d'avoir un parc social représentant 25 % des résidences principales**.

Non-respect de la loi: Dans les communes ne respectant pas ces obligations, les préfets peuvent prendre un « arrêté de carence » (majoration des amendes pour non-respect du quota, possible substitution au maire pour produire des logements sociaux).

Bilan triennal SRU 2017-2019: 47 % des communes ont réalisé les objectifs de la loi SRU.

Remède n° 2: LOI ELAN (23 novembre 2018)

Objectifs de la loi ELAN concernant le logement social:

- Favoriser le regroupement des offices HLM pour gagner en efficacité;
- Favoriser la revente de logements sociaux, avec l'objectif de passer de 8000 logements vendus par an à 40000 (objectif difficilement réalisable);
- Apporter plus de transparence dans la politique d'attribution des logements sociaux;
- Réexaminer les dossiers des locataires tous les 3 ans en zone tendue afin de proposer des logements adaptés.

Remède n° 3: Programme National de la Rénovation Urbaine (PNRU)

Le programme s'est terminé en 2020 et a permis la réhabilitation de 600 quartiers. Le bilan au niveau du logement social:

- 140000 logements sociaux construits;
- 340000 logements sociaux réhabilités.

Remède n° 4: Nouveau Programme National de renouvellement Urbain (NPNRU).

Le NPNRU a été lancé en 2014 et il doit s'achever en 2030. Le NPNRU a pour objectifs de transformer les quartiers prioritaires concernés :

- favoriser la mixité fonctionnelle ;
- favoriser la mobilité des habitants ;
- réaliser des aménagements urbains ;
- favoriser la transition écologique des quartiers ;
- créer une offre de logement de qualité et diversifiée (logement social et privé).

Remède n° 5: les politiques de développement des transports en commun dans les agglomérations pour désenclaver les quartiers relégués sur le plan territorial (voir par exemple le projet de Grand Paris Express en Île-de-France).

2. DENSIFICATION ET ÉTALEMENT URBAIN

Le développement urbain s'est longtemps fait dans des espaces réduits et denses (les îlots haussmanniens peuvent dépasser 700 habitants à l'hectare). Dans les années soixante-dix, de nombreuses villes se sont développées à l'horizontal: on parle à leur propos **d'étalement urbain et de périurbanisation.**
Cette périurbanisation et cet étalement urbain s'accompagnent de points **positifs** et **négatifs**:

Permet de répondre au « rêve » de la maison individuelle;

Permet de redynamiser des villes en déclin démographique;

Augmentation des infrastructures routières et donc de leur coût;

Étalement de la ville (espace construit) sur les zones naturelles et agricoles;

Pollution, destruction de zones naturelles, agricoles, recours croissant à l'automobile;

Augmentation des temps de transport.

La loi climat et résilience a pour objectif sur le long terme d'éviter la densification et l'étalement urbain (cf. fiche 3).

3. DÉVELOPPEMENT ET ATTRACTIVITÉ DES CENTRES-VILLES : DES SITUATIONS HÉTÉROGÈNES

1. LA SITUATION DES GRANDES VILLES

La plupart des grandes villes françaises voient leur population augmenter et sont attractives car elles constituent des pôles d'activités économiques et culturelles importants au niveau régional.

Cette attractivité a aussi entraîné un mouvement de **gentrification** dans certaines métropoles (et en particulier à Paris, dans les quartiers nord et est). Ce phénomène désigne le fait que d'anciens quartiers populaires sont investis par des ménages plus aisés, souvent dotés d'un capital économique et surtout culturel importants.

Cette attractivité a parfois des conséquences sur les prix de l'immobilier.

2. VERS UN RENOUVEAU DES VILLES MOYENNES

Les villes de 20 000 à 100 000 habitants connaissent un renouveau depuis la crise de la covid. Cependant, certaines villes sont toujours touchées par des difficultés, notamment le déclin de leur bassin d'emploi.

Les centres-villes de ces communes **subissent aussi parfois de plein fouet, les politiques de création de grands centres commerciaux** en leur périphérie. Ces politiques des années quatre-vingt et quatre-vingt-dix, ont étouffé le petit commerce. Ces zones devenues peu attractives connaissent aussi de fortes inégalités socio-économiques (le revenu médian des villes centres y est souvent plus faible que dans l'agglomération).

Pour répondre à ces difficultés, le plan « Action cœur de ville » a été présenté en mars 2018 par le gouvernement. Il cible 222 territoires, dont la liste est accessible sur le site du ministère de la cohésion des territoires. Le plan prévoit d'investir 5 milliards d'euros sur cinq ans.

Il existe aussi de nouveaux métiers comme les « managers de centres-villes » qui ont pour mission de redynamiser l'activité économique des centres-villes.

Afin de favoriser la mise en œuvre de cet objectif, la loi ELAN a créé un outil baptisé « opération de revitalisation de territoire » (ORT). Il s'agit d'une convention passée entre l'État et les collectivités territoriales concernées dont les objectifs sont de :

OBJECTIFS	OUTILS permettant de répondre aux objectifs
Renforcer l'attractivité en centre-ville ;	La possibilité de suspendre les constructions de centres commerciaux.
Favoriser la réhabilitation de l'habitat dans les zones concernées ;	Les aides de l'Anah et le dispositif de défiscalisation Denormandie dans l'ancien.
Renforcer la maîtrise du foncier ;	Le renforcement du droit de préemption urbain.
Faciliter les projets expérimentaux ;	Le permis d'innover (permet aux personnes publiques et aux organismes HLM et aux SEM de construction de déroger à titre expérimental aux règles de construction) ou le permis d'aménager multi-site.

Ces conventions entre l'État et les collectivités seront d'une durée minimale de 5 ans et prévoient un plan de financement conjoint. Les 222 territoires ciblés par le plan « Action cœur de ville » pourront signer une convention ORT.

3. CONCLUSION

Les écarts entre les grandes villes et les villes moyennes sont toujours présents. Cependant, la crise de la Covid-19 a entraîné **à Paris** une baisse historique des prix depuis 20 ans.

Certaines villes moyennes (Quimper, Vannes, La Rochelle, Pau…) prennent leur revanche et ont des atouts indéniables :

- Prix de l'immobilier plus faible que dans les grandes villes ;
- Logements plus grands avec jardin
- Moins de saturation au niveau des transports ;
- Taille plus humaine ;
- Essor du télétravail ;
- Qualité de vie (haliotropisme et héliotropisme…).

5 L'ARCHITECTURE RÉGIONALE

Région	Allure générale	Murs	Toitures	Autres caractéristiques
Nord-Picardie	Maison à un seul niveau, voir deux en zone urbaine (allure plutôt horizontale, en campagne, plutôt verticale en ville, avec des maisons mitoyennes sur deux niveaux).	Murs en briques, parfois recouvert de chaux	– Pannes flamandes (tuiles en forme de S), de couleurs variées, allant du rouge au noir aubergine. – Type de tuile développé au milieu du XIXe siècle.	Menuiseries (encadrement de fenêtres par exemple) de couleurs, utilisation de contrastes entre les couleurs de l'encadrement et les murs, essentiellement en briques.
Normandie	Maison traditionnelle (chaumière normande) à un niveau, avec la toiture descendant assez bas (près du sol)	Murs à colombage	Ardoise (Haute Normandie), chaume ou tuiles plates	
Bretagne	Plusieurs types de maisons traditionnelles : – la longère, souvent de plain-pied, de forme allongée et basse – le sentis, maison de pêcheur étroite sur deux niveaux	Utilisation du granit pour les murs (très présent en Bretagne)	Toitures à double pente, le plus souvent en ardoise (on peut aussi rencontrer des toitures en chaume).	
Vendée/ Poitou	Les maisons sont souvent basses et de forme allongée. On rencontre plus souvent des maisons de plain-pied.	– Constructions traditionnelles en granit ou en calcaire selon la localisation. – Sur le littoral, utilisation d'enduit à la chaux pour « blanchir » les façades.	Toitures plates en tuile (limitant la prise au vent dans des régions où le relief est peu important). La bourrine vendéenne se caractérise par un toit en chaume.	Encadrement en granit ou en schiste, passés à la chaux (blancs).
Centre-vallée de la Loire	Morphologie des maisons variable, utilisation du tufeau.	Dans la vallée de La Loire, on utilise le tufeau (pierre de taille extraite des carrières de la région). En Sologne, les murs sont construits en brique		Menuiseries en pierre de taille
Sud-ouest	La maison basque à colombages, de forme rectangulaire	Murs en torchis, avec des pans de bois apparents (souvent de couleur rouge foncé),	Toitures à double pente (parfois dissymétriques), souvent assez peu pentues pour limiter la prise au vent	Menuiseries et volets en bois, peints de la même couleur que les pans de bois de la façade.
Alsace	Maisons de plusieurs niveaux, construites en hauteur	Le colombage est la caractéristique essentielle des façades des maisons alsaciennes. Soubassement (base) des maisons en grès.	Toitures à fortes pentes, en tuile plate.	

Alpes	Chalet savoyard,	Soubassement en pierre brute pour isoler de l'humidité, murs en bois (sapin essentiellement).	Large toiture à double pente, couverture en tuiles plates, ou en ancelle (planches d'épicéa résistant au poids de la neige)	Balcons, avec balustrades en bois
Sud-est	Le mas provençal (maison de campagne), la bastide ou la maison de village (petite maison, construite à la verticale dans les villages haut perchés).	– Murs en pierre calcaire (parfois recouvertes d'enduit à la chaux, de couleur ocre ou orangé). – Ouvertures de petite taille sur les façades nord pour se protéger du mistral (vent soufflant du nord vers le sud dans la vallée du Rhône). Ouvertures plus grandes, mais de taille modeste en façade sud, pour se protéger de la chaleur l'été.	Toiture avec une faible pente (double pente pour les mas, toit à quatre pentes pour la bastide). utilisation de la tuile en terre cuite. Débord de toiture pour limiter l'écoulement des eaux	
– Ile-de-France	– Maison en pierre meulière (la « meulière d'Ile-de-France, que l'on retrouve en banlieue parisienne) – Immeuble haussmannien sur Paris en particulier (*cf.* fiche 1)	– Utilisation de la pierre meulière pour les murs – Utilisation de la pierre de taille en roche calcaire, issue des carrières franciliennes	Pas de particularité. Toiture en zinc	Construites entre la fin du XIXe siècle et le début du XXe elles sont inspirées dans les détails (fer forgé, incrustation de faïence dans les façades) par l'art nouveau.

Lexique

➜ **Ardoise :** Roche plate, de la famille des schistes, utilisée dans le bâtiment (et notamment en couverture).

➜ **Chaume :** Toit constitué de tiges de plantes graminées (blé, seigle, etc.). A donné son nom à la « chaumière ». Utilisée dans les toitures des maisons dans le quart nord-ouest (dans les zones agricoles essentiellement).

➜ **Chaux :** obtenue à partir de calcaire, chauffé à très haute température, sert notamment en construction pour la fabrication des enduits.

➜ **Colombage :** type de maisons, constituées d'une ossature bois apparente, remplie par des briques ou du torchis.

➜ **Pierre meulière :** type de roche utilisée dans la fabrication des meules à grains (d'où le nom de meulière). On la trouve en quantité dans les carrières d'Ile-de-France.

➜ **Pierre de taille :** pierre dont les plans sont taillés (pour être plats). Les immeubles haussmanniens sont construits en pierre de taille (roche calcaire).

➜ **Soubassement :** Partie inférieure d'une construction (base de la construction).

➜ **Torchis :** Mélange d'eau, d'argile et de fibres naturelles, utilisé dans le remplissage des façades non porteuses.

➜ **Tufeau :** pierre blanche (ou couleur crème) poreuse, utilisée en construction dans la vallée de la Loire.

6 LES SOURCES DU DROIT DE L'URBANISME

1. DÉFINITION DU DROIT DE L'URBANISME

Le **droit de l'urbanisme** est un ensemble de règles et d'institutions établies en France en vue d'obtenir un aménagement de l'espace conforme aux objectifs d'aménagement des collectivités publiques. (H. Jacquot, *Droit de l'urbanisme,* Dalloz, 1989).

Le droit de l'urbanisme a pour principal objet **de déterminer les conditions d'utilisation du sol et de l'espace.**

Cette utilisation doit trouver un équilibre entre les enjeux sociaux, culturels, économiques et la préservation de l'environnement. Le projet de loi Grenelle II intègre la prise en compte d'enjeux environnementaux (limiter les émissions de CO_2, lutter contre l'étalement urbain par exemple).

Le droit de l'urbanisme est **une branche du droit public**, car parmi ses procédures, les acteurs publics ont un rôle essentiel. Le droit de l'urbanisme a également des effets sur les relations de droit privé, en matière d'autorisations de construction. Il contient aussi un volet répressif : le **droit pénal** de l'urbanisme. (Sanctions contre les constructions sans autorisations par exemple).

2. LES SOURCES ET ACTEURS INTERNES

1. LES SOURCES NATIONALES DU DROIT DE L'URBANISME

Le droit de l'urbanisme fait essentiellement référence à deux **codes** (regroupe les lois et textes réglementaires d'une branche du droit comme le code de l'urbanisme…) :

Le code de l'urbanisme et de l'habitation

Ce code regroupe les dispositions relatives au droit de l'urbanisme c'est-à-dire les règles concernant l'aménagement urbain et les permis de construire…

Le Code de la construction et de l'habitation

Ce code regroupe les dispositions relatives à la construction, à la promotion immobilière, aux logements sociaux.

Le règlement national d'urbanisme (RNU) s'applique sur l'ensemble du territoire sauf :

Objectifs du RNU : préciser les règles générales en matière d'utilisation des sols (localisation, desserte, implantation et construction…).
La constructibilité limitée est une règle essentielle du RNU, qui prévoit que les terrains situés en dehors des parties déjà urbanisées de ces communes, sont en principe inconstructibles.

Application du RNU : Il s'applique sur l'ensemble du territoire sauf sur les territoires ayant un document d'urbanisme applicable sur leur territoire (Exemple : PLU…)
Cependant, les règles du RNU permettent également de s'opposer à un projet qui porterait atteinte à la sécurité ou à la protection de l'environnement, y compris dans des zones possédant des documents d'urbanismes locaux.

Conclusion : Le RNU peut donc dans une certaine mesure s'imposer aux autres documents d'urbanisme comme le PLU…

2. LES SOURCES LOCALES DU DROIT DE L'URBANISME

Les communes et les intercommunalités ont le pouvoir de définir leurs propres règles d'urbanisme (les documents d'urbanismes, cf. fiche 7) et d'accorder en fonction de celle-ci des autorisations de construction.

Commune	Intercommunalité
↓	↓
Carte communale PLU (Plan Local d'Urbanisme)	PLUI

Ces documents permettent de fixer des règles de Constructibilité au niveau local et d'encadrer la construction.

Ces sources locales du droit de l'urbanisme sont encadrées par les sources nationales citées plus haut.

3. LES SOURCES EXTERNES

Le droit de l'urbanisme est **essentiellement d'origine interne.**

Néanmoins par le biais des politiques communautaires (transport, agriculture, énergie, environnement…), le droit de l'UE peut influencer le droit de l'urbanisme (les fonds européens peuvent par exemple participer au financement d'infrastructures et d'aménagement du territoire).

Exemples

– *Le* **droit communautaire de l'environnement s'impose aux législations des États-membres** *de l'Union et peut donc avoir un caractère contraignant sur les règles d'urbanisme à l'échelle nationale.*

– *En termes de planification territoriale,* **les fonds européens** *peuvent participer au financement de projets nationaux (mais uniquement à la demande des États).*

7 LES DOCUMENTS D'URBANISME

1. LES SCHÉMAS DE COHÉRENCE TERRITORIALE (SCOT)

Le SCOT est un document de planification stratégique permettant de définir les grandes orientations d'aménagement du territoire à l'échelle intercommunale.

COMPOSITION DU SCOT

↓

Le rapport de présentation
Diagnostic du territoire et évaluation environnementale

Le PAS
(Le Projet d'Aménagement Stratégique)
Définit les objectifs de développement et d'aménagement sur une durée de 20 ans.

Le DOO
(Le Document d'Orientation et d'Objectifs)
Précise les règles, les recommandations et les prescriptions sur l'activité économique, l'offre de logement et la transition écologique et énergétique…

ÉVALUATION DU SCOT

↓

Il est évalué tous les 6 ans et pourra être révisé.

PÉRIMÈTRE DU SCOT

↓

Le bassin d'emploi

ÉLABORATION DU SCOT

↓

Les élus des intercommunalités

Le SCOT : UN DOCUMENT INTÉGRATEUR

↓

Le SCOT doit être compatible avec les différents documents d'urbanisme.

PRINCIPES GÉNÉRAUX DU SCOT

↓

– Déterminer un projet de territoire
– Assurer une cohérence dans les politiques au niveau du territoire
– Préserver l'environnement, activité économique
– Déterminer les secteurs ouverts à l'urbanisation

2. LES PLANS LOCAUX D'URBANISME (PLU/PLUI)

Crée par la loi SRU du 13 décembre 2000, ce document est rédigé à l'échelle :

D'une commune	D'une intercommunalité (Regroupement de plusieurs communes)
↓	↓
PLU (Plan Local d'Urbanisme)	PLUi (Plan Local d'Urbanisme intercommunal)

Ce plan doit présenter en introduction les projets et objectifs respectueux du développement durable.

1. LA DÉFINITION DES ZONES

La partie règlement d'un PLU/PLUI définit des zones :

Zones N (Les zones naturelles et forestières)	**Zones AU (Les zones à urbaniser)**
Secteurs naturels où les constructions seront interdites en raison d'enjeux environnementaux importants, ou fortement encadrées (si elles ne dénaturent pas les zones protégées).	Secteurs naturels destinés à être urbanisés. Les zones « 1AU », sont immédiatement urbanisables, l'ouverture à l'urbanisation des zones « 2AU » est conditionnée par des aménagements.
Zones A (Les zones agricoles)	**Zones U (Les zones urbanisées)**
L'urbanisation y est encadrée (constructions d'ouvrages agricoles). Elles peuvent être déclarées inconstructibles en cas d'enjeux écologiques importants.	Secteurs déjà urbanisés ou dotés d'équipements suffisants pour permettre l'urbanisation

2. L'ENCADREMENT DES CONSTRUCTIONS

Le règlement des PLU/PLUi définit les règles en matière de construction. Ces règles porteront :

sur la hauteur des constructions ;	sur leur emprise au sol ;
sur l'emplacement des constructions sur la parcelle ou par rapport à la voirie ;	sur l'aspect extérieur des constructions (matériaux, couleurs, formes et aspect des constructions).

L'encadrement des constructions par la partie règlement de PLU permet de créer des « sous zones » (ex : UE1, UE2, UE3…), avec à chaque fois des règles différentes permettant de s'adapter aux contraintes de l'environnement concerné (hauteur, environnement, typologie des bâtiments déjà existants).

Exemple

On va avoir tendance à limiter la hauteur des constructions dans une zone U, de type pavillonnaire. À l'inverse, si un autre secteur, zone U, est composé d'immeubles de plusieurs étages, le PLU pourra, sur les zones concernées, autoriser des constructions plus hautes.

Depuis le 1er janvier 2016, les PLU/PLUi sont structurés en trois parties :

Première partie : L'affectation des zones et la destination des constructions : **où puis-je construire ?**

Deuxième partie : Les caractéristiques urbaines, architecturales, naturelles et paysagères : **comment prendre en compte mon environnement ?**

Troisième partie : Les équipements et les réseaux : comment je m'y raccorde ?

Cela doit permettre de renforcer la lisibilité de ce document d'urbanisme.

3. LES CARTES COMMUNALES

Les communes non dotées d'un PLU, et qui ne se situent pas sur le périmètre d'un PLUi, peuvent élaborer une carte communale. Elles délimitent les secteurs constructibles et ceux qui ne le sont pas.

Elles sont approuvées par le conseil municipal et doivent être approuvées par le préfet. Il dispose pour cela d'un délai de deux mois, sachant qu'en l'absence de réponse de sa part dans le délai imparti, le projet est considéré comme adopté.

Les cartes communales doivent respecter les règles du code de l'urbanisme et les documents d'urbanisme, hiérarchiquement supérieures, comme les SCOT…

Au sein des périmètres non constructibles des cartes communales, des travaux dérogatoires, relatifs aux installations agricoles et forestières peuvent être autorisés. La loi ELAN est venue réaffirmer de façon claire cette possibilité dans les territoires couverts par ce document d'urbanisme.

4. LES AUTRES DOCUMENTS

1. LE PLAN DE MOBILITÉ (PDM)

Le plan de mobilité a pour objectif de déterminer l'organisation de la mobilité des personnes et du transport des marchandises, la circulation et le stationnement sur un territoire donné.

2. LE PROGRAMME LOCAL DE L'HABITAT (PLH)

Document de planification de la politique de l'habitat dans les agglomérations. **Il définit les besoins en logement dans un secteur donné, ainsi que les moyens d'y répondre** (nombre et types de logements). Les actions entreprises par le PLH doivent encourager le développement de la mixité sociale.

8 LES AUTORISATIONS D'URBANISME

1. LES CERTIFICATS D'URBANISME

1. CERTIFICAT D'INFORMATION ET CERTIFICAT OPÉRATIONNEL

Il existe deux types de certificat d'urbanisme :
- Le certificat **d'information ;**
- Le certificat **opérationnel.**

Le certificat d'information

Il renseigne sur :
- Les règles d'urbanisme en lien avec le terrain ;
- Les limites administratives au droit de propriété qui touchent le terrain (servitudes, zone de protection dans le périmètre d'un monument historique, droit de préemption) ;
- La fiscalité applicable au terrain.

↓

Objectif

Préciser les règles d'urbanisme sur un terrain donné.

La mairie a un mois pour répondre.

Le certificat opérationnel

- Il fournit les mêmes informations que le certificat d'information.
- Il indique si le terrain peut être utilisé pour réaliser le projet envisagé.

↓

Objectifs

- La faisabilité du projet.
- Préciser les règles d'urbanisme sur un terrain donné.

La mairie a deux mois pour répondre.

2. CONSÉQUENCES

Il est valable 18 mois et peut être prolongé par période d'un an tant que les règles d'urbanisme et de fiscalité n'ont pas changé. La nouvelle demande doit être faite deux mois avant la fin du certificat.

Durant ces dix-huit mois, **toutes les informations énoncées ci-dessus sont figées au bénéfice du demandeur du certificat.** On parle de « cristallisation ».

L'obtention d'un certificat opérationnel garantit ainsi à son détenteur l'obtention d'une réponse favorable à une éventuelle demande de permis de construire (tant que cette demande porte sur un projet identique).

Le principe de cristallisation peut être levé pour des raisons de sécurité ou de salubrité publique.

2. LES AUTORISATIONS D'OCCUPATION DES SOLS

Certains **travaux sont exemptés d'autorisations** (art R421-2 du code l'urbanisme) sauf s'ils sont situés dans le périmètre d'un site patrimonial remarquable ou proche d'un monument historique. **On peut les réaliser librement.** C'est le cas, par exemple des abris de jardin de moins de 5 m^2 ou des piscines dont le bassin fait moins de 10 m^2 ou des travaux de ravalement.

1. LA DÉCLARATION DE TRAVAUX

Une déclaration préalable de travaux (DP) est demandée pour les travaux qui ne sont pas soumis à un permis de construire.

Travaux concernés (article R421-9 du code de l'urbanisme)

→ Les constructions dont l'emprise au sol est inférieure à 20 m^2 (ce seuil peut être porté à 40 m2, si la construction est une extension, située dans le périmètre d'un PLU, **et situé dans une zone urbaine**.

→ Un changement de destination (transformation d'un local commercial en habitation par ex.)

→ Les travaux modifiant l'aspect extérieur d'un immeuble comme la modification de la couleur d'une façade ou le percement d'ouvertures nouvelles.

Traitement de la demande et conséquences

La demande est à déposer en mairie qui fournit une réponse dans un délai d'un mois.

En cas de refus, le demandeur, peut réclamer (via un recours gracieux) un nouvel examen de son projet dans les deux mois. Si cette nouvelle tentative se solde par un échec, le demandeur a deux mois à compter du refus pour attaquer la décision devant un tribunal administratif.

En cas de réponse positive, le bénéficiaire a trois ans pour démarrer les travaux. Si les travaux n'ont pas commencé à l'issue de ce délai l'autorisation peut être prolongée deux fois un an (sur demande).

2. LE PERMIS DE CONSTRUIRE

Travaux concernés

Pour **toute construction dont la surface de plancher dont l'emprise au sol est supérieure à 20 m²**, un permis de construire doit être demandé en mairie. Ce seuil peut être porté à 40 m², si la construction est une extension, située dans le périmètre d'un PLU et situé dans une zone urbaine.

Un changement de destination **s'accompagnant de travaux sur la structure ou la façade du bâtiment**, nécessite un permis de construire. C'est **aussi le cas de travaux sur un immeuble inscrit aux monuments historiques ou situé dans un secteur sauvegardé**.

Recours à un architecte

Le recours à un architecte est obligatoire dans le cadre du dépôt d'un permis de construire pour :

→ Toute construction à usage **d'habitation supérieure à 150 m².**

→ Toute construction à usage **agricole supérieure à 800 m².**

→ Des travaux d'agrandissement portant la surface d'un bâtiment à hauteur de l'un de ces seuils, oblige également à recourir à un architecte.

Traitement de la demande et conséquence

Le dossier (Plan de situation, plan de masse, plan en coupe, notice…) est à déposer en quatre exemplaires à la mairie. En cas de construction nouvelle il faut y joindre une attestation de respect de la réglementation thermique (RT 2012).

La mairie a trois mois pour donner une réponse (deux si le projet porte sur une maison individuelle).

En cas de refus, il est possible d'adresser une LRAR afin que la mairie revoie sa position.

En cas d'acceptation, le délai pour débuter les travaux est identique à celui de la déclaration préalable. L'absence de réponse vaut a priori acceptation du projet.

3. LES AUTRES AUTORISATIONS D'URBANISME

Le permis d'aménager

Le permis d'aménager permet à l'administration de **vérifier les aménagements réalisés sur un terrain** (ex. la création d'un lotissement).

Le permis modificatif

Cette demande **vient se greffer à une demande de permis de construire ou d'aménager existante et valable**, en cas de modifications mineures du projet (dans le cas de modifications importantes, un nouveau permis sera nécessaire).

Le permis de démolir

Il est **obligatoire dans les communes qui l'ont instauré, ou si la démolition porte sur un bâtiment bénéficiant d'un classement** (monument historique, périmètre d'un site patrimonial remarquable, protection par le PLU…).

9 LA TAXE D'AMÉNAGEMENT

La taxe d'aménagement est applicable à **toute personne titulaire d'un permis de construire, d'aménager ou d'une déclaration préalable** (y compris si l'acceptation est tacite ou si la construction n'a pas nécessité d'autorisation).

Montant inférieur à 1 500 €	Payable en un seul versement
	Le versement intervient dans un délai de 12 mois après l'obtention du permis
Montant supérieur à 1 500 €	Payable en deux versements égaux.
	Le premier versement intervient 12 mois après l'obtention du permis, le second 24 mois après.

1. CALCUL DE LA TAXE

Est taxable, toute surface close et couverte d'une hauteur supérieure à 1,80 m (y compris les caves, celliers, combles et annexes), hors murs extérieurs.

TA = (Surface taxable en m² × valeur forfaitaire × taux communal ou intercommunal) + (surface taxable × valeur forfaitaire × taux départemental)

La taxe d'aménagement est constituée de **trois parties dont les taux sont définis par les organes délibérants des différentes collectivités territoriales** concernées :

Collectivité concernée	Taux appliqué	Remarques
Commune	De 1 à 5 %	Le taux peut varier selon les secteurs de la commune (elle peut être portée à 20 % dans certains cas très précis)
Département	Taux unique Maxi = 2,5 %	
Région	Taux unique Maxi = 1 %	Seulement en Île-de-France

Les valeurs forfaitaires pour 2022

Type de construction	Valeur forfaitaire
Construction hors Île-de-France	820 €/m²
Construction en Île-de-France	929 €/m²
Piscine	200 €/m²
Habitation légère de loisirs	10 000 € (forfait)
Emplacement de tente, caravane, mobil-home	3 000 € (forfait)

2. EXONÉRATIONS ET ABATTEMENTS

1. EXONÉRATIONS

L'exonération se traduit par le fait de ne pas payer la taxe d'aménagement. Cette exonération est :

→ De **plein droit pour** : les constructions inférieures à 5 m², les logements sociaux, ceux affectés au service public ou à une activité agricole ;

→ Les logements sociaux financés par un PLA-I ;

→ La reconstruction identique d'un bâtiment détruit par une catastrophe naturelle ;

→ Une construction affectée à un service public.

2. ABATTEMENTS

Un abattement se traduit par le fait de retrancher une partie du montant à payer.

Pour les constructions à usage d'habitation principale, à usage industriel ou artisanal, on applique un **abattement de 50 % à la valeur forfaitaire pour les 100 premiers mètres carrés.**

10 LES OUTILS D'AMÉNAGEMENT DU TERRITOIRE

Selon un rapport d'information du Sénat « L'objectif de l'aménagement du territoire est d'assurer une répartition équilibrée des **ressources**, des **activités** et des **hommes** dans **l'espace,** afin de **préserver durablement l'ensemble du territoire national comme lieu de vie et d'activité.»**

Le SCOT et les PLU/PLUi sont des outils de l'aménagement du territoire mais il en existe d'autres.

1. LES DTA ET LES DTADD

Les DTA (directives territoriales d'aménagement) ont été créées par la loi Pasqua en 1995. Les DTADD (directives territoriales d'aménagement et de développement durable), nées de la loi Grenelle II en 2010, remplacent les DTA sans pour autant supprimer celles déjà existantes. Ces documents sont élaborés par l'État en partenariat avec les collectivités territoriales et fixent un cadre et des objectifs en matière d'aménagement du territoire.

Les DTADD fixent, sur une partie du territoire, des objectifs à l'échelle d'un territoire en matière de logement, d'urbanisme, de préservation de l'environnement, de transports et déplacements…

2. L'EXPROPRIATION ET LE DROIT DE PRÉEMPTION

L'expropriation et le droit de préemption sont des outils de l'aménagement du territoire pour l'État et les collectivités territoriales.

L'État | Les collectivités territoriales

Mettent en place une politique d'aménagement du territoire par :

Les outils de la maîtrise foncière

L'expropriation… | Le Droit de préemption

Construire des logements sociaux, favoriser l'installation de commerces et de services publics, de lotissements.

3. LES ZAC

ZAC	Zone d'aménagement concertée.
Règle de droit	Article L. 311-1 du Code de l'urbanisme.
Définition	La ZAC est une procédure d'urbanisme qui permet à une collectivité ou un établissement public de coopération intercommunal (EPCI) de réaliser ou de faire réaliser l'aménagement et l'équipement d'un terrain.
Initiateur de la ZAC	La personne publique est toujours à l'initiative, elle conserve la maîtrise du projet. Toutefois sa réalisation peut être confiée à un aménageur privé.
Prescriptions	Une ZAC doit respecter les préconisations des DTA et des SCOT.
Intérêt	Les ZAC permettent d'aménager le territoire français sur des zones délaissées (ré-urbanisation, réhabilitation d'anciennes friches industrielles par exemple). Elles sont utilisées dans le cadre de construction de logements.

4. LES CPER

Le contrat de plan État-Région est un document de programmation pluriannuel, passé entre l'État et les régions afin de financer des infrastructures d'importance ou des filières d'avenir.

Le contrat précédent (2015-2020) a permis d'investir plus de 30 milliards d'euros dans l'économie régionale que ce soit dans la mobilité multimodale (développer des modes de transport différents en mêmes lieux), le numérique ou la transition écologique et énergétique.

Les nouveaux contrats de plan État-Région couvriront la période 2021-2027. L'État se veut moins « dirigiste » dans ces nouveaux contrats et souhaite laisser une liberté plus importante aux régions.

11 MARCHÉS PUBLICS ET MARCHÉS PRIVÉS

1. LES MARCHÉS PUBLICS

Les marchés publics sont désormais régis par un code de la commande publique, entré en vigueur le 1er avril 2019

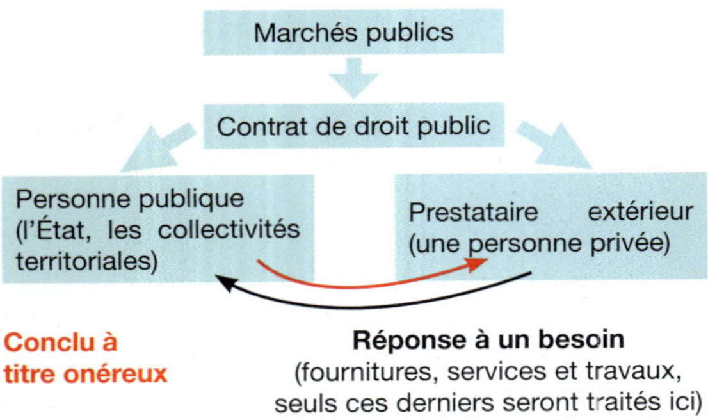

Principes

Principe n° 1: la liberté d'accès

Toute personne peut avoir accès aux informations relatives à un marché public (un citoyen pour s'informer, une entreprise pour y postuler). Ces marchés doivent faire l'objet d'une publicité.

Principe n° 2: l'égalité de traitement

Les candidats ne doivent pas être discriminés: le cahier des charges ne peut favoriser un candidat, et toutes les offres doivent être examinées.

Principe n° 3: la transparence

L'attribution du marché doit être transparente. La demande de la personne publique est définie lors de la rédaction du cahier des charges. On ne peut pas favoriser un candidat au détriment des autres (c'est un délit). Les entreprises non retenues doivent être informées du rejet de leur candidature (et des raisons l'expliquant). Le contentieux des marchés publics se fait devant le tribunal administratif.

2. LES MARCHÉS DE TRAVAUX

Ils concernent l'exécution de travaux, ou la réalisation d'un ouvrage (bâtiment, génie civil).

Il existe différents seuils de publicité, en fonction des montants du marché, obligeant la personne publique à certaines formalités en matière de publicité (publicité obligatoire, publication dans un journal d'annonces légales…).

Les marchés privés

Ils concernent les travaux de construction, neufs, de réhabilitation, de réparation ou de transformation, passés entre des personnes privées. Le prix de ces marchés s'effectue au métré (prix au m²), ou au forfait. Ils sont librement négociés entre le maître d'ouvrage et les fournisseurs, mais ils restent soumis aux règles d'ordre public (en matière de construction, d'habitat, de sécurité des habitants ou sur le chantier). Il existe un document normatif: la norme fondamentale NF P 03-001, qui présente des clauses types que les parties pourront utiliser pour leur marché. Ce document, assez utilisé dans le bâtiment aura une valeur de règle si les parties sont engagées dans le contrat.

12 LES ÉTAPES DE RÉALISATION D'UN CHANTIER

1. LES ACTEURS IMPLIQUÉS DANS LE CHANTIER

1. LE MAÎTRE D'OUVRAGE

Le Maître d'ouvrage (MOA) est la personne pour laquelle le bien sera construit.

Le MOA est une personne physique ou morale :
- Un particulier
- Un promoteur
- Une collectivité territoriale

Le rôle du MOA :
- Définir le programme (objectifs, besoins, contraintes).
- Définir le budget disponible pour la construction.
- Définir le délai de livraison (date à laquelle le projet doit être achevé).

2. LE MAÎTRE D'ŒUVRE

Le Maître d'œuvre (MOE) s'occupe de construire le bien du maître d'ouvrage (MOA).

Le MOE est une personne physique ou morale :
- Entreprise du BTP (artisan)
- Un cabinet d'architecte
- Un bureau d'études

Le rôle du MOE :
- CONCEVOIR le projet et le dessiner. Il produit de nombreux documents croquis, plans et maquette du bâtiment
- TROUVER et DIRIGER les entreprises qui vont travailler sur le chantier
- ASSISTER le client

2. LES ÉTAPES DU CHANTIER

1. LA CONCEPTION

La conception du projet

Le maître d'ouvrage va définir son projet en fonction :
- → De ce qu'il souhaite construire ;
- → De l'analyse du terrain ;
- → Des contraintes liées au projet (financières, techniques et juridiques) ;
- → Des objectifs liés à sa construction (les objectifs sociaux ou environnementaux par exemple).

Ce travail peut faire intervenir des urbanistes, des géomètres (pour faire les relevés de terrain).

L'Étude d'esquisse (ESQ)

L'architecte intervient suite à ce travail pour proposer **une esquisse**, qui permet de vérifier la faisabilité du projet défini par le maître d'ouvrage et qui en donne une première visualisation. S'il y a un concours (cas d'un marché public par exemple), les participants (les différents architectes) seront anonymes pour ne pas fausser le jeu du concours.

Le maître d'ouvrage peut décider de poursuivre ou d'arrêter (il n'est pas engagé à ce stade).

L'avant-projet sommaire (APS)

L'architecte conçoit ensuite **un avant-projet sommaire (APS)** :
- Description des différentes options pour la construction du bâtiment
- Estimation du temps de construction
- Estimation du coût de construction

L'avant-projet définitif (APD)

En fonction de ces données, et des choix du maître d'ouvrage, l'architecte réalise ensuite **un avant-projet définitif (APD)** qui détaille les caractéristiques du projet.

Demande de permis de construire (DPC)

Une demande de permis de construire est ensuite déposée en mairie. Durant cette phase le maître d'œuvre assiste le maître d'ouvrage, sur les plans juridiques, administratifs et techniques afin de l'aider à obtenir le permis de construire.

Élaboration des plans et DCE

Une fois le permis obtenu, l'architecte va ensuite réaliser les études de projet. Durant cette étape une description technique du bâtiment et des plans détaillés de ce dernier sont réalisés.

Le maître d'œuvre constitue aussi le **Dossier de Consultation des Entreprises (DCE).** Ce document détaille les caractéristiques techniques et les contraintes budgétaires précises des différentes parties du projet afin que les entreprises qui interviendront sur le chantier (les entreprises du bâtiment notamment) puissent fournir des devis précis.

En fonction de ces devis, le maître d'ouvrage choisit ensuite les entreprises qui interviendront sur le chantier.

2. LA RÉALISATION DU CHANTIER

C'est le maître d'œuvre qui se charge d'organiser le chantier de réaliser l'ordonnancement et de répartir les plannings d'intervention (qui fait quoi et à quel moment).

Il se chargera également de vérifier la qualité du travail réalisé par les différents intervenants. Il dirige les réunions de chantier et en dresse les comptes rendus.

Étapes de la réalisation du chantier	Définitions
Le terrassement	Préparation du terrain pour pouvoir réaliser la construction.
La viabilisation	Raccordement à la voirie et aux réseaux divers (alimentation en eau, eaux usées, électricité, etc.).
Les fondations	Ensemble des ouvrages qui vont stabiliser l'immeuble.
Le gros œuvre	Réalisation de la structure porteuse de l'immeuble (Murs porteurs, poteaux, poutres).
Le clos et le couvert	Réalisation des façades et installation des fenêtres (clos). Mise en place de la toiture (le couvert).
Réalisation des installations techniques	Installation des réseaux électriques et sanitaires de l'immeuble.
Le second œuvre	Réalisation de tous les travaux d'esthétique et de confort, agencement intérieur (cloisons séparatives).

3. LA LIVRAISON

Le bâtiment est livré au maître d'ouvrage. Ce dernier peut formuler des réserves à la livraison du bâtiment. Dans ce cas, il peut consigner une partie du prix du bâtiment, qui ne sera versé au maître d'œuvre que lorsqu'il aura fait réparer les réserves émises.

La date de livraison sert de point de départ aux garanties :

Garantie de parfait achèvement →	L'entrepreneur doit réparer tous les désordres (vices cachés, défaut de conformité), apparaissant dans l'année suivant la livraison.
Garantie de bon fonctionnement →	L'entrepreneur doit réparer ou remplacer tout équipement ne fonctionnant pas, dans les deux ans suivant la livraison.
Garantie décennale →	Dans les 10 ans, suivant la livraison, le constructeur se doit de réparer tout dommage, compromettant la solidité de l'ouvrage, ou rendant l'immeuble impropre à sa destination (un problème d'étanchéité important par exemple).

13 LES TECHNIQUES DE CONSTRUCTION ET LES PRINCIPAUX MATÉRIAUX UTILISÉS

En France, les procédés constructifs sont encadrés par la notion de **Document Technique Unifié : Les DTU**.

Un DTU est un cahier des charges établissant des normes de construction, afin de réaliser une construction dans les « règles de l'art ».

Il en existe plusieurs dizaines qui sont réparties en fonction des types de travaux réalisés ou des matériaux utilisés.

Il y a une famille de DTU pour le béton par exemple, incluant un DTU sur les murs en béton, un autre sur les planchers béton, etc.

Il y a aussi des familles de DTU pour certains types de travaux, par exemple des DTU sur la plomberie, la pose de couverture (toitures), ou le chauffage.

Le respect des DTU est obligatoire pour les constructions réalisées pour le compte de l'État et des collectivités territoriales. Pour les particuliers, les DTU ne sont pas obligatoires, mais ils servent de référence pour les experts techniques des assureurs. Ces derniers peuvent arguer du non-respect des DTU pour refuser leur garantie.

Élément du bâti	Définition	Matériaux utilisés
Gros œuvre	Ossature d'un ouvrage, garantissant sa solidité. Comprend les murs porteurs, les poteaux, les planchers (structure porteuse du bâtiment).	Bois, parpaings, briques ou béton (on utilise aussi très souvent du béton armé = béton renforcé par des fers à béton à l'intérieur).
Charpente	Assemblage de poteaux et poutres soutenant la toiture. Elle doit pouvoir supporter le poids de la couverture.	Traditionnellement les charpentes sont construites en bois, mais peuvent aussi l'être en métal ou en béton. Les fermettes sont des charpentes préfabriquées (construction industrielle).
Couverture (parfois appelé « le couvert »)	Désigne les matériaux et les ouvrages recouvrant la surface d'une toiture.	Toitures en tuiles (assez lourdes), en ardoise (résistant mais coûteux), zinc et cuivre (légers mais difficiles à poser), l'aluminium (léger et facile à poser), le bois (entretien délicat et risque d'incendie), le fibrociment (toitures industrielles assez anciennes, pouvant contenir de l'amiante).
L'électricité (norme et sécurité)	Ensemble des installations électriques d'un bâtiment	
Plomberie	Ensemble des installations sanitaires d'un bâtiment	
Ventilation	Système permettant d'assurer la ventilation des pièces et le renouvellement de l'air intérieur.	La ventilation est assurée par le système de ventilation mécanique contrôlée : on distingue la VMC simple-flux (évacue l'air vers l'extérieur), de la VMC double flux (évacue l'air et limite les pertes de chaleur, permettant des économies d'énergie et de chauffage).
Système de chauffage	Ensemble des réseaux et du matériel destinés à assurer les chauffages du bâtiment.	On parle de chauffage central quand la chaleur du bâtiment est produite au même endroit (exemple : maison équipée d'une chaudière), le chauffage est non-central quand la chaleur est produite de façon décentralisée (au niveau de chaque appareil). Exemple : convecteurs électriques

14 LES PATHOLOGIES DU BÂTIMENT

1. LES PROBLÈMES LIÉS AUX FONDATIONS, À LA STRUCTURE ET À LA TOITURE

Type de problème	Manifestations (signes devant alerter)
Mouvement de fondations (affaissement par exemple)	Problème de fermeture des portes, d'étanchéité des fenêtres, Nombreuses fissures (cloisons intérieures, extérieures, structures)
Problèmes d'assainissement non collectifs (fosses sceptiques de maisons individuelles)	Odeurs, remontées d'effluents par les appareils sanitaires, dégradation du béton des fosses sceptiques.
Défaut d'étanchéité des façades (usure des matériaux, nécessitant un ravalement, tous les 10 ans environ	Infiltrations d'eau, usure des enduits, fissures au niveau du mur de la façade, apparition de cloques dans la peinture à l'intérieur des logements, décollement des papiers peints
Défauts d'étanchéité (à l'air et à l'eau) de la toiture	Condensations, moisissures localisées au plafond ou sur la partie haute des murs intérieurs, courants d'air, pourrissement des éléments en bois
Problèmes d'humidité du sol l'humidité imprègne les embases (surface d'appui des maçonneries) avant de remonter par capillarité dans les façades	Traces d'humidité visibles à la base des murs (intérieurs et extérieurs), décollement des enduits et peintures de façades et à l'intérieur, apparition de salpêtre (dépôt blanchâtre), de moisissures.
Les termites	Les termites attaquent les éléments en bois du bâti (poutre, plancher), et peuvent faire des dégâts considérables. La présence de termites dans un bâtiment peut être repérée par de petits trous (de la taille d'une tête d'épingle) à la surface des éléments en bois. De la même manière le bois peut sembler creux à l'intérieur (même si en apparence l'extérieur de la pièce en bois à l'air normal).

Type de problème	Manifestations (signes devant alerter)
Problème de ventilation intérieure (mauvaise circulation de l'air dans les pièces, pouvant avoir des conséquences sur la santé des habitants	Condensations au niveau des fenêtres, tâches et moisissures apparaissant, sur les murs, dans les endroits peu ventilés (derrière un meuble par exemple).
Fuite de canalisations d'eau	Apparition de corrosion sur les tuyaux en cuivre pouvant entraîner des fuites, traces d'humidité (tâches, moisissures), à l'emplacement des canalisations
Désordres relatifs aux conduits de cheminée	Bistrage du conduit : obstruction progressive du conduit par un dépôt (le bistre), ressemblant à du goudron très dur (formé du résidu de la condensation des fumées de cheminée, devenues trop froides au moment de sortir du conduit).

Problèmes affectant les revêtements de sol	Parquet humide (gonflements ou retraits du parquet, champignons) ; Décollement ou gonflement de linoléum (« lino ») en raison d'une trop forte humidité de la surface de pose ; fissuration du carrelage (fissures apparaissant sur les carreaux de carrelage, en raison, soit d'une mauvaise qualité du matériau, soit d'un retrait du support de pose (le carrelage ne repose plus sur une surface bien plane).
Reprise d'humidité dans les coins douche	apparition de traces d'humidité au niveau des joints entre le bac de douche et la cloison attenantes (risque de poser un problème d'étanchéité et d'entraîner des dégâts des eaux)

2. LES PROBLÈMES LIÉS AU SECOND ŒUVRE

1. L'HABITAT MALSAIN

Le **syndrome de l'habitat malsain** est un ensemble de symptômes physiques liés à la mauvaise qualité de l'air intérieur. Ces symptômes se manifestent par des problèmes variés tels que les problèmes respiratoires, de peau, d'allergie, de maux de tête, etc.
Ce problème, de plus en plus fréquent, et en particulier dans les pays développés, a été mis en lumière dans les années 80.
La mauvaise qualité de l'air intérieur est la principale cause de ces symptômes. Elle est liée souvent à une mauvaise ventilation des pièces, de l'émission liée aux produits de revêtement du sol ou des murs (peintures, vernis**). À cet égard, depuis le 1er septembre 2013**, les produits de construction, de revêtement de sols ou de murs, les peintures sont soumis à une classification **des composés organiques volatils (COV)**, allant de A+ (très faibles émissions) à C (fortes émissions)

2. LES MANIFESTATIONS DE L'HABITAT INDIGNE

L'article 1-1 de la **loi Besson** du 31/05/1990 définit l'habitat indigne.
« *Constituent un habitat indigne les locaux ou les installations utilisés aux fins d'habitation et impropres par nature à cet usage, ainsi que les logements dont l'état, ou celui du bâtiment dans lequel ils sont situés, expose les occupants à des risques manifestes pouvant porter atteinte à leur sécurité physique ou à leur santé.* »
Un habitat **est qualifié d'indigne** s'il présente une ou plusieurs des manifestations suivantes :
- problèmes d'humidité ;
- défaut d'éclairement ;
- peintures au plomb ;
- absence de ventilation des logements ;
- fils électriques à nu ;
- présence de nuisibles ;
- risque oxycarboné (risque intoxication au monoxyde de carbone, lié à un système de chauffage défectueux) ;
- habitat en cave.

3. LES MATÉRIAUX TOXIQUES

Matériau	Conséquences sur la santé
Plomb	Bien que n'étant plus utilisé depuis les années, le plomb est encore présent dans les habitations (peinture, canalisations). C'est une cause de saturnisme (intoxication au plomb, provoquant des cancers, pouvant causer un retard de développement chez l'enfant).
Amiante	Interdite depuis 1997, elle reste très présente dans le bâtiment en dépit de nombreuses opérations de désamiantage. Elle provoque des maladies des voies respiratoires (notamment des cancers du poumon) et est encore responsable de 5 000 maladies professionnelles par an
Formaldéhyde	Utilisée dans les panneaux d'aggloméré, les tapis, les moquettes. Provoque des allergies, potentiellement cancérogène.
Laine de verre, laine de roche	Isolant qui provoque de nombreux problèmes respiratoires
Solvants	On les retrouve dans les peintures, les vernis et les colles, ils provoquent des problèmes respiratoires et dégagent des substances pouvant être toxiques (*cf.* la classification de COV)

15 LES RÈGLES SOCIÉTALES ET ENVIRONNEMENTALES APPLICABLES À L'IMMOBILIER

1. LA RÉGLEMENTATION THERMIQUE FRANÇAISE

Les réglementations thermiques sont des normes qui viennent encadrer la consommation énergétique des bâtiments neufs en France. Elles ont fait leur apparition en 1974, **suite au premier choc pétrolier.**

1. LA RT 2012

Prévue par la **loi Grenelle 1** (art. 4), elle a pour objectif de limiter la consommation d'énergie des bâtiments neufs à un maximum de 50 kWh (par m^2 et par an), ce qui fait rentrer les bâtiments respectant la RT dans la catégorie des bâtiments de classe A ou B.

Cette réglementation thermique a vocation à s'appliquer à l'ensemble des constructions neuves à partir du 1er janvier 2013 (en excluant toutefois certaines constructions comme les bâtiments à usage agricole ou provisoire et les bâtiments situés dans les départements ultramarins).

La RT 2012 impose aux bâtiments trois exigences.

1er critère : L'efficacité énergétique du bâti

Selon les régions et l'altitude, un indicateur, le BBioMax, fixe une limitation du besoin en énergie pour les composantes liées au bâti, comprenant trois critères : le chauffage, le refroidissement et l'éclairage. Ainsi le besoin cumulé en énergie pour ces composantes (l'indice Bbio du bâtiment) ne doit excéder le BBioMax applicable.

2e critère : Le confort en été

Les bâtiments neufs doivent offrir un bon niveau de confort en été, ce qui signifie que la température ne doit pas y atteindre des températures trop élevées, et ce sans recours à un système de refroidissement de l'air (type climatisation).

3e critère : La consommation énergétique du bâti

Cette mesure de la consommation énergétique primaire du bâtiment, incluant le chauffage, le refroidissement, la production d'eau chaude, l'éclairage, et les auxiliaires (pompes et ventilateurs), ne doit pas dépasser une valeur (coefficient Cepmax), correspondant à 50 kW/h par m^2 et par an.

Cette valeur limite est modulée **selon les régions** (40 dans le Sud, 65 dans le Nord-Est), en raison des différences climatiques, mais aussi **en fonction de l'altitude** (au-dessus de certains seuils, les seuils sont plus importants).

2. 2. LA RE 2020

L'entrée en vigueur de la RE 2020 (anciennement baptisée RT 2020) est reportée au 1er janvier 2022 à cause de la crise de la Covid-19. Cette réglementation environnementale marque le passage d'une réglementation thermique (RT) à une réglementation environnementale (RE).

Les objectifs de la RE 2020 sont :

- → Diminuer l'impact carbone pendant le cycle de vie du bâtiment (construction, démolition du bâtiment)
- → Réduire les consommations d'énergie et favoriser la décarbonisation des énergies (supprimer le chauffage fonctionnant avec des énergies fossiles : pétrole, gaz…)
- → Garantir la fraîcheur des bâtiments pendant les canicules

La RE 2020 va entraîner une augmentation du coût des constructions neuves, elle doit s'appliquer progressivement pour aider les professionnels à se l'approprier.

2. LA RÉGLEMENTATION POUR LES PERSONNES À MOBILITÉ RÉDUITE

La loi du 11 février 2005 a posé les principes d'une meilleure accessibilité des personnes en situation de handicap, aux bâtiments recevant du public (ERP).

1. LES ÉTABLISSEMENTS RECEVANT DU PUBLIC

Sont concernés tous les établissements recevant du public, privés ou publics (écoles, commerces, hôtels, etc.). Ils doivent respecter, au 1er janvier 2015 des règles, permettant l'accès des lieux dans de bonnes conditions, aux personnes en situation de handicap.
Les établissements ne respectant pas les obligations d'accessibilité du 31 décembre 2014, devaient s'inscrire à l'agenda d'accessibilité programmée (AdAp) avant le 27 octobre 2015 (décret du 6 novembre 2014 appliquant l'ordonnance du 26 septembre 2014). Ce dossier d'agenda d'accessibilité programmée contient les dispositions que les établissements s'engagent à prendre pour se mettre en conformité avec la loi (les travaux ne peuvent pas excéder trois ans).
Ces dossiers sont validés par les préfectures.
Un ERP neuf ne respectant pas les obligations d'accessibilité peut se voir infliger une amende de 45 000 € (225 000 €, s'il s'agit d'une personne morale).

2. LES BÂTIMENTS D'HABITATION COLLECTIFS ET MAISONS INDIVIDUELLES NEUFS

L'arrêté du 24 décembre 2015, simplifie la réglementation concernant l'accessibilité des personnes en situation de handicap. Elle est applicable aux permis de construire déposés à partir du 1er avril 2016. Pour des raisons de simplification, l'arrêté permet aux constructeurs de satisfaire aux obligations d'accessibilité par des solutions d'effet équivalent (tant que les objectifs fixés sont atteints), ce qui est globalement moins contraignant. Il apporte des précisions dans un certain nombre de domaines :

Accessibilité du cheminement depuis les voies de desserte (liaison route/logement) : pente en cas de dénivellation, sols non glissants, etc.

Facilité de stationnement : offrir des places adaptées aux personnes handicapées.

Accessibilité renforcée des systèmes d'ouverture des bâtiments : digicode, interphone, etc.

Dispositions relatives aux circulations intérieures (couloirs, ascenseurs). Un ascenseur est obligatoire dans les logements collectifs de plus de deux niveaux (R+3).

Dispositions relatives aux aménagements intérieurs des parties communes : revêtements de sols non glissants, éclairage suffisant, douche à l'italienne etc.

Dispositions relatives à l'intérieur des logements : largeur minimale des couloirs, accessibilité des prises ou interrupteurs, etc.

La loi ELAN (article 64) est venue assouplir les règles d'accessibilité pour les constructeurs en prévoyant que cette obligation ne concernera que 20 % des logements neufs construits (et au moins un logement), le reste des logements devant être évolutif. Des décrets d'application viendront préciser la portée de cette disposition.
Les prescriptions relatives aux bâtiments neufs **ne sont pas obligatoires pour un propriétaire qui construit pour son propre usage.**

3. LES BÂTIMENTS EXISTANTS (HABITATION COLLECTIFS ET MAISONS INDIVIDUELLES)

Les prescriptions techniques en matière d'accessibilité s'appliquent essentiellement aux constructions neuves. Toutefois l'accessibilité doit être prise en compte lors de la réalisation de travaux, celle-ci ne devant pas être diminuée en raison des modifications réalisées.
L'article 25-2 de la loi du 10 juillet 1965 permet à un copropriétaire de décider à ses frais de faire des travaux touchant les parties communes ou l'aspect extérieur de l'immeuble pour des motifs d'accessibilité des logements aux personnes handicapées. Les copropriétaires peuvent s'opposer aux travaux en votant à la majorité absolue des voix des copropriétaires (article 25). En cas de refus, il faut que cette décision soit motivée pour des raisons techniques.

EXERCICES

Exercice 1

→ **Résolvez les situations suivantes :**

- **Cas n° 1**

M. Finberg vient de racheter un bâtiment situé dans un périmètre sauvegardé afin d'y habiter. Il envisage de réaliser d'importants travaux de rénovation, pour lesquels il vient de recevoir l'autorisation de l'architecte des bâtiments de France. Peut-il envisager de bénéficier du dispositif de défiscalisation Malraux ?

- **Cas n° 2**

M. Nelson a acheté un immeuble situé au sein du secteur sauvegardé du Marais, qu'il envisage de rénover complètement. Il a reçu l'autorisation de faire les travaux (qu'il va confier à une société spécialisée). Il compte louer les appartements ainsi rénovés. Peut-il envisager de bénéficier du dispositif de défiscalisation Malraux et si oui sous quelles conditions ?

- **Cas n° 3**

M. Charles a réalisé pour 300 000 € de travaux, étalés sur trois ans sur un bâtiment situé dans un site patrimonial remarquable avec PSMV (à raison de 100 000 € par an). Calculez la réduction à laquelle il pourra prétendre.

Exercice 2

M. Conti souhaite faire construire une maison. Il envisage d'acquérir un terrain. Plusieurs propositions s'offrent à lui.

1. **Présentez le document d'urbanisme qui va permettre à M. Conti de savoir si son terrain est constructible.**
2. **M. Conti a visité plusieurs parcelles, la première est en zone 2AU, la seconde en zone U et la troisième en zone A. L'agent immobilier soutient que tous ces terrains sont constructibles mais M. Conti a un doute. Répondez à l'interrogation de M. Conti en justifiant chacune de vos réponses.**

Exercice 3

M. Conti a fini par acheter un terrain situé en zone constructible, d'une superficie de 540 m^2, sur le territoire d'une commune dotée d'un PLU.

M. Conti envisage d'y construire une maison de 180 m^2.

1. **Quelles informations devra-t-il vérifier ?**
2. **Expliquez-lui ce qu'est un certificat d'urbanisme, et l'intérêt de ce document.**
3. **Quelles formalités devra remplir M. Conti afin de pouvoir réaliser son projet ?**
4. **En cas d'éventuel refus de sa demande, il souhaite connaître les voies de recours envisageables.**
5. **M. Conti s'interroge sur l'issue de sa demande en cas d'absence de réponse de la mairie.**

Exercice 4

→ **Pour chacune des situations suivantes précisez le type d'autorisation à solliciter en remplissant le tableau suivant.**

Situation	Déclaration de travaux	Permis de construire	Aucune autorisation	Justification
1. M. Dubois veut réaliser un abri de jardin de 3 m².				
2. M. Chappe veut réaliser une extension de sa maison. L'extension fera 34 m², sa maison en fait déjà 131.				
3. M. Minot veut faire des travaux sur un immeuble qu'il possède, situé dans un secteur doté d'un plan de sauvegarde et de mise en valeur (PSMV).				
4. Mme Marin va faire construire une maison secondaire de 115 m².				
5. M. Bulle veux faire creuser une piscine de 8 mètres par 4.				

Exercice 5

→ **Consigne : Évaluez le montant de la taxe d'aménagement.**

M. Durand a acquis un terrain constructible à Pornic (44), afin d'y bâtir une résidence principale de 120 m².

Annexe - Taux des taxes d'aménagement.

Département de Loire-Atlantique : 2,5 %

Ville de Pornic : 4 %.

SOLUTIONS

Exercice 1

1. M. Finberg ne pourra pas bénéficier de la défiscalisation Loi Malraux, en effet pour en bénéficier, il faut impérativement louer le bien (pendant au moins 9 ans).

2. *A priori*, M. Nelson pourra bénéficier de la défiscalisation Loi Malraux car :

- le bien est dans un secteur sauvegardé ;
- il envisage une rénovation complète de l'immeuble ;
- il a une autorisation de réaliser des travaux (de l'architecte des bâtiments de France) ;
- il va confier les travaux à une entreprise extérieure (on ne peut pas réaliser soi-même les travaux) ;
- il envisage de louer les appartements rénovés.

La mise en location devra intervenir dans les 12 mois suivant la fin des travaux, et ne saurait être inférieure à 9 ans. La location à l'entourage familiale (conjoint, parents ou enfants) ne permet pas de bénéficier du dispositif. Le loyer ne sera pas plafonné.

3. Ici les travaux sur trois ans ont coûté 300 000 €.
Il pourra donc prétendre ici à une réduction d'impôt de 100 000 € × 30 % = soit 30 000 € par an, et donc 90 000 € au total.

Exercice 2

1. Monsieur Conti devra consulter le PLU, ou PLUi si la commune dispose d'un tel document. Ce document définit les zones construites (U), à construire (AU) ou encore les zones où les constructions seront interdites ou fortement encadrées (zone A et N). À défaut de PLU, il devra se renseigner pour savoir s'il existe une carte communale. En l'absence d'un tel document ce sont les règles du règlement national d'urbanisme qui s'appliqueront.

2. *A priori,* seule la seconde parcelle est constructible (car déjà située en zone urbanisée). En effet, la première est définie commune zone à urbaniser (AU), mais seules les zones 1AU sont directement urbanisables. Si la parcelle est située en zone 2AU, le terrain ne sera pas constructible dans l'immédiat (en raison d'un défaut d'aménagement). Cela étant, on peut considérer qu'elle va devenir constructible à l'avenir. En ce qui concerne la dernière parcelle, elle est située en zone N (et donc *a priori* où la constructibilité des parcelles est très encadrée).

Exercice 3

1. Il devra consulter le PLU de sa commune afin d'évaluer la faisabilité de son projet (hauteur, aspect du bâtiment, matériaux utilisés, situation du bâtiment sur la parcelle et par rapport aux limites du terrain, coefficient maximal d'emprise au sol du bâti, pente de la toiture, etc.)
2. Un certificat d'urbanisme est un document, dont la demande est à adresser en mairie, et qui renseigne sur les règles d'urbanisme, ou fiscales, applicables au terrain en question. Il peut être d'information, ou opérationnel, dans ce cas il informe le demandeur sur la faisabilité du projet par rapport aux règles applicables.
L'obtention du certificat d'urbanisme a pour effet de « cristalliser » les règles applicables : elles sont figées (sauf exceptions liées à des considérations d'ordre publiques), à compter de la date d'obtention du certificat, et pour une durée de 18 mois. Toute demande de permis de construire, conforme aux préconisations du certificat, sera donc *a priori* favorable.

3. Dans le cas du projet de M. Conti, il devra demander un permis de construire, car son projet de construction est supérieur à 20 m². Par ailleurs, sa construction étant d'une surface supérieure à 150 m², il devra faire appel aux services d'un architecte (le seuil est fixé à 150 m² pour une construction à usage d'habitation).

4. En cas de refus, M. Conti pourra demander un réexamen de son projet. Il disposera pour cela d'un délai de deux mois suite à la décision défavorable, et sous forme d'un recommandé avec AR. En cas de nouveau refus, il pourra attaquer la décision rejetant son permis de construire devant le tribunal administratif du ressort de la commune.

5. L'absence de réponse de la part de la mairie, à l'issue du délai d'examen (deux mois ici, car il s'agit d'une maison individuelle) vaut *a priori* acceptation tacite du projet.

Exercice 4

1. Aucune autorisation. L'abri fait moins de 5 m^2.

2. Permis de construire. L'extension fait moins de 40 m^2 mais le total après extensions excède 150 m^2 (131 + 34 = 165). Le recours à un architecte sera par ailleurs obligatoire.

3. Permis de construire. Il faudra également une autorisation de l'architecte des bâtiments de France, car c'est un secteur sauvegardé

4. Permis de construire. Construction supérieure à 40 m^2.

5. Déclaration de travaux. Seules les piscines inférieures à 10 m^2 peuvent être construites sans autorisation (au-delà de 100 m^2, pour une piscine, il faudra déposer une demande de permis de construire).

Exercice 5

Calcul de la valeur forfaitaire

Il faut appliquer un abattement de 50% sur les 100 premiers mètres carrés, car il s'agit d'une résidence principale.

$$\frac{820}{2} = 410 \text{ €}$$

Sur les 20 mètres carrés restants => pas d'abattement

Valeur forfaitaire = 820 €

Calcul de la taxe

Rappel de la formule : TA = (surface taxable en m^2 × valeur forfaitaire × taux communal ou intercommunal) + (surface taxable × valeur forfaitaire × taux départemental)

	Part communale	**Part départementale**
Calcul de la taxe pour les 100 premiers m^2 (abattement)	100 × 0,04 × 410 = 1 640 €	100 × 0,025 × 410 = 1 025 €
Calcul de la taxe pour les 20 m^2 restants (hors abattement)	20 × 0,04 × 820 = 656 €	20 × 0,025 × 820 = 410 €
Sous-total	1 640 + 656 = 2 296 €	1 025 + 410 = 1 435 €
TOTAL	2 296 + 1 435 = **3 731 €**	

CONDUITE ET PRÉSENTATION DES ACTIVITÉS PROFESSIONNELLES

PRÉSENTATION DE L'ÉPREUVE

1. DÉFINITION DU CADRE DE L'ÉPREUVE

- Épreuve orale
- Coefficient 4
- Durée 40 minutes (2 × 20 minutes)
- Forme de l'épreuve : ponctuelle ou CCF (contrôle en cours de formation) pour les établissements habilités.

1. PRÉSENTATION DE L'ÉPREUVE

→ Cette épreuve est l'épreuve orale professionnelle du BTS professions immobilières. Elle vise à évaluer la capacité du candidat à :

- **valoriser son implication** et le degré d'autonomie qu'il a acquis dans le cadre des activités menées à l'occasion de ses stages ;
- **témoigner de sa maîtrise des compétences** associées à l'unité d'initiative locale.

→ Plus spécifiquement, l'épreuve vise à mesurer l'aptitude du candidat à :

- **mener des missions et des analyses** à caractère professionnel ;
- **s'adapter et réagir positivement** à des situations professionnelles ;
- **démontrer son implication** et valoriser son expérience professionnelle.

→ L'épreuve E6 peut être évaluée sous deux modalités :

- **soit sous la forme ponctuelle :** 2 × 20' d'interrogation consécutives ou non – Activité professionnelle (coefficient 2) – Unité d'initiative locale (coefficient 2) ;
- **soit sous la forme du contrôle en cours de formation (CCF)** dans les écoles et établissements habilités.

2. LES DOSSIERS SUPPORTS DE L'ÉPREUVE

L'épreuve E6 du BTS Professions Immobilières prend appui sur deux supports écrits correspondant aux deux temps de l'épreuve : L'activité professionnelle et l'unité d'initiative locale (voir fiches 2 et 3) :

→ **Un dossier présentant une activité professionnelle réelle** menée en entreprise au cours de l'un des stages de la formation.

- Il n'est possible au candidat de passer cette épreuve que s'il peut justifier de la réalisation de l'ensemble de ses semaines de stage par la production des certificats et/ou attestations de travail correspondants (voir fiche 1).
- Le dossier comporte au maximum dix pages hors annexes.

→ Un dossier relatant une étude réalisée par le candidat au cours de sa formation. Le sujet de l'étude est commun à l'établissement si le candidat fait partie d'une structure, il est librement choisi par le candidat si ce dernier passe l'épreuve en candidat libre. Dans tous les cas, le sujet doit concerner :

- l'approfondissement des compétences relatives à une ou plusieurs unités de formation du diplôme ;
- ou bien le développement de compétences spécifiques à un domaine ou une activité professionnelle des métiers de l'immobilier ne figurant pas dans le référentiel du diplôme.
- Le dossier comporte au maximum dix pages hors annexes.

→ Pour les deux dossiers :

- les deux dossiers supports de l'épreuve sont transmis **regroupés** à l'autorité académique selon une procédure mise en place par chaque académie et à une date fixée dans la circulaire d'organisation de l'examen ;
- **les documents annexes ne figurent pas dans les dossiers** remis aux autorités et seront présentés par le candidat le jour de l'épreuve ;
- **le dossier subit un contrôle de conformité** selon des modalités définies par les autorités académiques

avant l'interrogation. La non-conformité du dossier peut être prononcée s'il y a :
– absence de dépôt du dossier ;
– dépôt du dossier au-delà de la date fixée par la circulaire d'organisation de l'examen ;
– dossier incomplet au regard des éléments qui le composent ;
– durée de stage inférieure à celle requise par la réglementation de l'examen ;
– documents constituant le dossier non visés ou non signés par les personnes habilitées à cet effet.

La constatation de non-conformité du dossier entraîne l'attribution de la mention « non valide » à l'épreuve correspondante. Le candidat ne peut être interrogé, le diplôme ne peut lui être délivré.

3. LE LIEN ENTRE LES DEUX PARTIES DE L'ÉPREUVE

→ **Les deux parties de l'épreuve sont parfaitement distinctes.** Chacune est évaluée grâce à des critères spécifiques.

→ En revanche, une note seulement sera communiquée au candidat : la moyenne des deux épreuves. Ainsi si le candidat n'obtient pas la moyenne il devra repasser les deux situations d'oral : CPAP et UIL.

→ Remarque : parmi les 14 semaines de stage, deux peuvent être consacrées à l'UIL. Il est donc possible qu'un sujet d'UIL émerge dans le cadre d'un stage, pourvu que ce sujet coïncide avec le cadre proposé par l'établissement, le cas échéant. Dans ce cas le sujet d'UIL devra être traité avec sa méthodologie propre. Il en sera de même pour l'activité professionnelle si celle-ci est choisie dans la même structure.

2. LE DÉROULEMENT DE L'ÉPREUVE

1. LE JURY OU « COMMISSION D'INTERROGATION »

→ L'épreuve est conduite par une commission d'interrogation comprenant :

- un professeur dispensant l'enseignement professionnel ou l'unité d'initiative locale dans une section de BTS professions immobilières et un professionnel du secteur ;
- en cas d'impossibilité, ce dernier doit être remplacé par un autre professeur ayant en charge les disciplines du domaine professionnel.

→ Le jury se trouve en possession du dossier complet (hors annexes) du candidat avant l'entrée de celui-ci dans la salle d'interrogation. Cela permet au jury de repérer certains points qu'il souhaite appréhender lors de l'entretien.

2. L'ORGANISATION DE L'ÉPREUVE PONCTUELLE (EN FIN DE FORMATION)

→ L'épreuve se déroule en deux parties d'une durée respective de 20 minutes maximum :

- la première partie prend appui sur l'activité professionnelle présentée dans le dossier ;
- la seconde partie porte sur une étude de l'unité d'initiative locale.

→ Les deux épreuves peuvent se dérouler consécutivement ou bien sur des demi-journées différentes.

→ Avant son entrée en salle, le candidat est accueilli(e) par un appariteur qui contrôle son identité, sa convocation et l'oriente vers son jury.

3. LE CCF (CONTRÔLE EN COURS DE FORMATION)

→ Comme pour le contrôle ponctuel, il comprend deux situations d'évaluation :

- la première situation porte sur le dossier d'activité professionnelle. Elle doit se dérouler au maximum deux mois après la fin des stages ;
- la seconde situation porte sur l'unité d'initiative locale.

→ La durée de chaque situation d'évaluation et les modalités d'évaluation sont identiques à celles de la forme ponctuelle.

→ La commission d'évaluation comprend, pour la première évaluation, le formateur du candidat et, dans la mesure du possible, un professionnel du secteur de l'immobilier, ayant été le tuteur ou le maître de stage ou le responsable hiérarchique du candidat.

→ Pour la deuxième évaluation, la commission comprend le formateur de l'unité d'initiative locale et un professeur de techniques immobilières, d'ingénierie de l'immobilier ou de communication.

Les critères d'évaluation sont identiques à ceux utilisés pour l'épreuve ponctuelle.

1 LES STAGES EN ENTREPRISES

L'une des deux parties de l'épreuve E6 repose sur les stages réalisés en entreprises au cours de la formation ou bien sur l'expérience développée dans le cadre d'un contrat de professionnalisation ou d'apprentissage pour les alternants par exemple. Il est cependant indispensable de trouver ce stage, et que ce dernier corresponde au cahier des charges du référentiel.

1. LES MODALITÉS DES STAGES EN FONCTION DES STATUTS DES CANDIDATS

La durée du stage dépend du statut du candidat. Notons qu'il est impératif qu'un stage de 6 semaines consécutives sur l'ensemble des stages soit effectué.

Statut du candidat	Durée des stages	Commentaires
Voie scolaire	14 semaines	
Voie de l'apprentissage et de la professionnalisation	14 semaines	
Voie de la formation continue	14 semaines	**Pour les candidats en situation de perfectionnement :** les certificats de stage peuvent être remplacés par un ou plusieurs certificats de travail attestant que l'intéressé a été occupé dans des établissements du secteur des professions immobilières si les activités effectuées sont en cohérence avec les exigences du référentiel, en qualité de salarié à plein-temps pendant six mois au cours de l'année précédant l'examen ou à temps partiel pendant un an au cours des deux années précédant l'examen.
Voie de la formation à distance	14 semaines	Les candidats relèvent selon leur statut - scolaire, apprenti ou contrat de professionnalisation, formation continue - de l'un des cas précédents.
Candidats se présentant au titre de leur expérience professionnelle	14 semaines	Le certificat de stage peut être remplacé par un ou plusieurs certificats de travail justifiant la nature et la durée de l'emploi occupé.
Candidats admis à suivre la formation en une année ou admis directement en seconde année	8 semaines minimum	Par ailleurs, certaines décisions d'aménagement, de positionnement ou certains cas de force majeure peuvent conduire à une réduction de la durée à 8 semaines minimum.

2. LA RECHERCHE DES STAGES

1. DÉTERMINER LE DOMAINE DE L'IMMOBILIER DANS LEQUEL RÉALISER SON STAGE

Selon la situation dans laquelle se trouve le candidat la recherche de stage s'articule d'une manière particulière :

→ dans le cadre de la formation initiale : bien que cela n'ait pas un caractère obligatoire, il est préférable de réaliser un stage dans chacune des activités immobilières : transaction, gestion locative et gestion de copropriété. Le stagiaire cherchera ses stages en fonction de l'avancée de sa formation. De manière courante, le premier stage se déroule en transaction car il demande moins de prérequis qu'en gestion ;

→ dans le cadre de la formation continue (contrat de professionnalisation ou d'apprentissage) : la recherche de l'entreprise a lieu en amont du début de la formation : le stage commence en parallèle de la formation. Il sera plus difficile pour ces stagiaires de développer une expérience dans l'ensemble des métiers de l'immobilier : ils sont généralement attachés à un poste spécifique. Le choix de l'entreprise se fera donc en fonction des motivations pour tel ou tel métier.

2. LA DÉMARCHE DE RECHERCHE

➔ Après avoir déterminé le domaine et le secteur géographique de recherche du stage une démarche rigoureuse doit être mise en place :

• **Rechercher à l'aide d'un annuaire**

– Les entreprises du domaine d'activité recherché

– Diversifier les types d'entreprises : franchises, indépendants…

• **Situer sur une carte les entreprises visées**

– Dans le cas d'une prospection « terrain » cela permet d'organiser la tournée de distribution des CV / lettre de motivations

• **Mise en place des outils**

– Réalisation du CV et de la lettre de motivation (voir 3)

– Mise en place d'un tableau de suivi

• **Action et suivi**

– Distribution, envoi postal, par courriel… des candidatures

– Suivi et relance des entreprises prospectées

➔ **La recherche de stage est un travail de prospection** très semblable à celui de la prospection immobilière (voir Partie Transaction fiche 15).

3. LES OUTILS DE LA RECHERCHE

La réalisation du CV

➔ **L'objectif du CV :** il doit donner envie à son destinataire de rencontrer la personne. Il doit donc être concis, précis et agréable à consulter.

➔ **La forme du CV :** ne dépassant pas une page, il doit se conformer aux règles de communication habituelle (voir Partie Communication).

Il est conforme au secteur d'activité : le langage est adapté au secteur de l'immobilier.

Une page format A4 :

• La mise en page est préconçue ou personnalisée ;

• S'il est personnalisé il ne doit pas être excentrique.

Les règles de base :

• Orthographe irréprochable.

• Adresse mail « sérieuse » (nom et prénom).

• Sigles explicités.

• Les paragraphes sont courts, concis, percutants.

➔ **Le contenu du CV :** les compétences du candidat doivent apparaître de manière claire et explicite. Il est donc indispensable de faire préalablement un point des compétences que l'on peut mettre à disposition de l'entreprise visée. Le contenu est ensuite réparti dans différentes parties :

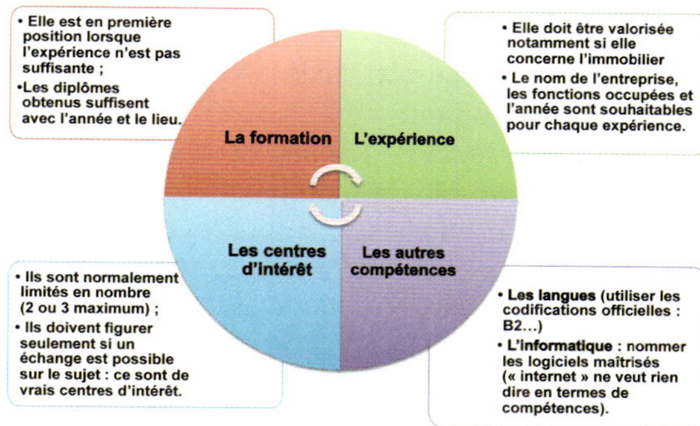

La rédaction de la lettre de motivation

➔ **L'objectif de la lettre de motivation :** il s'agit de se présenter, de mettre en avant l'intérêt que l'on porte au métier et aux activités qui y sont attachées. Il s'agit également d'obtenir un rendez-vous.

➔ **La forme de la lettre de motivation :** elle est conforme à la forme de la lettre administrative (voir Partie Communication). Elle n'excède pas une page.

➔ **Le contenu de la lettre de motivation :** comme pour le CV le stagiaire doit faire un point de l'ensemble de ses compétences et aptitudes, ainsi que des points forts de sa personnalité :

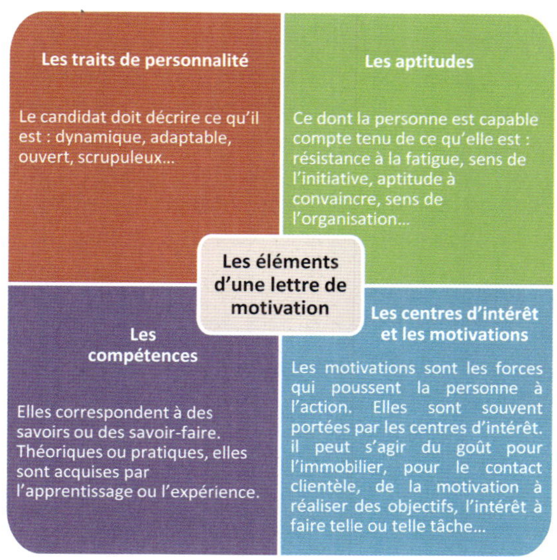

Les différents éléments ci-dessus permettent une présentation de la personne succincte mais qui doit être en cohérence avec le stage recherché. En général le plan de la lettre est le suivant :

- situation actuelle du candidat ;
- intérêt pour l'entreprise et pour ses activités relativement au stage recherché ;
- compétences possiblement mises à la disposition de l'entreprise en contrepartie de la formation obtenue au sein de l'entreprise ;
- demande de rendez-vous afin de développer davantage les arguments de la demande.

Exemple

Dans le domaine de la transaction un postulant à un stage peut proposer quelques services :
– accueil clientèle ;
– prospection terrain et téléphonique si l'entreprise accepte ;
– mise à jour de fichiers, classement ;
– réfection de la vitrine.
Dans le domaine de la gestion il peut proposer :
– la saisie et la mise à jour de fichiers ;
– la réalisation de courriers ;
– l'accueil clientèle.

➜ Au fur et à mesure de l'avancée de sa formation et de ses expériences professionnelles, le stagiaire pourra proposer de plus en plus de contreparties à l'accueil qui lui sera réservé. Ainsi, la recherche des stages suivants sera facilitée : le CV et la lettre de motivation seront progressivement enrichis.

Les outils de suivi

Comme pour toute prospection, il est indispensable de réaliser un suivi. L'ensemble des outils utilisés dans le cadre de l'activité commerciale peut être utilisé (voir Partie Transaction). Ces outils permettront l'organisation de la relance et le cas échéant permettront de faire le choix entre plusieurs réponses.

4. L'ENVOI DES CANDIDATURES

Les candidatures peuvent être envoyées de différentes manières.

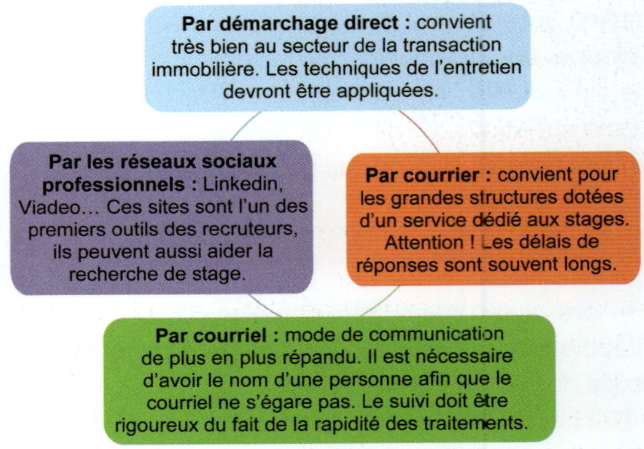

5. L'ENTRETIEN

Une prospection bien menée doit conduire à des entretiens.

➜ L'ensemble des techniques de communication : verbales, non verbales doivent être mises en œuvre (voir Partie Communication) : vocabulaire précis, articulation, débit posé, tenue vestimentaire, attitude positive…

➜ Certains sites internet proposent des simulateurs d'entretien. Un entraînement interactif peut constituer une bonne préparation : jd.apec.fr/Emploi-stage/Premier-job/Entrainez-vous/Simulateur-d-entretien

3. LES DOCUMENTS LIÉS AUX STAGES

Les candidats doivent remettre aux autorités académiques les certificats de stages attestant de leur réalisation au plan réglementaire. Par ailleurs pour les candidats bénéficiant d'une durée de stage inférieure (8 semaines) il est également nécessaire de fournir le positionnement académique autorisant cette dérogation.

Remarque : un bilan de stage peut également être établi et rempli par le tuteur. Il a vocation à révéler une appréciation qualitative sur le déroulé du stage, sur les compétences développées par le stagiaire. Ce document peut être joint au dossier administratif également.

2 L'ACTIVITÉ PROFESSIONNELLE

L'une des deux parties de l'épreuve E6 s'intitule « Conduite et Présentation des Activités Professionnelles ». Cette partie d'épreuve se déroule sur 20 minutes et prend appui sur un dossier professionnel réalisé par le candidat pendant l'un de ses stages.

1. QU'EST-CE QU'UNE ACTIVITÉ PROFESSIONNELLE ?

→ Une activité professionnelle comprend **un certain nombre de tâches**, auxquelles le candidat a participé de manière active en totalité ou partiellement.

Exemple

*L'activité « **Vente d'un bien** » comprend les étapes suivantes : estimation du bien, entrée du mandat, mise en commercialisation du bien, visites et négociation, offre et signature de l'avant-contrat.*

Remarque

Si le candidat a seulement participé à l'estimation du bien, mis le bien en vitrine, et a été présent lors de la signature de l'avant-contrat, il n'aura pas assisté à l'entrée du mandat, ni à l'offre, ni même à la négociation. Pour autant, il a été suffisamment actif pour pouvoir restituer l'ensemble de l'activité. Le jury évaluera alors sa capacité à restituer le contexte dans lequel il a travaillé et l'activité dans son ensemble, y compris les parties non traitées activement par lui.

Conseil

Lors de la négociation du stage il est impératif de signaler à l'employeur la nécessité de participer aux activités de manière active lorsque cela est possible !

2. LES ATTENTES DU JURY

Le jury évalue avant tout le recul que le candidat a pu prendre sur l'activité menée. Il valorise :

→ **la mise en relief des compétences et connaissances** en lien avec l'activité présentée. Le jury porte une attention particulière à la mise en œuvre des règles juridiques propres au cas présenté.

Remarque

La présentation et la maîtrise des supports juridiques en lien avec l'activité (mandats, contrats, baux, états des lieux…) doivent être irréprochables. Et le candidat doit utiliser ces supports, le candidat ne peut pas faire l'impasse du droit dans une formation immobilière !

→ **l'analyse du vécu du candidat :** esprit critique et positif, la capacité à proposer des solutions.

3. LA PRÉPARATION DE L'ÉPREUVE

1. DURANT LE STAGE

→ **Pendant le stage le stagiaire accumule un grand nombre d'informations.** Il est vivement conseillé de consigner et conserver toutes ces informations qui serviront ensuite à la rédaction du support d'oral, le rapport.

Conseil

Avoir un carnet ou autre support sur lequel peut être consigné ce qui est fait, observé, découvert, les questions qui se posent.

→ Par ailleurs, pendant le stage, les documents qu deviendront des annexes sont collectés. Il s'agit de documents réels d'entreprise en lien avec l'activité présentée, portant des dates cohérentes avec les dates de stage. Attention ! ces documents ne doivent pas être vierges et doivent se rapporter au cas que le candidat envisage de présenter lors de l'épreuve.

Exemples

– **Une activité « vente immobilière »** *réclame la production d'un mandat de vente, d'une fiche technique, de documents concernant les diagnostics, de l'offre écrite éventuelle de l'acquéreur, du compromis de vente. Cette liste n'est pas exhaustive.*

– **Le suivi des travaux décidés en assemblée générale** *(gestion de copropriété) réclame la production de la fiche de l'immeuble, de la convocation et du procès-verbal de l'assemblée dont il est question, des devis, des courriers relatifs aux travaux dont l'activité fait état. Cette liste n'est pas exhaustive.*

Remarque

Les documents d'entreprise utilisés par les candidats restent entre les mains de ces derniers et doivent être gardés confidentiels. **Certains employeurs, à raison, sont réticents à fournir des informations jugées trop personnelles.** Il convient donc de proposer aux employeurs d'anonymer les documents souhaités et de leur garantir que ces supports ne seront divulgués sous aucun prétexte. **Attention ! La production de ces supports est obligatoire.**

Conseil

En fin de stage, le stagiaire doit faire signer ses certificats et bilans de stages.

2. AU RETOUR DU STAGE

→ Si les démarches précédentes ont été menées avec soin, la restitution écrite de chaque stage ne pose aucun problème. À chaque retour de stage il est conseillé de laisser une trace écrite.

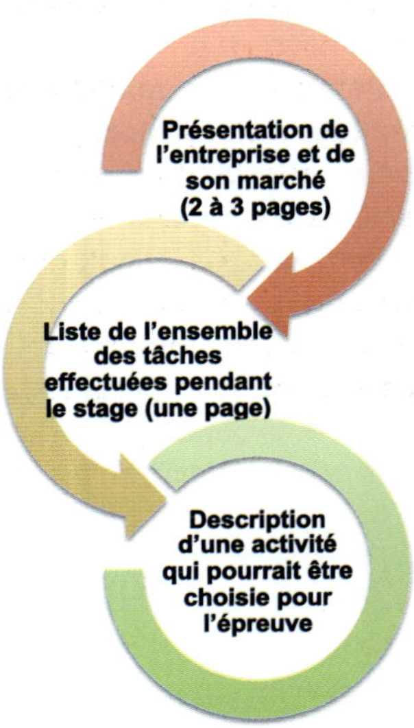

→ **Cette présentation claire est illustrée** par les documents collectés. Il s'agit de la première étape de la rédaction du rapport.

Conseil

Même si l'activité menée lors d'un stage n'est pas celle qui sera présentée lors de l'épreuve, il est important d'en laisser trace ! La méthodologie mise en œuvre est transférable sur toutes les activités, faire et refaire garantit une excellente maîtrise de celle-ci le jour de l'épreuve.

3. CHOISIR SON ACTIVITÉ

→ Le dossier complet doit être remis aux autorités académiques en général au cours du mois d'avril de la seconde année de formation.

Cette date approximative fixe donc la période au cours de laquelle le choix définitif de l'activité à présenter doit être fait : au plus tard en février, si tous les stages ont été effectués, le stagiaire doit être en mesure de faire un choix parmi l'ensemble des activités développées au cours des différents stages ou expériences professionnelles.

→ Dès que le choix est arrêté il faut passer à la rédaction du rapport et à la préparation de l'oral.

4. LA PRÉSENTATION DU RAPPORT

→ **La composition du rapport** :

- la présentation de l'entreprise d'accueil dans laquelle l'activité a eu lieu – 2 à 3 pages maximum ;
- l'exposé structuré de la démarche du candidat dans le cadre d'une activité choisie. Cette structure peut être chronologique ou thématique – 7 à 8 pages.

Exemples

– ***La vente immobilière*** *(transaction immobilière) : une structure chronologique peut être retenue : mise en vente/visites/négociation/offre d'achat/signature de l'avant-contrat*

– ***Le suivi des travaux décidés en assemblée générale*** *(gestion de copropriété) : si le plan thématique est retenu : les aspects techniques des travaux, les aspects financiers.*

→ **La forme du rapport :**

- le rapport comprend **au plus dix pages** (y compris le sommaire et les remerciements qui ne doivent occuper qu'une petite place) ;
- il ne comprend pas les annexes ;

- il est relié et paginé ;
- l'orthographe et l'expression sont irréprochables.

5. LA PRÉPARATION DE L'ORAL

→ Cette préparation prend appui notamment sur les cours de communication (voir les fiches de l'ouvrage). **Communiquer est universel, les règles sont toujours les mêmes !**

→ Par ailleurs, **l'oral n'est pas une lecture du rapport !** Le candidat doit avoir construit des outils qui lui permettront de communiquer sur son expérience : mise en valeur des documents d'entreprise, documents récapitulatifs aidant à la compréhension, diaporama si nécessaire… (voir fiche de Communication).

→ L'ensemble de ces documents et outils se préparent à l'avance et s'évaluent par **l'entraînement à l'oral**. Le candidat doit convaincre en 10 minutes.

4. LE DÉROULEMENT DE L'ÉPREUVE

1. 10 MINUTES DE PRÉSENTATION

→ La première phase de l'épreuve, d'une durée de 10 minutes maximum, permet au candidat d'exposer à la commission d'interrogation l'activité professionnelle qu'il a choisie. Cette phase est une sorte de carte de visite. Le candidat doit convaincre qu'il est un futur professionnel et montrer sa prise de recul par rapport aux expériences rencontrées dans l'entreprise :

- **L'exposé doit être structuré** et s'appuyer sur des visuels et sur des documents d'entreprise en lien avec l'activité présentée.
- **La présentation de l'entreprise** ne doit pas dépasser 2 minutes. Le cœur de l'épreuve est dans l'activité elle-même.

→ Au sujet de la présentation de l'activité : il est pertinent d'annoncer clairement l'objectif professionnel de l'activité et de poursuivre par les étapes qui ont conduit à la réalisation de cet objectif.

Exemples

– ***La vente immobilière :*** *l'objectif est de trouver un acquéreur au plus vite et dans les meilleures conditions de prix pour les deux parties. Il est aussi de satisfaire au mieux les attentes de l'acquéreur.*

– ***Le suivi des travaux décidés en assemblée générale :*** *l'objectif est ici d'assurer aux copropriétaires le suivi des décisions d'assemblée générale dans un but de bonne gestion et bonne conservation de l'immeuble.*

→ Le jury n'interrompt pas le candidat, il écoute et détermine à ce moment-là les questions qu'il pourra poser lors de la seconde phase : l'entretien.

2. 10 MINUTES D'ENTRETIEN

→ La seconde phase, d'une durée de 10 minutes permet à la commission d'interrogation de s'entretenir avec le candidat sur les points de l'exposé ayant retenu son attention. À cette occasion, le questionnement de la commission peut également porter sur des points de connaissances ou sur la vérification de compétences qu'elle estime indispensables à l'exercice de la profession. C'est l'occasion pour le candidat d'approfondir le sujet et de montrer son professionnalisme.

→ Aucun document ou support, autre que le dossier du candidat, ne peut être conservé par la commission à l'issue de l'épreuve.

3. LES CRITÈRES D'ÉVALUATION

Les principaux critères d'évaluation sont :

→ **La capacité du candidat à se présenter et à communiquer ;**

→ **La rigueur du candidat dans ses démarches, sa capacité à s'organiser ;**

→ **La capacité du candidat à prendre du recul par une analyse pertinente ;**

→ **La capacité d'adaptation du candidat, tant dans l'entreprise d'accueil que lors de l'épreuve ;**

→ **La capacité du candidat à formuler un conseil, à s'assurer de sa pertinence et de son actualité.**

3 LE DOSSIER D'UIL

L'une des deux parties de l'épreuve E6 s'intitule « Unité d'initiative locale ». Cette partie d'épreuve se déroule sur 20 minutes et prend appui sur un dossier d'étude réalisé par le candidat sur un sujet choisi.

1. QU'EST-CE QU'UN SUJET D'UIL ?

Le sujet d'étude dépend du module de formation « Unité d'initiative locale » (UIL).

➜ **Ce module a pour objectif** de favoriser l'employabilité des étudiants et/ou leur poursuite d'études supérieures, en permettant l'acquisition de compétences spécifiques, en lien avec l'environnement de l'établissement de formation (...) ».

➜ **Le cadre de l'étude** est imposé par l'établissement d'accueil après aval de l'inspection académique et l'étude fait l'objet d'un suivi par l'équipe pédagogique. Ce cadre est proposé parce qu'il est en lien avec la réalité de l'environnement de l'établissement (caractère local). À l'intérieur de ce cadre les candidats choisissent un sujet qui suscite particulièrement leur intérêt afin de dégager une question spécifique que l'on nommera **problématique**, à laquelle ils vont chercher à répondre au fil de leur formation.

➜ **Le travail de préparation** durera le temps de la formation. C'est donc un travail d'envergure.

Ce qu'il faut faire

➜ **Mettre en œuvre une démarche de recherche d'informations** depuis l'établissement avec les formateurs (apports théoriques), in situ (en rencontrant des personnes en charge des questions ayant trait au sujet), par des recherches documentaires…

➜ **Construire le dossier autour de la problématique** de départ en s'attachant à préparer l'épreuve orale de présentation :

- énoncer la problématique de manière claire ;
- construire le plan correspondant à la réponse à la question qui se pose ;
- concevoir, organiser les annexes pertinentes.

La problématique

Il s'agit d'une question qui intéresse particulièrement l'étudiant. Elle est choisie à l'intérieur du cadre proposé par l'établissement. Les candidats libres ont le choix de cette question pourvu qu'elle soit en lien avec l'immobilier.

Il s'agira ensuite de répondre à cette question par un plan simple et efficace. Ce dernier devra permettre une présentation du cas présenté, des contraintes rencontrées, et répondre à la question par la démonstration.

2. LES ATTENTES DU JURY

➜ **Le jury évalue la capacité du candidat à se poser des questions et la méthodologie** utilisée pour répondre à ces questions.

- Le jury évalue surtout la démarche : l'essentiel est d'expliquer et de proposer une analyse critique de la démarche engagée par l'étudiant dans la phase de construction du projet : que ferait-il aujourd'hui pour réussir mieux dans sa quête ?
- Ainsi, si toutes les questions ne trouvent pas réponse, cela ne ternit pas l'évaluation, pourvu que la démarche soit construite.

➜ **Le jury évalue la capacité au dynamisme et à la prise d'initiative** :

- Internet est un outil formidable, mais il ne suffit pas de rester derrière son écran pour aboutir un projet ! La mise en œuvre du dynamisme du candidat par des rencontres, des visites terrain, afin de pouvoir en parler le jour de l'épreuve est très largement appréciée.

3. LA PRÉPARATION DE L'ÉPREUVE

L'étude que le candidat présente le jour de l'épreuve est le fruit du travail régulier de recherche et de mise en forme d'un sujet qu'il aura choisi dans le cadre d'un thème ou librement.

1. COLLECTER LES INFORMATIONS

→ **Le sujet choisi amène le candidat à déterminer une problématique** (voir précédemment ce qu'est une problématique), puis à collecter des informations qui permettront de répondre à cette question de départ. Ce travail est soutenu par le ou les formateurs.

→ **L'étudiant doit mettre en œuvre une méthodologie de recherche d'informations** et planifier son travail. Les sources d'informations se trouvent dans :

- **les apports théoriques** (formateurs, intervenants extérieurs…) ;
- **les apports terrain** (rencontres, entretiens, stages…) ;
- **les résultats des recherches documentaires**.

2. RÉDIGER LE RAPPORT

→ Le contenu du rapport : le travail consiste alors à organiser ces informations en un support respectant une forme déterminée. Le dossier comporte au plus dix pages et doit comprendre :

- **une introduction et la problématique du candidat ;**
- **un développement structuré répondant à la problématique ;**
- **une conclusion brève.**

La variété des sujets ne permet pas de formater l'approche. C'est précisément l'un des objectifs de l'épreuve : **évaluer le candidat sur sa capacité à témoigner de sa maîtrise du sujet, et à valoriser sa démarche personnelle.**

→ La forme du rapport :

- le document ne comprend pas d'annexes. Elles sont présentées par le candidat le jour de l'épreuve ;
- le dossier est relié et paginé. Un sommaire peut être établi ;
- le rapport compte 10 pages ;
- sa rédaction et son orthographe sont irréprochables.

3. PRÉPARER L'ORAL

Comme pour la présentation de l'activité professionnelle, il est indispensable de préparer l'oral, les règles sont les mêmes ! (voir fiche 2).

4. LE DÉROULEMENT DE L'ÉPREUVE

1. 10 MINUTES DE PRÉSENTATION.

→ La première phase, d'une durée de 10 minutes maximum, permet au candidat d'exposer à la commission d'interrogation l'étude réalisée dans le cadre de l'unité d'initiative locale :

- pendant cette première phase, le candidat peut présenter à la commission tout document qu'il juge utile pour étayer ou illustrer ses propos ;
- il doit proposer **un exposé structuré de la démarche** qui l'a conduit à répondre à sa problématique. C'est précisément cette démarche qui intéresse le jury ainsi que les questions qu'il s'est posé.

Remarque

Cet exposé doit être dynamique et n'est pas une juxtaposition d'informations trouvées sur Internet ! Il met en œuvre une démarche de réflexion, un questionnement.

→ **Le jury n'interrompt pas le candidat**, il écoute la présentation qui l'oriente sur les questions qu'il pourra poser lors de la seconde phase.

2. 10 MINUTES D'ENTRETIEN

→ La seconde phase, d'une durée de 10 minutes permet à la commission d'interrogation de s'entretenir avec le candidat sur les points de l'exposé ayant retenu son attention.

→ Le questionnement du jury concerne donc essentiellement la démarche mise en œuvre :

- les questions qui se sont posées ;
- la manière d'y répondre ;
- ce qu'a apporté cette expérience au candidat ;
- le recul qu'elle lui a permis de prendre.

→ Aucun document ou support, autre que le dossier du candidat, ne pourra être conservé par la commission à l'issue de l'épreuve.

3. LES CRITÈRES D'ÉVALUATION

Les principaux critères d'évaluation sont :

→ **la capacité du candidat à présenter son étude et à défendre son choix ;**

→ **la rigueur du candidat dans sa démarche et sa capacité à mener une étude en autonomie ;**

→ **la capacité du candidat à communiquer**

83729 - I - CSB 90° - SOF - MGS
Dépôt légal : août 2022
Imprimé en Espagne par Macrolibros, S.L.